加拿大
创新信息概述

张明龙 张琼妮◎著

Canada
Innovation Information
Overview

企业管理出版社
EMPH ENTERPRISE MANAGEMENT PUBLISHING HOUSE

图书在版编目（CIP）数据

加拿大创新信息概述／张明龙，张琼妮著．—北京：企业管理出版社，2020.9

ISBN 978-7-5164-2181-9

Ⅰ．①加…　Ⅱ．①张…②张…　Ⅲ．①技术革新-经济信息-加拿大　Ⅳ．①F171.143

中国版本图书馆 CIP 数据核字（2020）第 123330 号

书　　名：加拿大创新信息概述
作　　者：张明龙　张琼妮
责任编辑：刘一玲
书　　号：ISBN 978-7-5164-2181-9
出版发行：企业管理出版社
地　　址：北京市海淀区紫竹院南路 17 号　　邮编：100048
网　　址：http：//www.emph.cn
电　　话：编辑部（010）68701322 发行部（010）68701816
电子信箱：LiuYiLing0434@163.com
印　　刷：北京虎彩文化传播有限公司
经　　销：新华书店
规　　格：710 毫米 ×1000 毫米　16 开本　32.75 印张　500 千字
版　　次：2020 年 9 月第 1 版　　2020 年 9 月第 1 次印刷
定　　价：98.00

前 言

加拿大通过建立决策咨询体系，确定不同类型创新主体，逐年加大科技投入，加强各创新实体之间协调和合作，大力支持交叉学科和新兴学科研究等措施，积极推进国家创新体系建设。经过多年不懈努力，其科技实力得到快速提升，多个领域的科技水平位于世界的前列。生命科学特别是农作物科研，是加拿大引以为自豪的领域。由于加拿大纬度高，气候寒冷，因而其在研究耐寒生物上颇有建树。培育出耐寒的优质小麦品种、高产玉米、抗干旱油料作物和良种牲畜，绘制成最完善的小麦基因组图谱，发现生物防冻蛋白质，以及发掘考证高寒地区古人类、古生物等，是其近年世界领先的研究成果。同时，加拿大在量子计算机、人工智能技术、光纤通信技术、纳米超材料、宇宙与空间技术、生物医用高分子材料、燃料电池技术、环保技术，以及心理疾病防治等领域的研究，也有重要创新成果，许多方面在世界上名列前茅。

一、加拿大经济社会发展概况

加拿大位于北美洲北部，东临大西洋，西濒太平洋，西北部与美国阿拉斯加州相邻，南接美国本土，北靠北冰洋。国土面积 998 万平方千米，居世界第二位，其中陆地面积 909 万平方千米，淡水覆盖面积 89 万平方千米，海岸线约长 24 万千米。东部气温稍低，南部气候适中，西部气候温和湿润，北部为寒带苔原气候。中西部最高气温达 40℃ 以上，北部最低气温低至零下 60℃。

加拿大全国分 10 省 3 地区。10 省为不列颠哥伦比亚、阿尔伯塔、萨斯喀彻温、曼尼托巴、安大略、魁北克、新不伦瑞克、诺瓦斯科舍、爱德华王子岛、纽芬兰与拉布拉多，3 地区为育空、西北、努纳武特。截至 2019 年 6 月，加拿大全国人口 3741 万人，主要为英、法等欧洲后裔，土著居民约占 3%，其余为亚洲、拉美、非洲后裔等。

据加拿大统计局网站资料显示，该国森林和矿产资源丰富。森林面积4亿多公顷，居世界第三，仅次于俄罗斯和巴西，产材林面积286万平方千米，木材总蓄积量约为190亿立方米。拥有钾、铀、钨、镉、镍、铅等60多种矿产。原油储量仅次于委内瑞拉和沙特，其中98%以油砂形式存在。已探明的油砂原油储量为1677亿桶，占全球探明油砂储量的10%。

2018年加拿大制造业总产值2011亿加元，占国内生产总值的9.7%，从业人员173.4万人，占全国就业人口的9.2%。建筑业总产值1354亿加元，占国内生产总值的6.6%，从业人员144.5万人，占全国就业人口的7.7%。农、林、渔业总产值406亿加元，占国内生产总值的2%。主要种植小麦、大麦、燕麦、玉米、油菜籽、亚麻、饲料用草等作物。可耕地面积约占国土面积16%，其中已耕地面积约6800万公顷，占国土面积7.4%。加拿大渔业发达，75%的渔产品出口，是世界上最大的渔产品出口国。

2018年加拿大服务业产值为13733亿加元，约占当年国内生产总值的66.6%，从业人员1493.7万人，占当年全国总劳动力的79.1%。交通运输业发达，水、陆、空运输均十分便利，人均交通线占有量居世界前列。这一年运输业总产值884亿加元，约占当年国内生产总值的4.3%。共提供104万个工作岗位，占全国工作岗位的5.5%。

加拿大联邦政府不设专门的教育机构，教育管理权归省级政府。各省教育经费基本依靠自筹，联邦政府也提供一定的资助。普及中、小学教育。著名高等学府有麦吉尔大学、女王大学、多伦多大学、不列颠哥伦比亚大学、滑铁卢大学、拉瓦尔大学和阿尔伯塔大学等。

加拿大科学研究与技术创新工作有政府、企业和大学三个系统。三者分工明确，任务各有侧重，但彼此之间保持着密切联系。

从政府系统看，联邦工业部负责全国的科学研究与技术创新工作，工业部部长协调政府和科技咨询理事会，协调联邦政府跨部门的科技政策和发展战略；内阁成员中则设立一名国务秘书，负责科学、研究与发展事项，由他来协助工业部部长，并且负责政府和科技咨询理事会的协调工作。

从企业系统看，在全国科技发展与创新活动中，企业占有重要的地位，是研究和发展费用投入的主要来源。21世纪以来，企业在科学研究与技术创新方面的投入，远高于联邦政府对企业研究和发展的投入。据统计，这项投入，许多年份企业比政府要高出一倍多。企业进行的科技创新，主要属于应用技术的研究开发，目的是推出新产品、新工艺，提高劳动生产率，加拿大许多高技术公司在研究与发展上都有巨额的经费投入。

从大学系统看，其科技创新主要集中在基础研究方面。由于联邦政府中不设教育部，大学由各地方政府管理，各省政府中均设有教育部，因此大学的运行经费来源于地方政府。但其科研经费来源则是多样化的，主要包括联邦政府、省政府、企业、非营利机构和大学本身获得的资助或捐助。联邦政府主要通过加拿大国家研究理事会、加拿大自然科学与工程理事会、加拿大社会与人文科学研究理事会以及加拿大卫生研究院等机构，以资助或奖学金的形式来支持大学的研究，企业则主要通过合同资助和提供定向研究经费的方式，形成流向大学的科研经费。

二、加拿大促进创新的主要对策措施

（一）制定国家科技发展战略

加拿大虽属自由市场经济国家，但也制定一些中长期计划引导创新行为和产业发展。1996年3月，颁布《面向新世纪的科学技术》，这是加拿大制定的第一个国家科技发展战略。它确定的基本目标是：①促进经济增长；②提高生活质量；③推动科技进步。确定的优先发展领域和项目主要有：长期空间计划、信息高速公路建设、技术协作网、健康智能网、学校网、三高校介子设施、智能系统前期基础研究、医学研究、生物技术、农业和农业食品配套项目等。

此后，政府有关部门陆续制定了20多项科技规划，包括飞机设计制造与检修、铝业、金属铸造、电力、森林、木制产品、木材及深加工、医学成像、数字地理、智能建筑、后勤及供应链、燃料电池商业化、水产及海洋工业、生物制药、太空竞争智能、清洁煤、二氧化碳捕获和储存、油沙、生物燃料、语言产业等。

（二）确定国家创新战略目标

2002年2月12日，发布《加拿大创新战略》，着重阐明加拿大怎样在知识经济时代，抓住机遇，进行科技和经济创新。它由四项内容组成。

①鼓励创新，强调创造新知识，并使其更快地投入市场；②提高技能，确保加拿大拥有足够的高素质合格人才；③改善环境，构筑促进创新的法律政策体系，提高政府的决策效率；④强化社区功能，使社区成为既能吸引投资，又最适合于生活和居住的地方。

根据上述四项内容确定的具体目标主要有：2002年开始实施新的移民与难民保护法律及条例。到2004年，全面施行科技专家顾问委员会指导，以确保科技在决策过程中的正确使用。通过实施永久移居和临时性外国劳动者的计划，改进招聘包括大学生在内的国外人才的工作。到2005年，明显改善加拿大在国际投资者心目中的形象，力求使高速宽带通信广泛进入各社区。2007以前，使接受职业培训的成年人增加100万名。到2010年，研究开发能力进入世界前5名；政府对研究开发的投入至少比现在增加1倍；民营企业新产品销售份额处于世界前列；人均风险投资达到与美国相当的水平；大学录取的硕士生和博士生年均增加5%；完善食品安全、药物审批、环境保护、知识产权、外资、竞争政策等重要领域的管理制度，并做好系统性审查工作；确保企业税收制度在七大工业国中具有竞争力；至少建成10个国际公认的社区技术集群；显著改善社区的创新能力。

《加拿大创新战略》中指出：企业是国家创新体系的中心环节，也是加拿大创新的最主要的推动力量。多年来，加拿大一直非常重视企业的创新行为，积极构筑促进企业创新的政策体系，主要措施是：①实施由政府提供财政支持的工业研究援助计划，专门支持中小企业的研究开发；②相继出台技术伙伴计划、转化技术计划、工业研究辅助计划，并提供风险资金等，以项目形式资助中小企业减少创新风险；③政府预算拨出专款给国家发展银行，要其为高技术创新型企业提供风险投资；④政府成立风险投资公司，专门对重点领域的企业技术创新进行投资，或对企业创新项目的后期开发进行资助；⑤联邦税务署专门制定科学研究及试验开发税收优惠计划，明确规定企业创新活动中可享受优惠的项目；企业按规模确定研发投入时的税收减免比率，规模越小获得的优惠越大。各省和地区还据此制定更加优惠的计划；⑥把创新产业群作为战略重点进行培育。目前，加拿大140个城市共有270多个创新产业群，涉及农业、水产、森工产品、塑料与橡胶、化纤与服装、信息通讯、汽车、生物医学、创意与文化、建筑、石油与天然气等众多领域。其中温哥华的氢能源、蒙特利尔的生物技术、渥太华的信息与通信工程等，已属世界级的创新产业群。

（三）进一步完善国家创新政策体系

2006年4月，加拿大工业部发布国家商业化专家小组委员会的最终报告《人才和卓越：商业化成功的核心》。这份报告围绕人才、研究和资本三个方面，提出一揽子建议11条。其核心内容是，政府在制定技术商业化计划和政策时，充分发挥私营领域作为全面伙伴的新作用。它还为全国增强技术商业化活动准备了一张路线图，并提出优先推进的领域：①立法体制；②知识产权的现代化；③改善税收体系；④增强市场竞争力。

2006年5月，加拿大发布《农业科学与创新战略》，提出促使农业部的研究与其他机构的研究形成互补关系，并支持政府、大学和企业的合作研究，从而实现政府、农户、研究机构和产业界的合作，最大限度地扩大农业和农产品加工领域的研究机会和成果。

2006年12月，加拿大国家研究理事会发布《2006-2010年科技活动新战略》，提出以促进经济可持续发展、提高生活质量为出发点，继续支持重要领域的科技研究和开发，并促进创新成果的广泛应用。要求提高工业关键部门的竞争力和社区经济的生存力，进一步完善创新机制，使科技为未来优先发展的领域做重要贡献。为此，要加强开发影响竞争力的重点领域，支持重点工业部门，增加对重要领域研发的经费投入，建立长效、灵活的国家研究与创新机构，提高高科技人才的培养力度。

在国家创新政策体系的指引下，加拿大联邦政府把生态环境、资源能源、生物技术、信息通信确定为科技创新优势领域，给予重点支持。

经过一段时间的实践后，加拿大对本国创新政策体系和科技发展状况进行系统评估，发表了《2011年科学技术和创新体系国情咨文报告》，它指出加拿大具有创新领导力的牢固基础，表现为：科研质量高，政府对研发和高等教育投入居世界前列，青少年在科学、数学及阅读方面表现优秀，国家吸引国际优秀人才颇有成效。过去10年间，加拿大已经成为研究人员净流入国家，创新能力遍及多领域各地区，普及性高。

2013年，加拿大联邦政府公布《经济行动计划》，其主要内容：一是就业保障。要求改革就业培训方式，确保培训更符合求职需求，将原来由政府负责的就业培训交由社区大学、职业学校、专科学校和工会培训中心等执行，各级政府和雇主将为每名学员各出资5000加元。二是新建筑计划。联邦政府将在10年间，设立总额超过700亿加元的长期基金，支持道路、桥梁和公共交通等基础设施建设。三是扶持制造业和小型企业。推动总额为14亿加元的税收减免计划，帮助制造加工业更新改造机械设备，同时，促进小型企业就业保障，扶持高新技术行业及其孵化器发展。今后5年将出资9.2亿加元支持航空航天、国防、林业等重点产业发展。

2014年和2015年，分别发布《数字加拿大150计划》的第一版和第二版，旨在加拿大建国150周年之际，能够建成为一个数字经济蓬勃发展、为民众工作和生活提供更大机遇和便利的数字国度，并成为数字技术和开放数据的领导者。该计划提出加拿大数字化战略的五项内容：建设高速网络基础设施、鼓励民众使用网络、鼓励数字经济发展、建设数字政府、发展和传播数字内容。联邦政府将通过加拿大商业发展银行，给数字企业提供3亿加元的风险投资，此外还将投资2亿加元支持中小企业采用数字技术。

2019年，加拿大发布《服务和数字政策》文件，表明区块链技术成为政府新政策的核心。这份文件对该国政府服务未来的方向进行概述，其中区块链技术和人工智能是帮助推动政府部门数字化转型的首选技术。该政策于2020年4月生效，这样各级政府部门有时间做好准备以满足其要求。另据一项调查发现，加拿大公司是世界上对区块链最友好的公司。年创收在5亿美元或以上公司的1000多名高管参与了这项调查，其中，51%的加拿大公司高管表示，他们的公司目前正在投入区块链技术。

三、本书的框架结构

本书把21世纪以来，特别是近十年加拿大的社会经济与科技活动作为考察对象，集中分析其取得的创新成果。本书以加拿大的发明创造事实为依据，采用取精用宏的方法，对搜集的各类原始报道材料统一汇总，通过对比分析，细加考辨，实现同中求异，异中求同，精心设计成研究加拿大创新信息概况的分析框架。本书由十章内容组成。

第一章　电子信息领域的创新信息，主要分析微电子与电子设备、计算机与人工智能、通信与网络技术等新成果。

第二章 纳米技术领域的创新信息，主要研究碳纳米管等纳米材料、超高效纳米机器引擎等纳米产品，以及应用纳米技术在开发电池、疾病防治等方面取得的新成果。

第三章 光学领域的创新信息，主要探索以新方法测量光动量，研究光合作用与挤压光技术，用光子制造量子逻辑门，研制光学仪器设备等方面的新成果。

第四章 宇航领域的创新信息，主要研究宇宙理论与宇宙概貌，探索银河系布局，探测系外天体，探测太阳系，研制航天设备与推进太空开发等新成果。

第五章 材料领域的创新信息，主要分析结晶铜和铝合金等金属材料、二氯乙酸盐和玻璃等无机材料，以及有机高分子材料在纺织和医学领域的开发应用等新成果。

第六章 能源领域的创新信息，主要探索含锂电池、燃料电池、太阳能电池、清洁重油提炼、新合成能源、高空风力电站和便携式步行发电机等新成果。

第七章 环境保护领域的创新信息，主要研究温室气体潜在来源、大气和水体等污染防治、节能环保产品、生态环境变化与生态环境灾害防护等新成果。

第八章 交通运输领域的创新信息，主要分析车用电池、电动车无线充电设备和储能装置、高效环保飞机、全电动水上飞机，以及桥梁建设等新成果。

第九章 生命科学领域的创新信息，主要探索基因变异与测序、蛋白质新种类、细胞生理机制与干细胞开发利用、动物生理生态与进化演变、植物种类与农作物培育，以及微生物性质和种类等新成果。

第十章 医疗与健康领域的创新信息，主要研究防治癌症、心脑血管疾病、神经系统疾病、消化与代谢性疾病、艾滋病等烈性传染病，以及妇幼与老人疾病、呼吸、五官和骨科疾病等新成果。

张明龙 张琼妮

2020年2月

目　录

第一章　电子信息领域的创新信息

21世纪以来，加拿大在微电子与电子设备领域的新成果，主要集中于利用硅片捕捉超冷原子，研发可确定电子隧穿时间点的试验装置。在晶体中存入量子纠缠态信息，用相机拍下量子纠缠图像；新固态系统成功实现两轮量子纠错，刷新室温下量子存储世界纪录，证明机器学习能重建量子系统。发明鼻子导航鼠标，推出电脑手势控制臂环，研制出存储密度最高的固态存储器，开发新型医疗传感器，利用雷达设备勘测矿井裂纹和危险区域。在计算机与人工智能领域的新成果，主要集中于研制出全球首台量子计算机，检测首台商用量子计算机的性能与速度；研制出新型超级生物计算机模型、首款可卷曲触屏平板电脑，开发不再以貌取人的虚拟面试技术，以及多种视觉图像处理算法。开发下跳棋永不会输的人工智能技术，推进人工智能学习算法研究，研制模仿人类行为机器人、医疗机器人、水下机器人。在通信与网络技术的新成果，主要集中于开发利用光器件完成量子中继通信，推出全球首款无线城域网，建立用于支持环境领域研究的超高速光纤网络，利用声音监测网络异常的新技术，着手研究以光子为基础的“无法破解”密码，另外，还用心电图开发确认身份的加密装置等。

第一节　微电子与电子设备研究的新进展

一、微电子领域研究的新成果

（一）原子与电子研究的新信息

1. 研究原子方面的新进展

利用硅片捕捉超冷原子。2006年5月28日，加拿大多伦多大学博士后赛斯·奥宾领导的一个研究小组，在《自然·物理》杂志上发表论文，宣称他们简化并提高了产生超冷费米子气体的效率。超冷费米子气体是高温超导体量子模拟过程中所必需的。

奥宾说："我们的想法是，要创造出我们自己的用于模拟的哈密顿量。利用硅片来实现这个过程是全新的。我们在硅片上光刻出一些线，这些线能够更紧密地捕捉冷原子。"捕捉的冷原子越紧密，它们之间的碰撞概率就越高，再加热速度就越快。当捕捉稀有原子用来模拟时，这个性质尤为重要。

多伦多大学的这个研究小组，产生超冷费米子气体的方法，相对以前的方法更有效。奥宾说："以前要用到两个连通的真空室，而现在我们只需要一个。典型的循环时间尺度为30~90秒，而我们能做到30秒以下。"其中最重要的部分是蒸发共同冷却，研究小组可以把这个部分的循环降低到6秒。

利用在硅片上微加工的紧密磁捕捉线，奥宾研究小组可以实现特殊种类捕捉原子的蒸发和共同冷却。当这个过程完成之后，费米子就可以安装到光学格子上去了。其中费米子为哈密顿量中的电子，光学格子模拟的则是晶格。利用这套系统可以通过模拟求解不同的哈密顿量。奥宾承认，这套系统一般比较快，但是它更适合于捕捉大量的原子。他们正在尝试捕捉稀有原子，当利用这套系统捕捉稀有原子时，它的效率就要低得多了。

虽然这项工作没有直接的应用，但是奥宾仍然看到了十年内它的光明前景。物理学家们可以利用它在芯片上处理费米简并态。因为可以在一块芯片上进行多重捕捉，所以它可以用来模拟具有相互作用的量子系统。这对量子信息处理、高精确性测量仪器和干涉仪都有好处。奥宾说："费米干涉仪可能对测量惯性力和引力带来重大突破。"他还提到这项工作对费米子原子钟的应用价值，它可以使原子中精度更高。

奥宾说："费米子比玻色子精度更高。简并玻色气体或者玻色—爱因斯坦凝聚非常精确，但是精度不高。而费米子会损失一点精确性，但是得到了很高的精度。"利用这项新的超冷费米子产生技术，还有助于简化姊妹种量子气体、多体原子态和超流态的显式形式。

2. 研究电子方面的新进展

研发可确定电子隧穿时间点的试验装置。2012年8月，加拿大与德国、以色列和英国科学家组成的一个国际研究小组，在《自然》杂志上发表研究成果称，他们研发了一个试验装置，首次可以准确确定电子从隧道效应障碍物中出来的时间点。该研究为原子和分子中的“多电子重排”在空间和时间上的直接分辨，提供了一个普遍方法。

在神奇的量子世界里，原子和分子不再适用经典的物理规律。在这里，电子可以克服能垒，尽管他们没有必需的能量，这就是所谓的“隧穿效应”。直接测量量子世界里的进程是非常困难的，尤其当他们时间尺度特别短的时候。因此，该研究小组研发了一个试验装置，让各种物理量的大小，可以在比飞秒还短的时间尺度内变化。通过测量和计算的比较，科学家获得了一个量子时钟，从而能够以阿秒的精度，确定发生电子隧穿的时刻。

研究人员先用一个强激光场，诱导来自氦原子的电子隧道效应，再用一个较弱的探测激光场，把发生隧道效应的电子引到侧向进行研究。这其中带正电的原子核的吸引力，就表现为需要克服的能垒，而缓慢振荡并垂直照射隧穿电子的弱激光场，则可以让电子像被橡皮筋牵引一样向原子核运动。当电子与原子核接近时，会出现光闪烁的特性，这就是所谓的高次谐波。通过测量这些高次谐波的频率、偏转电子飞行路径的长度和偏转激光场的属性，研究人员就可以最终计算出电子跨越能垒的准确时间点。

研究小组用一个简单的比喻，来解释其是如何得到电子隧穿时间点的。研究人员说：“当你从一家咖啡店出来，走向对面的公共汽车站，弱激光场就像左右交替吹的风，把你往路旁推。当我们知道了风的特点，即风力、风向，我们就能说出你走出门口的时间。”

现在，研究人员继续用二氧化碳分子来进行类似的实验。相对于只有两个电子的氦，二氧化碳分子有 20 个电子。它们可能会停在不同的轨道，隧穿的电子根据所处轨道的不同会有一个很小的时间延迟。这个实验首次为物理学家确认隧穿电子源头提供了机会。

（二）量子研究方面的新信息

1. 量子纠缠研究的新进展

（1）首次在晶体中存入量子纠缠态信息。2011 年 1 月，加拿大卡尔加里大学物理系教授沃夫冈·泰特尔与德国科学家共同组成的一个研究小组，在《自然》杂志上发表论文称，他们首次成功地在一种特殊晶体中，存入光量子纠缠态的编码信息。

参与研究工作的加拿大科学家认为，该项研究成果是量子网络发展的一个里程碑，有望在不久的将来让量子网络成为现实。泰特尔介绍，他们在研究工作中，将数据信息编码成光量子的纠缠态。在这种状态里，光量子之间形成纠缠关系，即便是它们游离开来相距甚远，也会保持这种“纠缠”关系。在某种程度上讲，这种纠缠关系意味着量子之间尽管相距甚远，还将存在着通信联系。但困难在于，如何能够使它们固定不动而不破坏这种脆弱的量子链接。

为了实现这个目的，研究人员使用了一种掺入稀土离子的晶体，并将其冷冻到零下 270℃。在此温度下，晶体材料性质发生变化，使得研究人员可以存储和提取这些量子，而不产生明显的退化。泰特尔表示，研究结果显示，量子所拥有的“纠缠”这种物理性质，并不像我们以前所通常认为的那样“脆弱”。

研究人员表示，研制这种记忆存储元件区，使用的几乎全部是现存的标准制造工艺。他们认为，能够与现有技术实现成功嫁接非常重要，这样可使这种基础研究成果尽快进入实际应用。

目前的网络通信，信息是通过光脉冲在光纤中传输实现的。传输的信息可存储在计算机硬盘里以备使用。而量子网络与光纤网络的传输原理相似，但传输载体却非使用光脉冲。在量子通信中，也需要存储和提取数据信息。量子网络的一大优势，是可以保护信息在传输过程中不被第三方截取。

（2）首次用相机拍下量子纠缠图像。2012 年 8 月，有关媒体报道，加拿大渥太华大学、英国格拉斯哥大学和赫瑞·瓦特大学科学家共同组成的一个国际研究小组，在《自然·通信》杂志上发表研究成果称，他们首次利用照相机，拍摄到量子纠缠的图像。量子加密通信、量子计算等技术的发展，都需要依靠量子纠缠的物理特性，最新研究成果朝着开发这类应用迈进了一步。

量子纠缠是一种量子力学现象，处于纠缠态的两个粒子即使距离遥远，也保持着特别的关联性，对一个粒子的操作会影响到另一个粒子。简单来说，当其中一个粒子被测量或者观测到，另一个粒子也随之在瞬间发生相应的状态改变。这种仿佛心有灵犀一般的一致行动，超出了经典物理学规则的解释范畴，被爱因斯坦形容为“鬼魅似的远距作用”。

在此次实验中，研究小组使用一个具有高灵敏度的照相机，来测量光子的高维空间纠缠。光子的纠缠态是用一种特殊的晶体把一个单光子一分为二来创建的。通过给这些光子对拍照，研究人员可以对光子位置之间的关联进行测量，这是经典物理学所无法实现的。借助 201×201 像素阵列，照相机可在同一时刻观察到量子光场的全景，研究小组也得以看到多达 2500 种不同的纠缠态。

研究人员说：“一张图片胜过千言万语，这句格言用在此处再恰当不过了。每个像素都含有自己的信息，从而可能给量子加密通信的数据容量带来革新。这项研究是朝着未来量子技术迈进的重要一步，同时也显示了照相机的一个重要新功能，那就是在量子信息科学方面的应用。”

2. 量子纠错与量子存储研究的新进展

（1）新固态系统成功实现两轮量子纠错。2011 年 11 月 16 日，美国物理学家组织网报道，加拿大滑铁卢大学电子学家奥萨马·穆萨主持的一个研究团队，在《物理评论快报》上发表研究成果称，他们测试了一种能在固态信息处理系统中进行量子纠错的方法，成功地实现了两轮量子纠错。

液态核磁共振已可以成功处理量子信息，但其存在着延展性差和其他的缺点，固态核磁共振或许能克服其中一些问题。而想要固态量子信息处理器正常发挥作用，就需要具备纠错的能力。穆萨表示，新方法仿效液态量子信息处理器对固态系统进行控制，每个处理器都有一系列的核心作为量子位。他说：“我们在固态系统中使用了单个晶体丙二酸。该分子包含 3 个碳 13 核子，能够提供可控的磁性状态，我们称其为处理器。但如果用碳 12 代替碳 13，处理器之间则不会发生任何相互作用。”

新固态核磁共振系统在量子处理方面表现更好，具有更大的联轴器。此外，该系统还具有实现更高偏振的潜力，可提供更长的相干时间，这对于量子信息的处理十分重要。

研究人员进一步证实，该固态系统能完成两轮量子纠错，这一结果为该套系统的可行性提供了依据。穆萨表示，其控制两轮纠错执行的能力，为开发混合量子信息系统提供了可能。他们已经证明在固态系统中也能实施可控的纠错，在该系统中，信息将在核自旋上进行编码。人们可以想象各种以核自旋作为基本信息载体的混合系统。随着他们达到更好的操控状态，开发出类似的系统协议，量子信息处理领域将会从中获益。

（2）刷新室温下量子存储世界纪录。2013 年 11 月，加拿大西蒙弗雷泽大学迈克·斯沃尔特教授领导的一个国际研究团队，在《科学》杂志上发表研究成果说，他们在室温下使脆弱的量子存储态维持了创纪录的 39 分钟，从而将此前在硅基系统中编码信息“量子比特”最长持续时间 25 秒，提高了 90 多倍，克服了超高速量子计算机研究的一大障碍。

斯沃尔特称，此项研究成果开启了量子信息在室温下实现真正长时存储的可能性。在常规计算机中，数据“比特”只能存为 1 或 0；而在量子计算机中，量子比特则可存为同时处于 1 和 0 的叠加态，因此能同时执行多次计算。但量子比特的问题，在于其会出现不稳定性，器件通常会在不到 1 秒的时间里“失忆”。

在《吉尼斯世界纪录大全》中，目前还没有量子比特持续时间的记录。此前的非官方纪录是，固态系统中最长时间为 25 秒，深冷温度下的最长纪录为 3 分钟。

在该项新实验中，研究人员把信息编码入保持在纯硅片中的磷原子核中，将其冷却到接近绝对零度的-269℃，然后利用磁场脉冲倾斜原子核的自旋方向，创造出叠加态。当研究人员将系统温度提升到室温 25℃时，叠加态维持了 39 分钟。更重要的是，研究人员发现，他们可以随着系统温度的上升和回落到绝对零度对量子比特进行操纵。在深冷条件下，该量子存储系统可维持 3 个小时。

参与研究的英国牛津大学材料系教授斯蒂芬妮·西蒙斯表示，通常测量系统均会引入噪声，但他们已确认该系统基本没有噪声。不过，在进行大规模量子计算前，仍有许多障碍需要克服。首先，这种内存器件需要用高纯硅制作，以避免磁同位素对原子核自旋的干扰；其次，该实验中磷离子 100 亿次自旋都处于相同的量子态。而要运行计算，物理学家还需将不同的量子比特置于不同的状态，并控制其耦合和相互作用。

量子研究领域的专家认为，在一个可测量系统中，能维持如此长时间的相干态是该研究的重大成就，而且从实验观点看，对样品进行重复加热和冷却也没有发生问题，也是相当了不起的。更重要的是，这项研究表明，对硅材料的投资仍有巨大的工程潜力可挖。

3. 重建量子系统研究的新进展

首次证明机器学习能重建量子系统。2018 年 2 月 26 日，加拿大量子物理学家与美国纽约计算量子物理中心专家共同组成的一个研究团队，在《自然·物理》杂志上发表研究成果称，他们首次证明，机器学习可基于较少的实验测量重建量子系统，新方法不仅能帮助物理学家更快速地分析粒子系统，也有助于量子计算机等量子力学应用的发展。

电子等粒子系统能以许多不同的组合存在，每种系统都有特定的出现概率。在量子领域，未被观察的系统并不以任何一种组合存在，而被认为是所有可能的组合。当测量时，系统塌陷成一种组合，这意味着，科学家无法在单个实验中观察到整个系统的复杂性，必须一次次进行测量，直到确定整个系统的状态。但这种方法适用于仅包含少量粒子的简单系统。随着粒子数量的增加，系统的复杂性飙升。例如，每个电子拥有向上或向下的自旋，5 个电子系统拥有 32 种可能的组合；100 个电子系统则拥有 2 的 100 次方种组合。此外，粒子纠缠也会加深量子系统的复杂程度，因此传统方法力不从心。

在最新研究中，研究人员利用机器学习技术规避了这些限制。他们将量子系统的实验测量结果，提供给基于人工神经网络的软件工具，软件会学习并尝试模仿系统的行为。一旦软件获取足够多的数据，它可以准确地重建完整的量子系统。

研究人员使用基于不同量子系统的模拟实验数据集，对软件进行了测试。结果显示，该软件远超传统方法：对于 8 个电子的系统，软件只需约 100 次测量即可精确重建系统，而传统方法则需近 100 万次测量才能达到同样的准确度。新技术也可处理更大的系统，还能帮助科学家验证量子计算机是否正确设置、量子软件是否按预期运行等。

有关专家说，机器学习与量子物理学强强联手，除了用于基础研究之外，也能改善人工智能的应用。

二、研发和利用电子设备的新成果

（一）研发计算机配套设备的新信息

1. 研发计算机输入和控制设备的新进展

（1）发明用鼻子浏览网页的鼻子导航鼠标。2004 年 9 月，加拿大渥太华信息技术研究所的发明家梅德·乔罗尼奇发明了一种新的计算机导航系统，该系统放弃了传统的鼠标，而选择鼻子来引导图标进行网页浏览。报道说，如果顺利的话，甚至还可以发明出用眼睛导航的设备，眨巴一下左眼或右眼，就相当于点击左右鼠标。

发明者希望这种用鼻子引导的鼠标，能够让某些身体残疾的人，更方便地使用计算机。同时，也能满足那些视频游戏发烧友，通过头部或眼神的举动杀死恶魔的奇异想法。

报道说，鼻子导航技术需要与一个接入 USB 接口的网络摄像机同步结合使用。启动后，摄像机就锁定鼻子的运动，并传递出不同的信号。之所以选择鼻子，是因为与面部的其他表情特征相比，鼻子的运动更容易被锁定和追踪。

该技术通过电脑屏幕上图标的移动，与头部左右摇摆的一致进行控制，同时表情监测软件还可以监测到使用者眨眼的动作，连着眨巴两次眼睛就能打开鼻子导航鼠标。

（2）推出能控制电脑的手势控制臂环。2013 年 3 月 4 日，国外媒体报道，加拿大创业公司泰米实验室推出最新开发的一款创新性臂环，佩戴它的任何人，只要做个特定手持或者动动手指，就能操作数码科技产品，与之发生互动。

这种独特的手势控制装置，可以佩戴在任何一条胳膊的肘关节上方，探测用户的肌肉产生的电活动。该技术在真实世界里的一些应用，包括通过举起或者放下手臂，上下滚动电脑屏幕，以及通过左右挥舞两根手指，切换桌面应用程序。刚刚看到的一段宣传视频显示，用户通过把手攥成拳头，可以停止 iTunes 里正在播放的歌曲，然后通过腕关节做圆周运动，调高音量。这种臂环不只能够应用到笔记本电脑和台式电脑上。

另一个场景是用户伸展手臂，像是正握着一个科幻武器一样，通过这种方式控制一台电视上的《质量效应 3》，这是新一代游戏。

该臂环通过低功率的蓝牙设备，与其他电子产品进行无线连接。这种功能与美国微软公司的 Kinect 辅助设备类似，它最初是为 Xbox 360 控制台设计的，但是最终它成为深受用户欢迎的界面工具。然而两者的不同之处是，该臂环不需要借助相机感知用户的动作。这是一种完全不同的方法，但是由于它只追踪一条胳膊的运动，而不是像 Kinect 一样接收整个身体的信号，因此它的功能性大打折扣。

报道称，加拿大滑铁卢大学机电工程专业的 3 个毕业生：亚伦·格兰特、马修·贝利和斯蒂芬·莱克，在 2012 年创立了泰米实验室。到目前为止，该公司的雇员已经增加到 10 人，现在它是美国科技孵化器 2013 年冬季班的组成部分。泰米实验室的联合创始人同时也是首席执行官的斯蒂芬·莱克说："作为一家公司，我们对如何能够利用科技提高人类的能力非常感兴趣，简而言之就是赋予我们超能力。我们非常惊喜地看到，这种臂环模糊了我们和数码科技之间的界限。"

2. 研制计算机存储器的新进展

研制出迄今存储密度最高的固态存储器。2018 年 7 月 31 日，加拿大阿尔伯塔大学官网报道，该校物理学教授罗伯特·沃尔科、物理系博士研究生罗申·卡尔负责的一个研究团队，通过完善相关技术，研制出迄今储存密度最高的固态存储器，其存储能力比目前计算机存储设备提高 1000 倍。

卡尔表示："从根本上来说，借助新存储器，你可以将 iTunes 上所有的 4500 万首歌曲存储到 25 美分硬币大小的表面上。5 年前，我们认为这是不可能的。"

研究团队采取了他们研发出来的用于制造原子级电路的技术。这一技术可以快速去除或替换单个氢原子，这就使存储器可被重写，因此，可为计算机提供更高效的固态硬盘类型。

为演示新存储器，研究人员将整个字母表以 138 太字节/平方英寸的密度进行编码，大约等同于把 35 万个字母写到一粒米上。卡尔强调说，之前的原子级计算存储设备只在极低温条件下才能保持稳定，而新存储器在室温下也能工作。这项技术最直接的应用领域是数据存档。接下来，他们将进一步提高读写速度，使其能在更多领域里大显身手。

沃尔科对原子级物理领域非常精通。他完善了纳米尖端方面的技术，使科学家能在硅芯片上操控单个原子。这一技术目前已达拐点，研究人员正致力于让可应用于所有技术领域的原子级制造，实现商业化生产。

（二）研发医疗健康方面电子设备的新信息

1. 开发可为体内医疗器械“通风报信”的装置

2004 年 7 月，加拿大渥太华的卓联半导体公司宣布，他们正在开发一款新型的装有天线的微芯片。这款微芯片将被用在心脏起搏器等人体内置医疗器械上，起到反馈这些植入式器械工作信息的作用，一旦发现问题，不用通过外科手术取出，医生就可以对其进行无线调试和监控。

卓联公司表示，设计这种能够反馈人体内部器械信息的装置，要面对很多困难。它的体积、能量消耗和人体排异性等都是要解决的问题。这种微芯片要求天线的体积非常小，但是工作效率却很高，必须确保将丢失信号的概率降到最低。同时，它的耗电量还要低。另外，由于人体的骨骼、肌肉和脂肪等各个部分，对内置材料有着不同的排异性，因此，材料的选择也是个很大的问题。

该公司计划在未来的 8 个月之内，开发出起搏器无线接收芯片。它的数据传输量，将是现有产品的 100 倍，并且更快速、更节能。另外，公司还开发用在助听器和肌肉刺激装置等其他医疗器械上的芯片。

2. 发明避免背部损伤的鞋底传感器

2017 年 9 月，加拿大魁北克大学电子专家埃亚·巴卡拉领导的一个研究团队，在《传感器》杂志发表研究成果称，他们发明的压力传感器，能自动探测人们在工作时背部是否会受到损伤，并且它个头不大，很容易被塞进鞋底里。

研究人员说，这种压力传感器采用最新算法，可提醒人们在提起重物时弯曲膝盖、挺直背部方面，做得更加符合科学要求。巴卡拉介绍说，人们在搬运重物时，通常不会意识到自己并未采用正确姿势。为此，该研究团队创建了一对可穿戴压力传感器。它能探测人们在提起或者搬运重物时，何时未采用正确姿势。巴卡拉表示："我们想找到针对工伤的预防疗法。"被塞进鞋底的压力传感器，能检测人们正在如何分配他们的体重，而一个装在帽子上的安全加速度计，能追踪他们正在如何移动。

研究人员表示，这种传感器组合能发现很多身体姿势问题。该研究团队让一名志愿者穿戴上这些设备，然后以 3 种不同方式举起一些箱子，其中一半时间采用最佳做法，但另一半时间在举起箱子时故意采取一些最常见的错误姿势。

随后，研究人员利用深度学习算法运行了传感器数据，以教会该系统辨别正确和错误姿势之间的差别。当系统接受测试时，它能在 95% 的时间里正确分辨人的姿势。巴卡拉介绍说，可以在该系统中添加一个按钮，使其震动或者发出声音，从而提醒人们正在采用错误姿势。

相关专家认为，该研究团队的创新方向是对的，但在确保传感器是评估姿势的良好方法前，还需要在更多人中进行测试。如果此项试验仅涉及一两个人，那就很难说该系统在面向整个人群时能达到多高的准确度。

（三）利用电子设备探测矿井险情的新信息
——利用雷达设备勘测矿井裂纹和危险区域

2008 年 6 月，有关媒体报道，加拿大的一些矿井正在开展一项应用技术实验：使用一个通过雷达设备进行勘测的先进系统，以检查井下是否存在裂缝和危险区域。

据悉，目前有两项雷达技术可供加拿大矿井管理人员用来检测矿井顶部和侧壁上看不见的裂纹。其中，一项技术名为"裂纹识别系统"，用以检测岩矿；另一项是"顶部钾检测系统"，用以检测钾矿。"裂纹识别系统"可用于检测脆弱的岩矿。岩石产生的巨大压力和其他情况可能导致地道变形，最终出现裂纹等严重后果。"顶部钾检测系统"是一个可以安装在吉普车或矿车上的雷达，能够缩短井下检测时间。

这两项技术的操作原理与监测飞机的常规技术相同，即发出无线电波，并接收电波在途中遇到的物体反射的能量。具体而言，如果电波发现构成矿井顶部和侧壁的物质出现裂纹，其能量就会减弱。要计算裂纹的位置或深度，测量电波行程的时间即可。

报道称，加拿大进行的实验已经证实，新技术可以用于发现矿井地道顶部的水平裂纹。这些裂纹很难被肉眼发现，随着时间的推移可能导致顶部塌陷。

第二节 计算机与人工智能的新进展

一、计算机及其应用技术的新成果

（一）研制计算机方面的新信息

1. 量子计算机研发的新进展

（1）研制出全球首台量子计算机。2007 年 2 月，加拿大温哥华 D-波公司首席技术官基尼·罗斯宣布，该公司已成功研制出一个具有 16 量子比特的“猎户星座”量子计算机。他透露，会分别在美国加州和加拿大温哥华展示他们的量子计算机。

量子计算机是物理学家费曼在 19 世纪 80 年代提出的概念。量子位可以同时表示 1 和 0，因此能够携带更多的信息，更快地解决问题。量子计算机希望利用量子现象来增加计算的速度，最大特点是 N 个储存位可以同时储存 2N 个数据。不过量子计算机最大的问题是只要受到任何微干扰，如果过热，会马上关机。截至目前，量子计算机在实验室中只能成功运算数千次，稳定度仍然不够。该公司目前设计的 16 量子比特计算机，是用贵金属铌制成，并且须在 0℃ 以下运行。

有专家认为，D-Wave 公司的尝试只是一种原理性检验，虽很有必要，却必须首先纠正量子计算中不可避免的错误，否则这个量子计算机将无法运行。许多科学家认为，量子计算机广泛商业化还需 20 年时间。

（2）发现蓝色染料酞菁铜可用于制造量子计算机。2013 年 10 月，有关媒体报道，加拿大英属哥伦比亚大学和英国伦敦大学学院纳米技术中心科学家组成的一个研究小组，在《自然》杂志上发表论文称，他们发现一种常见的蓝色染料酞菁铜（CuPc），或许能在量子计算机中发挥重要的作用。

酞菁铜的分子与叶绿素分子类似，是一种低成本有机半导体材料，应用范围十分广泛，在许多家庭用品中都可以看到。更重要的是，它可以加工成薄膜，能够很容易地用于电子设备当中。此前，类似的材料已经被证明具有显著优势。

新研究中，研究小组发现，酞菁铜的电子可以保持叠加状态，即它能实现同一时刻具有两种状态的量子效应。而更令人惊讶的是，该量子叠加状态，还能保持相当长的时间。这意味着，酞菁铜分子具有用于量子技术的潜力。

量子计算机运行需要精确控制微小的量子比特，它类似于二进制计算机中的0和1。要将普通比特和量子比特区分开来，就看其是否能够实现量子叠加状态。而量子叠加状态延续的时间长短，则能告诉人们，候选量子比特在量子技术中的价值。如果这个时间足够长，量子数据的存储、处理和传输便能够成为可能。

研究人员说："量子计算机能够进行大规模、高强度、高精确度的运算。理论上，一台量子计算机能够轻松解决普通计算机连续运算几十亿年都无法解决的问题。我们的研究显示，这种普通的蓝色染料，在量子计算上的潜力，甚至超过了许多先前曾考虑用于量子计算的人工合成材料。"

研究人员进一步解释称，酞菁铜的结构及其能级特点，决定了它具有很多优良的特性。这些特性已经在很多领域得到应用：如利用其光电导性，可以制备出性能优良的液晶光阀；利用其气敏性，可制备出灵敏的气体传感器；利用其光伏效应，可制备出廉价的太阳能电池。而在量子计算领域，它能够利用电子的自旋，而不是它们的电荷，来存储和处理信息，对传统的量子技术而言这非常难得。另外，这种染料吸收可见光的能力极强，物理和化学属性容易改变，因此，与其他材料相比，其磁电性能更容易被控制和设计。

研究人员表示，酞菁铜的特殊性质对于新型的量子计算和量子工程领域无疑是一大财富，未来科学家们或许还能从中发现更多有趣的属性。

（3）检测首台商用量子计算机的性能与速度。2014年3月，国外媒体报道，一直以来，量子计算机作为一种全新的、革命性计算机吸引了业内众多专家的关注。自从加拿大温哥华D-波公司推出了第一台商用量子计算机后，围绕该机器的争议就没断过。一个国际研究小组在《自然·物理学》杂志上发表论文称，他们对一台108量子比特的计算机进行检验，并将其速度与传统计算机进行了比较，认为它有自己的特色。

该机器的名字也叫“D-波”，D-波公司宣称这是一台量子计算机，不管它是否真的利用量子效应来运行，都是业内专家们争论的主题。该公司把它卖给了一些著名用户，这也激起了科学团体、网络博客和新闻记者的广泛兴趣。比如最早的机器在2011年卖给了美国军火制造商洛克希德·马丁公司，交给了南加州大学洛杉矶分校进行测试。2013年，谷歌公司购买了第二台机器。由于“D-波”能通过搜索发现一个系统的最低能态，解决关于最优化方案的数学问题，这正是公司对它感兴趣的原因。

在“D-波”中，是用一个个超导线路来模拟量子或原子自旋，系统必须冷却到接近绝对零度。自旋有“上”自旋、“下”自旋和“上下叠加”自旋。在“D-波”线路中，用电流方向来模拟自旋。

准确地说，“D-波”能不能被称为计算机都受到质疑。还有人提出，它的计算速度是否比传统计算机更快？为了回答这些问题，该研究小组对“D-波”的量子系统进行了测试。

经过测试，研究小组得出的结论是，不能一概而论：一方面，他们证明了“D-波”确实是利用量子效应运行的；而另一方面，研究人员也说：“‘D-波’只是一个模拟设备，一台用于解决最优化问题的样机。对它更准确的描述是，一台可编程的量子模拟实验机。毫无疑问，‘D-波’不是一台通用量子计算机。”

2. 生物计算机研发的新进展

研制出新型超级生物计算机模型。2016年3月，国外媒体报道，加拿大麦吉尔大学生物工程系主任丹·尼克劳领导的国际研究团队，在美国《国家科学院学报》上发表论文称，他们研制出了一个超级生物计算机模型，能够利用与大型超级电子计算机同样的并行运算方式快速、准确地处理信息，但整体尺寸却小得多，能耗也更低，因为它是依靠所有活细胞内都存在的蛋白质来运行的。

加拿大研究人员发现，作为人体细胞能量来源的三磷酸腺苷，也可以用来驱动下一代超级计算机。这个新发现有望为研发只有书本大小的超级生物计算机打开大门。与动辄占地数百平方米的传统超级计算机相比，这样的设想实在诱人。

这个超级生物计算机模型的电路，看起来有点像从空中俯瞰一个繁忙有序的城市道路交通图，它那1.5厘米大小的芯片就是“城市”，但在蚀刻好的“道路”上运行的，并非传统微芯片中电流驱动的电子，研究人员称其为“生物代理”。它们被三磷酸腺苷驱动着，以可控的方式运行。

这种生物驱动的超级计算机，完全不会像传统的超级电子计算机那样散热，因此无须降温处理，不仅更节能，可持续性也更强。虽然目前的模型已经能够通过并行计算有效处理复杂的经典数学问题，但研究人员也认识到，距离开发出全尺寸的功能性超级生物计算机还有很长的路要走。尼克劳表示，很难断言全规模的超级生物计算机何时能够问世，但对于处理更大、更复杂的问题而言，将他们的设备与传统计算机结合起来，形成一个混合系统或是一种很好的解决办法。目前他们正在采用多种途径推进相关研究。

3. 平板电脑研发的新进展

研制出首款可卷曲触屏平板电脑。2018年9月，美国物理学家组织网报道，加拿大女王大学人类媒体实验室主任罗尔·沃特加尔教授是世界可弯曲屏幕研究的先驱，他领导的研究小组从古老的卷轴汲取灵感，制造出了一款名为“魔法卷轴”的可卷曲触屏平板电脑，把柔性设备技术推向了一个全新的领域。

沃特加尔说：“我们受古代卷轴设计的启发，因为它们允许更长时间、更自然且更不受打扰地观看；另一个灵感来源是用于存储和浏览联系人名片的名片盒文件系统。”

据悉，该设备由分辨率高达2K的柔性显示器组成，显示器可以绕着一个由3D打印技术制造的圆柱体卷曲或展开，圆柱体内包括有像计算机一样运行的内部元件，两端各有两个旋转轮，使用户可滚动触摸屏上的信息。当用户定位他们想要更进一步浏览的有趣内容时，显示器还可以展开用作平板显示器。这款平板电脑“体重”轻，相比于iPad，圆柱形的“身躯”让用户更容易一手握住。当被卷起时，可以放进口袋里，可用来打电话或用作定点设备。

除了极富创新性的柔性显示器外，该平板电脑的原型还配备了一个摄像头，用户可以将卷起来的“魔法卷轴”用作基于手势的控制设备。而且，该设备的旋转轮包括机器人执行器，使设备能在几种情形下，例如，收到通知时，移动或旋转。沃特加尔表示，他们希望最终设计出一款设备，可以卷成钢笔大小，放在衬衫口袋里。他说：“从更广泛的意义上来说，‘魔法卷轴’项目还允许我们进一步研究，如‘屏幕不必一定是平面’，以及‘任何东西都可以变成屏幕’等概念。这里的任何东西，包括拥有交互式屏幕的可重复使用的杯子，以及衣服上的显示器等，我们正在探索如何将日常事务都变成应用程序。”

（二）开发计算机应用技术方面的新信息

1. 计算机虚拟技术开发的新进展

开发不再以貌取人的虚拟面试技术。2014 年 7 月，国外媒体报道，你有没有设想过，在不久的将来，要应聘一个职位也许不用再冒着恶劣天气赶赴面试地点。加拿大麦克马斯特大学米莱娜·海德博士负责的一个研究团队，正在开发测试一种虚拟面试技术，试图了解人们在面临求职或入学时，与电脑化身进行的互动方式，是否类同于真正的人类互动。

海德称，这一最新项目一旦取得成功，雇主今后或将通过计算机程序来筛选候选者。目前，海德研究团队正会同当地一家公司，对麦克马斯特大学开发的多重迷你面试（MMI）系统进行测试，以检验计算机面试与真人面试的效果差异。

多重迷你面试系统于 2002 年首次投入使用，用以评估进入该校医学院的考生。它通常包括数个站点，可立体观察应试者出场时的表现，并对其回答问题的答案进行分级。

海德表示，这是一个相当漫长且占用大量资源的过程，测试过程包括开发站点、培训相关人员、聘请演员进行角色扮演等。通过大量的比对工作，才能找出人们与计算机化身的互动方式是否与真人互动相同。

测试工作如果能够顺利完成，这一虚拟化多重迷你面试系统，可节省招聘企业大量的时间和金钱，允许应试者足不出户地进行远程面试，并消除人类面试官可能持有的任何偏见。

这个项目得到加拿大自然科学和工程研究理事会的资助，将开发和测试分别基于文本和语音的两个接口，然后对互动结果进行比较研究。如果虚拟面试成功，任何招聘企业均用其评估应试者的“关键技能”，如沟通能力、批判性思考能力以及危机管理能力等。

2. 计算机图像处理技术开发的新进展

研究和测试多种视觉图像处理算法。2019 年 10 月，加拿大约克大学拉森德工程学院电气工程与计算机科学系教授约翰·索茨领导的研究团队，在《公共科学图书馆·综合》期刊上发表论文称，他们对多种视觉图像处理算法进行测试，并经特定实验发现，人脑并不会优先处理图像中的有趣区域，这挑战了已有 61 年历史的经典理论。

有关专家认为，这一成果在理解人类视觉、视觉处理及诊断视觉病理方面具有重要理论意义，在自动驾驶等应用模型的建立和改进中也会发挥作用。

该研究团队发现，人脑不会优先处理图像中的有趣区域。这与心理学家唐纳德·布罗德本特教授影响广泛的“早期选择理论”背道而驰。该理论认为，大脑按图像的有趣程度依次关注并处理相关信息。

目前，已有数百种算法基于这种图像区域的有趣程度建立，但都未对这一理论提出质疑。索茨说：“我们的研究测试了数百种算法中比较先进的，并提出了问题：‘这些算法的性能与人类表现孰优孰劣？’”

研究人员设计了一些重复实验。其中一个实验的受试者，要在短时间内分辨特殊处理的图片中是否画有动物，而受试者只能通过图片上不同小片区域的图像，来给出答案。这些图像并没有体现出有趣程度的差异，也就消除了显著性这一参数的直接影响。受试者能够快速正确识别图像内容的结果，与理论“设定”正好相反。

研究结果表明，人确定图像所描绘事物的能力与图像有趣程度的显著性无关，而基于显著性规则开发的算法的识别能力，远逊于人类表现。其他实验还证明，虽然显著性主要决定人眼先看到哪个场景，但决定人脑处理顺序的是眼部动作。换言之，显著性不能决定大脑的视觉处理顺序。

二、人工智能与机器人领域的新成果

（一）研发人工智能方面的新信息

1. 开发人工智能应用技术的新进展

（1）机器椅自己组装的人工智能技术。2006 年 7 月，国外媒体报道，加拿大艺术家马科斯·迪安与美国康奈尔大学机械与航空工程学院副教授罗菲尔·安达瑞尔领导的研究小组，设计并制作了一把机器椅。虽然这把椅子还没有公开展示，但从已公布的录像上可以看出，这把椅子拥有神奇的“智能”。

从录像画面中，我们可以看到：一把完好的椅子突然分崩离析，然后，椅面开始在地面上“爬行”，寻找一条条断腿和椅背，利用铆钉将它们全部榫合在一起。接下来，最神奇的一幕发生了：椅子自己缓缓站了起来，恢复原状。如果是晚上看到这一场景的话，还真有些毛骨悚然。

神奇之处还有很多。2005 年 5 月，该研究小组研制出能自我复制的机器人。它由 4 块智能模块组成，每个模块大小为 10 立方厘米，内含一个微型计算机芯片，能在组装时发出具体指令。模块间可自由旋转 120°，外表面配有电磁铁，这样，模块之间就可以由磁力强弱来拼装组合或分开。这种机器人可以自由拼装成各种形状，如塔形、直角形和正方形等。

在此前的 2001 年，该研究小组做出过一张会自己行走的桌子。这张桌子能根据人所在的位置自行旋转，使其始终保持正对着使用者。

这些进展都源于人工智能的深入研究。科学家根据需要，设计出机器完成某一功能的流程，但这个流程并非精确地从一个位置移动到另一个位置，机器人能通过“视觉”或者磁力来感知复杂的环境，然后再自主决定做出什么样的动作，最终完成工作。尽管人工智能的研究可以说还处于初步阶段，但一个又一个成就让我们有理由相信，机器人的智商还将不断增长，惊奇还将不断出现，人和机器人的界线将会变得越来越模糊。

（2）推出下跳棋永不会输的人工智能技术。2007 年 7 月，加拿大艾伯塔大学计算机科学系主任乔纳森·谢弗领导的研究小组，在《科学》杂志上发表研究成果称，他们用了 18 年时间，研究跳棋的所有 5 万亿种组合，最终成功研制出一台智能计算机，可以在这项拥有 5000 年历史的古老游戏中做到永远不输。这项成果被视为人工智能发展进程中的一个里程碑。

这台跳棋冠军智能计算机名叫“奇努克”。谢弗说，奇努克智能计算机于 2007 年 4 月研发完成，它在跳棋游戏中永远不会输，如果对手每一步都走对，顶多也只能和它打成平手。

谢弗说：“我认为，我们抬高了计算机技术和人工智能研究方面的门槛，抬高得还不少。通过奇努克，我们史无前例地把计算机系统的运转能力增强了 100 万倍。”

谢弗说自己玩跳棋玩得“很差”。他通过研制奇努克，来探究计算机处理和存储数据的强大能力，并找到了在跳棋游戏中应用人工智能定律的最佳方式。

在项目研发过程中，谢弗曾向世界顶级跳棋高手请教。除了 1997—2001 年间相关研究有中断以外，18 年来，平均每天有 50 台计算机（最高峰时每天有 200 多台计算机）在运行，计算奇努克所需要的数据。

2. 推进人工智能学习算法研究的新进展

（1）开发出学习能力类似人类的人工智能软件。2015 年 12 月 11 日，由加拿大多伦多大学、美国麻省理工学院和美国纽约大学科学家组成的研究团队，在《科学》杂志上发表论文称，他们从人类大脑的学习方式中获得灵感，开发出一个人工智能软件，具有类似人类的、能够从少量事例中学习新知识的能力。

这种新的人工智能软件，只需看一个例子就可以像人一样精确识别出手写的文字。而目前最常见的机器学习软件，使用一种叫作“深度学习”的技术，需要成千上万个手写文字的案例，才可区分字母 A 和 Z。

过去几年，计算机已变得越来越聪明，它们可以学习识别人的面部、理解演讲的内容甚至安全驾驶汽车。但是这种学习能力存在严重缺陷：即使是学习如何完成最简单的任务，它们也需要大量的数据。

而该团队使用了一种叫作“贝叶斯学习系统”的算法，这种算法可以使用虚拟的笔画为每个文字生成独特的系统。然后他们使用一种概率性编程技术将每个系统与文字匹配，或者为一个不熟悉的文字生成新的系统。这种系统并没有模仿儿童获得阅读和写作能力的过程，而是模仿成人的学习过程，也就是在已经知道如何去学习的基础上，识别并书写新的文字。

为了测试这一系统的精确性，研究人员让人和软件同时在看到新的文字案例后书写出这个文字，然后让另一组人来判断哪些文字是人写的，哪些是机器人写的。他们发现只有不到25%的“裁判”能够发现两者的不同。

该研究团队表示，这一技术可被扩展到更加实际的应用中。例如，它能让计算机迅速学习如何识别并利用口语中的新词汇，也可让一个计算机去迅速识别新的物体。

（2）研制出能高效率复制人声的人工智能语音系统。2017年5月2日，《科学美国人》杂志网站报道，加拿大蒙特利尔大学学习算法实验室博士后亚历山大·布瑞比森创办的琴鸟公司，发布了新款人工智能语音系统，它能通过分析讲话录音和对应文本以及两者之间的关联，在1分钟内模仿人类“讲话”，比如模仿特朗普、奥巴马和希拉里三个人的声音展开一段对话。

让声音听起来更自然，是计算机程序在将文字转换成语音过程中面临的核心挑战，即使目前最好的语音助手，如苹果公司的Siri和亚马逊公司的Alexa，一发声给人的第一感觉仍然是，“哇！这是计算机。”背后原因在于这些语音助手系统的工作原理：根据预录的声音文档整理出词汇，再通过另一个新的音频文档将这些词汇拼凑在一起发声。

而琴鸟公司的人工智能，使用了一种全新的语音合成系统，能在“倾听”过程中“掌握”每个人说话时字母、音位和单词的发音特点，通过推理并模仿这个人声音中的情感和语调，“说”出全新的语句。

新系统使用模仿人脑思维的算法，创建出一种人工神经网络，能利用深度学习技术将所听到的转换成语音，并仅靠任何人1分钟讲话内容，就能完全模仿这个人说话。其市场前景非常广阔，可用来改进个人人工智能助手、音频书籍以及残疾人语音系统等。

开发这个人工智能语音系统的布瑞比森表示，在学会并模仿了几个人的声音后，再模仿任何一个新对象的语音就会变得更快，因此，新语音系统不需太多信息，1分钟足以捕获某个人声音的核心特点。

但美国卡内基梅隆大学语言技术研究所教授迪莫·鲍曼表示，琴鸟公司的语音系统和真正的人声之间还有差距。鲍曼说："我仔细听过琴鸟系统的发声，其带有背景噪音，以及微弱的机器人特征，而且，它还不能模仿人们在讲话中的呼吸和唇部运动，因此，仍然能听出其计算机语音特征。"他认为，语音系统真正令人信服地复制人声，还需再等几年。

3. 推出实施人工智能战略的新举措

扩大实施人工智能首席科学家计划。2019 年 5 月，有关媒体报道，加拿大高等研究院宣布，进一步扩大实施该院人工智能首席科学家计划，将这一计划下首席科学家人数，从 2018 年 12 月宣布的 29 名增加到 46 名。作为加拿大人工智能战略的重要组成部分，该计划的目标是吸引世界领先的人工智能研究人员，并为他们提供长期专项经费，提升加拿大在人工智能研究和人才培养方面的国际地位。

2017 年，加拿大联邦政府宣布拨款 1.25 亿加元，实施泛加拿大人工智能战略，由加拿大高等研究院具体负责，重点支持加拿大三大人工智能研究机构：Amii-阿尔伯塔大学机器智能研究院、Mila-蒙特利尔大学学习算法研究院和 Vector-多伦多大学矢量研究院的发展。同时，实施加拿大高等研究院人工智能首席科学家计划，在五年内拨款 8650 万加元，为每位科学家提供 100 万加元的经费，支持他们开展卓越研究并培养下一代人工智能领导者。

首席科学家的产生需经过严格的审核流程，候选人必须由上述加拿大三大人工智能研究机构提名，由国际科学咨询委员会审核并提出建议人选，由加拿大高等研究院董事会确定。国际科学咨询委员会由来自世界各地著名大学、研究机构，以及巨头科技公司的科学家和工程师组成，包括斯坦福大学、普林斯顿大学、法国国家科学研究中心以及谷歌、微软、脸谱等。在目前已确定的 46 名首席科学家中，24 名是从其他国家招募到加拿大，并担任该研究席位，其余 22 名为本国研究人员，女性科学家 9 名。

这些科学家都是人工智能相关领域的杰出专家，包括获得 2018 年图灵奖的深度学习鼻祖之一约书亚·本吉奥，另一位图灵奖获得者杰弗里·希尔顿为矢量研究院首席科学顾问。他们在许多跨学科领域开创了独特的研究，包括人工智能在计算生物学、材料发现、社会发展等方面的应用，以及用于音乐和艺术创作的深度学习工具。

（二）研发机器人方面的新信息

1. 研制模仿人类行为机器人的新进展

(1) 模仿人类团队合作行为研制的机器人。2005 年 4 月，加拿大渥太华的前线机器人公司成功地研制出能让机器人友好合作的软件，当两台交通工具（机器人）需要通过一条狭窄的通道时，它们会友好地决定由谁先行一步。

前线公司负责人理查德·理派克表示，机器人可以替代人去完成枯燥、危险和肮脏的任务，他们公司的机器人可以协助调查恐怖袭击或核事故等危险现场，也可以用于深海工程建设。他还说，机器人总是出现在最危险的场合，但是有时单枪匹马解决不了问题，如果机器人团队能有效地合作，它们将发挥更多的作用。让机器人合作，这样的工作方式被称为"分布的智力"，相似于社会性昆虫，如蚂蚁或是蜜蜂的合作筑巢行为。

过去的机器人只是简单地以一个程序回应一个输入信号行事，但合作机器人不同，在多样性选择的问题面前，需要表现出一定的灵活性。这套新设计的名为机器人的开放性控制的软件，能允许机器人选举一位领导，然后机器人再向这位领导申请穿越狭窄通道的许可，领导根据指定的规则进行筛选后，用无线电将允许前行的信号传递给指定的下属。如果领导在特殊情况下被排除在行动之外，这套软件还允许团队重新选举另外的机器人产生新的领导。

在可能出现堵塞的情况下（如狭窄的门），由这位领导者来做出决定。每个机器人都向领导者申请获得通过门口的许可，领导者将按照预设的规则用无线电信号，向各个机器人发出通过许可，命令它向前移动。如果领导者无法正常运作，则由小组成员重新选举领导人。这种软件保证无论在任何情况下，一次只有一个优先者，保证机器人一直向着目标前进，而不会因逻辑冲突的出现而陷入困境。

(2) 模仿人类男女情爱行为研制的机器人：打造相伴终身的"机器人女友"。2009 年 12 月 26 日，加拿大媒体报道，大多数单身汉，都会选择在节假日，带女友回家见见父母。昨天是圣诞节，加拿大 34 岁的单身汉李忠，也带着他生命中最重要的女人"爱子"，与父母共度佳节。然而，与普通人女友不一样的是，爱子是李忠在过去3年时间中，亲手打造出来的“机器人女友”。

爱子不仅拥有天使般的美貌和魔鬼般的身材，并且还会说流利的英语和日语。圣诞节当天，爱子不仅亲手打开了李忠送给她的圣诞礼物，并且还陪李忠的父母玩游戏。据李忠称，他的父母一开始对他的“机器人女友”感到非常不习惯，不过现在他们都由衷喜欢上了爱子，并且还特别爱和她聊天。

据报道，李忠是加拿大安大略省布兰普敦市的一名软件工程师，由于工作忙碌，他压根没有时间约会谈恋爱，所以李忠年过30岁，至今仍然形单影只。3年前，李忠彻底厌倦了这种“孤家寡人”式的生活，为了能有一个伴侣和自己朝夕相处，精通电脑程序和人工智能的李忠，竟决定亲手为自己打造一个“机器人女友”。据悉，发明机器人在李忠眼中可谓“小菜一碟”，因为李忠年轻时就是一个“神童”，他在孩提时代就曾为自己造出过第一个机器人。

从2006年起，李忠卖掉了自己的汽车、花光了所有积蓄，并多次向银行贷款，他总共耗资3万英镑，终于为自己打造出一个具有魔鬼身材和天使般纯洁容貌的“机器人女友”，李忠为她取了个日本名字“爱子”。爱子的模样看起来只有20来岁，她拥有中等身高及如同模特的三围尺寸，堪称是个“性感宝贝”。爱子拥有以假乱真的硅树脂皮肤，头上则戴着一个日本玩偶公司生产的真人假发，据李忠称，爱子完全是他依照自己“梦中女孩”的形象打造出来的。

让人无法相信的是，“机器人女友”爱子具有不可思议的人工智能，她具有卓越的“数学才能”，能为李忠管理家庭财务；爱子的“电子大脑”中拥有1.3万个不同的词句量，她能够流利地说英语和日语两种语言。爱子不但能够辨认脸庞、和人对话，甚至每天早晨还能为李忠朗读报纸头条新闻。

据悉，“机器人女友”爱子还可以一天24小时做家务，却丝毫不会发牢骚，当她为李忠打扫房间、计算账务，或给他端来一杯茶时，她总是那么“任劳任怨”，不求回报。

这个“机器人女友”像真人一样具有听觉、视觉和触觉，她的脸部和身体皮肤下面都装有许多传感器，使她对挠痒痒和触摸都非常“敏感”。爱子能分辨出温柔的抚摸和粗鲁的捏掐之间的区别，如果有人对她表示友好或试图伤害她，她会产生不同的反应。爱子具有强烈的“自尊感”，如果哪个好奇的男人试图用手粗鲁地触摸她，那么她就会对这个“非礼”她的男人甩手一巴掌。

李忠说：“她就像一个真正的女人一样，会对不同的触摸方式产生不同的反应。如果你抓得她太重或试图挤压她，她就会用手打你。她除了没有嗅觉外，可以说拥有人类的所有其他感觉。如果哪个男人试图用错误的方式乱摸她，就会被她当成‘非礼’，而得到的是她的一巴掌。”

大多数单身男子，都会选择在节假日带自己的女友回家陪父母过节，所以2008年12月25日，李忠也带着他的“机器人女友”爱子陪父母共同度过了圣诞节。李忠陪父母一起享用了丰盛的圣诞晚餐，“机器人女友”爱子则在一旁微笑着陪伴着他们，虽然她自己并没有任何“食欲”。据悉，爱子在圣诞节这天可没有闲着，她不但帮助李忠烹饪火鸡，并且还帮着悬挂圣诞装饰物。

李忠还为自己的“梦中女孩”购买了圣诞礼物。李忠称，爱子非常喜欢漂亮的衣服，所以他经常会给她购买新衣服，将她打扮得花枝招展。李忠接受记者采访时说：“就像任何女人一样，爱子也喜欢穿新衣服，我也喜欢买新衣服送给她。爱子能够识别出别人的脸庞，当她以后碰到任何熟人时，她都会主动打招呼。她还帮我挑选晚餐吃什么东西，她知道我喜欢喝什么饮料。爱子从来都不会抱怨，堪称是陪你过圣诞节的最完美女孩。”

在圣诞节晚餐后，爱子亲手打开了李忠送给她的圣诞礼物，接着，爱子还加入了传统的圣诞庆祝活动，和李忠的父母一起玩起了猜谜游戏和棋盘游戏。

李忠表示，爱子还将陪伴他的父母一起度过2010年元旦，他的父母现在都喜欢上了既稳重又乖巧的爱子。李忠说：“我的家人一开始觉得她有点怪异，不过现在，他们都很喜欢爱子。我的父母经常会与她聊天，这对爱子非常有帮助，因为这可以增强她的词汇量和语言能力。”

两年前，由于夜以继日地花费大量时间在“机器人女友”的研究工作上，李忠曾因压力过大而突发过一次心脏病。不过李忠康复后，又开始了他的研究工作，并发誓要将爱子打造成一个完美的机器人，然后将爱子的克隆产品推向市场销售，这些“女机器人”将可以用来帮助那些需要照料的老年人，或刚从医院中康复的病人，甚至还可以帮助主人照料孩子，或做家务活。

据悉，李忠为了打造这个“机器人女友”已经欠下了巨大的债务，为了将爱子打造得更完美，他仍在试图寻找一家科技公司来对他的机器人研究提供赞助。李忠称，爱子仍然无法像真人一样走路，平时最多只能靠轮椅走动，他的圣诞愿望之一，就是将来能克服机器人制造史上最大的挑战之一：使爱子像真人一样自如地行走。

李忠说：“让机器人学会走路，这对任何发明家来说都是一件最困难的研究。我现在面临的问题就是如何找到一种方法，可以使爱子像真人一样行走，而又不会影响她的任何其他能力。我在过去6个月中曾尝试过许多种不同的方法，试图令她自如地走动起来，但都没能获得成功。现在，我正在研究一些新的电脑软件，再次对爱子进行行走实验。”

据李忠称，如果爱子能够像真人一样观看、感觉、说话和行走，那么她将可以成为一个完美的“机器人女友”。李忠说，他这一辈子可能都不会再找其他女友，而是会和爱子相伴一生，不离不弃。

2. 研制医疗机器人的新进展

研制成世界首台外科手术机器人。2007年6月，加拿大卡尔加利大学宣布，该校外科专家加内特·萨瑟兰德博士带领的研究小组与研制航天飞机机械手的MDA公司合作，研制出名为“神经臂”的外科手术机器人系统。有关专家认为，该系统将为外科手术带来变革，从而使显微手术产生革命性的突破。

外科手术特别是神经外科手术，受到人手准确性的限制。发展于20世纪60年代的显微外科技术，使外科医生超越了人手精准、灵活和持久的极限，而“神经臂”系统则又极大地提高了外科手术的精准率，使外科手术水平从器官级发展到细胞级。利用该系统，外科医生可通过操纵计算机工作站，使“神经臂”与核磁共振图像仪协同作战，从而在显微尺度下使用器械从事微细手术。

据研究人员介绍，“神经臂”需要与具有强磁场的核磁共振成像仪一起运行，它的开发是由包括医疗、物理、电子、软件、光学和机械工程师等合作进行的。项目启动时，MDA公司的工程人员与卡尔加里大学外科医生一起，确定了设计“神经臂”机器人的技术需求。由于医生和工程人员仅擅长于各自的专业，难以沟通，把外科术语翻成技术词汇面临很大的挑战。目前萨瑟兰德研究小组正与卡尔加里卫生局、卡大医疗教育的教师合作开展一个培训项目，对将使用“神经臂”系统的外科医生进行培训。

萨瑟兰德博士表示，他们不仅要研制“神经臂”机器人，还要为其设计一套医疗机器人教学大纲。他们希望这一新技术能够在世界范围得到应用。为实现这一目标，他准备更多地向学生和年轻专家宣传该技术，因为他们更推崇新技术，也是临床新技术应用的中坚力量。

3. 研制水下机器人的新进展

(1) 开发出使用脚蹼游动的水下机器人。2010年10月，国外媒体报道，加拿大约克大学科学与工程学系教授迈克尔·詹金牵头的研究小组，与视觉研究中心教授巴特·沃奇伦伯格主持的研究小组联合起来，共同开发出一款使用脚蹼游动的水下机器人，它可通过无线方式接收并执行指令，有望独立承担水下探索或运送任务。

这款机器人小巧灵活，使用脚蹼而非推进器游动，设计用于从沉船地和暗礁处搜集准确数据。它通过防水平板电脑进行无线控制。身在水下的潜水员可以在平板电脑中编程，在屏幕上显示提醒标签，类似于智能手机阅读的条形码。接着，该机器人携带的相机扫描这些二维标签，接收和执行指令。

如何让水下机器人具有独立操作能力，一直是科学家面临的巨大挑战。水会干扰无线电信号，妨碍传统上通过调制解调器实现的无线通信。将通信装置连在机器人身上是个极为复杂的难题，潜水员会面临安全问题。

詹金说：“用缆绳使机器人与水面的交通工具连在一起会产生一个问题，在这种情况下，潜水员、机器人和水面操作人员之间的沟通变得相当复杂。例如，调查沉船就是一项要求非常高的操作，潜水员和机器人需要具备对环境变化做出快速应变的能力。通信上任何失误或延迟都是非常危险的事情。”

在意识到市场上没有满足这一要求的设备后，该研究团队着手开发新系统。功夫不负有心人，他们终于发明了一个可在水下操作的新系统，测试表明，它在18米的深处也不会漏水。具有丙烯酸层的铝制外壳可以保护平板电脑，而潜水员则通过按动开关和屏幕提示控制平板电脑。

詹金说："18米深处的潜水员，可以对比他们还深10~12米的机器人进行操作。毋庸置疑，这样一来，潜水员的工作会变得更轻松，也更安全。"通过平板电脑，潜水员还能像使用电子游戏操纵杆一样控制机器人：将平板电脑向右转，机器人也会跟着向右转。

在这种模式下，该机器人通过细长光缆与平板电脑连接，从而避免了机器人与水面缆绳牵引带来的许多问题。光缆还能使机器人将视频反馈提供给操作人员。在无线模式下，机器人可以通过闪烁机载灯光装置，表示识别了提示信号。其相机可以被用于构建某个环境的三维模型，接着引导机器人从事特定水下任务。

詹金说："在传统模式下，机器人必须返回水面与操作人员沟通，而新技术则对这种沟通方式做了相当大的改进。"过去，潜水员利用分层闪卡与水下机器人进行图像上的交流。但是，这使得潜水员只能依照提前设置好的指令序列工作。詹金接着说："一旦进入水下，可能会发生你提前预料不到的事情。我们希望开发出一套新型系统，让我们可以在操作过程中随时拟定指令，对千变万化的环境做出快速回应。"

（2）开发有助探寻南极冰融情况的水下机器人。2010年10月，有关媒体报道，加拿大英属哥伦比亚大学水下机器人和流体力学中心一个研究团队，新近研制出新型高科技水下机器人，这个子弹形状的金色机器人被取名为"加维亚"，它可以帮助人类探寻南极洲附近水下的冰融情况。

多年来，科学家们一直为不能探知被冰封的水底资料而烦恼，特别是在厚度100米的伊里布斯冰川舌之下。为了探寻深层冰面下的冰融情况，来自西雅图的地球科学研究所的海洋学家劳伦斯·帕德曼，曾试图利用57只海豹来获取信息。另外一位科学家则使用电子设备和卫星的帮助，来寻求南极冰封下的水底信息。帕德曼曾对《多伦多星报》表示，信息的准确性对于判断有多少温水流进冰封架是非常重要的。

加拿大研究团队研制的机器人"加维亚"，能通过声呐系统来获取方圆4.8平方米的信息资料。同时它装配有数字摄像机，海流计和判断海水温度、盐度和水质的传感器。在本月，该研究团队的两位博士生已经赶去南极洲，并启动机器人“加维亚”的水下作业。他们的这一研究项目，也隶属于由科学家史蒂文斯带领的新西兰国家水源大气研究所的大型研究项目，其主要研究海洋海水对冰川的影响。

“加维亚”一旦被放入水中，将会立即开始作业，并取得特定的所需信息。奔赴南极的博士生安德鲁·哈密顿表示，“加维亚”探测到的信息资料将是非常有研究价值的，并且很多资料是以前在海洋下面无法得到的。“加维亚”于2010年11月12日完成其对冰川融化情况的探寻。

科学家们表示，预计90年之后，地球南极附近1/3的海洋浮冰将会完全融化，届时，情况将会相当的糟糕。但目前所知的冰融情况还不确切和完整。现在，在机器人“加维亚”的帮助下，人类将会得到更准确的信息，知道因冰融引起的海水升高的高度和速度。

第三节　通信与网络技术的新进展

一、研发通信技术及设备的新成果

（一）开发通信技术方面的新信息

——利用光器件完成量子中继通信的新技术

2015年4月16日，国外媒体报道，加拿大多伦多大学与日本电报电话公司共同组成的研究小组，在英国《自然·通信》杂志上发表的一项研究成果称，他们仅用光器件即可进行长距离量子中继通信。这一成果表明，在使用量子加密和量子隐形传输等技术，进行长距离量子中继通信时，可以不使用迄今为止必不可少的量子存储器，仅使用光收发设备也可以实现量子中继通信，使具有终极安全性能的“量子互联网”向实用的目标又迈进了一步。

通常，量子中继通信过程中，在收发设备之间需要设置若干中继器，以便有效传输“量子纠缠”。为此，需要使用量子存储器存储生成的量子纠缠，并在其中进行必要的量子计算。新技术提出了在具备量子纠缠产生条件的状态下先进行量子计算，然后再生成量子纠缠的“时间反演”处理方式。由于该方式不需要使用量子存储器，从而颠覆了量子中继通信必须使用量子存储器的定论。

利用线性光器件及单一光源等现有光通信设备，进行量子中继通信，能够比较容易地实现量子加密的远距离传输，此项技术的应用，将使量子互联网距离实现又接近了一步。日本电报电话公司认为，早日实现量子中继的实用化，也是实现使用类似光器件的量子计算机的重要里程碑。

（二）研制通信设备方面的新信息

1. 通信卫星制造企业实施优势资源整合

加拿大通信卫星制造商收购美国数字全球公司。2017 年 3 月，国外媒体报道，加拿大通信卫星制造企业：全球通信和空间信息解决方案供应商 MDA 公司与美国数字全球公司宣布，双方已经达成最终合并协议。该交易对美国数字全球公司股权价值的估值为大约 24 亿美元，企业价值估值为 36 亿美元，包括承担其 12 亿美元的净债务。交易已获得两家公司董事会一致批准，预计不久就可完成。据悉，这是目前卫星遥感市场金额最大的一笔交易。

此次合并将整合双方在太空相关领域的优势，联手打造出一家更强大的企业，在全球的地球观测和地理空间服务市场，为用户提供完整的端到端空间系统、地球影像和地理空间解决方案。同时将形成全套的太空相关领域的服务能力，包括通信与地球观测卫星和机器人技术、地面卫星接收站、集成于一体的光学和雷达影像，以及先进的数据分析处理能力。除此之外，合并后的公司还将重点发展云服务，帮助全球的商业及政府客户更快速、更高效地获取地球上发生的各类动态信息。

MDA 总裁兼首席执行官霍华德·兰斯表示：“这个公告的宣布标志着一家引领行业发展的新公司诞生，从项目启动到执行，以客户需求为中心，提供完整的空间系统和成像解决方案。这次合并将扩大两家公司的业务能力与规模，让我们拥有足够的资源和技术来满足全球政府和商业客户巨大的、日益复杂的需求，从而最大程度拓展我们的总体目标市场。”

美国数字全球公司总裁兼首席执行官杰弗里·塔尔表示：“通过与

MDA强强联手，我们相信能够为我们的客户提供更大的价值，同时为我们的团队成员带来更多机遇。通过这次交易，美国数字全球公司将为迈入下一个增长阶段做好准备，团队成员也将在这家规模更大、更多样化的公司中获得更多机会。”

美国数字全球公司是美国一家领先的商用高分辨率地球影像产品和服务全球供应商，政府和商业客户遍布全球90个国家和地区。

2. 研究通信工具得到的新发现

手机不离手实际是对社交互动上瘾。2018年3月，加拿大麦基尔大学心理学教授塞缪尔·韦西埃领导的一个研究小组，在美国《心理学前沿》杂志上发表研究报告，他们发现，令人上瘾的智能手机应用和功能，都指向人类渴望与他人互动的意愿，对手机上瘾者不是厌恶社交，而是太热衷于社交。

一直以来，人们认为那些时时刻刻盯着手机、查看好友是否在线的人，是沉迷于网络世界而忽视社交。该研究小组认为，这种解读可能有误，对手机上瘾者不是厌恶社交，而是太热衷与他人互动，因此解决这个问题可能比原来想象的简单。

韦西埃是研究认知和文化进化发展的，他解释说，观察和监测他人，同时也希望被人关注和监测的意愿，可以追溯到人类发展史上很久远的阶段。人类进化成了一种有独特社交习惯的种群，需要不断有他人的输入，来建立一种文化上被认定为合理的社交指南。这也是人们寻求生活的意义、目标和自我认知的一种方式。

韦西埃补充说，就像在后工业时代，食品不再匮乏，然而我们从历史进化压力下形成的对脂肪和糖的渴望依然存在，因而会很容易引发对食物永不满足的追求，进而导致肥胖症、糖尿病和心脑血管疾病。他说：“正常对社交的需求，与通过智能手机跟人沟通带来的心理奖赏会被绑架，产生一种时刻想要看手机的病态需求。”

因此，研究人员建议手机上瘾者关掉各种推送开关，并制订合理计划，定时查看手机，并建议禁止在晚间和周末收发邮件。此外，研究人员认为，除了规范科技企业和相关手机应用程序，学校和家长也应该引起足够重视，与那些对手机上瘾的青少年多交流沟通。

二、开发网络技术的新成果

（一）网络建设及利用的新信息

1. 推进区域网和专用网建设

（1）推出全球首款无线城域网。2004 年 12 月 13 日，加拿大芯片设计公司宣布，推出全球首款符合无线城域网标准的芯片 DM256。

无线城域网是一种无线传输规格，属于 IEEE 802.16 的规格，可提供高速双向网络联机，把资料传到 30 英里外，并涵盖半径 1 英里之内的范围。它比数字用户回路和缆线宽频网络更灵活，而且由于是 IP-based 技术，比 3G 技术更适用于数据传输。

这款标准为 802.16d 的芯片组 DM256，是在无线城域网规格制订后符合标准的第一款芯片组，增加了安全防护功能，而且适合用于数字机顶的 PCI，及内建在计算机中的 Mini-PCI 卡。

无线城域网出现后，受到多家厂商的注意，除加拿大这家公司以外，主要的芯片大厂包括英特尔、红线也纷纷投入。英特尔开发者论坛会上，英特尔显示出对无线城域网的信心，英特尔在 IDF 上也宣布，将会推出符合无线城域网标准的芯片。

（2）建立用于支持环境领域研究的超高速光纤网络。2012 年 1 月 16 日，有关媒体报道，加拿大先进研究和创新网与滑铁卢大学联合宣布，将扩建一条至安大略滑铁卢亨茨维尔“高峰中心”的超高速光纤网络，以便该校环境和资源研究的科学家，能与其本国及世界同行开展实时研究，开展生态系统适应性研究和监测。

环境领域研究可以帮助人们了解自然世界的变化规律，揭示绿色工业，包括绿色旅游的发展机遇。2011 年开放的滑铁卢环境研究“高峰中心”自然环境好，是开展环境领域研究的理想场所。

先进研究和创新网是加拿大的学术科研网络基础设施，支持全加大学、政府实验室和私人研究设施开展研究开发，速度比互联网快数千倍。它由政府拨款支持，在 2012 年开展更新，开发新软件，以便更广泛接入研究数据和相关工具。该新建的连接滑铁卢大学的超高速网，不仅支持海量数据及数字化研究，也希望该大学的环境“高峰中心”可以成为该领域的会议和智囊核心。

2. 推出网络利用的新举措

实施国民高速上网的数字化国家计划。2014 年 4 月，国外媒体报道，加拿大工业部部长詹姆斯·穆尔宣布，推出旨在帮助加拿大人尽享数字化时代机遇的“数字加拿大 150 计划”。这项数字未来计划，包括用以构建信息更为联通的 39 项新举措。其 5 个关键原则是：确保互联互通、增强安全保护、增加经济机会、数字政府和强化内容。

通过该计划，加政府将确保超过 98%的国民获得高速上网服务，从而刺激电子商务、高清视频和远程教育的发展。政府将拨出 3.05 亿加元，扩展和增强高速互联网服务，使 28 万户农村和偏远地区家庭的上网速度达到每秒 5 兆字节。

“数字加拿大 150 计划”将提供 3600 万加元的资金，用以修理、翻新和捐赠电脑，并提供给公共图书馆、非营利组织和原住民社区，使学生有机会接触参与数字世界所必需的设备。在此计划下，加拿大全境无线漫游资费将设置上限，违反规定的无线运营商将受到处罚。

该计划着力提升加拿大国民对网上交易安全性、隐私保护乃至远离网络欺凌和其他网络威胁的信心。计划还将确保通信网络和设备的安全，保护家庭、企业和政府的隐私。从 2014 年 7 月 1 日起实施《反垃圾邮件法》，保护公众免受恶意网络攻击。

政府将通过加拿大商业发展银行，给数字企业提供 3 亿加元的风险投资，此外还将投资 2 亿加元支持中小企业采用数字技术。

计划着力将加拿大打造成数字技术和开放数据的领导者，确保加拿大人更便捷地使用政府的在线服务。新举措亦将促进在线内容建设，让公众全面了解和关心国家大事。

（二）网络安全系统建设的新信息

1. 开发网络安全技术的新进展

利用声音监测网络异常的新技术。2006 年 2 月，加拿大谢里丹理工学院比尔·费肯斯领导的研究小组，研发出一种用于监测网络异常的新技术，这种被称为“音乐中信息”的技术，可以让网络管理员对网络服务器和数据传输通道进行监控，以便随时发现非法入侵、垃圾邮件和网络故障。

费肯斯表示，该技术利用数学方法，把网络行为或是服务器行为转换成音乐文件，专业术语称之为“声音化”，即把任何种类的信息转换成声音文件的过程。网络中每个特定的事件，都有一定与之相关联的特定音乐文件，如垃圾邮件。音乐是监测网络很好的媒介，因为大家都很熟悉音乐。监测就是一个对多种模式识别的工作，而音乐也基本上由一些模式组成的。

研究人员与谢里丹理工学院的服务器管理小组合作进行了实验。研究人员表示，大量的垃圾邮件很容易导致服务器瘫痪，因此实验时该技术主要被用于监测电子邮件的传输情况，以免受到垃圾邮件的侵扰。费肯斯表示，对这个项目的研究已经有两年半时间了，希望能够尽快找到该技术的商业合作伙伴，以便获得政府对这个项目更多的资金支持。

2. 开发网络系统加密装置的新进展

（1）正在研发“无法破解”的密码。2013 年 12 月 17 日，在美国《大众科学》网站发表的一篇报道中，展望了那些将塑造来年世界面貌的新想法、趋势以及突破。其中提到，加拿大研究人员正在研究以光子为基础的“无法破解”密码。

前一时期，美国国家安全局（NASA）引发的多起监听门事件警告人们，大家需要更加安全的数据，而量子密码技术有望做到这一点。

量子密钥分配是一个“无法破译”的加密协议。在一个基于量子密钥分配系统中，一个随机生成的密码被光粒子加密，并通过光纤共享，随后，被用来加密敏感的数据。任何试图探测这个密码的尝试都会改变其光子，这就暗示着，这一传输已经被拦截，需要新的密码。

迄今为止，量子密钥分配一直局限在光纤网络；它也需要大型的发射器和探测器。现在，研究人员正试图让这些设备小型化：有的在携手进行研究，希望创建一个足够小的密码系统，可以安装在手机内。特别是，加拿大安大略省滑铁卢量子计算研究所的科学家们，正在研发能在全球范围内发射加密的光子的微型卫星，这将快速推进“无法破解”密码的研制进程。

（2）用心电图开发确认身份的加密装置。2015 年 3 月 16 日，物理学家组织网报道，现代生活中用到的密码越来越多，我们不断地创建、丢失、还原、重设和管理多个密码。如有更好的保护方法，用起来也不难，用户和商家都会感兴趣。技术专家提出用指纹和虹膜识别，作为数字时代下一步的方向。

如果能用“心脏”发出的电信号顺畅无阻地解开加密设备，那会怎么样？前不久，加拿大多伦多大学的一家衍生公司推出了一款“尼米带”（Nymi band），就是为此而设计。它能利用佩戴者独一无二的心电特征，来确认其身份。加拿大哈利法克斯银行正在对这一新型可穿戴设备进行测试。

据报道，“尼米带”就像一个腕表，能让人们用自己唯一的“心脏签名”——心电图来做身份鉴定。它只需“看一眼”你的心电图波形，就能确认你的身份。你可以用相关的 APP 程序获得规则的日常心跳变化，多次改进你的心电图资料。

用户把它扣在一只手腕上，用另一只手的手指去触摸它，手指和腕带之间就会产生电流。这样就向腕带证明了一次自己的身份。当要开车门或进入住宅的时候，腕带就会做它的证明工作了。但这款“尼米带”能进行银行交易吗，能否让存钱更安全？

对此，哈利法克斯银行在最近的新闻发布会上表示，他们承担了“概念论证”工作，测试“尼米带”能否减少用户记忆日常密码的需求，同时确保其安全性。

心电图签名能替代网上银行密码，《连线》杂志的詹姆斯·坦普顿说：“在一个用心电图腕带记录个人心律节奏的概念论证实验中，可以用它来登录一个网上银行服务站。”这一技术通过蓝牙结合相关 APP，可用于 Windows、Mac、iOS 和 Android 系统。

哈利法克斯银行创新与数字开发部主任马克·莱恩说：“在探索‘尼米带’和可穿戴技术的潜在用途上，我们还处在非常早期阶段，这些能帮我们改进服务，进一步掌握怎样以最佳的方式满足客户的需求。”

与指纹或虹膜扫描不同，莱恩说：“心电图是一种生物计量指标，是身体的关键信号，因此为防范入侵和伪造提供了天然的、强有力的保护。这一技术关于心脏的封闭的安全循环，能防止骗子用偷来的心电图进入服务站。”

（三）网络技术应用研究的新信息

1. 农业生产领域应用网络技术的新进展

用全球定位农机导引网络技术助农民降低生产成本。2006 年 3 月，有关媒体报道，加拿大马尼托巴省农民罗纳德·萨博林在温尼伯市以南 100 千米处拥有一家占地 2000 多英亩（1 英亩≈4047 平方米）的农场。如今，他使用全球定位网络农机导引系统，不但降低了农业生产成本，而且干活更轻松了，萨博林先生的收入也增加了。

过去，萨博林在耕种作业时必须用肉眼凭经验来判断犁沟是否直，播种、施肥、收割是否均匀。使用拖拉机和联合收割机耕作时，他更须特别小心留意，以保证每一次耕种路线要与前一次的有所重叠，避免留下未耕、未播种、未施肥的空地，造成浪费。同时，重叠处面积又不能过大，否则会造成化肥、种子、农药以及燃料的浪费。所以，在耕种时，他必须不时地检查身后的田地，以确保他的工作处于正确状态。萨博林说，这样工作一天下来，人简直是筋疲力尽，因为经常需要检查以保证重叠处面积要尽量小，在弯曲和转弯处作业更是累人。

4 年前，萨博林开始使用全球定位系统（GPS）网络农机导引系统。该系统网络彻底改变萨博林的生产方式，并且为其降低生产成本，每年在燃料、化肥和农药上省下数千元费用。他说，降低生产成本对我们农民来说简直是太重要了。同时，他的工作压力也减轻了许多。如果需要，他甚至可以依靠自动导引系统网络在夜间工作。他表示，这种设备给农民带来的变化简直是太大了，他现在已经 55 岁了，有了这套设备，他可以工作更多年。

萨博林倍加称道的设备，就是加拿大卡尔加里 CSI 无线技术公司利用全球定位网络研制生产的便携式农场机械导引系统。该系统的驱动机构利用全球定位网络卫星信号，让农民在田间干活时，能够精确地知道拖拉机或联合收割机走过的每一条路线，精度能够达到几厘米。如今，萨博林只需将农机开进农田，在每一行开始处按下导引系统控制面板上的按键，然后，在每一行结束处再按一次键就行了。

这套导引系统分为两个档次：一是基础型 S 级产品售价为 3000 加元；二是顶级配置的“eDrive”型号产品价值 10000 加元。基础型 S 级驱动系统在接收到工作的起始点和停止点，以及它们之间的方向偏差等信息指令后，可以把此信息转换到控制面板的显示屏上，变成 20 个发光二极管形成的弧线。导引系统的处理器根据 GPS 信息几秒钟就测算一次农机工作路线的数据，如果农机工作路线行进正常，重叠处很小，显示器上弧线中间的 3~4 个发光二极管就会显示绿灯信号。如果农机行进路线偏左或偏右，附近的灯会根据偏离程度改变颜色，先是橙绿，然后是黄色、橙色。EDrive 级导引系统在 S 级基础上增加了新功能，取消了灯信号的显示功能。它直接与拖拉机或联合收割机的液压系统相连，使用相同的定位数据自动驾驶机械。

萨博林说，没有农机导引系统，人工操作时，每一行要产生 1.5~2 英尺（1 英尺≈0.3 米）的重叠，耕种 320 英亩就要产生 10~12 英亩的重叠。化肥每英镑按 38 分钱计算，导引系统帮助他消除这些多余的重叠后，这样施肥时每英亩可以节约 1 加元。再加上种子、农药以及燃料的节约，每年他可以节约 4000 加元。4 年前，萨博林购买了 S 级导引系统，第二年又购买了 eDrive 系统，目前设备成本已经全部收回。现在节约的成本已全部变成了他的收入。

2. 科学实验领域应用网络技术的新进展

实验室库存管理从文件夹走向定制数据库的网络管理系统。2015 年 8 月，国外媒体报道，加拿大多伦多伦菲尔德研究所高级管理员玛丽莲·古德瑞特一旦收到申请需要使用由其管理的实验室储存中的质粒单据时，人们对于她能否完成任务，从未有任何疑问。分享试剂是在同行评议期刊出版论文的先决条件，并且对于科学过程十分重要。但古德瑞特必须先找到质粒——DNA 的循环链。

在许多实验室，这项任务可能需要搜遍旧笔记本、过时的电子表格和已经落满霜冻的冰冻盒。但在古德瑞特的实验室，工作人员会使用开放式冷冻系统追踪试剂。开放式冷冻系统是一个免费的基于 Linux 的开源 Web

应用程序制成的，可以用于保存和安全归档多个试剂文件。不仅包括质粒，还包括抗体DNA、RNA和蛋白质片段，支持多用户界面。

古德瑞特只需要快速检索材料，然后检查储存库中被指明的盒子。她说："我在15分钟内就完成了所有事。"

报道称，伦菲尔德研究所研究人员凯伦·科尔威尔与软件工程师玛丽娜·奥尔霍夫斯基一起开发出的开放式冷冻系统，能帮助研究人员通过关键词或数据库，识别符号筛选寻找样品，并根据物理位置识别试剂。科尔威尔说，这一数据库目前已经在他们研究所用于记录多个实验室和用户的十几万个样品。

据悉，用户可以自定义开放式冷冻系统来跟踪和管理库存中任何类型的试剂，也包括质粒、插入片段、寡聚核苷酸和细胞株等。研究人员还可以通过一个简单的Web浏览器连接上系统。通过定期更新数据库，研究人员就能确保自己样品的安全归档，当然前提是存储样品的时候要登记下来。不过，科尔威尔也表示，这一系统能确保关键试剂的保存和寻找，实验室管理员可以要求研究人员进行常规的试剂保存，这样就能完善整个系统。

开放式冷冻系统是诸多用于简化实验室管理的计算机库存系统之一。该系统的范围，从为个人实验室提供的简单数据库到企业级别的复杂系统，并且能用于调节预算支出。有些程序被设计用于冷冻样品记录，另外一些可用于追踪化学用品或实验用动物。一些程序能帮助制定采购和设备清单，也有一些仅限于简单描述。但就一切情况而论，这些程序的目标，是帮助实验室工作人员知道有什么资源可供使用，以及哪里能找到它们。

一直以来，许多实验室追踪存货的方法，不外乎利用活页夹中的纸张或电子数据表格。当然也有人使用更复杂的数据库软件。例如，20世纪90年代，当病毒学家乔·梅里克在加拿大西方大学建立实验室时，他研发出一个微软存取数据库，以追踪试剂。2007年，他指导的毕业生艾哈迈德·尤瑟夫，与计算机专家易卜拉欣·巴基利一起，开发出一个用户友好、基于微软界面的系统：实验室库存网络应用系统。

实验室库存网络应用系统，能储存一系列试剂信息，包括细菌、酵母菌株和DNA片段等。当新试剂被研发出来后，它们会被录入该系统，并获得一个独一无二的标识符。然后，样本根据这些数字被储存在冷冻库中，而使用者能利用关键字、来源和功能等信息进行寻找。

报道称，对于梅里克而言，实验室库存网络应用系统最有用的功能，是搜寻和比对 DNA 序列。这意味着他能够进入一个基因序列，并检查程序库中是否包含任何能被用于放大它的寡核苷酸，而非订购新货物。

由于实验室库存网络应用系统是免费的，且用法简单，这使其对小型分子生物学实验室尤其具有吸引力。不过，更高级的选择也能免费使用。负责管理化学准备室的玛丽·埃伯索尔，准备将其基于电子表格的系统升级。这是 2009 年推出的一种主要基于云端的免费实验室管理工具，利用这一工具，研究人员可以将其实验室试剂样品储存信息的 Excel 表格上传。它的零费用让她尤为心动。

埃伯索尔主要使用这种电子表格软件，追踪固体和液体化学品。除了库存管理，它也能用于管理试剂订购、标准操作程序指南等文档的存储和仪器的调度。研究人员可以根据位置或样品信息进行搜索，也可以直接把采购请求提交给实验室管理员。这种软件甚至可以提出所需试剂的替代价格方案，事实上，电子表格软件已经与一些生命科学厂家合作，为研究人员提供相关的建议。

对于埃伯索尔而言，电子表格软件不仅能提高实验室效率，还能降低成本。她说："我已节省了约 1/3 的预算。"部分原因是浪费减少了：通过精确知道自己拥有哪些化学品，埃伯索尔能在购买新试剂前确保旧试剂被用完，而且，在购买新试剂时，购入量也比之前减少了。

此外，研究人员的另一个选项是应变控制系统。小型实验室的个体研究人员能免费使用该软件，但一个针对 10 位用户的专业许可证约 79.95 美元，而 50 位用户的许可证则要 649.95 美元。所有的付费版本，都能在计算机网络或云服务器上使用。

研发该软件的公司外联经理克里斯托弗·林德尔指出，尽管它的名字会让人们想起果蝇和老鼠，但应变控制系统能协调大多数"湿实验室"生物学家的资源。该软件目前拥有 1.5 万用户，能为不同的实验有机体种系、蛋白质、质粒、抗体和化学品提供支持，并且与其他工具一样，样本都匹配有条形码。

林德尔表示，用户能根据需要对各个领域进行重新命名，结果是，应变控制系统能用于编录无论与实验室是否相关的任何东西。新升级将允许用户添加 1~2 个新定制模块，而非仅仅重新配置现有模块。

另一些系统则相对更复杂。例如，有个实验室信息管理系统，能用于追踪啮齿类动物群体。其他一些则能实现电子记事本连接。例如，产品专家泽维尔·阿尔芒表示，有一个基于云的应用程序，能追踪质粒、细菌、抗体、植物、啮齿类动物和蛋白质，以及一个内嵌式电子笔记本。该程序是有偿使用的，每位学术界用户每年的使用费为 120 美元，而产业实验室用户的使用费为 450 美元。

阿尔芒解释道，通常库存和实验室电子记录本会将每个样本与实验结果联系在一起，因此用户能追踪哪些试剂被用在了实验中。他说："我们相信，提供试剂和方法的高保真元数据，外加与实验数据的关联，将有助于提高再现性问题。这有助于研究人员更轻松地复制他们和其他实验室的发现。"

报道称，还有一部分研究机构和企业，则采取大规模集中存货管理方式。例如，有个叫作"环境健康和辐射安全实验室"，其花费数年时间，把 700 个不同实验转移到同一系统软件上。该实验室安全专家金伯利·布什表示，机构层面上的追踪能帮助完成 3 个重要任务：报告合规、跨实验室材料分享和大学层面的试剂监控。她说："如果是 700 个单独的库存系统，这是很难或不可能完成的。"

第二章　纳米技术领域的创新信息

加拿大在纳米材料与纳米产品领域的研究成果，主要集中于开发单壁碳纳米管生产新工艺，用碳纳米管制成扭曲能力提高千倍的纱纤维。把金纳米粒子作为医学材料，找到能把二氧化碳转化为燃料的硅纳米晶体，在树浆中发现抗衰老的纳米结晶纤维素，开发出可让物体隐形的纳米超材料。研制出分子打印机，制作超高效纳米机器引擎，发现可开发生物纳米机械的新双螺旋结构；研制出新一代纳米捕光“天线”，开发纳米电子元器件。在应用纳米技术领域的研究成果，主要集中于开发太阳能电池胶体量子点纳米技术，以氧化石墨烯技术研制太阳能电池，还用纳米技术开发硫锂电池、碳纳米管阴极电池。制成可用于传递小分子药物的纳米“立方笼”，开发可直接送药物进入肿瘤的 DNA 纳米材料，利用纳米粒子创建抗癌药物靶向新系统，还开发出可进入活体癌细胞的纳米机器人。

第一节　纳米材料与纳米产品的新进展

一、开发纳米材料的新成果

（一）研制碳素纳米材料的新信息

1. 碳纳米管研发方面的新进展

(1) 开发单壁碳纳米管生产新工艺。2006 年 7 月，加拿大国家研究委员会分子科学研究所与谢尔布鲁克大学联合组成的一个研究小组，经过近 10 年努力，研究出结合激光技术和诱导耦合热等离子技术，大批量低成本生产单壁碳纳米管的新工艺。加拿大国家研究委员会分子科学研究所的市场开发官员奥尔森·波尔内向当地媒体表示，该技术可马上进入实际应用。

纳米技术的进步将对包括医学、建筑、通信、航天等领域产生深远影响。但目前纳米技术仍处于早期发展阶段，面临的一个重大问题，就是要解决纳米材料的大批量生产问题，特别是单壁碳纳米管的生产问题。

单壁碳纳米管由碳的单原子薄片组成，其在易碎性上的表现比碳纤维要强。这种纳米管的重量是钢的 1/6，而强度则是钢的 100 倍。该材料还是至今发现的最佳热导体和最佳电导体。其应用范围非常广，包括长寿命电池和低能耗便携式电器。

研究人员把碳材料放在一个 1200℃ 的反应器内，蒸发成等离子体。然后，再向气化碳里加入金属催化剂，在特定的条件下冷却，就可以生产出单壁碳纳米管。该碳纳米管可以每分钟 2 克的速度采集。

该成果的重要性，在于解决了单壁碳纳米管的大批量生产问题，且制造成本低于每克 10 加元。现在全球单壁碳纳米管的年产量大约 600 千克，每克的生产成本是 600 加元。批量生产这种纳米管的困难在于，生产工艺中合成单壁碳纳米管的技术条件，要求非常严格，如果条件达不到，生产出的将会是多壁碳纳米管或碳纤维。

（2）用碳纳米管制成扭曲能力提高千倍的纱纤维。2011 年 10 月，有关媒体报道，加拿大不列颠哥伦比亚大学科学家与美国得克萨斯大学、澳大利亚卧龙岗大学和韩国汉阳大学等同行组成的一个国际研究小组，在《科学》杂志上发表研究成果称，他们用碳纳米管制造出新型螺旋纱纤维，其扭曲能力比过去已知的材料高 1000 倍，可利用其制造出比头发丝还细小的微电机。

碳纳米管与金刚石、石墨烯、富勒烯一样，是碳的一种同素异形体。它具有典型的层状中空结构特征，管身由六边形碳环微结构单元组成。在此项研究中，研究人员首先生产出高 400 微米、宽 0.012 微米的碳纳米管细微结构“森林”，然后将其纺成类似绳索结构的螺旋纱。在纺纱时，可将碳纳米管纱制成左手螺旋和右手螺旋两种类型。

由于碳纳米管纱具有良好的导电性，研究人员把制成的碳纳米管纱与电极相连，并将其沉浸在离子导电液体中。碳纳米管纱开始进行扭转旋转。它首先向一个方向旋转，当达到一定的限度，改变电压后，再向反方向旋转。左手螺旋纱和右手螺旋纱的旋转方向正好相反。

研究人员表示，碳纳米管纱的扭转旋转机制就像超级电容器充电，离子迁移到纱线，充电电荷注入碳纳米管，形成静电平衡。由于碳纳米管纱为多孔结构，离子涌入将导致纱线膨胀，长度可缩短一个百分点。研究人员在碳纳米管纱上附着了一个桨叶，结果表明，新型碳纳米管纱以590转/分钟的速度进行旋转时，可以旋转比自身重2000倍的桨叶。每毫米碳纳米管纱在250转/分钟时，其扭曲能力超过铁电体人工肌肉、形状记忆合金人工肌肉及有机聚合物人工肌肉1000倍。输出功率可媲美大型电机。

研究人员已设计一个简单的设备，用于在微流体芯片上混合两种液体。由一个15微米碳纳米管纱构成的流体混合器，可旋转比自身宽200倍、比自身重80倍的桨叶。

传统电机的结构非常复杂，微型化十分困难。但利用这种碳纳米管纱却能很容易在毫米级水平构建电机。研究人员认为，该工作非常了不起。具有如此大扭矩的纤维十分迷人，如果将其应用在机械工程中，将起到其他任何材料无法替代的效果。

研究人员表示，这种碳纳米管纱可以开辟许多新用途。它可以用于制造微型电机、微型压缩机和微型涡轮机；基于旋转执行器的微型泵，可以集成到芯片实验室技术制造的设备上；还可以将其应用于机器人、假肢及各种传感器上。

2. 石墨烯研发方面的新进展

参与确定人工制造石墨烯指南。2012年6月，加拿大、法国和捷克共和国等研究人员参加美国纽约布法罗大学维博尔尼负责的一个国际研究小组，在《新物理学杂志》上发表的研究成果显示，在一项新研究中，已经确定人造石墨烯所需的主要标准，为在实验中合成这种材料提供了指南。

研究人员指出，尽管石墨烯具有非凡的特性，但并不完美。然而，它是一个非常好的样品，可以基于它改造出具有新特性的完美材料。所以，制定标准是非常必要的。

研究人员补充说，在未来的实验中，人为制造石墨烯将充满挑战，但却是可行的。我们没有看到任何阻止制造石墨烯的主要障碍，但技术上却相当棘手，例如，找到一定数量参数的合适材料，包括载流子密度、调制电势强度和晶格常数等。我们的工作是系统地解决问题，把数量上的实验结果与理论上明确的标准相比较。

人造石墨与天然石墨相比具有一定的优势，例如，其晶体结构形式，可以是多种多样的。正如研究人员解释的，天然石墨烯的晶体结构是固定的，包括一个完美的蜂窝晶格，碳与碳的距离为 0.142 纳米。与此相反，通过电子束光刻的方式，可将人造石墨烯形成半导体多分子层，而不是只有一个精确的晶格形式或一个晶格常数。

研究人员说，下一步计划在实验室用可行的方法创造人造石墨烯，以进一步将晶格常数降低到几十纳米。为了实现这一目标，他们打算利用更高分辨率的电子束光刻，或聚焦离子束技术，并希望广泛存在的实验技术（红外/赫兹、可见光谱或电子运输），能够在人造石墨烯中，提供狄拉克费米子的证据。

（二）研制其他纳米材料的新信息

1. 开发金属纳米材料的新进展

“印刷机”法赋予金纳米粒子新特性。2016 年 1 月，加拿大麦吉尔大学科学家组成的一个研究小组，在《自然·化学》杂志上发表研究成果称，如果把金纳米粒子看作医用纳米材料的中间体，DNA（脱氧核糖核酸）就是一个重要工具，可以生成有效纳米材料设计所依赖的模式。他们开发的一种把金纳米粒子和 DNA 结合在一起的新方法，则可像印刷机一样简易地复制此类设计。

DNA 链经编程后可吸引其他的链，以自组装成各种有用模式。每个 DNA 链均须附着于金纳米粒子以完成装配。但这一过程的复制既耗时又昂贵，为了克服这个问题，研究人员开发出一种无须等待 DNA 结构在纳米粒子上形成的新方法。

在新设计中，每条 DNA 链的末端都有一种可用作“黏性补丁”的化学物质。当 DNA 链与金纳米粒子接触时，可使 DNA 链附着于金纳米粒子。之后，将该组件放入蒸馏水，DNA 结构在与纳米粒子分离的同时，可在其上留下 DNA 印记。

与原子结合成复杂分子的方式类似，这种模式化的 DNA 编码金纳米粒子，也可与邻近粒子结合，形成既定的纳米组件。研究人员表示，这种新构建的模块，预计可在光电子和生物医药领域得到应用。

2. 开发无机非金属纳米材料的新进展

找到能把二氧化碳转化为燃料的硅纳米晶体。2016 年 8 月，加拿大多伦多大学文理学院化学教授、加拿大材料化学研究主席杰弗里·奥兹，领导的多伦多大学太阳能燃料研究团队，在《自然·通信》杂志上发表研究成果认为，人类每年向大气中排放 300 亿吨二氧化碳，导致气候变化和全球变暖不断加剧，这很可能将人类自己送上不归路。现在他们找到硅纳米晶体这种材料，发现它可把二氧化碳转换成高能燃料。

把二氧化碳转化成能源的想法，并不新鲜。几十年来，全球科学家为找到一种材料将阳光、二氧化碳和水或氢转化为燃料展开了探究。然而，二氧化碳的化学稳定性，让科学家很难找到一个切实可行的解决方案。

奥兹说："利用化学方法解决气候变化问题，需要一种可将二氧化碳转化成燃料的高活性和选择性催化剂材料，这种材料必须取材于低成本、无毒和现成的元素。"

奥兹研究团队发现，硅纳米晶体可以满足这些苛刻条件。硅可在沙子中轻而易举地获得，堪称宇宙中第七大、地壳中第二大丰富元素。这种终端氢化的硅纳米晶体，简称纳米结构氢化物，平均直径 3.5 纳米。它具有光学吸收强度足等特性，可充分吸收近红外、可见和紫外波段的太阳光，且其表面有很强的化学还原剂，能够有选择性地将气态二氧化碳转化为气态一氧化碳，有望带来一种既能获得能量，又不会排放有害气体的新方法。

奥兹表示，通过纳米结构氢化物的还原能力，直接利用阳光生产燃料是概念上一大创新，具有很大的商业价值。目前，该研究团队正努力寻找增强活性、扩大规模和提高生产率的途径，以建立一个实验室示范装置。如果获得成功，将是纳米材料开发和太阳能利用研究的重要创新成果。

3. 开发有机高分子纳米材料的新进展

在树浆中发现抗衰老的纳米结晶纤维素。2012 年 5 月 9 日，法国媒体报道，加拿大滑铁卢高中学生贾内尔·塔姆是一位 16 岁少女。她发现树浆中存在一种可以抗衰老的纤维素，并由此在 2012 年加拿大赛诺菲生物天才挑战赛中获得大奖，赢得 5000 美元奖金。

这位聪明女孩发现，树浆中有一种微小粒子——纳米结晶纤维素，该物质很有弹性并且持久耐用，强度甚至超过钢铁制品，它就像是有效的抗氧化剂，可用于对抗人类的衰老。

加拿大生物科学教育部门在一份声明中表示，塔姆利用化学方法将纳米结晶纤维素与富勒烯纳米颗粒，即用于抗衰老化妆品中的巴基球进行结合，反应结果得出的纳米结晶纤维素—巴基球混合物，就像一个“纳米真空吸尘器”，可以吸收并中和人体内有害的自由基；这个超强的抗氧化合物，将来有一天可以在改善人体健康方面提供帮助，还可以用于更多的抗衰老产品中。

塔姆说：“我觉得自己的发现，为纳米结晶纤维素物质的研究开发，拓展了一个全新的领域，做研究就是能够发现别人之前没有发现的东西，这种感觉非常好。”

目前，纤维素已经被当成美白和平衡物质，用在很多维生素产品中。塔姆希望，有一天纳米结晶纤维素可以将这些产品变成自由基中和器。她在接受媒体采访时说：“把纳米结晶纤维素制成商品这个想法真的很棒，可以将其加入药片、绷带或是护肤面霜等产品。”

塔姆相信，纳米结晶纤维素的效果将超过维生素 C 和维生素 E，因为该物质的稳定性更强、持续作用的时间更长。加拿大国家森林研究所预计，纳米结晶纤维素产品未来可产生 2.5 亿美元的市场价值。2012 年 1 月在魁北克省开办的造纸厂，目前成为世界上首个大规模生产纳米结晶纤维素产品的企业。

4. 开发纳米超材料的新进展

开发出可让物体隐形的纳米超材料。2012 年 12 月 16 日，物理学家组织网报道，加拿大“超匿踪量子技术”公司首席执行官盖·克莱姆说，他们在伪装技术上取得新的突破，开发出一种称为“量子匿踪”的伪装纳米超材料，能使其周围的光波弯曲绕行，从而使披覆该超材料的人或物体消失不见，甚至能瞒过红外线夜视镜的侦测。理论上分析，该超材料也能让士兵穿在身上达到隐身效果，而且无须耗电。

克莱姆指出，这种“量子匿踪”超材料是一种“光线弯曲材料”，非电动且能与色彩伪装兼容。在他们设计的军事防御方案中，该超材料具有多种用途。

例如，用这种超材料制成降落伞，驾驶员在飞机失事时跳伞逃生，如落到敌军地盘，就可以把降落伞披在身上或飞机上，所有可见光传感器及人眼都无法探测到，他就可以发无线电报告自己的方位，等候救援；在装有摄像机和视频传感器的敌军河岸上，穿着匿踪纳米超材料的特种部队可以在光天化日之下，游泳过去而无须等到夜间；包装了该纳米超材料的下一代战斗机，无论白天还是黑夜，都可以不惧间谍卫星、空中雄蜂（追踪侦查用的小型无人机）和监视气球，“量子匿踪”超材料能除掉热痕迹，不留下任何方位线索。

由于照片可能会被分析，该公司放在网页上的图片，并未显示真正的技术，而只是解释概念的模型。克莱姆和助手演示了一个“量子匿踪”超材料的仿制品，不需要摄像机和投影仪。克莱姆说：“出于安全考虑我们不能显示真实技术。如果用真实超材料，你只能看到背景与其5%的影子。在测试中，我们确定减少了95%的阴影。”

“极端技术”公司的塞巴斯蒂安·安东尼对此评论说：“理论上，‘量子匿踪’的原理是让目标周围的光线弯曲，这是一种纳米技术材料。从其名字中透露的线索来看，它是利用了量子机制中的某些干扰造成了隐形。”

克莱姆在其公司网站上称，美国两个不同的军事单位、加拿大两个独立军事团体，以及联邦紧急响应小组，已经察看了他们的实际材料，并能证实视频和照片未经人为处理。“他们现在已经知道，我们的材料确实有效而且无须摄像机、电池、灯光或镜子等道具。它是轻量级的，而且已经相当便宜。美国和加拿大军方都已证实，它对军事红外范围和热力学范围的光线，都能发挥作用。”

二、研制纳米产品的新成果

（一）开发纳米器械产品及配件的新信息

1. 开发纳米器械产品的新进展

（1）研制出分子打印机。2006年11月，加拿大多伦多大学光学研究所主任卡伦·格兰特领导一个研究小组，研制出第一台分子打印机“纳米推动者”，这能让他们以纳米空间分辨力，在物质表面放置生物材料的微观小点。

格兰特说："这是研究人员和工业伙伴合作的最好例证。公司能得到好处，因为我们为他们提供应用的想法，而我们则从这些最先进的设备中获得利益。这能为学生们的工作提供很大的帮助。"

这种打印机通过将蛋白质、DNA、抗体等生物分子溶液输送到尖端来，在多种物质表面放置小点。这些尖端的工作非常细致和精确。光学研究所副主任辛西娅看到了这种设备的潜力。她的部分工作是组织工程，这需要用固定的生物分子进行研究。辛西娅还在建造微型通道来控制液体。这种打印机使她的工作更快捷。

辛西娅说："过去如果我需要一组分子，我必须在硅片上描绘出设计，将它暴露在光下，然后进行蚀刻。这耗费大量的时间和经费。但是，分子打印机使这一切变得非常容易。"

（2）利用 DNA 制作超高效纳米机器引擎。2016 年 7 月，加拿大生物分析化学和生物接口领域研究主席、麦克马斯特大学生物接口研究所所长约翰·布伦南领导的一个研究小组，在《自然·通信》杂志发表研究成果称，他们开创了一种利用 DNA（脱氧核糖核酸）作为微观机器引擎的新方法，可用来检测病毒、细菌、可卡因乃至金属等物质。

布伦南表示，这一全新平台可适应多种用途，DNA 纳米结构具有很强的适应性，因此可检测各种目标物。DNA 是最出名的遗传物质，也是一种非常适合编程的分子，在工程合成领域具有重要应用。新方法可将分别编程的 DNA 材料，塑造成一对互锁的圆状物。第一个圆状物直到被第二个圆状物释放时才能激活，这就像自行车车轮被上了一把锁。当充当锁具的第二个圆状物追踪到目标物质的迹象时，其就会打开并释放第一个 DNA 圆，从而迅速复制并创建诸如颜色改变这样的信号。

布伦南表示，该方法的关键在于，它可被任何需要检测的物质选择性触发。研究人员目前已设计出针对某把钥匙的"锁"，所有的部件均由 DNA 制成，最终这把"钥匙"则由研究人员针对如何构建物质来定义。

参与研究的加拿大核酸领域研究主席李应福说，DNA 纳米机器的想法来自大自然，生物利用各种纳米级分子机器来实现重要的细胞功能。这是研究人员首次设计出一个基于 DNA 的纳米机器，它能实现对一个细菌病原体的超灵敏检测。目前，研究人员正将DNA纳米机器进一步发展成用户友好的检测工具，使其能快速检测各种物质，并在一年内开展临床试验。

2. 开发纳米器械配件的新进展

发现或可构建生物纳米机械的新双螺旋结构。2013年8月，加拿大麦吉尔大学生物化学教授卡勒·格林、德国哥廷根大学乔治·赛尔德雷克，以及加拿大康考迪亚大学克里斯多夫·万兹等科学家组成的一个国际研究团队，在德国《应用化学》杂志国际版上发表研究成果称，核糖核酸（RNA）也具有双螺旋结构，以它为基础材料有可能研制新的生物纳米机械。

1953年，弗朗西斯·克里克和詹姆斯·沃森发现了脱氧核糖核酸（DNA）的双螺旋结构。自此，科学界掀起了一场对这个生命体最基本构建模块进行图绘、研究和测序的革命。

DNA对代代相传的遗传物质进行编码。要将DNA中编码的信息制成生命所必需的蛋白质和酶，RNA发挥着中介作用。RNA是一种可在细胞核糖体内发现的单链遗传物质。虽然其在通常情况下是单链的，但是某些RNA序列也能像DNA一样形成双螺旋结构。

1961年，亚历山大·里奇、大卫·戴维斯、沃森以及克里克提出假说，被称为poly（rA）的RNA可形成一种平行链的双螺旋结构。

50多年后，这个以加拿大麦吉尔大学科学家为主的国际研究团队，成功结晶出一个RNA短序列——poly（rA）11，并利用加拿大光源和康奈尔高能同步加速器收集到的数据，证实了poly（rA）双螺旋假说。poly（rA）的详细三维结构图，已由该团队绘制完成并发表。

负责指导麦吉尔大学生物纳米机械培训计划的格林博士说："经过50多年的研究，能确认出一种新的核酸结构是非常罕见的，所以当我们偶然发现这种不寻常的poly（rA）结晶时，我们兴奋得跳了起来。"

格林说，RNA双螺旋结构的确认，将在生物纳米材料和超分子化学的研究上具有十分有趣的应用。核酸具有惊人的自我识别特性，把它作为基础材料，或许可以构建出生物纳米机械——利用合成生物学制成的纳米级器件。

格林补充说，生物纳米机械的优势在于体积非常小、生产成本低、便于修改。许多生物纳米机械已经影响到我们的日常生活，如酶、传感器、生物材料和医学疗法。RNA 双螺旋结构的确认，可能会产生各种下游效益，如治疗和治愈艾滋病，或是帮助生物组织再生。

研究人员表示，poly（rA）结构的发现，凸显了基础研究的重要性。他们目前正在寻找细胞如何将 mRNA（信使核糖核酸）转化成蛋白质的信息。在此项实验中，研究人员使用从加拿大光源的高分子结晶设施获取的数据，成功地解决了 poly（rA）11 RNA 结构问题。

加拿大光源的高分子结晶研究中心科学家米歇尔·佛杰说，实验在确认 RNA 结构上是非常成功的，也许会对探寻遗传信息如何在细胞内存储产生影响。虽然 DNA 和 RNA 都携带有遗传信息，但它们之间也存在不少差异。mRNA 分子带有 poly（rA）的踪迹，其化学特性与结晶中的分子相同。poly（rA）是一个重要的生理学结构，尤其是在 mRNA 高局部浓度的条件下，细胞受到压力，mRNA 在细胞内以颗粒形式聚集时就会发生这种情况。有了这些信息后，研究人员将继续描绘 RNA 的各种结构，并揭示其在新型生物纳米机械设计中扮演的角色。

Poly（rA）结构研究得到加拿大自然科学和工程研究理事会、加拿大创新基金、魁北克政府、康考迪亚大学和麦吉尔大学的资金支持。

（二）开发纳米电子产品及元器件的新信息

1. 开发纳米电子产品的新进展

研制出新一代纳米捕光“天线”。2011 年 7 月 10 日，加拿大多伦多大学纳米材料学家夏纳·凯利领导，该校电子与计算机工程系教授泰德·萨金特等人参加的一个研究小组，在《自然·纳米技术》杂志上发表研究成果称，他们从植物的光合作用装置——捕光天线中汲取灵感，研制出了新一代纳米捕光“天线”，它能控制和引导从光中吸收的能量。

特殊的纳米材料“量子点”由美国耶鲁大学的物理学家提出，其往往是由砷化镓、硒化镉等半导体材料为核，外面包裹着另一种半导体材料而形成的微小颗粒。这些微小颗粒能高效地吸收特定波长的光，然后再以特定波长光子的形式释放出能量。

该研究小组整合了其在 DNA 和半导体研究方面的先进成果，发明了一种通用方法，让某些类型的纳米粒子相互依附在一起，自我组装成最新的纳米天线复合物，并将这种由量子点自我组装而成的材料命名为“人造分子”。凯利解释道，如果半导体量子点是人造原子，那么，从理论上讲，我们可以使用这些功能多样的基本结构研制出各种人造分子。

该新研究填补了“可以使用多种不同类型的纳米量子点构建出复合物”这个空白。加拿大纳米技术研究中心的主席萨金特解释道，最新研究取得成功，要归功于DNA，其非常“专一”，只愿依附于一个相配的序列上。萨金特说：“令人吃惊的是，我们的天线能自我组装而成，因为我们用筛选出来的特定DNA序列包裹不同类型的纳米粒子，将其整合在一起，随后，其就按照自然规律，自我组装成拥有特定属性的类似于分子的纳米粒子复合物。”

传统天线能增加被吸收的电磁波，如无线电频率的数量，接着朝一个电路释放出能量。而最新的纳米天线，则能增加被吸收光的数量，接着将光释放到该复合物内特定的位置上。在自然界中，制造光合作用的叶子的组成成分即光捕捉天线，使用的也是同样原理。萨金特说：“与收音机和手机天线一样，新的复合物能捕捉各种能量，并将其集中到我们需要的位置。像树叶中的捕光天线一样，新复合物也能捕捉太阳光中所包含的各种波长的光。”

著名纳米技术专家保罗·维斯表示：“这是一项非常重要的研究，证明我们组装出拥有精确结构、特定属性、使用外部刺激能控制这种属性的纳米复合物的能力，正在与日俱增。”

2. 开发纳米电子元器件的新进展

（1）制成可在纳米尺寸上引导电子的分子晶体管。2005年5月，加拿大国家纳米技术研究所、加拿大阿尔伯塔大学及英国利物浦大学联合组成的一个研究小组，在《自然》杂志上发表研究成果称，他们成功研制出分子晶体管的模型。

晶体管是当代电子设备的基础，目前最快的晶体管，也需要100万元的电子来转换电流。而该研究小组在研究中，首次实现用一个电子来转换通过一个纳米尺寸分子的电流。尤其值得注意的是，他们的实验成果是在室温下取得的，而以往此类实验通常都在低温下完成。

研究小组利用扫描隧道显微镜，证明他们的分子晶体管可以在纳米的尺寸上引导电子。他们的实验结果同时也与计算机模型的预测相同。有关专家认为，这项研究显示了硅电子应用的潜力。如果能成功控制单个分子晶体管并把它们联结起来，就能制造速度更快、更节能、产生热量更少的电器。该研究小组这一研究，为未来制造更小型和功能更强大的处理器打下基础。但研究人员同时认为，这项研究的实际应用至少还需要十年时间。

（2）开发出可在纳米水平生成离子层的半导体器件。2006 年 7 月 13 日，加拿大多伦多大学电气与计算机工程系特德·沙尔金教授领导的一个研究小组，在《自然》杂志发表研究报告称，他们开发出一种比现今常规芯片表现更佳的新型半导体器件。该半导体器件的开发成功，首次使所谓的“湿”式半导体的性能，超过传统的成本较高的晶体生长的半导体器件。

传统制造计算机芯片、光纤激光器、数字相机成像感应器的方法既费时，又耗能且成本还高，因为它们都要依赖在原子水平上生长晶体，这需要 1000℃以上的温度环境。

而多伦多大学的研究人员在一个装有超纯油酸（橄榄油的主要成分）的烧瓶内加热半导体离子，这种离子的直径仅有几个纳米。然后，研究人员把溶液放在一个带有金电极的玻璃片上，使用一种旋转喷涂工艺使溶液滴扩展成平滑、连续的半导体薄膜。待溶液蒸发后，就留下了 800 纳米厚的光敏感纳米离子层。

沙尔金教授介绍，在室温下这种喷涂形成的光电探测器，对红外光的敏感度，比现有的军用夜视仪和生物医学成像装置高 10 倍，是一种特别敏感的光传感器。现在证明溶液工艺电子学，能够将低成本和高性能结合在一起。

麻省理工学院的约翰·琼那珀拉斯教授认为，多伦多大学的研究工作对基础研究和工业化生产都非常重要，能够实际制造出可用于短波红外探测器和发射器的低成本、可喷涂、高性能的半导体器件，对通信、成像和监视技术的发展具有非常重要的意义。

（3）制成超微导电纳米电线。2007 年 8 月，加拿大阿尔伯塔大学化学系教授、国家纳米技术研究所负责人朱丽安·布里亚克领导的一个研究小组，在《自然·纳米技术》杂志上发表研究成果称，他们在硅芯片上，成功开发出一种能够制造超微导电纳米电线的技术。利用该技术可制造出长度是其宽度5000倍的纳米电线。

据布里亚克教授介绍，在实际应用中，需要微细的电线来进行连接，他们找到了使用分子制作电线的方式，这些分子能以自行排列成线的形式作为导线。然后使用这些分子作为模板，用金属进行填充，就得到了想要的电线。

研究人员使用自己开发的自排列工艺，制成了25根平行的铂纳米电线，每条电线的宽度只有10纳米，长度可以达到5万纳米，相当于人的头发丝宽度。

布里亚克表示，所谓的自排列工艺就好比DNA的双螺旋结构，它也是一种自排列。在自排列中，分子可以相互识别、相互约定，形成一种结构。所使用的分子也非常简单，就是聚合体。他说，这种电线可以满足连接超小电子元器件的要求。该工艺可以提高计算机速度和存储能力，同时也可以降低成本。

第二节　应用纳米技术的新进展

一、能源领域应用纳米技术的新成果

（一）用纳米技术研制太阳能电池的新信息

1. 太阳能电池胶体量子点纳米技术的新进展

（1）研制效率最高的胶体纳米量子点太阳能电池。2011年11月，由加拿大多伦多大学唐江和泰德·萨金特等教授率领，包括沙特阿拉伯阿卜杜拉国王科技大学、美国宾夕法尼亚州立大学相关学者参加的国际研究团队，在《自然·材料》杂志上发表论文称，他们使用无机配位体替代有机分子来包裹量子点，并让其表面钝化（不易与其他物质发生化学反应），研制出迄今转化效率最高的胶体纳米量子点太阳能电池。

吸光纳米粒子量子点是纳米尺度的半导体，能捕捉光线并转化为能源，

可被用于制造比硅基太阳能电池更便宜、更经久耐用的太阳能电池。为解决将量子点更紧密结合，提高转化效率的问题，学者们利用次纳米级原子的配位体，在每个量子点周围包裹了一单层原子，使量子点成为非常紧密的固体以节省空间，并通过紧密封装剔除电荷陷阱，即电子陷入的位置。

量子点紧密地结合在一起，以及消除电荷陷阱，双管齐下使电子能快速且平滑地通过太阳能电池。美国国家可再生能源实验室委派的实验员证实，新研制出的胶体量子点太阳能电池，不仅电流达到了最高值，高达6%的整体能量转化效率也创下了纪录。多伦多大学已经和沙特阿拉伯阿卜杜拉国王科技大学签署了科技授权协议，将推动这项技术全球商业化。

（2）胶体纳米量子点太阳能电池转化效率创新纪录。2012 年 7 月 30 日，物理学家组织网报道，加拿大多伦多大学电子工程系教授泰德·萨金特与沙特阿拉伯阿卜杜拉国王科技大学专家组成的国际研究团队，在《自然·纳米技术》杂志上发表论文称，他们借助在胶体量子点薄膜领域获得的突破，利用低价材料制成迄今为止效率最高的胶体纳米量子点太阳能电池，转化效率可达 7%。这比此前同类电池的转化效率提升了 37%，创造了新的世界纪录。

量子点是纳米尺度的半导体，能基于包括可见光和不可见光在内的全光谱收获电能。与目前缓慢而高昂的半导体生产技术不同，胶体量子点薄膜的制造速度很快，成本也低。这为制造基于灵活、柔性基座的太阳能电池铺平了道路，其与报纸的大量印刷具有异曲同工之妙。

此前，胶体纳米量子点太阳能电池的性能，一直被薄膜内纳米粒子较大的内表面面积所制约，而科学家此次通过将有机化学和无机化学相结合，完全覆盖了所有暴露的表面，从而实现了新的突破。

为了提升效率，研究人员需要一种方式能减少电子陷阱的数量，同时确保薄膜十分密实以尽可能地吸收光线，即所谓的“混合钝化处理”解决方案。萨金特表示，通过在合成量子点后，立即引入小个氯原子，能够修补以前无法触及的角落和裂缝，使其不再形成电子陷阱。之后科学家会利用短的有机链来约束薄膜中的量子点，使其更为紧凑。而阿卜杜拉国王科技大学的研究也证明，“混合钝化处理”方式能够打造出内部充满紧凑堆积纳米粒子的最密集的薄膜，这有助于制造出更经济、更高效耐用的太阳能电池。

(3) 用胶体量子点技术设计出光电最佳性能的纳米粒子。2014 年 6 月，加拿大多伦多大学电气与计算机工程系博士后宁志军主持的一个研究小组，在《自然·材料》杂志上发表论文称，他们设计并测试了一种新型固态、稳定的光敏纳米粒子：胶体量子点技术，该技术或将用于开发更为廉价、柔性的太阳能电池，以及更好的气体感应器、红外激光器、红外发光二极管。

胶体量子点基于两种类型的半导体收集阳光：N 型（富电子）和 P 型（乏电子）。但 N 型半导体材料暴露于空气中时，会与氧原子结合，失去其电子，转变成 P 型材料。

宁志军说，其研究小组开发的新型胶体量子点技术，可使 N 型材料在暴露于空气中时，不与氧结合。同时维持稳定的 N 型和 P 型层，不仅能提高光的吸收效率，还打开了同时获得光捕获和电传导最佳性能的新型光电器件的大门，这也意味着可利用新技术，开发出更复杂的气象卫星、遥控设备、卫星通信或污染检测仪。

宁志军称，这仅是此项材料创新研究的第一步，利用这种新材料可构建出新的器件结构。与普通硅材料电池相比，胶体量子点材料可在低温下合成，耗能低且工艺简单。这种溶液可处理的无机材料，增强了电池的稳定性和便携性。研究发现，碘是兼备高效和空气稳定性的量子点太阳能电池的完美配体。

由于吸收光谱可达红外区域，这种 N-P 混合型新材料可吸收更多光能，提高太阳能转换效率。改进性能还只是这种新型量子点太阳能电池结构的开始，未来这些功能强劲的量子点可与油墨混合，喷涂或印刷到轻薄、柔软的屋面瓦表面，从而大大降低太阳能电力的成本，造福民众。

宁志军介绍，胶体量子点太阳能光伏技术，在最近 10 年里已取得飞速发展，太阳能转换效率，已从最初的 0.1%提高到实验室条件下的 10%左右。但要实现该技术的商业化，还需持续改进其绝对性能，或电力转换效率。

2. 用氧化石墨烯技术研制太阳能电池的新进展

认为氧化石墨烯技术能制更好的太阳能电池。2014 年 10 月，物理学家组织网报道，加拿大萨斯喀彻温大学物理学家亚历山大·莫维斯与安德瑞·赫特经过仔细研究后表示，氧化石墨烯技术或许能被用来制造性能更优异、更坚固耐用的太阳能电池。

石墨烯是由单层碳原子采用蜂巢网格组成的二维结构，最初由英国曼彻斯特大学的科学家安德烈·海姆和康斯坦丁·诺沃肖洛夫于2004年研制而成，他们也因此获得了2010年的诺贝尔物理学奖。赫特说："石墨烯很薄，因此透明度很高；其导电能力很强；质地也非常坚硬；在空气中不会被腐蚀，也不会降解，性能超级稳定。"

所有这些特性，使石墨烯成为制造太阳能电池的好选择，其极佳的透明性和导电能力或许可以解决太阳能电池面临的两大问题：首先，为了将光转变成有用的能量，需要好的导体；其次，太阳能电池也需要透明，让光能够透过。

目前，市场上的大多数太阳能电池，使用的是铟锡氧化物和不导电的玻璃保护层。赫特说："铟非常罕见，因此很昂贵，这也是导致太阳能电池的身价居高不下的主要原因；而石墨烯可能会非常便宜，因为碳很丰富。"不过，尽管石墨烯拥有良好的导电性，但其在收集太阳能电池内部产生的电流方面却差强人意，这也是赫特等人想方设法改变石墨烯使其更有用的原因。因此，氧化石墨烯技术成了赫特的研究重点。

据报道，他们将氧气送入碳网格，使得到的氧化石墨烯的导电性减弱，但透明性和电荷收集能力增加。随后，赫特等人使用X射线散射技术，以及美国能源部所属劳伦斯伯克利国家实验室的先进光源的8.0.1光束线，对依附到石墨烯网格的氧化物，如何改变石墨烯的性能，以及其与携带电荷的石墨烯原子之间的相互作用进行了研究。

研究发现，氧化石墨烯内每个不同的部分都拥有独特的电学标记。使用同步加速器，赫特能测量电子位于石墨烯的何处，以及不同的氧化物群，如何改变石墨烯的属性。

另外，他也对氧化石墨烯如何衰减进行了研究。他发现，有些氧化群并不稳定，且能组合在一起撕破石墨烯的网格；其他则能与水发生反应。

如果氧化石墨烯设备中进水，它将被加热，水实际上会让氧化石墨烯燃烧，产生二氧化碳，这一点或许对厘清如何研制出持久耐用的太阳能电池非常重要。赫特表示，为了利用氧化石墨烯技术制造太阳能电池，还需要进行更多类似的研究。

（二）用纳米技术研制其他电池的新信息

1. 以纳米技术开发硫锂电池的新进展

用纳米技术研制大容量硫锂电池。2009 年 5 月 18 日，加拿大滑铁卢大学琳达·纳扎尔教授领导的一个研究小组，在《自然·材料》杂志网络版上发表论文称，他们制成一种比传统锂电池容量大 3 倍的硫锂电池原型。

锂硫电池具有十分广阔的应用前景，化学家们已经为此进行了近 20 年的研究。硫和锂被认为是最为理想的一种电池材料，这两种化学物质的结合不但能提供高密度的能量，在稳定性、安全性和寿命上也更为出色。另外，在成本上，硫的价格也远远低于目前在锂电池中所广泛使用的其他材料。

但电池阴极的制造，一直是困扰人们的一大难题，这部分在充放电中负责储存和释放电子，在这种可逆的电化学反应中，为了实现较高的电流，必须使其中的硫与类似碳这样的导体紧密接触，而此前并无十分有效的方式。

纳扎尔研究小组通过纳米技术实现了碳和硫的紧密结合。在实验中，他们采用了一种被称为介孔碳的多孔碳材。在纳米水平上，这种类型的碳在孔径和孔容量上十分一致。通过纳米技术，该小组将其制成了一种空心碳管，每根厚 6.5 纳米，孔径 3~4 纳米。由于硫可被加热和融化，当接触碳管后，它们就被吸入并凝固收缩为硫纳米纤维。研究人员通过电子显微镜，对灌注过硫的碳管剖面进行检查后发现，在所有的孔径中均充满了硫，碳和硫实现了十分完美的结合。

纳扎尔称，由这种复合材料所制成电池的电量，可达到理论值的 80%，而且在保持较低成本、良好循环性和较好稳定性的前提下，其能量密度比由传统锂过渡金属氧化物阴极制成的电池高 3 倍。这种多孔碳材的“吸涨”技术，为其他复合材料的研制也提供了一条新的途径。他们在未来的研究中，还将进一步完善这种阴极材料的结构和性能。

2. 以纳米技术开发碳纳米管阴极电池的新进展

研制出高能量碳纳米管阴极电池。2014 年 7 月 8 日，物理学家组织网报道，加拿大阿尔伯塔大学材料工程学博士崔欣伟负责的一个研究小组，在最新一期《科学报告》杂志上发表论文称，他们用碳纳米管材料开发出一种新型电池。与目前市场上普通的锂离子电池相比，它充电速度更快，容量更大，使用寿命更长。

崔欣伟说："我们曾经尝试过多种不同的材料，但最终还是确定使用碳纳米管。新开发出的这种电化学技术，能够最大程度发挥碳纳米管材料的优势，让电池获得更高的能量密度和功率密度。"

报道称，该研究小组使用了一种被称为诱导氟化工艺的新型储能技术。这项技术以碳纳米管为阴极，用它来制造诱导氟化物电池。使用这种材料的优点，是成本低廉且安全高效。用其制成的新型电池，在能量输出能力上，比目前市场上的锂离子电池高出5~8倍。

崔欣伟说："决定使用碳纳米管材料来制造电池阴极是一个很快的过程，但实验过程却充满了艰辛，为此我们坚持了3年才得到想要的结果。"实验显示，崔欣伟研究小组所开发的这种电池，在性能上优于目前同时正在研发的另外两种电池：锂硫电池和锂空气电池。与它们相比，碳纳米管阴极电池技术更便于小型化，可以用来生产手机或可穿戴设备的电池。此外，在充电速度和使用寿命上也更胜一筹。

据介绍，目前这项技术已经开始了商业化进程，预计2014年年底推出第一个原型，根据使用场景的差别，此后还将陆续开发出三种不同版本的电池。它们分别是：具有高功率和较长使用周期的耐用型，能够在短时间内完成充电的快充型和具备超大容量与超长使用时间的大容量型。崔欣伟说："虽然距离真正的商用还有很长的一段路要走，但我们已经步入了正确的轨道。这是一项令人兴奋的工作，我希望它能被更多的人知晓。新技术或许还有一些不足，但我们相信未来它将成为一个极具竞争力的制造方法。"

二、医学领域应用纳米技术的新成果

（一）癌症治疗应用纳米技术的新信息

1. 用纳米材料开发抗癌药物靶向治疗技术

（1）制成可用于传递小分子药物的纳米"立方笼"。2013年9月，加拿大麦吉尔大学化学教授罕那迪·苏莱曼主持，该校博士生托马斯·艾德沃森等参加的研究团队，在《自然·化学》杂志上发表论文称，他们最新研究表明，由 DNA（脱氧核糖核酸）链制成的纳米“立方笼”可封装小分子药物，并在受到特定刺激后将药物释放出来。这项研究成果标志着利用生物纳米结构把药物输送到患者的病变细胞又朝前迈进了一步，同时也为设计以 DNA 为基础的纳米材料开辟了新的可能。

在该实验中，研究人员首先使用 DNA 短链创建了 DNA“立方笼”，并用类脂质分子对其进行修改。脂质可像黏胶补丁一样汇在一起，在 DNA“立方笼”内相互“握手”，建立起一个可容纳药物分子的核。研究人员还发现，当黏胶补丁被放置于 DNA“立方笼”的外表面时，两个“立方笼”就能附在一起。这种装配新模式与蛋白质折叠成其功能结构有相似之处。

苏莱曼的实验室先前已经表明，金纳米粒子可从 DNA 纳米管加载和释放，从而为药物输送提供了一个初步的概念证明。但此项新研究首次证明，利用 DNA 纳米结构，小分子（远小于金纳米粒子）也能以这样的方式被操纵。

艾德沃森说，DNA 纳米结构在被用作体内输送药物的合成材料上，具有某些潜在优势。DNA 结构可非常精确地被构建，能生物降解，也很容易调整其大小、形状和性能。

DNA“立方笼”被设计成在面对一个特定核酸序列的情形下，即可释放药物。许多病变细胞，如肿瘤细胞，会过度表达某些基因。未来应用中，在 DNA“立方笼”可携带药物到达病变细胞的环境中，触发药物释放。目前，苏莱曼研究团队正与蒙特利尔犹太总医院开展合作进行细胞和动物研究，以评估该方法对慢性淋巴细胞白血病和前列腺癌的适用性。

有关专家对此评论道，我们日常的用药就像大规模杀伤性武器，在打击病变细胞的同时，也会对正常细胞产生毒副作用。如果能让药物成为精确制导炸弹，只对病变细胞或病原体进行定向打击，这就是靶向治疗技术，可减少药物用量、提高药效并避免毒副作用。在本研究中，DNA 纳米“立方笼”兼具了目标识别和药物运载两种功能，可区分病变细胞和正常细胞，然后利用携带的药物实现定向轰炸，可以看作靶向治疗的又一次重要进步。

（2）开发可直接送药物进入肿瘤的 DNA 纳米材料。2014 年 2 月，加拿大多伦多大学生物材料和生物医学工程研究所陈志和教授领导，该所博士生周佑廷为主要成员的一个研究团队，在《自然·纳米技术》杂志上发表研究成果称，他们发现一种金纳米粒子组装方法，可作为运输工具直接把癌症治疗药物或识别标记传送入肿瘤中。

周佑廷说，要让药物进入肿瘤，它们需具备一定的尺寸。肿瘤具有多孔特征，基于肿瘤类型和发展阶段的不同，孔的大小为50~500纳米之间。该项研究的目标在于，将足够小的纳米粒子穿过这些孔并悬浮在肿瘤内，以对癌症进行治疗或成像。如果粒子太大，它将无法进入肿瘤内，太小则又会很快地从肿瘤内溜走。

陈志和介绍道，他们通过创建与DNA“黏”在一起的模块化纳米结构材料，终于解决了上述问题。研究人员使用的分子组装模型，可像搭积木一样把精心制作的片状材料，装配成精确结构。周佑廷说，这种设计策略的主要优势是高度模块化，从而允许纳米粒子在进进出出间交换成分，更容易地创建出多功能系统，或是筛选出具有理想生物学行为的纳米粒子。

留在体内的纳米粒子具有毒性长期风险，这已成为纳米医学研究的一大严峻挑战。周佑廷举例说，患者在年轻时罹患癌症，通过多次注射这些金属离子，数年后将会有重金属纳米粒子保留在体内，从而导致出现其他问题。而DNA（脱氧核糖核酸）是柔性的，随着时间的推移，体内的天然酶可引起DNA降解，组装件将会分崩瓦解。人体然后可通过尿液安全地、轻易地排掉较小的粒子。

研究人员在为此项突破高兴的同时，也意识到尚有大量工作要做。如DNA设计如何影响稳定性，而稳定性的缺乏到底是有益还是有害等。研究人员指出，使用DNA组装来打造复杂、智能纳米技术以用于癌症治疗或成像，目前尚处于非常初期的开发阶段。

（3）纳米粒子成就抗癌药物靶向新系统。2016年2月，加拿大多伦多大学生物材料和生物医学工程研究所陈志和教授领导的研究团队，分别在美国《国家科学院学报》和《科学》杂志上发表论文称，化疗的目的是为了杀死癌细胞，而不是让患者掉光头发。为此，他们创建出一种分子交付新系统，可以确保化疗药物抵达目标的同时，尽量减少附带损害。

许多抗癌药物针对快速生长的细胞，在被注入患者体内后，药物在血液中四处巡航，然后才发生作用。但不幸的是，这些细胞除了肿瘤，还包括头发毛囊、消化道内壁和皮肤。

陈志和研究团队最新设计出一组可附着于 DNA（脱氧核糖核酸）链的纳米粒子，这些粒子可改变形状以到达病灶。陈志和解释道，人体好比一栋公寓，公寓房内有很多的房间。要想将东西搬进特定房间，首先必须描绘出一张地图，然后开发出一个可在房子内穿梭的系统，这个系统的每条路径可通达具有不同限制（如高度和宽度）的目标房间。他说，没有两个肿瘤是完全相同的。如某种特定治疗方案对早期乳腺癌的治疗效果与胰腺癌的就不同，甚至与中后期乳腺癌的治疗效果也不同。哪种药物粒子可到达哪种肿瘤内部，取决于粒子大小、形状和表面化学特性等多种因素。

研究团队发表的论文称，他们对这些因素如何影响小分子交付到肿瘤进行了研究，最终设计出一种使用模块化纳米粒子的靶向分子交付系统，其中纳米粒子的形状、大小和化学特性可由特定的 DNA 序列改变。这种可形变的纳米粒子就像是乐高积木，可构建出许多形状，结合点位既可暴露亦可隐藏。像一把钥匙开一把锁那样，通过改变形状，其便可与生物分子发生响应。

这些形状转换器由附着了 DNA 链的细微金属块组成。纳米粒子将在血流中无害漂浮，直到一个 DNA 链与一个代表癌症标记物的 DNA 序列结合。此时，纳米粒子开始改变形状，然后执行其功能：定位癌细胞，将药物分子释放到癌细胞，用信号分子对癌性细胞进行标记。

2. 研制出能诊断和治疗癌症的纳米机器人

开发出可进入活体癌细胞的纳米机器人。2019 年 3 月 15 日，加拿大多伦多大学一个医学研究小组在《科学·机器人学》杂志上发表论文称，他们最新开发出一种纳米机器人。它可在磁性“镊子”的操控下，在活体癌细胞中精准活动，未来有望用于癌症诊断和治疗。

文章说，研究人员首先在显微镜玻片四周放置了 6 个磁线圈，然后在玻片上植入活体癌细胞。当研究人员把一个直径约 700 纳米的磁性铁珠也放置在显微镜玻片上，铁珠被癌细胞轻松“吞噬”进细胞膜。然后，研究人员通过计算机算法，改变 6 个磁线圈的电流以建立三维磁场，引导铁珠到达细胞内的指定位置。

此前，研究人员使用激光来驱动珠子探测活细胞，但激光能量不足就驱动不了珠子运动，增加激光能量又可能破坏细胞内结构，因此其使用受限。而新方法可施加的力量，比激光高了一个数量级。随后，研究人员又与美国和加拿大的医院合作，利用这种机器人系统，精准测量出早期和晚期的膀胱癌细胞的细胞核，在反复戳刺后核硬化的程度。他们发现，晚期癌细胞和早期癌细胞在形态上相似，但晚期癌细胞的硬化反应不那么强烈，由此可将两者区分开来，这有望成为癌症诊断的一种新方法。

研究人员还设想，用这种纳米机器人可以阻塞肿瘤血管，从而“饿死”癌细胞或直接破坏癌细胞，未来有望为化疗、放疗和免疫疗法无效的癌症患者提供一种新疗法。

（二）其他疾病治疗应用纳米技术的新信息

——用纳米技术治疗眼病的新进展

通过注药纳米粒子来治疗干眼症。2014 年 10 月，加拿大滑铁卢大学工程学院化学工程和隐形眼镜研究中心桑迪·刘博士主持的研究小组，在《纳米研究》杂志上发表研究结果指出，对于数以百万计的干眼症患者，唯一缓解痛苦的办法是使用掺杂药物的眼药水，一天滴眼睛三次。现在，他们开发出一个含纳米粒子的外用溶液，一次使用可解决一周的干眼症状。

干眼症是一种在 50 岁以上的人中比较常见的疾病，最终可能会导致眼睛损伤，在美国超过 6%的人罹患此病。目前，由于眼睛的自我净化能力会冲刷掉 95%的药物，患者必须经常一天滴三次眼药水。

新的眼药水可以经过五天的时间，逐步实现将注入药物的纳米粒子适量递送到眼球表面，并黏附其上，让眼睛吸收。每周一次的剂量取代了以往 15 次或更多次滴药水治疗干眼症，同时减轻了那种治疗给眼球所带来的疼痛和刺激。

纳米粒子对于人的眼球表面无害，其所含的药物剂量只是通常所需药物的 5%。桑迪·刘说：“这些纳米粒子的眼药水与水几乎没有区别，其对眼睛没有刺激。如果我们锁定注入生物相容性的纳米粒子与环孢霉素 A 在眼药水中，可使药物无刺激地附着在眼球上更长时间，这将节省患者的时间，也减少了其过度使用眼药水。”

目前，该研究小组的重点是准备将纳米粒子眼药水进行临床试验，希望这种纳米粒子疗法的药物，可以在 5 年内上各大药店的货架。

第三章　光学领域的创新信息

加拿大在光现象与光学技术领域的研究成果，主要集中于拍摄绚烂绿色极光的照片，通过“聆听”测量光的动量，研究光合作用与挤压光技术，探索在医学领域应用光学技术。开发出像素颜色可任意调节的光子晶体显示技术，提出产生纠缠光子的新方式，利用纠缠光子开发超精密测量技术，探索量子态隐形传输的有效方法。发现金刚石量子内存能改变单光子颜色，研究用光子制造量子逻辑门，创造出光与物质量子耦合作用强度的新纪录。在光学仪器设备领域的研究成果，主要集中于研制荧光材料、纳米光缆材料、发光器件和照明灯具，研制成功首款超小锁模激光器。发明可恢复视力的仿生镜片，能看见砖墙内物体的光学透视仪，以及“窥探”他人瞬间简单意愿的光学装置。开发可达亚原子水平的世界最高级显微镜，可用于治疗皮肤癌的激光显微镜。展示下一代太空望远镜仿真模型，制成超低温天文望远镜成像仪，推动下一代太空望远镜升空进程。研制出拍摄图片更清晰的全聚焦摄像机、相机喷涂式平面光学镜头，以及每秒可拍十万亿帧的最快照相机。

第一节　光学原理研究的新进展

一、光现象与光学技术研究的新成果

（一）探索光现象的新发现与新方法

1. 研究光现象的新发现

（1）拍摄到绚烂绿色极光的照片。2011 年 10 月 25 日，美国国家地理网站报道，过去的一周，精彩的太空图片纷至沓来。包括展现球形星团、彗星风暴、MAGIC 望远镜、火星表面尘卷风，以及加拿大绿色极光在内的精美图片，陆续出现在新闻图集上。

其中一幅新公布的照片，标题为《耶洛奈夫的绿色极光》。它展现了加拿大耶洛奈夫地域出现的绿色极光。水面映衬出极光的倒影，景象十分绚烂。

极光由带电太阳粒子轰击地球大气层时形成。这些带电粒子与地球大气层中的空气分子碰撞，产生的能量瞬间释放，形成炫目明亮的极光。出现在晴朗而漆黑一片的夜空中的极光景象最为壮观。

（2）发现极光“表亲”是全新天体现象。2018 年 8 月，加拿大专家参加的一个研究团队，在《地球物理研究通讯》杂志上发表报告中称，人们发现的天空中一种炫目的紫色与白色相间的带状物，实际上是一种全新的空间现象。它是极光的低纬度“表亲”，叫作“强热散发速度增强光波”，而极光则是照亮高纬度天空的明亮彩色光波。

为了解“强热散发速度增强光波”是否符合极光的定义，研究人员分析了 2008 年 3 月在加拿大东部观测到的天空辉光。他们使用了来自全天照相机阵列和测量带电粒子的卫星收集的数据。研究人员假设，如果“强热散发速度增强光波”与传统极光的形成方式相同，那么在看到它时，卫星数据应该会记录带电粒子如电子或离子数量的上升。

这是因为极光是由地球大气层的带电粒子撞击原子和分子导致其发光形成的。但研究团队在报告中称，当天空中出现“强热散发速度增强光波”时，低能量电子和质子的相对数量仅略微增加。研究人员写道，这一出人意料的结果意味着，“强热散发速度增强光波”是由不同机制所形成的一种“明确不同”的现象。

目前，科学家尚不确定“强热散发速度增强光波”独特的光是如何产生的，其中一种理论是低能量质子可能在加热上层大气，这可能与这种天空中的辉光有关。

2. 研究光现象的新方法

首次通过“聆听”测量光的动量。2018 年 8 月，物理学家组织网报道，光具有动量的想法并不新鲜，但光与物质如何相互作用的确切性质，在近 150 年来一直是个未解之谜。加拿大不列颠哥伦比亚大学奥卡纳甘校区工程学教授肯尼思·周与斯洛文尼亚和巴西的科学家共同组成的一个国际研究团队，在《自然·通信》杂志上首次公布了测量光动量的新技术。

这项突破不仅有助于揭示这一谜团，也可能为太空旅行带来革命性突破。

德国著名天文学家、数学家约翰内斯·开普勒于1619年首次提出，来自太阳光的压力，可能决定了彗星的尾巴总是指向远离太阳的方向。1873年，詹姆斯·麦克斯韦尔预测，辐射压力是由光的电磁场中的动量产生的。动量是与物体的质量和速度相关的物理量，指运动物体的作用效果。

肯尼思·周说："我们之前一直没有确定这种动量是如何转化为力或运动的。因为光携带的动量非常小，所以，我们没有足够灵敏的设备来解决这一问题。"在新研究中，该团队设计了一种新装置，来测量光子之间微弱的相互作用。他们制作了一面配备声学传感器和隔热层（能将干扰和背景噪声降至最低）的镜子。然后，朝镜子发射激光脉冲，并使用声学传感器来探测激光穿过镜子表面时产生的弹性波，就像观察池塘里的涟漪一样。

肯尼思·周说："我们不能直接测量光子的动量，因此另辟蹊径：通过'聆听'穿过镜子的弹性波，来探测它们对镜子的影响。我们能借由这些波的特征追踪到光脉冲本身的动量，这为最终界定和模拟光动量如何存在于物质内部打开了大门。"

研究人员表示，新发现有助于他们进一步了解光的基本特性。此外，对辐射压力的理解也可以应用于诸多领域。肯尼思·周说："想象一下乘坐由太阳帆驱动的星际游艇前往遥远的星球，或在地球上研发可组装微型机器的光学镊子。目前，我们还没有走到那一步，但新发现是重要的一步。"

（二）探索光学技术的新信息

1. 研究光合作用与挤压光技术的新进展

（1）光合作用研究的新发现。首次发现脊椎动物细胞也能与植物一样进行光合作用。2010年7月28日，第九届国际脊椎动物形态学大会在乌拉圭埃斯特角城召开。会上，加拿大达尔豪斯大学的瑞恩·柯内教授说，在脊椎动物蝾螈的细胞内，观察到一种能进行光合作用的藻类。这是首次发现脊椎动物细胞也能进行光合作用，它有助于更深刻地了解脊椎动物细胞的自体识别能力。

这个发现是柯内在研究斑点蝾螈的胚胎时获得的一项意外收获。蝾螈的胚胎卵翠绿透明，就像一粒小小的翡翠珠子。它身上特有的颜色，来自胚胎本身以及包裹着胚胎的胶状胞囊，这是由一种单细胞藻类产生的。

长期以来，人们认为，这种藻类与斑点蝾螈存在着外部的共生关系：藻类附着在蝾螈胚胎外部，蝾螈在水中产卵，胚胎产生的富氮废弃物被藻类利用，而胚胎呼吸时，藻类便在水中产生它所需要的氧气。然而，柯内对这种传统观点提出了质疑。他指出，这些藻类遍布于蝾螈体细胞及胚胎细胞内部，直接在细胞内进行光合作用，生成氧气和碳水化合物。如此密切的内部共生关系，以前只在珊瑚等无脊椎动物中见到过，而脊椎动物中却从未发现。

柯内发现，对一个还没孵化的蝾螈胚胎，进行长时间的荧光照射后，观察到胚胎细胞内含有叶绿素。接着，他用透射电子显微镜进一步进行仔细观察，结果发现蝾螈细胞内的藻类周围都环绕着一些线粒体，而线粒体正是氧气和葡萄糖结合产生能量的场所。线粒体聚集在藻类细胞周围，可能是为了更快捷地利用这些光合作用细胞产生的氧气和碳水化合物。

一般来说，脊椎动物的细胞含有调节适应性的免疫系统，它会杀死无法识别的异己生物。因此，藻类想要固定地共生在蝾螈细胞内部，几乎是不可能的。而研究人员对这一新发现的解释是，要么蝾螈的细胞关闭了自体免疫系统，要么藻类有效避开了这一免疫机制。

柯内还发现，成年雌性斑点蝾螈的输卵管内也有绿藻存在，那里也是胶状胞囊形成的地方。这个发现表明，共生藻可能是由母亲通过胶状胞囊传递给下一代的。有关专家指出，如果藻类真的能进入生殖细胞，脊椎动物细胞会杀死体内异己生物的观点将受到严重挑战，并有助于研究脊椎动物细胞的自体识别能力是怎样形成的。蝾螈已经分化的具有专门功能的细胞，还能继续分裂转变成其他细胞，因此具有特有的超强再生能力，从而在进化中形成和其他脊椎动物不同的自体识别能力。

（2）挤压光技术研究的新探索。通过挤压光技术挑战光学应用的新极限。2015 年 3 月，国外媒体报道，当前，科学家通过塑造光、挤压光、供给光能量，或者把光打成结等技术，正在把光学应用推向新极限。加拿大渥太华大学物理学家皮埃尔·贝里尼领导的研究小组，对挤压光技术做出了开创性的探索。

报道称，贝里尼是一位知道如何讨价还价的科学家，在他的实验中就可以看到证据：充满了他在当地厂家打折时买来的激光器、振荡器和其他物件。这位加拿大渥太华大学的物理学家在发现一些关键商品时，经常会批量购进，有时这些设备看起来像是无用的废弃物。他说："它们经常会给你带来很多意外惊喜。"

贝里尼对经营失败的公司有一颗同情心。他是等离子体研究领域的领袖，这是一种通过光来操纵电子的技术，该技术可用于超高速计算机信息传输。为了在通信行业推进等离子体电路的市场化，2000 年年初，贝里尼成立了一个由风险投资支持的名为斯帕塔里斯的公司，但数月之后，就亲历了网络泡沫的破裂。最终公司运营以失败告终，他不得不拍卖掉所有设备，关了店面。然而，他并没有被失败击倒，而计划在 2015 年重整旗鼓，成立一家公司，把开发的技术应用到手持终端设备的微型感应器上，用来迅速、准确地检测疾病。

这些设备采用了一种来自电子波的独特的光，这些电子波可以在金属表面传播，并与绝缘体，如空气、玻璃等产生接触。当用一束激光激发后，这些带电体或等离子体，会生成波动的电，并在金属表面形成磁场。被固定在这个界面后，电波可以形成漏斗形状，并把其波长限制在数十个纳米之内，这个波长只相当于激光波长的 1/10。挤压后的光波，比激光的传播速度慢得多，因此可以保持同样的频率。

20 世纪 90 年代末，贝里尼一边寻找改善普通电器元件和检光器的方法，一边研究等离子体。光比电子信号传播快得多，因为用它连接硅片可以大幅提高运算速度。但是光却受到了其波长的限制：尽管电子元件可以缩小到数十个纳米，电子通信中使用的红外光却不能集中到直径小于 1 微米的点上。贝里尼说："这是根本上的不相容。"由等离子体技术获得的波长更短的等离子体波，看起来很有前景，但是它们经常不听话。因为金属有电阻，由电子运动产生的光波很快就会消失，仅能传播几微米。

贝里尼利用可以精巧地制作出纳米结构，并且越来越便宜的现成技术，创造了第一个可以传播数厘米的等离子体波。他的实验室设计了整套电路，使等离子体振子沿着厚度低于 30 纳米的金属带运行。

但是，让等离子体波传播得更远就要增加光的波长。尽管等离子体波比常规光波更小，但这一折中却降低了它们的优势，而且贝里尼发现它很难打破电子通信行业的现状，该行业使用的每个电子元件已经使用了数十年。因此，他和其他科学家忙于研发其他技术，以应对新光源波长较短的问题，即通过将其扩展至应用领域，利用光探测器等把新光源的劣势变成优势；或者采用纳米结构扩大等离子波。物理学家现正在利用各种材料研发各种纳米形状，如星星、木棒以及新月等，这些材料可以把等离子体波用于捕获太阳能、杀死癌细胞以及制造集成芯片的激光器等。

渥太华大学物理学家亨利·施里默称贝里尼是一位“重视理论研究的典型的实验主义者”。但是，贝里尼表示，正是应用前景推动他的实验室运行；他把自己的创业决心归为遗传自父母的特性，他的父母在安大略省经营着自己的采矿和伐木产业。

2. 医学领域应用光学技术的新进展

（1）用光遗传学原理揭示调节快速眼动睡眠的神经回路。2013 年 11 月 9 日，加拿大神经回路和光遗传学研究主席、麦吉尔大学助理教授阿岱曼提迪斯·安托万领导的研究团队，在《自然·神经科学》杂志上发表论文称，他们用光遗传学研究，发现下丘脑外侧神经活性与快速眼动（REM）睡眠之间存在的确切因果关系。此项成果是对理解哺乳动物睡眠机制以及相关神经网络基础的重大贡献。

睡眠有两种类型：快速眼动睡眠和非快速眼动睡眠。对于人类来说，非快速眼动睡眠有 4 个阶段。快速眼动睡眠（或深度睡眠）通常与做梦有关，是一个大脑非常活跃的阶段，尽管人体已熟睡，但其眼睛还在快速移动，眼动睡眠因此得名，此时身体几乎完全丧失肌张力。最近几年，科学家在了解觉醒和睡眠周期的控制机制方面已取得一定进展，但仍存在许多有待探索的前沿课题。睡眠失序会对人类身体和精神健康造成不良影响。

该研究团队使用光遗传学诱导小鼠快速眼动睡眠，并通过激活大脑相关部位的神经网络，实现了对此种睡眠阶段持续时间的调节。光遗传学融合了光学和遗传学方法来调节神经回路的活动，被 2010 年《自然》杂志评为未来 10 年理解大脑功能最有前途的技术之一。该技术利用光来控制神经元的活动，可用于操纵特定类型的细胞，同时又不会影响相邻区域。

安托万称，这项研究成果将帮助人们更好地理解大脑，如何控制睡眠以及人体中睡眠的作用，或将导致出现神经精神学相关睡眠障碍的更佳治疗方案。

（2）利用荧光蛋白揭示细胞中蛋白间的“小动作”。2015 年 1 月 26 日，加拿大阿尔伯塔大学化学家罗伯特·坎贝尔领导的一个研究小组，在《自然·方法学》杂志上发表论文称，他们开发出一种新技术，利用荧光蛋白把活细胞中蛋白间相互作用的检测和成像，变得更加丰富多彩。这种新方法可将生化过程转换为更易可视化的颜色变化，从而为细胞生物学家和神经学家提供一种新工具，以帮助其解决从细胞生物学基本机制到精神疾病根源，乃至开发新颖疗法等方面的问题。

研究人员表示，蛋白基本上控制着细胞中所有的生物过程，虽然蛋白有时也会单独行动，但其最平常的行为，就是与其他蛋白相互作用，以执行其正常的生物功能。检测蛋白间相互作用的关键，是理解细胞中的正常和异常功能。

该研究小组开发出一种被称为 FPX 的新技术，可利用基因编码的荧光蛋白，对活细胞和组织中的动态生化事件进行成像。FPX 技术可将蛋白间相互作用的变化，转换成即时可见的从绿到红（或反之亦然）的颜色变化。坎贝尔称，可将荧光蛋白变换成细胞内生物化学过程的活性生物传感器的现有方法，不仅数量很少，在技术上也具有挑战性。新技术可在细胞水平上对蛋白间活性过程进行即时成像，从而为现有检测和成像方法提供一种替代。

FPX 技术基于该研究小组此前发现的绿色和红色的二聚化依赖的荧光蛋白。2012 年，该大学博士生丁怡丹首次发现，在单细胞中组合使用绿色和红色的荧光蛋白，可使蛋白同时变为绿色或红色（二者之一）。将改性蛋白引入活细胞，并利用绿色和红色荧光互斥的优点，丁怡丹构建了多种生物传感器，其在响应所关注的生化过程时，可展现出明显的荧光变化。

通过添加荧光蛋白这个新维度，并将其设计成可对特定生物事件，做出颜色变化响应的生物传感器，研究小组的新技术为研究人员提供了可在细胞层级即时发现重大变化的工具，最大限度地减少了各种生物传感器的优化过程，并为构建下一代生物传感器提供了一种通用技术。坎贝尔表示，该项新技术具有广泛的应用范围，其与细胞生物学基础研究及其药物发现等实际应用直接相关，最终将有助于研究人员在神经科学、糖尿病和癌症等生命科学领域取得突破。

二、光子与量子关系研究的新成果

（一）分别研究光子与量子的新信息

1. 探索光子的新进展

（1）开发出每个像素颜色均可任意调节的光子晶体显示技术。2007 年 8 月，加拿大多伦多大学和英国布里斯托尔大学联合组成的一个研究小组，在《自然·光电子》杂志上发表研究成果称，他们开始利用光子晶体技术，制造一种新型的柔性电子纸显示器。这种光子晶体显示器不同于其他此类装置，首次实现了像素单独可调，能够将每个像素调节成任何颜色，从而提供更鲜艳的颜色和更高的清晰度。

光子晶体技术通过控制光子晶体的间距，来影响它们反射的光波长。光子晶体类似于半导体晶体，半导体晶体影响电子的运动，光子晶体则影响运动光子的运动。

光子晶体显示器中的每个像素都包含数百个硅球体。上述每个光子晶体的直径约为 200 纳米，嵌入一个海绵状的压电聚合物中。

这些压电聚合物材料又被嵌在充满电解质液的一对电极之间。只要给电极施加电压，电解质就会进入聚合物，并使之扩张。膨胀推动硅珠分离，从而改变其折射率。随着硅珠之间的距离变大，反射光的波长相应增加。当每个像素的颜色均可控制时，显示器的色彩质量得以大幅提高，而且清晰度也相应提高。此外，一旦某个像素被调校到某种颜色，该像素可在数天内保持此种颜色。

事实上，如果使晶体稍大一些，有可能使它们超出可见光范围进入红外光。这种效应肉眼是看不见的，但可以用来制作能控制热能通过的智能窗口。

目前，光子晶体系统的像素开关时间为小于 1 秒，与其他电子纸显示器不相上下，但尚未达到视频速度。专家预测，两年内使用光子晶体技术的第一个显示器将面市，最可能的应用是广告板。但光子晶体显示器完全取代传统显示器还有漫长的路要走，该技术目前处于研发的初期阶段，还有很大的材料改进和性能优化的空间。

（2）提出产生纠缠光子的新方式。2014 年 4 月，加拿大多伦多大学先进技术研究所研究员爱丽克斯·哈耶特主持的研究小组，在《物理评论》杂志上发表论文提出，在量子纠缠的基础上，把发光二极管与超导体结合在一起，就可产生出纠缠光子，从而为量子计算机和量子通信器件的发展开辟新途径。

量子纠缠是粒子在由两个或两个以上粒子组成系统中相互影响的现象，无论其距离有多远。测量纠缠对中一个粒子的特性，便可知晓另一个的特性。这是量子力学中最令人困惑的一个方面，爱因斯坦称之为“远距离幽灵行为”。

哈耶特解释说：“发光二极管等常规光源发出的光子，表现出无任何相关关系的随机性。新研究证明，发光二极管发射的光子之间的纠缠，可通过添加另一个特有物理效应超导性来实现。”

超导性是指某些材料在低温条件下，其电阻可降为零。当电子以库珀对纠缠在一起时就会发生这种现象，此时一个电子沿某个方向自旋，另一个电子则沿反方向自旋。当一层具有超导特性的材料与半导体发光二极管结构紧密接触时，库珀对就会注入发光二极管，纠缠电子对便会创建出纠缠光子对。此效应原本只在使用纳米厚度有源区域量子阱的发光二极管中出现。

哈耶特表示，通常情况下，量子特性出现在非常小的尺度上。一个电子或一个原子，超导性使量子效应可出现在大尺度上：一个电子器件或整个电路。这种量子行为一般情况下可显著提高光的辐射，特殊情况下则可纠缠光子辐射。

（3）利用纠缠光子开发超精密测量技术。2014 年 6 月，加拿大多伦多大学物理系量子光学博士生罗泽马·李等人组成的研究小组，在《物理评论快报》网络版上发表研究成果称，他们首次利用纠缠光子，克服了测量科学中的一个重大挑战。

据悉，新开发的多探测器方法可测量出纠缠态的光子，实验装置使用光纤带收集光子，并将其发送到由 11 个探测器组成的阵列。此项研究为使用纠缠光子开发下一代超精密测量技术铺平了道路。

罗泽马·李称，新技术能利用光子，以经典物理学无法达到的精度进行测量。现存最灵敏的测量技术，从超精确原子钟到世界上最大的望远镜，均依赖于检测波之间的干涉，这种干涉发生于两个或更多个光束，在相同空间的碰撞。该研究小组使用的量子纠缠态包含 N 个光子，它们在干涉仪中均被保证采取同样的路径，即 N 个光子要么全部采取左手路径，要么全部采用右手路径。

干涉效应可用干涉仪进行测量。干涉装置的测量精度，可通过发送更多的光子加以改善。当使用经典光束时，光子数目（光的强度）增加 100 倍，干涉仪的测量精度可提高 10 倍，但是，如果将光子预先设置在一个量子纠缠态，干涉仪在同等条件下的测量精度则同步增长 100 倍。

科学界虽已了解到测量精度可通过使用纠缠光子加以改善，但随着纠缠光子数的上升，所有的光子同时到达相同检测器的可能性微乎其微，因此该技术在实践中几无用处。该研究小组于是开发出一种使用多个探测器来测量纠缠态光子的新方法。他们设计了一种使用“光纤带”的实验装置用以收集光子，并将其发送到 11 个单光子探测器组成的阵列。

这使研究人员能够捕捉到几乎所有最初发送的多光子。罗泽马·李称，同时将单光子以及两个、三个和四个纠缠光子送入检测设备，测量精度可得到显著提高。

研究人员表示，两个光子好于一个光子，探测器阵列的效果则远远好于两个。随着技术的进步，采用高效探测器阵列和按需纠缠的光子源，此项技术可被用于以更高精度测量更多的光子。《物理评论快报》的评论指出，该项技术为提高成像和光刻系统的精度，提供了行之有效的新方法。

2. 研究量子的新进展

探索量子态隐形传输的有效方法。2015 年 10 月，一个由加拿大、美国和日本科学家组成的国际研究团队，在《自然·光子学》杂志上发表论文指出，基于不同协议和底层结构的混合方案，或是量子态隐形传输的最有效方法。

量子态隐形传输是量子计算、量子通信、量子网络乃至量子互联网的一个重要组成部分。量子互联网的理论虽有提议，但科学家仍在争论，哪种技术能提供最有效和最可靠的隐形传输。该国际研究团队在对围绕量子隐形传输的各种主要实验方法及其优缺点进行评估后发现，没有一种单独的技术可提供完美的解决方案。

例如，使用光子量子位的系统工作距离可超过 143 千米，但大约只有 50%的信息可被传输。要解决这个问题，该光子系统必须与目前仅限于短距离传输的连续可变系统（传输率 100%）配合使用。最重要的是，基于隐形传输的光通信，需要带有合适量子存储器的接口，以存储和进一步处理量子信息。

研究人员表示，目前尚不存在一种理想的或通用的量子态隐形传输技术，因此需要依赖于一种混合方案来集成每种可用技术的优势。利用量子隐形传输作为量子网络的构建模块，取决于量子存储器的集成度。开发出好的存储器，才能创建量子中继器，从而延长隐形传输的传输范围，同时实现在本地量子计算机上对传输的量子信息进行存储和处理。

研究人员称，改进后的混合体系结构，或将最终形成量子互联网的基础，该混合体系将依靠基于隐形传输的远距离量子光通信，及用于量子信息处理的固态器件接口。

（二）研究光子与量子关系的新信息

1. 探索光子与量子关系的新发现

发现金刚石量子内存能改变单光子颜色。2016 年 4 月，加拿大国家研究理事会和滑铁卢大学量子计算研究所组成的研究小组，在《自然·传播》杂志上发表研究成果称，他们使用金刚石中的一个量子内存，首次实现了超快单光子颜色和带宽的转换。

改变一个光子的颜色或频率，是优化量子网络中联结部件的必要条件。例如，在光量子通信中，可通过光纤的最佳传输是近红外线，但许多测量传感器在频率更高的可见光条件下会工作得更好。在光纤和传感器之间改变光子的颜色，使实现更高性能的操作，包括更快的数据传输速率成为可能。

这项研究成果展示了小频移对于波分复用通信协议是有用的。波分复用将信号分解成频率略微不同的更小的包后一起发送，然后在接收端将各种频率的载波分离恢复成原信号。

研究人员在实验中证明，在室温金刚石量子内存中，可实现单光子的频率和带宽转换。金刚石量子存储器的工作原理在于，将光子转换成金刚石中碳原子的特定振动，适用于许多不同颜色光的这种转换，将允许对光进行广谱操纵。金刚石的能量结构允许其以很低的噪声在室温下实现。研究人员利用强激光脉冲，来存储和检索光子。通过控制这些激光脉冲的颜色，研究人员就能控制所要检索光子的颜色。

该平台集光子存储和频谱变换于一体，可用于量子通信中的频率复用及建立一个非常大的纠缠态，亦称团簇态。团簇态则可作为完全由测量驱动的量子计算资源。

2. 运用光子与量子关系的新进展

（1）研究用光子制造量子逻辑门。2015 年 8 月 24 日，加拿大多伦多大学量子信息和量子计算中心研究员、加拿大先进技术研究院资深研究员埃弗赖姆·斯坦伯格领导的研究团队，在《自然·物理》杂志上发表论文称，他们在利用光子打造量子计算机基础元件逻辑门的研究工作中取得进展，成功通过单光子对其他光束施加影响。

逻辑门对输入数据进行运算，创建新的输出。在传统计算机中，逻辑门采用二极管或晶体管的形式。但量子计算机组件由单个原子和亚原子粒子制成。根据量子理论，信息处理将通过粒子之间的相互作用完成。

光子在量子计算中具有很多优点，但要让其以有用的方式彼此作用却是个老大难问题。该研究团队的最新研究成果，则展示了如何创建这样的交互作用。

斯坦伯格表示，新研究展现了单光子对另外光束的影响。光束在一般情况下可互不影响地彼此穿过，要打造光量子计算机，光束就必须相互“交谈”，但之前还没有使用单光子实现过。

研究人员首先把一个单光子打在已冷却到高于绝对零度百万分之一度的铷原子上。光子于是和原子发生“纠缠”，影响铷原子与一道单独光束相互作用的方式。光子改变了原子的折射率，从而引起光束发生很小但又可测量的“相移”。

这一过程可用作全光量子逻辑门，实现输入、信息处理和输出。斯坦伯格表示，量子逻辑门是该项研究进展最显著的应用，能够观察到这些相互作用使光学研究领域又翻开了新的一页。

（2）创造出光—物质量子耦合作用强度的新纪录。2016年10月，物理学家组织网报道，加拿大滑铁卢大学量子计算研究所弗恩·戴兹领导的研究团队，在《自然·物理》杂志上发表论文称，他们创造了迄今最强的光—物质量子耦合新纪录，强度是之前的10倍多。研究人员表示，这一最新成果将使很多目前无法进行的物理学研究成为可能。

为了获得这种强耦合作用，该研究团队构建了一个铝电路，接着将其放入稀释制冷剂内，让其冷却到绝对零度之上1%摄氏度。在如此寒冷的温度下，电路具有超导特性，这意味着电流经过它们时没有电阻或者不会失去能量。这些铝电路中所谓的超导量子比特遵循量子力学法则，而且其行为类似人造原子。

为控制这一超导电路的量子状态，研究人员使用微波脉冲发送光子进入超导电路中，并施加了一个小型磁场。通过测量光子的传输情况，研究人员确定了量子比特的共振现象。弗恩·戴兹解释说，他们测量出的共振频率范围，比量子比特本身的频率更宽。这意味着，光子和量子比特之间存在着非常强的相互作用。

弗恩·戴兹说："借助最新研究，我们正在使对光—物质相互作用的研究，进入一个新领域，进入量子光学领域。我们的电路有潜力作为量子模拟器，供研究自然界中其他有趣的量子系统所用。光和量子比特之间这种强烈的量子耦合，有助于科学家们进一步探索与生物过程、高温超导等奇特材料，甚至相对论有关的物理学研究。"

第二节　研制光学仪器设备的新进展

一、光学材料与发光器具的新成果

（一）开发光学材料的新信息

1. 研制荧光材料的新进展

开发出精确定位疾病和病原微生物的荧光染色剂。2005年3月，加拿大多伦多大学医化专家组成的研究小组，在《生物有机与药物化学快报》上发表论文称，他们研究出一种可以进行化学筛检的荧光染色剂，有助于筛检空气、水和身体体液中的危险病原微生物和疾病。这项检测技术是利用DNA寻找目标DNA，有一天将可以应用于临床上，迅速查出疾病如艾滋病和肝炎。

这项技术也可以用于监控环境和发出警报，显示有害致病物质的存在。研究人员使用一种带有可结合专一性目标的DNA荧光染色剂，这可以突显出被瞄准的病原生物或基因突变，然后由DNA探针传送监测信号。

通过由简单的加热，荧光染色剂就会解离，又可以继续检测下个样本。这套化学筛检系统适用于微集成电路，而且可以很快地在几秒之间测试血液和水样。研究人员认为，还需要商业发展出更便利的技术，以促进这种监测工具的实用性。

2. 研制纳米光缆材料的新进展

研制可取代计算机铜导线的纳米光缆材料。2014年10月，有关媒体报道，继变革数据传输速度和容量的光纤技术发明之后，加拿大阿尔伯塔大学电子工程师组成的研究小组打破了另一项障碍，成功设计了可在计算机芯片中取代铜导线的纳米光缆材料，可显著地提高计算速度并降低电子器件的能耗。这项研究工作得到加拿大自然科学与工程理事会和亥姆霍兹阿尔伯塔计划的资助。

研究人员表示，目前已经能够利用光纤在不同地点间传输数据，而关键的应用是利用光纤实现芯片内部的信息互联。本项研究工作的目标，是探索出把光限制在纳米尺度的全新路径内。

一项流行的解决方案，是利用反射金属包层将光波限制在光缆中，但最大的障碍是光波会转化为热量，引起光缆温度的升高及信息的丢失。而加拿大研究小组设计了一种全新的非金属超材料，可在不产生热量、减弱信号或丢失数据的前提下，把光波限制在纳米光缆中。目前，研究人员正在硅芯片上创建超材料，以超越当前工业界中使用的光波限制策略。

（二）研制发光器具与激光器的新信息

1. 研制发光器件的新进展

开发光在硅片中传播的光线路板。2005年9月，加拿大多伦多大学与德国耶拿的一家大学联合组成的研究小组，成功开发出一种光波在硅片上的传播技术。这一技术可研制出光线路板，将为制造新一代光电集成电路带来希望。

研究人员在飞秒时间内，实现了激光在硅片上的传播。研究人员表示，他们的技术使电信号和光信号在同一芯片或光电设备中结合起来成为可能，人们可利用这一技术制造光线路板。

光在硅片中的传播是当今世界上的热门研究课题之一。由于光的频谱范围要比电大很多，如果能够制成传输光的线路板的话，它的性能将比电路板高很多。光线路板在信息载量及传播速度上，都要远远高于电路板，因此它在精密制造、电信、生物及医疗分析以及微感应器等许多领域，都有广阔的应用前景。

多伦多大学的研究成果已经引起工业界的注意，研究人员表示，一家世界知名的芯片制造商已经对应用这种技术制造新一代电光结合的线路板表示出兴趣。

2. 研制照明灯具的新进展

(1) 开发优质高效的硅照明灯具。2006 年 5 月，《多伦多星报》报道，据估计，全世界 20%左右的电力，消耗在各种照明灯具上。所以，开发出节能、低成本、发光质量好的照明灯具一直是照明业界的追求。研发照明新技术的竞争也一直不断。

在这场技术竞争中，位于渥太华的第四半导体公司无疑是加拿大科技创新的一个典型实例，5 年内它的硅发光照明技术，有可能把俗称“节能灯”的紧凑荧光灯，以及发光二极管照明技术远远甩在身后。

据报道，第四半导体公司声称，它已经开发出一种硅基发光技术。该技术比普通 60 瓦白炽灯泡提高 80%的效率，寿命长 20 倍。比节能灯成本更低且质量更高。该公司创建人斯蒂芬·劳尔介绍说，简单地讲这其实就是一个硅片，通电后它就发光。我们的最终目标是使其发出足够亮的光，用其取代现有的照明灯具。

与发光二极管相同，第四半导体公司的技术也是固态发光技术的一种，它的光是从一个固态半导体材料中发出，不产生热量，而且抗震动。该技术不需要节能灯所必备的中介气体，也不需要白炽灯所必需的易烧断的钨丝。正因为如此，固态光源不需要装入玻璃真空管中，它更耐用，寿命更长，而且灯的形状也没有固定的限制。该公司研制的薄膜硅具备独有特性，它可以被“调谐”成更有效率、更亮且比发光二极管具备更佳的色彩质量。发光二极管不能提供全色光谱，而节能灯发出的光又比较刺眼。

劳尔坚信，他们的技术比现在人们广为推崇的发光二极管，具有更光明的未来。发光二极管如今由于成本高而限制了应用范围。他认为，发光二极管业界的人们都在回避其成本问题。他说：“当然，发光二极管的价格将来会降下来，但问题是能下降多少，下降的速度有多快。我们认为它的价格下降速度会阻碍其作为普通照明灯具广泛使用。而且，我们认为硅技术的照明质量会好于发光二极管的照明质量。”

第四公司的目标是在三年内开始生产这种硅发光照明灯具，取代现在普通家庭经常购买的灯具。劳尔介绍说，生产出的硅发光照明灯具，肯定是那种摆在普通家居店货架上，供普通人购买的灯具。但这并不意味着，我们在三年内就能够生产出 1 加元的灯具，但至少我们会进入市场参加竞争。

（2）发明手掌热量维持发光的环保手电筒。2013 年 7 月，国外媒体报道，加拿大 15 岁的女孩安·马科辛斯基最新发明制造一款环保节能手电筒，仅使用手掌的热量发光，如果谷歌科学展览会评审团欣赏这项发明，有望授予其特级发明奖。

马科辛斯基于 2012 年参加了另一次科学展览会，她参展的是另一款手电筒，使用动能驱动 LED 灯，此次她希望发明一款通过热电效应工作的手电筒，少量电流可在一种材料冷热面之间产生。

她在接受媒体采访时说：“我相信我们都曾有过一个令人讨厌的经历，当我们迫切需要手电筒时，能够找到一个手电筒却没有电池。可以设想一下，如果我们的手电筒不使用电池，将避免大量的有毒电池掩埋在土壤中。”

令科学家们置疑的是，人体能否产生足够的热量用于维持手电筒的电量，这位女孩最新设计的手电筒并未使用人体全部的热量，仅是手掌热量而已。

首先，她测量了手掌热量可产生大约 57 毫瓦电能，维持 LED 灯点亮需要的电能大约0.5毫瓦；接下来，她使用了另一种组件——珀尔帖瓷片，当一面受热而另一面冷却时将产生电流；最终，她将珀尔帖瓷片和电路连接在一个中空铝管上，管内气体能够冷却珀尔帖瓷片，同时手掌加热瓷片的另一面，在这种温差效应下可产生电能。

这款手电筒释放的光线非常柔和，但足以发现你的钥匙或者照亮书本的页面，在一项测试中，她使用手电筒大约半个小时，当时的环境温度大约10℃，依据温差的不同能够决定手电筒使用时间的长短。

她说："目前这款手电筒仅是一个原型设计，之后将投入生产制造，但是我设计的组件功能非常强大，当然，如果它投入使用和制造，我将试着把电子组件封闭包装起来，使它不会与水等物质接触，从而使用更长时间。"

3. 研制激光器的新进展

研制成功首款超小锁模激光器。2012年4月4日，物理学家组织网报道，加拿大国立科学研究院、澳大利亚国家研究委员会光学系统超高速宽带设备研究中心、悉尼大学光子学和光科学研究所、意大利国家研究委员会、美国英飞朗有限公司等共同组成的一个国际研究团队，在《自然·通讯》杂志上发表研究成果称，他们研发出一种新型的超小激光器，有望彻底改变计算、医药等多个领域的面貌，也能助推超高速通信等领域的发展。

研究人员表示，这是首款激光模式相互间的相位被锁定的激光器，也是首次使用一个微腔谐振器来对激光器锁模，锁模激光器可以产生最短的光脉冲。因此，新式超小激光器不仅能制造出激光超短脉冲，而且非常精确、体型超小、发出激光的速度超快，可以在很多领域大显身手。

制造出能以非常高以及非常灵活的重复频率发出光脉冲的激光器，是全球科学家们一直孜孜以求的目标。不同的研究团队提出了各种各样的方法来制造这样的激光器，但都功亏一篑，该研究团队首次让这种激光器成为现实。

报道称，新式激光器设备能在前所未有的高重复频率200吉赫（1吉赫=1千兆赫）下非常稳定地运行，同时维持非常狭窄的线宽。新激光器体型纤细、功能多样、性能稳定而且高效，可以应用于很多领域。

研究人员指出，新激光器将在计算、测量、疾病诊断以及材料处理等领域找到用武之地，也将在测量学领域使用的精密光学时钟、超高速通信、微芯片计算以及其他领域大展身手。

二、光信息观察与存储设备的新成果

（一）研制光学透视设备的新信息

1. 发明能看见砖墙内物体的光学透视仪

2005 年 1 月，加拿大媒体报道，加拿大北湾地区一位名叫特洛伊·赫图比斯的业余科学家通过数年研究，发明了一种挑战所有已知物理学规则的神秘光学观察仪器：可以隔着砖墙看见墙内物体的“天使之光”。

人类的两只眼睛总是逐光明而动，它可以看见阳光下的原野、天空中的飞鸟和浮游的白云。但是白云里面是什么样？飞翔小鸟的羽衣下是怎样玲珑的肉身？我们的眼睛就无能为力了。透过窗户上明净的玻璃，我们可以看清房间里的动静，当我们拉上窗帘，不透明的房间墙壁和屋顶马上保护着我们的隐私不被外界窥见。

有什么样的视线能够穿透厚厚的云层、小鸟的羽衣、房间的墙壁？也许，只有天使的视线才能做到。

现在，赫图比斯发明的这种奇异的光，真的做到了这一切！那就是所谓的“天使之光”。

当赫图比斯把一台两米多长、有点像古代大炮的机器开动时，机器的前方立即照耀出一片明亮的光芒。一切都静悄悄的，但是神奇的事情发生了，机器前方原本存在的房屋砖墙，在那种神奇的光芒的照耀下竟然不复存在，只有伸手触摸时才知道那光芒中的墙体依然存在。就是说，光芒中的墙变得透明了，或者说在这种光芒的帮助下，人的肉眼变得具有了透视功能。

透视一直是人类向往的本领和境界。人类把石头（二氧化硅是石头的主要成分之一）做成玻璃，是为了在隔断空间时依然能透视空间；人类从 X 射线中得到启发，让强电磁波穿透物体，并用仪器检测物体的内部构造；或者利用红外线搜集物体的表面形状信息；但这所有的努力都没能真正达到使物体变成完全意义的透视体的目的。在人类心中，透视依然是梦想，是神秘的，只有上帝的“天眼”才能做到那一切。如今赫图比斯制造出这样神奇的光芒，远远超出了人类的理解力，只能解释说是“天使送来的光芒”。连穿透力较强的X光射线也无法穿透的厚厚的墙壁，在这台机器发出的“天使之光”的照耀下，立即变得如同透明的玻璃，原本挡在墙壁后面的景物显现得一清二楚。这神奇的光芒让人类真正具有一双过去常在神话里描绘的“透视眼”。

正如一枚硬币的两面，这一“穿墙”机器已引发了某种担忧：这一机器目前有两米多长，如果将来它被发展到眼镜或头盔般大小，那么人们将几乎再无家庭秘密可言，因为只要戴上这种仪器，就可以隔墙看穿所有家庭中最秘密的隐私。

但是，与其后的事情比起来，强大的透视功能只能是这种“天使之光”的不太神奇的功能之一。不可思议的事情在越来越多的实验中层出不穷。

除了让物体变得透明以外，“天使之光”还有什么神奇本领呢？这也是光学仪器的发明者赫图比斯想知道的。

他首先用它来照射一些运动着的物体，观察对物体的运动会产生怎样的影响。

赫图比斯在一块空地上建造了一段轨道，然后放上一辆玩具遥控小汽车，在遥控指令控制下，小汽车可以顺着这些轨道行驶。当遥控玩具车正常地行驶时，他打开“天使之光”对着照射了过去。怪事发生了，车上所有的部件立即卡死停止运转。赫图比斯转而用其他电子产品来试验“天使之光”的特性，包括收音机、电视机和微波炉等，结果是它们全都停止了工作，变成了一团死铁。

接着，赫图比斯想试试这个机器能否让在空中飞行的玩具飞机也停止工作，于是他花1800美元购买了一架遥控模型飞机。在住宅附近的一块空地上，他先打开了“天使之光”机器对准空中，然后发射模型飞机。让他震惊的是，正常转圈飞行着的飞机模型，一飞到机器射出的光束中时，就像着了魔一样，突然从半空中掉了下来。在“天使之光”的照耀下，世界仿佛总要立即静止。当他把这些实验结果告诉麻省理工学院的专家时，他们都认为那太不可思议了，简直没有任何能解释的道理。

赫图比斯为了研究“天使之光”的穿透特性，继续用该机器照射了许多其他种物质，结果发现“天使之光”能够穿透的物质还包括钢铁、锡罐、钛金属、陶瓷和木头。最后，好奇的赫图比斯忍不住把自己的手伸进了“天使之光”的光芒中：交错的血管、一束束的肌肉、骨骼等如玻璃橱窗里盛装的标本一样，清晰地展现在他的眼前。与X光照不一样，“天使之光”下的物体，可以直接呈透明状态显现在肉眼前。但是，照射不久以后，赫图比斯发现，“天使之光”如恶魔一般，对自己的身体产生了巨大的副作用，被照射过的手指很快麻木失去了知觉。

难道是“天使之光”对生命来说，并非如其名称那么美丽仁慈？赫图比斯转而开始实验它在生物学上的效应。当他把光束对准金鱼缸中欢游的小金鱼时，数分钟后那些小动物们都停止了呼吸。“天使之光”那温柔明亮的外衣下，露出了狰狞的魔鬼本色。赫图比斯回想起自从制造这台机器以来，总是感觉身体不如以前那么舒服，估计是打开这台机器的时候，“天使之光”的光束会有一部分被物体反射到自己身上，并产生副作用。他开始意识到，如果肆无忌惮地打开“天使之光”，也许是在拿自己的生命开玩笑，于是他赶紧将机器拆除了，对这件仿佛来自外星世界的物品再也不敢轻易把它叫醒。

“天使之光”的功能随着新试验被发现得越来越多，每一种新功能都让人们惊奇不已。发明者自己也不能解释它所蕴涵的神秘功能究竟有多少。赫图比斯说，他的“天使之光”发射仪器用到了某些不为人知的物理学原理。美国麻省理工学院教授盖里·德里福斯认为，如果该仪器发出的“天使之光”，真能使人类“看穿墙壁”，就凭这一点，发明者也完全有望夺得诺贝尔物理学奖，并由此导致大量物理学定律需要全面改写。

但是如此重要的发明，并没有引起科学家们的广泛关注。有的物理学家甚至声称，这项技术的发明者不过是在拿电磁学理论开玩笑，只有新闻媒体对它青睐有加。

但后来不仅仅是新闻媒体有兴趣，法国政府从《发现频道》节目上，看到关于“天使之光”的某些军事用途奇闻简要报道后，与赫图比斯进行了联系，提出派出科学小组正式考察他的发明的要求。

事实上，自从发觉神奇的“天使之光”对生命有巨大的伤害后，赫图比斯就把机器拆除了，并再也没有组装起来。他一直对这台仪器的功能心存疑惧，感觉它远远超出了自己的理解与控制能力，一种不可预料的灾难似乎正静静地潜伏在那股透明神力之中，只有某些更天才的专家或许能够安全地驾驭它。

直到法国政府提出目睹他的一些发明的要求后，他才将尘封多年的机器重新组装起来以供展示。当法国专家们目睹“天使之光”的神奇功能时，都目瞪口呆。目睹了天使之光的神秘表现后，法国专家当即付现金4万美元作为仪器制造技术的定金，并允诺，如果这台机器被运到法国境内，并且能够通过许多更加严格的测试，法国政府还将支付给赫图比斯一笔巨额的报酬。

而后来随着新闻报道的深入，对这项发明感兴趣的购买团体越来越多，远远不止法国一家。据沙特媒体《今日海湾》搜集到的文件资料显示，沙特情报局的一位前首脑已经与赫图比斯就此事进行了秘密的正式接洽，准备将“天使之光”的技术改进后用于灭火和制造军事探照灯。

在各种机构出于军事目的，对“天使之光”技术频频光顾的同时，一些电信领域的公司也将他们的触角伸了过来。一场高技术公司的淘金热，让“天使之光”成为被争相追捧的宠儿。不久前，摩托罗拉公司正在寻求一种新兴的“浮现技术”，这种技术可以让用户看透建筑的墙体。以色列的一家公司已经从摩托罗拉公司和其他投资者手中，接到500万美元的风险资金，用来研制一种便携式成像雷达。这种雷达一般采用超宽频技术，使那些隐藏在墙壁以及其他障碍物后面的物体，以三维图像的画面清晰地显现在屏幕上。而“天使之光”的出现，无疑使研制雷达的重重困难变得不值一提。

“天使之光”的奇思妙想，究竟是怎样诞生的呢？赫图比斯把这种创新性的发明，归于一段梦想。他说：“一般来说，在着手我的某项发明之前的一年半时间以前，我的大脑中就会出现某些幻想。这种幻想刚开始只是微弱的火星，晦暗不清，渐渐地我就会看得越来越清楚了，并且有了对某些细节的考虑，最后整个发明都丰满起来，直到它生动地出现在我的大脑中，我仿佛都能看见它行使自己独特本领的生动场面。‘天使之光’的发明，也是这样从我的梦想里诞生的。具体来说，我对‘天使之光’有过三次强烈清晰的梦想。第三次时，我不再让它仅仅留在我的大脑中，开始去制造它。”

赫图比斯一度梦想“天使之光”能够透视墙壁，达到让砖墙明亮如窗户玻璃一样的效果。按照这样的期望蓝图，他开始设计、制图，共花费 3 万美元，耗时一个半月左右，最终大功告成。

当他给这个“怪物”拧紧最后一个螺丝后，一打开开关，迷幻的“天使之光”出来了。光束穿透他昏暗实验室那发黄的砖墙，让他清楚地看到实验室后面的车库，甚至看清车库里他妻子汽车上的车牌号码。昏暗的实验室被外面的太阳照得明亮异常，狭小的空间豁然开朗。梦想实现了，这让他惊喜的同时也开始敬畏不已。

在这面透视墙体面前，赫图比斯完全失去了对局限空间的概念，好几次，当他走在开着“天使之光”仪器的房间里时，虽然眼睛看不到，那依然存在的墙壁将他的膝盖和脚趾撞得生疼不已。在“天使之光”面前，常常以为自己确实有穿墙而过的本领，那种给人的视觉假象，远比落地透明玻璃幕墙真实得多。

2. 发明“窥探”他人瞬间简单意愿的光学装置

2009 年 2 月 11 日，美国趣味科学网站报道，加拿大多伦多大学一个研究小组表示，通过测量人脑部组织吸收的近红外光的强度，可“窥探”出被照射者瞬间的简单意愿。

报道称，研究人员让 9 名成人志愿者，面对 8 杯饮料排出喜好的先后顺序，然后受试者带上装有光纤、能够向大脑皮层发光的头带后，电脑监视器向其依次出示两种饮料，并要求其做出选择，确定更喜欢哪种饮料。

研究人员介绍说：“当大脑处于活跃状态时，血液中的氧含量会增加，而这会决定大脑吸收更多或更少的光。对于有些人来说，他们的大脑在不喜欢一些东西时会变得更加活跃；而对另一些人来说，则是在他们喜欢什么东西时大脑更为活跃。”据介绍，研究人员能够以 80% 的准确率，测出受试者最喜欢哪种饮料。

(二) 研制光信息观察设备的新信息

1. 研制显微镜的新进展

(1) 打造可达亚原子水平的世界最高级显微镜。2008 年 10 月 28 日，美国每日科学网报道，加拿大麦克马斯特大学新加拿大电子显微镜中心主任甘维吉·波顿对公众宣称，该中心打造了世界最高级和最强大的电子显微镜“提坦 80-300 立方体”，其威力相当于哈勃太空望远镜，只是前者瞄准原子水平，而后者对准恒星和星系。

报道称，该显微镜是 2008 年夏季由该大学建造而成的，具有空前的清晰度，很快就引起媒体和相关领域科学家的关注。

波顿表示：“我们是世界首家拥有如此高口径显微镜的大学。利用这台显微镜，我们能轻易地识别原子，测量它们的化学状态，甚至探测将原子聚集拢来的电子。”

麦克马斯特大学副校长莫·艾尔贝斯塔瓦表示，此显微镜的威力，可以使麦克马斯特大学成为快速成长领域的中心。他说：“此外，再加上该中心的显微镜套件仪器，可以使加拿大在纳米技术方面处于领先地位，也使我们处于世界最高级材料研究单位之中。”

上周，一支国际科学家小组来到这所大学，对此显微镜进行了检测。科学家表示对其能力大为吃惊，此显微镜在生命科学方面将获得许多应用。研究人员说：“这是一部特别的仪器，将能在基础生物学和物理学领域制造许多新发现，将帮助我们更好地了解疾病的特性，探索医治疾病的新线索。”

另一位科学家大卫·威肯逊通过另一个透镜查看了此显微镜。他说：“提坦可以探测固体材料的原子水平结构，从生物医学仪器到水品质监测，再到改良的能量贮存系统，此显微镜将对这些领域的新技术发展和商业化过程，产生重大作用。麦克马斯特大学致力于应用高级研究工具来满足我们工业伙伴们的需要，增强他们的创新能力，以提升其全球竞争力。”

麦克马斯特大学布罗克豪斯材料研究学院院长约翰·普雷戡斯顿表示，打造这台提坦显微镜，共花费 1500 万美元，它是一系列相关仪器中的一个，将在纳米级水平下检测数百种日常用品，以了解、操纵和提升它们的效率。

此显微镜将被用于帮助制造更加有效的照明设备和更好的太阳能电池，研究蛋白质和针对癌症治疗的送药材料。它将评估大气微粒，帮助制造更轻和更结实的汽车材料、更有效的化妆品和更高密度的存储器，以用于更快的电子和电信装置中。

据悉，此显微镜能耐受超低振动、低噪声和片刻的温度波动。操作此显微镜时得在单独的房间里进行，以确保获得最高品质的观察结果。显微镜领域正在发生快速且巨大的变化，在近几个月里，其他显微镜正纷纷面世，将最终胜过此提坦显微镜的本领。波顿表示，对提坦显微镜升级，是维持此显微镜主导地位的重要工作。

（2）开发出可用于治疗皮肤癌的激光显微镜。2019 年 5 月 15 日，英属哥伦比亚大学皮肤病和皮肤科学系研究员黄一梅牵头，其同事皮肤学教授哈维·磊教授、病理物理学教授曾海山等人参与的一个研究团队，在《科学进展》杂志上发表论文称，他们开发出一种特殊的显微镜，它对包括皮肤癌在内的多种疾病具有诊断和进行精准手术的潜在应用前景。

黄一梅说："我们的技术允许快速扫描组织，当看到可疑或异常的细胞结构时，可以在不切割到皮肤的情况下，进行超精确的手术，以选择性地治疗病变的组织。"

该设备是一种特殊类型的多光子激发显微镜，可使用超快红外激光束对活体组织成像，成像深度可达 1 毫米左右。这个显微镜，与以往技术的不同之处在于，它不仅能够对活体组织进行数字化扫描，而且还能通过增强激光产生的热量对组织进行处理。

当应用于皮肤疾病治疗时，该显微镜可以让医学专业人员精确定位到异常部位，诊断并立即治疗。它可以用来治疗任何需要非常精确治疗的部位，包括皮肤、眼睛、大脑或其他重要结构中的神经或血管。

哈维·磊说："我们可以改变血管的路径，而不会影响周围的任何血管或组织，对于皮肤癌等疾病的诊断和扫描，这可能是革命性的。"

研究人员希望下一步开发多光子显微镜技术更多应用场景，同时提高其精确度。曾海山表示："我们希望能从多角度识别皮肤下正在发生的变化，并有能力对不同部位进行成像，一旦我们做到了这一点，我们或许可以通过简单地增加激光的功率，将这种诊断设备转变成一种治疗设备。”

研究成果非常令人兴奋。该研究团队不仅第一个将快速视频速率成像应用到临床，也是第一个开发这种技术用于治疗的。

目前，研究团队已经与英属哥伦比亚大学的几个部门合作，包括机械工程、电气工程和眼科，以开发不同版本的技术。探索包括研发一种微型版本，可用于个体的消化道内窥镜显微检查和非手术治疗。

2. 研制天文望远镜的新进展

(1) 展示下一代太空望远镜仿真模型。2007 年 5 月 10 日，国外媒体报道，作为哈勃望远镜接替者的詹姆斯·韦布太空望远镜，是加拿大航天局、美国国家航空航天局与欧洲航天局的合作建设项目。当天，项目组召开新闻发布会，向媒体和公众展示了韦布太空望远镜的仿真模型。

项目组在巨型仿真模型旁边，安排专业人员介绍韦布望远镜。有关专家说，韦布望远镜将是太空探索领域的首台“下一代望远镜”，可观测到宇宙早期最初一批星系形成的过程，让人类对宇宙的了解得以大幅向前推进。

据悉，韦布望远镜与哈勃望远镜相比，体积要大 3 倍，探测能力将得到大幅提升，但造价却只有哈勃的一半左右。它从开发、建造到未来预期 10 年的太空运行，将总共耗资约 45 亿美元。韦布望远镜预计 6 年后进入太空，接替“年迈”的哈勃望远镜。

据有关单位介绍，在韦布望远镜的设计中，项目组采纳了 10 项最新技术。这台望远镜的直径约 6.5 米的六边形主镜面，可细化为 18 个小六边形镜面；底部设计有 5 层遮光板，每层面积有网球场那么大。设计人员形象地说，这些遮光板将是韦布在太空工作时的绝佳“防晒霜”。

(2) 设计制造出超低温天文望远镜成像仪。2011 年 12 月 7 日，有关媒体报道，加拿大不列颠哥伦比亚大学科学家领导的一个研究小组，利用电子技术，设计、制造了天文成像观测仪，当天，在夏威夷茂纳凯山顶的 SCUBA-2 上正式亮相。这一精密设备能够探测到人类肉眼无法观察到的深空亚毫米波。它为了避免地球能量源的扰动，必须冷却至-273.05℃。

据报道，该成像仪其实就是安装于詹姆斯·麦克斯韦望远镜上的一个冰柜，其中安装有超导硅探测器阵列。麦克斯韦望远镜是目前工作在亚毫米波段的最先进的射电望远镜之一。

宇宙中星球的形成，对人类来说还是个谜。该望远镜及成像仪的目的，就是用于探测、研究银河系中，形成星球的物质及其行为模式。亚毫米波介于无线与光线之间，由于信号极其微弱，难以捕捉，该望远镜的热成像信息，可以让天文学家看到形成星体的宇宙尘埃和气体更为详细的细节。

报道称，加拿大科学家制造的这部“宇宙中最冷的立方体”，它比自然界中发现的任何物质冷 30 多倍，望远镜核心部分被制冷至绝对零度之上的 0.1℃。

（3）推动下一代太空望远镜升空进程。2015 年 7 月，有关媒体报道，加拿大航天局与美国国家航空和航天局及欧洲空间局一起建造的詹姆斯·韦伯太空望远镜，是哈勃太空望远镜的继任者，被称为史上最强的太空望远镜，重量达到 6.4 吨，主镜面直径为 6.5 米，是哈勃太空望远镜的 3 倍左右。预计花费 88 亿美元，初步确定三年内发射升空。

报道称，一个天文研究团队宣布了开普勒太空望远镜的一项重大发现：天文学家发现迄今最接近“另一个地球”的系外行星——开普勒 452b。该行星比地球大概大 60%，距离地球 1400 光年，位于天鹅座。

然而，正当人们对开普勒 452b 寄予厚望之时，美国国家航空和航天局却表示，由于缺乏关键数据，现在不能说开普勒 452b 究竟是不是“另外一个地球”，只能说它是“迄今最接近另外一个地球”的系外行星。

中科院国家天文台研究员苟利军认为：“这些关键数据，仅靠开普勒太空望远镜目前是无法获得的。”开普勒 452b 的发现，很可能推动下一代太空望远镜“詹姆斯·韦伯”的升空进程。

苟利军说：“詹姆斯·韦伯太空望远镜的一个重要目标，就是对已发现的类地行星进行大气成分的分析与研究。”由于开普勒太空望远镜在口径和探测器方面的局限性，无法获得开普勒 452b 的光谱数据。

报道称，如果开普勒 452b 上真的存在生命的话，那么生命体会形成一些非常独特的光谱线，是非常重要的判断依据，而获得这些数据正是詹姆斯·韦伯太空望远镜的强项所在。

然而，詹姆斯·韦伯太空望远镜的诞生之路却并不顺利。由于预算经费等问题，有一段时间几乎要停止这个项目了。不过，现在由于开普勒

452b 的发现，及其所带来的科研价值与社会效应，更凸显了寻找和研究地外行星的必要性，这对推进詹姆斯·韦伯太空望远镜的建造进程是有很大帮助的。

3. 使用天文望远镜的新进展

（1）利用新型望远镜探测“少年”时期的宇宙。2015 年 8 月，有关媒体报道，加拿大温哥华不列颠哥伦比亚大学实验宇宙学家马克·哈尔彭、多伦多大学实验宇宙学家基思·范德林德共同领导，滑铁卢市理论物理周边研究所天体物理学家肯德里克·史密斯为骨干的一个研究团队，正在利用加拿大氢强度映射实验镜，探测宇宙的“少年”时期。

典型的射电望远镜都是“圆盘子”，但加拿大氢强度映射实验镜，却由 4 个 100 米长的半圆柱形天线构成。该天文设备位于不列颠哥伦比亚省彭蒂克顿附近。

从 2016 年开始，该天文设备的半管状天线，将开始探测由遥远星系的氢释放的无线电波。哈尔彭表示，这些观测将成为对 100 亿至 80 亿年前之间宇宙膨胀率的首个测量，这一时期的宇宙“恰好从一个小孩变成了成人”。

研究表明，从宇宙大爆炸到距今 138 亿年前，宇宙膨胀的速度一直很慢。哈尔彭说，但是在宇宙“青春期”的某个地方，最终将宇宙缓慢膨胀变为今天观测到的加速膨胀的暗能量，开始逐渐被感受到。

然而迄今为止，这一时间的窗口已经关闭。宇宙学家测量宇宙过去的膨胀率，通常都是利用一些古老的天体，例如，超新星爆发以及星系间的空洞，它们距离地球是如此之远，以至于光线现在才抵达地球。在过去几十年中，这些天体揭示了在过去超过 60 亿年的时间里，宇宙一直在加速膨胀。而对类星体的研究则显示，直到距今 100 亿年前，宇宙的膨胀依然很慢。

但是，宇宙学家一直难以测量在此期间的宇宙膨胀率，从而留下了一个悬而未决的问题，即暗能量排斥力的强度，是否随着时间流逝而改变。

史密斯说，设计氢强度映射实验镜的目的，正是为了填补这一空白。他将负责氢强度映射实验镜数据的分析工作。半管状天线将使得氢强度映射实验镜，能够接收到沿着一个狭长的直线区域来自任何地方、任何指定时间的无线电波。史密斯说：“随着地球的自转，这一直线形状将扫过整个天空。”

为了搞清一些单独的信号来自何方，一台定制的超级计算机将使用新技术，可在每秒钟处理近 1 太字节的数据。研究人员同时还将使用最初为移动电话研制的信号放大器。范德林德表示，如果没有这些强大的电子元器件，氢强度映射实验镜的成本将非常高昂

这里的超级计算机将特别关注波长代表 110 亿到 70 亿年前的无线电波，这些无线电波是由星际空间中的氢释放的。研究人员随后将尝试去掉来自银河系及地球的具有相同波长的“无线电噪声”。

范德林德指出，氢强度映射实验镜并不能用这种方法区分个别星系，将有成百上千个星系共同出现。这将让研究人员能够绘制星系团之间空洞的膨胀率，从而最终计算出这一时期的暗能量强度。

在物理宇宙学中，暗能量是一种充溢空间的、增加宇宙膨胀速度的难以察觉的能量形式。暗能量假说，是当今对宇宙加速膨胀的观测结果的解释中，最为流行的一种。

（2）衡量转移宏大望远镜的科学结果。2017 年 6 月，国外媒体报道，加拿大天文学家面对转移宏大望远镜将如何影响科学计划时，展开了讨论。其中一项研究分析了如此转移可能带来的结果，研究者在埃德蒙顿加拿大天文学会的一次会议上发表了这个看法。研究者认为，这样的变动仍能让他们做想做的大多数事情，但却并非所有想做的事情。

宏大望远镜原选址于美国夏威夷岛莫纳克亚休眠火山上，这里拥有世界一流的天文观测条件。但是，在夏威夷莫纳亚克山上建设 30 米的宏大望远镜，受到了当地现有法律的挑战，这意味着，该设施背后的国际合作者需要考虑另一个选址。但是其后备选址较次一级的观测条件，却不能让科学家探索未来十年最热门的一个潜在话题：探索系外行星大气层。

安大略省滑铁卢大学天文学家迈克尔·巴洛格说：“这个宏大望远镜是加拿大天文学领域的一个关键组成部分。加拿大作为 6 家主要国际合作者之一已经为该工程出资 1.8 亿美元。如果我们必须搬迁，那肯定会缩小该项目的观测范围。”

后备选址位于加纳利群岛拉帕尔马的罗克·德洛斯·马切乔斯，其海拔低于莫纳亚克山，天空观察也比夏威夷山脉更加动荡。这意味着，观察

条件不会达到最佳；尤其是拉帕尔马上空额外的大气会大幅干扰中红外波段的光，而中红外波段恰恰是观测系外行星大气层的绝佳波段。

安大略省汉密尔顿麦克马斯特大学天文学家、宏大望远镜执行委员会的道格·韦尔奇说，所有人都同意莫纳亚克休眠火山是最佳地点。但如果不能把天文台建在那里，还是可以做其他很多卓越科研的。

韦尔奇说，宏大望远镜将会拥有内置的自适应光学系统，来矫正地球大气层中的乱流，它将会补偿拉帕尔马上空绝大部分的模糊性。采用灵活的时间表，让望远镜根据一个夜晚的天空状态处理不同的项目，也能让操作者做出最好的科学研究。

但如果近地面的乱流比预期更严重，那么拉帕尔马的宏大望远镜的执行力，将不能达到与其竞争对手正在智利建设的欧洲极大望远镜的水平。此外，智利还在建设另一个大型望远镜巨型麦哲伦望远镜。所以建造宏大望远镜并尽快地将其用于观察的压力很大。

（三）研制光信息存储设备的新信息

1. 开发摄像机方面的新进展

研制出拍摄图片更清晰的全聚焦摄像机。2010 年 5 月 4 日，美国物理学家组织网报道，加拿大多伦多大学电子与计算机工程系教授饭冢圭吾领导的研究小组，设计出一款全聚焦摄像机，它可同时对景深不同的物体聚焦，使拍摄出来的图片更加清晰。研究人员认为，这款新摄像机或将在生产制造、医药、国防和安全领域大展拳脚，也将成为普通消费者的“新宠”。

全聚焦摄像机是基于全新的距离映射法则设计的，能够实时地对远近不同的物体进行自动聚焦，产生出高清图像，拍摄出的手指图像连指纹都一目了然。

距离映射是一种在像素着色器中添加小规模位移映射的技术。像素着色器是指可用于对屏幕输出图像里的每个像素点进行精确的色彩调整。距离映射可提供快速计算光线与表面交点的全部所需要的信息，增加了场景中的感知物体的复杂性，同时也维持了实时的性能。

饭冢圭吾根据距离映射原理，发明了一款“发散率中心影像相机”，英文简称“迪瓦姆”，它是新设计的全聚焦摄像机的关键组件。

全聚焦摄像机，包含一个集成了“迪瓦姆”的彩色摄像机阵列，每个彩色摄像机的聚焦距离各不相同。工作时，“迪瓦姆”会实时捕捉场景中每个像素的距离信息，然后，由软件驱动的像素通信部件，会使用这些距离信息，从彩色摄像机获得的所有信息中，选择出单个像素，得到最终的“全聚焦”单视频图像。

研究人员表示，这个全聚焦摄像机的独特之处在于，它能够同时对一个场景中的所有物体进行聚焦，不管物体的远近如何，也不管有多少物体。使用时，不需要对照相机的镜头进行调整。得到的图像清晰度更高、效果更好，同时还实现了实时操作，使用起来更加简单。此外，摄像机更加精巧，携带也非常方便，生产成本更低。

研究人员说，目前，该摄像机还处于研发阶段，但其应用前景非常广泛。例如，它可用于摄录音乐演唱会的现场实况。由于可对歌手和位于背景中的乐队成员同时进行聚焦，因此生成的视频图像品质更高，电视观众得以更好地欣赏演唱会的实况。

该全聚焦摄像机也可用于医药领域，利用其工作原理设计的腹腔镜，可对正在进行手术的医生有所助益，让医生更清晰地看到病人手术部位的全景。

2. 开发照相机方面的新进展

（1）研制出相机喷涂式平面光学镜头。2013 年 6 月，物理学家组织网近日报道，加拿大不列颠哥伦比亚大学工程学院助理教授肯尼斯·周领导的研究小组联合美国研究人员，在《自然》杂志上发表研究成果称，他们利用喷涂技术，研制出性能先进的相机平面光学镜头，这在革新光学镜片的制造和使用方式上，取得了突破性进展。

目前，无论是人眼中，还是摄像头或显微镜中，几乎所有透镜都是弯曲的，从而限制了光圈或光线进入量。平面镜头的想法，可追溯到 20 世纪 60 年代，当时俄罗斯物理学家曾提出过此方面的理论。但是，科学家一直以来，都无法找到制作此类平面透镜的天然材料。

经过多年的研究和反复试验，加拿大研究小组发现了一种利用喷涂材料充当平面镜头的简易方法。他们开发出一种物质，并喷涂于载玻片表面，即可将其变成可用于生物标本紫外光成像的平面镜头。

肯尼斯·周解释说，弯曲镜头总是具有有限的光圈，有了平面镜片，人们就可制作出具有任意光圈大小的镜头，大的可相当于一个足球场。喷涂式平面镜头技术，是目前为止对平面镜头原始理论最为接近的验证，工艺简单且具有成本效益，该镜头还可改变相机和扫描仪等成像设备的设计方式。

（2）研制出每秒可拍 10 万亿帧的最快照相机。2018 年 10 月 15 日，美国《每日科学》网站报道，加拿大魁北克大学国立科学研究院超短成像专家梁锦扬与美国加州理工学院医学与电子工程教授王立宏共同领导的研究团队，开发出世界上最快的照相机“T-CUP”，其每秒能捕捉 10 万亿帧数据。这种新型相机几乎可以让时间“凝固”，有助于科学家观察包括光在内的各种现象，进一步揭示光和物质之间相互作用的秘密。

近年来，非线性光学与成像领域的创新成果互相补充，开发出许多高效新方法，帮助科学家从微观层面分析生物与物理学领域的动力学现象。但为了挖掘这些方法的潜力，还需在单次曝光过程中，以超短的时间分辨率，实时记录图像。

如果采用现有成像技术，用超短激光脉冲进行测量，必须重复多次，且现有方法仅适合某些惰性样本，不适合那些更脆弱的样本。尽管压缩超快摄影（CUP）技术的处理速度，接近每秒 1000 亿帧，却无法满足集成飞秒激光器的具体要求。

有鉴于此，该研究团队在飞秒条纹相机的基础上，开发出了这款新型 T-CUP 系统。王立宏解释道：“只用飞秒条纹照相机，图像质量将受到限制，为改善这一点，我们增加了另一个相机来获取静态图像。新相机与飞秒条纹相机采集的图像结合，可获取高质量的图像，同时每秒记录 10 万亿帧数据。”

研究人员表示，T-CUP 创造了实时成像速度的世界纪录，可助力新一代显微镜用于生物医学、材料科学与其他领域。而且，这种照相机能以无与伦比的时间分辨率，分析光线与物质之间的相互作用。

在“首秀”中，T-CUP 在 400 飞秒的时间间隔内，拍摄了 25 帧图像，不仅记录了这一过程，还详细描述了光脉冲的形状、强度和倾斜角度。梁锦扬表示：“未来，我们有望将照相机的速度增至每秒千万亿帧，进一步揭示光和物质之间的秘密。”

第四章　宇航领域的创新信息

加拿大在宇宙理论与宇宙概貌领域的研究成果，主要集中于开展佐证多重宇宙论的新实验，试图通过迷你黑洞证明平行宇宙的存在，预测宇宙可能既无始又无终，推进宇宙时空起源的研究。探测到宇宙大爆炸的光在旅途中扭曲，揭示量子真空能驱动宇宙加速膨胀，加深研究宇宙射线和宇宙暗物质，多方位探索银河系布局，探测恒星、系外行星，以及黑洞等其他系外天体。在太阳系领域的研究成果，主要集中于研究地球生命、地球物质要素、地球重力隧道和地球磁场；研究火星生命，求解火星甲烷之谜；拍摄到罕见流星坠落的视频，找到坠落在地面上的流星残骸，或已发现首个来自太阳系边缘的陨星；在柯伊伯带里发现一颗矮行星，在太阳附近发现众多褐矮星。在航天设备与太空开发领域的研究成果，主要集中于开发增强航天飞机安全性的新型机械臂，发射“手提箱卫星”探测近地小行星，开发名为太空电梯的太空升降设备。另外，制订促进宇航业发展与太空开发的新计划。

第一节　探测宇宙天体的新进展

一、宇宙理论与宇宙概貌研究

（一）研究宇宙理论的新信息

1. 多重宇宙论探索的新进展

进行佐证多重宇宙论的新实验。2014 年 7 月 21 日，英国《每日邮报》网络版报道，在“宇宙泡沫”构成的海洋里，我们宇宙不过是其中一个“泡泡”。一种理论声称，我们所处的宇宙只是众多宇宙中的一个，而加拿大科学家们进行的一系列新实验，可以进一步说明这种所谓多重宇宙论。研究人员希望，它可以成为多重宇宙测试的展示及原理证明。

多重宇宙这个术语，在1960年12月份才被“发明”出来，它基于永久膨胀理论，即大爆炸形成宇宙后的短时间内，不同区域以不同的速率进行时空扩展。根据这一理论衍生出的多重宇宙论认为，有很多个宇宙并行存在，我们不过栖居在其中之一而已。也可以想象其场景就像空中悬浮着一大群肥皂泡，每个泡就是一个宇宙。而在每个肥皂泡里，都是每个宇宙自成一格的时间与空间。尽管这一想法似乎有些荒诞离奇，但相当一部分科学家认为，其理论可以帮助解决一些基础物理问题。

据报道，在位于加拿大安大略省的圆周理论物理研究所内，研究人员一直在考虑多重宇宙的可能。他们将其比喻成一壶水，在极高的能量下开始蒸发，泡沫形成，每个泡泡包含一个真空，有的泡泡即使能量较低但也不会什么都没有。这种能量使泡泡扩大，然后不可避免的“宇宙泡泡”们会互相撞上，有可能产生一些“次级”的“宇宙泡泡”。该组人员声称已经创造了可以测试多重宇宙论的首个实验。在计算机模型中，他们模拟了整个宇宙。研究人员表示，模拟宇宙并不困难，但他们此次是在最大尺度上进行的模拟。

研究人员先假设多重宇宙存在两个“宇宙泡泡”，并让其产生碰撞。他们将一个虚拟观察者安放在不同的地点，以尝试找出此时此地观察者会看到什么。在论文中他们写道，这是第一次，任何人都可以对“宇宙泡泡”碰撞的可观察信号，产生一套直接定量的预测。

团队成员马休·约翰逊表示，现在项目已经达到了一个顶点，可以排除多重宇宙论中其他一些模型。实际上，人们肯定无法看到真实的“宇宙泡泡”，但已可以通过模型预测说出观察到的现象。

2013年，美国科学家借助由普朗克太空望远镜观测到的数据，绘制而成了宇宙地图。当时，科学家们认为，图中宇宙微波背景辐射之所以出现不规则分布的状况，其原因只能是“其他宇宙”施加的引力所致。但这个“有力”的证据也已经遭到质疑。迄今，多重宇宙论仍是个颇受争议的话题。

2. 平行宇宙论探索的新进展

探测迷你黑洞或可证明平行宇宙的存在。2015年3月，加拿大滑铁卢大学米尔·费查、美国佛罗里达大学法拉格·阿里和埃及亚历山大大学穆罕默德等理论物理学家组成的一个研究团队，在《物理快报 B》上发表论文称，额外维度和平行宇宙的理论十分诱人，但验证起来却非常困难。于是，他们提出可借助大型强子对撞机制造迷你黑洞来实现这一想法，揭开平行宇宙的秘密。

证明平行宇宙存在的关键，是在一定的能量水平下检测到迷你黑洞。这不但能够显示额外维度的存在，还能支持弦理论及其相关模型。

论文认为，由于引力能够流出我们当前所在的宇宙进入额外维度，这样的模型可以通过迷你黑洞，在对撞机中进行检测。因此，借助引力虹理论（一种尚未写入教科书的新理论），就能检测并计算出产生迷你黑洞所需的能量。如果在预测的能量级别上发现迷你黑洞，就能证明引力虹和额外维度是真实存在的。

众所周知，对撞机已经试图制造出迷你黑洞，但一直未能成功。在论文中，研究人员对此进行了解释。他们认为，这是因为在四个维度中产生黑洞所需的能量，远大于目前对撞机所能达到的能级。此外，目前实验中用来预测黑洞产生所需能量时，采用的引力模型是不太准确的，且并未考虑量子效应。根据爱因斯坦的广义相对论，引力可以被看作是空间和时间的曲率。我们宇宙中的引力能够以某种方式流入额外维度。科学家们指出，空间和时间的几何形态，在普朗克尺度下会发生畸变。他们已经使用引力虹理论，对临近普朗克尺度时间和空间的变化进行了证明，并预测在那里会出现迷你黑洞。

利用引力虹理论，科学家们发现，在对撞机中产生迷你黑洞所需的能量，比先前认为的要多一点点。截至目前，对撞机已经对 5.3TeV 以下的能量做了测试。根据引力虹理论，这些能量还是稍微低了点。模型预测要在 6 维度空间产生黑洞需要 9.5TeV 的能量，而在 10 个维度中产生则需要 11.9TeV 的能量。由于对撞机未来设计达到的能量级别可达 14TeV，因此通过它制造出一个迷你黑洞还是可能的。

论文认为，如果迷你黑洞是在对撞机中发现的话，那就可以支持多种思路：平行宇宙、额外维度、弦理论和万有引力彩虹——后两种理论都是受到量子引力的影响。

研究人员说，如果对撞机能在预计的能量等级中探测到迷你黑洞，这不仅会证明额外维度和平行宇宙的存在，也将解决著名的黑洞信息悖论问题。解决这个悖论是可能的，因为，在引力虹模式，迷你黑洞有最小半径是它所收缩不了的。然而如果没能在预测能量水平检测到黑洞，科学家将需要对上述进行重新的思考。这意味着，以下三种可能性中只有一种为真：一是额外额度不存在；二是额外维度存在，但小于预期；三是引力虹的参数需要修改。在理论物理学的世界里，永远只有一个解释，这同样也适用于这个问题。

（二）研究宇宙起源及演变的新信息

1. 探索宇宙时空起源的新进展

（1）预测宇宙可能既无始又无终。2010 年 12 月，美国科普杂志《探索》为庆祝发行 30 周年，邀请 11 位世界顶尖科学家，对今后 30 年科学将引领人类走向何方进行预测。其中，加拿大圆周理论物理研究所所长、宇宙学家尼尔·图洛克谈了对宇宙运行研究的预测。

图洛克说，在关于宇宙起源的常规图片中，大爆炸是时间的始点。这是科学史上最大的奥秘之一，我用了好几年时间试图弄清楚这一时刻的意义，在那张图片中，宇宙诞生于具有无限密度和温度的一点，这就是我们所知的最初的奇点。我正在探索这样的想法，那就是奇点并不是时间的起点。在这个新观点中，时间没有始点，宇宙大爆炸是存在于更高维度现实中的片状空间碰撞的结果。这些碰撞可能会发生多次，创造出一个永恒的、周而复始的宇宙。

图洛克指出，令人兴奋的是，可检验这些设想的观测工作，将在未来 20 年甚至更早的时间里得以完成。目前，有关大爆炸的最有力数据，都来自普朗克卫星，其能测绘出宇宙极热早期所遗留下来的微波。普朗克可测量出这些微波的温度，寻找由宇宙学标准模型预测的一种特定模式。如果我们无法看到这种模式的某些特点，那必将是对标准模型的严重打击。此外，我们的循环宇宙模型可对不同类型的物质在宇宙中的分布做出具体的预测。例如，如果我们能够足够仔细地观察到宇宙中的暗物质团，也许就能支持宇宙循环论。

图洛克认为，不管是否正确，本来只是哲学方面的一个问题，却能在短短10年或20年的时间里，通过观察加以验证，科学达到这样的地步真是令人惊叹。我们甚至还能对一个最古老、最根本的问题做出回答，那就是：我们来自何处？这将是极大的满足。总有一天，无论是在百年后还是千年后，我们将进入太空，开始确保人类物种在地球以外生存的征程。更好地理解宇宙的运行，在某种程度上也是在帮助我们自己，使我们可以利用宇宙的基本规律，开发出新的和意想不到的技术，我绝不认为这样的设想是异想天开。

（2）推进宇宙时空起源的研究。2013年11月，国外媒体报道，时空从哪里产生？由什么构成？是来自低维世界的全息投影，还是各种关系作用下的因果集合？许多学者认为，物理学不仅要能解释时空的表现，还要能解释时空本质的起源，否则，物理学的任务就不算完成。

加拿大不列颠哥伦比亚大学物理学家马克·范拉姆斯东克说："想象一下，假如有一天你醒来，发现自己生活在计算机游戏里。"这听起来像是科幻电影的情节，但这正是他对现实的一种理解方式。他接着说："如果这是真的，那我们周围的一切，整个三维的物理世界，就是一场幻觉，也就是由来自某个地方二维芯片上的编码信息所产生的幻觉。这构成了我们的三维空间宇宙，一种从低维底片上发出的全息投影。"

即使拿通常的理论物理学标准来衡量，这种全息理论也相当奇怪，但范拉莫斯东克是少数前卫的研究人员之一，他们认为通常的理论尚不够奇怪。无论是现代物理学的两大支柱广义相对论和量子力学，还是描述基本一维能量线的弦理论，都没有对时空本身的存在给出任何解释。如果没有其他的，这种全息理论也不失为一种解释。

范拉姆斯东克领导的研究小组认为，物理学如不能解释时空是如何以及从哪里产生的，它的任务就不算完成。时空可能从某种更基本的东西产生，这种东西尚未命名，至少需要构造一个像"全息"那样大胆的概念。他们认为，这种从根本上对现实的重新定义，是解释黑洞核心那个无限致密的"奇点"怎样扭曲了时空构造的唯一方式，这超越了所有的认知。或者说，研究人员怎样才能把原子尺度的量子理论和行星尺度的广义相对论统一起来，有一个东西长期阻碍了理论学家的构建工作。

对此，美国宾夕法尼亚大学物理学家阿贝·阿什特卡指出："所有的经验都告诉我们，我们对现实不该有两种显著不同的构想，它必然是一个庞大的包含所有的理论。”找到一个庞大的理论是一项艰巨挑战。为此，《自然》杂志探索了现代几种较有前途的前进路线——一些新兴的观点以及对它们的检验。

1）热力学万有引力理论。人们可能会问的一个最明显的问题是，这种努力是否徒劳？是否真的有某种东西比时空更基本？证据何在？一个令人兴奋的线索来自20世纪70年代早期取得的一系列不寻常的发现。当时，量子力学和万有引力与热动力学开始紧密结合在一起，这一趋势日益明显。

1974年，英国剑桥大学的斯蒂芬·霍金证明，黑洞周围空间存在着量子效应，这使得黑洞向外发出辐射，就好像它很热一样。其他物理学家也很快得出结论，这种现象在宇宙中其实相当普遍。即使在真空里，正在加速的宇航员会感到他自己像是被包围在热水浴中。虽然对目前火箭可达到的加速而言，这种效应太微弱了而无法被觉察到，但这或许是个基本原理。如果量子理论和广义相对论是正确的——这两者都已被众多实验所证实——那霍金辐射的存在似乎是理所当然。

还有一个重要发现，也与此密切相关。根据标准热力学理论，一个物体要辐射出热量必须降低熵值，这也是检测其内部量子状态的一种数量方法。所以黑洞也是如此，甚至早在霍金1974年发表其论文之前，现在以色列耶路撒冷希伯来大学任职的雅各布·贝肯斯坦就曾证明了黑洞拥有熵值。但两者之间还是有差异的。对于大部分物体来说，它们的熵与物体所含原子数目成比例，也就是和体积成比例；但黑洞的熵却与其事件视界的表面积成比例。事件视界是光无法逃逸的界限，这就好像黑洞的表面是其内部信息的某种编码，正像以二维全息编码的形式来表现三维图像那样。

1995年，美国马里兰大学物理学家泰德·雅各布森把两者的发现结合起来提出一种假设：空间中的每个点上都有一个微小的“黑洞视界”，并服从熵与面积关系。结果他发现，这样在数学上就变成了爱因斯坦的广义相对论方程——只用了热力学概念，而没有用时空弯曲理论。

雅各布森说：“这好像涉及某种深入万有引力起源的东西。”尤其是，热力学定律的本质是一种统计表现，即大量原子和分子运动在宏观上的平均，所以该计算结果也意味着，万有引力也是统计上的表现，是对时空的某种看不见的成分的一种宏观近似。

2010年，荷兰阿姆斯特丹大学的弦理论学家埃里克·韦林德证明了时空成分的统计热力学——无论它们最终是什么，都会自动产生牛顿的万有引力定律。

在另一项独立研究中，印度浦那校际中心天文与天体物理学中心的宇宙学家萨努·帕德曼纳班指出，爱因斯坦方程可以改写成另一种等同于热力学定律的形式——就像万有引力的许多其他替换理论一样。帕德曼纳班最近正在扩展热力学方法，试图以此解释暗能量的起源及其在宇宙中的量级。暗能量是推动宇宙加速膨胀的一种神秘力量。

要想用实验来验证这些想法是非常困难的。就好像水看起来是光滑完美的流体，但如果用显微镜深入观察到能看见水分子的程度，也就是不到1纳米，情况就会完全不同。据此人们估计，时空虽然看起来是连续的，但如果小到普朗克级别，大致是10的负35次方米，比一个质子还小约20个数量级，情况也可能完全不同。

但这并非不可能。人们经常提到一种方法可以检验时空的结构是否为离散的，就是寻找高能光子延迟。在遥远的宇宙角落，由某个宇宙事件（比如超新星爆发）抛射出大量γ射线，这些高能光子到达地球可能会产生时间上的延迟。事实上，这些波长最短的光子能感觉到它们所穿越的太空旅途是由某种微小的、崎岖不平的成分构成，正是这种崎岖不平略微延缓了它们的行程。

2013年4月，意大利罗马大学量子—引力研究员阿麦利诺·卡梅利亚领导的研究小组，在一次γ射线爆发记录中，发现了这种光子延迟的线索。卡梅利亚说，这些结果还不是最后定论，他们打算进一步扩展研究，观察宇宙事件中产生的高能中微子的旅行时间。他说："如果这些理论无法被检验，那么对于我来说，它们就不是科学，而是宗教信仰，我对此并无兴趣。"

其他物理学家也在寻求实验的证明。例如在2012年，奥地利维也纳大学和英国伦敦帝国学院的科学家提出了一项"桌面实验"，实验中用到一种能在激光驱动下来回运动的显微镜。他们认为，当光从镜面反射时，普朗克尺度的时空间隔会产生能探测得到的变化。

2）圈量子引力理论。圈量子引力理论，是20世纪80年代中期由阿什特卡等人发展而来。他们把时空构造描述为就像一张展开的蜘蛛网，网线上携带着它们所通过区域的量子化的面积和体积信息。每根网线的末端最终一定会连在一起而形成圈状，正如该理论的名字，但这与更著名的弦理论的“弦”没什么关系。弦理论的“弦”在时空中来回运动，而圈量子引力的“网线”则构成了时空本身：它们携带的信息定义了周围时空构造的形状。

由于这种圈是量子的，所以该理论也定义了一个最小面积单位，非常类似于在普通量子力学中，对氢原子一个电子的最小基本能量态的定义。这种面积量子是大约一个普朗克单位那么大的一个面。要想再插入一根面积更小的“线”，它就会跟其余的“网线”断开。它不能与任何其他东西连接，只好从时空中退出。

定义了最小面积带来了一个令人欣慰的结果，就是圈量子引力不能被无限挤压到一个无限小的点。这意味着在大爆炸瞬间以及在黑洞中心，它不会产生那种打破爱因斯坦广义相对论方程的奇点。

2006年，阿什特卡研究小组报告他们利用这一优势进行了一系列模拟，他们用爱因斯坦方程的圈量子引力版本反演了时钟倒转，以可视化形式展示了大爆炸之前发生了什么：宇宙如预期那样反向演化，回溯到大爆炸时。但在它接近由圈量子引力决定的基本大小极限时，一股斥力进入奇点迫使其打开，成为一个隧道，通向另一个先于我们宇宙之前而存在的宇宙。

2013年，乌拉圭大学物理学家鲁道夫·甘比尼和美国路易斯安那大学的乔奇·普林也报告了相似的黑洞模拟。他们发现，当一个观察者深入黑洞核心时，遭遇到的不是奇点，而是一条狭窄的时空隧道，通向空间的另一部分。

阿什特卡说：“排除了奇点问题是一项重大成就。”他正和其他研究人员一起，辨认那些留在宇宙微波背景上的特征标志。宇宙微波背景是宇宙在婴儿时期迅速膨胀残留的辐射。那些标志则可能是由一次反弹留下来的，而不是爆炸。

圈量子引力论还不是一个圆满统一的理论，因为它没有包括任何其他的力，而且物理学家们也还没能说明，正常时空是怎样从这种信息网中出现的。对此，德国马克思·普朗克万有引力物理学研究所的丹尼尔·奥利提希望在凝聚体物理学中寻找灵感。他认为，在物质的过渡阶段生成了一种奇异相态，这种相态可以用量子场论来描述。宇宙可能也经过类似的变化阶段，奥利提研究小组正在寻找公式来描述这一过程：宇宙怎样从一系列离散的圈过渡到光滑而连续的时空。奥利提说："我们的研究还处在初期阶段，还很困难。我们就像是鱼，游在难以理解的时间之流的最上游。"探索的艰难，使一些研究人员转而追求另一种更抽象的过程，由此提出了著名的因果集合论。

3）因果集合理论。因果集合论由加拿大周界研究所物理学家拉斐尔·索尔金创立。该理论提出，构成时空的"基本之砖"是简单的数学上的点，各点之间由关系连接，每个关系指示着从过去到未来。这种关系是因果性表现的本质，意味着前一个点会影响后一个点，但反过来不行。最终的因果网就像一棵不断生长的树，逐渐形成了时空。索尔金说："你可以想象为，时空是由于这些点而出现的，就像温度是由于原子而出现的那样。但要问'一个原子的温度是多少？'是没有意义的，要有一个整体的概念才有意义。"

20 世纪 80 年代末，索尔金用这一框架估算了可见宇宙可能包含的点的数量，推导出它们应该能产生一种小的内在能量，从而推动宇宙加速膨胀。几年后，人们发现宇宙中存在一种暗能量，证实了他的猜想。伦敦帝国学院量子引力研究员乔·汉森说："通常人们认为，从量子引力做出的预测是不可检验的，但这种情况却可以。如果暗能量的值更大，或是零，因果集合论就成为不可能。"

虽然很难找到支持证据，因果集合论还是提供了其他一些可检验的预测，一些物理学家利用计算机模拟得到了更多结果。其中一种理论观点可追溯到 20 世纪 90 年代初，认为普通时空由某种未知的基本成分构成，这些成分是微小的块体，淹没在混乱的量子涨落的海洋中，随后这些时空块自发地黏合在一起而形成更大的结构。

荷兰内梅亨大学物理学家雷内特·罗尔认为，时空的"基本之砖"是一种简单的超级金字塔，即三维四面体的四维形式。通过模拟的黏合规则让它们自由结合，结果就成了一系列奇幻的“宇宙”，有的有太多维度而有的太少，它们自己会折叠起来或破成碎片。罗尔说：“就像是一场自由混战，任何东西无法恢复原状，类似于我们周围所看到的一切。”

索尔金、罗尔的发现，增加了改变一切的因果性。毕竟时间维度与三维的空间维度不同，罗尔说：“我们不能在时间中来回旅行。”所以她的研究小组对模拟做了改变，以保证后果不会跑到原因的前面。然后他们发现，时空小块开始持续地自行组装，成为光滑的四维宇宙，其性质正和我们所在的宇宙类似。

有趣的是，这一模拟还暗示了在大爆炸之后不久，宇宙在婴儿期时只有两个维度：一维空间和一维时间。还有其他尝试推导量子引力方程的实验也得到了同样预测，甚至还有人提出，暗能量的出现是我们的宇宙正在发展出第四空间维度的一个信号。其他人还证明了在宇宙早期的二维阶段可能形成一些花纹，类似于我们在宇宙微波背景上所看到的那样。

4）全息理论。与此同时，加拿大范拉姆斯东克在全息理论的基础上，对时空的产生提出了另一种完全不同的设想。黑洞以一种类似全息的方式在其表面存储了所有的熵，美国普林斯顿高级研究院的弦理论学家胡安·默尔德希纳最早给这一理论构建了一个明确的数学公式，并在1998年发表了他的全息宇宙模型。在该模型中，三维的宇宙内部包含了弦和黑洞，只受万有引力控制，而它的二维边界包含了基本粒子和场，服从普通量子法则而无须万有引力。

此假说中的三维空间的居民，永远也看不到这个二维界限，因为它在无限遥远的地方。但这不会影响其数学存在：发生在三维宇宙中的任何事情，都可以通过二维边界的方程相等地描述出来，反之亦然。

2010年，范拉姆斯东克研究了当边界上的量子粒子发生“纠缠”时，会发生什么情况。测量其中一个不可避免地会影响另一个。他发现，如果边界上两个不同区域的每个粒子纠缠持续地降低到零，那么两者之间的量子相关就会消失，相应的三维空间开始逐渐自身分裂，就像一个细胞的分裂，直到最后，这两者之间的细微连接会突然断裂。在二维边界保持连接时这一过程不断重复，使三维空间一次次地反复分裂下去。所以，范拉姆斯东克推测说，在实际效果上，三维宇宙是由边界上的量子纠缠而保持结合在一起的，从某种意义上说，量子纠缠和时空是同一回事。也或许，像默尔德希纳说的那样："这表明量子是最基本的，时空是从它而产生。"

2. 探索宇宙大爆炸的新发现

首次探测到宇宙大爆炸的光在旅途中扭曲。2013 年 10 月 23 日，每日科学网报道，加拿大麦吉尔大学邓肯·汉森牵头，美国加州理工学院的乔奎因·维埃拉等人参与的一个国际天文研究小组，在《物理评论快报》上发表论文称，他们利用美国南极地面望远镜和欧洲空间局赫谢尔太空望远镜，最近首次探测到了来自宇宙大爆炸的光在旅途中发生的扭曲现象，也称 B-模式。研究人员称，这一发现有助于绘制更好的宇宙空间物质分布图，并为揭示宇宙"第一时刻"铺平了道路。

目前，我们看到的最古老的光来自大爆炸时残留的辐射，称为宇宙微波背景，在宇宙仅 38 万岁时被印在了天空中，至今宇宙已有 138 亿岁。宇宙微波背景中一小部分已被偏振，使得光波在同一个平面振动，就像阳光被湖面或大气中的粒子反射。宇宙微波背景的光要到达地球，这一旅途不仅漫长，还会受到大质量星系团和暗物质的"拉扯"而变得弯曲。这种扭曲的偏振光模式就称为 B-模式。

长期以来，科学家预测 B-模式有两种：一种是在光穿越宇宙时，由于星系和暗物质的"引力透镜"效应而产生了扭曲，最新探测到的正是这种光路模式；另一种称为原始光模式，理论上是在大爆炸产生宇宙后的不到 1 秒内产生的。

为寻找这种模式，研究人员搜索了大量由"引力透镜"产生的偏振光，并整理了来自普朗克任务的数据。普朗克任务最近为宇宙微波背景绘制了迄今最好的全天图，揭示了有关宇宙年龄、内含和起源方面的最新细节。他们通过南极望远镜发现了信号，由于信号极微弱，还利用了赫谢尔的红外物质图。

负责赫谢尔探测的维埃拉说，南极地面望远镜探测到了来自大爆炸的光，赫谢尔太空望远镜对星系敏感，能追踪暗物质产生的引力透镜效应，两者结合使最新发现成为可能。

研究人员还指出，这是迄今为止首次探测到 B-模式。为更好地绘制物质（包括普通物质和暗物质）在宇宙中的分布，迈出了重要一步。下一步，他们希望能探测到原始 B-模式。原始 B-模式极难探测，有可能携带着宇宙初生时的线索。汉森说："要检测原始 B-模式，最新发现也是个极佳的检查点。"

3. 探索宇宙加速膨胀原因的新发现

揭示量子真空能驱动宇宙加速膨胀。2017 年 5 月，加拿大不列颠哥伦比亚大学物理学和天文学教授威廉·盎鲁负责，他指导的中国留学生王清涤博士、博士生朱震为主要成员的一个研究团队，在《物理评论 D》杂志发表论文称，他们试图解决量子力学和爱因斯坦广义相对论之间的不兼容性，并以此解释宇宙学常数问题和暗能量疑难。

这篇论文被选为编辑推荐文章。该期刊审稿人认为，文章"提出了解决宇宙常数问题的新方法"，含有"具有重要影响力的原创思想"。有关专家表示，该研究团队或已解决当前宇宙学中最大的谜题之一：是什么导致宇宙加速膨胀？

新研究推断，如果放大人们生活的宇宙空间，将看到时空不断剧烈地膨胀和收缩。王清涤说："时空并不像看上去那样是静止的，它在不停地运动。"1998 年，天文学家发现宇宙正在加速膨胀，这说明宇宙真空并非空无一物，其中存在着驱动宇宙膨胀的动力，也就是占整个宇宙 68.3%的物质暗能量。

暗能量最自然的候选者，就是物质场的真空能。当物理学家将量子力学应用于真空能的计算时，发现了令人难以置信的高密度真空能。而爱因斯坦的广义相对论表明，如此巨大的能量会导致很强的引力效应，多数物理学家认为它将导致整个宇宙以无法想象的速度膨胀。

然而，现在的宇宙膨胀的速度非常慢，比物理学家预言的小了 50~120 个数量级。这造成了基础物理学的重大难题：这个结合了量子力学和广义相对论的现代物理学两大基石而做出的预言，竟然只有实际观测值的万分之一。

物理学家做出了很多努力，要么设法修改量子力学理论以尽可能减少真空能的数值，要么修改广义相对论使巨大的真空能不产生引力效应。该研究团队则提出了一种全新的解决方案。他们严肃对待量子力学预测的巨大真空能，并认为它的确遵循广义相对论的等效原理。在研究中他们发现此前的计算忽略了一些真空能的重要性质。

一旦重新加以考虑这些被忽略的重要性质，量子真空的引力效应将与此前人们认为的非常不同。这种差异的结果是，尽管真空能非常巨大，但整体看，宇宙仍然会以极小的哈勃常数加速膨胀，而并非以前预言的巨大速率。研究结果表明，正是巨大的量子真空能驱动了宇宙加速膨胀，人们不需要引入宇宙学常数，通常为了符合观测，这一常数需要被精确到小数点后 120 位，也没有必要引入其他具有负压强的暗能量解释宇宙加速膨胀。

他们的计算，提供了一种全然不同的宇宙物理图景。在这个新图景中，人们所在的时空是在时刻剧烈变化的。时空的每一点都在剧烈地膨胀和收缩着。而宏观地看，这种膨胀和收缩几乎可以完全互相抵消，仅剩一个极微弱的净效应驱动宇宙缓慢加速膨胀。

但如果时空是不断震荡的，为什么人们感觉不到呢？王清涤解释道："这种波动发生在极其微小的尺度，甚至比一个电子还小万万亿倍。"盎鲁说："就像我们看到的海浪。虽然构成大海的每个原子都在高速运动着，但这并不影响海浪的传播。"

（三）研究宇宙粒子或宇宙射线的新信息

1. 探测宇宙粒子的新进展

（1）参与建造和安装在南极的中微子探测器"冰立方"。2013 年 12 月，外国媒体报道，加拿大物理学家和工程师参与了"冰立方"的建造、安装和操作活动。"冰立方"是世界上最大的粒子探测器，坐落于南极。5000 多个传感器，像神经末梢一样分布在南极深厚的冰层中，组成了这张特制的"网"，用于捕捉中微子。制造和使用"冰立方"的研究人员，还有来自美国、德国、瑞典、比利时、瑞士、日本、新西兰、澳大利亚和巴巴多斯等国的 200 多人。

自 2004 年开始，工程师们都会在每年的 12 月，到南极冰层中铺设光线感应器。到 2010 年，他们一共钻了 80 余个深达 2500 米的冰洞，每两个洞之间相隔 800 米，而每一条冻结在洞里面的电缆包含有 60 个光线感应器。

“冰立方”历时10年建成，这个位于南极地下约2.5千米的探测器体量大得惊人。据悉，它的体积，超过纽约帝国大厦、芝加哥威利斯大厦和上海世界金融中心的总和。

报道称，研究人员在分析2010年5月—2012年5月“冰立方”收集的数据后，发现了28个高能中微子，其能量都超过30万亿电子伏特。这是自1987年以来，科学家们首次捕获到来自太阳系外的中微子。中微子是一种神秘的高能粒子，是宇宙内最剧烈的撞击产物，并被认为是研究宇宙射线的突破口。

研究人员表示，“冰立方”为我们打开了宇宙的一个新窗口。这一发现，为进行新型天文学研究铺平了道路，我们可以利用它探测银河系以及银河系以外的遥远区域。在“冰立方”发现中微子的研究人员称：“这是我们发现的第一个坚实证据，证明我们探测到来自太阳系以外‘宇宙加速器’的高能微中子。”

(2) 认为奇异夸克或许不存在。2018年5月，有关媒体报道，加拿大多伦多大学核物理学家鲍勃·霍尔多姆领导的一个研究小组，在《物理评论快报》发表论文称，他们对夸克如何通过量子效应改变空间真空能量，即夸克物质总能量的关键组成部分本身进行了更好估测，从而驳斥了奇异夸克物质的存在。

报道称，与太阳核心处相比，在中子星（爆发的中等重量恒星的残骸）内部，压力会攀升几万亿亿倍。几十年来，一些理论物理学家推测，在这些条件下，一种奇怪的物质可能出现：被称为夸克的亚原子粒子汤。如今，这项最新分析显示，这种汤的“配方”——冷夸克物质需要修正。如果正确的话，它表明地球上的粒子加速器可能产生稳定的夸克物质。它还会使假想粒子，即奇异夸克团彻底完蛋。散布恐慌者曾宣称，奇异夸克团会摧毁世界。

原子核包括质子和中子。后两者本身又包含3种形式的由强核力紧紧束缚在一起的上下夸克——粒子6种“味道”中的两种。自20世纪70年代起，一些理论物理学家预测，在像中子星核心处这样的极端压力下，夸克可能摆脱强力链，产生由冷夸克物质构成的汤。他们还预言，这种汤的“配方”和质子、中子的成分不同。这些计算表明，为使能量最小化，夸克物质应当包括第 3 种“味道”的夸克，即奇异夸克。

尽管奇异夸克只在瞬间出现：通常产生于粒子加速器内部的碰撞，但计算表明，此类物质可能拥有比普通核物质更低的能量。这意味着，奇异夸克物质的微粒即奇异夸克团，可能是稳定的，并且原则上普通原子核也能变成它们。这种转变，需要上下夸克同时转换成奇异夸克，而这在宇宙现有的年龄段内是不可能自然发生的。

但在宇宙射线或者激烈的天体物理事件中产生的奇异夸克团，可能无限期存活下来。科学家通过多种方式寻找它们，但都无疾而终。如今，加拿大研究小组通过模型论证，驳斥了存在奇异夸克物质的可能性。霍尔多姆介绍说：“我们的模型使我们得以看到真空能量如何依赖于夸克的‘味道’。”在模型中混入奇异夸克造成了比此前认为的更大的能量损耗。这种损耗是如此之高，以至于冷夸克物质应当仅包含上下夸克。

2. 探测宇宙电波的新进展

（1）宇宙同一位置探测到多次射电暴。2016 年 12 月，加拿大麦吉尔大学一个天文研究团队，在《天体物理学杂志》上发表论文称，他们利用美国绿岸射电望远镜和阿雷西博天文台，在宇宙中同一位置检测到 6 次快速射电暴，而该位置此前就已报告过 11 次射电能量爆发。现在，科学家给出的解释之一是，在距离地球 30 亿光年的深空中，可能隐匿着我们期盼已久的地外文明。

10 年前，第一次发现快速射电暴以来，就一直让天文学家困惑不解。它是一种只持续几毫秒的无线电波，但在短暂瞬间却能释放出相当于太阳一整天释放的能量。它们源于遥远的星系，爆发后立刻杳无踪迹，就像是天文观测的“副产品”，人类一直缺乏足够的数据确定其发生机制。

此次，该研究团队在距离地球 30 亿光年的御夫星座，检测到 6 个快速射电暴，每个能量持续时间仅几毫秒。其中，5 个快速射电暴是由美国绿岸射电望远镜探测到的，射电频率在 2G 赫兹；还有一个由阿雷西博天文台观测到，射电频率在 1.4G 赫兹。此外，在同一“太空来源地”，此前已有 11 次射电能量爆发的记录。这 17 次爆发均指向同样的位置：FRB 121102，而重复的射电暴意味着，导致该现象的原因不是单次的。这是人们已知的快速射电暴中最独特的例子，其性质对理解这种宇宙现象有重要意义。

一些科学家认为，此处很可能存在着人们寻觅已久的地外文明。这也是人们对快速射电暴的一种解释，一旦确认，无疑将产生革命性影响。不过，快速射电暴产生的其他原因还包括耀星、白矮星合并、中子星撞击等。因此，通常检测到快速射电暴后，研究团队会向“地外文明搜寻计划”提交分析报告。

（2）发现神秘宇宙射电暴的来源。2017年1月4日，加拿大麦吉尔大学天文学家胥里哈尔·德鲁卡、美国康奈尔大学天文学家沙米·查特吉等人组成一个的研究小组，在《自然》杂志上刊登研究成果称，他们发现了一个神秘天体的所在位置，这个天体能够释放出短暂而强大的宇宙射电暴。然而，令天文学家感到惊讶的是，这些间歇性信号的来源并不是位于一个明亮的星系，而是处在一个小而昏暗的、距离地球25亿光年的星系中。

这一发现，揭开了关于神秘的快速射电暴的序幕。自从2007年首次描述这些信号以来，它们便让天文学家困惑不已。美国国家射电天文台天文学家莎拉·斯普乐认为此项成果很有价值，她在得克萨斯州格雷普韦恩市召开的美国天文学会会议上发表演讲时说：“这一发现，确实敲开了一项科学与发现新领域的大门。”

有关报道称，快速射电暴似乎来自银河系之外，并且在天空中随机出现。虽然它们往往只持续几毫秒的时间，但射电暴却能够释放出相当于5亿颗太阳的能量。这些神秘射电暴由位于澳大利亚新南威尔士的帕克斯射电望远镜首次发现，且迄今为止观测到的数量不足20次。大多数发现的快速射电暴来源于广域搜索，因此无法查明它们究竟从何而来，这使得天文学家很难搞清是什么原因引发了这些射电暴。

据研究小组报告，他们是对FRB 121102的快速射电暴源头的一次最敏锐的观测。该射电暴位于御夫座星座，其间歇性信号首次于2012年11月2日被探测到。从那时起，该射电暴多次出现，这也使它成为已知唯一能够重复出现的快速射电暴。

该研究小组首先用位于波多黎各的直径305米的阿雷西博射电望远镜，进行观测。这台射电望远镜的灵敏性，使得他们能够观测到FRB 121102的多重爆发。接着，研究人员使用甚大阵列等两套射电望远镜观测，进一步缩小了探索 FRB 121102 位置的范围。

研究人员发现，这些快速射电暴源于一个矮星系，这种星系能够在射电和可见光波段释放出微弱的辐射。天文学家随后使用位于夏威夷莫纳克亚山的双子北座望远镜进行观测，发现该矮星系的规模不足银河系的 1/10，而质量则不及银河系的 1‰。德鲁卡表示："产生这些快速射电暴的矮星系是微不足道的，这很奇怪。"与其他星系相比，由于矮星系的恒星数量要少很多，因此它似乎没有形成快速射电暴的任何机会。

但是，查特吉认为，还需要进行更多研究，从而确定导致这些神秘射电暴的物理机制。如今，FRB 121102 仅仅只是个孤例。

（3）侦测到外太空的神秘电波。2019 年 1 月 9 日，加拿大英属哥伦比亚大学博士研究生德博拉·古德等人组成的一个研究团队，在《自然》杂志发表论文指出，他们侦测到来自银河系以外某处所发射的神秘电波。这些强有力的电波，来自宇宙哪个角落，是什么样的力量可以制造这种电波，目前仍然一无所知。

报道称，CHIME 望远镜是全世界最强有力的电波望远镜，延展开来有如足球场一般大，用来侦测许多神秘脉冲，目前已全面运作。古德说："至 2018 年年底时，我们可能已发现 1000 个快速电波爆发。"古德是从事这项研究的 50 名科学家之一。

据报道，快速电波爆发呈现瞬态电波脉冲，仅维持数毫秒，但它能散发出的能量和太阳 1 万年所散发的一样多。到底是什么力量，能在电磁频谱远程产生这样高能量电波，目前仍是激烈讨论的课题。据悉，自 2007 年以来，科学家们已记录了 60 多个快速电波爆发，但仅有 2012 年在波多黎各的阿雷西博天文台所侦测到的一个电波是重复的。

（四）研究宇宙暗物质的新信息

1. 通过模拟星系进化寻找暗物质

认为宇宙暗物质可能将很快现身。2008 年 11 月 6 日，有关媒体报道，加拿大、英国、美国、德国、荷兰等国科学家组成的一个研究小组，在《自然》杂志上发表研究论文称，他们使用大型计算机，模拟了像银河系这样的星系进化的过程，"观察"到了暗物质发出的伽马射线。

暗物质被认为占了85%的宇宙质量，75年前科学家根据引力作用判定暗物质的存在，但迄今也没有用望远镜观察到暗物质。不过，根据该研究小组的这项新研究，对暗物质的寻找可能很快就能结束。这一称为宝瓶座计划的模拟计划，揭示了来源于大爆炸的相对较小的暗物质，如何经由一系列猛烈碰撞和合并而生成了星系的光晕。

研究小组观察了暗物质光晕，这是种环绕在星系周围的结构，其质量是太阳质量的几万亿倍。研究人员发现，暗物质高密度区域中粒子碰撞产生的伽马射线，最容易在靠近太阳的银河系区域发现。

研究预测，这部分星系区域会有暗物质发出伽马射线，从而发出“柔和变化的有特定形状的”光，研究人员建议用费米望远镜观测这部分星系区域。研究人员相信，如果费米望远镜真的观测到了预测的现象，就有可能观察到距太阳非常近的不可见的暗物质。

研究人员说：“解决暗物质之谜，将是这个时代最伟大的科学成就之一。对暗物质的寻找，是数十年来宇宙学的中心任务，这个任务可能很快就会结束了。这些模拟计算的结果，最终使得我们有可能‘看’到太阳附近暗物质的分布。”

2. 通过全球定位系统设备寻找暗物质

提出用GPS卫星探测暗物质的设想。2014年11月17日，物理学家组织网报道，暗物质影响着星系的形成，无处不在却难以捉摸。最近，加拿大维多利亚大学理论物理学周界研究所马克西姆·珀斯拜洛教授与美国内华达大学科学学院教授安德烈·德拉维安科等人组成的研究小组，在《自然·物理》杂志网络版上发表论文提出，为我们提供城市导航的GPS（全球定位系统）设备，有可能成为直接探测和测量暗物质的强大工具。

据报道，研究小组提出了一种新方法，用GPS卫星及其他原子钟网络来寻找暗物质，对比各钟的时间以找出差异。

研究人员说：“对于暗物质，我们除了欠缺实体的观察证据，连它的属性也不甚了解。有些粒子物理学研究设想，暗物质是由类似重粒子的物质构成，但这种设想未必是真实的。现代物理学和宇宙学只能解释宇宙中5%的普通物质和能量，对剩下的部分还无法解释。”

有证据显示，在这些神秘物质能量中，暗能量占约68%，剩下的就是通常所知的暗物质，虽然人们看不见，也无法直接探测和测量它们。

研究人员介绍道：“我们的研究旨在实验一种探测暗物质的想法。暗物质的组织形式可能是类似气体的拓扑缺陷大集合，或能量破缺。我们认为，当暗物质扫过时，用高灵敏原子钟网络来探测这些缺陷，就可能探测到暗物质。哪里的钟出现了不同步，就知道可能有暗物质、拓扑缺陷经过这里。我们的设想，是把 GPS 卫星坐标群作为人类建造的最大暗物质探测仪。”

研究小组正与内华达测量实验室人员合作，共同分析来自 30 个 GPS 卫星的原子钟数据。关联原子钟网络，如 GPS 现有的地面网络，可作为寻找拓扑缺陷暗物质的强大工具。在暗物质影响下，原本同步的钟会变得不同步，放在不同地方的原子钟的时间可能出现明显差异。

研究人员说：“我们知道暗物质一定在那，因为它让沿星系的光线发生了弯曲，但我们没有证据显示它是由什么构成的。如果它不在那儿，我们所知的普通物质是不足以把光线弯曲得那么厉害的。这是科学家知道星系内外有大量暗物质的途径之一。一种可能是，这种类气体暗物质不是由普通物质粒子构成，而是宏观的、时空纤维的缺陷。”

研究人员解释说：“地球在星系中运转，会经过这种气体。对我们来说，就像暗物质构成的星系风吹过地球系及其卫星。当暗物质吹过时，可能会让 GPS 系统的钟变得不同步，这一指标大约持续 3 分钟。如果暗物质让原子钟的时差超过 10 亿分之 1 秒，我们就能很轻易地探测到。”

（五）研究银河系布局的新信息

1. 探索银河系磁场布局的新进展

绘制出一幅银河系的磁场图。2014 年 5 月，加拿大不列颠哥伦比亚大学天体物理学家道格拉斯·斯科特与多伦多大学理论天体物理所彼得·马丁教授领导的研究团队，在《天文学与天体物理学》杂志上发表研究成果：一张史无前例的银河系磁场图。该图呈现了与银河系表面平行的磁力线，以及与附近的气体和尘埃云相关的巨型闭环和涡旋。

这张银河系磁场图是研究团队利用来自普朗克空间望远镜的数据创建的。自 2009 年以来，借助普朗克天文望远镜，科学家已绘制出宇宙微波背景图，这些光来自宇宙大爆炸后仅3.8万年。研究人员说，经由高频仪器，普朗克能探测到银河系内微小尘埃颗粒发出的光，这有助于识别光波振动（极化）的非随机方向。这些偏振光代表着磁力线的方向。

斯科特称，就像地球一样，银河系也有一个大型磁场，尽管其强度只有地球表面的十万分之一。地球磁场能产生极光现象，银河系的磁场对于其中的许多天文现象也是非常重要的。普朗克提供了最详尽的图案。

马丁教授使用普朗克数据来研究整个银河系中的尘埃。他表示，尘埃往往被忽视，但它包含着从类地行星到生命形式等诸多内涵。通过探测尘埃，普朗克有助于科学家们理解银河系及其生命的复杂历史。

2. 探索银河系周围宇宙布局的新进展

绘制成最全的银河系周围宇宙邻域3D地图。2015年4月27日，物理学家组织网报道，加拿大滑铁卢大学科学计算学院副院长迈克·哈德森教授领导，他的同事，以及法国国家科研中心巴黎天体物理学研究所的天体物理学家参与的一个研究团队，在英国《皇家天文学会月刊》网络版上发表研究成果称，他们共同绘制出以银河系为中心的宇宙邻域3D地图，跨度近20亿光年。这是迄今描绘银河系周围宇宙状况的最完整图景，借此可观察星系移动差异，以确定物质和暗物质的分布情况。

该地图标注十字的部分，为我们所处银河系的位置；用浅蓝和白色标注的区域，代表较高浓度的星系；红色区域是被称为夏普利浓度的超星系团，聚集了附近宇宙中最大的星系；中间蓝色的地方为未开发的地区；星系很少的区域为深蓝色。

这个超星系团的球形地图，将促使科学家对于物质如何在宇宙中分布、暗物质的存在和分布情况等这些物理学中最大的谜团有更深入的了解。

哈德森教授说："星系的分布并不均匀，没有统一的模式而言，有高峰和低谷，很像山脉。我们想知道的是，在早期宇宙中是否有大型的结构起源于量子波动。"

宇宙的膨胀是不均匀的，科学家已经观察到星系移动的差异。以往的模式并没有完全考虑到对这种运动的观察。该研究团队对发现这种特有速度在结构上的反应很感兴趣。了解宇宙中物质的位置和运动，会帮助物理学家预测宇宙的膨胀，以及确定存在多少暗物质。这些星系运动的偏差是在大尺度上确定物质和暗物质分布的一个有价值的工具。

暗物质是一个假设的物质粒子形式，在宇宙中占绝大多数的物质含量。它不发光也不反射光，因此不能被看到或被直接测量到。暗物质的存在和属性，只能间接地通过其对可见物质和光的引力效应推断。哈德森指出，要更好地了解暗物质，则需要了解星系的形成及其所处的结构，如星系团、超星系团和其间的空隙。他们的研究团队，下一步将与澳大利亚的研究人员合作，以更好完善这一地图。

二、系外天体探测的新成果

（一）探测恒星方面的新信息

1. 恒星形成要素研究的新发现

发现环境云压力或是恒星形成要素。2016 年 6 月，加拿大国家研究委员会（NRC）的天文学家海伦·柯克博士领导的研究小组，利用美国西弗吉尼亚的绿岸射电望远镜，以及夏威夷的詹姆斯·克拉克·麦克斯韦望远镜的观测结果，研究发现恒星形成时遭受的环境压力，要比之前认为的大得多。

恒星诞生于浓度密集的星际气体和尘埃深处，此时其内部支撑结构会变得不堪重负。这些内核通常数倍于太阳质量，并处于约太阳系大小 1 万倍的区域。内核深植于遍布银河系的分子气体云中。

虽然核内尘埃，使光学望远镜无法观察到恒星形成的早期阶段，但专用射电望远镜的观测结果可穿透尘埃研究其动态特性。詹姆斯·克拉克·麦克斯韦望远镜的古尔德带调查项目确定了猎户座 A 云内核的位置、大小和质量，绿岸射电望远镜的氨调查项目则检测到了云内气体分子的运动。

柯克博士说，研究人员综合这些数据了解到，大多数猎户座内核都受到引力约束，其有朝一日极可能坍缩形成恒星。有趣的是，来自周围云的环境材料，似乎正在以比自身引力大得多的力量挤压内核。之前对内核的分析，常常忽略环境云的压力。新研究表明，环境云压力是理解内核发展的关键因素。因此，银河系内的云在压力之下就有可能形成恒星。

2. 恒星演化体研究的新发现

（1）在临近星系发现一个濒死的恒星残骸。2014 年 10 月，国外媒体报道，加拿大阿尔伯塔大学研究人员参加的一个研究团队，在一个临近的星系中发现一颗濒死的恒星残骸，它的亮度超过太阳 1000 万倍。这一发现带来了许多问题，而且推翻了我们对于宇宙中一些极端现象的物理学理解。

这颗新发现的星球残骸，属于宇宙中一种罕见的极亮光源，也就是所谓的 X 射线极亮天体。尽管它并非是我们所观察到这类天体中最亮的，但是这颗特殊星体的亮度，是我们发现的其他任何恒星残骸的 10 倍。

黑洞巨大的引力会吸引来自恒星的气体，缓慢吞食。当恒星的气体进入黑洞，就会形成一个极亮的盘状物，也就是地球上的天文学家们所观察到的这种特征。这种盘状物极热，能达到数千万华氏度，因此它的大部分光线都是以高能 X 射线的形式存在。这是因为气体正以极高的速度运动，这就使它变得极热而且极亮。

从 20 世纪 70 年代开始，科学家们就一直在探测宇宙中的这些明亮特征，他们把它称之为 X 射线极亮星体。虽然这些光源的起源我们仍然一无所知，但是科学家们怀疑它们可能来自恒星和黑洞间到的这种双星系统。

就像黑洞一样，当一颗质量远大于太阳的恒星在生命终结时塌陷就会形成中子星。然而，中子星并不具备黑洞一样的引力，因此无法捕获光线。它们会发射出光脉冲，这也是研究团队确信这个系统是脉冲星而不是别的天体的原因。

这颗中子星如何能够快速吸收气体仍然是一个谜。研究人员认为，这或许源自它的强磁场带来的改变。无论答案是什么，这种奇特而且带来巨大改变的发现，足够科学家们在一段时间里伤脑筋了。

（2）研究表明中子星内“核面食”比钢硬 100 亿倍。2018 年 9 月，美国物理学家组织网报道，加拿大麦基尔大学研究员马修·卡普兰等 3 名科学家与美国同行组成的一个研究团队，通过计算机模拟表明，中子星表面下的核物质，即所谓的“核面食”，可能是宇宙中最强的物质。研究人员称，新的模拟结果可以帮助人们更好地理解引力波等重要天体物理学现象。

以前的研究表明，当恒星到了一定年龄时，就会爆炸并坍缩成大量的中子，即所谓的中子星。这些恒星的表面非常致密，使表面物质坚硬异常。而新研究提供的证据表明，表面下方的材料强度更高。

天体物理学家推测，恒星变成中子星时，密集的中子会以不同方式被推移和拉动，导致其在表面下形成各种形状。这些形状类似不同种类的意大利面食，因此被统称为“核面食”，但根据不同的形状来命名，例如“马铃薯团子（gnocchi）”“烤宽面条（lasagna）”等。

加拿大科学家想知道这些不同形状的密度，了解它们是否比地壳上的物质更密集、强度更大，为此，他们创建了一些计算机模拟。

研究团队利用超级计算机耗费200万个小时进行的模拟研究显示，“核面食”强度确实超过了地壳上的物质，达到钢的100亿倍，它们可能是整个宇宙中最强的物质。

模拟还支持了另一种理论，即中子星由于其强大的引力可能在时空结构中产生涟漪。理论上的波纹效应，是由于“核面食”不规则的形成方式所造成，这意味着中子星可以发射引力波，有朝一日可被地球上的超敏感设备观测到。

3. 恒星表面重力测算方法研究的新进展

参与找到测算恒星表面重力误差仅4%的新方法。2016年1月，有关媒体报道，加拿大科学家参加的一个国际研究团队，在《科学进展》期刊上发表论文称，他们找到了测算遥远恒星表面重力的方法，而且误差只有4%。

了解恒星的表面重力非常重要，不仅仅因为科学家可以据此推算出你在不同星球上的重量，更因为它与环绕这些恒星的行星上是否可能存在生命息息相关。

一颗星球的表面重力取决于它的质量和半径，这和人在地球上的重量取决于地球的质量和半径是同一个道理。但由于很多恒星过于遥远，科学家无法精确了解它们的基本特征。研究人员说：“系外行星大小的测算，与它所环绕恒星的大小有关。我们的技术可以告诉你恒星的大小、亮度以及环绕它的行星的大小、温度是否适于海洋和生命存在。”

据报道，该研究团队找到一种叫作“自相关函数时间尺度技术”的新测量方法。这种方法依据加拿大恒星微变和振荡太空望远镜，以及美国开普勒太空望远镜等所记录的遥远恒星亮度的微弱变化进行测量，可使科学家以更高的精度测算遥远恒星的重量和大小。

新技术将帮助科学家进一步搜寻太空中既不太冷又不太热的区域，它们正好是适合海洋甚至生命存在的宜居地带。研究人员说："这种时间尺度技术，是一个简单又强大的工具，它可以应用于系外行星探索，帮助我们理解像太阳这样的恒星的特征，并找到类似于地球的行星。"

（二）探测系外行星方面的新信息

1. 发现不同形态的新系外行星

（1）拍摄到一颗特殊的太阳系外行星照片。2008 年 9 月 15 日，有关媒体报道，加拿大多伦多大学科学家雷·贾亚瓦达纳等人参加的一个研究小组宣布，他们使用地面望远镜拍摄到一颗太阳系外行星的照片，这颗行星的特殊之处在于，它正围绕一颗类似太阳的恒星旋转，且两者间距离十分遥远。

科学家迄今已发现近 300 颗太阳系外行星，其中多数是通过间接观测法推算出来的。而这颗太阳系外行星，则由位于夏威夷的北双子座望远镜直接观测到，它距地球约 500 光年，大小与木星相似，质量却是木星的 8 倍，表面温度也比木星高得多。

贾亚瓦达纳说，这颗行星的特殊之处在于，它是所有已知太阳系外行星中距其绕转星体最遥远的。它的质量如此大，距其绕转星体又如此遥远，确实"非同寻常"。

据科学家介绍，长期以来，人们希望拍到行星围绕恒星旋转的照片，但由于行星总比恒星暗淡得多，因而难以直接观测到。

此前，科学家直接观测到的太阳系外行星，要么在宇宙中自由流浪，没有绕恒星旋转，要么围绕褐矮星旋转。褐矮星是一种非常暗淡的气态天体，其大小介于恒星和行星之间。

贾亚瓦达纳还指出，科学家在这颗行星的大气中，发现了水和一氧化碳存在的证据，但由于它太年轻，诞生时间估计只有 500 万年，加上它是一颗气态行星，因此并不适合任何生命存在。

（2）发现距母星最遥远的系外行星。2014 年 5 月 13 日，加拿大一个天文研究团队在美国《天体物理学杂志》上发表研究报告称，他们发现了一颗“古怪”的气态行星，它与母星的距离极其遥远，其一年相当于8万个地球年。

研究人员说，这颗行星名为 Gu Psc b，位于距地球约155光年的双鱼座中，它的质量是木星的9~13倍，围绕着一颗质量不到太阳3倍的恒星运行，两者之间的距离是地球与太阳距离的约2000倍，创下了迄今所观测到的太阳系外行星与母星距离的最远纪录。

研究人员说，考虑到两者间的距离，这颗行星绕母星运行一圈要花费约8万个地球年，或2920万个地球日。

研究人员说，结合设在加拿大、美国和智利的多个天文望远镜的观测，结果发现了这颗行星。科学家把这一新发现称为“自然界的真正礼物”，它证实行星与母星之间确实可以相隔得极其遥远。这种遥远的距离，也使得人们可用多种工具对其中的行星进行深入研究，从而更好了解系外气态巨行星。

（3）发现1400光年外有一颗比沥青还黑的系外行星。2017年9月，《科学美国人》官网报道，加拿大蒙特利尔麦吉尔大学天文学家泰勒·贝尔领导的研究团队，在发表的一项最新研究报告中称，距离地球1400光年的巨大系外行星 WASP-12b，其反照率只有0.064，能吸收约94%的可见光，这让它看起来比新鲜的沥青还要黑许多。

该研究团队说，相比之下，月球的反照率为0.12，地球的反照率为0.37，而太阳系冰冷的土卫二的反照率高达1.4。此处用到的反照率被称为“几何反照率”。另一种常用的反照率量表，数值范围从0到1。

据介绍，系外行星 WASP-12b 的体积大约是木星的两倍，每1.1个地球日绕其恒星一周。超近距离的公转轨道使其成为一个奇怪的世界。主恒星的强引力将其拉成了一个鸡蛋形状，温度高达2600℃。

实际上，WASP-12b 自从2008年被发现以来，已被广泛研究，但2016年10月，当泰勒·贝尔和研究团队同事，再次通过哈勃太空望远镜成像光谱仪观察它的时候，发现它的反照率低得惊人，于是，对其又进行了新的深入研究。

研究人员说：“虽然还有其他已发现的巨大热行星极其黑暗，但总体来说都比 WASP-12b 要冷，它们吸收光的主要原因可能是云层和碱金属。但对 WASP-12b 而言并非如此，因为它太热了，分子氢在 WASP-12b 的大气中分解为原子氢，正是原子氢和氦气共同组成了黑暗星球的轮廓。”

WASP-12b 是第二个用光谱测量方法确定反照率的系外行星，另一个编号为 HD 189733b 的此类星体，似乎是深蓝色的。贝尔说：“两颗星体的显著差异表明，进行这类光谱观察非常重要。”虽然 WASP-12b 几乎没有反射可见光，但它本身却散发出波长比可见光更长的红外光。

2. 研究宜居系外行星的新见解

认为系外行星或比之前认为的更宜居。2015 年 1 月 15 日，加拿大多伦多大学理论天体物理研究所杰里米 · 勒孔特博士领导的一个研究团队，在《科学快报》上发表研究成果称，他们认为，系外行星拥有液态水且更宜居的可能性，要比之前认为的高得多。

科学家们过去认为系外行星的行为与地球“背道而驰”，其总是对其恒星展示相同的一面，也就是系外行星与其恒星同步旋转，从而使其一个半球总是面对恒星，而另一半球则处于永久的寒冷和黑暗之中。

勒孔特表示，可能拥有海洋的行星上的气候与地球更为类似。最新研究表明，当系外行星绕其恒星旋转时，其也会以某一速度自旋，从而表现出与地球类似的日夜循环。

勒孔特认为，如果这一论断是正确的，那么系外行星上就不存在将水困在巨大冰盖中的永久寒夜。不过，系外行星的气候是否会增强这些行星形成生命的能力，还有待深入研究。

该研究小组通过一个三维气候模型，得出他们的结论。这个模型可预测指定行星在其旋转速度下的大气效应。大气层是影响行星自旋的一个关键因素，其意义在于足以克服同步旋转将一颗行星置于昼夜循环模式。

尽管天文学家仍在等待观测证据，但理论论据表明，许多系外行星应该能够维持一个跟地球一样的巨大大气层。地球因为拥有相对稀薄的大气层，大多数太阳光都能到达地球表面，最大限度发挥热效应，从而使地球拥有较为温和的气候。通过创建表面温差、昼夜温差、赤道和两级之间的温差，太阳热驱动风力对大气层进行重新分布。这种影响可大到足以克服恒星施加于卫星的潮汐阻力效应。

研究人员初步相信，大量熟知的地外行星不应处于同步旋转的状态。研究模型显示，其拥有类似于地球的昼夜周期，不过其白昼时间处于数周乃至数月之间。

3. 探测系外行星的新方法

利用透射光谱技术揭示系外行星的真实面貌。2016 年 3 月，有关媒体报道，最早发现绕着其他恒星运行的行星，已经 20 年多了。此间，地面和太空中不断改进的仪器让这项发现的数量飙升：目前已超过 2000 颗。这些发现包括热木星、超级地球和其他在太阳系中没有相似者的星体。借助透射光谱技术，是发现系外行星的重要方法。加拿大麦吉尔太空研究所天文学家尼古拉斯·考恩领导的研究小组，用这种方法测量了一颗系外行星表面反射的光线。

第一颗绕着类似于太阳的恒星运行的系外行星，发现于 1995 年。当时，瑞士日内瓦天文台天文学家米歇尔·梅尔和迪迪埃·奎罗兹在恒星“飞马座 51”的转动中，探测到一种定期的前后摆动。他们推断说，这是由一颗质量至少是地球 150 倍、差不多为木星一半的行星引发的。它每隔 4 天左右绕“飞马座 51”运转一圈。随着寻找系外行星的热度大增，并且促使望远镜管理者为寻找行星提供更多观察时间，其他发现随之而来。

很快，长长的发现清单激发了美国哈佛—史密森天体物理学中心天文学家大卫·夏邦诺的一个想法。他推断，当一颗行星在恒星的前面经过时，其大气中的分子会吸收一些恒星光线，并在上面留下光谱“指纹”。考恩研究小组依照这种思路，拓展光谱透射技术，成功地测量到一颗行星表面反射的光线。

研究人员表示，他们在行星通过其母星表面后开展测量工作。此时，行星位于其轨道的远端，处于白昼的一边则面向地球。考恩说，观察者无法把它当作一个单独的物体来看待，但他们知道，其光谱和母星的光谱结合在一起。没过多久，这颗行星将从恒星的后面经过，并且被遮住。

考恩介绍道：“此刻，从一颗行星和一颗恒星变成了仅有一颗恒星。如果你测出通量上的差异，就能辨别有多少光线来自那颗行星。”这个过程要求很高，但能测量出一颗大小和木星相仿且处于离恒星很近轨道上的行星红外光谱，即便它的亮度不到恒星的 0.1%。

（三）探测其他系外天体的新信息

1. 探测新型系外天体的发现

发现难以归类的系外新型天体。2014 年 1 月，加拿大与美国等国天文学家组成的一个研究小组，在《天体物理学杂志通讯》上报告说，他们新发现一个气态天体名为 ROXs 42Bb，它的质量大约是木星的 9 倍，低于通常用于区分行星和褐矮星的界限。褐矮星是类似恒星、但质量不够大到在其核心发生聚变反应的气态天体，其大小在最小恒星与最大行星之间。

行星还是褐矮星？研究人员说，这个新发现的天体，给天文学研究带来了归类难题，它特殊的质量和位置，也许会对传统的天体理论形成挑战，引发对广袤宇宙进行更加深入的探索和思考。

然而，有关专家指出，这个新发现的天体，不能单因质量而被划归行星类别，因为它与最近的恒星距离很远，达到木星与太阳之间距离的 30 倍。研究人员说，无法决定它到底是一颗行星或是一颗褐矮星，实际取决于对它的衡量标准，答案可能是两者中的任何一个。

该天体的发现对传统的天体形成理论形成了挑战。现在对气态星球的形成有两种解释：一是核吸积模型，即由一个固态的内核吸附了大量的气体而形成。它适用于距离恒星较近的行星如木星、土星等，在该研究小组观测的一些天体中，通过这种方式形成的行星与恒星之间的距离，在木星与太阳之间距离的 15 倍之内。二是由气态星云崩塌而产生，恒星和褐矮星都是这样形成的。但是，根据该研究小组的观测，通过这种方式形成的褐矮星与附近恒星之间的距离，通常都超过木星与太阳之间距离的 50 倍。

过去认为，上述两类不同的天体之间存在明显界限，而 ROXs 42Bb 的出现，开始让这种界限变得模糊。研究人员认为，也许它代表了一类新的天体，目前很难理解它是如何形成的，但这个发现，应该会推动关于气态星球形成理论的新研究。

2. 探测黑洞的新发现

研究表明黑洞万有引力场可能形成漩涡。2015 年 1 月，物理学家组织网报道，万有引力学家们普遍认为，时空是不可能变成漩涡的。但是，加拿大理论物理学周界研究所著名学者路易斯·勒纳领导，该所专家杨欢为主要成员的一个研究小组，在一项最新研究中对此提出质疑，指出这种普遍认识可能是错的。

勒纳认为："万有引力如同液体，从本质上说，如果你能把万有引力放到一个密闭盒子里，就可能出现漩涡。"勒纳接着解释，为何万有引力可以作为一种液体。他说："物理学中有一个假设：全息假设。它认为，万有引力可以描述为一种场论。我们还知道，在高能状态下，场论可以用描述液体的数学公式来描述。两步结合起来就是，万有引力等于场论，场论等于液体，所以万有引力等于液体。这叫作万有引力/液体二重性。"

万有引力/液体二重性并非新发现。多年来，科学家一直研究和发展这一理论。研究人员遵循的思路是：万有引力可以表现得像一种液体，而液体的一个特征是漩涡。也就是说，在某些情况下，它无法顺畅流动时就会形成漩涡。

勒纳指出："多年来，物理学家们认为不可能形成涡流。"因为描述万有引力的方程与描述流体动力学的完全不同，前者在任何条件下都不会有涡流。他继续分析道："要么是二重性的问题，万有引力不能由流体方程完整描述；要么是万有引力和涡流引力中还有我们未知的新现象。"

勒纳根据周界研究所以往的模拟，并参考美国麻省理工学院的独立研究，都暗示在围绕黑洞的反德西特空间内可能存在漩涡。他说："下一步问题是，现实中有没有这种情况。"

该研究小组选择了快速旋转黑洞，因为按照流体动力学描述，围绕这种黑洞的时空黏性比其他黑洞更小，产生漩涡的可能更大，就好比水中的漩涡比蜜糖中更多。由于漩涡是非线性的，他们还决定研究黑洞的非线性扰动。而这种方程极为复杂。

分析结果显示，时空确实变成了漩涡。一直在研究爱因斯坦广义相对论的杨欢说："我非常震惊。我从不相信在广义相对论中会有漩涡现象，没人曾在数字模拟中见过，即使像双黑洞这样的大家伙中也没有。"

研究人员指出，虽然目前研究还在理论层面，但下一代探测仪有望能探测万有引力波——万有引力"液体"的"涟漪"。比如当两颗黑洞碰撞时，就可能产生万有引力波。如果万有引力能形成漩涡，这种涟漪就会和以往的模型预测略有不同。知道这些差异会更容易找到万有引力波，反过来，如果真的探测到了这些差异，也是万有引力漩涡的直接证据。

勒纳说："对万有引力能否形成漩涡这一问题，过去几年中，我们经历了从严重怀疑到高度自信的转变。这样可能会对未来有更多的发现。激光干涉引力波观测站、激光干涉仪空间天线，或未来的引力波实验，可能探测到它们。"

这项研究最令人兴奋之处还在于，它不仅与天体的万有引力相关，还与地球上普遍存在的漩涡有关：从飓风到咖啡中搅拌的奶油，从大黄蜂不可思议的飞行到剪断机翼的漩涡气流，虽然漩涡无处不在，包围着我们，但我们还未能完全理解它。漩涡问题被认为是经典物理学中最大的谜题之一。

这项研究加强了可把万有引力看作一种液体的观点。它也意味着，这种液体问题，可以用万有引力方法来处理。勒纳说："在理解漩涡这个问题上，我们已经困惑了500多年。这种万有引力/液体相通论告诉我们，从万有引力的角度来重新看待漩涡，或许是打破困局的新途径。"

第二节 探测太阳系的新进展

一、研究地球的新成果

（一）地球生命研究的新信息

1. 地球生命产生时间研究的新进展

认为地球生命或始于25亿年前氧气大爆发。2015年11月，加拿大滑铁卢大学布莱恩·坎德尔教授、阿尔伯塔大学地球与大气科学家罗布·克里瑟教授，以及亚利桑那州立大学、加州大学河滨分校和佐治亚理工学院等专家组成的一个联合研究团队，在《科学进展》杂志上发表论文称，地球上的生命，也许开始于25亿年前，一种微型池塘植物的氧气大爆发。此后的1亿年间，生存于浅海中的蓝藻释放出微弱氧气流，这样，地球上逐渐形成了含氧量丰富的大气。

科学家将这一过程称为"大氧化事件"。当时，地球上正好发生了板块重组，产生了大量浅海，正适合能进行光合作用的生物生存。这是地球历史上的一个重要时刻，因为充足的氧气为臭氧层的形成创造了条件，而臭氧则能将来自太阳的有害紫外线过滤除去，使得许多新型生物得以出现。

坎德尔教授表示："地球表面氧气的出现，很可能是一个复杂的过程，先是出现了少许氧气，然后氧气的数量达到了某个临界点。"他接着说，"直到现在，我们都无法确定，25亿年前的氧气浓度，是否处在一个稳定的水平。而我们获得的最新数据，则能针对这一问题给出一个更加确凿的答案。"

在这项研究中，科学家们公布的最新化学数据显示，由蓝藻产生的氧气爆发，曾使地球上的大气浓度出现了暂时性的增加。

该研究支持了由亚利桑那州立大学艾利尔·安巴尔教授2007年提出的一项理论。当时，他手下的研究人员在现在澳大利亚西部的一处古代海洋海床上的黑色页岩中，发现了这些微弱的氧气流留下的原始证据。

这些黑色页岩中含有浓度很高的钼和铼，而这两种元素的形成时间，比大氧化事件要早得多。钼和铼常出现于陆地上的硫化物中，对氧原子极其敏感。一旦这些硫化物接触到氧气，钼和铼就会被释放到河水中，并最终沉积在海床上。

在最新的这项研究中，坎德尔研究小组对同样的岩石进行分析，寻找另一种名为锇的元素（同样存在于陆地上的硫化物中），发现与之相符的是更强的大陆风化作用，而这是大气中出现了氧气的结果。

克里瑟说："我们在按照时间顺序追踪大气的变化情况，希望能弄清氧气含量是如何增长到能够支撑复杂生命存活的水平的。地球刚开始形成的时候，大气中没有氧气。我们使用了阿尔伯塔大学的分析设备，对这些岩石样本进行精密分析，从而获取了氧气通过光合作用集聚起来的速度。"

研究人员表示，多亏光合细菌，今天我们的大气中，20%都是氧气。这些细菌能够像树木和其他植物一样，消耗二氧化碳，释放出氧气。它们为地球上需要氧气才能生存的生物打下了基础。

科学家把地球大气中首次出现氧气的事件，称为大氧化事件。它发生在距今约24亿年前，但近期在南非发现的一些证据显示，在此之前，即29.6亿年前，地球上也出现过短暂的氧气集聚事件，还一度出现过浅浅的海洋。

2. 地球生命基本成分来源研究的新进展

证实地球生命的基本成分或源自太空。2017年12月，国外媒体报道，生命所需的分子源自何处？一种可能是小的有机分子最先出现在地球上，并在随后被结合成较大的分子，例如，蛋白质和碳水化合物。另一种可能是它们源自太空，或许就在太阳系内。加拿大谢布鲁克大学天文学家组成的一个研究小组，在《化学物理杂志》发表论文称，他们最新研究证实，一些小型有机分子能在充满辐射的像太空一样的寒冷环境中形成。

研究人员创建了模拟太空的环境。在这种环境下，含有甲烷和氧气的冰薄膜被电子束辐射。当电子或者其他形式的辐射撞击所谓的分子冰时，化学反应发生并且有新的分子形成。此项研究利用了若干先进技术，包括电子诱导脱附、X射线光电子能谱学和程序升温脱附。

试验是在真空条件下开展的。采用的分析技术，以及模拟外太空的高真空环境均需要这种条件。这些试验利用的含有甲烷和氧气的结冰薄膜，进一步模拟了像太空一样的环境，因为各种冰（不只是冻结的水）在星际物质致密、寒冷的分子云层中的尘埃颗粒附近形成。这些种类的冰环境还存在于太阳系的天体中，例如，彗星、小行星和月亮。

所有这些太空中的结冰表面，都会接受各种形式的辐射，并且经常是在磁场的作用下发生的。这会加快来自星际（太阳）风的带电粒子，撞击这些冰冻物体的速度。此前研究，利用紫外线或者其他形式的辐射，分析了可能在太空环境中发生的化学反应。但最新研究，是首次详细探寻次级电子所发挥的作用。

当诸如X射线或者重粒子同物质发生相互作用时，大量的次级电子便会产生。这些被称为低能电子（LEE）的电子，仍然拥有足够的能量诱导进一步的化学反应。最新研究分析了同冰薄膜发生相互作用的低能电子。该研究团队此前开展的研究，考虑的是被低能电子辐照的冰产生的带正电荷反应产物，而日前报告的工作扩展了此前研究，将在产生后仍嵌在薄膜中的负离子和新分子包括进来。

研究人员发现，各种小型有机分子在受低能电子辐照的冰薄膜中产生。丙烯、乙烷和乙炔均在由冻结甲烷构成的薄膜中形成。当甲烷和氧气的冻结混合物被低能电子辐照时，他们发现了乙醇形成的直接证据。

例如，甲醇、醋酸、甲醛等很多其他小型有机分子的间接证据也被发现。此外，X射线和低能电子均产生了类似结果，尽管速率不同。因此，很有可能生命的基本成分，通过太空中暴露于任何形式电离辐射的冰表面上，次级电子诱导的化学反应产生。

3. 地球支撑生命的可能性研究新进展

（1）研究显示地球还能支撑生命10亿~15亿年。2014年1月，有关媒体报道，加拿大多伦多大学天体物理学家勒孔特主持的研究小组，科罗拉多大学博士埃里克·沃尔夫与布莱恩·图恩主持的研究小组，分别在《自然》和《地球物理学研究快报》上发表论文，讨论地球还能支撑生命多少年，结果显示，地球宜居时间大约还有10亿~15亿年。

人们终于可以长出一口气了——地球并不会像科学家预测的那样很快就死掉。有关新模型研究显示，越来越亮的太阳，至少还需要10亿~15亿年，才能够把我们这颗行星上的水都蒸发殆尽，而这比早前模型估计的结果晚了数亿年的时间。这一发现，虽然并不会改变一个人的退休计划，但可能意味着与地球类似的宜居系外行星，要比科学家想象的普遍得多。

人类正在通过释放温室气体，例如，二氧化碳加热着脚下的行星。但在此背后，一个更加缓慢、致命的加热过程正在悄悄展开。随着时间流逝，太阳正在变得越来越亮、越来越热。实际上，正有越来越多的水蒸气从地球表面进入大气，在那里它们会捕获来自行星的额外热量。这种源自水的温室效应，在人类停止燃烧化石燃料后依然将长期存在。最终，地球的温室效应将变得失去控制，行星上的所有水分都将被蒸发，并终结所有的生命。

那么地球到底能够挺多久？气候建模者意见不一。在之前的一项研究中，一个研究小组用计算机模拟了地球如何对增强的太阳辐射做出响应。研究人员发现，只需6%的太阳光便足以使温室效应超速运转，并蒸发地球表面的水分。以当前太阳变亮的速度，即每1亿年增亮1%，地球将在6亿~7亿年后，便会经历这种“失控的温室效应”。

在此之前，地球将遭受一些初步的影响。研究人员预测，大约在1.5亿年后，同温层将加热到足以使部分水蒸气进入更高层的大气，在那里，太阳辐射将其分解为分子并逃逸到太空。在这种“潮湿的温室”中，地球对于复杂的表面生命而言已经太热了，但一些顽强的海洋生物和微生物则能够继续坚持下去。

然而，沃尔夫却认为不会这么快。上述模型是非常基本的，他表示：该模型分析了在一个维度（海拔高度）中会发生什么。其结果是，它排除了云层，并错误地假定一些气候因素，例如湿度在地球上都是一样的。沃尔夫与图恩利用来自美国国家大气研究中心的更逼真的三维气候模型，模拟了地球的未来。沃尔夫说，他们的模型包括云层和许多其他细节，例如湿度的地区差异等。该模型还假设大气中的二氧化碳水平始于500ppm（百万分之一），这比现今水平高出25%，并将无限期地保持下去。

沃尔夫和图恩随后使太阳加足马力运转起来。在他们让这颗恒星比现今明亮了15%之后，地球温度上升了15~40℃。这很热，但液态水依然存在，而海洋也并未汽化。同时同温层并未变热，因此并未发生潮湿的温室效应。结果是，研究人员在2014年1月出版的《地球物理学研究快报》上报告说，地球至少有15亿年可以支撑生命。沃尔夫指出，如果人类能够坚持到那个时候，地球可能已经大部分不再适宜居住，但极地附近还有一些落脚之处。与科帕拉普的模型相比，地球变暖要更慢一些，这是因为云层和一些干旱区域，例如沙漠，会将大量热量反射回太空，这正是单一维度研究所缺乏的。

2013年12月，勒孔特研究团队在《自然》杂志上的一项类似的三维气候模型研究显示，失控的温室效应至少在10亿年后才会发生。勒孔特后来表示，他的研究团队对于地球死亡的估计，之所以比沃尔夫和图恩的结果早，部分缘于两者对于模型中云层研究的差异。

（2）认为地球冰冻时期也可能存在微生物生命。2018年3月，有关媒体报道，加拿大多伦多大学天体物理学家迪亚娜·巴伦西亚、天文学专业研究生阿迪夫·帕拉迪斯等人组成的一个研究小组，近日发表研究成果认为，地球冰冻时期也可能有微生物生命存在的某些迹象。

在地球演变的历史上，约6.5亿年前，巨大的冰川从两极延伸到热带地区，从而将地球埋葬于存在了几百万年的冰封表面之下。更早之前也发生过类似事情，地球这个“暗淡的蓝点”，至少3次变成珍珠白的“雪球”。不过，这些深度冻结带来了一个谜题：它们本应是致命的，但生命显然幸存了下来。地质证据表明，人类最早的微小祖先并未被冻死。同时，基因迹象表明，一系列单细胞生物体的分支，在“雪球地球”外扩散。问题在于它们是如何做到的。

为了找到答案，该研究小组对各种可能的雪球世界进行了建模，并且发现很多世界从未逃脱雪球状态。这些雪球世界拥有的火山数量，以及接收的背景星光数量各不相同。极少出现火山活动的世界，从未释放足够的二氧化碳，来触发将其从低温“睡眠”中唤醒的全球变暖。但令人惊奇的是，很多世界还支撑了一块块未被冻结的陆地。其中一些地方保持着干燥，比如位于南极的麦克默多干河谷，但其他地方发展出水文循环系统，从而使液态水聚集起来，并且流经它们的表面。

这种绿洲是雪球地球如何保持宜居的一种可能解释。同时，该研究结果不但能描述地球，还能描述天文学家在银河系发现的很多行星。巴伦西亚说：“此前我们可能认为雪球并不宜居，但忽略了可能有一些生命存在的事实。”

的确，最新发现同此前关于地球历史中最近一次冰封事件的研究相一致。2015 年，英国圣安德鲁斯大学冰川学家道格拉斯·本恩发表的一项研究表明，地球气候对其围绕太阳运转的轨道变化非常敏感，从而导致冰原前进和退缩的循环。这使湖泊蓄积水分、河水流动以及简单的微生物生命繁盛，即便是在雪球事件期间。本恩和同事在其创建的地球气候计算机模型中发现了这种循环，并且在北冰洋斯瓦尔巴特群岛发现了沉积层。该研究表明，最后一次出现的雪球地球并非被完全“深度冻结”——一片片无冰陆地在河水流过的地方存在，并因此成为关键的“避难所”。生命在那里持续，直到更加有利的条件重新出现。

（二）地球物质要素研究的新信息

1. 研究地球重要构成物质水的新发现

（1）全球多处发现古老富氢地下水。2014 年 12 月 18 日，多伦多大学地球学家芭芭拉·舍伍德-罗拉领导，牛津大学、普林斯顿大学同行参与的一个国际研究团队，在《自然》杂志上发表研究成果称，地壳深处古老的前寒武纪岩石产生的氢气，比以往认为的要多。他们确认，在全球多地都发现了富含氢的古代地下水，其化学性质与深海热液喷口附近的水非常类似，暗示着这些古老水或许能为地下生态系统提供支持。这项研究成果，对于寻找火星生命也具有重要意义。

科学家们曾认为，地下微生物生态系统所消耗的能量，是从地球表面过滤下来的，也就是说，这些生态系统最终还是要依赖阳光和光合作用生存。但 2006 年，在南非威特沃特斯兰德盆地地下 4 千米深处，发现了以氢为食的岩栖微生物，让人们不禁好奇，这类生态系统在地球上的分布到底有多广泛。

据报道，为了寻找答案，该研究团队汇总了从 32 个采矿点，200 多个钻孔采集的氢产量数据，这些矿点主要集中在加拿大、南非和斯堪的纳维亚半岛。他们确认，这些地方存在 10 亿多年前的古代水，并且氢含量很高。

计算结果显示，地球上最古老的岩石，即有 5.5 亿~46 亿年历史的前寒武纪大陆岩石圈，其每年产生的氢气，是科学家以前认为的百倍之多。这些氢气来自两种化学反应，一种是岩石内的天然放射性物质，使水分子分解成氢气和氧气；另一种则是古老岩石常见的矿物蚀变反应。

舍伍德-罗拉说："这极大地改变了地球上哪里可以存在生命的概念。"因为构成大陆的岩石，有 70%以上可追溯到前寒武纪时期。

新发现也可为寻找火星生命提供参考，因为火星上也有数十亿年前的岩石，并且这些岩石也具有产氢潜能。舍伍德-罗拉说："如果古老的地球岩石现在还在生产这么多的氢，那么类似的过程可能也正在火星上发生。"

（2）在北极区德文岛冰帽下发现超级咸水湖。2018 年 4 月 11 日，英国《独立报》报道，加拿大阿尔伯塔大学科学家鲁蒂肖泽领导的一个研究团队，在位于北极区的德文岛冰帽之下 750 米深处，发现了超级咸水湖。研究人员指出，这里可能是 12 万年前单独进化的生物的家园。由于此处环境与木卫二欧罗巴相似，因此将为在欧罗巴搜寻外星生命提供线索。

研究人员发射电磁波穿透冰层，并在电磁波弹回时对其进行测量，"看穿"了冰层并获得了冰下情形的图谱，从而发现了这些咸水湖。鲁蒂肖泽说："雷达标志告诉我们下面有水，但我们之前以为，在温度低于零下 10℃的冰层下不可能存在液态水。”

之前科学家也曾在冰帽下发现其他湖泊，但主要在南极。这是科学家首次在加拿大北极区冰盖下发现湖泊。最重要的是，这是首次发现此类充满盐水的湖，当然，也正是这种盐度使这些湖泊引人注目，因为如果它们成为微生物的家园——这种可能性是存在的，将有助于了解地球之外的生命。

鲁蒂肖泽说：“我们认为，这种咸水湖能很好地模拟木卫二欧罗巴的环境。欧罗巴是木星的冰冻卫星之一，也许在其冰壳内，具有类似的咸液体条件。”欧罗巴通常被视为最有希望发现外星生命的地方之一，美国国家航空航天局此前曾探讨过将着陆器发往这一遥远星球，以寻找可能存在的生命。

鲁蒂肖泽指出，现在，他们需要证明，在德文岛冰帽下发现的这些咸水湖里有生命存在。她说：“如果湖里有微生物，那么它们可能已在此处生存了 12 万年，所以它们可能会独立进化。若我们收集到水样，就能确定是否有微生物存在，它们如何演化，以及如何继续生活在这种没有大气层的寒冷环境中。”她还预测，加拿大北极区冰层下可能存在咸水系统网。

2. 研究地球最古老宝石的新进展

地球最古老宝石被证实 44 亿岁。2014 年 2 月，加拿大与美国、澳大利亚等地球物理学家组成的一个国际研究小组，在英国《自然·地学》杂志上发表研究成果称，他们利用一种最新的测年技术，对一直存在年龄争议的澳大利亚锆石晶体进行测定，证实它确实形成于距今 44 亿年前的地球最早期。

这块宝石是 2001 年在澳大利亚西部一个牧羊场的岩石中发现的，其直径仅有人类头发直径的两倍，体积极小。但它对研究地球形成过程及生物出现的年代有重要意义。此前有研究团队曾利用铀铅同位素测年法，测定其大约形成于距今 44 亿年前。地球本身形成于约 45 亿年前，因此，这一锆石样本堪称现今地球上最古老的物质。

但由于铅同位素在矿物样本内可以移动，因此有不少研究人员质疑这一测年技术及测定结果，甚至有人怀疑，可能是在实验室内进行分析时不小心混入了其他矿物碎片，从而导致得出了一个离谱的测年结果。

此次，该国际研究小组报告说，为准确测定锆石年龄，他们先采用了较为普遍的放射性元素衰变测年法，又利用原子探针断层扫描技术，对其中原子进行逐个分析。结果显示，这块宝石确实生于44亿年前。

约45亿年前，地球形成时其外层经过冷却凝固，从起初的熔岩状态逐渐形成了地壳。研究人员认为，这块锆石的发现说明，地球在形成之后的1亿年内，就已经开始冷却形成地壳，这有可能意味着，早期地球的温度已经低到可以维持海洋乃至生命的存在。

研究人员说，虽然还没有更为直接的证据，但根据这块锆石的形成年代，有理由推测，地球在大约43亿年前就可能拥有了支持微生物生存的环境，这比此前普遍认为的生命形成年代要早得多。

3. 研究地球地下物质要素的新发现

发现地下存在加速流动的熔铁河。2016年12月，国外媒体报道，一个国际研究团队在加拿大和俄罗斯地下发现了一条加速流动的熔铁河。

报道称，该研究团队通过卫星观察数据分析，发现在远离地球表面的深部，像太阳表面一样炙热的熔铁流正在加速运行。此次的流体是通过对加拿大和俄罗斯地下3000千米进行磁场读数首次发现的。

这股巨大的喷射气流可达420千米宽，从2000年开始流动速度已增加了3倍，现在正在以每年45千米的速度，从西伯利亚地底向西朝欧洲地底移动。这一速度是外地核同样流体流动速度的3倍。

没人知道这些喷气缘何加速，但发现加速喷气流体的研究团队认为，这是一种自然现象，可追溯至10亿年前，它有助于了解保护人们免受太阳风威胁的地磁场的形成过程。

有关专家说：“这是一项了不起的发现。我们已经知道液心在来回转动，但观察一直都不充分，直到现在才发现这个重要的喷气。”

研究人员认为：“我们对太阳核心的了解比地心更多。发现这股喷气，是向了解地球内部如何运行迈出的令人非常激动的一步。”

研究人员表示，这次地下熔铁流的发现，主要依靠三颗称为蜂群的卫星，它们于2013年发射。它们在轨道上可以测量到距离地表3000千米以下的磁场变化，熔心在那里与坚硬的地幔相遇。而且，这三颗卫星能够除去从电离层和地壳等任何地方的磁场，仅提供地心至地幔边界最敏锐的成像波动。

（三）地球其他方面研究的新信息

1. 基于地震数据研究穿越地球重力隧道的所需时间

穿越地球的重力隧道问题被改写。2015 年 3 月，国外媒体报道，假如你挖了一条贯穿地心的隧道，然后跳下去，让重力带你通过。那么问题来了，你要用多久才能够到达地球的另一端？几十年来，物理系的学生被要求计算这一时间，并会在最后被告知，正确的答案是 42 分钟。如今，加拿大研究人员的一项更现实的分析，把这一估算缩短了 4 分钟。

报道称，加拿大蒙特利尔市麦吉尔大学物理系研究生亚历山大·克洛茨等人组成的一个研究小组，在《美国物理学杂志》上发表了上述研究成果。该刊物编辑、物理学家大卫·杰克逊表示："这是我们喜爱的那种论文。"

杰克逊强调，这项新的计算结果，不只是增加了关于地球结构的更多细节。它同时解释了为什么你可以用一个过于简单的假设，替换另一个同样粗糙的假设，但却能够得到更为准确的答案。他说："这也是让这一思考变得这么有趣的原因。"

重力隧道问题是物理学入门课程的重点，因为它同时论证了艾萨克·牛顿的万有引力定律，以及一种常见但却非常重要的周期性运动类型的显著特征。为了解决这个问题，学生必须计算出物体在通过隧道过程中发生的重力变化。而他们在这里，通常会引入不切实际的假设。学生们会假设，地球像台球一样，自始至终都具有相同的密度：每立方米约 5500 千克。然而如果真是这样的话，将你拉向地心的重力的强度，将随着与地心的距离而成比例的变化。

由于把你拉向地心的引力与到地心的距离成正比，因此你会在隧道中来来回回地穿梭，就像一个重物在弹簧上高高低低地起伏，或是一个钟摆左左右右地晃动。

然而实际上，地球并不具有统一的密度，而是拥有较低密度的地壳与地幔以及更为致密的地核。因此，克洛茨开始思考，一个更现实的分析会产生什么样的结果。

克洛茨表示，他并不确定自己为什么会开始琢磨这个问题，但他有时候会在自己的网站上回答物理问题。克洛茨说："我从事于教育的推广工作，这样的问题相当多。"

为了获得更为真实的地球质量分布情况，克洛茨求助于基于地震数据得来的"初步参考地球模型"。该模型显示，地球表面的密度不足每立方米1000千克，而在地表下6371千米的地核中心则达到约每立方米1.3万千克，其中在外地核的边缘，即距离地心3500千米，存在一个戏剧性的跳跃。

克洛茨利用这些数字进行计算后发现，一个物体通过地球的时间为38分11秒，而不是假设地球密度一致所得到的42分12秒。杰克逊说，这是对新的分析的一个令人惊讶的解释。他说："经典问题需要保留，但这是一个美好的例外。"

对于此，克洛茨表示，在大科学的今天，他的经验表明："在有了正确的想法后还是能够做得更好的，这并不是一个大的进展，但却是一个增量。"

2. 检测地球磁场研究的新进展

开发出检测地球磁场的新技术。2018年10月，由加拿大、美国和欧洲相关专家组成的一个国际研究团队，在《自然·通信》杂志上发表研究成果称，他们成功开发出遥感检测地球磁场的新技术。这项技术主要是利用激光激发距地表100千米的钠原子层，并对其反射光进行监测而实现，填补了地基检测和利用轨道卫星在更高海拔高度检测地球磁场之间的技术空白。

在距地表100千米左右的海拔高度，地球磁场会受到太阳风暴、离子层电流等物理过程的强烈影响，因而使地球磁场检测极为困难。该技术不仅能够检测传统技术手段无法达到高度的地球磁场强度，而且能提供该区域空间天气和原子过程等新信息。

研究发现，在磁场存在情况下，受激发的钠原子就像旋转陀螺一样摇摆不定，监测这种周期性波动，可以用于确定地球磁场强度。该研究所采用的技术，主要包括用于检测受激钠原子反射光的光子计数仪，以及欧洲南方天文台率先开发的天文自适应光学激光技术。

二、研究火星的新成果

（一）火星生命研究的新信息

1. 可能会给寻找火星生命泼冷水的一项研究

2016 年 1 月，加拿大麦吉尔大学的微生物学家杰姬·戈戴尔和莱尔·怀特领导的研究小组，在《国际微生物生态学会会刊》上发表论文称，他们对地球上最类似火星北极的地方，进行了长达 4 年的研究，没有发现任何活跃生命存在的迹象。这一研究结果，或许给那些试图在火星找到生命的科学家泼了一盆冷水。

4 年来，研究小组对位于地球南极麦克默多干谷沙漠的大学谷进行了勘探，并对获得的 1000 多个皮氏培养皿内样本进行了检测，试图寻找生命存在的痕迹，却一无所获。

位于最冷南极的大学谷，被认为是地球上最像火星北极的地方，在长达 15 万年的漫长岁月中，此地都非常寒冷。这次没有发现活跃微生物或许暗示在寻找火星生命希望渺茫。

怀特说："起初我们都以为，在大学谷永久冻土层的土壤中，会探测到功能性自给自足的微生物系统，但我们没有探测到任何微生物迹象。与微生物有关的极少量线索，最有可能是正在休眠或慢慢死去的微生物残余，但在这个或已到达寒冷干旱临界点的地方，并不存在。"

研究人员没有在土壤中发现二氧化碳或甲烷存在的证据，DNA 测试也一无所获。怀特说："鉴于此处多年持续干旱和低温，且缺乏可用水——即便盛夏也如此，干旱、极低温、营养物质缺乏等因素同时发生作用，让微生物群落无法在此繁衍生息。"

美国国家航空航天局行星科学家克里斯·麦凯表示："大学谷拥有地球上我们能找到的最寒冷干旱的土壤，此处无疑是寻找火星生命研究的训练场，最新结论对航空航天局的天体生物研究也意义重大。"

2. 认为古代火星拥有适宜地下生命存活的条件

2018 年 9 月，由加拿大、美国和德国三国科学家组成的一个研究小组，在《地球与行星科学快报》上发表论文称，他们的研究表明，在古代火星上可能存在过一个地下微生物生态系统，因为在40亿年前，火星上有充足的氢供地下微生物繁衍。

研究人员表示，地球上存在一个地下无机营养微生物生态系统，其中的微生物通过剥离周围分子中的电子来获得能量，维持生存。氢就是一种很好的电子供体，可以为地下无机营养微生物提供能源。而他们的研究发现，古代火星上也存在可供微生物使用的氢。论文指出，这些氢是火星地表下的水经过辐射分解后得到的。

研究人员根据美国国家航空航天局"奥德赛号"火星探测器，搭载的伽马射线光谱仪采集的数据，测算出火星地壳中放射性元素钍和钾的丰度，并据此推断出第三种放射性元素铀的丰度。正是这三种元素的衰变驱动了水的辐射分解。由于这些元素以恒定速率衰变，研究人员可以根据现在的数据推算出40亿年前火星地壳中这三种元素的丰度，从而计算出驱动水辐射分解的辐射通量，最终测算出古代火星地壳中的氢浓度。

根据计算结果，40亿年前，在火星地表下几千米厚的区域内，地壳中通过辐射分解产生的氢，足够支撑微生物的生命，其浓度处于维持当今地球上微生物存活的浓度范围内，且这样的状态持续了数亿年。

自发现火星上有古老的河道和湖床以来，许多科学家都在探寻火星上是否曾拥有过生命，有人提出了火星地表下存在生物圈的假说。研究人员指出，新研究虽证明古代火星拥有适宜地下生命存活的条件，但这并不意味着肯定存在生命，而如果古代火星上曾存在生命，那么地表下的氢则是支持这些生命的关键要素。

研究人员表示，新发现对于未来的火星探测具有重要意义。他们的研究表明，火星冰冻圈之下被称为亚低温层高度断裂带的区域，有着古代火星上最持久的宜居环境，这一区域的物质，可能会通过断层作用和陨石撞击暴露出来，将是测试火星地下生物圈假说的重要天体生物学目标。

（二）火星物质要素研究的新信息

——离解开火星甲烷之谜显得越来越近

2018年10月24日，美国天文学会行星科学分部在田纳西州诺克斯维尔市召开一场行星科学会议。会上，加拿大多伦多约克大学行星科学家约翰·莫尔斯领导的研究团队，介绍了一项最新研究成果。莫尔斯说，在火星上，随着冬天让位给春天，太阳的热量开始让土壤变暖，从而使甲烷从地面中渗透出来并进入到大气中。该成果有助于解释，为什么美国航空航天局的“好奇”号火星车，在这颗行星北半球的夏季探测到了大气中的甲烷气体峰值。

多年来，“好奇”号火星车测量的甲烷数据，一直吸引着研究人员。2012 年，这架火星车在赤道附近的盖尔环形山着陆。它最初是在北半球春季，第一次发现了大气甲烷的神秘峰值。2018 年年初，研究团队报告说，随着季节的变化，火星大气层中的甲烷含量有增有减，并在北半球的夏季达到顶峰。

对科学家来说，在火星大气中发现甲烷是非常有趣的，因为在随后的约 300 年中，这颗红色星球上的化学反应会分解这种气体。而火星在今天依然存在甲烷的事实表明，该行星上仍有某种物质在将这种气体持续送入大气层。

研究人员推测，火星上的甲烷来源可能是地质过程，比如某些类型的岩石和水之间的反应，或者更有趣的是，来自埋藏在火星地下的微生物或其他形式的生命。而地球大气层中的甲烷气体，大部分来自生物。

研究人员已经追踪了他们能够在火星上发现的每一缕甲烷。地基望远镜和绕火星轨道运行的探测器，不时发现火星周围出现的气体，包括 2009 年报道的强烈烟羽。“好奇”号火星车本应通过直接测量甲烷含量帮助解开这个谜题，但结果却使问题复杂化了。

现在看来，答案可能就在火星表面之下。莫尔斯及其同事分析了甲烷如何通过火星土壤的缝隙和裂纹，渗出地表直至进入大气层的过程。研究人员的计算结果表明，火星土壤变暖，可能会使甲烷气体渗透到大气中。

研究人员指出，火星上的季节很复杂，尤其是“好奇”号火星车停留的位置如此靠近行星的赤道。但火星上甲烷含量的峰值，确实在一年中最热的时间之后出现，表明热量向下扩散会释放更多的气体。

莫尔斯在这次会议上说，科学家估计的进入大气层的甲烷气体量，与“好奇”号火星车在盖尔环形山附近得到的测量结果很吻合。尽管甲烷气体的最终来源仍然是个谜，但他认为，这项工作可能有助于解释这种气体季节性的涨落。

美国戈达德太空飞行中心行星科学家迈克尔·穆马表示，这个想法是建立在先前观点基础之上的，即甲烷可能正在从火星上被太阳晒暖的悬崖表面渗出。当他和同事在2009年报道了强烈的甲烷羽流后，他们认为，在某些季节，火星土壤中的孔隙，可能会在悬崖或环形山壁上打开，从而使得甲烷气体从地下进入大气层。

一架属于欧洲和俄罗斯的名为“火星外气体追踪轨道飞行器”的探测器，自2018年4月以来，就一直在火星大气中寻找甲烷和其他气体的痕迹。

在此次会议上，荷兰诺德维克市欧洲空间局项目科学家哈坎·斯维德姆向听众表示，“火星外气体追踪轨道飞行器”的第一批探测结果将会很快公布。它是这颗行星周围、在一定高度范围内的甲烷含量，远远超出了“好奇”号火星车在地面上的测量范围。轨道飞行器可以一劳永逸地解决火星上的甲烷问题。

作为“火星外气体追踪轨道飞行器”小组成员的穆马表示：“将会有令人惊讶的结果产生。”但他拒绝详细说明。

“火星外气体追踪轨道飞行器”是火星快车项目的一部分，后者是欧洲空间局与俄罗斯航天局的一个合作项目。该轨道飞行器于2016年3月发射升空，并于当年10月到达火星轨道。这是第一个专门设计用来研究火星气体的飞行器，这些气体在这颗行星寒冷而干燥的大气中所占比例不到1%，其中包括甲烷、水蒸气和臭氧。

目前，美国航空和航天局于2001年发射的“奥德赛”和2005年发射的MRO依然在环绕火星运转。此外，美国2003年发射的“机遇”号火星车和2011年发射的“好奇”号火星车也在火星表面上工作。

火星是太阳系由内往外数第四颗行星，属于类地行星，直径约为地球直径的一半，自转轴倾角、自转周期相近，公转一周则花两倍时间。其橘红色外表，是因为地表被赤铁矿（氧化铁）覆盖，火星被认为是太阳系中最有可能存在地外生命的行星。

三、研究太阳系内及附近的其他天体

（一）研究陨星方面的新信息

1. 拍摄和搜寻陨星的新进展

（1）拍摄到罕见流星坠落的视频。2008年3月10日，国外媒体报道，近日，加拿大西安大略大学专攻流星和陨星研究的彼得·布朗副教授与该系博士后生韦恩·爱德华兹等人组成的一个研究小组，拍摄到流星坠落进入大气的罕见视频。

据悉，西安大略大学物理和天文学系在安大略湖南部，设置了一个全太空摄像网络，一直对天空中的流星现象进行扫描监视。布朗说，美国东部时间2008年3月5日22点59分，全太空摄像网络拍摄到一个较大的火球划过天空，同时他们也接收到许多声称目击此次流星事件的电话和电子邮件。

该研究小组希望寻求，安大略湖帕里湾当地居民目击流星事件的信息资料。爱德华兹说："许多流星当到达地球上空60~70千米时会燃烧，但我们在24千米上空发现了陨星，它至少是一颗陨星，也有可能是多颗陨星，坠落在地面上。"

爱德华兹称，实验室能够缩小陨星坠落地面的范围，大约能锁定在12平方千米的地区之内。他们已绘制了地图协助寻找坠落的陨星。此次陨星事件可能是一颗陨石，或者是多颗陨石，重量为1千克或者更轻一些。布朗说，"我们非常希望能够找到这些陨石，因为我们拍摄到了陨星坠落的视频，这对于寻找陨石的坠落地点十分有用。"

（2）找到坠落在地面上的流星残骸。2008年11月28日，美国宇航局太空网报道，加拿大科学家已经证实，他们找到了前几天在坠落地面之前照亮加拿大西部的流星残骸。

报道称，加拿大卡尔加里大学科学家艾伦·希尔德布兰德与研究生埃伦·米雷，11月27日在劳埃德明斯特市附近，沿艾伯塔省和萨斯喀彻温省边界的班特河畔，发现了几块流星碎石。科学家表示，可能有数千块碎片散落在超过18.13平方千米的地面上，该地区大部分都是平坦、贫瘠的土地，少有人烟。

报道称，马尼托巴省、萨斯喀彻温省和艾伯塔省的居民，在 11 月 20 日看到了巨大火球照亮三省夜空的壮美景观。一些目击者报告说，他们听到了轰隆隆的巨响，还看到了和太阳一样明亮地燃烧着的火球。与加拿大航天局协调研究流星的希尔德布兰德估计，这颗流星在 698.44 千米之外，甚至在美国北部也可以看到。从人们拍到的流星坠落的视频能看到，一个高速移动的火球在接近地面的时候变得更大、更明亮。

进入地球大气层后，这颗流星的能量相当于 10 万千克炸药。希尔德布兰德说："就像 10 亿瓦的电灯泡一样。"这颗流星让全球的天文爱好者为之兴奋。美国亚利桑那州太空岩石收藏家罗伯特·哈格出价 9700 美元，购买了这颗流星的第一块重 1 千克的碎片。

2. 研究陨星获得的新见解

认为塔吉什湖陨星或是首个太阳系边缘来客。2016 年 8 月，新科学家网站报道，2000 年 1 月，一颗火球飞掠天空落在加拿大英属哥伦比亚西北部塔吉什湖冰面上，撒落下约 500 块煤球状的碎片。为此，专门组建了一个以美国和法国天文学家为主、加拿大研究人员参加的国际研究团队。经过十多年的研究后，研究人员认为，这颗陨星可能是第一个从太阳系边缘柯伊伯带来的"客人"。

地球上已发现的大多数陨石，都来自火星和木星之间的小行星带，但塔吉什湖陨石的成分跟其他太空陨石都不太像，研究团队认为，它可能是在更远的柯伊伯带形成的。柯伊伯带是海王星轨道外一个巨大的环带，曾经的太阳系第 9 大行星冥王星也在这个带上。

该研究团队认为，在太阳系形成早期，木星、土星、天王星和海王星等巨行星不断运动，把一些碎片从太阳系边缘赶到了小行星带，有些可能会飞向地球。研究人员说："在太阳系历史中，可能会有巨行星互相碰面的情况，他们都被海洋一般的彗星包围着。"在巨行星"会面"过程中，会将更小的天体向内赶，在短时间内形成壮丽的景观。

一种早期理论认为，太阳系曾有过第 5 颗巨行星，只是后来被"踢"了出去。研究团队认为，或许这第 5 颗巨行星的万有引力帮助吸引了最初一批小行星，而后慢慢形成了柯伊伯带。这些最初在太阳系边缘"定居"

的小行星，可能解释了塔吉什湖陨星。

以往研究认为，塔吉什湖陨石属于一类罕见的 D-型小行星。但维那扎说，从 D-型小行星表面来看，与塔吉什湖陨石不是很匹配。

研究人员说，无论塔吉什湖陨石来自柯伊伯带小行星的表面还是核心，太阳系 5 行星模型理论，都能解释得通。无论哪种方式，陨星撞到了塔吉什湖冰面上，给我们提供了第一批直接来自太阳系最外层边缘地带的样本，有助于人们理解太阳系的早期历史，解开地球之水从哪里来的谜题。大部分研究人员认为，水是从太阳系其他地方降落到地球上的，但还不确定是什么原因带来了这些水。

（二）研究矮行星与褐矮星的新信息

1. 在柯伊伯带里发现一颗矮行星

2016 年 7 月 12 日，加拿大不列颠哥伦比亚大学官网报道，包括该校研究人员在内的一个国际天文研究团队，在海王星外的柯伊伯带里，发现了一颗轨道超长的矮行星。其出现将帮助揭示行星形成早期的情况，并促进人们了解太阳系“年轻”时的状况。

遵照 2006 年国际天文学大会对矮行星的定义，这是一类围绕恒星运转的天体，体积介于行星和小行星之间，质量足以克服固体引力以达到流体静力平衡（近于圆球）形状，并不是行星的卫星。目前最著名的矮行星，就是从太阳系大行星行列被“打入”到矮行星队伍的冥王星。不过，除了冥王星之外，属于这一类的天体很多信息仍不明确。

此次研究，隶属于“外太阳系起源调查”的一部分，研究团队利用“加拿大—法国—夏威夷天文望远镜”的数据和强大的计算机图像，搜索发现了这颗矮行星，国际天文协会的小行星中心将其命名为 RR245。“加拿大—法国—夏威夷望远镜”位于夏威夷高达 4200 米的莫纳克亚火山峰脊上，其有利条件是，可以使天文学家对柯伊伯带遥远的冰冷世界进行仔细观察。RR245 首次被发现是在 2016 年 2 月，研究人员随后提出，这个明亮物体的移动速率如此之缓慢，它显然至少是在地球与海王星距离两倍之外的地方。

据目前对 RR245 轨道观察的数据推测，它绕太阳一周可能需要 700

年，是已知矮行星中轨道最长的一个，冥王星绕太阳公转一周的时间则为248个地球年。RR245旅行到最接近太阳时应该是在2096年前后，届时距日50亿千米；而其远日点将超过120亿千米。RR245的确切大小及漫长的轨道演化等各种属性，还需要进一步测量。而在未来几年，其精确的轨道获得后，RR245也将得到一个全新的名字。

此前，国际天文学联合会已认可的矮行星有5颗，分别为谷神星、冥王星、妊神星、鸟神星及阋神星。团队成员表示，大多数此类天体小而模糊，但这颗新发现的矮行星却很明亮，十分便于开展研究，将有助于揭示行星形成早期阶段的情况。

2. 在太阳附近发现165颗褐矮星

2016年9月11日，《科学新闻》网站报道，加拿大蒙特利尔大学天文学家贾思明·罗伯特教授、该校太阳系外行星研究所乔纳森·加涅教授主持，加拿大其他机构和美国同行参与的一个国际研究团队，在《天文物理期刊》上发表研究成果称，他们发现了165颗褐矮星，其大小介于气态巨行星和小恒星之间，位于距离太阳大约160光年的位置。这一发现有助于天文学家更好地量化褐矮星在太阳邻域及太阳系外出现的频率。

据报道，褐矮星寒冷而黯淡，很难被发现，也不容易将其进行分类。因为质量太小，褐矮星不能维持内核氢聚变反应，为此有时被称为“失败的恒星”，但它们的确具有恒星的属性。通常情况下，褐矮星是木星质量的13~80倍，比行星大，具有类行星的特征。其温度区间较大，有些地方像恒星一样炎热，有些地方却像行星一样寒冷。

了解褐矮星的数量及分布情况，将为进一步了解宇宙中质量分布情况和褐矮星形成机制提供关键信息，如它们是独立存在，还是从其他更大的行星系统喷射出来的等问题。

研究人员说，虽然以前已经发现了数以百计的超寒褐矮星，但用于发现这些褐矮星的技术忽略了一些褐矮星的异常成分，而这些异常成分很难被通用的基色测量方法检测到。为此，他们调查了太阳附近28%的区域，进而发现了165颗超寒褐矮星。

加涅认为，因为褐矮星常常孤立存在，这在很大程度上能够排除明亮的行星对仪器设备的蒙蔽，以便获得褐矮星特性的准确数据。他表示：

"在太阳系附近搜索超寒褐矮星的工作远没有结束，我们的研究表明，还有很多超寒褐矮星处于未被发现的状态。"

第三节　航天设备与太空开发的新进展

一、研制航天设备的新成果

（一）开发利用航天器的新信息

1. 研制航天器的新进展

（1）开发增强航天飞机安全性的新型机械臂。2005 年 7 月，外国媒体报道，发射航天飞机最令人头疼的是安全问题。美国在以后发射的航天飞机中，除了会配备原有的一种名叫"加拿大臂"的装置之外，还会安装一个专用机械臂来检查系统，以避免再次发生像"哥伦比亚"号航天飞机那样的灾难。

"加拿大臂"由加拿大斯帕航空航天公司和国家研究委员会在 20 世纪 70 年代共同开发制造，主要用于在太空中抓取卫星之类的重物。同时，加上激光摄像机后，能够检查航天飞机外壳在发射后是否存在微小的裂缝。

这次，由加拿大安大略省一位工程师设计的机械臂检查系统，采用了"轨道飞行器悬臂"和"传感器系统"。此外，这种新型机械臂还具有数据存储量大等特点。新型机械臂长 15 米，被安装在航天飞机货舱的两侧，能够在航天飞机进入轨道飞行后进行检查工作，或者在与太空站对接后，借助太空站上的加拿大臂与航天飞机的机械臂连接在一起，做进一步的检查。

检查机械臂的末端装有三台摄影机：三维摄影机、红外线激光摄影机和一台较小的黑白摄影机。三维摄影机负责记录精确的数据；红外线激光摄影机负责拍摄常规的视频图像；黑白摄影机则用来保证机械臂不会碰撞到任何东西。

据悉，三维摄影机不仅能够拍摄下航天飞机外部的三维图片，而且能立刻将数据发送到美国航空航天局的地面控制中心，再加上红外线激光摄影机的数据，地面人员就能够确定是否需要宇航员进行维护工作。通过这些手段，新型机械臂能保证航天飞机更加安全。

(2) 发射“手提箱卫星”探测近地小行星。2008 年 5 月，新科学家网站报道，加拿大将在一年内发射一颗手提箱大小的卫星，用以探测近地轨道具有潜在威胁的小行星。这是人类首次发射太空装置追踪小行星，很有可能帮助人们找到那些很难以从地面发现的具有破坏性的行星。

小行星和彗星与地球相撞的可能性很低，据人类目前所知，一个 10 千米宽的小行星曾经撞击过地球，并导致恐龙灭绝。迄今为止，已经有 5000 多个这样接近地球的轨道的天体被发现。

科学家们正在利用地面望远镜，追踪更多的近地天体，以确定它们中的任何一个，在可预见的将来是否有可能击中地球。但是，这些对象很难从地面观察清楚。

加拿大航天局计划发射的这题卫星有手提箱大小，重 60 千克，研发和发射费用达 1000 万美元。卫星上装载了一个 15 厘米大小的望远镜用于探测太空，虽然这个望远镜比任何一个业余天文学家所使用的望远镜都要小，但这个卫星中的望远镜的观测高度，是地面望远镜比不了的，具有很强的优越性，因此它能够探测到那些很难从地面发现的近地天体。

参与这次航天任务的首席科学家，是卡尔加里大学的艾伦希尔德·布兰德和加拿大国防研究与发展委员会的布拉德·华莱士。

2. 利用航天器的新进展

宇航员在太空国际空间站接受博士学位。2009 年 7 月 8 日，加拿大媒体报道，正在国际空间站工作的宇航员罗伯特·瑟斯克，通过视频连线，接受了加拿大卡尔加里大学颁发的荣誉法学博士学位。

在卡尔加里大学举行的颁授仪式上，人们看到从距离地球 400 千米的太空传来的瑟斯克画面。瑟斯克说，这是一个非常特殊的荣誉。他做了一个翻转动作，表达激动的心情。一位友人代替他接过荣誉博士学位证书。

瑟斯克说，33 年前他在卡尔加里大学读书时，就梦想有朝一日成为宇航员。教育是让梦想成真的关键，他为能在太空传递这个信息感到荣幸。

瑟斯克特地围上了一条毕业典礼上佩戴的红黄白相间的披肩。在失重状态下，披肩在他脖子周围不断漂浮。瑟斯克在讲话时屡屡拂开飘到眼前的披肩，最后只得将其摘下。

卡尔加里大学校长哈维·温加滕说，瑟斯克所取得的非凡成就，将激励众多的青年学生。

瑟斯克 1976 年在卡尔加里大学获得机械工程学学士学位，后来相继在美国麻省理工学院获得 2 个硕士学位，在加拿大麦吉尔大学获得医学学士学位。2009 年 5 月，他搭乘俄罗斯“联盟 TMA-15”载人飞船进入国际空间站，并将成为在太空停留长达 6 个月的首位加拿大宇航员。这是他第二次执行太空任务。第一次是在 1996 年，当时他乘坐美国“哥伦比亚”号航天飞机完成了 17 天的太空飞行。

（二）开发太空升降设备的新信息

——批准一种太空电梯专利

2015 年 8 月，物理学家组织网报道，2015 年太空电梯大会在美国西雅图召开，科学家热烈讨论太空电梯中的材料和设计，提出将其作为火箭技术的替代产品。太空电梯就像一种轨道升降台，让电车在上面行驶，携带 10 吨左右的载荷来回上下。

据报道，最近加拿大一家名为“图特技术太空公司”获得了美国专利与商标局批准的一种太空电梯专利。该公司的工程师说，这一技术有望为传统火箭节约 30%以上的燃料，把航天器和人带到大气层一定高度再发射，所需动力更少。该电梯发明人、纽约大学拉索德工程学院教授布兰德·奎恩尼说：“空天飞机可以把电梯塔顶作为一个一级平台，从上面起飞进轨道，还可以返回塔顶加油再飞。”

太空电梯将达到地面以上 20 千米高处，为一种独立式太空塔设计，所用大部分技术都是目前已有的。比如它的束筒结构是用杜邦公司生产的芳纶聚乙烯复合材料填充氦气。这种筒比现代建筑材料轻而且宽大得多，氦气也有助于支撑结构。

根据专利文件，太空电梯可将载荷运到地面以上的至少一个平台上或分离舱内，用于太空发射目的；也可以运输设备、人员及其他物体，用于科学研究、通信和旅行目的。升降台还将进一步升级，利用近地轨道的重力势能，提供直达海拔 200 千米以上的通道。对此，美国著名商业杂志《快速公司》上一篇文章评论道：“这虽然技术上可行，但执行起来可能太复杂。”

科技网站编辑埃里克·马克说："从技术上说，过去半个世纪以来，进入太空并未变得更容易，仍要用巨大的火箭产生足够大的推力把负荷推出地球重力以外。"相比之下，太空电梯用了一种"更简单的对抗重力的技术来进入太空"。

二、推进太空开发的新信息

（一）用新对策促进太空开发

——宣布促进宇航业发展与太空开发的新举措

2013年12月2日，有关媒体报道，加拿大工业部部长詹姆斯·穆尔在蒙特利尔举行的宇航创新论坛上，宣布了促进加拿大宇航业发展与太空开发的新举措。该项政策宣示，是对国会议员大卫·爱默生领导的《加拿大宇航计划和政策评估报告》做出的反应。

加拿大政府将采取的新举措包括：将目前对太空技术发展计划的资金支持增加一倍；成立太空咨询委员会；确保新的太空采购与政府的优先事项一致；继续解决该行业市场准入和技能发展方面面临的挑战；审查私营部门参与支持加拿大空间局活动的机会。

穆尔还宣布，加拿大新的太空政策框架将在一年内出台，新政策框架将为加拿大太空探索的战略活动和未来提供指引。

穆尔表示，加拿大宇航业每年为该国经济贡献了超过17万个高薪就业机会和270多亿加元的产值。此次宣布的新措施，是政府与业界紧密合作的成果，将确保加拿大宇航业保持国际竞争力，并成为全球的领导者。

（二）用新计划促进太空开发

——公布包括五大原则的太空开发新计划

2014年2月，有关媒体报道，加拿大政府公布了一份为《加拿大太空政策框架》的太空开发新计划，并提出发展五大原则，在空管领域通信推行文字指令技术。

加拿大政府公布的太空开发新计划，强调通过发展航天业来维护加拿大的主权、安全和繁荣。同时，提出加拿大发展航天业的五个原则，即以加拿大的利益优先、通过开发太空来促进经济发展、开展国际合作、提升创新能力、鼓励更多人投身航天业。

此外，加政府还通过成立“加拿大太空咨询委员会”，负责协调涉及太空项目的政府、企业及研究机构。

加拿大空域管制机构实施“空管驾驶员数据链通信”技术，容许空管与配备此设备的飞机机师使用文字信息取代语音指令进行通信。该技术可避免无线电频谱的挤塞和混乱，减少因语言障碍及接收不良引起的沟通错误。

第五章　材料领域的创新信息

加拿大在金属与无机材料领域的研究成果，主要集中于发现结晶铜能促使聚合物结构紧密有序，以铁为基础材料开发出新型催化剂，发现钠有望成为治疗大脑神经疾病的药物，用铝合金制成抗水压的深海潜水衣，发现制作高科技金属薄膜的新方法。发现固氦粒子温度越低变得越硬，获悉二氯乙酸盐可杀死多种癌细胞，发现碳酸氢盐会释放二氧化碳，开发高强度贝壳结构玻璃和低成本节能玻璃，用放射性碳材料建成世界最大碳测年数据库。在有机高分子材料领域的研究成果，主要集中于研制纺织纤维及其服装，把树木纤维素变成超级储能装置，研制出模仿蛛丝结构的超强纤维。探索真菌类材料、果品类材料、饮料类材料，以及微量有机物的医疗保健功效；制成滋养置换关节的“生活胶”，以蛋白胶原质开发出人造角膜，开发出有助修复失明和脑损伤的水凝胶，以羧基化合物制成磁性给药植入装置，用高分子材料制成机器人肌肉和人造手臂。另外，还用高分子材料开发能源产品、微机械加工产品、清除油污的环保产品和玻璃防水雾产品。

第一节　金属与无机材料研制的新进展

一、研究金属材料的新成果

（一）金属来源与功能研究的新信息

1. 研究金属来源的新见解

地表稀有金属最早可能来自外太空。2009 年 10 月 18 日，加拿大多伦多大学地质系詹姆斯·布雷南教授主持，他的同事和美国同行参加的一个研究小组，在《自然·地球科学》杂志上发表论文认为，地球表面上蕴藏的一些稀有金属，也许最早来自外太空。目前，岩石中所含的这些稀有金属，最有可能来自外太空的陨石雨，例如，彗星和陨星等。

长期以来，地质学家一直推测，45亿年前，地球曾经是一个冰冷的含铁岩石体，由于受到巨大的外来行星撞击，产生的高热量将铁从岩石里分离出来，分离出来的铁形成了地核。布雷南表示，地球在40多亿年前形成时，当时的极端高温一定会将岩石中所含的稀有金属成分完全分离出来，并将其沉积在地核之中。然而，现在的地表岩石中还能够探测到甚至可开采、冶炼出铂、锇等稀有贵金属。因此，科学家认为，目前岩石中所含的这些稀有金属，不可能来自地球内部的任何自然过程。

研究中，科学家重现了当时的极端压力和温度环境来模拟这一过程，他们将相似的混合物放置在高于2000℃的环境中，得到了无铁岩石和铁。由于科学家在此实验中获得了不含有任何金属的岩石，他们因而推测，在当时地球形成时，也发生了相似的状况。科学家进一步推测说，某种外来因素，比如大量来自外空的物质，是目前地球表壳中含有的各种稀有金属的来源。

科学家表示，这种外太空学说，还可解释为何目前在地球上有氢、碳、磷等产生生命的必需物质，这些物质在地球最初形成的极端环境中肯定不可能存在下来。科学家暗示，这些物质可能也是地球形成后的天外来客。

2. 研究金属功能的新发现

结晶铜能促使聚合物结构紧密有序。2010年7月19日，美国物理学家组织网报道，博比·森普特、文森特·穆尼尔等美国和加拿大科学家组成的一个研究小组，在美国《国家科学院学报》上发表论文称，他们发现结晶铜，可让电子设备中广泛使用的聚乙撑二氧噻吩结构更加紧密，因此，有望让未来的电视和计算机屏幕更亮、更干净、更节能。

聚乙撑二氧噻吩具有分子结构简单、能隙小、导电率高等特点，被广泛用于有机薄膜太阳能电池材料、有机发光二极管材料、电致变色材料、透明电极材料等领域。森普特说，聚乙撑二氧噻吩是目前世界上使用最成功的半导体聚合物之一。

改进和控制纳米结构的聚乙撑二氧噻吩分子顺序，对于该聚合物在电子应用领域“大显身手”非常关键，而高度有序的聚合物阵列，能够增加很多电子设备的效率。

研究小组在结晶铜的表面，放置了一个“先驱”分子，该分子将引导并启动聚合反应，就像把鸡蛋往纸箱内堆放一样，铜的表面有很多自由能量最小的“凹痕”，聚合分子不断填充这些“凹痕”，从而整齐地叠放在一起形成密致有序的化合物结构。森普特表示，铜表面产生的立体化学结构非比寻常，而很多合成聚合物的实验得到的聚合物阵列，通常都不那么令人满意。

在密度泛函理论进行的计算和在橡树岭国家实验室的超级计算机上进行的模拟，都揭示这个聚合物阵列拥有高度有序的结构。另外，研究人员也使用传统的扫描隧道显微镜，仔细查看了该聚合物的构造，清楚地显示出聚乙撑二氧噻吩阵列的构造非常密实。

穆尼尔表示，尽管他们只对聚乙撑二氧噻吩聚合物进行研究，但他们相信，同样的方法可能也适用于其他聚合物。

（二）开发利用金属材料的新信息

1. 利用金属材料开发产品的新进展

（1）以铁为基础材料开发出新型催化剂。2009 年 4 月，加拿大多伦多大学化学系罗伯特·莫里斯主持的一个研究小组，在《化学》杂志上发表论文称，他们成功开发出一种以铁为基础材料的低成本“绿色”催化剂。这种新型催化剂，与目前通常使用的铂等贵金属催化剂相比，毒性小且成本低，有望作为制药和芳香剂生产工艺中的催化剂。

研究人员说，目前合成制造药品、香水等化工流程使用的铂族金属催化剂，不仅价格高，而且通常有一定毒性，需要采用净化技术把有毒金属完全剔除。他们最新开发的催化剂，利用了铁这种价格便宜得多、毒性小得多的金属。

在化工领域，铁一般被认为是催化活性很低的“贱金属”，而该研究小组采取了“变通”办法，他们用铁组合成一种“复合结构”，从而获得较高的催化活性。研究人员介绍道，其中的秘诀在于，把铁的结构通过一定的手段转换成与铂族金属钌相似的结构。这种新型催化剂里存在一种包含碳、氢、磷及氮的有机分子。研究人员把各原子排列成一种独特的右旋结构，依附于铁上，使其处于一种亚铁状态。

莫里斯说，催化剂的成本会直接影响产品的最终成本，对催化剂要求十分高的制药业更是如此，因此这类以铁为基础材料的“绿色”催化剂，有望降低一些制药企业的生产成本。

（2）钠有望开发成治疗大脑神经疾病的药物。2013 年 9 月，加拿大麦吉尔大学药理学和药物治疗学系教授德里克·鲍伊领导的研究小组，在《自然·结构》和《分子生物学》杂志上发表论文称，他们研究发现，钠是大脑中重要神经递质——红藻氨酸受体的一个独特“开关”。红藻氨酸受体是大脑正常功能的基础，与癫痫症和神经性疼痛等多种疾病相关。

鲍伊的此项发现，为大脑如何传输信息提供了不同的观点。该项研究的重点在于开发药物的新靶点。红藻氨酸受体活性的平衡是维持正常脑功能的关键。例如，癫痫是红藻氨酸活性过度的结果。因此，设计出能关闭这些活性的药物将是非常有益的。

鲍伊教授表示，人们几十年来一直在推测所有大脑受体的开关应位于神经递质的结合部位。不过，新研究发现了一个可将单个钠原子进行结合的完全独立的位点，其能控制红藻氨酸受体何时打开和关闭。

所谓的药物“脱靶效应”是现代医学面临的最大挑战之一。钠开关对红藻氨酸受体具有独特性，意味着设计出旨在刺激这个开关的药物，不会在大脑中的其他地方起作用。这将是药物设计的重大进步，因为现有药物除了会在目标位点产生作用，往往还会影响许多其他位点，从而产生副作用。钠是食盐的主要化学成分，而食盐是人们膳食中最常用的调味品，也是人体中不可或缺的物质成分。如今，钠被发现有助开发药物的新靶点，更让人对钠这种金属材料，特别是对食盐刮目相看。

（3）用铝合金制成抗水压的深海潜水衣。2014 年 11 月 12 日，中国香港《东方日报》报道，加拿大一家公司用铝合金开发的深海潜水装，可以让专业潜水员抗衡巨大水压，更自由自在地在海底探索。这样，潜水员在深海可能遭遇的难以承受的高水压问题，有望得以缓解。

据悉，海底深度达 300 米时，水压是陆地的 30 倍，远远超出人类可承受的水平。

报道称，这件采用铝合金制成的深海潜水衣，重达 240.4 千克，装配有 18 个与关节连接的旋转接头，令潜水员的手脚及头部能保持灵活活动，抗衡巨大的水压。

潜水衣内部有一套气压管理系统，提供足够50个小时的氧气。四个推进器能节省活动时的体力消耗，通信设备更可让地面人员通过高清视频，看到水下情况。

2. 开发利用金属材料的新技术

发现制作高科技金属薄膜的新方法。2015年3月，国外媒体报道，加拿大不列颠哥伦比亚大学化学教授柯蒂斯·柏林盖特主持的一个研究小组，对社会公众宣布，他们发现了一种制作高科技金属薄膜材料的新方法，而使用的设备任何人都可以在当地的五金商店购买到。此项发现，或可应用于从制氢到开发柔性消费电子产品等诸多领域。

该项技术利用价格仅为10加元左右的简单加热灯，即可在玻璃、塑料、金属等物质的上方，形成一层薄的导电金属涂层。柏林盖特称，这将成为一种制作重要材料的非常便宜和易得的方法。科学家们此前预计这种“非正统”方法，仅对某些物质有效，但结果惊喜地发现，该方法几乎对每一种试验金属都有效。

较早的类似技术，不光需要昂贵的化学品和产生能源的紫外线灯，甚至还需要没有灰尘和其他污染物的洁净空间。而新工艺只需将金属盐，用热灯在短时间内炸开。研究人员称，很难估计这种新方法到底有多便宜，但至少便宜了一个数量级。

除了成本，这项新技术还有一个优点：可在不熔化塑料底层的基础上，在其上形成导电涂层，这意味着其可在智能纺织品和可弯曲智能手机等领域得到应用。研究人员希望，该发现能取得更有效的电解制氢方法，或用于所谓的电致变色窗，即玻璃在施加电压时可变暗或更加不透明。研究人员认为，该方法适用于大规模制造，并打算为此发现申请专利。不过，新方法在某些应用方面尚不及旧方法，仍有包括热灯最佳温度范围，及其产生涂层的独特性能等诸多问题，亟待解决。

二、研究无机非金属材料的新成果

（一）无机非金属材料性质与功能研究的新信息

1. 探索无机非金属材料性质的新发现

发现固氦粒子温度越低变得越硬。2007年12月6日，加拿大阿尔伯塔大学物理学家约翰·比米什领导的一个研究小组，在《自然》杂志上发表文章称，他们通过实验发现温度越低，冷却固态氦表现得越硬。在非常低的温度下，氦气可以转换成液体；而在特别高的压力下，液氦又可以转化成固体氦状态。有关专家认为，这是对可能存在的新物态——超固体现象研究取得的一项新突破。

2004 年，美国宾夕法尼亚州立大学的科学家莫瑟斯·陈宣布，他们发现了物质的一种全新状态——超固体现象，从而震惊了整个物理学界。该大学的科学家将固氦冷冻到特别低的温度下，并使其在不同的速度下振荡，结果发现，粒子表现出无摩擦流动现象，就像发生在液氦的超流体现象中的情况一样。固氦粒子的这种行为表现，此前从未发现过。

阿尔伯塔大学研究小组在新的实验中，采取了与美国科学家不同的实验方式。他们把固氦冷却，并对其进行弹性剪切，结果发现固氦表现出了完全没有预想到的全新性质：温度越低，固氦表现得越硬。

发现物质超固体现象的莫瑟斯·陈表示，阿尔伯塔大学的这项最新实验结果意义重大，特别是在实验中发现当固氦被冷却至 0.25 开氏温度以下，其剪切模量提高了 20%。他认为，剪切模量与温度之间的这种依赖关系，与固氦在扭转振荡器中表现出的周期变化，有某种联系，也许这种联系出自同一个力学原理。

2. 探索无机非金属材料功能的新发现

（1）研究显示二氯乙酸盐可杀死多种癌细胞。2007 年 1 月，加拿大艾伯塔大学医学院一个研究小组在英国《新科学家》杂志发表论文称，他们最新的一项研究显示，多年来用于治疗新陈代谢紊乱症的廉价药物二氯乙酸盐，可以杀死多种癌细胞。

据悉，研究人员用这种药物对在体外培养的人体各种细胞进行测试，发现它能杀死肺癌、乳癌和脑癌细胞，但对健康细胞没有损害。报道说，研究小组对实验鼠的试验也证实了这一结论。研究人员给实验鼠注射癌细胞，促使其体内生长肿瘤，然后在接下来的数周内，给它们喂食加入二氯乙酸盐的水，结果发现实验鼠体内的肿瘤明显缩小了。

迄今，人们一直认为，由于细胞的线粒体遭受无法修复的损坏，癌变细胞利用糖酵解产生乳酸，破坏使细胞聚集在一起的胶原质矩阵，这样癌变细胞就可以得到释放，流向人体其他部位，形成新肿瘤。但加拿大研究小组的实验表明，情况并非不可挽回，因为二氯乙酸盐能再度唤醒癌细胞中的线粒体，激活细胞凋亡机制，促使癌变细胞死亡。

研究人员说，二氯乙酸盐对一些病人来说可能会引起疼痛、麻木等问题，但如果它对治疗许多癌症都有效果，服用这种药物所付出的代价也许是值得的。研究人员计划下一步用二氯乙酸盐对癌症病人进行临床试验。

（2）发现碳酸氢盐会释放二氧化碳。2019 年 3 月，加拿大不列颠哥伦比亚大学奥卡纳干分校生物学教授梅兰妮·琼斯主持，该校土壤科学家安德鲁，以及加拿大农业和农业食品部农业生态学家克尔斯滕·汉纳姆参与有一个研究小组，在《国际土壤科学》杂志上发表论文称，他们发现碳酸氢盐会释放二氧化碳，于是掌握了二氧化碳排放的一个新来源：碳酸氢盐隐藏在当地湖泊的水中，而湖泊中的水常常用于灌溉附近的果园。

琼斯说："我们研究土壤中的碳含量已经有一段时间了。这个大型的天然碳储存库，对于大气二氧化碳水平非常重要，因此必须了解土壤中发生的所有碳活动。"

琼斯解释道，在光合作用中，植物从大气中吸收二氧化碳，并将其转化为植物组织，如根、叶、果实或树皮。同时，包括细菌、真菌、蚯蚓、蚂蚁等土壤生物，分解死掉的植物，产生二氧化碳并将其释放回大气中。

汉纳姆说："这里的关键是，在分解过程中，植物中的二氧化碳也可以被土壤生物转化为土壤有机物，可以在土壤中停留数百年之久。"他表示，土壤中的有机物有利于隔绝更多的二氧化碳气体，有助于应对气候变化，同时也提高了土壤的肥力，这是一个明显的双赢结果。

作为研究工作的一部分，安德鲁一直在分析灌溉期间离开土壤表面的二氧化碳的化学形态。它是在一个滴灌苹果园进行的，研究人员连续测量果园中一个空气收集器里的空气，借此对土壤表面和空气进行高频监测。该试验在不同水源条件下重复进行，结果有显著差异。

安德鲁说："事实证明，用湖泊水灌溉果园后释放的一些二氧化碳来自天然盐，即溶解在奥卡纳干湖水中的碳酸氢盐，而这些碳酸氢盐随着湖水被施用于土壤。这是在追踪二氧化碳来源时发现的一个不寻常的结果，在此之前我们没有想到过。"他指出，了解导致土壤中二氧化碳释放的过程，对于应对不断增加的大气温室气体至关重要。

汉纳姆说："这是一个自然的过程。我们的结果，必须在更广泛的背景下加以考虑。灌溉对奥卡纳干山谷的水果生产至关重要。灌溉导致水中碳酸氢盐释放二氧化碳，同时也促进了植物生长，间接促进了植物对大气中二氧化碳的吸收。这是一种平衡。"

这项研究在任何干旱地区的农业社区都有实际应用价值，尤其是在主要的灌溉水源来自碱性湖泊的情况下。由于世界上干旱和半干旱地区对灌溉需求的日益扩大，灌溉产生的二氧化碳排放量可能会不断上升。

（二）开发利用无机非金属材料的新信息

1. 开发高强度或低成本玻璃的新进展

（1）开发强度提高200倍的贝壳结构玻璃。2014年1月，加拿大麦吉尔大学力学工程系弗朗科西斯·巴斯莱特等人组成的一个研究小组，在《自然·通信》杂志上发表论文称，他们在贝壳的启发下，开发出一种新型结构玻璃，强度超过一般标准玻璃的200倍。

玻璃有很多用途，它透明、坚固、抗化学腐蚀、持久耐用，但最大缺点就是脆而易碎。研究小组就是针对这个问题展开研究的。他们深入研究了一些天然材料，如贝壳、骨头、指甲等，虽然它们都是由脆性的矿物质组成，却有着惊人的韧性和恢复能力，秘密就在于这些矿物质"结合"在一起，形成了一种更大、更坚固的结构单位。

研究人员指出，"结合"的意思是，贝壳里包含了大量微小的裂隙线，也叫接口。从表面上看，这好像削弱了材料的强度和坚固性，但实际上，这是一种精妙的压力偏导器，能将外部压力有效地转向分化。比如，某些贝壳的发光内壳层，也叫珍珠母，强度比组成其本身的矿物质要高3000倍。

研究人员说："引入削弱性的'接口'，会让材料变得更坚固，似乎与人们的直觉相悖，但在天然材料中，这却是一种被普遍采用的强大策略。"利用这种天然策略，他们用一种3维激光在多聚玻璃中刻下一些微小的裂纹，并让微裂纹布满玻璃内部，结果该玻璃的强度提高了200倍，而且在承受冲击力方面变得更好，受到强力冲击时它会轻微弯曲，而不是立即碎掉。而且这种裂纹玻璃还能被“拉伸”，在被拉断前能伸长约5%，普通玻璃只有0.1%。

巴斯莱特说：“一个用普通玻璃制成的容器掉在地上，很可能会摔得粉碎；但如果用这种仿生玻璃制成容器，掉在地上可能会摔变形而不会完全摔碎。摔几次之后，它可能还能用。”

研究人员指出，贝壳由易碎的矿物质组成，但却坚硬而有韧性。他们最初在模仿贝壳结构时，试图造出一种微小的“基本模块”，再通过组装方式来建造一种新材料，就像建造一面微结构墙。巴斯莱特说，“后来，我们反其道而行之，从一大块没有微结构的材料开始，然后在其内部刻出接口。”

在玻璃中引入网状的微小裂痕，会让它变得更坚固，新方法以一种“非常经济”的方式克服了玻璃易碎的缺点。巴斯莱特说，“只需一束激光脉冲，精确地聚焦到事先确定的位置。我们的3维激光雕刻技术还能很容易地升级，用在不同形状的更大、更厚的材料上。”

（2）开发出低成本可变色的节能玻璃。2018年3月，加拿大不列颠哥伦比亚大学材料专家程威主持的一个研究团队，在最新一期英国《化学》杂志上报告说，他们开发出一种制备简单、成本较低的技术，有望大规模制造可变色的节能玻璃。

节能玻璃可根据建筑和住户需求，在透明与有色间变化，动态调整来自太阳的光和热，为建筑物节能。当前的电致变色玻璃虽然可以节能，但制备造价较高，每平方米高达500~1000美元，远高于普通玻璃成本。

该研究团队发明的新技术，把带有金属离子的乙醇涂在玻璃表面上，并用紫外线将其转化为玻璃上的一层膜。研究结果显示，正常状态下膜完全透明，但电流通过时会变蓝色。

程威介绍道，这一技术不使用复杂的真空设备就能制造出动态涂层，且无须在高温下制备，从而降低了成本。他接着说，研究团队下一步，计划研究如何让玻璃在透明和灰色间转换，而不是变成蓝色。

2. 用碳素材料开发产品的新进展

用放射性碳材料建成世界最大碳测年数据库。2017年7月，国外媒体报道，放射性碳测年法，长期以来用于揭示从古骨骼到木制手工艺品等有机材料的年龄。现在，科学家在将这些积累的数据，用于更广泛的用途，如发现人类迁徙的模式。加拿大正在用放射性碳材料建设的世界最大碳测年数据库，准备帮助全世界研究人员整理考古学和古生物学方面的碳测年数据宝藏，以解决困扰碳测年法多年的问题。

加拿大考古放射性碳数据库建立于 20 世纪 80 年代，从 2014 年开始正在进行一次扩张。这个数据库目前拥有来自 70 个国家的 7 万份放射性碳测定年代记录。其最新的工作，旨在让该站点背后的软件开放资源，使其更容易让其他研究团队建立自己的考古放射性碳数据库版本，同时向主数据库贡献核心信息。

放射性碳测定专家罗伯特·凯利表示，世界其他地方也有放射性碳数据库，但加拿大考古放射性碳数据库是目前最大的。凯利正在为考古放射性碳数据库收集数据，他表示，考古放射性碳数据库也是目前唯一拥有全球雄心的相关数据库。凯利说："这是大数据，也是我们行动的方向。我们已经用了 60 年进行放射性碳测定年代，如果它们都在一个地方，你就可能用它们做很多事。"

放射性碳测定年代，是利用材料中的放射性同位素 C-14 稳定的碳原子比值，确定曾经存在的一个样本的年龄。研究人员在分析过程中需要考虑大量的因素，包括要测试的材料种类，以及有机物并入不同碳同位素时比值的变化，以此产生准确的年龄。

放射性碳测定年代咨询专家托马斯·斯塔福德说，过去这些信息并不经常与碳测定年代一起发表。一个全球性数据库，将能确保这类信息伴随着每个数据点，他表示，如果未来需要重新计算数据，那么将可以使用它们。

全球中心数据库还可以更容易地找到此前发表的放射性碳的数据。加拿大考古放射性碳数据库主任、温哥华不列颠哥伦比亚大学古人类考古学家安德鲁·马丁代尔说："我已经在这一领域工作了 20 年，上个月，我发现一个自己并不知道其存在的数据集。"

凯利表示，单一数据集最引人注目的原因是可以实现数据挖掘。考虑到已经有充足的测定年代的考古发现，一些专家认为，他们可以开始进行仔细的人口评估，并跟踪人口如何跨时空移动。不过，这是一个有争议性的新想法。

其他人认为，这样的数据集可能会因为考古学家对某一特定区域或时间段的兴趣而产生偏见：一个特定地点或时间的放射性碳测定年代的丰富程度，或可反映一名研究人员的聚焦点，而非真正的统计学变化。凯利表示，但考古放射性碳数据库的规模正在扩大，足以消除这些因素。

2015 年，马丁代尔和同事利用考古放射性碳数据库，制作了首张洲际范围内人类在过去 1.3 万年在南北美洲生活的地图。马丁代尔计划挖掘数据确定及量化因战争或移居而导致的北美人口变化，这些现在仅可通过土著居民的传统故事来了解。然而，他表示，扩大考古放射性碳数据库也存在困难。诸如精确的地点定位等信息在一些国家必须保密，以避免发生抢劫。而包括一项考古发现的内容或准确的测试方法等在内的元数据，则很难量化。

放射性碳加速器专家汤姆·海厄姆说："一个日期中包含的很多，它不只是一个数据。"他担心，将所有这些信息挤压到一个数据库，以及从拥有这些数据的人那里获得许可，可能会让这个有价值的任务变得徒劳。

资金也是一个问题。马丁代尔说："所有人都认为我们应该有一个全球档案，但资助机构却一直在寻找具体的研究问题。"为了避开这些问题，他将让考古放射性碳数据库的软件开源，这样一来，其他研究团队就可以根据需求建立自己的站点复本。而其核心数据也可以被吸收到考古放射性碳数据库中。马丁代尔说："这将会分散经费。"

加拿大渥太华的高精度同位素实验室：拉隆德加速器质谱实验室正在用首个类似复本与马丁代尔协作来组织他们的数据。该实验室技术员、碳数据库工作负责人卡莉·克兰说，他们希望完成一些事情，并在 2018 年开始运行。马丁代尔接着说："这些数据属于那些为它支付费用的人。如果我们可以让人们轻松做到这一点，那他们只需要按键表示'是的，把我的数据上传到考古放射性碳数据库'，我们相信他们会这样做。"

3. 开发无机非金属材料的新技术

（1）研制出能生长大块钙钛矿纯晶体的新技术。2015 年 3 月，有关媒体报道，加拿大多伦多大学电子与计算机科学系教授泰德·萨金特领衔的研究团队，在《科学》杂志上发表论文称，他们研制出能生长大块钙钛矿纯晶体的新技术，从而为开发更便宜、更高效的太阳能电池和发光二极管打下基础。钙钛矿对可见光的吸收非常好，但其完美的单晶结构从未被彻底研究过。

萨金特研究团队使用基于激光的组合技术，对钙钛矿晶体的所选属性进行测量。研究人员通过跟踪材料中电子的快速运动，确定了电子的扩散距离及移动性。扩散距离指的是电子在不受困于材料缺陷的情况下能跑多远，流动性则是指电子在材料中能跑多快。

研究人员表示，此项工作确定了钙钛矿材料捕获太阳能的终极能力，从而使竞逐光电转换新纪录的赛程中又增加了一名新成员。近年来，钙钛矿材料已确认的光电转换效率飙升至20%以上，开始接近现今商用级硅基太阳能电池板的性能。鉴于其可由液态化学前体简易制造，钙钛矿材料拥有进一步降低太阳能电力成本的极大潜力。

该项研究有望对绿色能源产生明显影响，甚至创造出新的光源。将钙钛矿晶体制造的太阳能板视为一个奇特玻璃板坯：光照射到晶体表面被吸收，然后激发材料中的电子，电子将很容易地穿过晶体到达其下侧的电子触面形成电流。而按照相反的顺序，给板坯通电注入电子则能释放出光能。这种高效电光转换装置意味着钙钛矿材料或能打开一个高效节能发光二极管的新领域。

（2）开发出可快速制造“固碳”物质菱镁矿的新方法。2018 年 8 月，国外媒体报道，在美国波士顿举行的戈尔德施密特会议，是国际地球化学界的重要学术盛会。加拿大特伦特大学教授伊恩·鲍尔领导的研究小组，在会上说，他们发现通过使用一种催化剂，可以快速制造出“固碳”物质菱镁矿。

报道称，菱镁矿是一种能大量吸收并储存二氧化碳的碳酸盐矿物。研究数据显示，1 吨天然菱镁矿可从大气中去除约 0.5 吨二氧化碳，但其自然形成过程十分缓慢。加拿大研究人员找到了一种在室温下 72 天形成菱镁矿的方法。该技术一旦成熟并实现工业化生产，将有望用于减少大气中的二氧化碳，缓解导致全球变暖的温室效应。

研究人员发现，通过使用聚苯乙烯微球作为催化剂，以碳酸镁为主成分的菱镁矿，可在 72 天内快速形成。聚苯乙烯微球是一种用途广泛的常见材料，而且在生产菱镁矿过程中不会发生改变，可以重复使用。

鲍尔说："我们的工作说明了两件事：一是我们解释了菱镁矿自然形成的方式和速度。这是一个在地球表面需要数百到数千年的自然过程。二是展示一种显著加快这一过程的途径。"他接着说："使用聚苯乙烯微球能将菱镁矿的形成速度提高几个数量级。这一过程可以在室温下进行，意味着菱镁矿的生产非常节能。"

鲍尔同时表示，研究工作目前仍处于实验阶段。最终能否将菱镁矿用于碳封存，即永久储存大气中的二氧化碳，还需考虑碳交易价格、碳封存技术改进等因素。

第二节 有机高分子材料研制的新进展

一、开发有机纤维材料的新成果

（一）开发纺织纤维及制成品的新信息

1. 研制纺织纤维的新进展

开发出一种可取代棉花的麻纤维。2005 年 11 月，总部位于温哥华的 HEMPTOWN 服装和国家研究委员会宣布，正在与一家合作伙伴种植一种新的、低成本、环保敏感型大麻纤维，它将为价值 250 亿美元的棉纺工业提供了一个新的选择。

这一新技术将生产数百万包有机的絮状白色纤维，其成本预期低于正常的棉花。除了经济效益之外，该产品还是一种高环保敏感作物，不同于棉花，这种作物在种植期间，不用杀虫剂或者大量的活水灌溉。

萨斯喀彻温省的一家工厂将在两年内，获准把这种原料用于生产，其产品于 2007 年春季在商场销售。据萨斯喀彻温省大麻协会称，2004 年加拿大种植的大麻面积，超过 2500 万平方米。

2. 用纺织纤维研制服装的新进展

（1）以纺织纤维等材料研制特种用途服装。2006 年 7 月，有关媒体报道，近年来，国外开始重视用纺织纤维等材料开发特种纺织品，并出现了一些新迹象。例如，加拿大军队标准防寒服是由四层组成：衬衣、衬裤；

作训上衣、裤内胆；作训夹克、作训裤；棉外套。

加拿大专家表示，未来的防寒服一定是集功能性、舒适性、兼容性和经济性于一体的综合系统。具体来说，加拿大防寒服材料的发展主要呈现以下趋势：

1）外衣材料防风性能要好，因此，具有特殊防风效果的面料，以及进行特殊防风整理的面料，肯定有用武之地。

2）内衣材料透湿、透气性要好，因此，内衣一般选用棉、麻、黏胶等纤维素纤维，或再生纤维素纤维的针织物，或表面粗糙的针棉制品。

3）中间层材料保暖性要好，若中间层含有静止的空气，保暖效果更理想。现在的暖棉、远红外材料、中空纤维都应是不错的选择。

（2）用玉米纤维制成前景广阔的生物布料服装。2006 年 8 月，墨西哥媒体报道，在加拿大多伦多举行的一次生物科技会议上，模特们身穿用玉米纤维制成的衣服，表演了一场时装秀。这种名叫“英吉尔”的新纤维，很可能引领未来时装潮流。

据报道，传统的化纤或人造纤维是用石油提炼而成，而“英吉尔”完全从玉米等可循环再生的农作物资源中提取。这种纤维制成的衣服吸湿排汗，容易清洗，穿着舒适，垂感好，现已被奥斯卡·德拉伦塔和娜泰拉·范思哲等时装设计大师采用，很可能引领未来时装潮流。

报道说，由于消费者越来越担忧尼龙和聚酯等化学纤维对人体健康的影响，生物技术在时装产业得到了越来越多的应用。在时装界，一些服装生产商，正在利用转基因作物生产的天然纤维开发生物布料。

使用“英吉尔”生产服装的劳德米尔克时装公司负责人说：“我们相信生物布料前景广阔，因为消费者已经开始注意到它们与化纤布料和棉布的不同之处。”

（3）用丝绸和金属材料等发明能“开花”的时装。2006 年 10 月，国外媒体报道，加拿大新颖服装设计者波哲斯卡教授设计出一款衣领两侧镶有人造花的女装，能随肢体语言有节奏地发出声音的衬衫袖口，以及具有“思想”的衣服底沿。

这件女装上的人造花花瓣由丝绸和毛皮制成，并含有镍钛诺材料的细丝。镍钛诺是镍和钛的非磁性合金，是一种“外形记忆合金”，能根据不同温度而改变形状。

一旦细丝加热，镍钛诺便会收缩，使花瓣合拢。而如果温度降低，细丝松开，花瓣就会绽开。一块电路板同人造花连在一起，使花朵每隔15秒钟绽放和合拢一次。

波哲斯卡还设计出几件“音乐衣”，包括音乐短裤：你每走一步，它便会发出声响。她说：“当你经过公共场所的时候，根据你行走的步伐，你的身后会留下不同大小的声音。”

(4) 用纤维材料与电子元件制成只要移动就能改变颜色外形的衣服。2015年2月，英国每日邮报报道，加拿大肯考迪亚大学设计艺术系乔安娜·波哲斯卡教授主持的“卡玛变色龙”项目研究小组，最新研制出一款智能衣服，它能依据人们的运动改变外形和颜色，衬衣能够对手机进行充电。

据悉，这种智能衣服已将电子元件或者计算机功能融入纤维材料之中，从而把身体的能量存储起来。

波哲斯卡说，这款智能衣服在商业街实现流行普及，仍需要很长的时间。在未来二三十年中，我们不会在商店里看到这样的服装，但是它的实用性和创造潜能，令人感到兴奋。我们的目标是制造一种新颖服装，能够转换成为复杂和令人惊奇的方式，远比双面夹克和感应热量变色衬衣更复杂，这就是为什么我们将这个项目命名为“卡玛变色龙”。

波哲斯卡指出，这一研究项目的发明亮点，是在纤维材料中嵌入电子和计算机功能。而不是简单地附加在织物上，这种电子元件编织形成新的合成纤维。

该纤维包含着多层高分子聚合物，当延伸时将彼此之间发生交互。智能织物具有多种用途，其中包括：采用电子导电物质材料的衣物可温暖穿着者的身体。

此外，衣服的状态和外形还可由穿着者之外的人员进行控制，未来还可将这种智能衣物应用于士兵作战军服。据悉，虽然当前已获得智能衣服设计，但距离批量生产仍有一定的差距。

3. 研制纺织纤维的新技术

开发出生产纺织纤维的生物酶技术。2007年1月，国外媒体报道，自然先进技术公司是加拿大环保纺织面料的供货商。它与加拿大国立研究委员会以及阿尔伯达省研究委员会共同组成的一个研究小组，开发出一种用于纤维被称为“克雷格尔”（Crailar）的划时代生物酶技术。

这家公司计划于2007年正式打入美国、加拿大等地市场，向服装、医疗、营业场所用面料、寝具类，以及汽车、船舶、飞机零部件等各种领域的合作者以特许销售方式供货。

这是一种可以替代棉、玻璃纤维的面料，它具有可持续性和广泛用途，而且成本不算高，这为拓展市场消除了潜在障碍。它是一种有着全新柔软感和耐久性的纺织面料，该公司计划将其应用于服装、台布、汽车和轮船零部件、飞机机身等各种高级商品中。

自然先进技术公司此次在纺织面料领域引进生物酶技术，也展示了其为了向农民、消费者和环境提供更优质的商品与服务而做出的努力。

（二）开发纤维素与超强纤维的新信息

1. 用纤维素研制产品的新进展

把树木纤维素变成超级储能装置。2015年9月，物理学家组织网报道，加拿大麦克马斯特大学化学工程助理教授艾米丽·克拉斯顿等人组成的一个研究小组，在《先进材料》杂志上发表论文称，他们正在把树木变成能够更高效、更持久的存储电能的装置或电容器，以驱动从智能手表到混合动力汽车等电动设备。

研究人员说，他们正在使用植物、细菌、藻类和树木中的有机物纤维素，制造高效而持久的储能设备。这项成果为轻量级的、灵活的和大功率电子设备铺平了道路，如可穿戴设备、便携式电源、混合动力汽车和电动车。

克拉斯顿说：“这项研究的最终目标是找到以可持续的方式，为当前和未来的环保技术提供有效电力。”

纤维素具有为许多应用提供高强度和灵活性的优势，对基于纳米纤维素的材料有很大的吸引力。据报道，克兰斯顿演示了一个改进过的三维能量存储装置，其是通过在纳米纤维素泡沫墙内捕获功能性纳米粒子构筑而成的。

泡沫是在一个简化和快速一步法的生产工艺下完成。这种纳米纤维素外形看起来像长粒的大米，只不过都是纳米尺寸级。在新设备中，这些“大米”被黏在一起，在随机点形成一个有着大量开放空间的网状结构，因此这种材料具有极轻的特性。

与充电能力相比，其可以用于生产带有较高功率密度和有飞速充电能力的更可持续的电容器。此外，轻量化和高功率密度电容器对混合动力汽车和电动车的发展有着相当大的吸引力。

2. 研制超强聚合物纤维的新进展

研制出模仿蛛丝结构的超强纤维。2015 年 6 月，国外媒体报道，加拿大蒙特利尔理工学院的弗雷德里克·戈塞林教授、丹尼尔·特瑞奥特教授及硕士生雷诺德·帕西塞克斯虽然不是蜘蛛侠，但他们组成的一个研究小组却从蜘蛛丝获得灵感，制造出超强的聚合物纤维。

蜘蛛丝具有 3~8 微米的直径，强度却比钢或凯夫拉尔纤维强 5~10 倍：尽管蜘蛛丝很轻，却具有惊人的拉伸性和抗拉伸力。为了获得相同特性，人们一直试图复制具有这种特性的材料。

蜘蛛丝具有超强的吸收能量的强度，很大程度上归功于其蛋白质链特殊的分子结构。它为何具有如此大的强度？这一问题，吸引着加拿大蒙特利尔理工学院机械工程系多尺度力学实验室的研究人员。

戈塞林教授和他的同事特瑞奥特教授是帕西塞克斯的联合导师。戈塞林说道：蛛丝蛋白圈就像一个弹簧，每个弹簧圈和它的邻接回路都以化学连接结合。在主要分子架构链破坏时，化学连接会首先断裂。拉伸破坏了蜘蛛丝的蛋白质，你需要卷开弹簧，并且逐个打破弹簧环之间的连接，这个过程会消耗大量的能量，同时这一过程也是我们试图在实验室中想要重现的机制。

这一研究涉及制造具有和蜘蛛丝类似特性的微米级微结构纤维。帕西塞克斯说道：将丝的黏性聚合物溶液以一定速率倒入子层，以此构建一种不稳定结构，同时形成一系列的回路或者丝圈。流体倾倒的方式也造就了不稳定的结构。纤维提供了一种特殊的几何结构，是一种规则的周期模式，我们称之为不稳定模式。

随着溶剂的蒸发，这种纤维就凝固而成。当这些丝状物质形成丝圈或者丝环时，其中的结合键就会具备不稳定模式。在这一点上，需要对生产出的纤维施加强大的能量，以此打破结合键，就如同创建蜘蛛丝一样。

特里奥特教授解释道：这一项目的是了解不稳定结构将如何影响丝圈的几何特性的，因此，我们需要了解纤维的力学特性。我们面临的挑战是，制造纤维的过程是包含多种物理特性的，需要吸收多领域的概念：流体力学、微观制造、材料强度及聚合物流变学等。

研究人员认为，总有一天，他们会得到坚韧纤维编织而成的复合材料。这种复合材料能够创建更加安全和轻便的飞机引擎，这种引擎在发生爆炸的情况下不会发生碎片化。同时，这也将扩展到其他应用中，例如，手术设备、防弹衣、汽车零件等。

二、开发医疗保健有机材料的新成果

（一）研究医疗保健有机材料性质的新信息

1. 探索美容有机材料性质的新进展

发现某些除皱美容有机材料具有毒性。2007 年 4 月，有关媒体报道，加拿大魁北克大学中央医院研究部主任马索博士主持的一个研究小组称，有一种叫“二甲氨基乙醇”的有机材料，是在多种抗皱纹美容化妆品中都有采用的成分，据宣传，它具有立即消除皱纹的奇效，而其实这种化学物质只是通过破坏皮肤细胞，来达到消除皱纹的效果。

马索说：“我们的观点是，细胞被二甲氨基乙醇改变了，因而停止分裂，并停止分泌，在约 24 小时后，有一部分细胞死亡了。”

马索是一名细胞生物学家。他表示，他不愿意现在就建议大家停止使用这类除皱纹产品。至今为止的研究结果显示，有必要进行更进一步的研究，来查明究竟这类美容产品是如何发挥其功能的。他说：“我无意引起人们的恐慌，有可能其所涉及的风险并不很大，但我认为，至今这类风险并未获得准确的评估。”

不久前，马索研究小组在人工培养的兔子和人类的皮肤细胞上，试验这种化学品所起的作用。结果发现，二甲氨基乙醇和水在皮肤细胞上引发相当大量而且快速的细胞肿胀，导致表皮变厚。他们也发现，二甲氨基乙醇对于皮肤细胞是具有毒性的，它使细胞停止分裂，并抑制细胞分泌，在24小时后还会导致一些细胞死亡。

2. 探索医用大麻性质的新进展

开展医用大麻有效性及安全性调查。2015年6月，有关媒体报道，加拿大麦吉尔大学健康中心疼痛管理研究员马克·沃伊领导的一个研究小组，在非营利组织加拿大大麻调查联盟的资助下，正在开展一项有关大麻的大规模研究，他们通过收集使用大麻患者的症状、剂量、改善情况和副作用等方面的数据，计划填补医用大麻有效性和安全性等领域的空白。

15年前，沃伊在牙买加首都金斯敦的一家镰状细胞诊所，看到走进来一位健康的70岁男人，这引起他的很大兴趣。作为一名医生，他看到许多慢性疼痛患者，通常在年轻时就去世了。而这位年老的拉斯塔法里教徒，似乎并未受到这种疾病的折磨。沃伊问他："你的秘密是什么？"这位老人俯下身子，看着沃伊的眼睛说："研究草药。"原来他是使用大麻来缓解慢性疼痛。

目前，沃伊出于开展大规模研究的需要，他率领研究人员，指导加拿大魁北克的大麻注册。该数据库旨在收集魁北克省使用大麻的每位患者，在未来10年的信息。这个登记项目于2015年5月11日启动。

心理学家劳尔·冈萨雷斯表示："这是朝部分大麻药用合法化的正确方向迈出极好的一步。"冈萨雷斯致力于研究艾滋病患者使用大麻带来的认知影响。在到达普通患者手中前，大多数药物经历了严格的临床试验。但大麻并非如此。尽管越来越多的地区和国家已经承认医用大麻的合法性，但大麻临床试验仍然十分稀有。冈萨雷斯说："对于医用大麻的决定，还取决于投票箱而非实验室。"

几乎没有人怀疑，大麻这种药物能减轻某些症状。神经学家伊戈尔·格冉特指出，大麻能减轻神经性头疼、减少多发性硬化症患者的痉挛状态，以及改善化疗病人的食欲，并增加其体重。但医生并没有推荐剂量指导，也不清楚可能产生的副作用。另一位神经学家芭芭拉·科佩尔说："如果我们知道更精确的处方剂量，我们会更愿意使用它。"

而沃伊表示，积累和分析大量患者数据，将能解答这些长期存在的问题。加拿大将很快完成这项工作：在医用大麻项目的最初15年中，4万名患者被授权使用这种植物。沃伊说："但我们未能从该过程中了解到任何信息，他们是谁、为何使用、如何使用和用量多少等一无所知。我们不希望10年后还待在原地。"报道称，到2025年，魁北克省的大麻注册计划，将从3000位患者那里采集匿名信息，每位患者将被跟踪调查4年，以探索大麻的副作用。

大规模临床实验，将帮助医用大麻摆脱阴影。冈萨雷斯说："没有严格控制的实证研究，我们将不清楚医用大麻是否真的有效。"资助该工作是一个挑战。沃伊提到，制药公司对干燥的熏制大麻表现出极少的兴趣，原因是它"可能没有长期回报"。同时，从患者那里搜集重要数据已经刻不容缓。沃伊说："大麻现在是我们社会的一部分，而且我们需要有办法向患者解释相关问题。"

事实上，有些国家已经放宽对大麻的管制，例如，荷兰就允许在咖啡店销售大麻，以色列等也有种植医用大麻的法律规定。但大部分国家和地区仍对大麻严格控制。2014年，美国众议院批准一项议案，即取缔药房出售医用大麻政策，同时对使用大麻的病人有严格限制。但2015年年初，美国儿科学会敦促联邦政府放松大麻禁令，促进该药物潜在医学功效研究。由于目前大麻与其他若干种药物，如海洛因、迷幻药、麦角酸二乙基酰胺等均被美国毒品管制局划分为I类控制药物，认为该类药物"当前在美国未被认可为医疗用药"，因此研究人员如果想跟进其中任何一项研究都会遇到很多障碍。儿科学会提出，把大麻划归到Ⅱ类控制药物。

（二）研究有机材料医疗保健功效的新信息

1. 探索真菌类材料医疗保健功效的新发现

（1）发现灵芝对治疗艾滋病有辅助作用。2007年7月，来自加拿大、中国、坦桑尼亚等国的科学家，在国际食用菌研究进展学术报告会上称，从对灵芝的抗艾滋病实验结果显示，灵芝对于艾滋病治疗有辅助作用，可成为昂贵的抗反转录病毒药物的另一个选择，或可用抗反转录病毒药物的一个辅助治疗，使更多的艾滋病病人可以负担。

艾滋病被称为"世纪杀手"，长期以来，尚无治疗的有效药物和疗法，艾滋病的防治已成为摆在各国政府面前的一大课题。

灵芝在中国已有2000多年的应用历史，已被广泛应用于治疗各种疾病，包括肿瘤、病毒感染、炎症、高血压、免疫异常导致的各种疾病等。随着灵芝研究的深入，灵芝的价值已逐渐得到国际的承认。近几年来，国际上越来越多的研究和发现表明，灵芝对于治疗艾滋病具有特殊功效。

本次学术报告会上，加拿大多伦多大学实验医学病理系杨柏华教授，做了“灵芝抗肿瘤的研究新进展”的学术报告，展示了详细、前沿的灵芝研究成果。国际知名的蕈菌专家张树庭教授说，他与坦桑尼亚科学家组成的研究团队，在非洲开展了试验性的关于灵芝制剂，对艾滋病人的治疗作用的临床试验研究，初步结果显示：灵芝胶囊和抗反转录病毒药物一起治疗，艾滋病患者的体重增长、CD4细胞数量、血红细胞水平等指标均明显上升，比只予抗反转录病毒组的病人的效果提高1倍。

（2）发现能对付抗生素耐药性的土壤真菌。2014年6月，加拿大麦克马斯特大学迈克尔·德格罗特传染病研究所所长格里·赖特领导的一个研究小组，在《自然》杂志上撰文指出，生活在新斯科舍省土壤中的一种真菌分子（AMA），能让一种最具威胁性的抗生素耐药性基因：NDM-1缴械投降，从而让抗生素重焕生机，为我们对付耐药病菌提供了新手段。

新德里金属-β-内酰胺酶1（NDM-1）是一种能降解抗生素的酶，被世界卫生组织确认为是一个全球性的公共健康威胁。赖特表示：“NDM-1是公共健康的头号大敌，它不知从哪冒出来，现在到处传播，基本上毁掉了我们最后的抗生素资源。我们认为，如果能找到一种分子来阻断NDM-1，那么，这些抗生素将重新起作用。”

科学家们表示，发现AMA的“性格”至关重要，因为它可以提供一种手段，靶向并快速阻断导致碳青霉烯类抗生素（一类与青霉素相似的药物）无效的耐药病菌。赖特说：“简单来说就是，让这一分子干掉NDM-1，使抗生素发挥作用。”

研究人员表示，自20世纪80年代末以来，科学家们一直没有发现新型抗生素，医生只能用少得可怜的药物，来对抗威胁生命的感染。因此，与找到新抗生素相比，为病菌的耐药谜题找到答案更有前景。NMD-1需要锌才能存活，但找到方法除去锌而不在人体引起中毒反应非常困难。然而，这一真菌分子似乎能自然且无害地完成这项工作。

研究小组创建了一种复杂的筛查方法，获得了 NDM-1 基因，并将其与无害的大肠杆菌混合，接着分离出了一种能阻止 NDM-1 的分子。随后，研究人员在感染了表达 NDM-1 超级细菌的小鼠身上，进行了实验。结果表明，接受 AMA 分子和碳青霉烯类抗生素混合治疗的小鼠，生存了下来；而只接受抗生素或 AMA 的小鼠则无法存活。赖特说："这将解决一个棘手问题，AMA 挽救了青霉烯类抗生素的活性，让其能继续发威。"

麦克马斯特大学健康科学院副院长、迈克尔·德格罗特医学院院长约翰·凯尔顿博士说："抗生素耐药性，或许是研究人员面临的最急、最令人困扰的挑战，超级细菌给我们所有人都造成了越来越大的风险，最新研究则向我们展示了一条全新的解决途径，给我们带来了新希望。"

2. 探索果品类材料医疗保健功效的新发现

（1）发现蛇果比其他苹果有更多抗病功效。2005 年 7 月，加拿大农业和农业食品部的一个研究小组在《新科学家》发表研究报告称，他们测量了 8 种苹果皮中的抗氧化剂活性，结果发现蛇果的抗氧化剂活性最强。

英语国家有种说法，叫作"一天一苹果，不用去诊所"。于是，加拿大研究小组对苹果的抗病物质进行专门研究，结果发现蛇果比其他苹果含有更多的抗氧化剂。

研究表明，艾达红苹果和科特兰苹果落后于蛇果，位居第二和第三。虽然抗氧化剂活性最高的 3 种苹果都是红色，但研究人员指出，颜色并不是衡量抗氧化剂含量的可靠依据。

研究人员说，苹果尤其是苹果皮里含有大量抗氧化剂，它们能够中和一种叫自由基的活性分子，而自由基与癌症、老年痴呆症和心脏疾病有关。

（2）发现葡萄柚可能有助于治疗糖尿病。2009 年 7 月 16 日，英国《每日邮报》报道，加拿大西安大略大学罗巴茨研究所默里·赫夫领导的研究小组，在《糖尿病》网络版上发表研究成果称，他们研究发现，葡萄柚内一种成分能够平衡胰岛素和葡萄糖水平，有助治疗糖尿病。但目前只在老鼠身上进行过实验，运用到人体还有待进一步研究与临床试验。

研究人员把老鼠分成 4 组，一组喂食普通食物，剩下三组喂以相同的高脂肪食物，以催化它们罹患代谢综合征。不同的是，研究人员在其中两组老鼠的饮食中添加1%和3%的柚皮素。4周后，研究人员发现，只食用高脂肪食物的老鼠明显“发福”，血液中胆固醇含量偏高，还出现胰岛素抵抗和葡萄糖不耐受症状，而食用添加了柚皮素的两组老鼠一切正常。

从实验结果看，柚皮素有助于控制体重。研究人员分析指出，柚皮素能够“改写”肝脏“工作程序”，令其燃烧脂肪而不是储存脂肪。因此，那些老鼠原本会发胖，结果被柚皮素完全阻止。这项研究的独特之处，在于它与卡路里摄取无关。实验老鼠食用完全相同的食物和相同的脂肪。也就是说，实验没有采取抑制食欲或者减少食物摄取的办法，而这些通常是实现减重和正常代谢的基础。

研究人员说，柚皮素除了有助减肥外，还能帮助平衡胰岛素和葡萄糖水平，也有助于治疗糖尿病。柚皮素是柑橘类水果中的一种成分，使这类水果发出苦味，因此，味苦的葡萄柚中柚皮素含量较高。不过，研究人员在试验中给老鼠喂食的柚皮素剂量，远远大于葡萄柚中天然含量，因此研究人员将致力于开发浓缩型柚皮素保健品。一旦实现，柚皮素将被运用于治疗Ⅱ型糖尿病。

3. 探索饮料类材料医疗保健功效的新发现

（1）发现牛奶增加肌肉量明显优于豆类饮料。2007年4月，加拿大麦克马斯特大学运动机能学系运动机能学研究生莎拉·威尔金森负责，运动机能学副教授斯图尔特·菲利普斯等人参与的一个研究小组，在《美国临床营养学》杂志上发表研究成果称，他们研究表明，牛奶蛋白对于增加肌肉的效果，要显著好于大豆类蛋白。

研究人员比较了在进行强度很高的重劳动之后，分别摄入相同分量的脱脂牛奶蛋白，以及大豆饮料蛋白之后，人类能获得的肌肉蛋白的量。威尔金森表示：“我们的想法是牛奶的效果要比豆类好，产生这样想法的原因，最初是源于一些法国科学家的工作，但是牛奶蛋白对于肌肉的作用如此明显，确实是出乎我们意料的。”

研究结果显示，如果一位男性在每次劳动之后摄入大约两杯脱脂牛奶，那么在接下来的10周时间内他会增加的肌肉量，是服用同样量的豆类饮料的2倍。

菲利普斯说：“这是很有意思的发现，因为从营养学的角度来看，大豆和牛奶蛋白都是完全蛋白，它们基本是一致的。而我们的研究却清晰表明，牛奶蛋白对于增加肌肉质量而言是一种更优的选择。”

科学家还发现，牛奶和大豆蛋白的成分，并无显著区别。现阶段，研究小组并不确定为什么牛奶的效果更好，或许牛奶中两种蛋白乳清和酪蛋白是其中的原因。菲利普斯表示：“下一阶段，我们将进行长期实验，以观察这些短期实验结果能否得到复制。”

（2）调查发现喝咖啡有助于预防痛风。2007 年 6 月，加拿大不列颠哥伦比亚大学、美国哈佛大学医学院等机构专家组成的一个研究小组，在《关节炎治疗和研究》杂志上发表论文称，他们一项新的大规模调查发现，喝咖啡有助于降低人体血液中的尿酸水平，达到预防痛风的效果。

血液中尿酸水平升高，是罹患痛风的先兆。痛风这种以关节疼痛发炎为典型症状的疾病，最常见于成年男性。研究人员在调查中发现，增加每日的咖啡摄入量，可明显降低血液中的尿酸水平。

研究小组选取了近 4.6 万名 40 岁以上无痛风病史的男性，进行为期 12 年的跟踪调查。统计分析发现，喝咖啡多的人，血液中尿酸水平会明显降低，与从不喝咖啡的人相比，每日饮用 4~5 杯咖啡的人，痛风发病概率可降低 40%。

研究人员进一步分析发现，起作用的并非咖啡中的咖啡因成分，因为饮用无咖啡因的咖啡，同样有降低血液中尿酸水平的作用。

咖啡是目前全球饮用最为广泛的饮品之一。以加拿大为例，一半左右的加拿大人平均每天都要喝两杯咖啡。因此，研究人员认为，研究咖啡对健康的潜在影响非常重要。

4. 探索微量有机物医疗保健功效的新发现

研究表明维生素或对健康无益。2018 年 5 月 28 日，美国每日科学网站报道，加拿大圣迈克医院大卫·詹金斯博士主持，多伦多大学有关专家参加的一个研究小组，在《美国心脏病学会杂志》上撰文指出，他们进行的一项研究表明，从长期来看，常见的维生素和矿物质补充剂对人体健康无益也无害。

维生素是人和动物为维持正常的生理功能而必须从食物中获得的一类微量有机物质，在人体生长、代谢、发育过程中发挥着重要的作用。维生素既不参与构成人体细胞，也不为人体提供能量。

研究人员对 2012 年 1 月至 2017 年 10 月期间，以英文发表的数据和单一随机对照试验进行了系统性回顾。他们梳理了与维生素 A、B1、B2、B3（烟酸）、B6、B9（叶酸）、C、D，以及矿物质 β-胡萝卜素、钙、铁、锌、镁和硒补充剂有关的数据。

结果发现，最常见的几种补充剂——复合维生素、维生素 D、钙和维生素 C 在预防心血管疾病、心脏病发作、中风或过早死亡等方面没有优势，当然，也没有增加风险。通常，人们服用维生素和矿物质补充剂，是为了增加可以从食物中获得的营养。

詹金斯说："我们惊讶地发现，人们最常服用的补充剂带来的积极效果如此有限：服用复合维生素、维生素 D、钙或维生素 C 不会带来任何危害，但也没有明显的好处。"不过，该研究也发现，叶酸和含叶酸的 B 族维生素，可降低心血管疾病和中风；服用烟酸和抗氧化剂也有一点效果。

詹金斯说："这些发现表明，人们应对自己正在服用的补充剂有所了解；缺乏特定维生素或矿物质的患者，也应根据医生的建议服用相应的补充剂。此外，对人类健康来说，天然蔬菜、水果和坚果可能最有益。"

（三）开发有机胶体医疗保健产品的新信息

1. 研制临床治疗用有机胶体产品的新进展

（1）创造出滋养置换关节的"生活胶"。2004 年 9 月，有关媒体报道，加拿大不列颠哥伦比亚大学温哥华校区，与加拿大健康研究中心研究人员组成的一个研究小组，打算通过把干细胞科学与整形外科手术相结合，来降低人工股骨头置换手术失败风险，并在 10~15 年内无须重新置换和修复其他关节。

加拿大健康研究中心提供 150 万元，资助不列颠哥伦比亚大学研究人员的研究。这项工作将会研究如何利用干细胞再生骨细胞，并制造出更加安全的人工关节和其他骨骼替代结构。通过利用一种深入了解的干细胞和相关技术，研究人员能够加速研究进程，并且将他们的发现快速地转化到临床应用上。

研究人员表示，他们已经研制出一种新的固定剂混合物，它会融合矿物质和缓释生长因子，然后会用这种混合物来培养病人自己的间充质干细胞。间充质干细胞是一类容易从成熟骨髓中抽取，并且能够产生骨细胞和结缔组织的干细胞。这种“生活胶”将会形成一个强大的组织环境，以起到保护人造关节、椎骨或其他置换结构的作用。

截至目前，研究人员认为这些重复替换很复杂，其原因是在关节逐渐降解时，大量骨质会逐渐损失掉。而新的技术将满足数量不断增加的接受人工股骨头置换病人的需要，而且还将会对其他骨丢失患者有一定的帮助。髋部骨折是导致骨丢失的最常见原因之一。在加拿大，每年在 2 万个人工股骨头置换手术中失败率为 10%。而其中存在的问题，包括用于保护修补关节的丙烯酸胶的降解，与关节周围的组织的衰弱或损伤。而新的“生活胶”，则无这些问题，并且为置换关节提供保护、延长使用年限。

（2）用蛋白胶原质研制出治疗眼疾的人造角膜。2010 年 8 月 25 日，加拿大渥太华医院研究所研究员梅·格里菲斯与瑞典林雪平大学眼科学教授佩尔·法格霍尔姆领导的一个研究小组，在《科学·转化医学》杂志上发表论文称，他们已研制出一种生物合成角膜，可帮助眼疾患者修复受损眼组织，恢复视力。

研究小组把 10 名患者角膜中的受损组织移除后，植入人造角膜。术后，研究人员经过两年多的跟踪观察，发现其中 9 名患者的人造角膜与眼球其他细胞融合。研究人员说，接受移植后的眼球开始分泌泪液。6 名患者的视力逐渐恢复。

格里菲斯说：“这项研究第一次表明，人造角膜可以与人的眼球融合并激发组织再生。随着研究的深入，这种方式能帮助数以百万计等待角膜移植的人恢复视力。”

角膜是眼球表面覆盖的一层透明、胶片状组织，主要成分是蛋白胶原质，能够折射光线，将景物成像于视网膜上。

研究人员说，角膜容易受到外伤或感染而受损，不过，眼下的医学技术能够通过角膜移植手术令患者恢复视力。然而，由于眼角膜捐献数量有限，全球每年有许多人因角膜受伤致残。他们这项研究成果有助于这些眼疾患者重见光明。

（3）研制出有助修复失明和脑损伤的水凝胶。2015 年 5 月，加拿大多伦多大学唐纳利细胞与生物分子研究中心、生物材料与生物医学工程研究所教授莫莉·薛切特领导的一个研究小组，在国际干细胞研究协会会刊《干细胞报告》杂志上发表论文称，他们开发出的一种胶状生物材料，有助于保持细胞活性，也能使它们更好地结合成组织。两项早期试验显示，运用这一材料能在一定程度上逆转失明，并帮助中风动物恢复。

研究人员正在开发疾病或外伤性神经损伤的新疗法，新成果是其中一部分。他们把干细胞装入一种水凝胶后移植到小鼠眼睛和脑中，发现能促进其恢复损坏的功能。水凝胶由两种成分构成——甲基纤维素和透明质酸，前者能形成凝胶并把细胞聚在一起，后者则有助于细胞存活。薛切特说："把这两种材料物理混合，我们能利用两者中最好的优点。"

干细胞在治疗领域很有前景，它能变成身体的任何细胞类型，有望培养替换用的组织和器官。虽然在实验室培养干细胞很容易，但要把它们移植到身体需要的地方，就会有很多问题。身体环境极为复杂，移植的干细胞通常会死去，或不能很好地融入周围组织。

薛切特研究小组几年前开发出一种水凝胶，当时只是作为一种泡状包裹，在转移和植入干细胞过程中让细胞聚在一起。薛切特说："新研究更进了一步，水凝胶不仅能把细胞聚在一起，还能直接促进干细胞存活并结合在一起，这让干细胞疗法离现实更近。"

在其中一项实验中，研究人员用干细胞培养了感光受体，把它们装入水凝胶注射到失明小鼠的眼睛里。随着越来越多的细胞存活、生长在一起，小鼠在一定程度上恢复了视力。检测显示，它们的瞳孔反应恢复了约15%，眼睛开始能探测到光并有所反应。

在另一项研究中，研究人员把干细胞注入中风的小鼠脑中。几周后，小鼠的运动协调性开始有所提高。目前研究人员还在大鼠等更大动物身上做这种实验，以进一步研究干细胞移植如何帮助中风的动物恢复。这些动物的脑部更大，更适合行为测试。

研究人员指出，水凝胶能在神经系统的两个不同部位——眼睛和大脑中促进细胞存活，就可能用于身体其他更多部位的细胞移植。此外，这种材料还有另一个优点，当它把细胞送到指定地点后，就会溶解并在几周内被身体吸收。

2. 把胶体材料用于医疗保健科研的新进展

用3D微凝胶开辟细胞研究新领域。2014年3月，加拿大多伦多大学生物材料和生物医学工程研究所欧文·艾德奈特博士主持的一个研究小组，在《自然·通信》杂志上发表研究成果称，他们开发出一项新型数字微流体平台的杰作：3D细胞培养物。这项研究成果将使在更具成本效益的3D凝胶中开展细胞研究成为可能，也为未来个性化医疗应用带来希望。

艾德奈特说，微环境可极大影响细胞命运。该项研究的重要性在于，开发出的新工具将允许研究人员探究细胞对3D环境的敏感性。加拿大生物化学分析首席研究员、多伦多大学教授亚伦·惠勒则表示，与标准的2D细胞培养格式相比，以3D细胞培养方式生长的细胞，与生命系统具有更多的相似之处。

艾德奈特解释道，更为自然的3D细胞培养物的生长是一大挑战，因为目前所用的试剂较为昂贵，材料不便于自动化，在重复处理后3D矩阵还会分解。他最终通过对惠勒实验室首创的一种数字微流体平台进行改进，解决了上述难题。

沉陷于水凝胶材料中的细胞，可缓慢地流经屏幕上的一块类似微型棋盘的小区域。细胞可用穿过系统顶板上方开口的小电场进行策略性操纵。研究人员在这些微凝胶中培养肾细胞，在四五天时间内，细胞培养物就形成了类似原始肾脏的空心球体结构。

该工具为按照不同细胞数目组合成型提供了极大的灵活性，这些细胞可被组合成各种异想天开的微环境形状和大小，例如，星星、钻石和圆圈等，也可用于设计模拟活体3D生态位，从而使研究人员得以了解这些因素如何影响细胞命运。

据艾德奈特介绍，更为重要的是，这项研究成果可让研究人员在一张信用卡大小的平台上，同时自动运行32个实验。这一新型系统可允许子微升（sub-microlitre）量级的3D凝胶无手装配，每个凝胶均可独立寻址，流体交换则比更大尺寸的替代物更加柔和，试剂用量则可减少到原来的1/100。这一新工具将使3D细胞培养成为分子生物学研究中更具吸引力和更易接近的方式。

可以预见该平台的多种应用可能，但研究人员最为兴奋的是其在个性化医疗上的潜力。惠勒认为，收集患者的小组织样本，将其分布到数字微流体设备的 3D 凝胶中，并通过筛选条件将可确定个性化疗法。

（四）用有机材料开发药物植入装置的新信息
——用羧基化合物制成磁性给药植入装置

2017 年 2 月，加拿大不列颠哥伦比亚大学官网报道，该校医药化工专家组成的一个研究小组，在《先进功能材料》杂志上发表研究成果称，他们利用羧基铁粒子，成功研制出直径只有 6 毫米的磁性给药植入装置，为需大量服药或每天静脉注射的病患提供了一种新的用药选择。

该装置是把磁性羧基铁粒子与硅基海绵一起包裹进聚合物层内制成的，将药物注入装置后，通过外科手术移植到需要治疗的部位，向病人皮肤施加磁性激活装置，其内的海绵就会变形，形成一个微型小口，从而将药物释放给周围组织。通过施加不同的磁场强度，可以调整给药剂量。

研究人员在实验室的动物组织中，利用前列腺癌药物多西他赛，对新装置进行了测试。结果表明，该装置在多次重复使用后仍能按需给药，且与对照组相比显示出了减少癌细胞的效果，证明这种给药方式的有效性。研究小组表示，他们接下来会改进该植入装置的设计，并在未来几年检测其在活体模型中的可行性。

三、开发有机高分子材料的其他成果

（一）用有机高分子材料开发包装产品

1. 开发环氧树脂包装材料的新进展

开发出硬似钢铁的环氧树脂包装材料。2004 年 11 月，有关媒体报道，为了提高包装工业的科技水平，世界各国均采用高科技手段大力研制开发新的包装材料，各种新颖材料应运而生。在包装领域内，加拿大一个研究小组开发出新型的环氧树脂“木材”。

报道称，加拿大研究小组研制的这种包装材料是一种特种包装结构的木材，它的硬度与钢铁相似。

据悉，这种木材是把木材纤维经特殊工艺处理后，使纤维互相交结，再使用环氧树脂覆盖在木材表面上，然后经微波处理而成。这种新型木材不变形、不开裂、不伸缩，除用于包装制品外，其他用途也十分广泛。

2. 开发高密度塑料薄膜的新进展

推出高阻隔性能的聚乙烯新薄膜。2009 年 1 月，国外化工媒体报道，加拿大材料生产商推出一款塑料薄膜新产品。这是一种新型高密度聚乙烯薄膜，表现出高阻隔性能。

根据公司介绍，这款新产品提供无可比拟的高耐湿性能，它比普通树脂产品要提高约 50%。另外，它可帮助包装设计师，在实现其可持续性产品目标的同时，能够在不影响性能的前提下减小产品规格。

这种新型薄膜具有生物学和化学惰性，可以提供高硬度和低凝胶含量。它适宜应用于多层膜包装产品，因为该类产品内部需要具有优异的耐湿性和刚性，其中主要包括谷类食品和快餐衬垫、肉类、奶酪、宠物食品、盆栽土、草坪和花园用品，以及肥皂、打印墨盒和烟熏膜等产品。

（二）用有机高分子材料制造机器人

1. 用气凝胶制造机器人肌肉

研制出可用于建造机器人肌肉的高强度气凝胶。2009 年 3 月，加拿大不列颠哥伦比亚大学工程师约翰·马登博士、美国得克萨斯州大学雷·鲍曼博士等人组成的研究小组，在《科学》杂志上发表论文称，他们研制出一种比钢铁更坚硬的膨胀材料，可用于建造“肌肉柔韧”却具有超强力量的机器人。

研究人员已建造出一种具有肌肉作用的气凝胶，只要充电即可具有超强力量。这种气凝胶比空气轻，具有橡胶一样的伸展性，比钢铁更坚硬。这是一种色带结构的微型中空碳纳米管排列，充电之后在短短几毫秒内，气凝胶的长度即可膨胀至 2.2 倍。研究人员说，气凝胶薄片可以承受数十倍骨骼肌的压力。一旦它发生伸展之后，该材料将在当前位置被“冷冻成形”。

鲍曼指出，这种固态薄片结构像橡胶，拥有气体的密度和特殊的强度，它的强度可超过钢板。

马登认为，这种材料兼具钻石和橡胶的特性。这种色带结构的气凝胶在“纵向伸展”方向上非常不易弯曲，但是它的横向强度却比纵向强度弱

100万倍。

摆在科学家眼前的一个问题是，在设计中要求该材料较大的置换性和适应任何等级的力量。马登指出，可通过增加色带结构的密度和邻近纤维之间互相连接来解决这一问题。他强调说，当受力增加时，色带结构的气凝胶可作为人造肌肉，我们期望这项技术可用于医学设备、机器人制造，甚至用于人体移植。

2. 用高分子聚合材料制造人造手臂

通过高分子聚合物开发出可由湿度驱动的人造手臂。2013年7月25日，物理学家组织网报道，加拿大阿尔伯塔大学化学家迈克尔·瑟佩主持的一个研究小组，在《应用化学》杂志上发表研究成果称，他们开发出一种强力“人造手臂”，能在其周围空气湿度变化的驱动下做“举重运动”，毫不费力地举起超过它本身重量许多倍的物体。

科学家把能对化学或物理刺激起反应的高分子聚合材料，称为“人造肌肉”。它们有许多有趣的应用，包括控制“软体”机器人运动。这种机器人的所有组成部分都是柔软灵活的，以便不损坏精细或易碎的物体，并能在狭窄空间运动。

研究小组开发的“人造手臂”是一小条塑料带子。他们先给塑料膜表面涂上一层铬和金，然后再涂一层微凝胶单层。微凝胶是互相交联的聚合物，在溶剂中会膨胀成直径几微米的胶粒子。研究人员用了带负电的聚N-异丙基丙烯酰胺微凝胶和丙烯酸，并用含有聚阳离子的溶液沉淀在胶上，作为正电平衡离子。

当整个材料干燥时，聚阳离子烃区域间的疏水作用会大大增强，使含有聚阳离子层收缩。由于聚阳离子和微凝胶之间存在很强的静电引力，会使带子两端向上弯曲，带动整个材料向上蜷曲。当空气湿度增加时，它又会伸展返回原来状态。

研究人员把这种带子挂在起居室进行测试。通过改变湿度，它能“抓住”一个小袋子“提着”它上升。在另一项实验中，他们在一个微型的伸展“手臂”末端挂了一串回形针，改变湿度给“手臂”增加或降低重量，结果它能提起的重量达到了本身重量的14倍。

瑟佩说：“人类手臂重量约占整个身体的6.5%，这相当于一个75千克的人用一只手臂举起了 68.3 千克的重物。”本次研究表明，一条蜷曲起来的“人造手臂”，甚至可以挂上 52.2 克的重量也不会伸开，这相当于一个 75 千克的人曲臂撑住 1280 千克的重量。

（三）用有机高分子材料开发能源产品

1. 研究用酶把生物质转化为燃料

发现能“消化”难降解生物质的一类酶。2013 年 12 月 22 日，加拿大约克大学化学系保罗·沃尔顿教授和吉迪恩·戴维斯教授，以及法国马赛第一大学、法国国家科学研究中心的伯尼教授等人组成的一个研究小组，在《自然·化学生物学》杂志上发表研究成果称，他们在用酶拓展开发第二代生物燃料方面取得显著进步，发现有一种酶家族，能够把在自然中“难以消化”的生物质，降解为自身糖的成分。

第一代生物燃料对于寻找可再生能源和能源安全产生了一定影响，特别是利用自然界中“易于消化”的生物质，如玉米淀粉来制造生物乙醇。但这种方法需要大量能源作物，由此占用了宝贵的可耕土地，进而危及食品价格的稳定，还限制了生物燃料的产量。

研究人员表示，这个新发现的酶家族，名为溶解性多糖单加氧酶。在研究中，它可以把植物的茎、木屑、废硬纸板或昆虫及甲壳类动物壳等废料转化成自身糖的成分，然后发酵成生物乙醇。这是生物燃料研究中的一个重大进展，由这些原料制成的燃料，被称为第二代生物燃料。

研究小组开辟了采用可持续原料，生产生物乙醇新的可能性。通过研究这种酶家族的生物起源及详细化学反应，研究人员已经证明，通过在大自然中找到各种各样的生物降解方法，人类现在能够努力生产出可持续性的生物燃料。

沃尔顿说：“毫无疑问，这一发现不仅将会对世界各地如何解决生产第二代生物燃料问题产生影响，更重要的是，现在还会给生物乙醇生产商提供一个强有力的工具，以帮助他们将废弃原料有效地转化成生物燃料。”

2. 研究用胶体材料存储能源

研制出有助于存储可再生能源的新胶状材料。2016 年 3 月，有关媒体报道，加拿大多伦多大学著名能源专家爱德华·萨金特领导，该校客座研究员张博等参与的一个研究小组，在《科学》杂志上发表研究成果称，他们开发出一种彩色黏性材料，会随着各种成分的添加，由翠绿的液体渐渐变成褐色的胶体，它或将给可再生能源新的廉价存储方式铺平道路。

研究发现，这种材料铺展到金属带上并通电后，其打破水分子的速率要比现有常用材料高出 3 倍，且成本要低廉得多。张博称，新开发的这种神奇胶状材料可作为催化剂，将水分解为氢和氧。

相关水解工艺的关键，是使用了相对廉价和丰富的钨金属。钨本身不会对水分解，但其在催化剂作用下可改变其他成分的特性，尤其是铁—钴氧化物，从而使水的分解更容易。而且，这种新材料可在室温条件下制作，制成后可像胶贴一样易于使用。

研究人员表示，新胶状材料可促进工业规模的水解技术开发。在此过程中，作为副产物的氧通常被释放至大气中，而氢则被存储起来。之后，在燃料电池中这些氢可与氧再度结合产生能量。

存储是一直困扰可再生能源领域的难题，电池技术并未能提供一种大量存储电能的廉价和长期手段。新技术的优点在于，可将间歇性可再生能源（如太阳能、风能）产生的电力存储起来，以供将来无限期地使用。报道称，新胶状材料是加拿大先进项目研究院资助的仿生能源项目产生的首个具体成果。

（四）用有机高分子材料开发其他产品

1. 用有机物开发微机械加工产品

发现液晶聚合物可用作微机械加工材料。2006 年 9 月，在出版的《材料化学杂志》上报道，加拿大埃尔伯塔大学的研究人员与荷兰埃因霍恩技术大学和飞利浦研究实验室的专家共同研究发现，把液晶聚合物在玻璃上形成一层薄膜后，可以在微尺度上对其进行加工和成型。

他们认为，经过进一步的研究开发，液晶聚合体最终将会在微机械加工中得到全面应用，如可用于研制“芯片实验室”。液晶聚合物由液晶分子制成，由于具有独特的光学特性，其在显示技术方面的应用早已广为人知。液晶聚合物通常又被称为“人造肌肉”，它可以将热能、化学能以及电磁刺激转换成机械能。

研究小组主要成员，埃尔伯塔大学电子计算机工程系的博士生阿纳斯塔西娅·伊莱亚斯表示，他们以对液晶聚合物的研究为基础，使用先进的微加工技术，可以低成本、高效率地对这种材料进行加工成型。伊莱亚斯等研究人员为了更好地了解和描述这种材料的机械性能，在微尺度上对液晶聚合体进行了大量实验。实验结果表明，液晶聚合体有希望制作成微尺度的物体。

从事微机械加工和纳米技术研究的科学家一直有个共同愿望——制造出“芯片实验室”。这种“芯片实验室”具有快速、低成本地进行血样分析和活体切片检查等用途。过去，许多微尺度研发工作的方向都瞄准的是硅材料。但是，伊莱亚斯认为，液晶聚合体的不易碎性和柔韧性都比硅好。对液晶聚合体进行精细剪裁加工后，加工出的样品对温度变化、紫外线照射等特定的外界刺激有相应的反应，比硅材料的敏感程度更高。而且液晶聚合体的制造成本比硅材料更低，从前景来看，其加工工艺也会更加简单。

但研究人员承认，他们现在只取得了初步成果，要想制造出有实际用途的微尺度元器件，还需要进行深入研究。

2. 用有机物开发清除油污的环保产品

用脒类化合物开发使油水分离更容易的活性剂。2006 年 9 月，有关媒体报道，加拿大皇后大学化学教授菲利普·杰索普等人组成的一个研究小组，研制出一种对环境无害的高效清除油污的活性剂。利用他们研制的表面活性剂，不仅可清除原油泄漏，把附着在沙石上和漂浮在水面上的污油提取回收，还将使塑料制品厂商、化学品或制药公司、采矿企业或清洁产品制造商从中受益。

大量原油泄漏会造成严重的生态灾难，也给清理工作造成了很大的难题。油和水在自然状态下不会混合，所以需要添加表面活性剂，才能把它们混合成稳定的乳状液（油滴散布在水中）。这个过程在化工领域很常见。表面活性剂常常一端带电，会吸引水分子；另一端是烃链，与油相吸引。这些活性剂分布到油水界面，使油滴不再聚集在一起。

杰索普表示，在许多情况下，还要再把水和油分离。这就需要使表面活性剂失去这种活性。目前所知的“可调”表面活性剂中，第一种非常昂贵并含有金属；第二种有很强的毒性；第三种则需要光照才能作用，但在不透明的乳状液中无法使用。

杰索普说，尽管传统肥皂也能被生产成“可调”的表面活性剂，但需要添加大量酸，也不适合使用。而皇后大学开发的新型活性剂，是一个带烷基的脒类化合物。它不需要金属、酸或阳光，只要在溶液中通入二氧化碳，就会使该活性剂的一端带电，形成稳定的乳状液；而如果在65℃以下通入氮气、氩气或者空气又能使它恢复原状，失去活性，从而使油水分离。

研究人员在实验室中，对含水的原油乳状液进行试验并获得成功，下一步他们将对该活性剂的烃基端的化学结构进行修饰，使它能被生物降解，从而更加环保。

3. 用有机物开发玻璃防水雾产品

用聚乙烯醇发明玻璃防水雾涂层新材料。2011年3月，加拿大拉瓦尔大学拉罗切教授领导的一个研究小组，在《应用材料与界面》杂志网络版上发表论文称，他们成功研制出一种新型玻璃防水雾涂层材料，涂层不会对玻璃的光学性质产生任何影响。他们认为该材料可以最终解决汽车玻璃、眼镜片以及光学镜头的防水雾难题。

据拉罗切教授介绍，这种新型涂层材料由基于聚乙烯醇的吸水材料制成，具有阻止在其表面形成使玻璃和塑料变得模糊的水雾的性质。这种超薄涂层材料可以长时间保留在玻璃表面，能够完全去除玻璃表面的水分，不会在玻璃表面形成任何微小水滴。

研究人员介绍说，该项技术的难点在于如何使涂层材料与玻璃表面能够长久结合在一起。他们首先在玻璃表面涂抹上多层特殊的分子材料，将其作为基础层，这种基础层表现出很强的黏性。然后，他们再将防雾材料涂抹于其上。

研究人员认为，目前已有的防雾涂层经不住清洗，因此需要经常重复涂抹，而新的涂层技术只需一次涂抹。拉罗切教授表示，他们正在与一家大型眼镜厂商讨论这种新型防雾涂层技术的专利转让问题。

第六章　能源领域的创新信息

加拿大在电池领域的研究成果，主要集中于用纳米技术成功改进锂硫电池的性能，开发出锂硫电池更加经久耐用的硫阴极，研制出高能量并长寿命的石墨烯硅基锂电池，发现硅纳米粒子可使锂电池蓄电能力提高10倍，新锂-氧电池或可释放全部储能。研制出使用寿命可长达几十年的氚电池，开发用酵母驱动的燃料电池，发明可改进聚合物电解质膜燃料电池的新材料，探索降低燃料电池成本的催化剂铂分解技术。在能源领域其他方面的研究成果，主要集中于研制出能利用红外线的柔性塑胶太阳能电池，开发出新型全光谱太阳能电池，利用细菌把光转化为能量来制造太阳能电池，攻克新型太阳能电池两大技术瓶颈，开发用于新型清洁能源的微光合电池技术。探索清洁重油提炼的生产技术，发现深海细菌可助人类寻找海底石油，发现金属粉末可以替代化石燃料。通过人工控制的核合成反应研制新合成能源，发明在软式飞艇内建造高空风力电站，研制出利用膝关节动能的便携式步行发电机。

第一节　电池领域研发的新进展

一、研制含锂电池的新成果

（一）开发锂硫电池的新信息

1. 研制锂硫电池的新进展

用纳米技术成功改进锂硫电池的性能。2012 年 5 月，有关媒体报道，加拿大滑铁卢大学和德国慕尼黑大学联合组成的一个国际研究小组，研发新型锂硫电池取得重大进展。研究人员应用纳米技术对锂硫电池技术进行重大改进，使用碳纳米微粒构成多孔电极，让吸附硫的能力大大增强，电池达到最高的性能，未来有望替代目前的锂离子电池。

锂硫电池两个电极由锂电极和硫碳电极构成，在两个电极之间进行锂离子交换，硫材料在这个系统中起重要作用。理想情况下每个硫原子可以接受两个锂离子，由于硫的重量轻，是一种非常理想的储能材料，同时硫本身不导电，因此在充放电过程中电子不易迁移流失。

此项研发成果的关键是，研究人员把硫材料制成了表面积尽可能大的能接受电子的电极材料。同时，又将其与导电的基体材料对接。

为此，研究人员用碳纳米微粒制成一种多孔结构的支架，这种碳纳米微粒多孔结构具有十分独特的表面性能，其空隙率达到2.32立方厘米/克，比表面积达到2445平方米/克，也即在一小块方糖大小的材料中，具有与10个网球场相当的表面积。在孔径只有3~6纳米的孔隙中，硫原子可以非常均匀地分布，因此几乎所有硫原子都有与锂离子接触并将锂离子接受的可能，同时这些硫原子又与具有导电性的碳材料紧密相连，因此分布在这种多孔碳纳米微粒中的硫材料，具有了优良的电性能并且非常稳定，其储存电池克容量达到1200mAh/g，并且循环充放电性能良好。

碳纳米多孔结构还可以有效解决所谓“多硫化物”问题，“多硫化物”是电解过程的中间产物，对电池的充放电过程会产生严重影响，因为碳纳米多孔结构可以吸附这种有害中间产物，待其转化为无害的二锂硫化物后释放。

2. 研制锂硫电池电极的新进展

开发出锂硫电池更加经久耐用的硫阴极。2015年1月，加拿大固态能源材料研究中心主任、滑铁卢大学化学教授琳达·纳扎尔领导，该校博士后萧亮和研究生康纳·哈特、庞泉等人组成的研究小组，在《自然·通信》杂志上发表论文称，他们在锂硫电池技术上取得了一项重大突破。他们借助一种超薄纳米材料，开发出一种更加经久耐用的硫阴极。该成果有望制造出重量更轻、性能更好、价格更便宜的电动汽车电池。

据报道，该研究小组发现的这种新材料，能够保持硫阴极的稳定性，克服了目前制造锂硫电池所面临的主要障碍。在理论上，同样重量的锂硫电池，不但能够为电动汽车提供3倍于目前普通锂离子电池的续航时间，还会比锂离子电池更便宜。纳扎尔说，这是一项重大的进步，让高性能的锂硫电池近在眼前。

该研究小组对锂硫电池技术的研究，在2009年为人所知。当时，他们发表在《自然》杂志上的一篇论文，用纳米材料证明了锂硫电池的可行性。理论上，相对于目前在锂离子电池中所使用的锂钴氧化物，作为阴极材料，硫更富有竞争力。因为硫材料储量丰富，重量轻且便宜。但不幸的是，由于硫会溶解到电解质溶液当中形成硫化物，用硫制成的阴极仅仅几周后就会消耗殆尽，从而导致电池失效。

该研究小组最初认为，多孔碳或石墨烯能够通过诱捕的方式，把硫化物稳定下来。但是一个让他们意想不到的转折是，事实并非如此，最终的答案既不是多孔碳也不是多孔石墨烯，而是金属氧化物。

他们最初关于金属氧化物的研究，曾发表在2014年8月出版的《自然·通信》杂志上。虽然研究人员自那以后发现，二氧化锰纳米片比二氧化钛性能更好，但新的论文主要是阐明它们的工作机制。

纳扎尔说："在开发出新的材料之前，你必须专注于这一现象，找到它们的运行机理。"研究人员发现，超薄二氧化锰纳米片表面的化学活性能够较好地固定硫阴极，并最终制成了一个可循环充电超过2000个周期的高性能阴极材料。

研究人员称，这种材料表面的化学反应，与1845年德国硫化学黄金时代发现的瓦肯罗德尔溶液中的化学反应类似。纳扎尔说："众所周知，现在已经很少有科学家研究甚至是讲授硫化学了。于是，我们不得不去找很久之前的文献，来了解这种可能从根本上改变我们未来的技术。"该研究小组还发现，氧化石墨烯似乎也有着类似的工作机制。他们目前正在试验其他氧化物，以确定最有效的硫固定材料。

（二）用硅材料开发锂电池的新信息

1. 研制石墨烯硅基锂电池的新进展

研制出高能量并长寿命的石墨烯硅基锂电池。2015年12月，加拿大滑铁卢大学应用纳米材料与清洁能源实验室陈忠伟教授领导的研究团队，在《自然·通信》杂志上发表论文称，他们成功地开发出一种石墨烯硅基锂离子电池技术，用此制成的新电池所测试的电化学性能，与目前商业化电池相比，其容量提高了6~7倍，循环寿命达到2200次以上。

据悉，这项技术采用55%以上的硅材料作为负极活性材料，硫掺杂的石墨烯以及聚丙烯腈作为辅助，通过简单的高温处理，实现电极微观结构的构筑成型，其内部各材料间的相互协同效应解决了硅材料的体积膨胀，电导率低等问题。

研究人员在论文中，对硅基电极微观结构的构筑成型，以及其内部的协同效应如何发挥作用，做了详细阐述。

由硅纳米颗粒、硫掺杂的石墨烯，以及聚丙烯腈混合材料涂覆后的负极极片，经高温处理后，硅会与周围硫化石墨烯中的硫以共价键的相互作用被相对固定到一个位置，而聚丙烯腈将会进行环化反应形成一个含氮的稳定六圆环结构的石墨化碳。如此，通过热处理，一个稳定的原子尺度的结构构筑成型。一方面，硅通过共价作用，被以石墨烯纳米片层所组成的支架所保护；另一方面，石墨化的聚丙烯腈形成的网络结构，进一步加强了对硅稳定的防护。

同时，由于有石墨烯和石墨化碳的存在，这种稳定的三维结构体也显示绝佳的导电性。以上结构的形成，在论文中结合一系列的实验表征手段得到了详细地论证，例如，用密度泛函计算了硅与硫化石墨烯的结合力；用 x 射线光电子能谱确认了结构体的元素分布和组成等。

正是由于这种电极微观结构的构筑成型，使得电极在充放电过程中硅的体积膨胀，能够被固定到一定的空间范围之内，电极结构不会被破坏，确保了电极能够到达2000次的循环寿命；另外，此结构体高的电子和锂离子传导性也保证了硅材料容量的正常发挥，即在 0.1A g-1 电流循环 100 次，整体电极的平均容量达到 2750mAh/g-1；在更高倍率 2 A g-1 循环 2275 次，容量依然能够保持在 1000mAh/g-1 以上。

此项技术对电极使用了简单的热处理。这一创新解决了长久以来困扰锂电材料领域的因硅材料体积胀缩导致其无法应用的全球性技术难题。因此，此项技术一经推出，便获得 2015 年度 RD100 提名大奖，获得业界人士认可，拥有高能量长寿命的真正的硅基锂离子电池指日可待。

可喜的是，这次重大的科学突破，工艺操作上简单易行，而且在成本上，由于硅高比容量，是目前商业化石墨电极实际比容量的 3~7 倍，据此，相同容量的硅基锂离子电池中硅的用量约是传统锂离子电池中石墨用量的1/7~1/3，而且随着太阳能电池产业的发展，硅材料产能水平的提升，这使得整体硅基电池的成本，与目前商业化锂离子电池基本持平，甚至还要更低。

根据现行研发进度，此硅基锂离子电池，能够满足商业化的能量型锂离子电池的需求，如消费类电子产品手机笔记本，以及可穿戴电子设备等。此类产品要求电池具有高的能量密度和较稳定的循环寿命。另外，根据目前测试，更高倍率的充放电，如2C，将不会对硅基材料以及整个电极的结构造成破坏。这样，此硅基锂离子电池在要求高倍率充放电的领域，如电动汽车，电动工具等的应用也即将实现。

目前，陈忠伟教授与滑铁卢大学科技公司共同携手开发此技术，即将进入中试阶段，据其保守估计，此硅基锂离子电池将于一年内进入市场。

陈忠伟博士现为加拿大国家首席科学家，滑铁卢大学化学工程学院教授，纳米技术研究生主任，纳米应用材料与新能源中心主任。2008年毕业于美国加州大学滨河分校化学与环境工程专业，获博士学位，并获加州大学校长博士论文奖学金，在美国洛斯阿拉莫斯国家实验室从事燃料电池研究工作。现致力于固体高分子膜燃料电池、锌-空电池，锌-锂液流电池和锂离子电池的先进纳米电极材料的研究开发，其研究领域包括非贵金属催化剂、碳纳米管、石墨烯、金属纳米管、纳米线以及复合膜等。

2. 用硅纳米粒子改进锂电池的新进展

发现硅纳米粒子可使锂电池蓄电能力提高10倍。2019年1月，加拿大阿尔伯塔大学化学家吉利安·布里亚克领导的研究团队，在《材料化学》杂志上发表论文称，他们发现将硅塑造成纳米级的颗粒，有助于防止硅颗粒破裂，这可能促使新一代电池的容量是目前锂离子电池的10倍。这项新发现朝着制造新一代硅基锂离子电池迈出了关键的一步。

硅材料因储量丰富，且能比锂电池中使用的石墨吸收更多的锂离子，被认为具有制造大容量电池的前景。但硅颗粒在吸收和释放锂离子时会膨胀和收缩，在多次充放电循环后容易破裂。该研究团队正是针对这道难题展开一系列研发工作的。

研究人员测试了四种不同尺寸的硅纳米颗粒，确定多大的尺寸，才能最大限度地发挥硅的优点，同时最大限度地减少其缺点。它们均匀分布在由具有纳米孔径的碳制成的高导电性石墨烯气凝胶中，以弥补硅的低导电性。他们发现，直径仅为30亿分之一米的最小颗粒，在多次充放电循环后表现出最佳的长期稳定性。这克服了在锂离子电池中使用硅的限制。

这项研究有广阔的应用前景，特别是在电动汽车领域，可以使其行驶里程更远，充电速度更快，电池重量更轻。研究人员表示，他们下一步将开发一种更快、更便宜制造硅纳米颗粒的方法，使其更容易运用在工业生产上。

（三）开发锂-氧电池的新信息

——新锂-氧电池或可释放全部储能

2018年8月，英国《科学新闻》网站报道，加拿大滑铁卢大学化学家琳达·纳扎尔及同事组成的一个研究小组，在日前出版的《科学》杂志上撰文指出，他们对锂-氧电池进行重新设计，得到的新电池几乎能将所有储能全部释放，且充放电次数达150次，未来有望为电动汽车、潜艇等提供更可靠、能量密度更大的电源。

与典型的锂离子电池相比，锂-氧电池的能量密度更大，且由更可持续的材料制成，但它仍未“飞入寻常百姓家”的主要原因在于其寿命不长。研究人员解释，一般锂-氧电池会形成过氧化锂，且产生不需要的化学副产物，这会浪费能源。因此，锂-氧电池只能将约80%的储能，输送给它所供电的设备。美国阿贡国家实验室材料化学家拉里·柯蒂斯指出，这些化学物质也会损坏电池的电解液和阴极，使其在充电几十次后就“偃旗息鼓”。

为制造出更好的锂-氧电池，该研究小组用无机熔盐代替了常用的有机电解质，用金属基替代了标准的碳基阴极。在得到的新电池中，氧气与锂形成氧化锂，可以比生成过氧化锂多储存50%的能量。更重要的是，氧化锂不会产生化学副产物，这使新的锂-氧电池几乎能将所有储能释放给其他设备，而且比其他锂-氧电池充电次数更多。

柯蒂斯说，新电池未来有望用于为电动汽车提供动力，但在实际应用之前还有很长的路要走，因为新电池必须加热到至少150℃才能工作。

麻省理工学院能源和材料研究员杨绍恩评论称，改变电解液中的物质或许可降低电池的工作温度，新锂-氧电池还可作为飞机、航天器和潜艇的紧凑型电源。

二、研制电池的其他新成果

（一）开发氚电池的新信息

——研制出使用寿命可长达几十年的氚电池

2005 年 5 月 13 日，加拿大多伦多大学与美国相关大学和公司组成的一个研究小组，在《先进材料》杂志上发表研究成果称，他们用制造微芯片的相同技术，研制成功一种可以改良电流的多孔硅二极管，这一设备把氚元素释放出的电子转换为电流，而且使用寿命长达几十年。研究人员把它叫作“贝塔电池（氚电池）”。

尽管电量只有普通化学电池的 1‰，但“氚电池”这一全新理念，比普通电池更加高效，而且比同类设计更便宜，也更容易制造。如果将这种二极管成功装入一节完整的电池内，就可以为一个长时期的工作体系服务，如桥梁上的结构传感器、气候监测设备和人造卫星等。对半导体材料电子相对丰富区域和电子相对稀少区域之间的 p-n 结进行控制，已经产生了许多现代电子产品。

电池的耐久力与其燃料的特性，与氚元素相关。氚是氢的同位素，在一种称为“贝塔衰变”的过程中释放出电子。多孔硅半导体通过吸收电子产生电流，就像太阳能电池通过吸收来自太阳光入射光子的能量产生电流一样。自从 50 多年前发明晶体管以来，研究人员就不断努力尝试把放射能量转换为电流。

虽然工程师们已经成功地通过太阳能电池获得电磁辐射，但仍然没有聚集充足的贝塔衰变电子，来制成可行的电流设备。尽管贝塔电池并不是第一种利用放射源或氚元素的电池，但是它具有独一无二的优点：研究人员在半毫米厚的硅片表面蚀刻有很深的小孔。这一结构大大增加了外露表面的面积，其功效是原来的 10 倍。

研究人员指出，这种三维多孔硅结构能非常有效地吸收所有源电子的动能。除了吸收电子产生电流外，多孔硅片的内部表面还能容纳更多的入射辐射。在早期的试验中，几乎所有在氚贝塔衰变过程释放的电子都被吸收。

选择氚作为能量来源有很多实际理由，最关键的是安全性和密封性。氚仅仅释放出低能量的贝塔粒子（电子），可以用非常薄的材料（如一张纸）来遮挡。密封的金属性贝塔电池将整个放射能来源封藏起来，就像一节普通电池内包含有其整个化学来源一样。研究人员将能量源原料制成牢固的塑胶，并把氚置入塑胶的化学结构中。这样即使电池的密封性被破坏的话，塑胶也不会泄漏到周围环境中。

研究人员和制造商们生产多孔硅已经有几十年了，主要用于抗反射衣料、发光设备和纤维光学中的光子过滤器。而这一最新研究是把贝塔电流应用于多孔硅的首次专利，也是第一次用半导体工业技术制成三维 p-n 二极管。

有关专家指出，三维多孔硅二极管在贝塔电流和光电方面的应用，将促使它在其他很多领域找到新的用途。这是第一次把多孔硅的 p-n 结进行统一。比如，由于其特性和光子灵敏性，每个二极管的微孔都能被当作一个单独的探测器，很有可能被用来制成高分辨率的摄像传感器。

用标准的半导体加工技术，来制成三维 p-n 结，是一个重大突破。制造过程的简单化对于增加产量、降低成本来说是非常重要的，同时还能更新设备，拥有广泛的应用范围。

（二）开发燃料电池及其制造技术的新信息

1. 研制燃料电池与相关材料的新进展

（1）开发用酵母驱动的燃料电池。2009 年 4 月，英国《新科学家》杂志报道，加拿大英属哥伦比亚大学化学家和微电子学家组成的一个研究小组，在《微电子系统杂志》发表论文称，他们把酵母包封在柔软的胶囊中，以人血中的葡萄糖为能源，开发出由酵母驱动的微型微生物燃料电池，它可以应用到治疗麻痹症的脊柱内微电极这样的电子装置中。

从事这种酵母燃料电池开发的科学家表示，以人血中的葡萄糖为能源的酵母细胞，有一天会驱动置入人体内的电子装置，如起搏器。这种活生生的动力能自我产生，从而取代定期更换电池的常规手术。脊柱内微电极需要植入脊柱内，因此更换电池是件非常棘手的事。

传统燃料电池依靠高温催化剂如铂来从燃料中剥离电子，从而产生电流。而此微生物燃料电池，则利用活细胞中的低温催化剂酶来产生电流。最简单的办法是，当细胞开始分解食物时，就直接“盗取”细胞所产生的电子。这一办法在“电子中介”的帮助下能实现，所谓“电子中介”就是一种很小的化学物，它能通过细胞获取电子，之后又能从细胞内跑出来。

该新燃料电池由酿酒酵母组成，这些酵母封存在由聚二甲硅氧烷材料制成的胶囊中，共同构成了此燃料电池。研究人员目前开发的这种燃料电池的样品，是微米级的，面积为 15 平方微米，厚 1.4 微米。

报道称，甲基蓝这种化合物通常用于对生物样本进行染色。如今，加拿大研究小组将用作“电子中介”。当酵母分解葡萄糖时，甲基蓝就从酵母细胞那里“盗取”电子，之后把电子运送到此酵母细胞的另一边，从而产生微弱的电流。在阴极上，来自酵母细胞的氢离子和氧结合产生水。该研究小组为增加电极的面积，以加大此燃料电池的电力输出，他们利用硅蚀刻技术来制造“微型柱”，其面积为 40 平方微米左右，高 8 微米。

经测试，此酵母燃料电池大约能产生 40 纳瓦的电力，相比之下，石英手表的电子通常能产生微瓦级的电力。因此，如果利用电容器将能量贮存起来，此酵母燃料电池就能驱动一些装置。此酵母还将进行基因改良，使其具有更大的电力输出能力。不过，这一目标面临许多挑战。比如，得让酵母细胞健康生长，其废物须在无损伤情况下进行清理，让有害物质排泄到人体血液中然后清除出去。

（2）发明可改进聚合物电解质膜燃料电池的新材料。2009 年 10 月，加拿大卡尔加里大学一个由电化学专家组成的研究小组，在《自然·化学》杂志网络版上发表论文称，他们成功利用一种新材料，对聚合物电解质膜燃料电池进行改进，既提高了这种燃料电池的工作效率，又降低了其生产成本。

燃料电池是通过电化学反应从氢和氧中获取电能的。目前，聚合物电解质膜燃料电池的工作温度，一般在 90℃以下。而该研究小组发明的新材料，可以使聚合物电解质膜燃料电池的工作温度提高到 150℃。

研究发现，工作温度的提高，可使聚合物电解质膜燃料电池的反应速度加快，从而可提高电池的工作效率，同时还使反应所需的贵金属铂等催化剂的使用量减少，因此可降低电池的生产成本。

2. 开发燃料电池技术的新进展

探索降低燃料电池成本的催化剂铂分解技术。2013 年 6 月，加拿大西安大略大学的孙学良和岑俊江主持，麦克马斯特大学、加拿大光源中心同步加速器和巴拉德动力系统公司研究人员参加的一个研究小组，在《自然》杂志的网络版上发表研究成果称，他们发现，把昂贵的铂金属分解成纳米粒子（甚或是单个原子）技术，可制造出更低成本的燃料电池。

研究人员表示，通常用作催化剂的铂金属是非常昂贵的，但其只有表面的原子可起作用。表面之下的其他原子不具有作为催化剂的功能，铂的有效利用率只有 10%～20%。通过分散铂金属的方式，可大大提高每个原子的使用效率。于是，他们开发出一种利用原子层沉积的新技术。这种表面科学技术可用于对化合物进行沉积，创建单原子催化剂。

加拿大光源中心的同步辐射和超高分辨率透射电子显微镜，在跟踪铂的化学特性及其表现方面发挥了很大的作用，说明该技术已基本可把铂分解成“尽可能小”的部分，从而使其表面积得到最大化。

加拿大光源中心产业科学部主任杰夫·卡特勒称，科学家已利用加拿大光源中心的硬 X 射线显微分析光束确认了这些成果。加拿大光源中心同步加速器是全球从事纳米材料研究的最佳设施之一，而巴拉德动力系统公司则是顶尖的燃料电池企业。强强合作是成功研发下一代燃料电池的关键。

巴拉德动力系统公司首席研究科学家叶思宇则称，以更有效的方式使用铂材料，可使燃料电池更具有成本效益，从而大大拓宽其商业化前景。

第二节　能源领域的其他创新信息

一、太阳能开发利用的新成果

（一）研制太阳能电池的新信息

1. 用聚合物研制太阳能电池的新进展

（1）研制出能利用红外线的柔性塑胶太阳能电池。2005 年 1 月，加拿大多伦多大学电子工程系教授萨金特领导的一个研究小组，在《自然·材料》期刊上发表论文称，他们发明了一种柔性塑胶太阳能电池，据称它把现有的有机太阳能转化为电能的效率提高了五倍。

研究小组表示，这种电池能够利用阳光中的红外线，并且可以在布、纸和其他材料表面形成一层柔性膜。这层膜可以把30%的太阳能转化为可利用的电能，比目前应用的效率最高的塑胶太阳能电池要好得多。

现在用于生产太阳板的基本材料有两种：硅和塑料或聚合物。硅较好一些，但缺点是太硬、脆弱、昂贵。塑料较廉价，但效果相差甚远。该研究小组发明的新聚合物为人们带来新的曙光。萨金特说，由于这种电池能使用有弹性的材料转化太阳能，把塑料与纤维编织在一起类似现有的合成纤维，然后把它们制成衣物，做成可以穿在身上的太阳能电池。不难看出，这是便携式电力。他还表示，这种衣料可以用在衬衫或运动衫上为手机等设备充电。

萨金特说，目前正在寻找投资者，以便把这种发明转化为商业产品。如果他们能制造出更廉价、应用更广泛的太阳能电池产品，那将是重大的突破。

（2）用胶体开发出新式的全光谱太阳能电池。2011年6月27日，物理学家组织网报道，加拿大首席纳米技术科学家、多伦多大学电子与计算机工程系教授泰德·萨金特领导，该校学者王希华，以及沙特阿拉伯阿卜杜拉国王科技大学专家参加的研究团队，在《自然·光子学》杂志上发表论文称，他们用胶体开发出一款新式的全光谱太阳能电池，不但可以吸收太阳发出的可见光，也可以吸收不可见光，从理论上讲，转化效率可高达42%，超过现有普通太阳能电池31%的理论转化率。

据悉，这是一种基于胶体量子点的高效串接太阳能电池，它由两个吸光层组成：一层被调制用于捕捉太阳发出的可见光；而另外一层则可以捕捉太阳发出的不可见光。

萨金特介绍说，为了做到这一点，该研究团队用纳米材料串联成一个名为分级重组层的设备，能往返运输可见光层和不可见光层之间的电子，有效地将捕捉可见光的吸光层和捕捉不可见光的吸光层结合在一起，这样，两个吸光层都不需要妥协。

该研究团队在使用胶体量子点制造太阳能电池方面一马当先。胶体量子点这种纳米材料，很容易被调制来对特定波长的可见光和不可见光做出反应。新式串联胶体量子点太阳能电池，捕捉光波的波长范围比普通太阳能电池更加宽泛。因此，从理论上讲，其转化率可达42%；相比之下，最好的单结太阳能电池的最大转化率仅为31%，而一般位于屋顶或日常消费产品中的太阳能电池的转化率仅为18%。

研制高效的、成本合理的太阳能电池，是全球共同面临的巨大挑战。萨金特说："全球都需要转化效率超过10%的太阳能电池，并希望能显著降低现有光伏组件的零售价。最新进展提供了一条切实可行的道路，其能最大限度地捕捉太阳发出的各种光线，有望提高转化率并降低成本。"他希望，在5年内，将这款新的分级重组层太阳能电池整合入建筑材料、手机和汽车零件中。

2. 用细菌研制太阳能电池的新进展

利用细菌把光转化为能量来制造太阳能电池。2018年7月9日，加拿大不列颠哥伦比亚大学官网报道，该校化学和生物工程系教授维克拉姆帝亚·亚达夫领导的一个研究小组，开发出一种便宜且可持续的方法，利用细菌把光转化为能量来制造太阳能电池。这种新电池产生的电流密度，比以前此类设备更强，且在昏暗光线下的工作效率与在明亮光线下一样。

研究人员表示，要在北欧和不列颠哥伦比亚省这样阴雨天气比较多的地方，广泛采用太阳能电池，这项创新成果迈出了重要一步。随着技术进一步发展，这类由活体有机物制成，即源于生物的太阳能电池效率，可媲美传统太阳能电池板内使用的合成电池。

以前建造源于生物的电池时，采取的方法是提取细菌光合作用所用的天然色素，但这种方法成本高且过程复杂，需要用到有毒溶剂，且可能导致色素降解。

为解决上述问题，研究人员把色素留在细菌中。他们通过基因工程改造大肠杆菌，生成了大量番茄红素。番茄红素是一种赋予番茄红色的色素，对于吸收光线并转化为能量来说特别有效。研究人员为细菌涂上了一种可以充当半导体的矿物质，然后把这种混合物涂在玻璃表面。他们采用涂膜玻璃作为电池阳极，生成的电流密度达0.689毫安/平方厘米，而该领域其他研究人员实现的电流密度仅为0.362毫安/平方厘米。

亚达夫表示："我们创造了源自生物太阳能电池最高电流密度的记录。我们正在开发的这些混合材料，使其可通过经济且可持续的方法来制造，且最终效率能与传统太阳能电池相媲美。"亚达夫相信，这一工艺会将色素的生产成本降低 10%。他们的终极梦想是找到一种不会杀死细菌的方法，从而无限地制造色素。此外，这种源于生物的材料，还可广泛应用于采矿、深海勘探以及其他低光环境等领域。

（二）研制太阳能电池的新技术

1. 突破新型太阳能电池技术难题的新进展

攻克新型太阳能电池两大技术瓶颈。2010 年 4 月，国外媒体报道，电解液和电极涂层材料，是 20 余年来困扰新型太阳能电池技术发展的两大难题。加拿大科学家在出版的《美国化学协会杂志》和《自然·化学》杂志上，分别发表的相关研究成果，被业内专家认为成功地解决了上述问题，是低成本、高效率新型太阳能电池技术研究的一项重大突破，对太阳能电池技术的发展具有重要意义。

地球在 1 小时内从太阳获得的能量，超过了人类 1 年之内消耗的能量总和。但是，相比于太阳能巨大的潜力，目前太阳能的应用情况并不乐观。现今常规使用的硅半导体太阳能电池，其发电成本高于传统能源，是煤、石油和水力发电成本的 5~6 倍。多年来，各国科学家都在努力开发效率更高而成本较低的太阳能电池。

20 世纪 90 年代初，瑞士科学家曾利用光合作用原理，发明了一种新型太阳能电池，但这种太阳能电池的电解液存在腐蚀性强、透光性能差以及输出电压低等缺点。电解液腐蚀性强，导致寿命问题；电解液颜色深，不利于光线有效透过；电解液光伏低，限制了输出电压不能超过 0.7 伏。

这种太阳能电池技术存在的另一个问题是，电极的阴极需要使用昂贵且不透明的金属铂覆盖。长期以来，瑞士发明的这种太阳能电池由于以上问题没有得到有效解决，无法得到实际应用。加拿大魁北克大学化学系教授贝诺伊特·马尔桑领导的研究小组，长期以来一直从事电化学太阳能电池研究工作，获得过多项技术专利。他们开发的有关化学太阳能电池的两项技术，可有效解决瑞士科学家面临的问题。

首先，对于电解液问题，马尔桑研究小组在实验室研制出一种新的电解液，其特点是透明、不具腐蚀性而且能够提高光伏。其次，科学家使用硫化钴替代了昂贵的金属铂作为电极覆盖涂层材料。硫化钴除了价格相对低廉外，还具有效率较高、稳定性更好，以及容易在实验室制备等特点。

2. 利用光合作用原理研制电池技术的新进展

开发用于新型清洁能源的微光合电池技术。2015 年 10 月，加拿大康考迪亚大学光生物微系统实验主任，穆素库麦伦·帕克利萨米博士领导的研究小组，在《技术》杂志发表研究成果称，他们发现并设计出一种可从蓝藻光合作用和呼吸作用中，捕获电能的微光合电池技术。这项新颖的可扩展技术，或使人类能够利用更加经济的方式生产清洁能源，进而使最终获取无碳能源成为可能。

作为缓解并最终消除全球气候变化影响的潜在解决方案，清洁能源备受瞩目，全球范围已掀起了一股清洁和绿色无碳能源风潮。清洁能源的主要来源是太阳，其每小时辐射的能量要比地球人类一年消耗的能量还要多。因此从太阳捕获能源的技术，成为将能源转向生态友好型的重要工具。

发生在植物细胞中的无论是光合作用还是呼吸作用，都涉及电子传递链，其主要概念是捕获蓝绿藻释放的电子。光合作用和呼吸作用的电子传递链，可积极捕获电能。

帕克利萨米研究小组设计的微光合电池包含阴极、阳极和质子交换膜。电池的阳极室含有蓝藻，可将电子释放到位于阴极的氧化还原剂电极表面。一个外部负载则用以提取电子。该电池可产生 993 毫伏的开路电压，功率密度为 36.23 瓦/平方厘米。电池性能可经由缩短质子交换膜的两个电极间的距离，及更高效的设计得到增强。

研究人员表示，该微光合动力电池，具有明显的军事和无线应用价值，也可作为生物微机电系统器件的电力来源。

二、化石燃料与核能开发的新成果

（一）开发化石燃料的新信息

1. 推进化石燃料开发的技术研究

探索清洁重油提炼的生产技术。2005 年 11 月，有关媒体报道，加拿大政府将通过技术伙伴计划，向卡尔加里能源与资源公司投资900万加元，用于开发清洁重油生产技术。该计划总投资将达4470万加元，由卡尔加里能源与资源公司实施示范项目，主要任务是让该公司开发的重油生产专利技术进行中试。

加拿大的油砂是一种重要的资源。目前，现场生产技术需要消耗大量天然气、淡水或碳氢化合物有机溶剂。该专利技术项目将采用垂直空气注入井与水平生产井相结合的新燃烧工艺。井孔将用蒸汽预先加热，当空气注入时，立即发生自燃，产生的热量可降低油的黏性，使重油因重力进入水平生产井，燃烧面将覆盖整个水平生产井，使70%~80%的原油被提取出来，同时部分原油还可就地提炼。

这项专利技术，与目前使用的蒸汽重力下水系统生产重油相比，具有提取率高、生产成本低、天然气与淡水用量少、温室气体排放量减少等多种优势。

2. 化石燃料开发的新发现

（1）发现深海细菌可助人类寻找海底石油。2009年9月18日，加拿大凯西·休伯特博士率领的一个国际研究小组，在《科学》杂志上发表研究成果称，他们在挪威附近北冰洋海底的沉积物中，发现了大量处于冬眠状态的一种嗜热菌。它们以细菌芽孢状态存在，在低于0℃的海底冬眠。这项发现使科学家可能有机会追踪到来自海底热环境中渗出的热流，从而可能利用这种手段找到海底蕴藏的石油和天然气。

研究小组发现，这种嗜热菌以孢子形式冬眠于沉积物中，可以抵御其所处的恶劣环境。实验显示，在40~60℃时，这些孢子就可以复活为细菌。因此研究人员认为，这些冬眠细菌可能来自海底的某些热区域。

休伯特博士曾接受加拿大自然科学和工程研究委员会的资助，在德国与多国科学家开展合作研究。他表示，最令他们关注的是，这种细菌与取自海底石油的细菌在遗传特征上有许多相似性。他们正在探索这些细菌究竟来自何处，如果它们来自某个泄漏的海底石油储藏地，那么其今后将可帮助人类找到海底石油。

这些细菌属厌氧菌，而且在海底沉积物中大量存在，源源不断。研究人员由此推断，一种可能是它们来自大洋深处的高压原油储藏区域，向上泄漏的原油将其带入海底水域。另一种可能是海底“黑烟囱”或其他热流口的存在，产生的热液流动将其带出。但这种嗜热菌究竟来自何处，还需要进一步通过研究来确证。

(2) 发现金属粉末可以替代化石燃料。2015 年 12 月 9 日，加拿大麦吉尔大学官网发布新闻公报称，该校机械工程学教授杰弗里·伯格索尔森领导，欧洲航天局战略和新兴技术负责人大卫·贾维斯等人参与的一个研究小组，提出一个未来发动机的新概念：不是用化石燃料，而是用金属粉末来驱动的外燃机。这种金属粉末由颗粒大小与精白粉或糖粉差不多的细微金属粒子组成。

研究人员认为，金属粉末与氢能、生物燃料或者电池等相比，更有望成为化石燃料的长期替代解决方案。研究人员说，外燃机是工业时代燃煤蒸汽机的现代版本，广泛用于核电站、燃煤或生物质发电站。燃烧金属粉末也很常见，例如烟花的夺目色彩，就来自其中添加的各种金属粉末，还有航天飞机的火箭推进剂等。

该研究小组提出的这一设想，利用了金属粉末的重要特性：燃烧时生成稳定的无毒固体氧化物产品，相对容易回收，而化石燃料则会排放二氧化碳并逃逸到大气中。

研究人员用一个定制燃烧器证明，悬浮在空气中的细微金属粒子流燃烧时火焰稳定。据他们预测，金属粉末驱动的发动机的能量和功率密度，将与目前的化石燃料内燃机非常接近，有望成为打造未来低碳社会的一项有吸引力的技术。而铁将作为主要候选。冶金、化工、电子等行业每年产生数百万吨铁粉。回收铁的技术已经很成熟，而且一些新的技术，也能避免利用煤炭生产铁的传统方式所造成的二氧化碳排放问题。

伯格索尔森说，下一步他们将建造一个燃烧器原型，连接到一台热力发动机上，力求将实验室成果转化为实用技术。贾维斯表示，这项技术为研发可在太空和地球上使用新型推进系统，打开了大门。如果能证明铁粉燃料发动机几乎能达到零排放，将会带动更多的创新，成本也将进一步降低。

(二) 开发核能的新信息

1. 通过人工控制的核合成反应研制新合成能源

2011 年 10 月，加拿大媒体报道，位于温哥华的加拿大通用合成公司正在研制一种可以支付得起的和安全的能源，没有温室气体排放、污染和放射性废料等。

该公司提出的新合成能源研制，是一种人工控制的核合成反应。在反应过程中，氢原子结合形成氦，产生大量的热能，可用于传统的蒸汽涡轮机发电。而所需的氢同位素，可通过从海水中提取锂派生。

通用合成公司的总裁道格·理查德逊表示，该项目将在 3 年内完成，耗资 4000 万元，其中，1/3 来自联邦政府的资助、2/3 靠公司自行运作。

不过，以不列颠哥伦比亚大学教授、物理学家埃里希·沃格特为代表的一些专家则提出反对意见，认为核合成反应过程具有极大的危险性，可能会导致爆炸。

2. 认为探索冷聚变具有研究意义

2019 年 5 月 27 日，加拿大英属哥伦比亚大学科学家库缇斯·伯灵盖提领导的一个研究团队，在《自然》杂志网络版发表论文认为，虽然以往研究并未发现冷聚变的证据，但研究结果可能对诸多科学和技术领域具有借鉴意义。

在科学家宣布发现冷聚变 30 年后，加拿大研究人员对这一科学史上争议最大的“公案”进行了重新审视。这篇文章是对冷聚变论题研究进行的首次公开报道。

冷聚变是指理论上在接近常温常压和相对简单的设备条件下，发生核聚变反应。1989 年 3 月，几位化学家宣布发现了室温核聚变，冷聚变也一度被誉为清洁能源的未来。但此后对这一现象进行可靠、可重复的再现尝试却屡告失败，让冷聚变很快受到了冷遇。对于当时大部分科学家来说，冷聚变研究俨然成了一种“禁忌”，对这类研究的资助，也受到了大量抵制。

但是近来，一群科学家开始再探这一科学“悬案”，运用更加现代化的实验室技术，搜寻是否有被遗漏的关键证据。

此次，该研究团队试图考察在何种条件下，最有可能实现假设所提出的异常热效应和核效应。他们希望能为这场争论补充一些信息；而如果真的能发现冷聚变的证据，他们还能为外部审查提供可靠的参考实验。

结果显示，虽然冷聚变至今仍无确切说法，但该项目已可表明，要达到发生冷聚变的假设条件非常难。这也说明冷聚变现象可能仍在等待被发现，虽然这种可能性越来越渺茫。不过，即使冷聚变最终证实是条“死胡同”，这方面的研究也能为材料和实验工具带来全新见解，并为其他研究领域所用。例如，研究人员提出的用来测量热能微小变化的全新方法，将提高未来各类实验的精密度。

研究团队最后表示，即使冷聚变永远无法实现，对那些能支持冷聚变的系统进行研究，仍有其重要意义。

三、能源开发的其他新成果

（一）生物质能与氢能开发的新信息

1. 生物质能研制的新进展

开发出利用微生物生产酒精的新技术。2006 年 2 月，美国媒体报道，要实现总统布什让美国摆脱石油依赖的号召，很有可能必须把希望寄托在一种贪吃的白蚁或其他改良基因的微生物上，这些微生物能产生几种酶，把垃圾转化成燃料。

似乎很难相信，这些原本被视作破坏性害虫的生物，也具有如此强大的生产能力。但科学家们和几家公司，正在联合开发使用它们把木材、作物茎梗和其他作物废料转化为糖分，再把糖分转为酒精的办法。

得益于生物技术的突破性进展，可替代性能源的支持者们称：在数十年原地空谈和政府投入几十亿美元的补贴之后，能源公司终于能够方便地生产廉价的酒精了。一位“环境自然资源规划委员会”的研究人员纳但内尔·格林介绍说：“整个流程类似酿酒，但规模要大得多。目前已经有了这种技术，但我们需要说服公众其确实可行，而且不仅仅是个科学项目。”

使用微生物，甚至可以解决目前酒精制造业日益增长的困境，其原本几乎完全依赖于谷物，2005 年只生产出 40 亿加仑的酒精（而美国所使用的汽油达到了 1400 亿加仑）。美国中西部的谷物种植地带，日益担心用于制造酒精的植物，会逐渐替代用于人类食用或饲养牲畜的谷物。

布什在其国情咨文中提到的解决办法，称为“纤维酒精”。取这个名称，是因为它从农业废料如稻草、作物茎梗和其他不能食用的农作物中获取酒精。

过去50年来，科学家一直在研究如何把纤维素分解成糖分，并转化成酒精。但技术要求和成本是如此之高，以至于过去大部分的这类酒精产品，主要依赖于政府的补贴。

目前，研究人员正在开发各种作为食物链最底层的微生物和单细胞生物。几家公司使用基因工程获取能把垃圾变为燃料的酶，并把它们移植到普通细菌身上。

布什对垃圾转化成能源技术的热衷，重新引发了对替代化石燃料的兴趣。这是一个长久以来的梦想。

酒精制造商艾欧基公司的执行副总裁杰夫·帕斯默称："我们已经在这一领域投入研究25年，现在可以进入商业生产阶段了。总统的表态，就好比是给我们的航行带来了一缕清风。"

艾欧基公司坐落于加拿大渥太华，它开发利用了一种里氏木霉细菌的属性。这种细菌是第二次世界大战期间，在太平洋战场上导致帐篷和军服发生"丛林腐蚀"的罪魁祸首。

通过一种称为"有序进化"的基因修改方法，艾欧基公司培育出的微生物，可以制造出大量能够把纤维素分解为糖分的酶来。再用它只需简单的发酵过程，就可以把糖分转换成酒精。

艾欧基公司在2004年开设了一家投资约4000万美元的小工厂，展示其以商业标准生产纤维素酒精的能力。在过去两年里，它共生产了6.5万加仑的酒精，兑入85%的汽油后，提供给36辆汽车公司以及加拿大政府的汽车使用。石油巨头荷兰皇家壳牌公司，投资了4000万美元以拥有艾欧基公司30%的股权；加拿大汽油集团和加拿大政府也都是投资人。

现在，该公司准备2007年在加拿大或美国爱达荷州，建设一个耗资3.5亿美元的商业级工厂。

由于保守的信贷部门不大愿意投资于高新技术，艾欧基公司正试图从美国能源部争取贷款。即使是在最好的情况下，也要到2009年之后才能达到商业级的产量。

2. 氢能研制的新进展

认为创新是氢能工业发展的核心驱动力。2012年6月4日，加拿大联邦政府新闻通报，负责科技的国务部长古德伊尔在2012年氢能国际大会上，谈及加拿大在这一领域的角色，以及科技创新在经济发展中的作用。

古德伊尔认为，氢能已经在世界经济中发挥了重要作用，但其在世界清洁能源系统中的潜力尚未完全彰显。加拿大氢能、燃料电池开发和应用技术在世界范围获得认可，创新和合作是这一新兴工业成功的关键，加政府将继续鼓励和推动这一进程。他认为，政府应积极致力于帮助企业和企业家通过创新保持竞争力，这也是加拿大经济发展的驱动力。

古德伊尔指出，加拿大政府已针对氢能和燃料电池产业做出了部署，为企业创新创造了条件。加《2012年经济行动计划》为支持高成长企业设立了4亿加元的风险投资，实施了支持公营研究机构和私营企业合作，以及政府采购等鼓励创新的一系列政策措施。

（二）风能与人体动能开发的新信息

1. 风能开发利用的新进展

发明在软式飞艇内建造高空风力电站。2007年4月，有关媒体报道，加拿大安大略湖的马根电力公司研制独创性的发电方式，开发一种软式飞艇似的机器，可以在300米的空中利用风来发电。这种电线系着的涡轮机比传统的塔式涡轮机便宜，且在如此高的空中更能利用风能，甚至在地面上没什么大风的地区都能使用。

该公司打算建造10千瓦级的小型空中发电站，以便为印度、巴基斯坦和非洲国家的一些偏远乡村提供必需的电力资源。公司的首席执行官麦克·布朗说："我想我们将是能源联合解决方案中的一部分，即部分柴油机、部分电池和部分风能。"

这种发电机属于马根电力空气转动系统，看起来像一种软式飞艇，只是它不会自由飞行。它被电线系住，从地面升到最高处，在它中心处装有大风扇，可以随风转动。旋转的机械能经过其两端的发电机转化成电能，电流通过系着的电线传送到地面，再输送给变压器，然后直接给电池充电或输入电力网中。

至于它的维护，工人压一下发电基地绞盘上的一个按钮，就能让气球降落到地面。布朗认为，一个10千瓦的软式飞艇发电机在空中运转，其产生的电力，足可以让乡村的农户点亮一两个灯泡，驱动一两个抽水机，甚至还可用于当地学校的电视和录像机以及医院的冰箱。

对于不通电的乡村来说，这是基本需求。目前，全球还有20亿人没有通电，另外还有10亿人通电时间一天不到10小时。显然，这种风力发电生产方式是受人欢迎的。美国专家表示，这种涡轮机提供了创新解决办法。不过，此系统并非尽善尽美，高度太高意味着涡轮机必须得应付低空飞行的飞机，同时它也更容易被紫外线和大气粒子损害。此外，高处的风，对小型风力发电机来说，可能太大了。

布朗和他公司正在另外筹备250万美元，来完成此涡轮机的样品开发，期望在资金到位后的9个月内开发出样品来。

2. 人体动能开发利用的新进展

研制出利用膝关节动能的便携式步行发电机。2009年6月，加拿大不列颠哥伦比亚省西蒙弗雷泽大学与加拿大仿生电力公司一起，成功研制出利用膝关节动能的便携式步行发电机。使用者可将它缚在膝关节支架上，他们所迈出的每一步都将为发电机提供动能。步行一分钟所产生的能量可供手机通话十分钟。这对于部队行军、野外探险、灾区紧急救援等情况来说，这种便携式步行发电机都将发挥重大的作用。

研究人员认为，行走时膝关节产生的大量动能一直为人所忽略。步行发电机可以截获这些源源不断的能量，从而避免能量的浪费。

仿生电力公司计划为加拿大军队的现场测试，推出仅重两磅的精简版步行发电机。在为时两天的演习中，士兵们将携带重达30磅的一次性电池，以便为收音机、电脑、测距仪以及热像武器瞄准具等设备充电。一次性AA电池的单价仅为1美元，然而测试现场的电池成本高达30美元。加拿大国防部门有关人士指出，一直以来，军方都在设法节省电力方面的开支。新一代便携式步行发电机的问世，意味着军队不仅可以延长演习的时间，还可减少电池的消耗。

便携式步行发电机的出现，意味着战场上的士兵、身处边远哨所的救护人员，以及巨大灾害面前的紧急救援人员，可以一边行进一边充电。

第七章　环境保护领域的创新信息

加拿大在环境污染治理领域的研究成果，主要集中于发现北半球永冻土中温室气体潜在来源，发现全氟三丁胺可能是长期存在的温室气体，发现油砂矿温室气体排放强度上升。发展清洁煤技术，发展二氧化碳捕捉和储存技术，推出减少温室气体排放的新举措，推进二氧化碳资源化开发利用，研制大气污染防治设备。研究保护地下水资源，增加可用水资源，同时，巧用光触媒与光催化两种方法治理水污染。开发出可循环使用的自擦除打印纸张，推出制造绿色天然气的节碳器。在生态环境保护领域的研究成果，主要集中于研究生态环境对基因表达的影响，以及导致生态环境恶化的因素。勘探调查陆地生态环境及资源分布，研究河道与冰川生态环境变化，研究让地球更绿色更环保的缓慢化学技术。系统研究海洋深处的热液柱状态，在北极水域联合开展科学考察活动，启动“海王星”海底生态观测站计划，合作建模揭示未来海洋状态。探索气候变暖对生态环境的影响，提出应对气候与生态环境变化的新举措。研究火山喷发与生物灭绝的关系，研究地震与陨石撞击等环境灾害。

第一节　环境污染治理的新进展

一、大气污染防治领域的新成果

（一）温室气体研究的新信息

1. 温室气体来源研究的新发现

（1）发现北半球永冻土中的温室气体潜在来源。2009 年 7 月，由加拿大农业和粮食部、澳大利亚联邦科学和工业研究组织，以及美国佛罗里达大学研究人员，共同组成的一个国际研究小组，在美国地球物理学联合会出版的《全球生物地球化学循环》杂志上，刊登出他们联合完成的研究报告，称北半球永冻土层中冷冻碳的储量可能超过1.5万亿吨，是此前估计的两倍左右，这是一个巨大的温室气体潜在来源。

研究人员表示，这些冷冻碳主要分布在北极，以及加拿大、哈萨克斯坦、蒙古国、俄罗斯、美国、格陵兰岛等国家和地区，储量约为目前大气中碳含量的两倍。一旦气温升高导致永冻土层开始融化，大气中两种温室气体——二氧化碳和甲烷含量将急剧增多，从而进一步加速全球变暖。研究人员预计，这些永冻土层中的碳，在21世纪全球气候变化过程中将产生重要作用。

（2）发现一种可能会长期存在的温室气体。2014年1月，《卫报》报道，加拿大多伦多大学化学系安吉拉·洪等人组成的一个研究小组发现一种称为全氟三丁胺（PFTBA）的物质，也是温室气体，该气体100年内使地球变暖的效应，是二氧化碳的7100倍。而这种工业化学品，目前没有受到监管，它在大气中可长期存在。这项研究发表在《地球物理研究快报》上。

全氟三丁胺自20世纪中叶开始，就一直在电机行业中被使用。安吉拉·洪说："我们认为全氟三丁胺是在大气中被检测到的辐射效率最高的分子。"研究发现，在超过100年的时间跨度中，全氟三丁胺使地球变暖的效应要比二氧化碳强7100倍。

全氟三丁胺在大气中的实际浓度很低，以多伦多地区为例，它只有每百万亿分之十八，二氧化碳则是万分之四。美国国家航空航天局戈达德空间研究所气候学家德鲁博士说："这是一个警告，提示这种气体可能对气候变化产生一个相当大的影响。既然目前它在大气中的含量还不是很多，可以不必对其特别担心，但是必须确保它在数量上不会增长，不至于成为全球变暖的一个非常大的担忧。"

从气候变化的角度来看，化石燃料排放的二氧化碳依然是最大的罪魁祸首。但全氟三丁胺在大气中是"长寿"的。研究人员估计，它在大气中可以存在约500年，而且不像二氧化碳那样可以被森林和海洋吸收。目前，地球上还不知道以怎样自然的方式，能把它扫除掉。

对此，研究人员提出，应该重视工业生产过程中其他化学物质影响气候问题的研究。自20世纪中叶以来，晶体管和电容器等各种电气设备当中，都在使用全氟三丁胺等多种化学物质，这些物质对大气的影响仍然是未知的。安吉拉·洪指出："全氟三丁胺只是众多工业化学品中的一个，但目前还没有控制其生产、使用或排放的政策，也没有任何类型的气候政策将其纳入监管。"

2. 温室气体排放研究的新发现

（1）发现油砂矿温室气体排放强度上升。2011 年 12 月，有关媒体报道，加拿大石油行业一份最新报告说，2009—2010 年，从加拿大油砂矿中每提炼一桶石油所排放的温室气体（即排放强度），同比增加了 2%。

加拿大油砂行业曾经宣布，1990—2009 年，该国油砂矿的温室气体排放强度下降了 29%。但加拿大石油生产商协会的最新报告却表明，这一数据有所回升。

加拿大石油生产商协会日前公布的这份报告显示，2009—2010 年，加拿大油砂矿井和油砂矿的数量分别攀升 8%和 6%。正是由于油砂项目的增加以及排放强度的上升，2009—2010 年加拿大油砂矿的温室气体排放总量同比增长了 14%。

加拿大拥有世界上 85%的油砂资源。开发油砂资源耗能高、易污染。油砂产业目前已成为加拿大温室气体排放增速最快的行业，但这一利润丰厚的产业受到加拿大政府的保护和支持。这也被认为是加拿大宣布退出《京都议定书》的主要原因之一。

（2）预计本国温室气体排放量将大幅超标。2013 年 10 月 24 日，有关媒体报道，加拿大环境部当天发表报告说，按照现实进度，预计 2020 年该国温室气体排放量，将大大超过其在《哥本哈根协定》中所承诺的目标。

报告说，预计加拿大 2020 年的排放量为 7.34 亿吨，而该国 2009 年加入《哥本哈根协定》时承诺的排放目标是 6.12 亿吨，比 2005 年排放水平（7.37 亿吨）减少 17%。

这意味着，加拿大 2020 年的预计排放量将比承诺目标超出 1.22 亿吨，超标幅度为 19.9%；比 2005 年的排放量只减少了 0.03 亿吨，即 0.4%。

这份报告题为《加拿大的排放趋势》，是该国连续第三年发表的年度报告。报告称，尽管加拿大排放量将大幅超标，但预计其他国家的排放量也将持续增加，届时加拿大排放量在全球所占比例不会上升，而将下降。

报告显示，在2008年之前，加拿大的排放量有所下降，但全球金融危机爆发以后，加拿大加速发展经济，排放量持续增加。

一些环保组织指出，虽然加拿大政府对交通、燃煤等行业采取了一些减排措施，但对排放量巨大的油气资源等行业却不加限制，仍然加大开发力度，以实现经济增长。加拿大于2011年年底宣布退出《京都议定书》，成为第一个正式签署但又退出《京都议定书》的国家，遭到国际社会广泛批评。

（二）减少温室气体排放的新信息

1. 发展清洁煤技术

（1）开发地下煤直接转化为清洁燃气的技术。着手建设世界最深煤层地下气化工程。2009年12月，美国《技术评论》杂志报道，加拿大阿尔伯塔省政府宣布，将帮助卡尔加里的天鹅山合成燃料公司，建设一个处于地下1400米的煤层气化项目。它是目前世界上最深的煤层地下气化工程，在此之前，把深埋地下的煤直接转化为清洁燃气的，已在地表下1000米的区间获得成功。

这项技术的具体措施是：采用定向钻孔技术，在煤层上打出给料井和生产井，两井大约相邻五六十米。把氧气通过输气泵送进给料井，点燃煤层，使得温度升高到800~900℃，压力也将随之逐步提高。当压力达到一定要求后，氧气、煤层中的碳，将与煤层中原有的和通过给料井注入的水，发生化学反应，形成一种混合气体，其成分包括氢气约占2/3、甲烷约占1/3，同时杂有少量一氧化碳和二氧化碳。这种混合气体经由相邻的生产井引出地面，其间一氧化碳被转化为氢气和二氧化碳，最终除去所有的二氧化碳，获得全部可清洁燃烧的气体。

该项目将于2015年动工，天鹅山合成燃料公司希望届时能通过产生的煤气，实现30万千瓦的发电能力，同时每年出售130多万吨的二氧化碳。这些二氧化碳可供石油公司用于使老油田增产的驱油技术，最终被封存在油井里。据测算，2020年以前，该项目每年将可能储存1000万~2000万吨二氧化碳。目前加拿大工业企业联盟发表研究报告称，这能帮助阿尔伯塔省实现每年2500万~3000万吨二氧化碳的捕获目标。

煤层地下气化工程不需要把煤挖掘到地面上就可以直接转变为可清洁燃烧的气体，人类将会由此获得巨大的环境效益，其中最重要的一点，就是可以避免破坏性的采矿过程。

（2）开发清洁煤发电技术。启用全球首座清洁燃煤技术的电厂。2014年10月，国外媒体报道，全球首座能够捕获自身二氧化碳气体排放的商用火力发电厂在加拿大正式启用。研究人员认为，这对于“清洁燃煤”技术的发展，具有里程碑式的意义。

加拿大萨斯喀彻温省的“边界大坝”工程，旨在每年捕捉，并向塞诺夫斯能源石油公司出售二氧化碳气体约100万吨，这占其经过改装的动力设备的二氧化碳排放量的90%。石油公司将把这些压缩气体通过管道，打入地下深处，从而获得抢手的地下原油。与此同时，未售出的气体则会转给“蓄水层”研究项目。

2014年4月，《自然》杂志在关于该计划的一篇文章提出，二氧化碳捕获与封存技术并不便宜，事实也的确如此。“边界大坝”工程的改装，将需要耗资12亿美元，这将依赖于2.4亿美元的政府补贴，同时，该省唯一的电力供应商萨克鲍尔公司，希望监管机构能够同意在未来的3年内将电价提升15.5%。然而专家认为，这项工程的最大希望在于，工程师能够从中学习，如何以更低的成本使用这项技术的经验。

加拿大的这一项目仅仅是准备建设的数千座清洁燃煤发电厂目标的第一个。建造清洁煤电厂，其目的是为了到2050年使全球二氧化碳排放大幅下降。据统计，2012年，全世界仅燃煤单独产生的二氧化碳气体便达150亿吨，占全球二氧化碳排放总量的43%。

以目前的时间表来看，全世界没有一个地方接近实现这一目标：这项技术太过昂贵，同时迄今为止，并没有政治意愿向作为二氧化碳排放基础的化石燃料的使用征收重税，而只有这种做法才能够激励清洁燃煤技术的发展。

据研究人员介绍，早在2009年，国际能源署曾发布一张路线图，呼吁到2020年实现100个大型二氧化碳捕获与封存项目，然而到2013年7月，这些项目并没有能够成型，于是国际能源署将这一目标减少为30个二氧化碳捕获与封存项目。但是即便这样，这依然是一个“雄心勃勃”的计划。

然而专家指出，尽管如此，清洁燃煤技术终于在加拿大生根开花。目前，大约有十几个项目已经储存了百万吨级规模的二氧化碳气体，它们大多是从天然气处理厂提取的，而加拿大萨斯喀彻温省刚刚剪彩的这一火力发电厂，标志着第一次有一家商用的并网燃煤电厂，已经采用了清洁燃煤技术。

煤炭的零碳排放技术又称为碳捕获技术，现在已经有很多研究正在进行，以便更好地完善这一技术。为了减少碳的排放，很重要的方法就是捕获碳，然后将其深埋入地下，而不是排放到大气中。

2. 发展二氧化碳捕捉技术

探索用藻类生物反应器吸收二氧化碳。2007 年 7 月，加拿大媒体报道，在北美，目前有不少公司都在探索开发藻类生物反应器系统，这种系统可以与煤、天然气发电厂或大型工业设施相结合。开发的思路是把这些大型工业设施排放的二氧化碳气体，引导到一个人工的“藻类农场”，农场里的藻类植物靠吸取二氧化碳生存，待其长大成熟后用作工业原料。长大、成熟的藻类含油量丰富，可以用来生产生物柴油、酒精、动物饲料以及各种塑料。

但是，许多专家认为，加拿大气候太冷，要保持藻类农场常年运行非常困难，不适合开展类似项目的研究。尽管如此，加拿大政府还是决定投资开始自己的微型藻类系统的研发，目标是研究出一种可处理 1 亿吨工业排放二氧化碳的系统。该项目由位于加拿大艾伯塔省、曼尼托巴省、魁北克省的联邦研究机构和私营公司联合实施。据报道，项目已经开始启动，目标是在 3 年内，研制出可以推而广之的具有商业价值的藻类生物反应器，满足加拿大市场的需求。

位于渥太华的门诺瓦能源公司是该项目的成员公司，该公司以其太阳能产品著称，所研制的太阳热电系统广泛应用于学校、工厂和大楼。另一家成员公司是三叉戟探测公司，该公司是一家天然气开采公司，正在寻求减少其二氧化碳排放的有效方式。这家公司明白，加拿大政府对二氧化碳排放实施罚款只是时间问题，所以它一直在寻求有效的解决办法。该公司已经开始与门诺瓦公司进行技术合作。

门诺瓦公司研究人员戈尔文向当地媒体表示，碳回收技术既是一项创新性技术，又是一项拥有很大经济回报潜力的技术。而门诺瓦公司擅长的热与光的技术，在使用藻类回收二氧化碳的技术中又是很关键的技术。

门诺瓦公司开发的功率晶石系统，一方面使用太阳光集中器，将阳光聚焦到光电太阳能电池板上生产电力；另一方面，充满流体的管道又能捕获太阳的辐射热量。这套系统甚至还可以更进一步，把捕捉到的光能，通过光缆输送到需要的地方。

拥有门诺瓦这样的技术，就意味着可以采用以下方式设计藻类农场：把热和光集中到一个相对小的区域，使藻类可以高密度地生长，而无须占据大片土地。戈尔文表示，初步估计，公司可以在70平方米的面积上，每年把100~150吨的温室气体变为生物质，然后将其加工成生物燃料。

戈尔文指出，这项技术的关键是保持常温。他们已经找到一种方式，可以在-30℃时，使藻类在70℃的环境中生长。这意味着该公司可以全年进行藻类培植，解决了一些专家早前的疑问。门诺瓦公司现在正在为这套光生物反应器技术申请专利。

更重要的是，所有使用门诺瓦高密度生长及收集技术的藻类系统都可以发电，而且能够输送到常规电力网。而对于像三叉戟探测这样的公司，所发的电仅可供本公司使用。由此可以看出，门诺瓦技术与其他技术相比，在经济上表现出很大的吸引力。因为采用这种技术的公司既可以通过发电、生产制造生物燃料的原材料获得收益，还可以通过出售碳排放指标获得收益。门诺瓦和三叉戟探测两家公司希望他们研制的藻类系统，可以把石油处理过程中产生的碳排放减半，这对于加拿大的石油工业无疑是一个好消息。

3. 发展二氧化碳储存技术

（1）利用地下储存多余的二氧化碳使老油田增产。2004年9月，有关媒体报道，石油越来越少，二氧化碳越来越多。“石油”“二氧化碳”，这是当今两个牵动世人神经的名词。现在，加拿大人称，有办法既减少二氧化碳排放，又使油田增产，这样一举两得的好事，加拿大和美国走在了前面。

当今世界温室效应导致的全球气候变暖，给人类的未来蒙上一层阴影，如何消除温室效应，成为世界各国普遍重视的问题。现在，加拿大一些研究人员通过在萨斯喀彻温省东部平原地区老油田的实验，他们找到了解决问题的钥匙，方法很简单：把温室气体埋葬掉。

研究人员表示，把二氧化碳“注入”油田的地下，不仅会大大减少向大气中排放的二氧化碳量，还可以提高油田的石油产量，而且增产的石油所带来的收益足以抵消向油井中“注入”二氧化碳的成本。

本·劳斯春是加拿大艾伯塔大学此项工程的一位协调人员，他表示：“这种方法可以安全地俘获那些要被释放到大气中的二氧化碳，我们的研究表明，油田的地下是存储二氧化碳的一个好地方。”有专家称，虽然单靠在油田地下储存二氧化碳不能完全解决全球变暖问题，但这种方法可以大大降低向大气排放的二氧化碳的数量。这项耗资 2800 万美元的在加拿大萨斯喀彻温省的维宾油田的示范工程，开始于 2000 年，用于检验在已投产 44 年的维宾油田储存二氧化碳的可行性。用于试验的二氧化碳产自一个工厂，这个工厂先将煤转化为燃烧后不会产生污染物的天然气，然后再将气体通过 220 英里的管道输送到这个油田进行实验。

研究人员表示，在老油田的地下储存二氧化碳，不仅经济实惠，还可使操作员在将二氧化碳注入时，避免水污染和二氧化碳泄漏。之所以选择在老油田的地下储存二氧化碳，其中有以下两个原因：

1）这种方法经济实惠。在向可渗透岩层注入二氧化碳时产生的高压，可将原油驱至油井中。另外，被注射进的二氧化碳还可乳化和部分溶解原油，这会使原油更容易流进油井，从而提高油田的产油量。这些额外增产的石油带来的收益，可以抵消分离、运输和用泵把二氧化碳打进油田地低的成本。这些成本是一笔不小的开支，现在从工业废气中收集 1 吨二氧化碳的成本，平均需要 30 美元左右。美国能源部正在资助这项研究，以期在工业废气中分离二氧化碳的成本降至每吨 8 美元。

2）科学家对油田的地质条件了如指掌。这可使操作员在把二氧化碳注入时，避免两个潜在问题：水污染和二氧化碳泄漏。向油田地底注射二氧化碳会使油层压力增加，导致海水水位上涨，可能会污染地表饮用水。另外，二氧化碳有可能从地表排出，进入大气中，这会使整个工程的目标落空。该项目经理加拿大石油技术研究中心的迈克尔·莫尼亚说，注入维宾油田的二氧化碳并未从地表排出，有证据表明，注入的二氧化碳也没有使地表层的水源受到污染。

美国环境与自然资源保护理事会气候中心主任大卫·霍金斯说，虽然利用地下储存二氧化碳技术，可大大降低二氧化碳排放量，但从长远目标看，要想完全解决全球气候变暖的问题，还必须增加可再生能源的使用，并提高能源的利用效率。普林斯顿大学从事二氧化碳固定研究的教授罗伯特·斯克劳说，地下储存二氧化碳的技术同植被保护、风能、太阳能和核能利用一道，将成为日后人们降低二氧化碳排放量所采用的主要方式。美国气候变化审查小组称，如果我们现在不采取措施，100年后，全球二氧化碳排放量将会是现在的3倍。斯克劳教授说："幸运的是，以我们现在的技术完全可以控制这种增长势头。在今后50年中我们应该始终不渝地将保护全球环境进行到底，在这个问题上没有一劳永逸。"

（2）成功试验油田存储二氧化碳技术。2005年11月，国外媒体报道，加拿大与美国能源部门合作组建的一个研究团队，在加拿大萨斯喀彻温省韦本油田，开展存储二氧化碳技术项目的试验，第一阶段已取得成功。据介绍，该项目的第二阶段，将致力于提高二氧化碳的注射效率和完善工艺流程。

二氧化碳是地球最主要的温室气体。本次试验把500万吨二氧化碳气体注入了加拿大油田地下，同时将油田日产量提高了1万桶。

有关专家指出："韦本油田项目的成功，对减少二氧化碳排放量和提高石油产量有重要的意义。"研究人员说，如果该技术能在全世界应用，那么将来全球释放二氧化碳总量的1/3～1/2，可避免进入大气层。与此同时，石油产量可增加数十亿桶。

研究人员说，本次试验中发现，把二氧化碳泵入油层可增加油层内部压力，从而使更多的石油浮出地面。这一方法可将石油采收率提高至60%，延长油田寿命几十年，并能在地质岩组中永久存储二氧化碳。

4. 推出减少温室气体排放的新举措

（1）专门为碳捕获和存储技术立法。2011年3月，有关媒体报道，加拿大阿尔伯塔省为碳捕获和存储（CCS）技术立法。碳捕获和存储技术，是把大工业实体排放的二氧化碳，捕获并存储于几千米地下特有安全地理结构中的一种技术。这项技术是联合国气候变化政府间专家委员会和国际能源署认可、支持的减排技术，该技术是目前公认可能实现大规模二氧化碳气体减排的技术方案。

加拿大阿尔伯塔省2008年制定了省“气候变化战略”，目标是到2050年减排温室气体2亿吨，其中70%希望通过实施碳捕获和存储项目来完成。同年，该省确定实施总额20亿加元的碳捕获和存储项目，但需要修改省现有法律，以适应该巨大项目的实施。2010年11月初，该省就指导碳捕获和存储项目的法律修正案进入立法程序，标志它成为全加拿大第一个为碳捕获和存储技术立法的省份。

二氧化碳常被用于提高近于枯竭的传统油田石油采收率。碳捕获和存储法案在保证温室气体减排同时，可望通过二氧化碳驱油技术应用，使老油田产能提升，增加政府财政收入。

（2）将提供碳平衡第三方国际认证服务。2014年2月，国外媒体报道，加拿大标准化协会与零足迹碳公司近日宣布了一项联合协议，为那些寻求“一站式”解决方案，以获得碳平衡国际认可和第三方认证的企业，提供有效率的服务。

加拿大标准化协会实施碳平衡项目的目的，是为建筑、组织机构和承租人提供碳平衡认证。该项目采用基于ISO14064温室气体系列标准的独立透明做法。符合要求的工程，有权使用并展示加拿大标准化协会注册碳平衡商标，以告知客户和利益相关者其温室气体的净零排放。零足迹碳公司将在测量和计算客户的碳足迹上提供专业技术，同时加拿大标准化协会将注册公认的第三方认证，以证明客户的净碳平衡符合国际标准。成功完成该过程的客户，将被列在加拿大标准化协会温室气体注册网站上，有权使用加拿大标准化协会注册碳平衡标签，以促进其环境管理措施。

零足迹碳公司的首席执行官安东尼·马西尔表示，此次合作将提升加拿大标准化协会注册碳平衡程序，包括国际品牌在内的零足迹碳公司客户的形象。这将通过合理化数据收集、温室气体计算和商标申请过程，节省时间和资源，为客户提供高性价比、“一站式”服务，以获得ISO14064-3或黄金标准偏移，以及加拿大标准化协会注册认证。

(三) 温室气体综合利用的新信息

——推进二氧化碳资源化开发利用

2012 年 4 月 29 日，《加拿大商报》报道，加拿大科学家越来越对二氧化碳资源化利用产生兴趣，认为是最具潜力的新技术。随着人类对全球气候变化的关注，科学家正在通过各种方法利用二氧化碳，二氧化碳资源化将很快成为最具潜力的新技术。

在人类应对全球气候变化中，多数措施是减少排放。有一种思路是，把产生的二氧化碳转变成一种新的资源。例如，以纳米结构的材料为基础制成新型催化剂把二氧化碳转变成烃类和其他含碳分子。这种催化剂，就可以在化学工业中充当清洁剂的作用。在石化行业中，使用催化剂进行二氧化碳处理，无论从资金还是技术上讲，都是比较容易接受的技术。

(四) 大气污染防治设备的新信息

1. 研制空气污染廉价监测设备的新进展

开发低成本空气污染数据监测器。2013 年 11 月，加拿大多伦多媒体报道，对空气污染与心血管疾病、哮喘之间的流行病学关系的理解，已变得越来越精确。但是，到底什么地方的空气污染最严重，往往受制于空气质量监测站点的严重不足。为更精确地衡量空气污染程度，加拿大多伦多大学应用科学和工程学院大气气溶胶研究中心娜塔莉娅·米哈伊洛娃领导的研究小组，正开发一款可部署在城市电线杆上的廉价监测器。

米哈伊洛娃开发的这款鞋盒大小的设备，由锂电池和小太阳能板供电，里面布满了传感器和探测器，可测量空气中的细小颗粒物和氮氧化物、挥发性有机化合物、一氧化碳的浓度。组件经改装后，也可适用于室内空气质量的监测。她说，该监测器可无线连接数据网络，将测量数据实时反馈到中央数据库，用户可到网站上查询特定街区的污染水平，以便调整自己的出行路线，或要求政府部门处理当地的污染源。

目前，米哈伊洛娃研究小组已在靠近高速公路的地方安装了十几个自制的污染监测器，以研究交通对附近空气质量的影响。其最终目标，是鼓励当地政府在城市周围，大量部署这些低成本的检测设备，以创建一个更细致、更实时的污染地理图。

2. 研究空气质量便携式监测设备的新进展

研制能即时监测空气质量的可穿戴设备。2014 年 12 月 14 日，物理学家组织网报道，利用手机硬件和软件，我们可以计算步速、计算卡路里。加拿大一新创公司推出了一款新型可穿戴便携式设备，它称为 TZOA 包围追踪器，可以即时监测人们周围的环境状况，如空气质量、紫外线强度等。

该公司的合伙创始人劳拉·莫伊说："我们觉得，人们忽略了身体周围正在发生的事，忽略了阳光、空气质量且其他无法触及但会影响健康和状态的事物。"

据报道，在设计上，这种配置器可以直接检测环境中的空气污染和紫外线强度，TZOA 通过蓝牙向智能手机发送并共享数据，iOS 和安卓的 App（应用程序）就会显示环境指标，指示空气污染和紫外线对用户的影响。一个带充电器的 TZOA 包围追踪器约 140 多美元。

莫伊说，这款可穿戴便携式设备不需直接戴在皮肤上，可以别在登山包、手提包上，甚至靴子外面，它的外观很吸引人。它不仅能监测环境对用户有什么影响，还能显示人群怎样影响了环境，在用户社区生成一张街道级的污染地图。它能生成实时的众源环境数据图。用户被充分授权可以查看并与同一社区的人共享数据，以构建一个环境知识生态系统。主导设计者阿夫辛·梅辛说，该产品的理念还包括让人们认识到我们呼吸的空气的宝贵。

监测器能实时采集用户所在的环境数据，如果某个地方有数百个街道级的监测器在固定地工作，用户只要戴上这一装置，就自动成为这种"众源"空气质量监测系统的一部分，研究人员特里·道斯说："从理论上说，只要带着这种设备出现在你的街区的人足够多，就能生成一份足够清晰的地图，为你提供当下环境的空气质量情况。"

该设备有一个光学空气质量传感器，能探测 $PM_{2.5}$（空气中直径小于或等于 2.5 微米的固体或液体颗粒）和 PM_{10}。研究人员说："我们的传感器能计算单个微粒，显示浓度，把 PM_{10} 和 $PM_{2.5}$ 区分开，PM_{10} 更多是过敏原，而 $PM_{2.5}$ 对人体健康更有害。TZOA 的数据先送入 TZOA 智能手机

APP 做一定程度的处理，再送入云计算进一步处理。”

用 TZOA 包围追踪器，你可以检测壁炉燃烧、煮饭、点蜡烛时造成的空气污染。研究人员说：“在我们的城市和家庭环境中，清洁和肮脏空气区混杂，我们看不见也无法发现。空气对我们至关重要，我们不该对它一无所知。”

二、其他污染防治领域的新成果

（一）水体污染防治方面的新信息

1. 保护地下水资源研究的新发现

（1）发现 30 亿年前远古地下水。2013 年 5 月 16 日，加拿大多伦多大学的地球化学家谢伍德·罗拉尔、英国曼彻斯特大学克里斯·巴伦蒂纳、兰开斯特大学格雷格·霍兰德博士等人组成的一个研究小组，在《自然》杂志上发表研究成果宣布，他们在加拿大地下 2000 多米处发现远古地下水，距今 27 亿年，说明可能在多细胞生物出现前已经存在。

研究人员指出，这可能是地球上最为古老的水，甚至有可能存在生命，因为水中发现大量允许生物在没有阳光情况下生存的化学物质。更令人感到兴奋的是，这些水所在的岩层与火星上发现的岩层类似，点燃了科学家的希望，认为有可能在火星地下深处发现类似的能够支持生命存在的水。

研究过程中，科学家对这些远古地下水进行了分析。在安大略省地下 2400 米的一个矿区，这些密封在矿石里古老的水从钻孔涌出。罗拉尔表示：“它们就像是被深埋在地下的时间胶囊。通过对它们进行研究，我们能够了解 27 亿年前的大气层，了解形成宝贵矿床的流体。这是加拿大丰富矿石资源的基础。”

岩层之间的地球化学反应，意味着这些水中含有溶解的氢和甲烷，同时还含有氦、氖、氩和氙等惰性气体。在地球历史初期，它们就被困在地下。研究人员表示，这些气体能够为微生物提供能量。它们可能在长达数十亿年时间里没有接触过阳光。

巴伦蒂纳指出：“对于那些希望了解微生物如何在与世隔绝环境下进

化，即整个生命起源问题的核心，希望了解生命的自给自足能力以及在地球极端环境下的能力，希望了解其他星球上生命的研究人员来说，我们的发现无疑会引起他们的巨大兴趣。”

借助于曼彻斯特大学研发的具有突破性的技术，研究人员证明这些水至少拥有 15 亿年历史，甚至有可能更长。它们的历史可追溯到周围结晶岩形成时期，据信拥有大约 27 亿年历史，大约相当于地球年龄的一半。在得出这一发现前，科学家只在岩石的微小气泡中发现年代如此久远的水。在加拿大地下矿发现的水流速，接近每分钟 2 升。它的特征，与在南非地下 2735 米的一个矿内发现年代较近的古水类似。南非地下矿发现的水支持生命存在。

霍兰德表示：“我们的加拿大同行，正试图确定这些水中是否存在生命。我们可以确定的是，我们找到了行星创造一个对微生物友好的环境，并保存数十亿年之久的一种方式。”火星上大部分地区的地形，与地球的前寒武纪地盾类似，年代可追溯到数十亿年前的岩石拥有类似的矿物学特征。

罗拉尔指出：“加拿大地盾的远古水，含有丰富的并能让微生物在没有阳光驱动的光合作用情况下，将其用作能量的化学物质。这一发现说明，古代岩层拥有支持生命存在的潜力，无论是地球，还是火星地下 3 千米处，都可能是这种情况。”加拿大地盾发现的水年代远远早于在南非地下矿发现的水，这个地下水系统与地面隔绝了数十亿年之久，而不是数千万年。

罗拉尔表示：“我们的发现证明，古代的流体可能仍从古代裂缝中涌出。科学家一度认为保存至今的古代流体仅限于困在岩层中的微小流体内含物。”巴伦蒂纳指出：“我们的研究成果，引发了人们有关火星生命的一系列令人异常兴奋的问题。我们在曼彻斯特大学研发的具有突破性的技术能够确定远古水的年代，同时也能提供一种方式，计算全球古代岩石系统产生甲烷气体的速度。此外，这些技术也可用于确定古代深层地下水的特征，寻找可以安全灌注二氧化碳的区域。”

负责大学和科学事务的英国大臣大卫·维勒斯特表示：“这是一项引人注目的开拓性研究，加深了我们对地球的了解。此外，这项研究还为碳捕获和存储项目研发了新技术。除了有助于发展经济和制造就业机会外，这些技术也能帮助保护我们的环境。”

（2）发现古地下水也会受污染。2017年4月25日，加拿大卡尔加里大学斯科特·贾塞科博士主持的一个研究小组，在《自然·地球科学》杂志网络版上发表研究成果指出，大部分可使用深井开采的地下水年龄都较大，但仍然会受到现代污染。

全球地下水为数十亿人提供了饮用和灌溉用水。一些地下水较为年轻，易受污染和气候变化影响。但相较而言，更多的地下水年龄较大，在地表下储藏了数千年之久。持续开采年龄较大的地下水更为困难，但这些地下水基本不受气候易变性的影响；此外，人们此前还普遍认为，它们也不会受到人类活动的污染。

贾塞科研究小组测定了取自全球6000多口水井的地下水的年龄。他们发现，所谓的古地下水，即储藏时间超过1.2万年的地下水，占地壳上部含水层总储量的42%～85%，超过250米深的水井泵取的地下水，绝大部分都是古地下水。然而，研究人员在分析过的半数以上的水井中，探测到了氚，氚是氢的一种放射性同位素。他们指出，这一点非常重要，因为氚是在20世纪50年代的核试验中蔓延到全球的，它的存在表明，这些地下水至少有一些是在1950年之后。

发现显示，水井中的古地下水，往往会与更年轻的地下水，以及它们携带的污染物混合起来，这一过程可能是在水井中发生的，也可能是在含水层中就发生了。研究人员认为，由于古老地下水的循环周期是数千年，人类对这一重要水源的污染，将在人类时间尺度上持续下去。

2. 增加可用水资源研究的新进展

发明可利用空气制造水的新装置。2008年12月2日，俄罗斯新闻网报道，加拿大科学家展出一种名为“水磨坊（WaterMill）”的装置，该装置可利用丰富的空气资源制造饮用水。加拿大科学家表示，该装置的广泛使用，将使人类免于水资源的困扰。此装置使用便利，所需电能相当于三只电灯泡所耗电量。此外，该装置对于工作环境的要求不高，只要有电的地方就能使用。

“水磨坊”把空气转化为饮用水需经过几个阶段：首先，该装置利用特殊的空气过滤器，把空气中的灰尘和杂物除去。然后，该装置的冷却系统对净化后的空气进行冷却，当空气被冷却到一定程度后就会变为水汽。最后，装置内的水汽在特定的贮存器内经紫外线消毒后就可成为饮用水。

“水磨坊”的外壳由白色的塑料制成，外形酷似高尔夫球。研制者称，对“水磨坊”的现实需求还不迫切。但是在没有供水系统的地方，该装置的作用是显著的。“水磨坊”的问世，首先引起倡导绿色生活的环保人士的兴趣。由于瓶装水（塑料瓶）的大量生产，已使世界各国面临生态危机。据统计，仅美国居民一年内所饮用的瓶装水就高达300亿升。瓶装水使用后，大量的塑料瓶被当作垃圾丢弃，对环境造成污染。令人吃惊的是，几年前，太平洋的一个小岛上竟堆满了垃圾，其中大部分垃圾就是塑料瓶。

由于“水磨坊”的造价较高，单价为1200美元。设计者表示，在经济不景气的时期，该装置可能难以得到大批量的采购和使用。但是，购买“水磨坊”以后，用户可不再购买瓶装水，从而节省开支，两年内就能收回成本。

此外，设计者还表示，在部分空气比较干燥的地区，“水磨坊”可能无法使用。例如，在美国亚利桑那州，空气的相对湿度往往低于30%。空气湿度小将影响“水磨坊”吸收到足够的空气。然而，科学家提供了解决这一问题的建议：在空气湿度低的地区，可选择在拂晓的时候使用该装置，这个时候空气湿度相对大些。

3. 治理水体污染开发的新技术

（1）巧用光触媒与光催化两种方法治理水污染。2009年6月，国外媒体报道，加拿大雷克海德大学材料和环境化学系副教授陈爱成主持的研究小组，把污水处理的光触媒法与光催化法结合起来，创造出一种新型水处理技术，该技术能更廉价、更有效地去除污水中难以清除的污染物。

研究人员在一端电极上喷涂光触媒，另一端电极则涂上电催化剂，从而创建了一个双重用途的电极。他们对电极去除两种不同硝基酚的能力进行了测试。结果表明，这个双重用途的电极，在3小时内去除了85%~90%的硝基酚。硝基酚是一种常用于制造药品、农药、杀菌剂和染料的化学物质，在工业废水中普遍存在，常规方法很难把它清除掉。

在污水处理领域，人们对光催化和电化学氧化法有过广泛关注，但两者的采用率并不高，因为它们的成本太高，而处理的效果却并不理想。在光催化法中，紫外线辐射触发二氧化钛等催化剂，推动材料中的电子达到一个高能状态。反过来，留下自由正电荷空穴对污染物进行氧化。但是，由于电子通常还会与空穴重新进行结合，这样会降低光触媒的效果。至于电化学氧化法，其工作原理是，电流穿过水中的催化剂对污染物进行氧化。将两种方法结合在一起，可以提升治理水污染的效率。因为电化学氧化过程，可阻止光触媒建立的电子和空穴进行再结合。

至今为止，尚无人尝试过把光催化技术和电化学氧化法结合来治理水污染。但相关专家也指出，此法仍需证明，不仅对硝基酚有效，还能清除废水中的各种其他污染物。

（2）开发出可估计泳池中尿量的新方法。2017 年 3 月，有关媒体报道，泳池中的小便是个难以管理的问题，连一些参加奥运会的游泳运动员都承认曾在泳池中小便。近日，加拿大环境科学专家组成的一个研究小组，在《环境科学与技术快报》杂志发表研究报告说，他们找到了一种监控泳池水质的新方法：检测泳池水的甜度。

在泳池中小便不仅不文明，还可能对游泳者造成实际伤害。有研究发现，小便中的尿素等含氮化合物，会与泳池中常用于消毒的含氯物质发生化学反应，形成三氯胺等产物，而它们可能会引发游泳者眼睛不适和造成呼吸道问题。

该研究小组说，他们开发出了一种新的测试办法，可通过分析池水中一种名为安赛蜜的物质含量，来估计泳池中有多少小便，以帮助监控水质。

为了更好地估计泳池中有多少小便，研究人员选择了一种广泛用于苏打汽水、烘焙食品中的人工甜味剂——安赛蜜，作为尿液标记物。安赛蜜化学性质稳定，在人体内不代谢、不吸收，可通过人的消化道直接进入尿液。

研究人员在加拿大两个城市选取了正常使用的 31 个泳池和热水浴池，采集了 250 多个水样，另外还采集了 90 多个用于给泳池换水的干净自来水水样进行对比。结果发现，泳池和热水浴池水样中的安赛蜜浓度，从每升30纳克到7110纳克不等，比自来水水样中的安赛蜜浓度最多能高出500多倍。

基于上述浓度，研究人员估计，一个容量为40万千克水的泳池中，含有25千克左右的尿液。研究人员表示，利用安赛蜜这种标记物估计泳池中尿液含量，可让公众更好地认识泳池卫生状况，有助于提高公众卫生意识。

（二）污染防治方面的其他新信息

1. 固态物污染防治研究的新进展

（1）推出羊毛地毯防污新技术。2005年10月，有关媒体报道，近年，消费者对室内织物防污的要求越来越高。羊毛不像尼龙，它本身在一定程度上有抗污的功能，这是因为羊毛纤维表面的拒水性使羊毛不易受潮，因此有良好的抗污性能。虽然由于天生的抗污功能，羊毛不会像尼龙那样很快被沾污，但是一旦受潮，羊毛地毯抗污性能就会降低，因此，玷污对羊毛来说不是一个大问题，但对浅色羊毛地毯或室内羊毛装饰物来说，是一个有待解决的问题。

加拿大三色地毯公司牵头研发完成的防污新技术，代表羊毛地毯防污领域的一项重大技术突破。该技术是一种高效的、能长久抗污的处理方法。它能使羊毛和羊毛混纺地毯，具备持久的防污能力，能抵御穿着和洗涤磨损，并有效对抗各种污渍。

大多数尼龙地毯都有防污剂，许多尼龙防污剂对羊毛的处理效果并不明显。这种处理剂是由磺酸盐化合物组成的，在阳光下很容易变黄，对尼龙来说这很适用，但是，因为羊毛结构上有许多受色位置，因此对防污整理剂的用量要求更多，但用量多容易导致颜色发生变化，这样，日晒牢度是一个问题，并且这些防污剂对洗发液的防污能力不强，湿牢度也不是很好。在理论上，尼龙的防污工艺可以应用到羊毛的防污整理上，但是大量的研究要求能有一种特殊的羊毛防污整理剂。于是，这项防污新技术应运而生，它不仅能有效防污，而且使羊毛在阳光下不会变黄。

经过一系列试验后，这项简单而有效的新技术被推广开来。它克服了早期防污处理的复杂性，其防污功能主要集中在纤维表面，这与环染的状态是相似的。该防污技术也可以应用在散纤维和纱上。对散纤维的应用，先要经过热处理、湿处理，这样可减少表面的集中。

报道称，这项处理技术能使羊毛地毯具有最优化的酸性染料污渍抵抗力，而酸性染料常见于各种软饮料和兴奋饮料中。这些酸性染料可以使地毯永久着色，而且最难去除。除此以外，该技术对茶、咖啡和红酒等，也具有良好的抗污能力。羊毛加工商可以通过很多途径使用这种技术。例如，散纤维或纱线染浴也适用于各种连续性应用。

(2) 研究显示近九成纸币携有微量毒品。2009 年 8 月 17 日，国外媒体报道称，一个由大学化学专业学者组成的研究小组，发布的调查报告显示，在美国和加拿大一些大城市中，接近 90%的美元和加元现钞上，都能找到可卡因的痕迹。这家媒体在当天的报道中这样对读者说："你可能每天都拿着毒品自己却不知道。"

该研究小组说，他们对美国、加拿大、巴西、中国和日本等国的 30 多个城市纸币样本，进行分析表明，一些国家的钞票都有携带微量毒品的痕迹。

在调查中，位于北美的美国和加拿大两国的纸币额，以 85%~90%的极高污染率占据榜首，尤其是在美国一些大城市如巴尔的摩、波士顿和底特律，95%的钞票都带有微量的 A 级毒品。

研究人员指出，两年前他们所做的一项相同的调查显示，当时这个数字是 67%。调查推测，这个数字两年间约增加 20%，可能与可卡因消费的上升有关。如同一些电影中演示的那样，纸币可以用作吸食毒品的工具，方便易得。吸毒者能拿起纸币，直接卷起可卡因粉末用鼻子吸食。而在买卖毒品过程中使用纸币交易时，粉状毒品也很容易在纸币上留下证据。通过钞票叠放、银行、点钞机等接触方式，这种毒品污染得到进一步扩散。

2. 节能环保产品研制的新进展

(1) 开发出可循环使用的自擦除打印纸张。2006 年 11 月，有关媒体报道称，20 世纪 70 年代，美国施乐帕洛阿尔托研究中心的研究人员曾经开发出了一种叫作"垃圾回收"的软件技术，用于计算机内存的回收利用。该项技术可以让计算机自动重复使用那些用于存储未利用程序与数据的内存。现在，该研究中心学者布琳达·达拉尔和施乐加拿大研究中心化学家一起组成的研究小组，正在开发一种能够自我擦除的纸张。这种技术的目的，是为了让施乐的复印纸可以实现无限次的循环利用。

达拉尔已经发现，纸张在现代办公室中的角色，已经发生了明显的变化，即纸张的存储功能越来越弱，而展示的功能越来越强。为了开会、编辑，或者浏览信息，文件现在更多的是存储在中央服务器和个人电脑当中，只有需要打印时，纸张才会出现。她指出，这些纸张往往在从复印机和打印机当中吐出的当天，就在废纸篓中结束了它们短暂的使命。

每个月，办公室人员平均要打印 1200 张纸，其中 44.5%用于日常的工作任务，像工作分派，起草，或者电子邮件等。在达拉尔的研究中，办公室人员的纸张浪费很严重，她发现有 21%的黑白复印文件在诞生的当天就进入了废纸篓。她说："我们对自己的调查很震惊。没有人去注意自己废纸篓中的纸张浪费情况。"

现在，该研究小组已经开发出一个原型系统，这种纸张表面具有一层明黄的涂料涂层，它无需墨粉，即可让机器在其上面打印出一种低解析度的文件来，颜色呈现出紫红色。

这种纸张上打印的文件信息，会在 16 个小时内"消失"，只要人们将它们再次放入复印机的进纸盘中，它们还可以再次使用。研究人员表示，这种纸张最高可以重复使用 50 次。

帕洛阿尔托研究中心硬件系统实验室的计算机科学家埃里克·施拉德说："人们确实很喜欢纸张。因为他们喜欢可以触摸的那种感觉。"目前，这种可以循环使用的纸张尚处于开发的初期。20 个世纪 90 年代，日本的理光公司曾经开发过一种无须墨盒即可打印的纸张，那种纸张最多可以被打印 10 次，但它后来没有被商用化。

施拉德表示，施乐尚未决定是否将这种纸张投入商用。虽然单张纸张的成本比传统的纸张贵 2~3 倍，但考虑到它可以循环利用，其总体的使用成本还是比传统的打印系统便宜。研究小组透露，这种新型纸张的奥秘，主要在于一种复合涂料，这种涂料能在吸收一定波长的光线后改变颜色，并使纸张随后逐渐退回到其原来的颜色。目前，褪色的周期大约为 16~24

小时，但是，如果对其加热，纸张会立即褪色。

现在，施乐公司面临的主要挑战是，如何在一个逐渐信息电子化的世界中，为这种纸张寻找到需求市场。

（2）推出制造绿色天然气的节碳器。2007 年 12 月，加拿大媒体报道，位于加拿大新不伦瑞克省的大西洋氢能公司，正在开发一项新产品，该产品可从天然气中去除去部分碳，并以氢取而代之，从而使天然气在燃烧时排放更清洁。

大西洋氢能公司正在开发的产品叫作“节碳器”。该产品使用一个低温等离子反应器，该反应器耗能非常低，而且不产生温室气体。节碳器的工作原理是，当天然气流过节碳器时，部分天然气中的碳和氢发生分离，碳以固体黑色粉末的形式被移除，而氢被送回到天然气中，结果导致氢在天然气中的成分比例达到 15%～20%。大西洋氢能公司总裁戴维·瓦格勒将最终产品称为“富氢天然气”，也就是所谓的“绿色天然气”。

节碳器最引人注目之处，在于不用对现有的天然气设备做任何改造，就能降低有害物的排放。节碳器产生的富氢天然气，可用于任何目前以天然气为燃料的内燃机，也可用于燃气炉具和燃气轮机，其燃烧时排放的气体更加清洁，例如二氧化氮的排放，可降低 50%～60%，二氧化碳的排放可降低 7%。

在加拿大政府的支持下，大西洋氢能公司正与加拿大最大的天然气能源公司英桥公司开展合作，建造一个节碳器示范装置。理论上讲，节碳器可以安装在天然气分配网络的所有节点上，如天然气加气站以及输气管道与入城管道的连接处。

目前，大西洋氢能公司还在研究除碳过程中生成的固态碳粉末的再次利用问题。该公司认为，产生的碳粉末可作为制造墨水、染料、塑料以及碳复合材料的原料，还可永久埋藏在土壤中，与肥料一同使用以增强农田的地力。他们不久就将进行富氢天然气应用于 100 千瓦小型燃气发电机的试验，同时还将进行天然气动力车辆使用富氢天然气试验。该公司还计划扩大试验规模，提高天然气处理能力，将节碳器推向大型天然气发电厂。

第二节　生态环境保护的新进展

一、生态环境变化研究的新成果

（一）探索生态环境影响及变因的新信息

1. 研究生态环境对基因表达影响的新进展

发现局部生态环境比遗传背景对基因表达影响更大。2018 年 3 月，加拿大安大略省癌症研究所科学家菲利普·安沃达拉及其同事组成的一个研究团队，在《自然·通信》杂志上发表的一篇遗传学研究报告称，他们对相同地域、不同区域的千名个体所进行的分析调查显示，暴露于局部生态环境因子，比如空气污染，要比遗传背景对调节基因表达和健康有更大影响。

工业化和化石燃料使用的增加，在世界许多地区导致了空气污染，其中可吸入颗粒物是许多城市和地区空气的首要污染物，而可吸入颗粒物主要经呼吸道进入人体。

研究人员表示，研究某一特定性状的基因时，基因组中其余的 DNA 组成即为该基因的遗传背景。过去人们认为，有不同遗传背景的人，对环境因子有着不同的反应。因此，个体对特定疾病的遗传率和患病风险也不同。然而，环境暴露导致的患病风险，以及环境暴露与基因组的相互作用，迄今仍未被人类完全理解。

鉴于此，该研究团队从来自魁北克不同地区的 1007 名实验对象中，搜集并测评了包括环境暴露、健康、基因表达水平和全基因组遗传差异信息等数据。

通过调查和分析，研究团队发现，血液样本中表现出的环境对基因表达的影响，大于遗传背景对基因表达的影响。除此之外，局部环境空气污染，譬如说细颗粒物（$PM_{2.5}$）、二氧化氮和二氧化硫，则会调节人体内影响心血管代谢特征与呼吸特征的基因表达，而它们可能导致肺部疾病和动脉硬化。研究团队最后总结称，此次的新发现，显示了局部生态环境是如何直接影响个体疾病风险的，同时也发现了遗传差异可以调节个人对环境挑战的应答。

2. 研究导致生态环境恶化因素的新进展

发现大量使用农用抗生素会危及生态环境。2014 年 2 月，物理学家组织网报道，加拿大卡尔加里大学经济学教授艾丹·霍利斯、艾哈·迈德等人组成的一个研究小组，在《新英格兰医学杂志》上发表论文称，他们研究发现，农业和水产养殖业大量使用抗生素会对生态环境和公共健康构成威胁，并建议对非人类抗生素实施征收用户费的解决方案。

迈德指出，为了增加粮食产量，美国 80%抗生素都用于农业和水产养殖业。霍利斯说，这样大量的抗生素排放到环境中，如喷洒在果树上，拌在牲畜、家畜和鱼爱吃的食物中，以及其他用途，会导致细菌进化。越来越多的证据表明，随着这些抗生素大量被使用，耐药菌不断涌现，结果导致细菌对现有处理方法免疫，数量反而不断增加。

霍利斯说，如果任由该问题发展，将危及全球范围的生态环境和公共健康。他建议，可以对使用非人类抗生素征收用户费，类似于伐木公司支付采伐费和石油公司支付开采费的方式，以大大缓解困境。他进一步解释："现代农业中大量使用的主要抗生素使作物的产量增加，但是，抗生素的真正价值是治病救人，其他一切都微不足道。"

霍利斯认为，禁止在食物生产中使用抗生素具有挑战性，建立用户收费是有道理的。该做法将阻止抗生素的低价值使用，令其具有较高的使用成本，还鼓励农民改善对动物的管理方法和采用更好的替代品。他补充说，由于耐药细菌不分国界，建议设立一个能够实施的国际条约。

据悉，美国已经采取有关措施，控制非人类抗生素使用过剩的行为。美国食品和药物管理局正在力争让农场自愿限制使用促进动物生长的抗生素。霍利斯呼吁加拿大政府，也对此有所作为。

（二）陆地生态环境变化研究的新信息

1. 勘探调查陆地生态环境及资源分布的新进展

（1）成功绘制世界首张地球北极综合地图。2009 年 5 月 15 日，加拿大媒体报道，该国地质勘探局专家领导的一个研究团队，近日成功绘制了世界上首张地球北极地区综合地图，并在今天公之于众。报道称，根据这张地图，人们不仅能认识各种大陆冰架下的情况，也可找到油气、金矿、钻石矿等矿产资源。

报道称，虽然地图由加拿大地质勘探局绘制，但实际上是国际社会集体智慧的结晶。该地图除了使用加拿大本国长期搜集的资料数据之外，还借鉴了美国、俄罗斯、芬兰、丹麦、挪威等北极沿岸国家搜集的数据。所有的数据加在一起，价值 10 亿美元。

在这份地图中，人们不仅可以根据披露的详细数据找到油气等资源，一些金矿和钻石矿的可能蕴藏地点也被标注，因为很多断层带的物理特性在地图上显示得清清楚楚。同时利用这张地图，人们还能对地球北极地区多发的地震等进行综合研究。

（2）绘制出地下深层水流分布图。2011 年 1 月，加拿大不列颠哥伦比亚大学地球海洋系研究人员汤姆·格里森等人组成的一个研究小组，在《地球物理研究通讯》上撰文称，他们首次绘制出地表下流经岩石和沉积物的地下水流分布图，并发表了绘制的地图和相关数据。这项成果有利于准确评估地下水对气候的影响，有利于加强水资源的管理，也有利于更深入地了解地质的演变过程。

研究人员表示，这是世界上第一张全球范围近地表面渗透性的图像。与过去绘制的地下水流分布图相比，它参照了深度更深的岩石形态数据。加拿大研究人员使用了德国和荷兰科学家提供的最新世界范围岩石形态调查研究成果。这些成果保证了他们在绘制渗透性地图时，可以把深度达到地表下 100 米左右。而过去的渗透性地图只涉及地下 1~2 米，且只涉及部分区域。

2. 研究河道与冰川生态环境变化的新进展

（1）研究河道生态环境变化的新发现。看到一条长度是胡佛水坝两倍的世界最大河狸坝。2010 年 5 月，国外媒体报道，北美洲“河狸：湿地和野生动植物”研究中心生物学家莎伦·布朗等人组成的研究小组，在加拿大艾伯塔省北部伍德布法罗国家公园南端，发现了一条世界上最长的河狸坝，它的长度甚至是胡佛水坝的两倍，从太空都可以看得到。

研究人员说，这座丛林里的建筑，实际上是一条巨大的河狸坝，它长约 850 米，充分显示了这种长着大牙的毛皮动物的高超筑坝技能。这种哺乳动物使用树木、泥土和石头建造一种“城壕”，在这里，它们能借助自己的游泳技能避开任何天敌。河狸的窝筑在坝上，它们整天在扩建和修补自己的这一庞大建筑。

研究人员一直关注着这条北美地区的河狸坝，并对该坝的大小和建造速度进行监控。虽然长度在450米左右的河狸坝很多，但这条河狸坝如此之长，却令生物学家颇感震惊。据称，这是几个河狸家族联合打造的超级大坝，使用了数千棵树，花费了好长时间。

河狸坝是生态系统的重要组成部分，科学家通过判断这些大坝的扩展速度，可评估环境和气候的改变。

布朗说：“河狸建坝是为了创造一个优良的生活环境。它们在水中非常机敏，但它们在陆地上的行动有些迟缓。它们在有水的地方创造一个栖息环境，就像包围着它们的窝的一道城壕。这样，它们能游泳和潜水，以及躲避山狗和熊等天敌。它们还在水中搬运建坝的树木，因为在水上拖动木头比陆地上拖动更容易。这些生活环境不仅对它们有利，而且对其他动物和环境也有利。这个坝非常大，‘谷歌地球’还显示气候变化导致河狸向北移动。它们的大坝对环境非常有益，因为它们舒缓了水流速度，减少了河水干涸和泛滥的可能性。水中的植物死掉后会变成泥炭，那是存储二氧化碳的最佳方法之一。”

（2）研究冰川生态环境变化的新动态。推进斯图特冰期的有关研究。2014年1月，国外媒体报道，加拿大科学家参加的一个国际研究小组，对加拿大西北部的马更些山脉冰川运动进行了野外实地考察。

研究人员采集了冰川运动时残留在冰川顶、底的Rapitan组冰川沉积物，在实验室采用最新的Re-Os地质年代学及高分辨率耦合Os-Sr同位素定年，结合现有的U-Pb定年，测定冰期后沉积物的Re-Os年龄为662.4±390万年，直接限定了同一大陆边缘成冰纪的开始和结束时间，表明斯图特冰期大约持续了5500万年。

研究发现约10亿年前，斯图特冰期前的火山活动导致新生幔源物质侵入陆壳，风化碎屑产物进入海洋，成岩时大量消耗和吸收大气中的二氧化碳，可能会导致接下来5500万年里地球变冷，最终形成雪球地球。冰期前同位素特征，与大洋中的新生物质的大量输入相一致，全球耐候性增强，冰期开始。

而冰期后的地层中放射性 Os、Sr 同位素组成，表明冰川开始大规模退出陆地，硅酸盐风化作用增强，地球再次变暖。最后研究人员指出，斯图特冰期是否真是一个长期事件，或者是一段包含多次冰进和冰退事件的时期，这一问题尚待研究。

3. 探索保护陆地生态环境的新技术

研究让地球更绿色更环保的缓慢化学技术。2015 年 8 月，国外媒体报道，加拿大麦吉尔大学化学工程系博士生克里斯蒂娜·莫蒂略做实验时，显得一点儿都不着急。她把细细研磨的白色粉末倒入有盖培养皿，用一个小玻璃瓶的侧面小心翼翼地将其摊平，然后把它封装到一个热度和湿度均同热带闷热夏日相仿的房间内。她说："现在，我们什么都不用做了，就等着吧。"

接下来的 4 天里，莫蒂略并未采取进一步的措施。上述粉末中的 3 种化学物质将逐渐变成 ZIF-8。它是一种被称为金属有机骨架的稳定、多孔化合物，而它能在碳捕获和储存中找到广泛的应用，并且比原材料的初始价值高出 100 倍。莫蒂略轻松地说："反应物包揽了所有工作。"

报道称，这是对通常涉及溶解、加热和在溶液中搅拌配料以促使它们快速发生反应的标准化学合成方法的彻底背离。后者快捷、易于理解，但往往耗费大量化学物质和能源，并且对环境造成极大的挑战。据估计，在由工业过程和高校实验室产生的所有化学废料中，有 50%～80%包含合成、分离和提纯时留下的溶剂。

近 20 年来，全球"绿色化学"运动一直试图寻找使这些有毒废液最小化的方法。不过，莫蒂略是开始采用一种即使根据"绿色化学"运动的标准，也稍显激进方法的少数科学家之一。她的博士生导师、麦吉尔大学化学家托米斯拉夫·弗里西奇把这种方法描述为"懒人的化学"：让混合在一起的固体反应物不受干扰地"静坐"在那里，它们自己会主动发生变化。这种方法被称为"缓慢化学"更为恰当，或者只是在老化。它只需要很少甚至不需要危险性溶剂，并且利用最少量的能源。如果规划妥当，这种方法还会消耗掉混合物中的所有反应物，以至于不会产生废弃物，并且无须大量使用化学物品的提纯过程。

此类过程已被知晓了上千年：铁生锈便是一个熟悉的例子，正如使自由女神像布满铜绿的长达几十年的风化过程。不过，直到现在，科学家才开始理解这些过程，并且学会如何控制它们以获得想要的产品。过去十年里，研究团队利用此类技术生产出有价值的产品，包括金属有机配合物、药物、简单的有机化合物和光致发光材料。诸如弗里西奇等拥护者希望能生产出更多此类产品。

弗里西奇说："最终的目标是真正清理化学生产行业。"

报道称，这可能要等上一会儿：即使是最狂热的慢化学支持者也认为，老化面临着一场关于可靠性的艰苦斗争。学生们被教导，完美的化学反应经常以正确的溶剂开始：和正常情况相比，溶液中的分子更加快速的反应，因为它们可以自由地翻滚和相互碰撞，而这促成了化学键的生成和分离。不过，缓慢化学却发生在从定义上看任何东西都被严格固定就位的固体中。

其实不然。固态反应能持续几个月或数年，但它们在自然界中确实存在。在一个海鸟经常光顾的沿海地区，海鸟粪的沉积物同岩石中的硫化铜矿发生反应，并且形成一种常见的草酸铜石。生长在岩石上的地衣通常藏匿着一种简单而微弱的有机酸混合物，能同矿物发生缓慢反应，从而产生复杂的金属有机材料。这为地衣提供了一些应对微生物入侵的保护。

16~17 世纪，一项老化的成果被用来生产艺术史上使用最广泛的颜料铅白。生产商将卷起来的铅板放在含有少量醋的桶里，然后把桶放在一间小屋的粪堆上。这种金属会缓慢地同空气中的水蒸气和来自粪堆的二氧化碳发生反应，变成一种如今已知是碳酸铅和氧化铅的白色物质。醋扮演了催化剂的角色，而不断分解的粪肥使屋子保持足够的温暖，从而让该过程以合理的速率进行下去。在约 3 个月后，这种颜料被刮下来，冲洗并研磨成精细的粉末。它被用于如达·芬奇的《蒙娜丽莎》（约 1506 年）、扬·弗美尔的《戴珍珠耳环的少女》（1665 年）等画作。

不过，缓慢化学最新的兴起同艺术无关。一个因素是来自制药行业的兴趣，其关注的重点是对药物老化过程进行更好的控制。另一个因素在于固态化学不再像过去那么神秘。固体中的反应，往往比在分子快速扩散形成均匀混合物的液体中复杂很多。固体通常是截然不同的颗粒非常糟糕地混合在一起的聚集体，而且到处分散着裂缝和其他结构缺陷。这样一来，化学反应便会以不同的方式和速率发生。不过，目前诸如X射线晶体学、核磁共振扫描、电子显微镜等成像技术的快速发展，正在让化学家更好地实时了解这些反应是如何进行的以及它们最终会产生什么。

这些了解反过来帮助支持者将自然老化过程简化，并加以改善。同时，驳斥了认为老化太过缓慢和不可预测以至于无法获得实际应用的看法。弗里西奇坚持认为，如果提前规划好，就不是缓慢化学了。他的研究团队正试图更好地了解和利用老化反应。比如，莫蒂略开展的金属有机骨架绿色合成试验，就是一次加速矿物和地衣酸之间化学反应的尝试。

报道称，该研究团队中的另一名博士生利用不同的老化过程合成了多种来自主族金属、过渡金属和镧系元素氧化物的金属有机材料。这些固体往往拥有非常高的熔点和很低的溶解度。研究人员发现，每种金属氧化物以不同的速度老化。因此，他们利用其作为一种将金属彼此分离的方法：老化的产品比氧化物密度低，因此会在中间型密度的液体中漂浮，剩下的氧化物则会沉底。

弗里西奇说，金属氧化物是理想的试剂，因为它们便宜、安全、普遍可得，并且产生的副产品只有水。其他金属盐类如氯化物或硝酸盐，会产生最终变成有毒废料的酸。与此同时，很多金属天然以氧化物形式出现，为此不得不用强酸将其从矿石中萃取出来。弗里西奇介绍说，通过老化便能绕过这一步，并且产生直接来自岩石的金属有机骨架。他和团队正致力于将该过程放大，使其能用于金属提取和分离行业。

至于速度，弗里西奇认为：“我们能让反应持续进行，如果采用一些技巧的话。”当然，大多数技巧都很简单。第一种是把样品放在潮湿的大气中：水蒸气会在固体结构中的孔隙间迁移，充当了帮助固体中的原子或分子扩散、发生反应，甚至重新排列形成新结构的润滑剂。第二种是把温度上升到45℃。虽然与工业反应容器通常采用的几百摄氏度相距甚远，但足以使老化过程加速进行。莫蒂略说：“如果我们生活在印度，或许可以在户外做这件事。”第三种是做地衣无法完成的事情，并且将反应物研磨在一起，形成精细的均匀混合物，以增加颗粒的表面积。这便是莫蒂略在几天而不是数周内完成ZIF-8合成所采用的方法。

报道称，致力于基于老化的合成研究的每个人都承认，还有很长的路要走。这种机理尚未得到很好的理解，并且没有理想的计算模型加速研究。绿色化学家沃尔特·莱特纳表示，老化研究在无机合成领域获得的成功最多。以往无机合成产生的环境影响，要比使用了大量溶剂的有机合成小得多。他认为，在有机合成领域，一名绿色化学家能瞄准的最实际目标，是寻找用诸如水等环境友好型溶剂代替有毒溶剂的方法。

对于老化研究尽管存在许多不同意见，但并没有让弗里西奇丧失信心。他说："你在溶液中能做的一切事情，都可以用老化完成，甚至可以做得更多。"目前，他正在通过监控反应过程，探寻老化背后的机制。

（三）海洋生态环境变化研究的新信息

1. 研究海洋生态环境的新进展

（1）发现地球内部有"隐藏的海洋"。2014 年 3 月，加拿大阿尔伯塔大学格雷厄姆·皮尔逊教授主持的一个研究小组，在英国《自然》杂志上报告称，他们首次发现来自上下地幔过渡带的一块林伍德石，其含水量为 1.5%，从而证明有关过渡区含有大量水的理论是正确的。有关研究人员进而认为，地球内部可能存在着一个水量相当于地表海洋总水量 3 倍的"隐藏的海洋"。这一发现有助于解释地球上海洋的水从何而来。

研究人员说，这一"隐藏的海洋"位于地球内部 410~660 千米深处的上下地幔过渡带，其水分并不是我们熟悉的液态、气态或固态，而是以水分子的形式存在于一种名为林伍德石的蓝色岩石中。

研究人员利用遍布各地的地震仪分析了 500 多次地震的地震波。这些地震波会穿透包括地核在内的地球内部，由于水会降低地震波传播的速度，研究人员可以据此分析地震波穿透的是什么类型的岩石。结果表明，就在地下 660 千米深处，岩石发生部分熔融，且从地震波传播速度减缓来看，这是可能有水存在的信号。

与此同时，研究人员在实验室中合成上下地幔过渡带中存在的林伍德石，当模拟地下 660 千米深处的高温高压环境时，林伍德石发生部分熔融，就像出汗一样释放出水分子。

研究人员说，我们最终找到了整个地球水循环的证据，这或许有助于解释地球地表大量液态水的存在，几十年来，科学家一直在寻找这一缺失的深层水。地球上水的来源有多种说法，一些人认为是彗星或陨石撞击地球带来的，也有人认为是从早期地球的内部慢慢渗透出来的。新发现为后一种说法提供了新的证据。

（2）系统研究海洋深处的热液柱。2014 年 4 月，有关媒体报道，加拿大海底观测站有关研究人员，参与美国佐治亚大学海洋科学系研究小组的一项研究。它将对深海热液柱展开系统探索，该项目为期 3 年，获得美国国家科学基金会的资助。

深海热液柱是指深约 2 英里（3218.7 米）以下海洋深处的水体。当洋壳运移时，其上部的冷的海水通过裂隙渗入洋壳深层并被岩浆加热。这种高温海水通过化学反应，使得矿物和金属硫化物被释放到深海热液柱中，从而形成所谓海底“烟囱”的热液活动现象。在此，微生物通过化合作用将硫化氢转化为生命所需物质，从而使海底热液柱成为深海新生命形成的能量来源。这便是自发现至今，深海热液柱备受科学界关注的原因所在。但由于其处于高温（超过 300℃）高压状态，难以对其进行详细研究。

该研究将专门开发用于收集深海热液柱数据的装置，这将为认识和理解潮汐、风暴等海洋现象，以及深海地震等地质事件对深海生态系统发展的影响提供长期数据支撑。长期数据是发现不同地球过程之间关联的关键依据。报道称，研究人员已经开展了一些前期研究，如首次利用声波探测装置对深海热液柱进行了为期 6 周的长时数据监测。基于此，研究人员将通过深海光纤与加拿大海洋观测网海王星海底观测站连接，实现对深海热液柱 24 小时的连续监测。

利用声波探测装置通过收集热液柱的温度及其水流速度数据，可以测算出被释放入海洋中的总热量。同时，研究人员还将借此开展对地震过程以及地震事件如何影响热液柱等方面的研究。地震能够造成热液柱的关闭，同时在新的位置形成新的热液柱乃至巨型热柱。巨型热柱是由于洋壳发生大规模断裂，使得大量热液流短时间内被迅速释放入海洋时所形成的现象，而这种现象很难被实时观测。因此，该项目为全面认识和理解热液柱形成及其影响提供了难得的契机。

2. 加强海洋生态环境保护的新举措

（1）在北极水域联合开展科学考察活动。2008 年 8 月 11 日，有关媒体报道，加拿大和美国当天向公众宣布，两国在北极水域联合开展科学考察活动，收集北极大陆架环境的科学数据。

加拿大自然资源部长加里·伦恩说：“借助与我们美国邻居协作，收集重要数据，我们将实现科学和财政资源的最大化利用。”

美国国务院官员说，“希利”号将负责绘制海底地图；“路易斯·圣劳伦特”号收集数据，以测定海底沉淀物厚度，以协作方式帮助两国确定北冰洋地区大陆架的范围。

美国新罕布什尔大学研究人员先行前往北极水域，然后会合“路易斯·圣劳伦特”号。“希利”号将绘制一幅北冰洋海底三维地图，确定阿拉斯加以北海域大陆架延伸范围。

（2）启动“海王星”海底生态观测站计划。2009 年 7 月 3 日，加拿大新闻社报道，该国在西部太平洋沿岸省份不列颠哥伦比亚的埃斯奎莫尔特海军基地，启动了“海王星”海底观测站计划，2009 年年底开始传送海底生态观测数据。

据报道，在未来的 25 年时间里，这项计划将对海底生态发生的情况，进行长期监测。该计划由加拿大维多利亚大学牵头，耗资 1 亿加元，其基础设施主要由加拿大阿尔卡特-朗讯公司研发。

据报道，“海王星”海底观测站，包括 5 个 13 吨重的像太空舱一样的设备。这些设备放置在温哥华岛西海岸海底，与海底光缆连接。设备内有数以百计的观测仪器，世界各地的研究人员，足不出户就可通过互联网实时观测海底世界。

维多利亚大学校长戴维·特平说，随着人们对海洋了解的不断扩大，“海王星”计划将在帮助人们以前所未有的方式认识海洋方面，发挥重要作用。

（3）合作建模揭示未来海洋状态。2012 年 3 月 8 日，加拿大不列颠哥伦比亚大学克里斯滕森教授领导，日本基金会成员参与的一个研究小组，在美国科学促进会 178 届年会上报告说，他们通过合作，研究设计出名为“海神”的未来世界大洋的生命模型，使用三维视觉向科学家、政策制定者预测及展示未来海洋生命逼真、生动的真实状态。

“海神”模型综合气候变化、人类活动（包括渔业捕捞、河水断流）

和食物链（大鱼吃小鱼）三个主要因素，展示了1960—2060年海洋水下的生态实况。基于目前的政策，模型显示，大鱼数量将锐减，某些小鱼数量可能会增加。初步研究结果显示，全球鱼类资源会减少20亿吨，印证了此前就部分海域所做模型研究的结论。

克里斯滕森教授指出，这是第一次对全球海洋做出综合生物模型，虽然还需要进一步深化，但现在研究结果基本展示了人类目前生活方式对未来海洋的影响。摆在我们面前的严肃问题是：人类如何留给子孙后代富有生机的海洋？

“海神”模型可通过土地系统、海洋生命、植物多样性分布，以及渔业管理和管制等四个相关模型，进行数据分析，基于不同的渔业政策、管理选项，生成三维视景。“海神”不仅首次展现全球海洋生命全景，而且还预示了当今人们的行为对未来的影响。

克里斯滕森教授还宣布，杜克大学、普林斯顿大学、斯德哥尔摩大学、剑桥大学及联合国环境计划下属的世界保育监测中心，将加盟这一研究项目。

（4）合作开展大西洋资源管理研究。2013年5月24日，欧盟委员会发表新闻公报说，欧盟与加拿大、美国当天在爱尔兰港口城市戈尔韦举行高级别会议并签署协议，合作开展对大西洋的研究，以加深对大西洋的了解，更好地开发大西洋资源。

这一名为《关于大西洋合作的戈尔韦声明》的协议，要求三方加强对大西洋的探测，共享探测数据，协调使用探测设施，开展可持续的海洋资源管理，绘制海洋生物栖息地地图，促进海洋研究人才流动，推荐重点研究领域等。

欧盟委员会负责科研与创新的委员梅尔·盖根奎因当天说，海洋研究及相关的“蓝色经济”是欧盟发展的重点领域之一，目前欧盟每年用于海洋研究的经费达19亿欧元，仅欧盟科研框架计划每年就投入2亿欧元以上。

她说，从2014年开始，欧盟“地平线2020”科研规划将继续加强对海洋研究的支持，进一步探索海洋的秘密，更好地开发利用海洋资源，推动“蓝色经济”发展，以促进经济增长，增加就业，提高欧盟整体竞争力。

二、研究影响生态环境的气候变化

（一）探索气候变暖影响生态环境的新信息

1. 研究气候变暖现象的新进展

（1）认为全球变暖或许持续许多世纪。2011年1月9日，加拿大卡尔加里大学地理学教授肖恩·马歇尔等人组成的一个研究小组，在《自然·地球科学》杂志发表研究成果称，他们借助气候模型发现，现阶段大气中保有的温室气体，将使全球变暖效应持续数个世纪，最终引发海水温度上升，南极部分冰盖融化坍塌，海平面上升。

研究人员利用气候模型，模拟人类减排情形下未来1000年地球的气候变化特征。结果显示，即便人类从现在起完全弃用化石燃料，停止温室气体的工业排放，也无法阻止南极海水变暖、北非沙漠化等状况发生。这一情形的发生，源于气候变化具有“惯性”效应。

研究预测，在未来1000年内，南极附近海水平均水温可能上升5℃，致使南极西部冰盖融化坍塌。坍塌冰盖面积与美国得克萨斯州相当，冰盖厚达4000米。一旦这种状况发生，海平面可能上升数米。另外，气候变化可能使北非部分地区的沙漠化程度达到30%。

不过，马歇尔说：“温室气体带来的诸多不利影响，并非完全不可逆。你有时会听到一些失败论者抱怨‘太晚了’‘许多变化已不可避免’。但我认为，今后是否会看到巨大变化，取决于今天我们是否致力于减排。”

按照他的说法，尽管全球变暖会持续许多世纪，但人们减少温室气体排放的努力不会白费。在局部地区，气候变化带来的负面影响可能会出现逆转，特别是在北半球某些地区这一“逆转”最有可能发生。

（2）认为燃烧现有化石燃料将让全球气温大幅上升。2016年5月23日，国外媒体报道，加拿大维多利亚大学科学家领导的一个研究小组，在《自然·气候变化》杂志上发表论文称，如果全部燃烧地球已知化石燃料，相当于向大气排放5万亿吨二氧化碳，将导致到2300年全球平均气温上升8℃；如果将其他温室气体排放的影响也考虑进去，气温升幅可能达到近10℃。

研究人员说，如果不采取措施控制二氧化碳排放量，全球变暖效应比此前估算要严重不少。据介绍，这种升温幅度在全球各地还存在不小差异。计算结果显示，北极地区升温幅度尤为明显，在大量排放二氧化碳前提下，北极地区到2300年会上升17℃；如果把其他温室气体排放的影响考虑在内，北极地区气温升幅还将额外增加3℃左右。

研究小组利用数据模型，对二氧化碳累计排放量及其与气候变化的关系进行了探讨。研究人员说，此前一些研究，利用较简单模型计算出的升温幅度，明显低于这个新估算结果。这主要是因为海洋吸收热量的效率等一些因素，没有在以往模型中得到正确体现。但研究人员也说，他们这一计算结果，只考虑了已知所有化石燃料存量，并未计算随着技术进步未来可能新发现的化石燃料。

论文指出，持续的二氧化碳排放，除影响全球气温，还将导致区域降水出现变化：热带太平洋区域降水会大幅增加，澳大利亚、地中海地区、南部非洲、亚马逊部分地区，以及中美洲、北美洲的降水，会出现不同程度的下降。

另外，有关专家在《自然·气候变化》杂志上配发的一篇评论中说，以目前全球使用化石燃料的趋势，温室气体排放所导致的升温幅度，将超过《巴黎协定》所制定、将全球平均气温升幅较工业化前水平控制在2℃之内的目标。各国决策者有必要看得更长远，以十年乃至百年的时间跨度，去思考气候变化的影响以及应对措施。

2. 研究气候变暖对生态环境带来的不利影响

（1）发现气候变暖导致冰川体积大量减少。2015年4月，加拿大科学家加里·克拉克、安德烈亚斯·维利等人组成的一个研究小组，在《自然·地球科学》网络版发表研究报告称，与2005年相比，到2100年，加拿大西部的冰川体积将损失70%。模拟显示，由冰川消融产生的冰水汇入河流的峰值，将出现在2020—2040年间。

由于气候变暖的影响，全球范围内的高山冰川都在融化。这些冰川储存的水资源相当可观，而其流失可能影响到水资源的可用性。

克拉克等人针对加拿大西部的环境，开发出一套高清晰区域冰川模型，可以清楚模拟冰川滑动的物理情况。套用多个全球气候模型集成获得的气候变化假设条件，他们发现沿海区域的冰川，有可能出现冰川体积大量减少的情况，但仍然存在。但内陆地区的冰川，则有可能完全消失。

维利认为，在此项研究中，冰川消退如此迅速，将会对区域水文学、水资源以及未来格局产生重要影响。

（2）全球变暖和厄尔尼诺现象是大面积林火的主要诱因。2016 年 5 月 7 日，有关媒体报道，加拿大西部阿尔伯塔省发生大面积林火，目前过火面积已经超过 2000 平方千米，近 10 万人被疏散。加拿大专家分析认为，此次严重林火的主要诱发因素，是全球变暖以及厄尔尼诺现象的双重夹击。

全球变暖是基本面影响。阿尔伯塔省气象部门的监测显示，林火所在的麦克默里堡地区近期气温明显高于往年同期。从更长的时间尺度来看，近年来，加拿大北部林区的气温上升幅度高于全球变暖幅度，因此林火发生更为频繁。

据统计，仅 2016 年以来，阿尔伯塔省就已经发生了约 330 次林火，是近年来同期发生林火数量的两倍。

此外，受全球变暖影响，自 1979 年以来，加拿大西部每年的防火季也明显延长。例如，2016 年的防火季从 3 月 1 日开始，2015 年是 3 月 15 日，而以前加拿大西部的防火季要到 5 月才开始。

阿尔伯塔大学研究人员麦克·弗兰尼根等人 2016 年 1 月发表论文称，全球变暖会导致加拿大出现极端火险天气的频率显著升高。弗兰尼根日前在接受英国广播公司采访时指出，气候变化是导致此次麦克默里堡林火的重要因素之一。

从 2015 年持续至今的超级厄尔尼诺现象则“火上浇油”，给包括阿尔伯塔省在内的加拿大西部大部地区带来了极端暖冬和干旱天气。外国媒体报道称，反季节的高温加之干旱，使得阿尔伯塔省的大片林区变得就像“打火匣”一样危险。

位于阿尔伯塔省的莱斯布里奇大学教授朱迪斯·库利格对媒体说：“我们经历了一个超级干旱的冬季，积雪量不足。”她认为，全球变暖和厄尔尼诺现象共同促成了这次严重林火。

美国航天局喷气推进实验室气候学家比尔·帕策特也持相同观点。他分析说："阿尔伯塔省积雪量不足，而目前春季降雨时节尚未来临，使得当地林区极易发生林火。气候变暖、干旱、大风、缺雨，多种因素促成了这场严重林火。"

目前，阿尔伯塔全省已进入紧急状态。干旱天气同时也对阿尔伯塔省的农业造成致命打击。该省此前就已宣布进入农业紧急状态。

世界气象组织说，从 2015 年持续至 2016 年的厄尔尼诺现象，其强度是这种现象有记录以来最强之一，给各大洲带来了极端天气，并助推了全球创纪录的高温。

联合国经济和社会理事会主席吴俊在"2015/2016 厄尔尼诺现象的影响"研讨会上说，厄尔尼诺现象并非是一次性的，而是会反复发生的、对全球都有影响的现象。国际社会应该着力提升厄尔尼诺影响期间应对极端天气的能力。

（3）气候持续变暖可能引发危及海洋生物的极端事件。2018 年 9 月，加拿大多伦多大学海洋科学家与美国加州大学圣克鲁兹分校同行组成的一个研究小组，在《科学》杂志上刊登了一篇研究论文：《科学家在气候变化和海洋变暖之间建立了新的联系》。

该论文称，科学家通过当前地球上二氧化碳与海洋中氧气水平预测的地球温度变化轨迹，与 5500 万年前的"古新世-始新世极热"事件具有相似性。随着气候变暖，海洋的含氧量减少而导致硫化氢增加，这种毒素使海洋物种面临风险。

该研究显示，在 5000 万年前发生的"古新世—始新世极热"事件，地球大气中二氧化碳增加，改变了地球海洋的化学性质，使得海洋生物遭受了沉重的打击。

研究人员建议，如果当代全球碳排放继续增加，不仅会导致夏季炎热和极端天气事件的发生，海洋中许多鱼类的未来也可能面临风险。二氧化碳的增加会导致气候变暖，从而导致海洋中的氧气减少，较低的含氧量会让食用硫酸盐的细菌快速成长，从而产生硫化氢毒素，影响在海洋深处生存的鱼类。

（4）全球变暖致使北极岛屿滑坡频率增加。2019 年 4 月 3 日，加拿大渥太华大学专家安东尼·卢科维奇领导，其同事罗伯特·韦等参加的一个研究小组，在《自然·通信》杂志上发表论文称，近半个世纪以来，加拿大北极岛屿班克斯岛滑坡频率增加了59倍，滑坡已成为全球变暖最危险的后果之一。

卢科维奇表示："如果永久冻土已经融化，我们无法阻止土壤缓慢滑塌。我们只希望此问题能够引起注意，减少温室气体排放。"

气候学家近些年非常担心，北极变暖会导致最后一次冰期，在西伯利亚、阿拉斯加和加拿大极地地区出现的所有永久冻土迅速消失。据当前预测，西伯利亚和阿拉斯加南部地区永久冻土，在21世纪末会消失1/3左右。

研究人员认为，永久冻土融化会释放出在数百万年冰期内冻结在土壤中、并不断累积的大量有机物质。这些动植物残骸将开始腐烂，向大气层释放甲烷和二氧化碳，在自然火灾中燃烧，进一步加速全球变暖。除了对自然界的影响外，这些灾难性过程，还会对极地居民造成极为不利的影响。气候学家研究发现，永久冻土融化，将影响俄罗斯、加拿大和美国极地城市70%以上的基础设施。

罗伯特·韦对在不同气候条件下，卫星于1984—2016年拍摄的班克斯岛地表高清图片进行分析，他们统计出泥石流、山洪、滑坡和其他土壤移动现象发生的次数，计算出受影响地区面积，并将所得数据与班克斯岛所在群岛不同季节的气温进行了对比。

卢科维奇表示，1984年共84块土地受到滑坡影响，面积相对较小，全部位于岛屿南部海岸附近。30年后，情况发生了很大的变化，滑坡次数增加了59倍，而且有许多泥石流已经在班克斯岛上缓慢移动了20年甚至30年。

滑坡、泥石流和其他类似现象导致河湖阻塞，妨碍岛上交通，已开始影响班克斯岛上因纽特人部落的生活。当地居民告诉专家，最近不仅沿海地区，岛屿中部也开始出现这些现象。

专家预测，将来滑坡次数还会增长大约两倍，不仅给人类造成麻烦，当地动植物也会受到影响。气候学家计划观察河流阻塞和污染，对当地鱼类和无脊椎动物的影响。

（二）研究气候与生态环境变化的其他信息

1. 探索影响北极气候与生态环境变化因素的新发现

（1）发现鸟粪对冷却北极也有贡献。2016年11月，加拿大戴尔豪斯大学生物学家贝蒂·克罗夫特主持的一个研究小组，在《自然·通信》杂志发表研究成果认为，海鸟粪通过促进云的形成，对冷却北极做出了微小的贡献。这一发现，意味着来自迁徙海鸟鸟粪中的氨排放，与云之间存在着此前未知的联系，而且对北极气候产生了影响。

近年来，北极显著变暖。云在表面温度的调节中发挥了关键作用，因此了解影响云形成的因素也非常重要。云凝结核，即水蒸气凝结时可作为凝结核心的小颗粒，是云形成的核心，而它受到了许多相互作用的物理和生物反应的影响。

研究小组在成果中使用观察和计算机建模方法，确定了迁徙海鸟群是如何影响云生成的。他们发现，与鸟粪氨排放有关的大气颗粒物，会在夏季激增。这些颗粒物虽然集中在鸟群附近，但在整个北极都有分布。

因此，射向地球的阳光被反射回太空的量增加了，从而在北极形成了一个较小的冷却信号。研究人员提醒，这种云冷却效应相对微弱，并不足以抵消人类活动造成的气候变化影响。

（2）发现大气环流是北极海冰近期变化的主要因素。2017 年 3 月，一个探索北极海冰衰退的研究团队，在《自然·气候变化》网络版发表论文称，自 1979 年以来，9 月份北极海冰面积下降的原因，自然变化率最多能解释一半（30%~50%）。其中，大气环流的变化，对北极夏季海冰覆盖面积的影响较大。加拿大环境与气候变化机构科学家尼尔·斯沃特对该论文的观点做出评论，并指出影响北极海冰近期变化的主要因素。

斯沃特指出，北极海冰近期的变化，是由两个主要因素驱动的：响应外部压力（比如温室气体增加）带来的长期整体冰损失，以及内部气候变率带来的短期随机变化。目前科学家们所面临的挑战是，对人类引起的变暖和内部变化率，在北极海冰长期减少中的相对贡献，没有明确的理解。而论文作者此次则阐明，人们观测到的夏季北极海冰消失中，大约一半是由大规模大气环流中自然引起的变化驱动的。

需要指出的是，这项新发表的研究结果，并没有对“人类引起的气候变暖导致北极海冰衰退”这一焦点问题提出质疑，因为大量证据表明，这一关系确实存在。

2. 探索应对气候与生态环境变化的新举措

（1）绘制受气候变化影响的物种地图。2014 年 2 月 10 日，一个由来自加拿大、澳大利亚、英国、美国、德国、西班牙等国的18位科学家组成的国际研究小组，在《自然》杂志上发表研究成果称，他们绘制出了气候变化对物种影响的地图。这一研究成果，将为保护动、植物提供重要信息。

研究小组通过分析1960—2009年期间，海面和陆地温度数据，并对未来气候变化进行评估，用地图方式显示出未来气候变化的速度、方向，以及气候变化对生态多样性的影响。研究结果显示，由于气候变化仍在持续，动、植物需要适应变化，甚或通过迁移以寻找适宜的气候。

研究人员说，世界许多地方正在经历气候变暖。不少陆地已有很多生物开始向更高海拔或更高纬度地区迁移。但也有一些物种无法长距离移动或根本无法移动。

另外，海水的变暖和不断增强的洋流，也在改变着海洋生物的生存环境。例如，原本“足迹”最南只达新南威尔士南部海域的长刺海胆，如今也出现在塔斯马尼亚州附近海域，导致那里的海藻林大面积消失，对当地的岩龙虾养殖业造成严重影响。

有关专家指出，面对前所未有的气候变化及已经被过度索取的地球，人们需要迅速采取行动修复和维护生态环境，尽可能地保护地球生物资源在气候变化中得以幸存。

（2）利用环境组织提高公众应对气候变化的能力。2015年4月，加拿大学者戴维·廷德尔和乔治亚·皮戈特等人组成的一个研究小组，在《自然·气候变化》杂志上发表论文称，那些与环境组织有联系的普通民众，更有可能提出帮助解决气候变化问题的办法。所以，在公众应对气候变化的过程中，宜充分发挥环境组织所起的积极作用。

研究人员利用2007年加拿大两项调查的数据，评估了在人们看待气候变化问题的态度，以及行动意愿方面环境组织能够产生多大影响。第一项调查的对象，为随机挑选的1227名非政府环境组织成员。另一项调查，则电话采访了1007名加拿大普通民众，请他们谈谈对气候变化的想法和态度。

研究人员发现，相比与环境组织没有交往的人而言，那些靠近环境组织，或者与环境组织多少有些关联的民众，更倾向于提出缓解气候变化的解决办法，比如，购车时选择高能效的类型，注意资源回收利用，家装时选择绝热材料。

这项研究表明，环境组织可以通过个人关系，如朋友、邻居和同事来影响公众看法，从而提高公众应对气候变化的能力。

三、防护生态环境灾害研究的新成果

（一）研究火山喷发与生物灭绝关系的新信息

1. 找到火山喷发导致2.5亿年前生物大灭绝的证据

2011年1月23日，美国福克斯新闻网报道，距今约2.5亿年前，恐龙存在之前，地球上发生了有史以来最严重的大灭绝事件。95%的海洋生物和70%的陆地脊椎动物灭绝，灭绝原因不明。日前，加拿大卡尔加里大学科学家史蒂芬·格拉斯比领导的研究小组发现，西伯利亚大规模的火山喷发，应该是这次大灭绝事件的元凶。

格拉斯比等人在加拿大北极地区，找到了一些富含煤灰的地质沉积层，测定其形成时间正好在这次生物大灭绝事件之前。研究人员发现，当时大规模的火山喷发导致煤炭大量燃烧，烟尘密度可令人窒息，高密度的烟尘对地球海洋造成重大影响。

据称，大灭绝时期，地球上只有一个大陆块，被称为超大陆。上面的环境，从沙漠到雨林各式各样，四肢的脊椎动物已经进化出很多类别，甚至包括原始两栖类、早期爬行类以及最早的哺乳动物等。在俄罗斯北部，有个西伯利亚地盾大火山，覆盖面积超过200万平方千米，面积比欧洲还大。火山连锁爆发产生的火山灰直达加拿大北极，也就是格拉斯比等人发现煤灰层的地方。

专家称，他们发现沉积层中含有大量有机物，就像现代火力发电站中的煤灰一样。研究人员认为，这些煤炭燃烧可能造成地球变暖，海水中由于缺氧，导致生物窒息死亡。火山灰中含有的有毒物质逐渐渗入到陆地和水中，也是造成地球早期历史中生物灭绝的潜在因素。

2. 认为火山喷发会催生物种大灭绝

2013年12月，在美国地球物理联合会秋季会议上，加拿大卡尔加里大学地质调查所地质学家史蒂芬·格拉斯比与同事组成的一个研究小组，与其他代表一起发布报告称，经过20多年的探索发现，史上最大物种灭绝的罪魁祸首是西伯利亚的大规模火山喷发，这一场物种大灭绝摧毁了地球上90%的海洋物种。

研究人员表示，其关键证据来自地质年代学家将最新技术应用于火山喷发的玄武岩，以及围绕约2.52亿年前灭绝的生物化石的岩石。

在20多年前，由于西伯利亚暗色岩的年代和巨大形状，研究人员将目光投向了它，这是一种大型的火山景观。在地球历史上一次最大的火山喷发中，喷发的岩浆流到欧洲西部，平铺在西伯利亚地区数百万立方公里的玄武岩上。地质年代学家通过小锆石晶体中缓慢却稳定的铀238和铅206放射性衰变测量时间，发现这次火山喷发持续了约200万年，发生的时间大概是大灭绝时期——二叠纪—三叠纪（P-T）边界期间，即二叠纪结束和三叠纪开始时。但是，没有方法可以确定，火山喷发是否在大灭绝之前发生并引起了大灭绝。

在过去10年里，地质年代学家继续改善其测量技术。他们开发了一种方式侵蚀溢出一些铀和铅的锆石晶体的一部分，重置其放射时钟。他们还改进了校准同位素测量的方法，并使用相同的技术，在一个实验室中对火山喷发和物种灭绝时期的岩石，进行年代确认。

研究人员把这些改进应用于暗色岩以及中国眉山的含有P-T边界的岩石上。结果是，发现岩浆流动发生在大灭绝之前。研究人员认为，火山最初爆发的时间是2.53亿年前，不确定的范围浮动约为3.1万~11万年。这证明火山喷发和灭绝事件以适当的先后顺序发生，且年代接近程度足以存在因果关系。

现在，研究人员可以专注于分析火山喷发导致大灭绝的可能机制了。在此次会议上，研究人员分析说，大灭绝持续的时间很短，只有几千年，这种速度能够支持其他可能的机制，如火山喷发过程二氧化硫排放导致的酸雨。研究人员称，15亿吨的二氧化硫注入二叠纪气候的计算机模型中，会将北半球的降雨酸化至pH2，大约是柠檬汁的酸度。研究人员表示，这对于暴露的植物和所有依赖于雨水的动物，都是灾难性的。

格拉斯比研究小组指出，火山喷发也许会引发毒性煤火灾。他们发现，在P-T边界时期之前，沉积于加拿大北极地区的页岩中存在微小的碳质颗粒。这些颗粒与燃煤电厂产生的粉煤灰有着惊人的相似之处。格拉斯比认为，其结果一定是巨大的地下燃煤式金属灰进入平流层，从而使有毒的碎片撒落在北半球。实际上，格拉斯比发现含有金属灰的每层岩石中汞含量都极高，远高于P-T边界时期岩石中的汞丰度。

既然地质年代学家已经改善了其工具，他们就希望在其他大灭绝事件中测试其对火山活动起作用的猜测。2.01亿年前，大西洋形成时的巨大火山喷发与恐龙大灭绝的时间有重叠，不过其发生顺序尚不确定。其他几个可能的事件也在等待检测。

（二）研究环境灾害中地震与陨石撞击的新信息

1. 探索地下能源开发诱发地震的新进展

（1）研究页岩气开发与小型地震的关系。2012年5月1日，加拿大《七天商报》报道，加拿大科学家和美国、英国科学家联合开展一项研究，就开发页岩气是否会诱导小型地震之间关系开展联合调查。

加拿大最西部的卑诗省，又称不列颠哥伦比亚省，已有多年开采页岩气的历史，采用水压爆裂方法，把高压水等液体通过钻杆注入地下爆裂岩层，一般深入地下1500~3000米，将页岩中贮存的天然气释放出来。同时，卑诗省处于圣安德烈斯断层北端、北美板块构造的俯冲带上，每年小型地震众多。近年的统计数据表明，加拿大小型地震数量日益增加，引发科学家猜想是否与页岩气开发有关。

加拿大自然资源部地震学家卡西迪表示，目前的研究处于初期，主要是从统计学角度分析页岩气开发，对于诱导小型地震之间的是否有关联。卡西迪认为，目前尚没有证据显示，页岩气开发与北美大型地震相关，但很多民众和一部分非相关领域的学者，对页岩气开发是否会诱导小型地震，认为有一定的联系，但又缺少科学依据。本项研究，就是想就此做出一些科学分析。

卑诗省每年大约会有2000次左右的小型地震，震级为2~3.5级，属于微震。近年来随着页岩气的开采，小型地震的数量有所增加，大约每年增加了20~30起。研究人员希望能通过分析，找出这些增加的微震数量是否与页岩气的开采有关，例如，地震是否与注入强压液体有关，还是与当地地震构造、应力场、岩石类型或与注入水的体积相关。

与此相关，该研究还关注水压爆裂法对地下水环境的影响，如水压爆裂后水与甲烷等混合形成混合液体对地下水造成的影响。

（2）发现压裂井水力压裂可产生断裂带引发后续地震。2016 年 11 月，有关媒体报道，加拿大和美国研究人员组成的一个研究小组，在《科学》杂志上发表研究成果称，他们研究发现，加拿大西部的压裂井水力压裂可产生触断裂带，并在压裂停止数月后触发地震。

长期以来，尽管人们都认为，向污水渗井中注入废水会因为增加孔隙压力和导致断裂带不稳定而触发地震，但压裂本身却鲜少被看作是地震源。一般来说，压裂包括向非渗透性的岩层中注水，从而限制了液体的扩散，增加了孔隙压力。

另外，以美国阿尔伯塔西北部仙狐湾附近的地震记录为例，当地有 6 个钻探点，研究人员发现，从 2014 年 12 月—2015 年 3 月，在压裂井运行点周围，发生了一系列间歇性的触发性地震。其中，绝大多数地震出现在压裂时，因为岩石的弹性响应导致应力增加。然而，震级为 3. 9 级的最大地震却在 2015 年 1 月 23 日在压裂完成后发生。

研究人员认为，这是由于压裂流体的有限恢复，其中一口井重新恢复了 7%的流体，对延伸到结晶体底层的断裂带施加了压力，导致几个月内发生了一系列地震。研究人员表示，未来钻探方应考虑到这种风险，特别是当他们未能恢复压裂流体时。

2. 探索陨石撞击地球造成环境灾害的新进展

首次算出陨石坑遭受袭击时产生的地表最高温度。2017 年 9 月，物理学家组织网报道，加拿大科学家参加的一个国际研究团队，在《地球和行星科学快报》杂志上发表论文称，他们发现，一个古代陨石与地球岩石碰撞后，产生了地球表面迄今最高温度的纪录。

这篇论文指出，该研究团队考察的陨石坑位于加拿大，同时介绍了计算这项多年前产生地球表面最高温度的方法。

行星科学家认为，地球在形成初期，陨石和其他太空岩石会不断“轰炸”地球。这些“轰炸”留下的一些痕迹，今天仍以坑洼形式存在，同时也是观察研究的原始证据。其中一个是位于加拿大拉布拉多省的米斯塔临湖陨石坑，直径达 28 千米，表明撞到地球的物体很大。研究人员对碰撞事件进行调查，发现其发生在大约 3800 万年前。

研究人员指出，大多数陨石坑被撞击的残余材料大部分消失了，因此很难更多地了解太空岩石的性质和发生时的情况。然而，科学家知道的是，当发生碰撞时，大量能量以热的形式释放，问题是当时释放了多少热量。

在这项新研究中，研究人员利用了一种新方法，来衡量加拿大陨石坑遭受袭击时产生的热量。他们在研究火山口时发现，一种常见的矿物锆石变成了氧化锆，而此前的研究表明，这种改变需要 2370℃ 的高温才能实现。因此，陨石冲击时产生的热量至少会达到这个温度。这一发现，代表了地球表面目前自然存在的最高温度，也是第一次用氧化锆来计算冲击热量。

第八章　交通运输领域的创新信息

加拿大在交通运输领域的研究成果，主要集中于研制出续航达3000千米的车用电池，开发为车用氢燃料电池提供原料的器具。研制电动车无线充电的远程磁力传送设备，以树木纤维素开发车用电动设备的超级储能装置。研制出氢燃料实时喷射的汽车节能设备，能大幅度降低车辆自重的新型铝合金材料。设计出可有效保障乘客安全的喷气式飞机，启动下一代高效环保飞机的研究计划，成功试飞人工动力飞机，全球首架全电动水上飞机完成首飞，设计出帮助飞机应对意外的超级降落伞，发明飞机复合塑料内部损坏情况的激光检测技术。另外，研制出完全依赖太阳能驱动的自行车。桥梁建设引入多种安全新技术。发现国际航线帮助甲型H1N1流感传播，高速公路附近痴呆发病率高，开发出描述交通拥堵的数学模型，绘制出研究人类活动影响的地球交通图。

第一节　研制汽车方面的新进展

一、车用电池与电动设备的新成果

（一）车用电池及其配件的新信息

1. 研制车用电池的新进展

（1）参与开发燃料电池的汽车联盟。2004年9月1日，国外媒体报道，著名的加拿大巴拉德动力系统公司已成为戴-克和福特汽车联盟的子公司，在强大母公司的支持下，推进燃料电池的研发。

报道称，戴-克、福特两大汽车巨头共同宣布，为在世界燃料电池汽车技术上争得优势，两家携手收购了著名的加拿大巴拉德动力系统公司，建立新的集团联盟。

加拿大巴拉德公司一直致力于汽车燃料电池的研发与生产，在世界同行中处于领先地位。该公司于1993年首次研制出概念车，1997年该公司的16辆燃料电池公共汽车，分别在美国的芝加哥和加拿大的温哥华试运行。更引人注目的是，1997年8月，该公司与戴-克组建合资企业，共同开发燃料电池汽车市场。同年12月，福特公司加盟，旨在2004年以前，使燃料电池动力系统能够支持燃料电池汽车的研发实现商业化。

戴-克和福特宣布，集团已决定为研发下一代新型燃料电池汽车投资5800万美元。巴拉德的加盟，将加快这两家研制新型能源清洁汽车的步伐，增大获得成功的概率。同时它的并入，也意味着汽车巨头与燃料电池巨头建立的新集团联盟的出现，一场新的燃料汽车研发的竞争将会愈演愈烈。

（2）研制出续航达3000千米的车用电池。2014年9月，国外媒体报道，前不久，加拿大美铝公司和以色列菲能公司联合组成的一个研究小组，在加拿大蒙特利尔，向大众展示了一种具有超级续航能力的新型电池。

这种新型电池表明，一辆电动汽车连续驰骋19个小时，从加拿大多伦多开到1800千米外的哈利法克斯，全程无须停车充电，在理论上说将是可行的。

以锂离子电池驱动的电动汽车难以普及的最大障碍，是行驶里程有限，目前的续航能力大多在135（日产Leaf）~480千米（特斯拉S型）之间，除非大量安装快速充电站，否则不适宜驾驶电动汽车远途旅行。这次，加拿大美铝公司和以色列菲能公司展示的是100千克重的铝空气电池，它储存了可行驶3000千米的足够电量。相比之下，特斯拉S型的电池超过500千克，而行驶里程却不到500千米。

2. 研制车用电池相关配件的新进展

开发为车用氢燃料电池提供原料的器具。2007年12月，加拿大燃气净化技术公司与以色列本·古里安大学、美国埃克森美孚公司联合组成的研究小组，开发出一种车载制氢器具。该器具可直接把汽油、柴油、乙醇和生物柴油等转换为氢供燃料电池使用，从而免去了氢燃料运输和存储的麻烦。研究人员称，这是氢燃料汽车研发上的一大突破。

目前，大多数氢燃料汽车，通常都使用高压缩或液化氢为燃料，不仅运输和存储不便，而且还要进行大规模的基础设施改造，在各地建许多加氢站，这也是影响氢燃料汽车普及的主要障碍之一。

针对这种情况，研究人员认为，既然氢燃料运输和存储困难，为什么不换一种思路，让汽车自带制取器具呢？于是，他们研发了一种把传统制氢系统小型化的方法，可直接安装在汽车上，只要输入汽油、柴油等传统燃料，即可转换为供燃料电池使用的氢。由于该系统不需要改变现有燃料运输、存储的基础设施，因而解决了氢燃料汽车制造商面临的一大难题。

埃克森美孚石油公司研发副总裁埃米尔·贾克布斯表示，现在他们已成功开发出一种使用该车载制氢系统的吊车，并准备实现其商品化。尽管如此，这只是初步成果，要普及这一技术，仍有很长的路要走。由于该系统的燃料转换率，具有比传统内燃机技术高 80%的潜力，并可减少二氧化碳排放 45%，因此从长远的角度看，具有良好的应用前景。

（二）车用电动设备的新信息

1. 开发电动车无线充电设备的新进展

研制电动车无线充电的远程磁力传送设备。2012 年 11 月，物理学家组织网报道，加拿大不列颠哥伦比亚大学物理学教授罗恩·怀特黑德领导的一个研究小组，研制出一种使用“远程磁力传送装置”，对电动车进行无线充电的技术，并成功地在校园服务车上进行测试。该项技术有望加速电动车在加拿大的普及使用。

从手机到电动车的一切电气设备，都希望能够实现无线充电。但人们一直对无线充电所用的高功率、高频率电磁场，及其对人类健康的潜在影响，十分关注。怀特黑德研究小组发明了一种完全不同的方法，其运行频率要比通用技术低 100 倍，且暴露的电场可以忽略不计。他们的解决方案使用“远程磁力传送装置”，也就是由电网电力驱动的旋转式基底磁座（第二个置于车内），来消除利用无线电波。设于充电站的基底磁座，可遥控启动车内的磁座旋转，从而产生电力对电池充电。

研究人员在不列颠哥伦比亚大学校园内，安装了 4 个无线充电站，并对测试的校园服务车利用新技术进行改装。试验表明，该系统与电缆充电相比，效率提高 90%。车辆一次充满电需要 4 个小时，充满电的车辆可运行8个小时。

该大学负责基建运营的总经理戴维·伍德森表示，电动车面临的主要挑战之一是需要连接电源线和插座，而且还往往是在恶劣天气和拥挤的条件下。该系统开始测试后，驾驶者的反馈一直非常积极，他们所需做的是把车停好，车辆就会自动开始充电。

该研究小组最初的设想是为植入式心脏起搏器等小型医疗设备设计磁力驱动充电系统。而目前的这个较大系统，得到了加拿大国家研究理事会创新基金的支持，将校园作为一个规模较大的实验场所进行测试，有望为下一步的研究和开发提供宝贵的数据。目前，研究小组已通过该大学产业联络处提出专利申请。

2. 开发车用电动设备储能装置的新进展

以树木纤维素开发车用电动设备的超级储能装置。2015年9月，物理学家组织网报道，加拿大麦克马斯特大学化学工程助理教授艾米丽·克拉斯顿等人组成的一个研究小组，在《先进材料》杂志上发表论文称，他们正在把树木变成能更高效、更持久存储电能的装置或电容器，以驱动混合动力汽车等电动设备。

近年，科学家正在使用植物、细菌、藻类和树木中的有机物纤维素，建立更高效、更持久的储能装置或电容器。这种发展为轻量级的、灵活的和大功率电子设备铺平了道路，如可穿戴设备、便携式电源、混合动力汽车和电动车。

克拉斯顿说："这项研究的最终目标，是找到以可持续的方式，为当前和未来的环保技术提供有效电力。"

纤维素具有为许多应用提供高强度和灵活性的优势，对基于纳米纤维素的材料有很大的吸引力。据报道，克兰斯顿演示了一个改进过的三维能量存储装置，它是通过在纳米纤维素泡沫墙内捕获功能性纳米粒子构筑而成的。

泡沫是在一个简化和快速一步法的生产工艺下完成。这种纳米纤维素，外形看起来像长粒的大米，只不过都是纳米尺寸级。在新设备中，这些"大米"被粘在一起，在随机点形成一个有着大量开放空间的网状结构，因此这种材料具有极轻的特性。与充电能力相比，它可以用于生产带有较高功率密度和可飞速充电能力的更可持续电容器。此外，轻量化和高功率密度电容器，对混合动力汽车和电动车的发展有着相当大的吸引力。

二、研制汽车方面的其他新成果

（一）开发汽车技术的新信息

——政府投巨资促进汽车技术研发

2009 年 4 月 16 日，加拿大媒体报道，该国工业部长克莱门特当天宣布，加拿大政府将投资 1.45 亿加元，资助汽车业进行新技术研发。

克莱门特说，这笔资金来自本财年预算，将用于资助在能源储存、新兴能源以及汽车软件等 10 个领域的技术研究，以鼓励加拿大汽车业研发出节能环保高效的新型汽车。

克莱门特说，政府希望通过这一投资，为深陷困境的加拿大汽车业保留一些工作岗位，并助其最终摆脱困境。

加拿大汽车业直接雇用 15 万人，并间接为其他 34 万人提供工作岗位。美国通用和克莱斯勒汽车公司 20%的产量是在加拿大实现的。深陷困境的两家公司面临申请破产保护，引起加政府的担忧。加拿大政府上月为两家公司提供临时贷款达 40 亿加元，并于 4 月 7 日宣布拨款 7 亿加元，资助该国汽车零配件生产商。

（二）开发汽车配件与材料的新信息

1. 汽车配件研制的新进展

研制出氢燃料实时喷射的汽车节能装置。2005 年 8 月，有关媒体报道，国际能源机构的统计数据表明，2001 年全球 57%的石油消费在交通领域。由于能源短缺，交通能源转型将是一个长期的循序渐进过程。专家预计燃料电池轿车的大规模商业化大约在 2020 年，最终的氢能经济将在 2040—2050 年实现。近期推广并已经投放市场的汽车节能装置，起到了节油、减排、提高能效等效果。

加拿大氢能公司研发的氢燃料喷射系统，能增加卡车发动机功率 5%～

15%，提高柴油机燃烧率10%～30%。在加拿大每辆卡车每月可节省500～3000加元，提前达到美国环境保护署2007年颗粒排放标准。这是世界上目前唯一产生经济效益的氢能产品。

氢燃料喷射系统的基本原理是：利用发电机发出的多余的电，将蒸馏水中的氢和氧分离，然后再将两者实时注射到供油系统，使柴油得以充分燃烧，排放的油烟和颗粒减少；生产出的氢即刻被注射到输油系统，避免了氢储藏风险。车辆正常行驶时，电瓶通常是充满电的，大部分时间不需要发电机为其充电。在使用中唯一额外增加的原料是水，按每辆卡车每周平均行驶0.6万千米计算，仅需1.9升水。

北美地区约有300万辆大型卡车，每年的油耗达数十亿升，同时排放大量颗粒。一辆普通的大型卡车每月燃烧支出5000～10000加元。添加该节能增效装置后，加拿大氢能公司确保可节省10%的燃料费，并且已创下节省30%的记录。在月燃料支出为5000加元时，按节省10%计算，每辆卡车每月可节省开支500加元。在月燃料支出为10000加元时，按节省30%计算，每辆卡车每月可节省开支3000加元。

2. 车用材料研制的新进展

开发出能大幅度降低车辆自重的新型铝合金材料。2013年6月，加拿大国家研究理事会宣布，计划开发一项新型铝合金材料，以帮助加拿大运输业减轻小汽车、卡车、挂车、公交车乃至火车的车重。

加拿大汽车和地面运输部部长米歇尔·杜默林表示，加拿大是全球领先的铝合金制造者，有机会在使用铝合金作为更轻型车辆部件方面，走在世界前列。此项计划将支持加拿大制造商，开发出更轻的部件和结构件，从而使车辆更具燃油效率、更安全和更环保。

据悉，这项称作“地面运输车辆轻量化计划”，总投资为4500万加元，将开发、验证和部署先进的铝合金技术，并将新型铝合金部件，纳入下一代车辆制造过程。该计划的成功实施，将使运输业的整体车重在未来8年内降低10%。

在安大略省温莎市举行的汽车零部件制造商协会年会上，加拿大国家研究理事会还宣布，将成立一个新的研究和开发联盟，以联合与制造供应链相关的所有工业伙伴，共同解决先进的铝合金成型、耐久性和零部件组装等技术问题。

目前，汽车制造商正试图找到创新的方式来打造更轻的车辆，以满足日趋严格的燃油效率新规。如美国的企业平均燃油经济性规程要求，到2025年要达到每百千米4.3升的平均燃油经济性。汽车轻量化被认为是运输业达到这些法规要求的最具潜力的手段。

第二节　交通运输其他方面的新进展

一、研制飞机的新成果

（一）燃油动力飞机开发的新信息

1. 新型喷气式飞机的设计进展

设计出可有效保障乘客安全的喷气式飞机。2004年3月4日，路透社报道，加拿大批准了一款新型未来喷气式商务机的设计专利，这种新型飞机可在紧急情况发生时机体分离，各分离部分能在降落伞的帮助下缓慢降落地面，从而保障机上乘客的生命安全。

不过飞机设计圈里的专家们表示，这项在007系列影片中才可能出现的商用机计划成功的机率极小，而且配备降落伞的飞机其重量将超乎寻常，造价不菲。

这项设计获得了专利权。根据它的设计，商用喷气式飞机应该先建造相互分离的各个部分，然后再焊接整合到一起。在飞机飞行途中遇到紧急情况时，小到机械故障大到导弹袭击，飞行员只需按下可控制爆炸装置的按钮或“激光切割器”按钮，就可使机体分离，而飞机分离后的每一部分都配备有降落伞、震动吸收体、膨胀筏和推进喷射装置，这些设备将引导该部分机体缓慢落向地面。

格雷特里克斯指出，降落伞、震动吸收体以及推进喷射装置所产生的额外重量，将使一架商用喷气式飞机不堪重负，那样的话，飞机将只能携载很少的乘客。所以说，根据当前的技术，在短期内它不可能通过鉴定。

另外，在多伦多大学教授飞行器设计学的詹姆斯·德劳里尔也对这项计划持不信任态度。他说，这极有可能演变为一个持续不断的恶梦，因为谁也无法确定所有系统都能正常工作，假如这些系统运转失灵，则其造成的后果是极端糟糕的。但德劳里尔在否定这项设计的可行性的同时，也坚信人们并不会因为这项计划的不可行而停止加强飞机安全性的努力。

2. 新型高效环保飞机的研制进展

启动下一代高效环保飞机的研究计划。2013 年 10 月 17 日，外国媒体报道，加拿大国家研究理事会宣布，启动“航空 21 世纪”研究计划。该研究计划，旨在应对航空业目前所面临的经济和金融压力，通过发展和推进现有及新飞机所配置的关键技术，改善商业和客运飞机的燃油效率和性能。

为满足日益高效、经济的飞行编队需求，该研究计划将聚焦于以下 4 个方面的工作：生产效率、燃油效率、排放控制和飞行新方法。上述各领域的工作将包括对现有飞机进行改造以提供增量效益，在未来的飞机生产中采用最新技术（如复合建模工艺、清洁燃烧系统及先进的发动机材料），并开发下一代飞机机身和发动机概念技术。这些技术将在一个逼真的原型环境中加以验证和演示。

加拿大国家研究理事会将通过其位于渥太华、蒙特利尔和汤普森的世界级先进设施及专业知识网络，为用户提供独特的机会参与大型航空技术示范项目，同时在跨供应链的航空业者之间创建重要的链接。

加拿大国家研究理事会宇航部总经理耶日·科莫罗夫斯基表示，加拿大国家研究理事会将与加拿大宇航业充分合作，助其在下一代高效、环保飞机的竞逐中继续保持全球领先地位。

（二）研制非燃油动力飞机的新信息

1. 开发人工动力飞机的新进展

成功试飞人工动力飞机。2013 年 12 月 17 日，英国《每日邮报》报道，由两名加拿大工程师设计制造的人工动力飞机，成功飞行 64 秒，一举夺取空缺 33 年的西科斯基奖，获得高达 25 万美元的奖金。

据悉，这架飞机由卡梅伦·罗伯逊和托德·赖克特设计制作，发动机部分是可骑行的自行车，由四个旋翼组成，翼展 32 米，可与波音 737 媲美。

罗伯逊和赖克特从2007年就开始研究人力旋翼飞行器。2010年8月，他们所研制的飞机成功保持高度，飞行19.3秒。2012年，两人与维洛航空公司合作，经过多次实验，终于成功制造了此次获奖所用的飞机。赖克特坐在自行车上骑行，为飞机提供动力并使其升空。飞机成功保持3米飞行高度，持续飞行64秒。罗伯逊称，虽然实际生活中人们可能不会使用这种直升机去上班，但他们的目的是挑战人类的极限。

据报道，这两人所获西科斯基奖项，由美国直升机协会于1980年设立，但从设立开始的33年来，无人能斩获该奖。

2. 开发电动飞机的新进展

全球首架全电动水上飞机完成首飞。2019年12月10日，加拿大环球邮报报道，总部位于不列颠哥伦比亚省的加拿大港湾航空公司，其首席执行官格雷格·麦克杜格尔当天驾驶全球第一架电动水上商用飞机，成功完成首次正式飞行。

报道称，这是一架德哈维兰海狸DHC-2型飞机。飞机从位于温哥华国际机场以南的弗雷泽河上起飞，飞行距离约16千米，此前试飞曾飞行约60~90米。德哈维兰飞机的传统内燃机，已替换为由马格纳克斯公司开发的750马力电动发动机。

加拿大港湾航空公司此次试飞成功，使该公司加入了开发电动飞行和减少客机排放的全球竞赛。加拿大运输部在一份回应试飞的声明中表示，联邦政府坚信运输电气化是加拿大向低碳经济过渡的重要部分。联邦部门表示，向包括港湾航空公司在内的所有行业合作伙伴提供监管和认证建议，寻求发展创新的航空理念，但目前对电动飞机尚未有具体标准。

（三）开发飞机配套设备与检测技术的新信息

1. 研制飞机配套设备的新进展

设计出帮助飞机应对意外的超级降落伞。2005年9月13日，有关媒体报道，发生了多起空难的“黑色八月”刚过去，2005年9月5日，印度尼西亚又发生一起空难，近150人遇难。航空安全再次引起了人们的关注。那么，随着科技的发展，如何提高飞机的安全性呢？

加拿大一家降落伞系统公司，设计出新一代可用于小型飞机的紧急降落伞系统。当飞机失控时，机长可打开降落伞，令飞机安全降落地面，该系统将来有望用于大型客机。

降落伞系统装置在小型飞机后座的后面。它的强力绳索系住机翼、机身和机尾。降落伞可在1秒之内快速张开。这种降落伞的售价为1.6万美元，2004年已售出约500件，并已有过成功案例。2004年，加拿大人科尔驾驶的小型飞机夜间在山区失控，科尔使用了紧急降落伞系统，飞机得以安全降落。

该公司生产的最先进降落伞，可负荷近1800公斤的重量，而小型飞机的重量达900千克。航空专家对这种降落伞可否用于大型客机，持怀疑态度，大型飞机的重量和速度可能是使用这种安全系统的障碍。因此，首要的任务是发明更为坚固耐用的降落伞，给更大型和高速的飞机使用。

2004年，加拿大批准了一款新型未来喷气式飞机的设计专利。该方案建议将客机、货机机身的最内层改装成数个前后相通的密封舱，在各密封舱结合部的机身夹层中安装聚能分离器（即小型爆破装置）。当飞机在空中遇到紧急情况时，飞行员只需按下控制按钮，聚能分离器就会发生小爆炸，使载有乘客和机组人员的密封舱完整地相互分离。而飞机分离后的每一部分都配备有降落伞、震动吸收体、膨胀筏和推进喷射装置，这些设备将引导该部分机体缓慢落向地面，从而保障机上乘客的生命安全。

但这只是一个理想的学术成果，在具体研究上还将有许多需要跨越的障碍。如果安装了上述救生系统之后，飞机的制造成本会上升7%~8%。

目前，追查飞机失事原因主要依靠“黑匣子”。但“黑匣子”也有局限，如记录不够完整，坠机后不容易被找到等，所以科学家希望“白匣子”能发挥更大的作用。

“白匣子”是一种全新的通信系统，能通过飞机上的传感器自动记录各种数据。过去，该系统并不支持连续的信息传递。北得克萨斯州立大学计算机科学与工程系主任克里什纳·卡维的想法，是使用卫星通信技术实现高效率连续信息传递。这就等于提供一个实时的备份。即使飞机失事后找不到“黑匣子”，专家们也能通过分析服务器中的数据查找失事原因。

该系统还可以实时分析从飞机上获得的数据，发现故障隐患，及时提醒飞行员和航空公司。因此“白匣子”还有一定的事故预防功能。

2. 研制飞机塑料部件检测技术的新进展

发明飞机复合塑料内部损坏情况的激光检测技术。2006 年 8 月，国外媒体报道，加拿大国家研究委员会的皮埃尔·莫查林及其同事组成的一个研究小组，正在为他们发明的激光检测技术申请专利，这项技术可用来检测飞机上使用的复合塑料材料内部损坏情况。

随着新材料技术的不断发展，越来越多的复合塑料被用于航空零部件的制造。航空制造所用复合塑料，是一种聚合体树脂制成的矩阵结构，由耐热性能良好的增强型碳素纤维层或玻璃纤维层胶合而成，再利用熔炉打造成所需要的形状，以适应不同零部件所承受的压力。

目前的新型复合塑料重量只有铝合金的一半，但强度却比铝合金高出20%，而且绝缘性能好，抗腐蚀能力要比一般的金属材料高。用其替代部分金属材料制造航空零部件，不但生产成本低，还可减轻飞机重量，降低耗油，提高飞行的航程和航速，改善飞机的飞行性能。但是这种复合塑料的缺点是，使用过程中必须小心维护，因为它的磨损乃至断裂的情况与金属很不一样。

对于金属材料而言，如果压力达到其最高可承受压力的 10%，疲劳裂纹就会出现，不过这种裂纹的增大过程比较缓慢，检修师有足够的时间发现裂纹并及时修复，从而防患于未然。复合塑料正好与之相反，只有当压力达到最高可承受压力的 60%~70%时才可能出现疲劳裂纹，但是一旦裂纹出现，也就意味着这一零部件必须马上更换，否则就可能酿成大祸。

正是由于复合塑料材料存在着这种可能会突然分崩离析的风险，再加上考虑到遇上气流或者飞机尾流而造成的额外负荷，飞机只能在比可承受压力水平低得多的条件下飞行，才能保证不会发生空中解体的危险事件。

由于复合塑料材料制成的机壳，在碎裂前不会发生变形，在例行维护时利用常见的视觉检查，或者敲打辨音检查，很难发现其内部存在的损伤。直升机生产商西科斯基飞机公司的前复合材料工程师戴维·麦斯表示："试图通过目检来确定复合材料是否出现损伤，这无异于根据一个人的面容来判断他是否患了脑瘤。"复合材料专家詹姆士·威廉姆斯也认为："采用视觉检查，只能说明对复合材料各层之间黏合结构的一无所知。"

虽然，目前工程师可以借助超声波或者热感应器等，来确定复合塑料结构的损坏情况，但是这些检测方法并没有得到广泛应用。带回实验室的零部件可以很容易确定问题所在，不过这种检测手段也还没有实用化，维修师需要的是现场快速检测所使用的便携工具。加拿大运输安全董事会负责航空调查的主管尼克·施托斯表示，航空工业需要开发新的技术，以便更容易确定可引发不安全事件的关键因素。在此背景下，莫查林研究小组发明了激光检测技术，研制出确定飞机复合塑料结构损坏情况的便携检测工具。

这种检测系统通过激光局部加热复合塑料表面，使塑料受热膨胀后产生振动，振动波在材料内部的各个黏合层传播，如果材料结构出现损坏或者裂纹，振动频率就会改变。裂纹越大，频率就越低。借助干涉计的帮助，另一台激光仪就能很容易地判断出振动频率的变化。莫查林已经通过实验证实这种被称为“激光敲打检测”的技术，可以发现从复合塑料表面无法觉察的损伤。他表示，由于激光能够通过光纤传送到位置比较高或者人工不方便检测的部位，利用这种检测系统，维修师无须拆除零部件，就能检测整个飞机的复合框架。

二、其他交通工具与交通设施建设

（一）开发其他交通工具的新信息

——研制出完全依赖太阳能驱动的自行车

2006年5月，有关媒体报道，加拿大的一家公司推出了世界上首款完全依赖太阳能工作的自行车——“阳光自行车”。

该公司总裁彼得·桑德勒介绍说，他们研制的“阳光自行车”是迄今为止唯一一款能够完全依赖太阳能运行的自行车。当然，太阳能也并非这种新型自行车的唯一动力来源。

为了保障自行车获得足够的能量，太阳能电池板被安装到了车轮部位。这样以来，车轮受到风力的影响会比较明显，“阳光自行车”的使用者们就不得不小心地应对从侧面吹来的阵风，以保持骑行的稳定。

桑德勒表示，安装的太阳能电池提供的能量，足以使自行车的速度达到30公里/小时。在平稳行驶状态和停止状态时，太阳能电池板会为自行车上的蓄电池充电。“阳光自行车”的重量为34千克，前轮安装有马达，功率为500瓦。

（二）建设交通设施的新信息
——桥梁建设引入多种安全新技术

2009年11月，有关媒体报道，人们也许还记得，2007年9月位于美国明尼阿波利斯市密西西比河上的一座公路桥因年久失修发生坍塌事故，造成13人死亡、145人受伤的惨剧。血的教训，促使加拿大桥梁建设者研究如何能够使新建大桥更加安全和耐用。

为此，加拿大工程技术人员给一座新投入使用大桥，安装上323个用于监测桥梁结构状况的传感器。在类似悲剧发生前，这些传感器可发挥预警作用。领导该座大桥安全预警系统设计工作的弗伦其教授介绍说，这些传感器可提前发现结构方面存在的问题，向管理人员提示结构的哪些部分需要检查和维护。在地震多发区域，传感器在探测到突发的结构损伤后，管理人员可及时关闭设施。

到目前为止，安装并使用传感器的桥梁还非常少，但是在今后的桥梁建设中，将会日益普及。除桥梁外，水库大坝和防洪堤，也是这种新技术可以施展拳脚的好去处。即使是普通建筑，采用传感器监视技术，也有助于提早发现结构安全隐患。

报道称，研究人员也正在研发强度更高、寿命更长的建筑材料。研发工作的重点之一，是提高桥梁混凝土构件的防水性能。目前的混凝土并不能完全防止水的渗入。水可以溶解混凝土中的石灰，在混凝土结构中产生细微的通道，导致更多的水进入到混凝土结构的纵深处。在冬天，里面的水会结冰，导致体积膨胀，扩大结构裂痕。同时，水还会锈蚀混凝土中的钢钎结构。因此，提高混凝土的防水性能是解决桥梁安全问题的关键。

加拿大这座新建大桥，采用的混凝土中，含有煤燃烧后形成的副产品粉煤灰和硅粉，它们可使混凝土的防水性能得到极大的提升。采用这样的材料，可使新建桥梁的寿命达到100年以上，而许多老桥梁的寿命只有50年左右。

加拿大怀特穆德资源公司目前正在推广一种新型防水混凝土，这种混凝土加入了偏瓷土。瓷土通常用于制造瓷器和纸张。该公司将瓷土加热到800℃左右生产出偏瓷土粉末，用于制造防水性能好的混凝土。这种混凝土目前已经用于包括桥梁的建筑项目中。

报道称，更加值得一提的，是新型的超高性能纤维增强混凝土。它采用了超细的钢纤维，比原有混凝土结构的强度提高了10倍以上。这种混凝土在浇灌成型时可以比普通混凝土薄许多，因此建筑设计师可采用超高性能纤维增强混凝土，设计建造出更加复杂的桥梁构件。

超高性能纤维增强混凝土在外力作用下破裂时，不会像一般混凝土那样破裂成大块形状。研究人员专门就其在遭遇爆炸时的情形进行了实验，证明其具有应用于易受恐怖爆炸袭击的桥梁或路障的潜力。普通混凝土结构虽然可以挡住爆炸，但爆炸形成的冲击波可以破坏混凝土结构的反面，飞出的混凝土块状物也可能击伤路人。而超高性能纤维增强混凝土则不会发生类似问题。

报道称，纳米技术走入桥梁建筑材料，是提升桥梁安全性的重要举措。水化硅酸钙是一种在水泥中自然产生的材料，由纳米级粒子构成。据加拿大国家研究委员会建筑研究所专家拉吉介绍，他们最近开发出一种在纳米级操控水化硅酸钙的工具，采用这种方法可提高混凝土的强度和密度。同时，研究所还在试验使用其他纳米材料作为添加物，目的也是生产出强度更高、寿命更长的桥梁混凝土。

目前，碳纳米管已应用到钢材中，以提高其强度。钢的强度越高，意味着建筑物可以越高。纳米材料还可提高钢的柔韧性，使桥梁提高抗风性能和抗其他应力的性能。研究人员表示，这些新技术的应用，无疑可让新桥梁更牢固、更安全、更长寿，外观也会显得更加美丽。

三、交通管理研究的新成果

（一）研究交通与健康关系的新信息

1. 交通影响健康研究的新发现

（1）分析表明国际航线帮助甲型H1N1流感传播。2009年6月29日，加拿大多伦多圣迈克尔医院传染病专家卡姆兰·汗领导的一个研究小组，在《新英格兰医学杂志》上发表论文称，他们开发出一种通过国际旅客飞行路线预测传染病传播情况的方法，并已用此方法准确预测出甲型 H1N1 流感的传播情况。专家认为，此发明可帮助各国政府以及卫生人员及时采取措施控制传染病疫情的蔓延。

卡姆兰·汗说，2009 年 4 月甲型 H1N1 流感病例，在墨西哥首次确诊后不到 24 小时，他和同事便利用这种预测方法，对疫情在全球的蔓延情况进行了预测，结果与甲型 H1N1 流感在全球蔓延情况的相符程度达到 90%。

卡姆兰·汗说，他们对 2008 年 3—4 月，乘飞机离开墨西哥的 230 万名旅客的旅行路线，进行了分析。结果发现，接收这些旅客较多的国家或地区也是 2009 年甲型 H1N1 流感疫情较严重的国家。他解释说，由于 2009 年有关国际旅行具体数据尚未出来，所以在分析飞离墨西哥的旅客人数时采用了 2008 年的数据，但分析结果仍与实际基本相符。

卡姆兰·汗说，他是在 2003 年非典疫情发生后，萌生出用国际旅行路线分析传染病传播趋势这一想法的。他指出，科学界一直认为，国际旅行路线与全球传染病传播途径，有一定的联系。他的研究，则第一次证实了这种联系。可以说，国际航班飞行网络就是传染病传播的一个主要渠道。

卡姆兰·汗认为，这一研究成果具有重要意义。由于乘客选择国际旅行路线具有比较固定的模式，每年变化不大，各国政府及卫生人员可根据当地国际旅行乘客的进入情况，在传染病暴发时，及时采取措施，控制疫情蔓延。

（2）发现高速公路附近痴呆发病率高。2017 年 1 月，加拿大安大略省公共卫生局科学家陈宏负责的一个研究小组，在《柳叶刀》杂志上发表研究成果称，他们主持的一项对加拿大 600 多万成年人的研究表明，生活在高速公路附近的人，罹患痴呆症的概率更高。

该研究小组跟踪这些受众 11 年后，发现痴呆症发病率，与生活在主要道路附近存在明显关联。与生活在距离繁忙路段 300 多米的人相比，生活在交通要道 50 米以内的人发展痴呆症的风险高出 7%。对于生活在距离交通繁忙路段 50~100 米之间的人来说，这一风险比例降低到 4%；对于生活在距离繁忙路段 101~200 米的人来说，这一风险降低到 2%。如果距离交通要道更远，患病率与交通之间的关联便没有明显的证据。

陈宏说:“我们的发现，表明人们生活的地方距离每日交通繁忙路段越近，那么罹患痴呆症的风险就越高。随着人们与交通道路接触的日益增多，以及越来越多的人到城市生活，这项研究有着严肃的公共卫生意义。”

这项研究还发现，长期暴露在充满二氧化氮和细小颗粒物（污染空气中两种常见的组成物）的环境中，也与痴呆症存在关联，不过这其中也可能涉及其他因素。也有研究将空气污染与痴呆症风险联系在一起。然而，这项研究并未确定道路和空气污染本身是否会导致痴呆症。罪魁祸首也有可能是与这些因素相关联的事物。

英国阿尔茨海默病研究慈善机构的大卫·雷纳兹说：“这项研究，分析了主要道路和交通空气污染，是导致痴呆症的潜在风险因素，但与吸烟、缺乏运动或是体重过重等其他风险相对照，在形成空气污染是与痴呆症相关的风险因素的结论之前，需要对该结论进行深入调查研究。”

2. 研究避免交通损害健康的保护方法

建议搭乘公共交通工具时应注意保护听力。2017 年 11 月，加拿大多伦多大学一个研究小组在《耳鼻喉科学期刊（头部与颈部手术）》上发表研究成果称，在乘坐公共交通工具或者骑自行车上班时，周围的噪音水平可以对反复或长期暴露其中的通勤者，造成听力伤害。研究人员建议，人们应着眼于那些可以降低环境噪音的材料与设施以控制噪音，同时还提倡人们搭乘公共交通工具时对听力进行保护。

长期暴露在大量的噪音中会带来严重的全身性病理变化，如抑郁、焦虑、慢性病风险的增加和意外发生概率的升高。研究人员测量了多伦多公共交通工具（地铁、有轨电车和公共汽车），以及私人交通方式（私家车、自行车和走路）的噪声量，发现即使平均噪声量在推荐的安全范围内，偶尔爆发出的大音量噪音依旧会增加听力损失的风险，这一点无论对公共交通还是私人交通都一样。

根据美国环保局推荐的临界值，暴露在 114dBA（即加权分贝，用来描述人耳对声音的相对感应强度的单位）下超过 4 秒、暴露在 117dBA 下超过 2 秒，便会带来听力损伤。

在测量噪音量时，研究者将噪音计量计放置在自己的衬衫领子上，距离耳朵约5厘米。研究中，他们共收集了210个读数，比较了地铁、公交车和有轨电车上的噪音量，以及开车、骑自行车和走路时的噪音量。他们不但测量了交通工具内的噪音量，还测量了交通工具外或站台上的噪声。

结果显示，在地铁上捕捉到的最大音量（峰值音量）中有19.9%超过了114dBA，有轨电车内有20%的最大音量超过120dBA。公交车站台上有85%的峰值音量超过了114dBA，54%甚至超过了120dBA。骑自行车时，所有的峰值音量都超过了117dBA，其中85%超过了120dBA。

研究人员表示，这相当于一个人乘坐地铁、公交车和骑自行车时，分别有9%、12%和14%的情况下噪音值超过了推荐值，不过乘坐有轨电车、开私家车和走路时不会出现超标情况。

作者也提醒说，该研究的私人交通方式的数据量相对较少，且为横向研究，因此不能得出因果性结论。

（二）交通管理措施研究的新信息

1. 开发出描述交通拥堵的数学模型

2009年5月，加拿大阿尔伯达大学教授莫里斯·弗林负责，美国麻省理工学院数学系讲师阿斯兰·卡西莫夫等人参加的一个研究小组，在《美国物理评论E》杂志网络版上发表论文称，他们设计出一种用于描述交通拥堵的数学模型，通过该模型可对交通拥堵出现的时间和状况进行模拟。相关数据可为道路设计和时速设定提供参考。

交通拥堵耗费了人们大量的时间，而最让人难以忍受的是一种被称为“幽灵堵塞”的状况：没有事故、没有停顿车辆，也没有封闭施工的车道，但当你开始加速时，看上去也在前行的车辆却又迅速加入了另一处交通拥堵。高密度的交通中更是如此，无论是一个新手急刹车还是太近的车距都会导致拥堵。

此前，日本科学家的一项实验也证实了这一现象。在一条环形的实验路段上，虽然参与测试的司机都被要求以30千米的时速和固定的车距行驶，但没过多久还是出现了拥堵。

卡西莫夫解释称，这种现象类似于爆炸后所产生的爆震波，这种爆震波是一个可以自我持续的波形。在这种波形中存在一个被称为“声速点”

的临界点，交通流量以其分为上游和下游两个组成部分。就像黑洞的“事件穹限（即黑洞边缘）”一样，当发生“幽灵堵塞”时，位于交通堵塞内外的司机都无法得知对方区域的情况，而自由流动的信息也只能传递到交通拥堵区域“声速点”的上游。在这样的情况下，车辆就会陷入交通拥堵之中，司机却无法找到明确的原因。相应的他们也无法判断何时交通状况才能得到改善。而研究人员借用流体力学方程，以交通的速度和密度为变量，就可以推算出导致出现拥堵的条件，以及蔓延趋势。

弗林说，一旦拥堵形成就很难被迅速疏通，司机们就只能等待。该模型可以帮助道路工程设计师尽量避免此类事件的发生，也可确定事故多发地段车辆的安全时速。在今后的研究中，他们还将对车道的数量与拥堵的关系展开研究，以期对更有效的交通设计提供支持。

2. 绘制出研究人类活动影响的地球交通图

2011 年 10 月 20 日，外国媒体报道，加拿大科学家德申思·菲利克斯用电脑绘制了一系列地球上的交通图，图中包括道路、航线、城市甚至电缆。他用这一系列图片展示了人类活动是如何将地球的各个角落联系起来，也说明了各大洲人们之间的往来越来越密切。

菲利克斯表示，自己绘制的线路全部真实，部分取自美国的国家地理空间情报机构以及国家海洋和大气管理局。他说：“这些图片表现了地球上人类活动的方方面面。在图上，我们能看见已经铺好和还未铺好的道路、光污染、铁路、电力系统。这代表着人类文明延伸的范围已经扩展到整个地球。”

菲利克斯是全球化时代组织的创建者，该组织旨在研究人类活动对地球的影响。他日前希望发布自己的研究成果，他相信“一图值千金”，地球的交通图抵得上千言万语。他说：“我们在地球上的足迹已经越来越广泛。”

第九章　生命科学领域的创新信息

加拿大在基因领域的研究成果，主要集中于探索基因变异、人体基因中远古病毒基因残余，开展基因测序，绘制出基因图谱，研究和应用基因条形码技术，并研究基因诊断与治疗疾病。在蛋白质领域的研究成果，主要集中于探索蛋白质内在机理，揭示蛋白质相互作用；发现与生命体相关的蛋白质，与人体组织相关的蛋白质，与癌症相关的蛋白质。在细胞与干细胞领域的研究，主要集中于探索血液与肌肉细胞的生理机制，细胞分裂与饥饿的生理机制，以及细胞的抗病功能；找到恰当的心脏细胞比例构成。研究干细胞的来源和种类，探索干细胞的生理现象，培育和分离干细胞，推进干细胞疗法的发展。在动植物领域的研究，主要集中于研究动物生理现象和生态状况，研究古人类、恐龙、鱼类、软体动物与有鳞动物的进化，并分类研究哺乳动物、鸟类、鱼类、节肢动物与冠轮动物。同时，研究植物种类和植物考古，还研究提高粮食作物产量。在微生物领域的研究，主要集中于探索原核生物、真核微生物和非细胞型微生物，研究抵抗病菌和病毒的方法。

第一节　基因领域研究的新进展

一、研究基因生理的新成果

（一）探索基因变异的新发现

1. 发现导致不同抑郁症的基因变异

2006 年 8 月，有关媒体报道，德国和加拿大两个研究小组同时发现，代号为“P2RX7”的基因的变异体，导致了不同形式的抑郁症。这一发现，为基因治疗抑郁症开辟了新途径。

抑郁症通常有两种表现形式：一种是抑郁型抑郁症，又称为单向型抑郁症，病人表现为情绪极度跌落，自我攻击；另一种是狂躁型抑郁症，也称为双向型抑郁症，病人表现为情绪亢奋，有狂想和攻击他人倾向。抑郁症具有遗传性，研究人员发现，双向型抑郁症的遗传概率介于83%～93%，单向型抑郁症遗传概率介于34%～75%。

德国慕尼黑的马普精神病学研究所所长弗洛里安·霍尔斯勃、专家贝特拉姆·米索克等人组成的研究小组，在对1000例单向型抑郁症病人的研究中发现，30%的病人有P2RX7基因变异的现象。与此同时，加拿大CHUL研究中心和位于魁北克的纳瓦拉大学共同组成的研究小组，发表论文称，在对双向型抑郁症病人的研究中也发现，40%的病人存在P2RX7基因变异的问题。

米索克称，P2RX7基因的变异体很可能影响大脑神经细胞，改变大脑神经信号的传递，引起患者情绪的过分紧张反应。这一发现找到了导致不同精神疾病的变异基因，为进一步治疗抑郁症开创了新路。

由于P2RX7基因作为脑神经细胞膜分子上的物质可以直接识别，这样就提供了未来抗抑郁症药物理想的给药点。霍尔斯勃称，基因疗法将使开发新一代治疗抑郁症药物成为可能。目前，马普精神病学研究所正在与一家制药公司合作，开发新的抗抑郁症药物。

2. 发现每个人从父母获得的基因都有新变异

2011年6月13日，每日科学网报道，加拿大、英国和美国等科学家组成的一个国际研究小组，通过直接检测人类全基因组变异，并和父母双方比较分析后得出结论：在从父母那里获得的基因组中，每个人的基因都有60个新变异。这是人类全基因组变异检测结果首次发布，但还需要通过研究更多的家庭才能确定最后答案。

研究人员利用“千人基因组计划”的全基因组测序技术，直接检测了两个家庭的孩子相对于他们父母的基因变异数量，结果显示：基因（基因编码）会改变多少，由父母双方基因之间的差异来决定，“新的”变异是父母双方都没有的。以前的人类变异率检测，没有考虑性别差异，并在多代间平均，因此无法测得在某一特定代与代之间、从父母到某个特定孩子之间发生了哪些新变异。

作为研究对象的两个家庭，都由父母双方和一个孩子组成。通过基因组测序，研究人员在孩子的基因中，寻找那些在他们父母的基因组中都没有的新变异。他们将这些变异分为两类：一类是在父母精子或卵子产生过程中发生的；另一类是在孩子成长过程中形成的。精子或卵子的变异率在进化中至关重要。其中一个家庭中，92%的变异源自父亲，而在另一个家庭中，只有36%的变异源自父亲。

（二）探索人体基因中远古病毒基因残余的新发现

1. 发现远古残余病毒基因与人类干细胞多能性密切相关

2014年4月，加拿大和新加坡联合组成的一个国际研究小组，分别在《自然·结构》和《分子生物学》杂志上发表论文称，他们研究发现，人体基因中的远古病毒基因残余，与人类干细胞多能性密切相关。如果使干细胞样本中的病毒残余失能，可阻止干细胞成长为除一种人体细胞外的任何其他细胞类型。

人体中的所有细胞都开始于干细胞，干细胞的这种能力也被称为多能性。科学家们目前仍未真正掌握个体干细胞如何知道要成长为哪种类型的细胞，此领域的研究成果，或将激发出现治疗肢体再生和许多疾病的新方法。

作为数百万年前逆转录病毒感染的结果，病毒基因存在于人类基因中。逆转录病毒通过将自身基因导入宿主基因而繁殖，如果它进入精子或卵子细胞中，病毒基因就终结在宿主基因中。科学家们一直认为，残余病毒基因只不过是“垃圾”基因，亦即它是无用的。但新研究表明，至少一种类型的残余病毒基因，例如HERV-H，实际上对多能性起着非常重要的作用。

研究人员利用少量旨在抑制HERV-H的RNA（核糖核酸），对某些人体干细胞进行处理。他们发现，干细胞失去了发展成任何人体细胞的能力，而只能成长为与结缔组织中常见的成纤维细胞类似的细胞。深入观察发现，抑制HERV-H也抑制了多能性所必需的蛋白质的生产。因此，至少在人体中，残余病毒基因似乎是正常人体发育所必需的，没有它，人类生命就不可能存在。

基于HERV-H在多能性中扮演的角色，研究人员接下来将着重对其他残余病毒基因进行测试，以了解其仅是遗留垃圾，还是对人体发育有着重要作用。

2. 残存病毒帮助控制人类基因

2015 年 3 月，加拿大多伦多大学分子遗传学教授蒂姆·休斯领导的一个研究小组，在《自然·生物技术》杂志上发表研究成果称，如果说基因是基因串上的一盏灯，基因组就将成为一个无穷闪烁的灯环，因为数以千计的基因会在任何特定时间开启和关闭。他们目前正在探寻隐藏在这场协调紧凑的灯光秀背后的规律，因为它一旦出现故障，疾病就会随之而来。

基因由被称为转录因子的蛋白开启或关闭。这些蛋白和基因上的精确位点结合，以充当路标，告诉转录因子其目标基因就在附近。现在，休斯研究小组公开发表了对最大一组人类转录因子（C2H2-ZF）的首个系统性研究成果。

转录因子在发育和疾病形成中担当着重要角色，C2H2-ZF 转录因子数超过 700 个，占据人类所有基因数的 3%。大多数人类 C2H2-ZF 蛋白与小鼠等其他生物体的完全不同，这意味着科学家无法将动物研究成果适用于人类 C2H2-ZF。休斯研究小组发现，C2H2-ZF 如此丰富多样的原因在于，它们中的多数在进化过程中，形成了避免人类祖先基因组遭受“自私基因”损害的防御能力。

自私基因是一种寄生基因，其唯一目的就是繁殖一种人类基因组病毒。它们利用细胞的资源来制作自身的副本，并随机插入整个基因组，沿途制造有害的变异。几乎一半的人类基因组由自私基因组成，自私基因来自古代的逆转录病毒，其亦可将基因插入宿主基因组中。当这种情况发生在卵子或精子中时，病毒基因被传递给下一代，而自私基因就此成了内生性逆转录因子（ERE）。

进化生物学家认为，自私基因有助于使基因组变得更大，给自然选择增添了额外的基因材料。但休斯的研究数据表明，ERE 占据了这场进化军备竞赛的中心舞台，这种变化催生了 C2H2-ZF 这个蛋白新组群。

休斯称，这是一个从古到今的“征服与反征服”的精彩故事。C2H2-ZF 最初进化成能关闭 ERE，随着新的 ERE 入侵人类祖先的基因组，新的 C2H2-ZF 就会出现以防止其破坏基因的功能。这就解释了 C2H2-ZF 在不同的生命体中既丰富又多彩。

此项研究表明，ERE 是转录因子本身进化中的真正驱动力。所有的哺乳动物都有一大堆特定转录因子可静默 ERE，而 ERE 和这些新的转录因子，在不同脊椎动物中也是不同的。这些 ERE 现在是无害的，因为其已有几百万年的古老历史。随着时间的推移，其累积的变异以恒定的速度布满整个基因组，最终的结果是其失去了繁殖和移动的能力。

C2H2-ZF 则开始承担新的角色，其使用分散在基因组中的 ERE 作为基因对接位点，从这里对邻近基因进行控制。曾作为征服者的 ERE 最终落得“被奴役”的下场。

休斯介绍了这一过程中的一个精妙例证。C2H2-ZF 的一个家族成员 ZNF189 转录因子，逐渐进化成可静默一个具有 1 亿年古老历史的 LINE L2 逆转录因子。LINE L2 现在已处于非活动状态，但 ZNF189 仍然与 L2 绑定，因为它要使用 L2 残余到达其他的基因。

L2 序列的残余恰好位于驱动大脑和心脏发育的基因附近。所以，ZNF189 担当了塑造这些器官的新角色，这一安排通过自然选择得以保留下来，因为它对胚胎的形成有益。类似于 L2 曾经担当的角色，ZNF189 可能会关闭“大脑基因”，但在心脏细胞中，其实际上可能发挥着开启基因的作用，因为它已失去了可形成关闭功能的那一部分。

休斯说，ERE“征服与被奴役”的故事，正是基因组在进化中如何形成可塑性的一个美丽的例证。

二、研究基因测序与条形码技术

（一）开展基因测序的新信息

1. 微生物基因测序的新进展

完成甲型 H1N1 流感病毒基因测序。2009 年 5 月 6 日，加拿大联邦卫生部部长阿格鲁卡克，在渥太华举行的新闻发布会上宣布，该国科学家已完成对 3 个甲型 H1N1 流感病毒样本的基因测序，这在世界上尚属首例，为研制疫苗打下基础。

加拿大国家微生物学实验室科学家普卢默在新闻发布会上介绍说，完成基因测序可以使科学家掌握甲型 H1N1 流感病毒的运行机制以及反应方式，从而有助于疫苗的研制工作。

加拿大进行基因测序的三个病毒样本，有两个来自加拿大，一个来自墨西哥。基因测序发现，墨西哥与加拿大病毒样本的基因结构并无二致。因此，这排除了该病毒已发生变异的可能。研究者认为，在排除病毒发生变异的可能后，目前初步认为人个体的基因差异，可能是导致感染病毒后有人症状轻，有人症状严重的原因。

据悉，加拿大已将甲型 H1N1 流感病毒基因测序结果，上传给国际上最大的基因数据库，各国科学家都可对其进行分析和研究。

2. 动物基因测序的新进展

宣布完成大西洋鲑鱼基因组测序。2014 年 6 月，有关媒体报道，加拿大、智利和挪威资助建立的大西洋鲑鱼基因组测序国际合作组织，在温哥华举行的鲑鱼综合生物学国际会议上宣布，他们已经对大西洋鲑鱼的基因组进行测序。研究人员表示，鲑鱼的参考基因组将有助于水产养殖，保护野生种群，并助力相关物种——太平洋鲑鱼和虹鳟鱼的研究。

该合作组织的负责人斯泰纳尔·贝里塞特表示："全基因组的知识，让我们能够看到基因如何相互作用，并了解控制一定性状，如疾病抗性的确切基因。"

大西洋鲑鱼主要分布在北大西洋海域，以及流入北大西洋的河流中。然而，在过去的几十年，由于过度捕捞和栖息地变化等因素，野生大西洋鲑鱼的数量显著下降。为了满足市场需求，欧洲北部及北美洲的一些国家开始大量养殖大西洋鲑鱼。在加拿大，大西洋鲑鱼的养殖，每年带来 6 亿多美元的收入。

在温哥华国际会议上，该合作组织介绍了大西洋鲑鱼的基因组。发言人表示，基于这些序列的文章正在撰写之中。早在 2010 年，该合作组织就在《基因生物学》上宣布了这一测序计划。它指出，鲑鱼基因组测序面临多个挑战。特别是，这是个同源四倍体基因组，包含长且频繁的重复。

该合作组织表示，通过大西洋鲑鱼基因组的测序，研究人员和业界合作伙伴希望能够培育出更健康、生长更快的鱼类。据悉，大西洋鲑鱼的基因组序列将在基因数据库中提供。

挪威鱼类养殖公司的养殖主管彼特·阿内森表示："鲑鱼的序列将有助于开发更高效的选择性育种工具，这将让我们更好地选择出具有理想性状的亲鱼，用于鲑鱼的繁殖。"他补充道："对遗传物质的了解，加深让我们能够利用更多来自养殖鲑鱼的遗传变异。此外，这些序列为研究生物和生理过程开辟了新局面。"

（二）绘制出基因图谱的新信息

1. 绘制人类基因变异图谱的新进展

（1）绘出用于疾病研究的人类变异基因图谱。2005 年 10 月，有关媒体报道，加拿大、中国、日本、尼日利亚、英国和美国等 6 个国家科学家共同组成的一个国际研究小组，在《自然》杂志上发表的研究成果称，他们通过分析全球不同人群之间的遗传基因信息，初步绘制出首张人类脱氧核糖核酸序列中变异基因片段的遗传图谱。

研究人员表示，此项研究结果不但会进一步改变人们对生物学和人类进化的理解，更重要的是将帮助科研人员更方便地找出与人类主要疾病密切相关的变异基因，如哮喘、糖尿病、心脏病和癌症等，以此改进人们对疾病的预防、诊断和治疗技术。

研究人员表示："人类变异基因图谱的绘制，将对人类疾病遗传学研究领域带来巨大改变。"据介绍，此次研究项目由来自全球 6 个国家超过 200 名研究人员共同合作展开的。

曾有研究表明，众多危害人类健康的疾病，都与人体内变异的基因片段密切相关。然而，对于像心脏病、癌症、糖尿病、哮喘等，这一类严重威胁人类生命健康的疾病，与之有内在联系的变异基因序列一直以来都很难被直接发现。研究人员表示："现在，成功的大门终于被打开，'人类基因组单体型图'项目的研究成果，为科学家们研究人类疾病与致病基因之间的关系，迈出了通向目标的第一步。"

报道称，"人类基因组单体型图"计划项目，旨在建立一个帮助研究者发现人类疾病及其对药物反应相关基因的公众资源。据介绍，此次发现的特异基因具体数目，以及这些基因的具体作用如何，目前还尚未完全明确，现在所得到的研究成果，也许在今后 5 到 10 年后，才有可能被实际用到疾病的治疗中去。

据介绍，人类的脱氧核糖核酸基因组由总数超过30亿的碱基按特定序列组合排序而成。“人类基因组单体型图”计划研究发现，任意两个不同的人类个体之间，在其各自特有的脱氧核糖核酸序列中，有99.9%以上的基因是基本一致的。但尽管如此，在剩余不到0.1%的基因序列中，还有数百万条基因片段是有所差异的，这些被称为“SNPs”的基因，就是构成不同个体人群之间遗传变异的内因。

SNPs全名为“单核苷多态性”。在人基因组的30亿个碱基中，平均每1000个碱基就会有一次遗传密码中出现单个碱基的变异，既所谓的SNPs。“人类基因组单体型图”计划组绘制的图谱显示，这些变异基因片段有多达上百万种不同的构成模式，研究人员发现，每一个人可以携带某一特定类型的SNP变异基因片断，但同时也有极高的可能会携带另外一种完全不同的特定SNP变异基因段。

科学家一直希望在疾病诊断、预防以及提升治疗效果等方面，能够找到与疾病关系紧密的变异基因序列。在这些基因内，不但隐藏着导致疾病发生的生物学诱因，同时也暗含着提高疾病治疗技术的改进策略。

研究人员表示，这些SNPs就像是分布很近的脱氧核糖核酸位置标志，对其标志点的追踪，既可以更容易地发现与人类主要疾病相关的基因，如哮喘、糖尿病、心脏病和癌症等；同时还可以为每个人对特定药物做出的反应进行分析确定。

有关专家指出，尽管目前还不清楚，“人类基因组单体型图”项目将会在哪些方面对人类的健康事业做出贡献，但是仅就现阶段研究成果而言，对这些变异基因片段的确定，将首先极大地帮助科学家弄清特殊药物在特定患者体内反应的遗传特性，这其中所获得的研究成果，在不久的将来都会被实际应用到改进疾病诊疗和医务护理领域中。

（2）绘制出组织相容性复合体区域人类基因变异详图。2006年9月24日，加拿大蒙特利尔大学副教授约翰·里奥克斯博士为主要成员研究小组，在《自然·遗传学》网络版上发表研究成果称，他们绘制成功主要组织相容性复合体中的人类基因变异详图。组织相容性复合体，是人类基因组里最重要的区域，广泛参与免疫应答的诱导与调节，激发机体特异性免疫反应，在免疫学上具有极为重要的意义。

专家认为，该项研究工作是在这个重要区域分析基因变异性的一个里程碑，为今后进一步揭开免疫相关疾病的遗传根源打下了良好的基础。

里奥克斯表示，研究人员使用这个新图，将可发现基因对于健康和疾病的影响，以及基因对药物治疗的反应。新图将为组织相容性复合体中，基因的风险因素识别研究工作，提供必要的信息。

与任何其他人类基因组区域相比，由遗传基因组成的组织相容性复合体，与各种疾病的关系都更密切。这些疾病包括动脉硬化症、关节炎、糖尿病、艾滋病、红斑狼疮、多发性硬化以及克罗恩氏病。

研究人员为了绘制出组织相容性复合体的单模标本图形，分析了来自非洲、欧洲和中国、日本等不同国家（地区），350多人组织相容性复合体基因排序的可变性。他们还读取了在单核苷酸多态性（SNP）基因编码里，7500个单一字母变化，以及取自组织相容性复合体内部一组高可变的，叫作“HLA基因”的脱氧核糖核酸测序短片。这些基因形成一个独特的指纹，这个独特的指纹被每一个人的免疫系统承认，用于从自己的组织中区分外部组织，而且这些基因的脱氧核糖核酸排序，频繁地在接受器官移植和患自身免疫性疾病的患者体内受到分析。

此外，研究结果还提供了组织相容性复合体区域详尽的进化史，包括它的早期起源和进化动力。

2. 绘制微生物基因图谱的新进展

绘制出基于酵母细胞的基因相互作用图谱。2010年1月25日，加拿大多伦多大学特伦斯·唐纳里细胞与生物分子研究中心主任布伦达·安德鲁斯，以及该中心首席研究员查尔斯·布恩领导的国际研究小组，在《科学》杂志上发表报告称，他们找到了一种有效方法，可绘制出表现细胞内基因之间相互作用的图谱。这一重大突破可帮助科学家更好地理解疾病的成因，进而制订更为精确的药物治疗方案。

虽然人类基因组图谱已经绘制出来了，但是这些基因的功能，以及它们相互之间的作用到底如何，人们尚不知晓。研究人员表示，此前没人制作过基因相互作用的图谱，这项成果使得研究人员掌握破解一个细胞内全部数千个基因的功能。

研究人员说，他们利用酵母细胞开发出这种图谱绘制方法。它可以解读其细胞内基因的相互作用，这是首次在生物体上进行这样的工作。由于酵母细胞同人类细胞的基因非常相似，这项研究可以促进各项关系到人类健康的研究，如更好地了解疾病的遗传基础等。同时，这样一份图谱还能提供有价值的信息，有助于认识人类个体的基因型与其表型之间的联系，也就是一个人独有的基因组成和此人基因行为表现之间的联系，从而了解当身体患上某种疾病时，是哪些基因相互作用导致问题的出现。

研究小组还绘制出基因和化学药品之间的相互作用图谱，以便更好地预测药物对细胞的作用，便于在制订治疗方案时对症下药。

3. 绘制植物基因图谱的新进展

公布最完善的小麦基因组图谱。2018 年 8 月 17 日，有关媒体报道，包括加拿大在内，由 20 个国家的学术和行业研究人员组成的国际小麦基因组测序联盟，当天在《科学》杂志上公布了小麦复杂基因组的相关数据：他们在用来制作面包的小麦的 21 条染色体上，确定了 10.7 万个基因。

研究人员称，新序列“迎来了小麦遗传学的新时代”。这将加快提高小麦收成的步伐，也为培育出非致敏品种带来新希望。

小麦是全球最重要的粮食作物之一，养活了世界上 40% 的人口。因而，小麦的研究始终是国际科学家的心头大事。但经过数千年种间杂交形成的小麦基因组，大小是人类基因组的 5 倍，其包含三套非常相似的染色体，总共 21 对且拥有大多数基因的 6 个拷贝。

由于缺乏基因组图谱，小麦育种者很难跟踪基因的代序传递情况，试图改变特定脱氧核糖核酸序列的基因工程师也不知道如何入手。国际小麦基因组测序联盟从 2005 年发起至今，通过分别对每个染色体进行分解和测序，最终绘制出了这份完善的小麦基因组图谱。

国际小麦基因组测序联盟执行主任凯利 · 埃弗索尔说，迄今为止，联盟成员和其他人已针对这一基因组发表了 100 多篇论文。而且，新发现也已开始起作用。例如，比利时植物遗传学家安杰 · 罗德报告称，其研究团队确定了导致小麦发芽延迟的关键基因，她们希望使用 CRISPR 技术令该基因失效，从而缩短育种周期；美国加州大学戴维斯分校的乔治 · 杜布佐夫斯基教授最近发现了一种新的小麦高度基因。

基因组图谱还可帮助提高小麦对疾病的抵抗力，并保护人类健康。加拿大科学家声称发现了一种使小麦茎秆更硬，因此能更好地抵抗锯蝇这种茎蛀害虫的基因，为保护其他小麦品种指明了方向。

4. 绘制动物基因图谱的新进展

绘制出70万年前古马基因图谱。2013年6月26日，《今日美国》报道，基因专家当天表示，已经可以破解约70万年前生活在加拿大地区的史前马的基因，这是有史以来最古老的基因图谱，为包括人类祖先在内的更多灭绝物种的基因绘制敞开大门。

这一壮举表明，远古脱氧核糖核酸可从近100万年前的冰封遗骸中复原，增加了日后复原更古老的人类原始祖先基因图的可能性。

研究人员说："显然，在重现人类起源的细节层次上，这为我们打开了广阔的前景。实际上也能重现世界上现存的几乎所有物种的进化史。"

2003年，一个研究团队在加拿大育空蓟溪遗址已知的最古老的冻土带，发现了冰封已久的马骨。起初，该骨头在血液和其他组织上表现出可喜的迹象，这鼓励研究人员尝试绘制基因图。作为对照，该研究团队从遗传学角度，绘制了4.3万年前同样在冰封条件下的马的脱氧核糖核酸样本，还绘制了5匹现代马、1头驴和1匹普氏野马的基因图。

可以看到，马似乎于400万年前从驴这个物种中演化而来。结果还证实，普氏野马约5万年前从家马中分离出来，是最后幸存的野马品种。普氏野马现已濒临灭绝，在动物园里可以看到，在蒙古也有圈养。基因图显示，过去200万年中，多个冰期使草原面积扩张，马的数量则经历了一系列起伏。研究发现，与血细胞、繁殖、毛色和肌肉有关的基因，是现代马独有的，在古代马中并没有这样的基因。这指出一个遗传"瓶颈"，马经历了一个驯化过程。

这个研究人员利用马腿骨中的"短"基因序列，来重组这幅70万年前的基因图，科研专家最近才拥有这项技术。

（三）研究和应用基因条形码技术的新信息

1. 研究基因条形码技术的新进展

开发出基因条形码融合技术。2016年4月，加拿大一个由生物学家组成的研究小组，在《分子系统生物学》杂志上发表论文称，他们开发出一种新技术，可将基因条形码拼接在单个细胞内，以同时搜索数以百万计蛋白质对之间的相互作用。

近年来，基因条形码技术使科学家开展高并行试验，即许多不同类型的细胞在同一试管内进行试验成为可能，而新一代基因测序技术的发展，进一步提高了对条形码计数和读取结果的效率。

然而，可在同一试管内进行的试验次数，却受限于编码的细胞类型数量。一直以来，基因条形码都是一维的，也就是一个条形码只能做一次试验。允许条形码在细胞内融合在一起，意味着科学家们现在可以打破这一障碍。新技术可显著提高在单一试管内进行的实验次数，在同等成本条件下能将效率提高 10 倍。

在广泛使用的酵母双杂交（Y2H）方法中，携带一个“诱饵”蛋白的酵母细胞与携带一个“猎物”蛋白的酵母细胞配对。对酵母双杂交系统进行操纵后，只有“诱饵”与“猎物”蛋白粘在一起的细胞才能存活，从而使科学家可以观察到哪些蛋白间互相关联。在被命名为“条形码融合遗传学—酵母双杂交”的新技术中，携带着数千“诱饵”和“猎物”蛋白的细胞在同一培养皿中配对。

这种条形码融合方法的新颖之处在于，通过对细胞编程，将来自“诱饵”和“猎物”细胞的基因条形码连接在一起，形成一个“融合条形码”，然后利用新一代基因测序方法对融合条形码进行检测。

研究人员称，这项研究的最终目标是建立蛋白相互作用网络的三维视图，而不是静态图。通过有效建立含有更丰富信息的蛋白相互作用图谱，基因条形码融合方法可拓展研究人员对细胞工作机理的理解，并展现只在某种特定环境条件下才能发生的蛋白相互作用，从而加速对基因功能和人类疾病的理解。

2. 应用基因条形码技术的新进展

用基因条形码技术梳理新物种样本。2019 年 6 月，国外媒体报道，加拿大圭尔夫大学保罗·赫伯特领导的一个研究团队，正在发起一项耗资 1.8 亿美元的全球行动，着手以短链基因，即所谓基因条形码技术，识别超过 200 万种新的多细胞生物。其他研究小组也采用这种技术，在实验室里，甚至直接在野外对新物种的样本进行梳理。目前，全世界的物种消失速度比发现速度还要快，因此生物学家对这项技术表示欢迎。

几个世纪以来，生物学家一直在煞费苦心地以缓慢的步伐识别新物种，描述样本的生理特征，并经常试图在命名和发表物种之前将其纳入生命树。

如今，他们已经开始尝试能否在几小时内便将一个标本确定为新物种，而且很快就会以极低的成本实现这一目标。这是一场由基因条形码驱动的革命。结合快速、廉价的基因测序器，这些条形码的差异，足以提供识别物种的标记。赫伯特说："生物多样性科学，正在进入一个黄金时代。"

生物多样性专家估计，地球上有870万~2000万种植物、动物和真菌，但迄今为止，只有180万种得到了正式描述。而昆虫是一个未被发现的物种领域。一直在用小型基因测序器开发条形码技术的。

2003年，赫伯特提出了基因条形码的概念：从一个样本中测序不到1000个线粒体基因碱基，就可以区分生物物种。过了一段时间，赫伯特和其他爱好者已开始从已知物种中编译条形码。例如，在2010年，他领导了一个名为"国际生命条形码"的研究团队。这一耗资8000万美元的项目，以圭尔夫为中心，旨在建立一个已知物种及其识别序列的参考图书馆。它现在已有超过730万个条形码（每个物种都有不止一个），并且被证明是一种资源，不仅可以用来识别已知生物体，还可以用来记录它们与其他物种之间的相互作用，包括基于特定样本中的不同条形码判断是谁吃掉了谁。

如今，在30个国际合作伙伴的资金和实物服务的支持下，国际生命条形码即将开始为期7年的后续工作。该项目名为"生物圈"，将在全球2500个地点收集样本，并研究物种间的相互作用，旨在将其参考图书馆扩大到1500万条的条形码记录，其中90%来自未描述的物种。

赫伯特说："这些数据将为监测污染、土地利用变化和全球变暖对生物多样性的影响，奠定基础。最终，我们将能够像追踪天气一样追踪地球上的生命。"

此外，赫伯特表示："与国际生命条形码之前专注于为已知物种提取条形码的做法不同，这次主要目标之一将是发现新物种。”如果软件无法将一个样本的条形码序列与现有物种匹配，它将立即标记该样本，从而进行更密切的遗传和视觉检查，并可能将其识别为新物种。

过去，科学家可能要花费数年甚至数十年的时间才能确认某些生物体是新物种。例如，某些苍蝇物种仅在雄性生殖器的形状上有明显差异。

赫伯特预测，定制的生物信息和测序仪可以一次读取足够的碱基，从而获得完整的条形码，这将使收集、保存、基因提取、测序和后续分析等成本，保持在一个较低水平，每个样本大约 1 美元。他预计，测序部分的总成本，最终将降至每个样本约 0.02 美元。

三、研究基因诊断与治疗疾病

（一）探索基因诊断疾病的新信息

——开发可快速诊断癌症等疾病的基因分析新技术

2014 年 8 月，加拿大麦吉尔大学物理系教授萨波莉娜·莱斯利、沃尔特·莱斯纳和魁北克基因组创新中心罗布·史莱德克博士等人组成的一个研究小组，在美国《国家科学院学报》上发表论文称，他们取得的一项技术突破，有望用以更快地开展癌症及各种产前诊断。新开发的工具将允许研究人员在类似人体条件下，把长链脱氧核糖核酸装载入可调谐纳米成像室，同时维持其结构不变。

该研究小组开发的这个“凸透镜—诱导约束”工具，将允许研究人员快速绘制大型基因组，同时以单个分子的解析度从单细胞中鉴别出特定基因序列，这一过程对诊断像癌症这样的疾病是至关重要的。

这个新工具可放置在大学实验室常用的标准倒置荧光显微镜上。其创新之处在于，允许从顶部将脱氧核糖核酸链装载入成像室，从而使脱氧核糖核酸链维持其完整性。而现有基因组分析工具，通常利用压力将脱氧核糖核酸链从侧面装载入成像室的纳米通道，过程中会将脱氧核糖核酸分子压成小片，进而使基因组重构面临困难。

研究人员将“凸透镜—诱导约束”工具的使用过程描述为，像把很多的软面条挤入狭长的管道，而又不使面条断裂。一旦这些脱氧核糖核酸长链，被轻轻地从上方的纳米缸挤入纳米通道，它们就会变得具有刚性，这意味着研究人员可在保持脱氧核糖核酸链静止的同时，沿着均匀拉伸的脱氧核糖核酸链描绘出其位置。由此，诊断就可以一次一个细胞的速度快速进行，这对于许多产前病症及癌症的诊断是非常重要的。

研究人员介绍说，目前的基因组分析，通常需要数以万计的细胞来获取有用信息，新方法则可工作在单细胞上，研究人员不用再花大量的时间对整个基因组图进行拼接，从而使基因组分析更为简单和高效。

（二）探索基因治疗疾病的新信息

1. 研究用人造染色体治疗基因缺陷引起的遗传病

2004年6月，国外媒体报道，在细胞里添加一整条“定制”的人造染色体，可望成为用基因技术，治疗遗传疾病的一种新做法。加拿大染色体分子系统公司用小鼠进行的初步试验表明，人造染色体的确能使所需的基因发挥作用。

基因是染色体上的片段，遗传疾病是由基因缺陷引起的，用完好无损的基因取代有缺陷的基因，可治疗疾病。以前基因疗法的普遍做法是，以无害的病毒为载体，将所需基因运送到患者细胞染色体需要修补的地方。但病毒的“载货量”太小，只能运送一两个小基因，而许多疾病需要修补多个基因才可能治好。要让病毒在准确的地点“卸货”也很不容易，有时候病毒携带的基因会落到染色体上错误的地方，导致癌症。

现在，世界各地已有一些研究小组在尝试新方法，通过添加整条染色体而不是替换单个基因来治病。加拿大染色体分子系统公司的科学家说，他们以正常小鼠的染色体关键“零件”为基础，制造出了人造染色体。它能像正常染色体那样分裂和遗传，所携带的特定基因能发挥作用。

科学家培育了一批内部包含人造染色体的细胞，往一部分细胞的人造染色体里添加一个基因，该基因可产生一种人类血液激素：红细胞生成素。随后，科学家将这些细胞注射到小鼠体内，结果小鼠体内的红细胞数量显著增加，显示人造染色体携带的红细胞生成素基因发挥了作用。而那些人造染色体内不含该基因的细胞，注射到小鼠体内后就不会引起这种效果。

科学家认为，利用类似的方法，可望治疗血友病等。医生可从患者身上提取细胞，添加携有所需基因的人造染色体，再将细胞注射给患者本人。人造染色体的基因运载能力比病毒大得多，可以携带多个基因。

不过，在进行人体实验之前，还需要更多的研究，以证明这类方法的有效性、稳定性与安全性。例如，人造染色体里不能含有不需要的基因，以免导致意外。

2. 认为基因疗法可减少心脏病发作对心肌的损伤

2004 年 8 月，有关媒体报道，加拿大科学家组成的一个研究小组，其所做的一项试验显示，通过添加一个基因，来使机体在紧急时刻产生更多起保护作用的蛋白质，可以减少心脏病发作给心肌造成的损伤。这个基因可以在缺氧的状况下保护细胞。接受基因疗法的实验鼠，在经历类似心脏病发作的伤害后，心肌基本没有受损。

研究人员利用经改造过的病毒为载体，把额外的 HO-1 基因副本释放到实验鼠的心脏、肝和肌肉部位，然后停止对这些组织供血，时间最长达 1 小时。结果这些组织迅速地制造出了大量的 HO-1 蛋白质。

研究人员说，给有心脏病发作危险的人进行这种基因疗法，可以保证心肌细胞在紧急状况下能得到保护。这一方法还可用于其他疾病，如脑血管阻塞造成的中风、外伤或细菌感染造成的器官和组织供血不足等。研究人员表示，他们的下一步计划，将用猪等较大型动物进行试验。

第二节　蛋白质领域研究的新进展

一、蛋白质生理研究的新成果

（一）探索蛋白质内在机理的新信息

1. 蛋白质阻止结冰机理研究的新进展

研究发现一些生物防冻蛋白质阻止结冰的机理。2007 年 3 月 6 日，国外媒体报道，加拿大女王大学与美国俄亥俄大学科学家组成的一个研究小组，当天在有关学术会议上宣布了一项研究成果，他们观察到一些生物防冻蛋白质的运行过程，揭示了它们阻止结冰的机理。这一发现将来可望用于医疗、农业以及食品加工行业等许多领域。

在很多动物体内，都存在防冻蛋白，包括一些鱼类、昆虫、植物、真菌及细菌等，它们会结合在冰晶的表面，从而阻止冰晶的进一步生长，这样就能保护生物不会被冻死。但是科学家一直不大清楚为什么有些生物蛋白，如在加拿大常见云杉蚜虫的蛋白，要比其他生物的蛋白更活跃。

现在，该研究小组利用荧光显微镜，发现了这种活跃的蛋白质是如何保护蚜虫细胞的。在这项研究中，研究人员在实验室把蚜虫及鱼类的防冻蛋白，先分别用荧光物标记。再用一种荧光显微技术，观察这些蛋白质如何与冰晶表面相互作用。结果发现，蚜虫体内的蛋白能阻止冰晶向某一特定方向生长，而鱼类蛋白的这一作用则相对较弱。

研究人员表示，防冻蛋白，特别是这些在云杉蚜虫体内找到的非常活跃的蛋白质种类，将会有多种的用途。它们可用来保护器官移植过程中的器官及组织，也能用于防止冻伤。防冻蛋白还能阻止冰淇淋中冰晶结构的生长，这一技术目前已经被某些食品制造商使用，同时还可以防止农作物受到霜冻的伤害。

2. 蛋白质转译机理研究的新进展

捕获长期记忆基础的蛋白转译机理图像。2009 年 6 月，加拿大麦克吉尔大学蒙特利尔神经学研究所和美国加州大学洛杉矶分校共同组成的一个国际研究小组，在《科学》杂志上发表研究成果称，他们首次对作为长期记忆形成基础的蛋白质转译机理图像，进行了成功捕获。

这一图像为新记忆形成中新蛋白在突触内的形成提供了视觉依据，对理解记忆痕迹的产生和了解实时监控能力十分重要，可为人们了解记忆形成的始末提供详细依据。

通过分子水平对大脑活动进行考量时，必须把记忆的本质属性纳入研究对象，分析长期信息存储的稳定性以及高度的灵活、适应性。因此，此项研究的重点放在突触上。突触是大脑内部信息交换和储存的重要场所，它们构成大量经常变化的神经连接网络。这一网络的可变和顺应能力被称为“突触可塑性”，是学习和记忆的基点。

研究人员认为，如果这一网络不断改变，记忆的形成和储存就成了问题。一段时间以来，人们所知的长期记忆形成中重要的一步就是“转译”，或是在突触内产生新的蛋白，以在增强记忆的过程中加固突触的连接，但之前一直未有图像能揭示这一过程。

研究人员指出，使用易被探知和追踪的荧光蛋白作为转译的记录媒介，能使我们直接看到记忆形成中逐渐增加的局部转译或蛋白合成。更重要的是，这种转译是突触特有的，其对“突触后”细胞的活性有所要求。具体表现在这一步骤需要两个神经元在突触相交的部分，即“突触前”和“突触后”的合作，因此高度规范的局部转译就发生在突触长期的塑性之中。

长期记忆和突触可塑性要求基因表达有所改变，这种变化也会以突触特别的方式所呈现。研究表明，神经元在塑性过程中调和基因表达的机制，与在受激突触上规范的信使 RNA 转译有关。这些发现有利于正确理解长期记忆的形成过程，并将给治疗记忆障碍方面的疾病带来新的启示。

（二）探索蛋白质相互作用的新信息

1. 开发可揭示蛋白质间相互作用的新技术

2014 年 3 月，加拿大多伦多大学细胞与生物分子研究中心伊戈尔·斯坦戈利亚教授、茱莉亚·佩斯奇尼格研究员领导，多伦多和波士顿地区的 5 个实验室的研究人员及癌症临床医师、生物信息学家参与的一个研究小组，在《自然·方法学》杂志网络版发表论文称，他们开发出一种研究人体蛋白质的新技术。该技术可追踪膜蛋白质与其他蛋白质之间的相互作用。

膜蛋白质占人体所有蛋白质的约 1/3，有 500 多种疾病与其失能相关。膜蛋白质的研究难点在于，要了解其作用，必须基于对它与其他蛋白质相互作用的观察。

斯坦戈利亚称，新技术为检视人体细胞自然环境中的膜蛋白质，提供了新工具。其灵敏度足以检测到引入药物的微量变化，因此对癌症及神经疾病治疗方法的研发，具有重要意义。

研究人员采用一种被称为“哺乳动物膜双杂交法”的新技术，来确定 CRKII 蛋白质在最常见肺癌——非小细胞肺癌中的作用。CRKII 蛋白质可与表皮生长因子受体蛋白质相互作用，而表皮生长因子受体的基因突变可导致癌细胞的增殖。

佩斯奇尼格称，CRKII 蛋白质最有可能调控突变表皮生长因子受体的稳定性，并通过促进癌细胞间的信令传递或通信，来推动肿瘤生长。研究发现，可抑制这些突变受体和 CRKII 蛋白质的一种组合化疗法或对肺癌治疗大有助益。

佩斯奇尼格及其实验室历时 4 年，对适用于酵母的蛋白质—蛋白质相互作用的类似技术进行了改进，从而开发出新的哺乳动物膜双杂交法技术。研究人员下一步将对其他人体疾病中的突变蛋白质进行研究。

2. 绘制出人类基因组编码蛋白质相互作用图谱

2014 年 12 月，加拿大高等研究院、美国达纳法博癌症研究中心，以及哈佛医学院等机构共同组成的一个国际研究小组，在《细胞》杂志上发表研究成果称，他们已经绘制出迄今最大规模的人类基因组编码蛋白质间直接相互作用的图谱，并预测出数十个与癌症相关的新基因。该项研究成果对于理解癌症和其他疾病的形成机制，并最终开发出治疗和预防至关重要。

研究人员说，新图谱描绘了蛋白质之间的 1.4 万个直接的相互作用。它要比以往的同类图谱大 4 倍以上，包含了比以往所有研究加在一起还要多的高质量相互作用。

研究小组通过实验鉴别出这些相互作用，然后利用计算机模型，把目标聚焦于与一个或多个癌症蛋白质“相联系”的蛋白质。该成果首次证实癌蛋白质更有可能彼此相互联系，而不是与随机选择的非癌蛋白质相联系。

研究人员表示，与同一疾病相关的一些蛋白质更有可能彼此联系，这一相互作用网络，就可作为预测工具，来寻找新的癌蛋白质及其编码基因。譬如，由两个已知癌症基因编码的两种蛋白质，都与 CTBP2 相互作用。CTBP2 是在与前列腺癌相关的一个位点上编码的蛋白质。前列腺癌可扩散至邻近的淋巴结，而该两个蛋白质均涉及淋巴肿瘤，这表明 CTBP2 在淋巴肿瘤的形成中发挥了作用。利用此种预测方法，研究人员发现其预测的癌症基因中的 60 个，与一条已知癌症信号通路相符。

人体中绝大多数的蛋白质相互作用是一个谜团。研究人员称，治疗患者疾病的医生好比是汽车修理工。“我们怎么能要求工人去修理一辆零件清单不完整，也没有零件装配指南的汽车？”每个基因都可编码多个零件，研究人员正在致力于全面了解所有这些零件，及其存在于人体细胞内的位置和相互关联。

此前，科学家对面包酵母的研究，已在基因组水平上绘制出了相互作用图谱，而新研究则是首次在人体研究中达到了这样的规模。此项研究揭示出的蛋白质相互作用网络所涵盖的基因范围，比过去的一些研究也要广泛得多。过往研究通常聚焦于已知与疾病相关或是其他原因，而让人感兴趣的“大众”蛋白质，从而导致对蛋白质相互作用的理解存在偏差。

该项研究是加拿大高等研究院“基因网络项目”的核心目标，旨在建立生物体基因型（整套基因）与生物体表型，包括外表和疾病易感性在内的特征之间的相互联系图谱。了解这些相互作用，或将推动全球对癌症基因组的测序和解译工作。

二、蛋白质种类研究的新成果

（一）发现与生命体相关的蛋白质

1. 发现与动物相关的蛋白质

在雪蚤身上发现防冻蛋白质。2005 年 10 月，加拿大安大略金斯敦奎恩大学生物化学专家劳里·格雷汉姆、皮特·戴维斯等人组成的一个研究小组，在《科学》杂志上发表研究成果称，他们在厚厚的积雪下面的菌类上，发现雪蚤仍能存活。是什么让这种小东西不被冻死呢？原来雪蚤身上有一种独特的“防冻剂”。

研究人员认为，如果把这种物质应用于农业或者器官移植手术，农作物和牲畜就可以不再害怕霜冻和寒流，捐献者用于移植的器官，也就可以在低温状态下保存和运输，器官移植的成功率将大大提高。

长着 6 条腿的雪蚤，只有 1~2 毫米，没有翅膀。它们还被称为“跳虫”，因为它们的腹部有一个被称为“弹器”的“弹簧”，可以让它们从捕食者边上迅速跳走。

研究人员说，这种雪蚤的体内含有一种蛋白质，可以通过使体液的凝固点，降低6℃的方法，抑制冰的形成。这一研究的一个实际应用，就是可以让移植器官保存在较低的温度下，以便保存得更长。

格雷汉姆说："如果你能得到大量的这种物质，或者能够用这种防冻蛋白质，获得一个基本的保护方法，并将器官浸在里面，那么你就可以用较低的温度保存这个器官，而防冻剂会保护器官不会被冻坏。理论上讲，通过这种防冻蛋白质，我们可以将一个器官，保存在零下6℃以下，这就有希望让移植器官保存更长的时间。"

她说，冷冻食品也可以从这一发现中获益。她从雪蚤中提取的这种防冻蛋白质，可以用来抑制冻灼。另外一种可能的应用是用于农业，让果树在遭到寒流突然袭击时不被冻死。格雷汉姆说："如果你能够通过基因改良易受霜冻影响的农作物的话，你就能够制造出对冷冻不太敏感的作物。"

格雷汉姆和她的同事戴维斯发现，从雪蚤中发现的防冻蛋白质，与从甲早虫和蛾子中发现的防冻蛋白质不同，他们从而得出一个结论，那就是这些防冻蛋白质，在雪蚤身体得到了独立的发展。格雷汉姆说："这可能是由于新的环境的气候变化和有机体受到了挑战而导致的结果。"雪蚤没有翅膀，是弹尾虫的一个类别，与咬人的跳蚤没有什么关系。

2. 发现与微生物相关的蛋白质

发现可治疗致命大肠杆菌感染的蛋白质。2005年11月8日，加拿大女王大学华裔生物化学研究员贾宗超与他的研究生迈克尔·休茨等人组成的一个研究小组，在美国《国家科学院学报》网络版上发表研究成果称，他们发现了一种促进大肠杆菌0157：H7获得铁元素的蛋白质，而铁则是大肠杆菌在体内存活的必需物质。研究结果为寻找致死性大肠杆菌感染疾病的更有效疗法打开了一扇门。

铁是细菌生长的催化剂，因此当人体被细菌入侵时，它会自然地产生一种蛋白能紧紧绑定铁以限制细菌的生长。而细菌则通过探测并使用，人体中从肺部传送氧气的亚铁血红素蛋白，来获得铁。

研究人员发现的蛋白质，能分解亚铁血红素，并将释放出来的铁原子储存在那里，供给致命细菌使用。该发现为亚铁血红素中的铁，在大肠杆菌中的相关功能研究，提供了新的途径。同时，使研究人员能进一步研究，如何通过对这种蛋白质的治疗性分离，来抑制细菌的繁殖。

研究人员说，加拿大沃克顿镇水源大肠杆菌污染事件，导致的致命疾病的罪魁祸首，就是大肠杆菌0157：H7。该疾病又被称作“汉堡包疾病”，这是一种很平常的疾病，通常由煮得欠熟的肉质食品、不洁的牛奶和受污染的水源导致。

研究人员表示，他们下一步要进行的研究，是通过检测不同蛋白质的功能，进而找到一个能有效治疗大肠杆菌0157：H7的方法，并希望新的方法，能处理其他严重的细菌感染疾病。

（二）发现与人体组织相关的蛋白质

1. 发现与肌肉组织相关的蛋白质

（1）研究发现可加速肌肉组织再生的蛋白质。2009年6月5日，加拿大渥太华医院研究所干细胞研究中心主任迈克尔·鲁德利基教授领导，渥太华大学相关专家参加的一个研究小组，在《细胞·干细胞》杂志上发表论文称，他们找到了一种全新的刺激肌肉再生的有效方法，为找到一种新的治疗诸如肌肉营养失调等肌肉衰弱病症的方法铺平了道路。他们的研究首次表明，一种称为Wnt7a的蛋白质，可以提高肌肉组织中干细胞的数量，进而可以加速骨骼肌的生长和修复。

干细胞有助于人体组织和器官的生长。卫星干细胞是特别的肌肉干细胞，生活在成年人的骨骼肌肉组织中，具有复制和分化成各种不同类型肌肉细胞的双重能力。鲁德利基发现，当Wnt7a蛋白质被引入实验鼠肌肉组织中时，可以大大提高卫星干细胞的数量，加速组织再生过程，生长出体积更大、力量更强壮的肌肉。实验中，肌肉组织的质量增加了20%。

鲁德利基表示，该项发现表明，今后可以将研究目标集中于迅速增加干细胞数量，以使身体提高修复肌肉组织的能力。他认为，该成果为开发出全新的肌肉萎缩等肌肉类疾病治疗方法，指明了方向。

（2）发现一种可促心肌健康增厚的蛋白质。2017年8月，加拿大渥太华医院、渥太华大学等机构有关专家组成的研究小组，在《自然》杂志子刊《细胞研究》上发表研究成果说，他们最新发现，一种名为“心脏营养素-1”的蛋白质，有益心肌细胞扩大，使心肌健康增厚，从而增强心脏功能。这一发现为治疗心脏病提供了新方法。

负荷增加、激素刺激等多种因素，都会导致心肌肥厚，其中锻炼和妊娠导致的生理性心肌肥厚是有益的，而异常状况导致的病理性心肌肥厚则会损害心脏。两种情况下，心肌细胞扩大的方式、心脏构造和功能的变化大不相同。

关于心脏营养素-1 的作用，此前学术界存在一些争议。现在，该研究小组在报告中说，他们通过动物实验证实，该蛋白质确实有益心脏，可以修补心肌损伤，改善血液供应，缓解心力衰竭症状。研究人员用心脏营养素-1 治疗不同原因造成的心脏衰竭的实验鼠，都取得显著疗效。

研究人员说，心脏受损患者往往无力进行充足锻炼，心脏营养素-1 可能对他们大有帮助。接下来，研究人员将试验该蛋白质对人体的影响，寻求将其用于医疗实践。

2. 发现与神经组织相关的蛋白质

发现一种可能决定大脑差异的蛋白质。2015 年 8 月，加拿大多伦多大学本杰明·博兰考和班伯利·察尔领导的研究团队，在《科学》杂志上发表论文称，他们研究发现一种名为 PTBP1 蛋白质中的一个分子事件，能刺激生成大脑神经元，这可能是帮助哺乳动物的大脑演化，并使其成为脊椎动物中最大最复杂大脑的关键所在。

大脑的大小和复杂程度，在脊椎动物之间差距很大。例如，人类和青蛙都分别经历了漫长的进化历程，却拥有非常不同的大脑。不同脊椎动物物种之间基因数量相似，为何器官大小和复杂程度相差巨大？

该研究团队最近研究发现，在一种被称为选择性剪接的关键过程中，基因片段能组成不同形状的蛋白质。就像乐高积木那样，有些片段可能从最终的蛋白形状中丢失了。

通常来说，选择性剪接允许细胞从一种基因形成多于一种的蛋白质，因此整体蛋白质的数量超过基因数量。细胞的能力之一是调节蛋白的多样性，所以尽管控制脊椎动物身体的基因很相似，但形成的蛋白质形态却可能相去甚远。这种选择性剪接过程，在大脑中体现得尤为普遍。博兰考实验室的研究生瑟志·果洛索夫说：“我们想看看选择性剪接，是否能导致不同脊椎动物物种大脑形态之间的差异。”

此前，果洛索夫的研究发现，PTBP1 在哺乳动物中的形式与在脊椎动物中出现的常规形式不同，被称为 PTBP1 “第二形式” 的蛋白质更短，一个小片段在选择性剪接过程中被省略掉了。

“第二形式” 能否提供大脑进化的线索？此次研究证明，在哺乳动物细胞中，PTBP1 的 “第二形式” 释放了一连串的选择性剪接事件，使细胞生长为神经元。

博兰考说：“这项研究的一个有趣的暗示是，PTBP1 两种形式之间的特殊开关，有可能影响到胚胎时期神经元形成的方式，由此产生了不同的复杂形态和大脑尺寸。” 他指出，随着科学家继续筛选在细胞内发生的分子事件，寻找人类身体和意识何以如此的线索，一定会越来越多。

（三）发现与癌症相关的蛋白质

1. 发现一种可 “召唤” 癌细胞转移的蛋白质

2006 年 3 月 30 日，加拿大多伦多大学生物物理和免疫学实验室郝斯蒂德·琼斯博士、奥地利科学院分子生物研究所主任约瑟夫·潘宁格等人组成一个国际研究小组，在《自然》杂志上发表研究成果称，他们发现骨骼内存在的一种叫作 “RANKL” 的蛋白质，它与乳房、前列腺和皮肤的癌细胞互相传递信息，“召唤” 癌细胞转移。他们还发现，一种已知的可以阻止 RANKL 蛋白质活动的药物，可以阻止癌症转移至骨骼。

琼斯在过去的研究中发现，一种产生于骨髓高层的细胞因子蛋白质 RANKL，通过其接收器与乳房和前列腺以及皮肤的癌细胞进行联系。而潘宁格的实验室认定了 RANKL 蛋白质，是导致骨骼衰弱和控制分泌乳腺细胞成长的主要因素。研究小组决定将这两项发现结合起来，进一步研究癌症向骨骼转移与 RANKL 蛋白质之间的关系。

他们给一些老鼠服用了有抑制 RANKL 蛋白质作用的护骨素药物。他们发现，未服用护骨素药物的老鼠，其癌细胞转移到了长骨、椎骨、卵巢、肾上腺以及大脑，肿瘤在他们体内逐渐长大侵入骨髓致使其瘫痪；而服用护骨素药物的老鼠，其癌细胞转移进入骨骼和椎骨的情况则明显减少，且服药老鼠没有瘫痪的情况发生。但服用护骨素，并没有能阻止癌细胞转移至老鼠的其他器官。

研究人员认为，抑制 RANKL 蛋白质或其接收器的药物，可能对阻止人体癌细胞转移有同样功效。由于现在已经有一些抑制该蛋白质的新药在临床使用，琼斯建议，已诊断出发生癌细胞向骨骼转移的患者，可以开始服用这种药物。她认为，这些药物可以有助于抑制癌细胞向骨骼转移，又可以减轻癌症患者由于肿瘤转移至骨骼而引发的病痛。

潘宁格表示，阻止 RANKL 蛋白质活动的药物，已经处于晚期临床阶段，这也意味着直接进行人体试验已为期不远了。

2. 发现与受损细胞癌变相关的蛋白质

2009 年 12 月，加拿大西安大略大学罗伯兹癌症研究所席尔德·保尔特领导的一个研究小组，在《分子癌症研究》杂志的网络版上发表文章称，细胞的凋亡过程表现为，当细胞经历 DNA 损伤时，它们通常都会尝试修复，但是一旦修复失败，受损细胞就会自我毁灭，出现个体凋亡。他们发现了一种能够调节细胞凋亡机制的蛋白质。这一研究成果，对癌症的诊断和治疗都将产生影响。

研究人员说，鉴别出的蛋白质 RanBPM，可直接参与激活细胞凋亡。癌症的主要特点之一是，细胞尽管在其遗传物质中有缺陷，但细胞并不主动凋亡。换句话说，受损细胞不能确保会自杀，从而发展成癌症。无法激活细胞凋亡也造成了癌症治疗的难点。由于这些细胞抵御死亡，因此也就无法用化疗或放疗方法引发 DNA 损伤来杀死这些细胞。

研究人员表示，虽然还需要进行更多的研究来充分了解这些蛋白的功能，但 RanBPM 能成为重新激活细胞凋亡、杀死癌细胞的靶标。此蛋白也可成为预测肿瘤是否会发展为恶性的一个标记。

第三节　细胞与干细胞研究的新进展

一、细胞研究的新成果

（一）探索血液与肌肉细胞的生理机制

1. 研究血液细胞生理机制的新发现

发现控制红细胞成熟的关键机制。2017 年 8 月，国外媒体报道，加拿大和美国医学院有关专家组成的一个研究小组，在《科学》杂志上发表研究报告说，他们发现在红细胞发育过程中，有一种酶充当着“拆迁规划员”的角色，负责把不需要的蛋白质打上标记以便拆除，使细胞变成高度专门化的成熟红细胞。这项新发现将有助于医学界开发治疗血液疾病和癌症的新方法。

研究人员说，这种名叫 UBE 的酶，是红细胞完成分化的关键因素，缺少这种酶会导致贫血。红细胞是哺乳动物体内最简洁的细胞之一，主要由血红蛋白组成，其余部分极度精简，以便尽量高效地运输氧气。骨髓中的造血干细胞分化成半成熟的网织红细胞，后者即将发育成熟时，一种称为蛋白酶体的巨大分子会把其中不需要的蛋白质拆除。

网织红细胞里的 UBE2O 酶含量很高，大规模蛋白质分析显示，这种酶以小分子蛋白质泛素为标签，给待拆目标打上标记。蛋白酶体寻找泛素标签并与之结合，开展拆除工作。这种“泛素-蛋白酶体系统”是生物体清理蛋白质的主要机制，新研究首次证实它影响着红细胞分化，并确认 UBE2O 酶在其中起着核心作用。

实验表明，如果相关基因发生突变导致 UBE2O 酶水平低下，网织红细胞里的无用蛋白质会大量保留下来，无法实现分化，拥有这种基因突变的实验鼠会表现出贫血症状。

2. 研究肌肉细胞生理机制的新发现

揭示衰老肌肉细胞机制的新线索。2018 年 3 月，加拿大圭尔夫大学副教授格雷厄姆·霍洛威及同事组成的一个研究小组，在《细胞报告》杂志上发表论文称，他们的研究提供了有关衰老肌肉细胞机制的新线索，显示出线粒体如何处理二磷酸腺苷所起的关键作用。

报道称，大多数成年人在 30 岁晚期或 40 岁左右时肌肉质量达到顶峰。即使是那些经常锻炼的人，在这之后，肌肉力量和机能也会开始下降，而对于那些不运动的人来说，这种下降是剧烈的。

研究人员说，在细胞释放和储存能量的过程中，二磷酸腺苷起着重要作用。但先前研究人类细胞衰老机理的实验模型没有包括二磷酸腺苷。当二磷酸腺苷在线粒体中代谢时，它会刺激细胞呼吸并减少自由基。较高的自由基水平与细胞中不同成分的损伤有关，这一过程也被称为氧化应激。

在这项研究中，该研究小组开发了一种体外系统，并采用了从肌肉活检中提取的单个肌肉纤维。这些纤维被放入一个能在一定二磷酸腺苷浓度范围内，测量线粒体功能和呼吸作用的系统中。

研究人员比较了20多岁健康男性和70多岁健康男性的肌肉。结果发现，随着年龄增长，二磷酸腺苷的敏感性变为1/8~1/10，因此，当二磷酸腺苷被加入该系统中时，从老年男性肌肉释放的自由基是年轻人的2~3倍。

这些结果表明，在老年男性的肌肉中，线粒体二磷酸腺苷的敏感度有一定程度的下降，而自由基水平升高则导致了肌肉萎缩，或肌肉质量的退化。霍洛威说："变化的幅度对人类来说是相当惊人的。"之后，年长的参与者进行了抗阻训练计划，其中包括腿部推举和上身练习。但12周后，自由基水平没有变化，这表明与年龄相关的细胞损伤没有任何改善。

不过，研究人员指出，这并不意味着通过训练加强衰老肌肉力量是没有希望的。霍洛威补充道："实际上，我认为耐力训练是有潜在益处的，因为通过这种训练，线粒体含量会增加。下一步，我们计划研究其他类型的运动，看看能否改善线粒体对二磷酸腺苷的动态反应。"

下一步，研究人员将使用啮齿动物模型，深入研究二磷酸腺苷新陈代谢的分子机制，并将相关研究扩展到老年妇女中。早期研究表明，男性和女性二磷酸腺苷敏感度存在差异。

（二）探索细胞分裂与饥饿的生理机制

1. 研究细胞分裂生理机制的新发现

发现细胞有丝分裂时基因修复机制停摆成因。2014年3月，加拿大多伦多西奈山医院高级研究员丹尼尔·迪罗谢博士领导，亚历山大·奥斯维恩博士为主要成员的一个研究小组，在《科学》杂志上发表论文称，在细胞生命周期中，纠错机制可快速行动以修复基因链断裂。唯一的例外，发生在染色体最为脆弱的细胞分裂的关键时刻。该研究小组揭示了基因修复在有丝分裂过程中关闭的成因，从而解决了这一存在了60年的谜团。

迪罗谢博士表示，新研究揭示了至关重要的基因修复进程，为什么只在细胞开始分裂为两个子细胞时"罢工"。基因修复可阻止癌症发展并使细胞处于最佳状态。

研究小组首先确定了修复机制在细胞分裂过程中，无法识别染色体断裂并采取行动的原因，然后对修复蛋白进行修改，以在有丝分裂过程中强加基因修复。研究发现的一个惊奇效果是，在细胞分裂期间修复染色体损伤，会导致其产生缺陷。

问题最终被导向在染色体末端发现的端粒结构，当基因修复被重新激活时，端粒开始相互融合。在细胞分裂那一刻，细胞将自己的端粒误读为受损基因，从而开始修复动作。这表明，端粒是有丝分裂过程中的危险结构，因为细胞暂时失去了区分受损基因链和正常端粒的能力。

奥斯维恩称，这一发现表明，细胞在有丝分裂的脆弱时刻，面临着艰难的选择，它会采取激烈行为关闭基因修复。这一过程通常对防止染色体因为误读而相互融合高度有益。

研究人员表示，紫杉醇这样的化疗药物通过阻止细胞分裂发挥作用。基于此项研究成果，未来增强这些药物的功效，在理论上就有了可能性。

2. 研究细胞饥饿生理机制的新发现

发现内含子对细胞适应饥饿的调节机制。2019 年 1 月 16 日，加拿大舍布鲁克大学生物学家组成的一个研究小组，在《自然》杂志上发表题为《内含子是细胞对饥饿反应的介质》的文章，发现内含子对细胞的饥饿反应具有调节作用。

内含子是所有真核细胞普遍存在的特征，通过对最初转录产物剪接除去内含子以产生功能蛋白的翻译模板。

在这项新研究中，研究小组发现基因组中内含子的存在，可以促进饥饿条件下的细胞存活。通过建立出芽酵母中所有已知内含子的系统性缺失库，发现在大多数情况下，当营养物质耗尽时，缺失内含子的细胞更易受损。而内含子对出芽酵母生长状态的影响与宿主基因的表达情况无关，在宿主 mRNA 的翻译过程被阻断时，内含子对出芽酵母生长状态的影响不变。

转录组学和遗传学分析表明，内含子通过增强营养感应 TORC1 和 PKA 通路下游的核糖体蛋白基因的抑制，来促进对饥饿的抵抗。

该研究可能有助于理解内含子如何在基因的进化中得以保存下来，同时有助于揭示细胞适应饥饿的调节机制。

（三）探索细胞抗病功能的新信息

1. 首次诱导出不同T细胞抗原受体

2006年7月25日，加拿大多伦多桑尼布努克健康科学研究所高级专家胡安·卡洛斯博士领导的一个研究小组，在《免疫》杂志上发表论文称，他们首次掌握了如何诱导出不同类型的T细胞抗原受体，向最终使用T细胞受体剪切技术治疗免疫系统疾病方向，又前进了一大步。T细胞受体剪切治疗方法，将来可用于治疗艾滋病或其他免疫系统缺乏疾病。

免疫系统主要利用两种类型的T细胞抗原受体，即α-β型和γ-δ型。每一种类型的T细胞抗原受体，都在防止疾病中扮演着独特的角色。卡洛斯表示，他们使用精确的细胞分离技术，首次掌握了如何用分子的某一部分，在特定时间诱导出不同类型的T细胞抗原受体。研究成果表明，尽管没有“划痕分子”存在，也能发展出成熟的γ-δ型T细胞抗原受体。划痕分子是该研究所实验室最近展示的一种T细胞早期发展阶段的基本分子。

研究论文还阐述了如何在实验室产生两种类型T细胞的具体方法。因此，为进一步开展T细胞受体剪切研究工作，使T细胞能够表现出临床治疗时需要的独特功能，打下了坚实的基础。

γ-δ型T细胞抗原受体，在临床上对很多异质分子表现出很强的免疫性。对实验鼠所做的实验结果表明，注射γ-δ型T细胞抗原受体可以清除恶性肿瘤。但研究人员表示，要将该研究成果转移到对人类的临床治疗，还有许多工作要做。

2. 发现细胞中线粒体抵御疾病的“质控”系统

2014年2月，加拿大蒙特利尔神经学研究所、附属医院麦吉尔帕金森项目专家爱德华·冯及其领导的研究小组，在《欧洲分子生物学学会杂志》上发表研究成果称，他们发现与遗传性帕金森病相关的两个基因，参与了线粒体早期阶段的质量控制。该保护系统可将氧化应激造成的受损蛋白从线粒体中移除。

线粒体是一种存在于大多数细胞中的由两层膜包被的细胞器，是细胞中制造能量的结构，是细胞进行有氧呼吸的主要场所。爱德华·冯表示，在细胞器内发生过度氧化损伤条件下，PINK1和parkin基因可选择性地将线粒体的功能失调组件导入溶酶体。研究揭示了这样一种质量控制系统，即囊泡在线粒体中出芽，并继续到溶酶体中退化。这种方法与之前已知的整个受损的线粒体的退化路径有所不同。这是按照一个以小时计而不是以天计的时间表做出的提前反应。

这种退化系统旨在维持线粒体在整个细胞寿命期的完整性和功能性，被认为是包括帕金森病在内的某些神经变性疾病的发展基础。线粒体这个为细胞提供能量的"发电厂"发生故障就会导致帕金森病。线粒体想要生存和发挥功能，就必须让氧化受损的蛋白降解。

在该项研究中，研究人员使用免疫荧光和共聚焦显微镜，来观察囊泡如何从带有受损负载的线粒体中被剪除。研究发现，PINK1 和 parkin 基因——从属运输系统的受损，可损害线粒体选择性降解氧化受损蛋白质的能力。随着时间的推移，就会导致在遗传性帕金森氏症中观察到的线粒体功能障碍。

这两种补救途径都在细胞内运行。如果作为防御第一线的囊泡路径被压制，且损害不可逆，那么接下来整个细胞器将成为退化的目标。

（四）探索细胞方面的其他新信息

1. 找到恰当的心脏细胞比例构成

首次确定心脏细胞最佳组成结构与比例。2013 年 11 月，加拿大多伦多大学生物材料与生物医学工程学院博士生尼马伦·萨瓦迪伦主持，该校学者米利卡·雷迪斯科、麦克尤恩再生医学中心干细胞生物工程研究主席彼得·萨斯特拉等人参与的一个研究小组，在美国《国家科学院学报》上发表论文称，他们首次确定了与心脏功能有关的最佳结构和细胞比例。这一发现也让该小组转向另一项研究：设计制造迄今为止第一个活的三维人类心律失常组织。这也标志着研究人员首次试图确定一种精确的细胞类型与比例的"配方"，按这种"配方"就能生产出高度功能化的心脏组织。

萨瓦迪伦说："心脏不是由一种细胞构成。"以前在培养心脏组织时，科学家不知道该怎样把不同类型的细胞混合，才能让它们发育成心脏结构，逐渐成熟变成自然的人类心脏。

该研究小组把由人类多能干细胞发育而来的不同细胞类型分离开来，

再精确地“组装”回去。通过得分度量法，把它们与心脏功能，如收缩、电活性和细胞排列等联系在一起，形成了一种“配方”公式，据此能制造出高度功能性的心脏组织。萨瓦迪伦说：“细胞的比例构成非常关键。我们发现，以25%的心脏成纤维细胞（类皮肤细胞）对75%的心肌细胞（心脏细胞）效果最好。”经过精心混合的细胞比例，会模拟人类心脏组织的结构，生长成三维的“线”。

找到了恰当的心脏细胞比例构成后，研究人员设计了第一个三维心律失常组织模型。他们对该组织施加了电脉冲，“击中”了不规律跳动的组织，将其转变成有规律收缩的状态。心律失常是指心脏电脉冲被打乱，不能有效收缩和泵血，每年都有数百万人遭受心律失常。雷迪斯科说：“现在我们能把这种比例构成与电刺激和机械刺激结合起来，得到一种用于心脏研究的、真正的生物模拟系统。”

萨斯特拉接着说：“研究中一个令人兴奋的成果是，我们能培养出人类心脏微型组织，用于测试健康的和有病的人类心脏对药物的反应。”

由于人类心脏细胞生长不易，用人类干细胞制造出高效的功能性心脏组织，是科学家极为关心的问题。在药物筛选方面也对高度功能性心脏组织需求迫切。目前，研究小组正在与再生医学商业化中心合作，推广他们的组织模型平台。

2. 开发用于探索细胞生理现象的新设备

推出研究细胞生理现象的新型浮动显微装置。2011年12月，加拿大麦吉尔大学生物医学工程系穆罕默德·卡塞梅、大卫·容克，与蒙特利尔大学埃科勒理工学院托马斯·格尔维斯等学者组成的一个研究小组，在《自然·通信》杂志上发表研究成果称，他们已开发出一种新型浮动显微装置，可用来研究包括肿瘤细胞的形成、神经元如何在大脑发育中自我调节等细胞生理现象。

这个新型装置以四极或成对的相同物体为基础，两个正极和两个负极分别安排在正方形的四角，使它们之间出现一个力场。静电四极用于无线电天线中，磁四极则用来集中在粒子加速器中的带电粒子束。

建造这个装置要在矽质的尖端蚀刻出四个约1平方厘米的小孔。两个来源孔（正极）会喷出细微的液体，而另外两个排水孔（负极）会将液体迅速吸回装置中。

该装置的作用类似于吸尘器，能悬浮于活组织切片或者黏附细胞层的表面，根据不同的需要，送出所需的化学液体来刺激、探测、分离或杀死细胞。该装置还能建立化学浓度梯度变化的区域，以研究细菌和其他的细胞如何在体内到处活动，从而应用在许多细胞重要过程的体外研究中。

二、干细胞研究的新成果

（一）研究干细胞的新发现与新举措

1. 探索干细胞来源的新发现

在脐带上发现新的干细胞源。2005 年 2 月，加拿大多伦多大学约翰·戴维斯教授领导的一个研究小组，在《干细胞》杂志上发表研究成果称，他们在人的脐带上发现一种新的干细胞源。这一发现有望为骨髓移植和组织细胞修复，带来新的契机。

戴维斯介绍，这一干细胞源是在脐带血管周围的结缔组织细胞中发现的。这些结缔组织通常被认为没有什么价值而被丢弃，但该研究小组发现，它们实际上是一个丰富的干细胞源。利用这些结缔组织，可以在几周内培育出大量名为“间质祖细胞”的干细胞，这种干细胞具有发育为健康的软骨、肌肉和骨细胞的能力。

戴维斯认为，上述干细胞在骨髓移植手术中具有应用价值，而骨髓移植能用来治疗白血病、癌症和免疫功能失调等疾病。戴维斯说，目前，骨髓移植的成功率只有约 40%，添加这种结缔组织干细胞，可以极大地提高骨髓移植的成功率。

2. 探索干细胞种类的新发现

发现与诱导多能干细胞不同的新型干细胞。2014 年 12 月，加拿大多伦多西乃山医院安德拉什·纳吉主持的一个国际研究小组，在《自然》杂志上发表研究成果说，他们通过把体细胞重编程，得到一种新型小鼠多能干细胞，这种细胞不论是形态还是分子都与此前的诱导多能干细胞大不相同，可分化成所有 3 种胚胎前体组织。

纳吉根据该细胞的绒毛形状将它称为 F 类细胞。在体外，F 类细胞比其他干细胞增殖更快，而且具有低附着的特点，或可更安全、更有效地应用于生物学和医学研究实验。

研究人员描绘的一个详细路线图，揭示了体细胞重编程达到不同多能状态的途径。研究显示F类细胞的表观基因组、转录组和蛋白组，与诱导多能干细胞大不相同。研究成果描述了F类细胞与其他特定细胞的重编程过程，并取得了细胞还原成“原始”状态的每一步骤的快照。研究小组将主要生化阶段的重编程过程进行分类，辨别出基因和蛋白质组合的每个步骤，由此描绘出的一个全方位、多角度蓝图，可为全球科学家继续扩大研究提供参考。

研究人员在《自然·通信》杂志上发表的3篇论文，分别详述了成熟细胞转变为多能细胞时RNA、蛋白和表观遗传学修饰发生的改变。

纳吉认为，F类细胞或只存在于体外，因为它们需要4个转基因高水平表达。但这并不影响其实用性，在某些方面，F类细胞是研究疾病和开发药物的理想干细胞。与诱导多能干细胞相比，F类细胞的生长更为容易且快速，科学家可用更经济的方法批量制造，从而加速了药物检测的效益与疾病模建方法。

研究人员表示，该研究带来了一个新的理念，即细胞重编程能获得不同类型的多能干细胞。现有多能干细胞尚不能代表全部的多能状态，多能状态实际上有很多种，或者说细胞重编程可达到新的多能状态。

研究小组下一步计划生成人类F类细胞，并进一步分析F类细胞的分化潜力，从而加深对细胞重编程过程的了解。此研究结果，未来有望在治疗因细胞缺失或组织受损造成的疾病（如阿尔茨海默病、脊髓损伤、失明等）方面，发挥巨大的潜力。

3. 探索干细胞生理现象的新发现

（1）发现办公室久坐或会降低造血干细胞活力。2011年9月9日，国外媒体报道，加拿大麦克马斯特大学一个研究小组发表研究成果称，他们通过造血干细胞的研究发现，久坐不动可能对血液系统产生负面影响，危害健康。他们研究集中在重要的造血组织骨髓上。该研究被认为，几乎找到了人体充满活力的新原因。

研究人员发现，在经常运动的情况下，干细胞会转变成骨组织，如果不运动，干细胞就变为脂肪。目前，这只是对老鼠所做的实验中得出的结论，人类可能也是这样。

实验中，老鼠每周运动三次，每次不超过一小时，这个运动量刚好改善了机体的造血功能。而那些被迫少动的老鼠，造血功能明显降低。

骨髓中的细胞成分起决定性的作用，骨髓影响着干细胞的生成。在理想的情况下，血液中的造血干细胞制造出健康的血液，从而加强免疫系统，提高向全身细胞输氧的效率。骨细胞可以使干细胞执行造血功能。同时，骨髓是健康机体中唯一含有大量近似于制造细胞胚胎的干细胞组织。

如果骨髓中充斥着含油细胞，造血干细胞的活力就会下降。久坐不动的生活方式就会出现这种情况。免疫力下降，最终导致贫血。学者的这一发现可使医生制定非药物治疗方法，帮助患者改善机体的造血功能。

该研究小组一致认为，经常运动的老鼠证明了一种假设，即运动可以使干细胞变成有益的骨组织，骨组织刺激血液的再生并提高免疫力，而不是使脂肪增加。

研究人员提醒说，人们需要体育锻炼不仅是为了身体健壮，而且是为了爱护自己的血液，从而拥有一个健康的体魄。

俄罗斯科学院高级神经活动和神经生理学研究所专家米哈伊尔·斯维诺夫认为，总的来说，这个结论是正确的。他说："有各种来源的干细胞。由于不同的条件，这些细胞可以生成不同的组织细胞，这完全符合逻辑。"

（2）或可揭晓干细胞分裂的控制机制。2016 年 1 月，加拿大蒙特利尔大学临床研究所和多伦多大学组成的研究团队，在《发育细胞学》期刊上发表论文称，他们发现了一种在发育的神经系统中产生细胞多样性的机制，这对于理解干细胞分裂具有启迪意义。

为了繁殖并产生新的组织，干细胞分裂成两个并不一定相同的子细胞，这些子细胞能够分化形成适当组织功能所必需的各种细胞类型，亦即细胞多样性。

为了解释这一现象，该研究团队提出了一个假设：干细胞分裂的方向会影响细胞的多样性。他们假设桌上有一个顶红底绿的苹果，如果以垂直方式切开，分成两半的苹果将拥有相同的红色和绿色部分；如果以平行方式切开，分成两半的苹果将呈现完全不同的一红一绿。

研究人员证明，一个名为 SAPCD2 的基因，会影响细胞分裂的方向，分裂方向则控制着体内子细胞的命运。研究人员对小鼠的视网膜干细胞进行了基因改造，使其能够表达或不表达 SAPCD2 基因。在不存在 SAPCD2 基因的情形下，大部分分化改变方向，此时产生的子细胞是不同的。在存在该基因的情形下，产生的子细胞则是相同的。因此，是该基因控制着干细胞分裂的方向，进而影响细胞的多样性。

这项发现，或可改善编程干细胞以产生特定细胞类型的能力，这些特定细胞植入患者体内后就能重建受损组织。此外，该研究也将有助于设计出更有针对性的方法来延缓肿瘤生长。

4. 研究和应用干细胞的新举措

启动促进干细胞研究和应用发展的新网站。2011 年 7 月，加拿大《环球邮报》报道，一个旨在促进干细胞研究和应用发展的新网站，在加拿大多伦多正式启动。这个新网站使公众可以通过多媒体技术参观干细胞虚拟实验室，了解有关干细胞技术的研究过程和最新进展，可以向干细胞专家询问感兴趣的问题。

此外，公众还可以通过这个网站向干细胞研究机构提供募捐和资助。

据介绍，在不断出现伦理争论、困惑、法庭纷争、政府支持走走停停的新技术领域，建立这样的新网站，主要目的是增加公众，特别是，有可能接受干细胞治疗的病人群体、有可能对肝细胞研究和应用提供捐助的群体，对肝细胞技术的理解和支持。

（二）培育干细胞的新信息

1. 促使干细胞增殖的新进展

首次实现脐带血干细胞增殖。2014 年 9 月，加拿大蒙特利尔大学免疫学和癌症研究所、迈松纳夫 · 罗塞蒙医院血液病学家盖伊 · 索瓦乔博士主持的一个研究小组，在《科学》杂志上宣称，他们发现了一种新分子，其第一次让他们实现了脐带血干细胞增殖。脐带血干细胞可用于移植治疗许多血液相关的疾病，包括白血病、骨髓瘤和淋巴瘤。对于许多患者来说，这种疗法是最后的一种治疗手段。

索瓦乔说，这项世界级的突破，有潜力将用于人类移植的脐带血数量扩增10倍。此外，它将大大减少与干细胞移植有关的并发症。对于难以找到匹配捐献者的非白种人患者而言，这将尤为有用。

到2014年12月，迈松纳夫·罗塞蒙医院将会启动一项临床研究。该研究将用到这种叫作UM171的分子，以及与多伦多大学合作开发用于干细胞培育的一种新型生物反应器。

据索瓦乔所说："结合这种新分子和新生物反应器技术，将使全世界成千上万的患者，能够获得更为安全的干细胞移植。考虑到由于缺乏相匹配的捐献者，目前许多的患者还无法从干细胞移植中受益，这一研究发现，看来为治疗各种类型的癌症带来了极大的前景。"

在这项加拿大首次开展的临床研究中，迈松纳夫·罗塞蒙医院细胞治疗卓越中心负责生产这些细胞，然后再将移植物配送到蒙特利尔市、魁北克市和温哥华的患者处。一年后，即2015年12月时应该可以获得明确的结果。这一新研究发现的意义在于，随着时间的推移，明确的临床结果有可能会彻底改变白血病和其他血液疾病的治疗。

新生儿的脐带血是用于干细胞移植的一种极好的造血干细胞来源。因为他们的免疫系统还不成熟，干细胞在受体中诱导不良免疫反应的可能性较低。

此外，不同于骨髓移植供体和受体之间的免疫相容性没必要达到完美。然而，在大多数情况下，从脐带血中获得的干细胞数量都非常少，无法用于治疗成人，它的应用主要限于治疗儿童。

有了新分子UM171，在培养物中扩增干细胞生成足够数量的细胞来治疗成人，尤其是非白种人和缺乏供体、移植受限的人成为可能。

2. 培育干细胞的新技术

（1）发现培育干细胞更安全的方法。2009年3月，国外媒体报道，加拿大和英国两个研究小组分别找到一种把普通皮肤细胞转变成干细胞的更加安全的方法。这一发现最终或许能解除干细胞培养过程中，对人类晶胚的依赖。

这是科学家第一次在不利用滤过性病原体的情况下，把皮肤细胞转变成诱导多功能干细胞，又称iPS细胞。诱导多功能干细胞，看起来以及作用都与胚细胞类似。有了这种新方法，以前为了促使细胞重组而植入基因的过程也可以省略掉。

干细胞是身体的基本细胞，它生成各种各样的身体组织和器官。胚细胞是其中最有影响力的一种，它具有生成任何类型的组织的潜能。然而，很多人反对利用它们。因此，如果这种培育诱导多功能干细胞的方法更安全，这项新发现将成为备受关注的选择性方法。

有段时间，研究人员了解到，利用大量基因可以把普通皮肤细胞转变成诱导多功能干细胞。但是，要把这些基因转变成细胞，他们必须使用滤过性病原体，而病原体把自身遗传材料，与被它感染细胞的遗传材料结合过程，可诱发癌症。

加拿大和英国的两个研究小组在《自然》杂志上详细介绍了这种新方法，它显然能避免上述具有破坏性的风险。据悉，研究人员利用少量被称作转位子的脱氧核糖核酸传送 4 种基因。由于转位子可以在遗传密码里面四处移动，因此它有时又被称作“跳跃基因”。

他们利用的这种转位子，又被称作“转座因子”，研究小组曾利用它改变很多生物体。研究人员说：“这项最新发现，向在医学中实际应用重组细胞迈进了一步。有了这种方法，科学家或许将不再利用人类晶胚培育干细胞。”研究人员通过老鼠和人类皮肤细胞验证这一方法，结果发现这种重组细胞的作用跟胚细胞一样。

（2）研发出可大规模培育老鼠干细胞的悬浮技术。2012 年 4 月，加拿大多伦多大学生物材料和生物医学工程研究所戴维·弗鲁瑞研究员和皮特·赞德斯彻教授领导的一个研究小组，在《自然·方法学》杂志上发表研究成果称，他们已经研发出一种悬浮干细胞培育新技术，可大规模、低成本地制造出足够多的干细胞，用于医学研究和科学实验。

尽管干细胞广泛地用于新药测试中，但科学家们一直很难通过一次培养，制造出足够多的可用干细胞。一般而言，干细胞在培养物表面生长，而表面必须被剔除，接着，其他类型的细胞分化出培养物的表面，以防止干细胞死亡。科学研究已经证明，这是一种非常低效的获得干细胞的方法，因为这一过程无法廉价制造出足够多的干细胞供研究人员使用。

为了解决这个问题，研究小组决定使用一个生物反应器，让干细胞实现再编程。通过这一过程，弗鲁瑞让老鼠细胞“再编程”为能分化成各种细胞类型的“多能”干细胞，接着变成了心脏细胞。

他们将培养物引入这个特殊的生物反应过程中，让干细胞悬浮生长，消除了在表面生长存在的问题，科学家们以前从来没有做到这一点。赞德斯彻表示：“最新技术让我们可以用较低的成本获得大量干细胞。”

弗鲁瑞认为，最新发现与“大规模的干细胞生产过程相比毫不逊色”，他希望该发现有助于消除用于研究和药物研发的细胞“生产过程中的瓶颈”。不仅如此，弗鲁瑞的研究还有更重要的意义。一旦干细胞被制造出来，它们就会被“分化”成其他类型的细胞，例如心脏细胞等；而新的干细胞制造技术，有潜力使干细胞生产阶段更安全、更稳定。

弗鲁瑞专门用干细胞分化而成的心脏细胞进行了实验，结果发现，这些心脏能被用于筛查治疗心脏病的新药。科学家们认为，这一过程，未来也有望大规模制造出人体干细胞，以用于疾病治疗和药物筛查。

（3）研发出无癌症风险制造干细胞的新技术。2012 年 5 月，加拿大卡尔加里大学研究人员德里克·兰考特、罗曼·克拉维兹等人组成的一个研究小组，在《自然·方法学》杂志上发表研究报告称，他们成功研发出一种新干细胞制造技术，该技术能够消除可能引发癌症的风险。

卡尔加里大学位于加拿大艾伯塔省卡尔加里的西北部，是加拿大排名第七的研究性大学，其前身是阿尔伯塔大学卡尔加里分校。

研究人员表示，研发出的新仪器，能够制造数以百万计的细胞，经过重新编程后，再造成干细胞。他们主要是利用全新的生物反应器，再使用坯胎和成体细胞，制造成多能干细胞。而多能干细胞可以再发展成人体细胞和组织的 3 个主要胚层，分别是外胚层、中胚层和内胚层，从而可能制造出几乎所有不同人体细胞。

研究人员指出，新技术不会引发癌症基因。目前，科学家在研制干细胞上成果有限，因为通常需要 100 万个成年细胞，同时制造出的干细胞也往往会引致癌症。该研究小组与以往成果的根本区别是，新技术不会引发癌症。

（4）开发出把成体细胞转为类祖细胞的新方法。2017 年 12 月，加拿大多伦多大学医学院著名胸外科医生汤姆·韦德尔主持的一个研究小组，在《干细胞通信》杂志上发表论文称，一种被称为中断再编程的改良版诱导多能干细胞方法，或能高度控制并更安全、更有效地将成体细胞转化为祖细胞样细胞。

研究人员在文章上写道，他们把成年小鼠的呼吸道细胞，转化成大量纯粹的诱导祖细胞样细胞，这些细胞保留了其父母细胞谱系的残留记忆，因此专门产生成熟的呼吸道细胞。此外，这些细胞还具有治疗囊胞性纤维症小鼠的潜力。

韦德尔说："再生医学的一个主要障碍，是缺乏合适的细胞来恢复功能或修复损伤。我们的方法是从想要的细胞类型开始，然后给这些细胞类型赋予祖细胞的特征。它更直接、快速，而且细胞更纯。"

近年来，诱导多能干细胞激起了人们极大兴趣。它的一个主要优点是能产生病人特异性的诱导多能干细胞用于移植，从而减少发生有害免疫反应的风险。尽管取得了显著进展，但其仍然受到期望成熟细胞类型的低产量和低纯度，以及未成熟细胞可能形成肿瘤等问题的限制。此外，没有一种标准化的方法适用于所有细胞类型。

为了解决这些问题，韦德尔和美国西奈山医院的安德拉斯·纳吉等人开发了一种中断再编程技术。研究人员开始对从老鼠身上分离出来的成体呼吸道细胞，进行基因改造，短暂表达4个诱导多能干细胞重编程的因素，但在细胞到达多能状态前，提前中断了这个过程，生成类似于祖细胞的细胞，这些细胞更倾向于特定的细胞系，并表现出比多能细胞更有控制的增殖。

研究人员发现，类似于祖细胞的细胞不仅能产生肺细胞，还能产生其他呼吸道细胞，如分泌黏液的杯状细胞和分泌 CFTR 蛋白的纤毛上皮细胞。这些细胞会在囊胞性纤维症患者中发生突变。当将类似于祖细胞的细胞注射到缺乏 CFTR 的小鼠体内时，这些细胞并入了呼吸道组织，并部分恢复了肺内的 CFTR 蛋白水平，而不会引起肿瘤。韦德尔表示，这种技术可以应用于几乎所有可以分离纯化的细胞类型。

（三）分离干细胞的新信息

1. 分离生殖干细胞的新进展

分离出具有生殖潜能的干细胞。2005 年 11 月，加拿大圭尔夫大学保罗·戴斯教授领导的一个研究小组，在“首届中国—加拿大双边生殖健康研讨会”上报告的研究成果认为，在发育生物学领域，一个有待回答的问题是，在哺乳动物发育的各个时期中，决定生殖细胞命运的究竟是哪一个时期。对此，研究小组已成功从猪皮肤组织中分离出具有生殖潜能的干细胞。

戴斯研究小组从在母体中发育了50天的猪胎儿皮肤组织中，分离出一些干细胞。这些干细胞具有某种分化成具有卵母细胞特性的细胞内在机制。当研究人员用诱导分化的条件培养基，培养这些干细胞时，发现其中的一个亚群，可以表达一些只有生殖细胞才能特异表达的基因和蛋白。根据形态学观察，科学家发现所培养的细胞，从诱导分化的第10天开始，形成了克隆样结构，其中的一些克隆样结构，逐渐从培养皿上脱壁，呈“囊泡状聚集体”悬浮于培养基中。

研究人员惊奇地发现，在很多囊泡状聚集体中央有一个较大的细胞，这与同生殖有关的卵母细胞复合体结构非常相似。

为了检测这些大细胞是否表达了具有卵母细胞代表性的标记分子，研究人员将这些大细胞挑出，分组提取 RNA。RT-PCR 的检测结果表明，在这些“大细胞”以及作为阳性对照的卵巢组织中，均可以检测到所有卵母细胞特异表达的标记分子物。

2. 分离血液干细胞的新进展

（1）首次隔离出单个人类血液干细胞。2011 年 8 月，加拿大干细胞生物学研究所首席教授约翰·迪克领导的研究小组，在《科学》杂志上发表论文称，他们首次隔离出单个人类血液干细胞，它能让整个血液系统再生。这项新成果能让医学专家更有效地治疗癌症和其他疾病。

研究人员表示，他们最新隔离出的这个单细胞，能制造出整个血液系统，这是干细胞在临床应用发挥最大潜能的关键。

干细胞是一种未充分分化、尚不成熟的细胞，具有再生各种组织器官和人体的潜在功能，医学界称其为“万用细胞”。1961 年，多伦多大学的研究人员首先开始了干细胞领域的研究。他们证实，血液细胞均来自一种造血干细胞，并确定造血干细胞具有自我更新、分化潜能。随后，开始使用干细胞对血癌病人进行骨髓移植，这是迄今为止再生医学领域最成功的临床应用，每年都让数千人受益。

尽管科学家们已开始利用在脐带血中发现的干细胞，然而对很多病人来说，单个捐赠样本并不够用。因此，干细胞研究领域的专家，一直在挖掘单个纯净的干细胞这一宝藏，在将单个干细胞移植入人体之前，可在培养皿中对其进行控制和扩展。加拿大研究小组的最新发现，有助于研究人员根据临床需要制造出足够的干细胞，并进一步实现再生医学的各种美好愿景。

加拿大研究小组究之所以取得成功，是因为他们使用了高科技的流式细胞技术（FFCT）。这是一种可对细胞或亚细胞结构，进行快速测量的新型分析技术和分选技术，它使研究人员能快速地将数百万个血液细胞挑选、筛选，并提炼成有意义的二进制文件，以便对其进行分析。现在，干细胞研究人员能标识出引导“普通”干细胞如何表现和持续的分子开关，也能描述出将普通干细胞与所有其他血液细胞区别开的核心属性。

（2）分离用于造血干细胞研究获得新进展。2011 年 7 月 8 日，加拿大多伦多大学网站报道，该校教授兼安大略省癌症研究所高级研究员的约翰·迪克领导的一个研究团队，努力推进干细胞的研究，近日发表研究成果称，他们已经可以把分离出来的主要干细胞用于人体造血功能。

数十年来，科学界一直相信人体中存在母细胞及血液生成细胞，也知道骨髓能帮助人体补充新鲜血液。骨髓移植手术被用于治疗血液病，如白血病或遗传及罕见疾病等，但条件是需要患者与捐献骨髓者的干细胞配型相吻合。但即使如此，排斥反应还是时有发生。

报道称，迪克研究团队通过缩小范围，最终确定出帮助人体造血的干细胞，无疑为血癌或其他血液病患者打开了一扇希望的大门。研究人员表示，他们已经找到这种母细胞，即造血干细胞，能帮助再生出各种类型的血细胞，包括红血细胞、淋巴细胞和巨噬细胞等。迪克指出，这项发现，意味着对人体的造血系统有了更加详尽的认识。

研究人员介绍说，他们把人体骨髓及血液提取物，移植到没有免疫系统的老鼠身上，透过扫描细胞表层带有生物标记的特殊蛋白质，把可能是造血干细胞的范围缩小到 1 万个，并且这 1 万个细胞上都有同一个生物标记。之后又经过长期试验，利用排除法，最终筛选出造血干细胞，取名为 CD49f。

迪克说，人体中带有 CD49f 生物标记的干细胞极其罕见，每 300 万个细胞中才有一个。目前，该研究团队下一个目标是需要进一步验证这些 CD49f 细胞，是否能安全帮助病人血液系统的成功再造。

（四）干细胞治疗的新信息

1. 干细胞治疗研究的新进展

（1）发现大脑干细胞可帮助老鼠恢复爬行能力。2006 年 4 月 29 日，路透社报道，加拿大多伦多西方研究所克兰比尔神经科学中心神经外科医生迈克尔·费凌斯博士主持的一个研究小组，在《神经学杂志》上发表论文称，他们发现，从老鼠大脑中提取的干细胞，可以恢复骨髓损伤的实验老鼠的部分爬行能力。这一发现，是在啮齿类动物实验中，利用一种类型的干细胞提高运动功能的最新成果。

一个尚未发育成熟的细胞，可以转变为多个不同的细胞和组织。研究人员希望可以最终在瘫痪病人身上进行干细胞注射实验，帮助他们重新恢复行走能力。在这项最新的研究中，科学家从老鼠大脑内提取了被称为“神经前体细胞”的干细胞，这是一种已经开始转变为中枢神经系统细胞的细胞。研究人员把这些细胞注入脊骨损伤以至无法爬行的老鼠骨髓内，同时为它们服用抗免疫反应药物，防止产生排斥反应。植入老鼠骨髓的干细胞，与受损组织相结合，转变为可以分泌髓磷脂的细胞。所谓髓磷脂，是位于神经纤维周围，很像是一层塑料膜，有隔离脑细胞的作用，可以保护脑细胞免受外来伤害，并同时向大脑传输信号。

很多骨髓受损的患者，受伤部位都存在完整的神经纤维，但髓磷脂遭到破坏，以至瘫痪。费凌斯表示：“虽然老鼠的运动能力不能恢复到正常水平，但它们恢复了部分关键的行走能力，关节之间的协调也比较理想，能够更好地支持他们的体重。”这项研究得到加拿大卫生研究所的部分资金支持。

研究人员介绍说，他们首先使 97 只大鼠脊椎致残，然后在 2 周或 8 周后，为这些大鼠移植了成年小鼠的大脑干细胞。结果发现，瘫痪 2 周后移植干细胞的大鼠，行走虽然未能恢复正常，但其行走能力出现明显恢复，增强了关节协调和后腿承重能力。而给瘫痪 8 周的大鼠移植干细胞，效果则不明显。同时，研究人员还给接受治疗的大鼠，服用了抑制免疫系统的药物，以预防排斥反应。

费凌斯表示，希望经过更多的动物实验后，可以在 5~10 年内进行类似的人体实验。科学家现在需要解决的一个问题是：为什么 8 周后在受伤部位注射干细胞，其效果并不明显。在人体实验中，研究人员可能向大脑的一个区域（他们相信可以找到所需细胞的区域）插入活检针，提取神经前体细胞。如果成功的话，这些细胞将注入受伤部位的附近区域。除此之外，从人体器官捐献者大脑中提取干细胞的办法也是可行的。费凌斯表示："这种办法可以适用于 50% 骨髓损伤的患者，他们的受伤部位存在足够的神经纤维，但髓磷脂遭到破坏。"

这个研究小组表示，值得注意的是，干细胞注射后仍可以存活的数量超过 1/3；存活的干细胞进入受伤部位，分泌髓磷脂。科学家同样发现，2 周内注射干细胞疗效更加明显，但 8 周后再进行细胞注射，却达不到理想的治疗效果。干细胞可以来自不同器官，包括骨髓、胚胎组织和晶胚。提取人体晶胚干细胞一直存在很大的争议，一些人认为这是一种不道德的行为，为了获得细胞，不惜杀死一个胎儿。

其他的试验证明，不同类型的干细胞，可以帮助治疗机能损伤的啮齿类动物。2005 年，科学家曾报告说，利用流产婴儿的干细胞以及鼠类晶胚中基因改造干细胞的老鼠实验，取得进展。

（2）发现肌肉干细胞能有效治疗尿失禁。2007 年 5 月，有关媒体报道，加拿大多伦多新宁健康科学中心与美国匹兹堡大学医学院联合组成的国际研究小组，在近日召开的一个学术年会上，公布了一项研究结果：他们通过给女性压力性尿失禁患者注射肌肉干细胞来加强其括约肌，发现能够长期改善病情。

报道称，这项研究对患者进行了一年的跟踪观察，调查结果显示，干细胞注射方法很安全，能够改善患者的生活质量并可能有效治疗尿失禁。

研究人员表示，该项目临床试验的结果很令人激动。他们首次证实，能够给尿失禁患者提供一种长期有效的低侵入性治疗选择。

此前，该研究小组对尿失禁动物模型进行的研究证实，将干细胞注射到尿道肌肉中，能够增加漏尿点压，从而使肌肉功能得以恢复。这些研究的结果成为临床试验的基础。

在这项研究中，研究小组先获得8名女性患者的骨骼肌组织活组织切片，并从这些组织中分离出干细胞，然后进行扩增培养。研究人员给门诊患者注射了这种肌肉干细胞。他们利用3种不同的注射技术给患者注射了相同剂量的干细胞。

报道称，目前，加拿大正在进行由多个研究机构参与的一项相关研究。通过这项研究，将使研究人员能够确定有效治疗尿失禁的最佳干细胞注射剂量。

（3）批准全球首个用于治疗全身性疾病的干细胞药物。2012年5月17日，国外有关媒体报道，加拿大卫生监管机构已批准使用该公司的一款新药物治疗儿童急性移植抗宿主疾病，该新药成为全球首个获准用于治疗全身性疾病的干细胞药物。

急性移植抗宿主疾病，是骨髓移植后新植入细胞攻击病体时可能出现的致命并发症，症状包括腹痛、皮疹、脱发、肝炎、肺炎、消化道紊乱、黄疸和呕吐等。罹患此症的八成儿童都会丧命，至今尚无任何已获准的针对性治疗手段。

加拿大药政当局此次批准该新药上市，将主要用于那些对类固醇没有反应的病童。且获准的附加条件是，上市后仍需进行进一步试验。该公司董事长兰德尔·米尔斯表示，后续试验过程或将持续3~4年。

该新药来自成年捐赠者的骨髓干细胞，被设计来控制炎症、促进组织再生、防止疤痕的形成。全球约有3500~4000名急性移植抗宿主疾病患者。结果表明，使用该新药治疗28天后，61%~64%的患者显现出具有临床意义的反应。

（4）发现干细胞疗法或能让脱发再生。2014年12月，加拿大卡尔加里大学干细胞生物学助理教授杰夫·比尔内斯克领导的一个研究小组，在《发育细胞学》杂志上发表论文说，他们在成人头发毛囊中鉴别出一种皮肤干细胞，研究人员发现，最终可通过药物刺激这些干细胞，诱导和促进毛发生长细胞，使其得到补充或复原。该项研究成果，将为治疗因受伤、烧伤、疾病或年老造成的脱发，迈出重要一步。

比尔内斯克表示，毛囊底部拥有特定的细胞组织——真皮乳头，其负责给表皮细胞发送信号以重建毛囊，产生新发。毛囊具有一定的再生和衰退周期。他解释说，脱发特别是男性秃顶的主要原因，是毛囊中的真皮乳头产生了功能障碍。对秃顶皮肤进行观察可以发现，要么是真皮乳头细胞的大量缺失，要么是这些细胞已经萎缩。

研究发现，位于真皮鞘内的邻近细胞，对那些可为真皮乳头重新注入新细胞的干细胞具有庇护作用，从而维持人体长出新发的能力。通过对真皮鞘内的细胞进行标记，研究人员发现小量真皮鞘细胞能自我更新，并为每个毛囊带来数以百计的新细胞。此项新发现，使研究人员进一步了解了毛囊的再生机理，为开发出以干细胞为靶标的头发再生疗法打开了大门。

比尔内斯克指出，干细胞脱发疗法的开发，也许还需要十年的时间，但存在皮肤干细胞（很久以来仅是理论推测）的确凿证据，对未来开发新疗法至关重要。此项研究成果，也将推动皮肤移植和伤口治疗技术的进步，在伤口处增加皮肤干细胞的数量，将能帮助伤口愈合。

2. 促进干细胞疗法发展的新对策

通过成立研究院推动干细胞疗法发展。2014 年 12 月，国外媒体报道，加拿大安大略省将投资 300 多万加元，成立安大略省再生医疗研究院，以支持干细胞研究人员开发新疗法，从而帮助一些受慢性疾病困扰和因此需要支付高昂医疗费用的病人。

安大略省再生医疗研究院的成立，旨在集合世界级的团队进行顶尖研究，并将新疗法应用于癌症、糖尿病、失明、心脏病和肺病等多种疾病。

成立这家研究院是安大略省干细胞研究计划机构与再生医疗商业化中心的合作项目。至此，安大略省已承诺投入 1.5 亿加元，为 139 个干细胞和再生医疗研究项目提供资助。安大略省研究及创新厅厅长雷扎·莫里迪表示，该项目为治疗和处理一些世界上最具破坏性的病症带来希望，同时还具有重大的经济效益。

第四节　动植物领域研究的新进展

一、动物生理与生态研究的新成果

（一）研究动物生理现象的新信息

1. 探索哺乳动物生理现象的新进展

发现哺乳动物生物钟功能紊乱的内在机制。2013 年 8 月，加拿大麦吉尔大学古德曼癌症研究中心生物化学教授内厄姆·索南伯格领导的研究小组，在《神经元》杂志上发表论文说，乘坐跨时区过夜航班，或是经常倒夜班，常常会让人彻夜难眠。他们研究发现，该现象与蛋白合成这一基本生物学过程密切相关。这一成果将有助于治疗因跨时区旅行和倒夜班造成的睡眠障碍，以及抑郁症和帕金森等慢性疾病。

地球自转产生白天和黑夜，给众生赋予了昼夜节律。在哺乳动物大脑中，“生物钟”驱动着睡眠、清醒、摄食及新陈代谢的生活节奏，以及许多其他必要过程。大脑时钟的内部运作非常复杂，科学家们一直在探寻其背后的分子过程。

索南伯格等人对蛋白合成如何在生物时钟内受控进行了探索。最终在生物时钟内发现了一个阻遏蛋白，去除该蛋白后，大脑生物钟功能将会得到令人惊奇的改善。

基于所有哺乳动物都有相似的生物钟，研究小组利用小鼠展开实验。实验小鼠缺乏一种称为 4E-BP1 的特殊蛋白，该蛋白可阻断生物钟蛋白合成这一重要功能。研究发现，缺乏该种蛋白的小鼠能更快地克服生物钟干扰。通过诱导类似时差这样的状态，缺乏该种蛋白的小鼠与正常小鼠相比适应时区改变的时间缩短了一半。

此外，研究人员还发现，一种对大脑时钟功能至关重要的小蛋白——血管活性肠肽（VIP）在缺乏 4E-BP1 的小鼠身上会相应增加。此一结果表明，生物钟功能紊乱可通过基因调控加以改善，这为治疗生物钟相关疾病开辟了一条新的途径。

2. 探索恐龙生理现象的新进展

（1）证明迷惑龙甩尾或许能产生声爆。2015 年 10 月，国外媒体报道，加拿大阿尔伯塔大学古生物学家菲利普·柯里和内森·梅尔沃德领导的一个研究小组，设计了一个计算机模型，证明迷惑龙把尾巴当鞭子使用的解释是行得通的，还发现由此会产生巨大声响。

迷惑龙是雷龙的近亲，但其体型更大：这种恐龙拥有12米多长的尾巴，其尾巴根部的厚度超过0.9米，但是尾巴尖却像现代人的小指一样细。这样秀美的尾巴尖，使其尾部过于脆弱，因此不能攻击袭击者。那么其尾巴的作用是什么呢？不少学者认为，它的作用可能是把其像鞭子那样挥舞。

大约20年前，一种观点开始在科学界流行，即迷惑龙用它的尾巴做鞭子，并以此吓走捕食者，同时也用其进行交流甚至在潜在的配偶面前炫耀，从而获得青睐。为此，该研究小组通过设计模型加以证明。

在当地举行的一次古脊椎动物学会议上，柯里等人展示了一个1/4比例的物理模型，这是一个用铝作为椎骨、用钢铁作为肌腱制作的迷惑龙的尾巴。

考虑到这个尾巴模型根部所具有的强大推力，它在空气中甩动时可以发出破空声。此次对于高速摄像视频模型的分析表明，其尾巴尖的运动速度每小时可以超过1200千米，这一速度足以打破音速障碍，产生小规模的声爆。而一头成年的迷惑龙如此挥动尾巴时，其发出的极高的声音，足以刺破人类的耳膜。

（2）破解甲龙化石四脚朝天之谜。2018年3月，加拿大自然博物馆乔丹·马龙、加拿大德拉赫勒皇家泰瑞尔博物馆唐纳德·亨德森两位恐龙古生物学家牵头组建的一个研究团队，在《古地理、古气候学、古生态学》杂志上发表研究报告称，他们针对大部分甲龙化石都是四脚朝天之谜，展开长期研究，终于揭开了其中的谜底。

甲龙看起来很奇怪，即使按照恐龙的标准来看也是如此：它们都是矮胖的，背部生有“铠甲”，通常还有尾部的“棍棒”。但对许多古生物学家来说，这些生物脱颖而出，还有另外一个原因：就是大部分的甲龙化石都是四脚朝天的。

几十年来，导致这种奇怪方向的原因，一直是个未解之谜，但幸亏古生物学家和犰狳专家的一次不同寻常的合作，研究人员最终可能找到了答案：所有这一切都可归结为肿胀、漂浮的恐龙尸体。

自从20世纪30年代以来，古生物学家一直怀疑，甲龙生理或行为上的一些有趣的原因，导致了其死后肚皮朝天的保存方式。然而，尽管科学家提出了几种假设，但没有一个理论得到证实。因此，马龙研究团队决定对这些理论进行逐一测试，并试图解开这个谜团。

首先，马龙的研究团队想要确保关于甲龙方向的共识，并非是一种无稽之谈。他们在加拿大的阿尔伯塔省检查了36条甲龙，连同发掘化石的照片和野外记录，结果发现有26个个体是四脚朝天的，这比偶然情况要多。

随后，研究团队将注意力转向了4种理论。其中之一，甲龙只是从山坡上跌落下来，最终摔了个仰面朝天，而这很容易被否定。马龙说："如果甲龙普遍都笨手笨脚的，那么你就不要指望它们能在那里待上1亿年。"同样，研究人员也发现，没有证据支持另一种理论，即食肉恐龙会把一条甲龙翻转过来，以撕咬后者美味的肚皮。在他们检查的化石标本中，只有一具留有牙印。

而证明"犰狳路毙"模型，则要困难得多。因为在路边发现的犰狳尸体，可能会随着腐烂产生的气体而膨胀，进而四脚朝天，同样的情况也可能发生在甲龙身上。

马龙得到了美国佐治亚州瓦尔多斯塔州立大学的犰狳专家科琳·麦克多诺和吉姆·洛格里的帮助，他们花了3个月的时间在路边测量犰狳尸体。麦克多诺说，他们会在日出时出发，在犰狳尸体被汽车轧扁或被秃鹰啄成碎片前找到它们。在家人和朋友的帮助下，科学家及时获得了新鲜尸体位置的消息，他们记录了174只犰狳的"方向"，结果并没有发现，有证据能够表明它们会背部着地死亡。

路边死去的犰狳，还会被食腐动物或车辆带到它们最后的安息之地。因此，科学家决定带一些新鲜的尸体回家，把它们存放在自己的花园里，看看其腐烂后会发生什么。在这篇论文中，科学家对邻居的理解表示感谢。麦克多诺说："我们院子的角落传出阵阵恶臭，而周围的3户人家，没有人说一句埋怨的话。"但是，没有一只犰狳最终肚皮朝天，这再次说明这个模型经不起仔细推敲。

最后，研究人员检验了"膨胀—漂浮"模型。该模型提出，甲龙的尸体被冲进河里或海里，在那里，它们膨胀起来，四处漂流，上下颠倒，并最终下沉，或者被埋在河岸边。亨德森创建了三维数字模型，代表了甲龙的两个分支——甲龙类和结节龙类。

研究团队通过对恐龙生理特征的估算，如肺活量和骨密度，重建了这些甲龙。他们还制造了相同甲龙的膨胀版本，使动物的肚子像气球一样膨胀。然后他们把模型放在虚拟的水中，观察其倾斜程度。

结果显示，结节龙类的模型非常不稳定：仅仅倾斜1°就会使它完全翻转而无论膨胀与否。甲龙类则要好一些，在翻转之前需要更大的倾斜角度。尽管如此，马龙说，一个巨浪或一条食肉恐龙很容易就可将甲龙翻转过来，尤其是在腹胀之后。该研究团队报告称，这意味着“膨胀—漂浮”模型是唯一站得住脚的理论。

加拿大皇家安大略博物馆维脊椎动物古生物学家多利亚·阿布尔虽然没有参加研究，但对此成果给予高度评价，她说，此项研究为这个长期存在的谜团“提供了合理的解释”。她表示，自己很钦佩科学家对待这项研究的态度。阿布尔说：“我一直很喜欢古生物学，因为我们可以用完全独立的证据，来讲述一个更大的故事。”马龙对此表示赞同：“科学方法在实践中如此清晰地发挥作用是相当罕见的，但我认为这是一个很好的例子。”

甲龙生存的年代属于白垩纪末期。甲龙背后的硬甲实质为硬化皮肤，具有较强防御能力，但较骨骼形成的龟壳相去甚远，对咬合力十数吨的暴龙而言作用有限。甲龙并非北美大陆及亚欧大陆的优势物种，数量相对于角龙类、鸭嘴龙类少很多。

（二）研究动物生态状况的新信息

1. 动物生态状况研究的新进展

（1）发现恐惧可影响整个动物的食物链。2016年2月，加拿大维多利亚大学贾斯汀·苏拉西及其同事组成的一个中心研究小组，在《自然·通信》杂志上发表论文称，他们通过浣熊的研究发现，对大型食肉动物的恐惧，可以对其他猎物产生与被捕食者相同的效果，而且可能导致连锁反应并传递到整个动物的食物链，这表明，顶级捕食者在生态系统内的影响力比以前认为的更加深远。

顶级捕食者的存在会产生瀑布效应，其存在减少了猎物数量，这反过来又使得与被捕食生物竞争的对手数量增加。如果对于被捕食的恐惧让一种动物离开某个生态环境，就会产生和被捕食同样的效果。但是，这种恐惧如何对食物链其他部分产生影响并不清楚。

加拿大研究小组研究了顶级捕食者狗产生的恐惧，能否在经常被狗骚扰或杀害的野生浣熊群落构成的食物链中，产生这种瀑布效应。研究中的浣熊，生活在加拿大不列颠哥伦比亚省海湾群岛的海岸上，以螃蟹和鱼为食。研究人员在一个月内连续给浣熊放狗叫声的录音，同时监测浣熊的行为。研究发现，浣熊由于对狗的恐惧，导致在其喜爱的潮间带觅食的时间，减少 2/3。

浣熊这种觅食时间上的减少，使得普通滨蟹增加了 97%，潮间带的鱼类增加了 81%，红黄道蟹增加了 61%，这三者都是浣熊的食物。这样一来，其他被螃蟹食用或者与螃蟹处于竞争地位的无脊椎动物的数量减少了，因为螃蟹从被浣熊捕食的压力中释放出来，这表明恐惧可以对整个动物的食物链产生影响。

（2）发现恐惧会改变动物脑神经回路并影响行为习惯。2019 年 8 月，加拿大安大略西部大学生物学和医学专家组成的一个研究小组，在英国《科学报告》期刊上发表论文称，他们研究显示，捕猎者带来的恐惧会在野生动物脑神经回路中留下可量化的持久印记，并改变动物行为习惯。精神心理学所谓的创伤后应激障碍，就是这种影响的典型表现。

研究人员说，他们连续两天给黑头山雀播放捕食者猎鹰的音频回放，对照组播放非捕食者的音频，接下来的 7 天让两组黑头山雀在户外一起生活。7 天后，研究人员播放黑头山雀遇到捕食者发出的警示录音，并通过测量个体黑头山雀大脑中杏仁体和海绵体的基因转录因子水平，发现受过惊吓的黑头山雀神经回路中存在持续的影响。

研究人员说，上述实验表明，捕食者引发的恐惧，不仅停留在动物看到捕食者并做出“反抗还是逃命”决策的那一瞬间，并且这种恐惧在事件结束 7 天后依然可以被量化和观测到。

越来越多的生态学研究人员提出，创伤后应激障碍实际上是一种进化上的原始机制，这种机制令受惊吓者将生存需要放在最高等级。此次的研究人员认为，捕食者留下的恐惧记忆对动物造成的影响，如果成功帮助它们在未来躲避类似事件，将会是一种进化上的优势。新研究进一步表明，创伤后应激障碍是自然现象，这对生物医学研究人员、心理健康从业人员和生态学者从事相关工作都受重大启示。

（3）认为复活灭绝物种不利于生物生态保护。2017 年 3 月，加拿大渥太华卡尔顿大学生物学家约瑟夫·贝内特领导的一个研究团队，在《自然·生态与进化》杂志上发表论文称，如果不把科研经费用于复活灭绝动物研究，而是分配到现存物种的保护计划中，人们会看到生物多样性有一个更大的增加，有 2~8 倍的物种会得到保护。也就是说，这些钱首先用于保护其他现存物种免遭濒临灭绝是更好的选择。

为了估算维持灭绝动物的种群需要多少费用，研究人员使用了澳大利亚新南威尔士和新西兰的数据库。这些数据库一直在系统地跟踪保护那些濒危但还活着的物种的成本。这使得研究人员得以外推保护那些类似于现有生物的复活动物的成本。例如，照顾一个复活后的长毛猛犸象种群的成本，应该类似于照顾濒危亚洲象的成本。而该方法，完全忽略了开发和利用遗传及生物技术，真正复活一个物种的大量前期成本。研究人员因此指出，它事实上低估了复活灭绝动物项目的实际成本。即便如此，这一结果看起来依然非常严峻。

贝内特说："或许一个亿万富翁，只是感兴趣把一个已经灭绝的物种带回来，从而展示他的力量。然而，如果一个亿万富翁，想要借此表达他对生物多样性保护的关注，那么这种做法无疑是虚伪的。如今有大量可以通过相同的资源，加以拯救的濒临灭绝的物种。"

从概念上讲，复活灭绝动物，当然很令人羡慕。但是在这个保护资金短缺的世界里，贝内特用一句话总结了这篇论文的研究结果："把钱花在活的动物身上，要比花在死的动物身上更值。"

长毛猛犸象与如今仍存活的亚洲象，都源自相同祖先。体型巨大的长毛猛犸象外表披着长毛，在遥远的年代里多生活在寒带冰原，它们灭绝的原因目前还没有定论，其中一些说法认为可能与气候变化和人类猎杀等因素有关。

2. 人口生态变化研究的新进展

揭示推动人口生态系统变化的一个主要原因。2017 年 7 月 4 日，加拿大舍布鲁克大学法尼·佩列蒂耶和同事组成的一个研究小组，在《自然·通信》网络版上发表论文称，他们研究发现，生育年龄的迅速演化，是推动当代加拿大人口生态系统变化，促使人口增长的主要原因。在过去100年里，女性生育年龄的基因变化，导致人口增长达12%。

通常，演化被认为是一个缓慢的过程。但越来越多的人意识到演化的速度，也可能快到对物种生态系统的动态造成重大变化。其中的一条途径，是提高物种数量增长和区域性扩张的速度。尽管如此，“快速演化”与人类人口之间的关联却一直受到忽视。

该研究小组分析了加拿大魁北克库德尔岛人类群体的家谱记录。着重调查1772—1880年出生的女性。他们发现，女性对人口增长的贡献程度，取决于她开始生育的年龄，而生育年龄在一定程度上，取决于与这一特征相关的基因。如果生育年龄并未随着进化降低，那么人口的增长速度将会减慢约6%，人口的规模也将缩小12%。

虽然首次生育的年龄也受当地文化的影响，但是，不同家族的生育特征也不同，这与基因有很大的关联性。因此，人类演化对推动当代人口增长的影响力，或许比之前人们认识的要大得多。

二、动物进化研究的新成果

（一）研究古人类行为进化的新信息

1. 探索古人类居住及迁移模式的新发现

（1）发现人类祖先定居模式或更加多样化。2016年10月，加拿大多伦多大学环境考古学家莫妮卡·拉姆齐领导的一个研究小组，在《科学公共图书馆·综合》杂志上发表论文称，他们研究发现，当古代狩猎采集者一开始放弃游牧生活时，或许并没有一味追寻种植粮食作物，至少一些群体可能并未选择从种植谷物中寻求很大的回报，而是采取了谨慎行事的策略。如果是这样，那么向定居生活的过渡，即进入农业社会的重要一步，或许比考古学家认为的更加复杂和多样化。

目前的标准观点是约2万年前，人类祖先开始在一个地方长期停留，从而使其得以开发在那里生长并提供了密集能量来源的野生谷物。经过很多代的选择后，这些谷物成为被驯化的现代粮食作物。

考古学家很少有机会测试这一观点，因为来自这一过渡早期阶段的植物遗骸极其罕见。不过，研究人员最近开始利用植物岩，即在植物组织中形成并且能持续上千年的微小硅晶体，来探寻早期考古遗址附近曾出现过哪些植物。

拉姆齐研究小组研究了约旦哈拉内四世遗址的植物岩。该遗址拥有2.2万年历史，是代表人类长期居住证据的最早地点之一。

令研究人员吃惊的是，他们很少发现来自粮食作物的植物岩。相反，绝大多数植物岩来自灯芯草科、莎草科等湿地植物。这些植物产生的卡路里比谷类少很多，但它们一年到头都能获取到，而且无论干旱还是湿润的年份都是如此。

拉姆齐表示，最有可能的情况是哈拉内四世遗址地区的居民，一开始在湿地附近停留了很长时间，以利用这些可靠的资源。而这种可靠性，反过来让他们尝试于风调雨顺的年份，在周围的草原上种植粮食作物。

（2）发现纽芬兰区域曾是不同古老人群的居住地。2017年10月，加拿大麦克马斯特大学教授亨德里克·波伊纳领导，古生物学家安娜·达根参加的一个研究团队，在《当代生物学》杂志上发表论文称，在过去的1万年里，加拿大土著居民一直生活在东北部边缘，并在末次盛冰期冰川消退后不久开始迁移。考古证据表明，数千年前的至少3个不同时期，具有不同文化传统的人群曾居住在这一地区。现在，研究人员通过研究线粒体基因的遗传证据，证明了两个被称为“海洋古体”和“贝托克”的群体，给纽芬兰带来了不同的母系血统，这进一步支持了该岛上居住的古老人群，有不同的文化历史。

达根说：“我们的论文完全基于线粒体基因，结果显示海洋古体并不是贝托克的直系祖先，而且他们没有共同的祖先。这反过来意味着纽芬兰岛曾被不同的群体居住。”

从考古记录上看，古老的海洋古体和贝托克之间的关系并不清楚。经过土著社区的许可后，达根等人在波伊纳领导下，研究了74个古老遗迹的线粒体基因组多样性，以及考古记录和食物同位素资料。所有的样本都是从少量的骨头或牙齿中收集的。

样本集包括海洋古体的一个接近成年的人，已有7700多年历史，发现自北美北部已知的最古老墓地，这里也是海洋古体文化的最早出现地之一。而贝托克的大部分样本来自圣母玛利亚湾地区。基因证据显示，这两组人在最近的一段时间里并没有共同的母系祖先。

研究人员表示，这些数据清楚地表明，海洋古体并不是贝托克的直接母系祖先，因此该岛的人口历史，包括土著居民的多次独立移民。这表明，在北美大陆最东北边缘，早期居民的人口动态非常丰富。

2. 探索古人类狩猎及饮食模式的新发现

发现尼安德特人曾猎兔子为食物。2019 年 3 月，加拿大特伦特大学古人类学家尤金·莫林领导的一个研究小组，在《科学进展》杂志上发表论文称，尼安德特人比人们想象的更擅长狩猎。化石表明，他们数千年前曾在欧洲西部狩猎兔子。

莫林研究小组分析了来自地中海西北部地区 8 个地点的兔子化石。他们发现了可能是烹饪造成的烧焦证据，同时带肉的骨头上也有切割的痕迹。大多数地点可追溯到旧石器时代中期，并且包含了与尼安德特人有关的工具。这些工具使其成为当地最有可能的兔子猎人。

莫林说："这项发现改变了对尼安德特人的看法。在那之前，大多数研究人员会说，尼安德特人专门狩猎大型动物。"

考虑到成本，狩猎行动迅速的小型猎物的热量回报，相对较低。人们普遍认为，这种情况在 4 万年前的旧石器时代晚期以前是罕见的。这大约是现代人抵达欧洲的时间。食物短缺可能促使尼安德特人扩大了他们的饮食范围，尽管关于其狩猎技术的考古证据很少。

在骨头上发现的抛掷物的尖端，将有助于研究一些狩猎方法，但被认为用来诱捕动物的绳子和树根保存得并不好。

上述 8 个地点几乎没有幼兔的骨头。这或许表明，居民们并没有把兔子赶出自己的领地，而是单独猎杀它们。

莫林表示，虽然像野牛这样体型较大的动物，可能仍是尼安德特人饮食的主要组成部分，但最新发现表明，尼安德特人的饮食并不一致，而是适应了欧洲不同地区的不同环境。

（二）研究恐龙进化过程的新信息

1. 验证恐龙进化路径的新进展

按照进化路径计划依靠基因技术用鸡胚胎"复原"恐龙。2009 年 9

月，国外媒体报道，加拿大麦吉尔大学首席科学家汉斯·拉尔森领导的一个研究小组，提出计划依靠基因技术，用鸡胚胎还原恐龙，以证明恐龙是由鸟类进化而来的。该研究小组曾发掘出史前动物的化石，其中包括 8 种不知名的恐龙和 5 种尼日尔鳄鱼新类型，最近又在阿根廷发现了一种新的食肉恐龙。

拉尔森是加拿大著名的古生物学家。他认为，恐龙是由鸟类进化而来的，他相信在小鸡胚胎发育时期通过翻转某些基因，便可能变成恐龙，最终孵化成一只史前动物。虽然这一试验仍处于设想阶段，但他认为，研究最终可能使史前动物得以孵化成活。加拿大自然科学和工程研究理事会、加拿大研究计划和《国家地理》杂志等机构，已经决定为拉尔森的实验提供资金支持。

拉尔森表示，他的设想灵感来源于与美国著名古生物学家杰克·霍纳的一次谈话。霍纳最近写了一本题为《如何创造一条恐龙》的书，书中他提到，胚胎实验可创造出“鹰嘴龙”。

不过，拉尔森也非常明确地表示：“我并没有直接孵化出一条恐龙的打算，只是通过实验进行演示。毕竟，这一计划是有违背道德和不尊重现实的嫌疑。如果我能清楚地表明恐龙解剖学的发展与鸟类存在着潜在的关系，那么就可证明，恐龙实际上和鸟类是近亲。”

2. 寻找恐龙演变进化遗存的新发现

在北极地区发现鸭嘴龙化石。2014 年 4 月 4 日，加拿大广播公司报道，该国阿尔伯塔省大草原区恐龙博物馆首席古生物学家马修·瓦夫雷克在接受采访时说，此前在加拿大北部努纳武特地区发现的一具鸭嘴龙化石，可能是迄今人类在地球最北的地方发现的恐龙化石。

报道称，这一鸭嘴龙脊椎化石在努纳武特地区阿克塞尔·海伯格岛上发现，位于北纬 75°左右，距离人类最北的永久居住点以北 500 千米。相关研究成果发表在《北极》杂志上。

瓦夫雷克说，鸭嘴龙属草食恐龙，从已发现的脊椎化石推断这条鸭嘴龙身长约 8 米，在北极高纬度地区的这一发现实属“罕见”。他指出，这类北极鸭嘴龙生活在 1 亿年至 6600 万年前的白垩纪晚期，当时的岛屿生活环境与北美大陆分离，这意味着它们在冬季不可能往南迁移。由于北美大陆漂移，那时候阿克塞尔·海伯格岛应位于当今位置稍往南，但仍位于北极圈之内。

位于北极圈以南的加拿大阿尔伯塔省，近年来发现多具恐龙化石。瓦夫雷克认为，这一发现有助于界定恐龙曾经生活的实际区域。当时北极地区平均气温比现在高出 15℃，该地区恐龙所处生活环境远不如当今极端，不过当时北极地区也有夏日 24 小时极昼和冬日 24 小时极夜。因此，冬季可供鸭嘴龙食用的植物并不多。

3. 研究恐龙行为进化的新发现

发现有些恐龙已进化出像鸟类一样会筑巢护蛋的行为。2019 年 7 月，加拿大皇家泰瑞尔古生物博物馆古生物学家弗朗索瓦·塞里恩与加拿大卡尔加里大学古生物学家达拉·泽勒尼茨基等人合作，在《地质学》杂志上发表论文称，他们在戈壁沙漠发现的一个保存完好的恐龙巢穴表明，这些史前动物中有一些是群居的，就像鸟类一样，能够保护自己的蛋。

塞里恩说："恐龙经常被描绘成一种独居动物，它们自己筑巢、下蛋，然后就离开了。但在这里，我们发现一些恐龙更喜欢群居。它们走到一起，建立了一个窝。"

研究人员发现了 15 个巢穴，以及 50 多个约有 8000 万年历史的蛋化石。它提供了迄今为止最清晰的证据，表明复杂的繁殖行为，如群体筑巢，在现代鸟类 6600 万年前与恐龙分离之际就已经进化出来了。

某些现代鸟类和鳄鱼在繁殖期会在公共区域筑巢产卵。许多古生物学家认为，这种"殖民式筑巢"最早出现在恐龙身上，是为了对抗掠食者。但美国马里兰州约翰斯·霍普金斯大学古生物学家艾米·巴兰诺夫表示，这方面的证据并不确凿。

自 20 世纪 80 年代以来，古生物学家就已经发现了聚集在一起的化石蛋或巢穴。但泽勒尼茨基表示，以往研究人员很难判断这些蛋是在同一时间下的，或只是在同一个地方相隔多年下的。然而，他们最近描述的巢穴地点有所不同。这座 286 平方米的遗址，位于蒙古东南部，它由一条细细的鲜红色岩石，连接着 15 个相对未受干扰的恐龙巢穴。一些直径约 10~15 厘米的球形卵已经孵化出来，部分被红色岩石填满。

研究人员表示，这些条纹连接了所有的恐龙蛋，表明恐龙在一个繁殖季节产下了这些蛋。这些蛋的外部和内部结构，以及蛋壳的厚度，都指向了一种非鸟类的兽脚亚目恐龙，这是一个包括迅猛龙和暴龙等恐龙在内的大型群体。研究人员还估计，根据蛋碎片的数量，略多于一半的巢穴至少有一个蛋成功孵化。

美国加州州立大学洛杉矶分校古生物学家丹尼尔·巴塔也认为，如此高的比率，表明一些恐龙倾向于筑巢。但他提醒说，那些已经孵化的蛋和被捕食者打破的蛋通常看起来很相似。

（三）研究其他动物进化的新信息

1. 探索鱼类进化的新进展

发现5亿年前古老鱼类概貌及进化的新特征。2014年6月，国外媒体报道，在加拿大西南部发掘出5亿年前古老生物的一个研究团队，在《自然》杂志网络版发表论文称，他们经过研究，更清晰地获得了这种生物的概貌，发现了一些新特征，并揭示了其额部的进化轨迹。

报道称，原先，科学家对这种古老生物的了解，仅仅只能从两块非常零碎的化石中得来。这两块化石早在一个世纪之前就已经被发现，直到1993年科学家才第一次描述出这种生物的特征，确认它是世界上已知最古老的脊椎动物之一。2012年，科学家在加拿大西南部发掘出一批与这种古老生物相关的化石，本次研究就是以这批化石为基础的。

研究人员说，本次新发现的化石，混杂在许多距今5亿—5.15亿年的石块中，科学家从中提取出约100个化石样本，其中最大的有6厘米长。其中一些不完整的化石显示，该生物的体态在之后的进化过程中变得更长。

目前，最完整且保存最好的化石样本，包含有该生物的眼睛、肌肉群及腮部。虽然研究者目前没有发现任何与鳍有关的线索，但他们发现这种鱼类非常好动，眼睛巨大且突出。该生物眼部周围有锋锐的圆形区域，这说明它的肉眼含有晶体，这在当时是进化的高级特征。

此外，该生物的腮部呈弧形结构，这是意义最重大的一个发现。新发现的以上两种特征预示着该生物的进化方向，而略厚的腮部则预示它进化的第一步就是下颚。科学家经过详细分析后认定，它是最古老的鱼类之一，且是所有脊椎动物家族的始祖。

2. 探索软体动物与有鳞动物进化的新进展

（1）发现现代软体动物的祖先。2010 年 5 月 29 日，英国《独立报》报道，加拿大多伦多皇家安大略博物馆伯纳德·卡伦、多伦多大学马丁·史密斯等人组成的一个研究小组，在《自然》杂志上发表研究成果称，他们发现一种好似从萨尔瓦多·达利画作中走出来的动物。据分析，这种怪异的生活在大约 5 亿年前的海洋动物，可能就是鱿鱼、章鱼、乌贼以及其他所有头足类软体动物的母亲。

研究小组在对来自加拿大伯吉斯页岩的化石样本进行分析之后，发现了这种动物。伯吉斯页岩化石群可谓鼎鼎大名，为科学家今天的研究提供了宝贵的化石样本。寒武纪时期，生活在这里的生命不但形态怪异，同时具有丰富的多样性。

这种新发现的动物身长 5 厘米左右，这一长度包括两个触角在内。它们是行动快速的捕食者，利用起伏的类似翅膀的鳍状物在水中游动。令人感到好奇的是，该动物还能利用漏斗状的鼻子喷水，鼻子同时还可以朝着不同方向转动。喷水是现代头足类动物的一个特征。

在对新发现的动物化石进行仔细分析之后，研究人员发现了能喷水这个关键的解剖学特征。在他们看来，这一特征说明该动物一定就是鱿鱼、章鱼以及鹦鹉螺最原始的共同祖先，理由就是其他任何动物都不采用这种喷水推进方式。

卡伦表示："根据这一发现，我们将头足类动物的起源，又往前推进了至少 3000 万年，也就是大约 5 亿年前著名的寒武纪生物大爆炸时期。头足类动物的软组织往往会快速腐烂，因此很难判断最初的头足类动物长什么样子。"伯吉斯页岩的一大著名之处，就是保存了大量软体动物化石。

5 亿年前，地球上的绝大多数生命都是单细胞微生物。在寒武纪生物大爆炸时期，大量肉眼可见的多细胞动物出现，它们的身体结构拥有丰富的多样性，其中一些生命就是今天很多动物的祖先。

头足类是智商最高的无脊椎动物。它们的脑容量较大，视力极佳，能够利用伪装躲避捕食者或者蒙骗猎物。尽管科学家对此十分好奇和着迷，但一直无法确定头足类动物的起源。他们认为，头足类动物可能由类似蜗牛的有壳软体动物进化而来，壳内充满空气，允许它们在水中自由游动。

史密斯表示，根据最新研究发现，所有头足类动物的起源，都可以追溯到这种新发现的动物身上。它们拥有共同特征，都利用两只杆状眼搜寻猎物，都有复杂的喷水推进系统。史密斯说："人们长久以来，一直认为头足类动物在寒武纪晚期进化，逐渐形成类似蜗牛的壳，使其能够在水中漂浮。这种新发现的动物告诉我们，第一批头足类动物，实际上已经在不借助充满空气壳的情况下在水中游动。"

他指出："现代头足类动物非常复杂，主要就体现在复杂的身体器官和惊人的智商上。在一个非常短的地质时期内，非常简单的前寒武纪生命进化成复杂的头足类动物，如此快速的进化赋予动物惊人的复杂性。我们认为这种极为罕见的动物是鱿鱼、章鱼和其他头足类动物的早期祖先。这一发现非常重要，因为这意味着原始头足类动物出现的时间远远超过我们此前的预计，让我们重新审视这种重要海洋动物的起源。我们的发现说明头足类动物出现的时间比我们此前的预计早3000万年，与寒武纪生物大爆炸时期首批复杂动物出现的时间更为接近。"

（2）认定迄今有鳞动物的最古老"祖先"。2018年6月，加拿大阿尔伯塔大学古生物学家提阿戈·西摩伊斯领导的一个研究小组，在《自然》杂志上发表的一篇古生物学论文称，他们确定了所有有鳞动物的最古老"祖先"，其生活在大约2.4亿年前的中三叠纪，在爬行动物历史中处重要位置。该研究同时认为，有鳞动物的起源和双孔亚纲爬行动物的分化，可追溯到二叠纪/三叠纪大灭绝之前，即约2.52亿年前。

有鳞类动物是陆地脊椎动物种类最多的类群之一，包括现今蛇和蜥蜴在内的动物类群。然而，到目前为止有鳞类动物的内部系统发生关系一直存在许多争议，更重要的是，人们一直未能清晰地理解这一类群的起源。因为已知最古老的化石记录，与人们估计的起源时间之间存在7000万年的空白；在有关爬行动物系谱图的研究中，有鳞类动物代表不足；而解剖学和脱氧核糖核酸研究提供的最新演化历史也存在冲突。

此次，该研究小组重新检查了此前在意大利阿尔卑斯山发现的一块化石，并将其重新分到包含有鳞类动物的更大范围分类，即鳞龙超目。他们使用高分辨率CAT扫描仪，揭示出了化石骨架中以前未被注意到的特征，包括一个小的下颌骨，它只见于有鳞动物。除此之外，研究团队还组建了有史以来最大的化石与现存爬行动物数据集，以评估这块化石在有鳞动物历史中的位置。

研究结果表明，该化石是已知最古老的有鳞类动物谱系成员，比侏罗纪时期已知最早的真正有鳞动物早 7200 万年左右。这一发现，有助于填补我们对于有鳞动物和其他爬行动物起源的认知空白，表明它们在二叠纪/三叠纪大灭绝前后，就开始分化。这一事件，可能为爬行动物谱系内的分化创造新的机会。

（四）研究动物进化遗址的新信息

1. 发现反映恐龙进化状态的世界最大恐龙“墓地”

2010 年 6 月，《温哥华太阳报》报道，加拿大皇家蒂勒尔博物馆古生物学家大卫·埃伯斯带领的一个研究团队，在加拿大艾伯塔省发现了反映恐龙进化状态的世界上最大“恐龙墓地”。这个恐龙骨骼化石地层占地 370 万平方米。

埃伯斯表示，这个墓地埋有数千只尖角龙的骨骼化石，它们曾生活在现在萨斯喀彻温的边界附近。尖角龙是生活在 7500 万年前白垩纪末期的一种食草动物，和牛一般大小。那时，这种恐龙最为繁盛，它们的头顶为褶皱状，鼻子上长有一只犄角。一些证据显示，过去雄性尖角龙为争夺配偶会发生“犄角之战”。尖角龙有力的颚肌还能让它们轻易咀嚼很硬的叶子。

虽然这一艾伯塔恐龙墓地因其占地面积之大引人关注，但埃伯斯表示：“墓场看起来非常杂乱。骨层暴露在外，乱糟糟的，主要是沿着南萨斯喀彻温河岸的美丽风景暴露在外。”艾伯塔之前已经出土过很多保存完好的恐龙遗骨，但是，这一原因一直令古生物学家感到费解。这次最新发现，可能有助于阐明这一地区的地质状况，或者曾发生的历史事件，以及帮助找到更多这类原始恐龙化石。

艾伯塔曾经是一个位于沿海的气候温和的热带地区，恐龙经常生活在这样的地方。温暖的天气、美丽的风景、充足的水源和食物是恐龙的理想栖息环境。但是，天堂也有烦恼，频繁的热带风暴让恐龙和其他动植物的数量骤减。有一些新的证据显示，在恐龙灭绝后，哺乳动物开始出现，并啃咬它们的尸骨。

2. 发现一处反映寒武纪期间动物进化新遗址

2014 年 3 月，加拿大皇家安大略博物馆、波莫纳学院、多伦多大学、萨斯喀彻温大学和乌普萨拉大学的联合科学考察团队，在出版的《自然·通信》杂志上发表的论文中写道，加拿大幽鹤国家公园因其 5.05 亿年的伯吉斯页岩而成为世界上最重要的化石遗址之一，该地的化石群以保存生物软组织闻名于世。在其被发现的一个世纪后，他们在 42 千米开外的库特尼国家公园，又发现了一个新的伯吉斯页岩化石层，其重要性与前者不相上下，未来甚至还可能超越前者。

这处世界级动物化石新遗址，反映寒武纪期间动物的进化状况，是该考察团队于 2012 年夏天发现的。研究人员在发表的论文上，首次向公众描述了在库特尼国家公园新发现的这个“大理石峡谷”化石层。论文作者认为，这一非凡发现，将极大地促进对寒武纪期间动物生命突然暴发的理解。

这项新发现，是近年来一系列伯吉斯页岩发现的最新成果，包括确认了仅在幽鹤国家公园发现的皮卡虫（Pikaia）是目前已知的最原始脊椎动物，因而也是包括人类在内的所有脊椎动物的祖先。

研究人员在对幽鹤国家公园开展研究的 100 多年中，通过 600 多天的野外考察，挖掘并确认了约 200 个动物种群。而在新发现的库特尼遗址，研究人员仅在 15 天的野外采集中，就挖掘出土了 50 个动物种群。

库特尼遗址发现的某些动物种群，也曾出现在中国著名的澄江化石床中，其历史可追溯 1000 万年前。这些证据有力地证明，寒武纪动物在局部和全球的分布乃至其寿命，可能被低估了。为了保护新化石遗址的完整性不被破坏，加拿大公园管理局目前并未公布新遗址的确切位置。

3. 发现能揭示最早复杂动物进化的微型洞穴

2017 年 9 月，国外媒体报道，加拿大多伦多皇家安大略博物馆古生物学家卢克·帕里主持的一个研究小组，发现了一组来自巴西的微小洞穴，它们或许能够解决一个大难题：复杂动物如何进化以及在全球扩散。

发生在约 5.41 亿年前的寒武纪大爆发，标志着可辨认的动物突然出现，并且开始在化石中留下关于其存在的明显证据。

不过，这里有一个问题：分子证据表明，包括海绵在内的最早的简单动物，至少在6.35亿年前开始进化。拥有一个脑袋以及身体分为左右两边的复杂动物，即两侧对称动物随后进化出来，但仍早于寒武纪大爆发几千万年。

一些更加古老的化石证据表明了简单动物的存在，但两侧对称动物留下的关于其最早期历史的证据极少，尽管它们不断崛起并在全球占据了主导地位。

帕里研究小组发现的空穴，或许能帮助解释它们是如何隐藏起来的。这些洞穴的岩石，于5.55亿~5.41亿年前在海底形成，而这恰好在寒武纪大爆发之前。

洞穴非常小，最大的直径有0.6毫米，最小的直径仅有0.05毫米。但是，它们被矿物质填充，因此研究人员利用计算机断层扫描产生了详细的3D图像。这些结构看上去是动物的洞穴。每个结构的特征是：左右两边各有一道沟，中间被细小的埂隔开。这一形状通常在两侧对称动物的洞穴中出现。

制造这些洞穴的动物，肯定利用其身体强行在沉积物中开辟道路。这藐视了所有利用像头发一样的纤毛向四周滑行的微小动物。帕里说："利用后一种方式在沉积物中移动显然不够强大。"不过，这些洞穴制造者并未沿着洞穴长度挤压沉积物。但如果这种动物利用蠕动前行：缩短身体并使其变厚然后拉长并伸展它，肯定会出现这种情况。

这只留下了一种可能的候选者：像线虫一样的蠕虫。帕里解释说："像线虫一样的小型动物，会左右抽动身体，从而像液体一样在沉积物中高效地游动。"考虑到线虫是相对高级的两侧对称动物，这些洞穴表明，微型动物在洞穴被制造出来前，以及寒武纪大爆发之前便走向多样化，并以多种形式存在。

三、动物分类研究的新成果

（一）研究哺乳动物的新信息

1. 牛科动物研究的新进展

（1）发明全球第一个活牛疯牛病测试方法。2005年6月，有关媒体报道，加拿大生物技术公司疫苗测试公司宣布，他们发明了一种简单、可靠、经济的测试工具，用于测试活牛感染的脑部疾病，其中包括疯牛病，预计不久以后就能在加拿大和全球的农牧场投入使用。

报道称，该方法专为测量人和动物的免疫力和传染病而设计，它可以通过单一的血样测试迅速精确地评估免疫情况，还可以确定疯牛病等脑部感染的蛋白质标记。

总裁兼首席执行官比尔·霍根说："一滴血就能确定14-3-3蛋白质的存在，它是包括疯牛病在内的脑部感染的标记。新方法能在不到30分钟的时间内，对牧场的大量活牛进行测试，并得出可靠的结果。此外，疫苗测试平台还能诊断人类和家畜的各种传染病的细菌、病毒。"

（2）用35年前的冷冻精子孕育出小牛犊。2015年8月20日，国外媒体报道，有个问题："谁是你们的爸爸，它们去哪儿吃草了？"这对于加拿大多伦多动物园最新诞下的两头小牛犊来说有些复杂。这两头美洲森林野牛，通过人工授精孕育后，分别于7月21日和7月28日，在多伦多动物园呱呱坠地。

这两头雄性牛犊，各有特别的出身，开创了多伦多动物园的两项新纪录。其中之一，是多伦多动物园的第一头二代人工授精野牛，其母亲亦是通过人工授精方式降生在该园的6头老野牛之一。另一头牛犊，则产自一个1980年在阿尔伯塔省麋鹿岛采集并冷冻保存的精子，这是该动物园用于人工授精并成功孕育、诞下幼崽的保存时间最长的精子。

多伦多动物园，拥有北美地区仅有的几个生殖生理学实验室之一，并参与了野生动物物种库项目，该项目利用冷冻活细胞，如精子或胚胎来保护未来的遗传多样性。该园生殖项目和研究馆馆长加布里埃拉·马斯特洛莫纳克称，这是遗传物质跨越时空转换的一个经典案例，说明科学家只要妥善地保存好一个物种的遗传物质，这个物种或永远不会消亡。

作为可持续研究项目的一部分，这是多伦多动物园连续5年，通过人工授精方式产下野牛犊。在萨斯喀彻温大学的协作下，多伦多动物园一直在不断改进，美洲森林野牛的人工授精技术。研究人员在最初两年仅使用冷却的精子，之后两年开始使用解冻的精子，在试验成功的基础上，才在第5年使用了保存时间达35年之久的冷冻精子。

多伦多动物园表示，这两头美洲森林野牛的降生，将有助于该物种的保护工作。野生美洲森林野牛的数量，目前仅存3500头左右。野外生存的森林野牛极易患病，其一旦生病就无法通过人工授精方式传递遗传物质。采用过去保存的精子样本产下的健康新牛犊，将在未来几十年里帮助该物种得以顺利延续。

2. 犬科动物研究的新进展

在狗身上发现癫痫基因。2005年1月，成员来自加拿大、美国、法国和英国的一个国际研究小组，在《科学》杂志上发表研究报告宣布，他们在狗身上发现一个可导致癫痫的基因。这项发现也许可为寻找治疗人类癫痫的新方法提供帮助。

研究人员发现，1%的人和5%的狗患有癫痫。英国境内的一种德国纯种小猎狗中，约有5%患有一种特定癫痫。这种癫痫的人类表现形式，又被称为“拉福拉病”，它是十几岁人群中发作得最严重的一种癫痫。但在狗身上，这种癫痫的症状，要比人类患者轻得多。

研究人员说，他们在研究中发现，患“拉福拉病”的病犬体内，EPM2B基因发生了变异，结果导致该基因不能正常工作。研究还发现，病犬遗传自父体和母体的两个EPM2B基因副本，分别都发生变异而产生缺陷，才会患上癫痫。这个研究小组最早是2003年发现EPM2B基因，与人类“拉福拉病”发病相关。该小组还发现，和EPM2B关系密切、名为EPM2A的基因也能导致癫痫。

科学家们指出，他们的新发现表明，狗可以作为研究癫痫等人类疾病的有用模型。由于某些癫痫在特定品种的狗中发病相对人类来说更为普遍，因此研究起来将更容易。科学家们说，通过进一步研究狗身上的基因变异，也许有助于寻找更有效的“拉福拉病”防治手段。

3. 熊科动物研究的新进展

（1）发现海冰融化使北极熊生育率下降。2011年2月，加拿大阿尔伯塔大学一个研究小组在《自然·通信》杂志上发表研究成果说，由于气候变暖导致北极海冰面积逐渐缩减，生活在加拿大哈得孙湾的北极熊生育率正在下降。

哈得孙湾是位于加拿大东北部的一个大型海湾，位于北冰洋边缘，是北极熊的重要栖息地。研究人员分析了哈得孙湾20世纪90年代以来冰层缩减的情况，并将所获得的数据与北极熊的数量进行对比。

海冰是北极熊觅食和生活的重要平台，也是雌性北极熊怀孕时的休养生息之地。研究发现，海冰如果融化过早，北极熊捕食海豹的难度就会增加，导致能量积蓄不足，难以生育。

模拟推算显示，如果哈得孙湾海冰每年融化的时间，比20世纪90年代提前1个月，就会有40%~73%的怀孕雌性北极熊无法成功生育；如果海冰融化时间提前2个月，这一比例会达到55%~100%。

在过去10年里，哈得孙湾北极熊的数量，已由1200头下降至目前的约900头。研究人员指出，如果北极海冰面积缩减的趋势持续下去，不仅哈得孙湾的北极熊将减少，整个北极地区的北极熊也将面临一场生存危机。

（2）发现实施狩猎规定后棕熊照顾幼崽的时间延长。2018年3月，加拿大舍布鲁克大学生物学家乔安妮·范德沃勒和同事组成的研究团队，在《自然·通信》杂志上发表的一篇文章称，许多瑞典的雌性棕熊，现在照顾幼崽的时间延长了一年。这种变化，与旨在保护母熊和其幼崽的狩猎规定有关。

研究团队分析了在20多年里收集到的棕熊繁衍策略和生存率的数据，表明母熊照顾幼崽时间延长，即从1.5年升至2.5年的现象，自20世纪90年代中期起，就在种群中逐渐普遍起来。虽然照顾时间延长意味着母熊繁殖次数的减少，但是作者表明，在狩猎规定和强烈的狩猎压力的共同作用下，母熊和幼崽的存活率上升，大大弥补了这一损失。

在其他动物物种中，狩猎和采集可加快其生命周期，因为个体必须更早地开始繁殖后代以实现繁衍机会最大化。相反，新发现表明狩猎和某些管理规定互相作用，会共同减慢物种的生命周期。

4. 鼠科动物研究的新进展

（1）发现老鼠和人一样具有同情心。2006年7月，加拿大媒体报道，动物是否具有同情心？蒙特利尔一所大学的研究小组发现，老鼠与人类一样，也能感受到同伴的痛苦，但前提是要与同伴至少相识两周以上。否则，它对同伴的痛苦也会无动于衷。

通常情况下，只有人才具有同情心，对同伴的痛苦有反应。近年来，研究人员对动物情感、行为和智力的研究越来越关注。研究人员利用老鼠做三组不同的实验，发现老鼠在同伴受伤、尖叫或抽搐时，自己也会出现痛苦和痉挛反应。

在第一组实验中，研究人员把多只老鼠关在一个容器里，给其中的一只注射醋酸。结果发现，如果另一只老鼠看到同伴遭受痛苦并尖叫，自己也会出现痉挛等反应。但这种情况只在两只老鼠相互认识且时间超过两周以上才会发生。如果相互不相识，它对同伴的痛苦也毫无反应。

为了进一步研究老鼠，是通过哪种器官来获得同伴痛苦信息的，研究人员对耳聋的老鼠采用容器进行类似实验，结果发现，耳聋老鼠同样可以感受到同伴的痛苦，只有将它们关在不透明的容器里后，这种现象才不会发生。也就是说，在同时失去触觉和视觉的条件下，老鼠失去了通过声音和气味直接交换的可能，就丧失了同情心。这意味着，老鼠主要是通过视觉信息感受同伴的痛苦。

在第二组实验中，研究人员给两只老鼠注射了剂量不同的福尔马林。实验发现，注射了少量福尔马林的老鼠反应，比注射多的反应要强烈一些。同样，不相识的老鼠之间也没有同情心可言。

第三组实验是用热光束照射老鼠的爪子。研究人员企图通过该实验解释老鼠的反应，是否是效仿的结果。结果发现，如果一只老鼠在注射醋酸而发生抽搐现象时，其同伴在受热辐射情况下爪子痉挛的频率更快，这说明老鼠的同情心不是效仿的。

研究人员认为，人类许多独特行为，具有很深的生理根源，人与动物的生理差别可能只表现在数量而不表现在质量上。

（2）研究显示大鼠孕期压力或可代代相传。2014 年 9 月，加拿大莱斯布里奇大学一个研究小组在英国医学委员会《医学》杂志上发表一项研究成果建议：想要更好地了解今天的怀孕问题，人们应该着眼于了解祖先的经历。在对四代大鼠的怀孕情况进行调查后，研究人员得出结论，压力继承效应对后代怀孕的影响或会延续数代。

研究小组对压力导致的早产问题，进行跟踪调查。早产是新生儿死亡的主要原因之一，也会导致孩子在未来生活中出现健康问题。研究人员的参考指标是大鼠孕期，因为大鼠的孕期差异，通常来说非常小。

研究小组在第一代大鼠的怀孕后期施以压力，然后把下面两代分成压力刺激组和正常组。接受压力刺激的大鼠的第二代，与未受压力刺激的大鼠第二代相比，孕期更短。值得注意的是，即便第二代不再被施以压力，第三代仍会出现更短的孕期。出现更短孕期的同时，其祖母或母亲经历过压力刺激的大鼠，要比对照组表现出更高的血糖水平，体重更轻。

研究人员表示，大鼠跨代压力变得越来越强，导致孕期更短，并诱导出人类早产的标志性特征。最惊人的发现则是，妊娠期的轻度至中度压力，具有跨代叠加效应，亦即压力效应在每一代会越来越大。

研究人员认为，这些变化的原因基于表观遗传学——基因的排列和表达。在大多数情况下，这是指核苷酸碱基对的脱氧核糖核酸甲基化。在该项研究中，表观遗传变化，则是基于微核糖核酸。微核糖核酸是一种调节基因表达的非编码核糖核酸分子。

此前的表观遗传学研究，主要集中在脱氧核糖核酸甲基化特征的继承。新研究表明，作为人类疾病重要生物标记的小分子核糖核酸，亦可通过经验生成并世代继承。产妇压力可在数代后代形成微核糖核酸的修改效应。

研究人员称，早产或由多种因素造成，新研究展现了母亲、祖母乃至更早祖先的压力对妊娠及分娩并发症的风险影响。此项研究，还具有预防早产等妊娠问题之外的意义，即许多复杂疾病的原因，可能植根于祖辈的经历。更好地理解表观特征的继承机制，将有助于预测疾病风险，并降低疾病的未来风险。

5. 蝙蝠类动物研究的新进展

发现蝙蝠视觉进化与其生态环境之间存在联系。2018 年 4 月，加拿大多伦多大学科学家贝琳达 · 张主持的一个研究小组，在《皇家学会学报B》上发表论文称，蝙蝠是夜间环境里最引人注目的哺乳动物之一，他们对蝙蝠视觉分子基础的研究表明，蝙蝠视觉进化与蝙蝠生态环境之间存在联系，但这种视觉能力的具体性质和程度尚未确定。

此次，研究人员为更好地捕捉蝙蝠视蛋白基因中的生态多样性，对其眼睛转录组进行了测序，从而发现了重要证据，表明回声定位能力和觅食栖息地的选择，影响了不同波长的蝙蝠视觉的演变。

结果表明，生态压力和环境基础对蝙蝠视觉基因进化的影响被低估了。而这项研究强调了基于密码子（信使 RNA 链上决定一个氨基酸的相邻的 3 个碱基）的模型，与物种生态学相结合的能力，将帮助人们辨别生态因素在进化中塑造动物感觉系统的作用。

6. 鲸类动物研究的新进展

（1）发现抹香鲸不同群体拥有不同的方言。2015 年 9 月 8 日，加拿大哈利法克斯的戴尔豪斯大学科学家马里西奥·康托领导的一个研究小组，在《自然·通信》杂志上发表论文称，他们完成的一则动物学新研究显示，通过文化学习，抹香鲸的不同群体会发展出不同的方言。这项研究显示，人类可以形成不同文化，这在复杂的动物社会中也会出现。

与人类社会一样，抹香鲸生活在多层结构的群体当中。它们喜欢群居，以家庭为单位的个体，聚集在一起形成大家族，并以长期稳定的雌鲸群构成社会的核心单位。每个大家族，都可以通过它们声音中的“咔嗒”声模式的相似程度区分出来。但是对人类来说，一直都没有弄清楚在海洋当中，不同的抹香鲸群体之间并没有物理隔离，何以会出现不同的家族。

研究人员说，此次他们调查了加拉帕戈斯群岛附近生活的抹香鲸，并使用了这个鲸类群体，在 18 年中的社会互动和发声情况的数据记录，用以研究不同的发声群体是如何形成的。通过使用个体为本模型，研究人员模拟不同抹香鲸个体之间的互动。其结果显示，这些不同群体最有可能的出现方式，是因为抹香鲸会“学习”那些和它们行为类似同伴的发声方式。

在调查中，研究小组还发现了一些矛盾的现象：鲸类发声结构的基因遗传，或者是群体中随机固定下来的呼叫类型，无法解释研究人员在野外观察到的一些模式。这表示，不同群体中的信息流——以交流信号为例，可能是导致鲸类不同家族出现的原因，这也有助于保持这一种群家族内的凝聚力。

（2）研究揭示鲸神经如何伸缩。2017 年 2 月，加拿大媒体报道，当须鲸进食时，它们会张开嘴。须鲸能“一口气”吸入大量的水和猎物。在该过程中，贯穿鲸腹部的神经长度能加倍，然后回弹，而整个过程不会出现任何损坏。现在，加拿大不列颠哥伦比亚大学玛戈·利耶领导研究小组，发现了这种延伸背后的秘密。

利耶说："人们已经知晓神经的波状起伏，并且广泛认为当一根神经在被应用时出现的拉伸，只是内部被拉直而不是其长度变长，即使从外面看似乎整个被拉长了。但我们发现并非如此简单，至少对一些鲸类而言，当生理需求较大的神经长度改变时，波状起伏分为两个层次。"利耶研究小组揭示，须鲸神经在两个长度范围起伏。大范围起伏允许神经随着身体运动延长，而小范围起伏则给神经额外的松弛，以便在"折叠"时不被损坏。

研究人员使用微型电子计算机 X 线断层扫描技术，研究了须鲸神经。他们扫描了 6 根完整的保存于福尔马林液中的神经，以及一根外层被移除的神经。每根神经都有一个外鞘将许多神经束捆绑在一起形成内核。研究结果显示，神经回弹时，主要的形状是正弦曲线，它能够在神经弯曲和回弹时减轻拉力。

之后，研究人员检验了内部神经结构，发现在神经核弯曲时，小规模波伏在外侧更弱，而在内侧更高。利耶说："这具有工程学意义，即一个棒子被拉伸时，外部材料被拉伸，而内部材料被挤压。"

虽然须鲸的神经被拉长，但波伏能帮助神经束适当松弛，因此不会出现损伤。利耶表示，下一步他们将研究其他器官和组织中也需要被拉长的神经，以解答它们是否利用类似机制避免损伤。

（二）研究鸟类与鱼类动物的新信息

1. 探索鸟类动物的新进展

（1）发现令人困惑的海鸟往返太平洋行为。2015 年 8 月，国外媒体报道，加拿大渥太华国家野生动物研究中心的托尼·加斯顿主持的一个研究小组，最新研究发现，一种名叫扁嘴海雀的海鸟，看上去好像在真正地享受长途飞行，它在北太平洋穿越了约 8000 千米，然后反方向再次重复整个过程，而这并没有明显的益处。

大多数迁移鸟类从北向南或从南向北飞越很长的距离，通常会穿过赤道，以在较温暖的气候中度过严寒的冬季。一些则从东向西迁徙，去一些它们能获得更多食物的地方。

不过，扁嘴海雀非常独特。它们在太平洋中以十字交叉形迁徙，从而在拥有相似气候的地区之间移动。一些扁嘴海雀在加拿大西部繁殖，然后返回加拿大之前在日本、中国和韩国的海洋中度过冬季。这是唯一已知的横穿北太平洋的鸟类。

加斯顿表示："整件事情有点神奇。"这看上去像是一场没有任何明显益处的可怕的长途旅行。不过，基因证据显示，扁嘴海雀起源自亚洲，在北美定居的时间并不长。因此，他认为："如今这个物种可能是在折回它们从亚洲来到美洲'定居'的路线，似乎并没有任何其他合适的解释。"

（2）发现亚马逊杂交鸟类因地理隔绝成独特物种。2017 年 12 月 25 日，物理学家组织网报道，加拿大多伦多大学生物学家杰森·威尔领导的一研究团队，对在亚马逊热带雨林发现的迄今已知第一种杂交鸟类：金冠侏儒鸟，进行深入分析后发现，地理隔绝让其进化成独特物种，拥有独特属性。

金冠侏儒鸟的父母，分别是拥有明亮雪白皇冠羽毛的雪白冠侏儒鸟，以及拥有绚丽彩虹色皇冠羽毛的猫眼石冠侏儒鸟。1957 年在巴西首次发现金冠侏儒鸟，2002 年再次发现。威尔说："脊椎动物的杂交非常罕见。"

威尔研究团队收集了鸟类的遗传样本和羽毛样本。接着，他们对样本的基因组，包括 1.6 万个不同的遗传标记，进行测序，发现其中 20%的遗传标记来自雪白冠侏儒鸟，约 80%来自猫眼石冠侏儒鸟。研究人员还使用联合建模确定，大约 18 万年前，两个父本物种最初交配，并且这两者都在约 30 万年前从共同的祖先分离出来。

雄性金冠侏儒鸟拥有独特的黄冠羽毛。研究人员利用电子显微镜对其冠羽独特的角蛋白结构进行研究后发现，金冠侏儒鸟起初可能拥有较淡的白色或灰色羽毛，但最终演化出黄色羽毛作为吸引雌性的一种方式。

金冠侏儒鸟生活在亚马逊雨林中南部，约 200 平方千米的区域内。其中绝大多数地区，与雪白冠和猫眼石冠侏儒鸟生活的地方，由于宽阔的河面相隔绝，这才使它得以作为独特的物种而存活下来。威尔说："没有地理隔离，这很可能永远不会发生，因为迄今没有其他杂交物种，在两个父本物种相遇的地方演变成独立的物种。"

2. 探索鱼类动物的新进展

发现全球渔场捕鱼量及下降趋势被低估。2016 年 1 月，加拿大温哥华不列颠哥伦比亚大学丹尼尔·鲍利与德克·赛勒领导的研究小组，在《自然·通信》杂志上发表论文指出，全球渔场捕鱼量在过去60年中被显著低估，且捕鱼量下降趋势也比现有预测更加迅猛。此次研究以“捕获重建”过程为基础，通过搜寻科学文献并询问当地专家哪些数据存在缺失，从而改善官方报告中的渔业捕捞数据。

联合国粮农组织整理了成员国提交的渔业捕捞数据，形成了科学家和政策制定者可依据的全球唯一渔业数据库。但有证据表明，一些成员国会省略小规模的消遣性捕捞或是非法捕捞，以及捕捞后不想要的丢弃部分的数据，这一切可能会造成对于全球渔业情况的错误估计。当一个国家提交的记录为“没有数据”时，粮农组织在其数据库中就将这个数据判断为0，这也会导致不能准确反映渔业捕捞数据。

该研究小组使用来自50多家研究机构、100多位合作研究者收集的数据，更新了这些渔业统计。他们的评估显示，按照重量统计的总渔获的差异分析，1950—2010年，全球渔业总捕获量被低估了50%多。

虽然粮农组织数据和更新的渔业统计都显示，从1950年开始，每年的渔业捕捞量都在稳步增加，但更新的统计表明1996年全球的渔业捕获量达到了顶峰，为1.3亿吨，然后以大约每年120万吨的速度减少至2010年。相比之下，粮农组织的记录在同一年（1996年）全球总捕获量的顶峰为8600万吨，此后捕鱼量仅以每年38万吨的速度减少。

（三）研究节肢动物与冠轮动物的新信息

1. 探索节肢动物的新进展

（1）发现虫子死后散发的气味可驱赶所有昆虫。2009年9月，加拿大麦克马斯特大学生物学家大卫·罗洛领导的研究小组，在《进化生物学》月刊上发表文章称，他们发现，不管是蟑螂还是毛虫，它们死后都会散发出具有恶臭的酸性脂肪类混合物，而这种气味能够驱赶室内所有昆虫。

研究人员在观察蟑螂的社会行为时发现，它在找到像碗橱之类居所时，会发出一种化学信号，吸引其同类。为了查明这种化学信号的具体物质成分，研究人员把死亡的蟑螂身体捣碎，然后将其体液撒播在一些事先设定的地方。结果让人惊奇地发现，蟑螂在爬行的时候，会避开这些撒播了死蟑螂提取物的区域。于是，研究人员就想查出，到底是什么物质让它们要避开这些地方。

为了查明这种物质，必须研究其他虫子是否会在死亡后散发出驱赶同类的味道。研究小组经过试验发现，不仅是蟑螂，蚂蚁、毛虫、树虱以及潮虫等都存在此类现象。进一步研究还发现，尽管甲壳类动物和昆虫，分属于不同物种，但它们死后都会散发出酸性脂肪类混合物，其功能主要是用来表示一种警告信号。对于虫子来说，这种信号可让其确认同类死亡，并且避免与死者靠近，以便减少感染疾病的概率。而且，这种方法也能让动物激活自身的免疫能力。

研究人员希望，能够提炼出昆虫死亡后产生的这种气味混合物，并且通过这种方法来保护农作物免受害虫侵害。例如，在原木上涂上酸性脂肪类混合物，能让其在一个月内不受木蠹蛾的侵害。

（2）发现寄生蜂姬蜂科新物种。2015 年 6 月，有关媒体报道，加拿大阿尔伯塔大学一个研究小组确定了北美寄生蜂姬蜂科 6 个新物种，同时界定了一个新的种群。这一发现，终结了一个世纪以来分类学界对寄生蜂的忽视。

姬蜂属夜间活动的独居黄蜂种属，全球均有发现，温带地区较为常见，种类变化较多。因属夜间活动，不像其他寄生蜂类那样体色鲜艳、眼大、触角长。

上次发现姬蜂新属种是在 1912 年，那次发现，使得当时北美姬蜂物种数目达到了 11 个。科学家断言，此物种多样性远不止这个数目，但想不到竟然用了 102 年才发现了新属种。造成这种局面的原因是姬蜂种间差异太小，难于区别。

此次发现，得益于分类学新工具的应用。研究人员采用分子生物学分析和形态测定分析相结合的方法，包括分析 3 个不同的基因标记，以及观察蜂翅翅脉的分布情况，加上对蜂体不同部位的传统测量，得出结论认为新属种区别于已有属种。分类学家预测，在北美应该有超过 100 个姬蜂属种。

（3）由化石推测最早的蝎子或来自海洋。2015 年 1 月，加拿大科学家为主要成员的一个古生物研究小组在《皇家学会学报 B》刊物上发表研究报告称，他们根据加拿大安大略湖西南地区发现的化石推测，最早的蝎子是存在于海洋中的。

蝎子的起源一直是个谜。它是最古老的蛛形纲动物，该类动物还包括现代的蜘蛛、蜱虫、螨等。对它早期的了解，来自距今4.38亿年~4.33亿年前的苏格兰沉积岩化石，然而却只能略窥其轮廓。不久以前，在加拿大安大略湖西南地区，发现了保存完好且时间上仅略晚一些的蝎子化石。它们表明，这种动物起源于海洋，而且其爬上陆地的时间，可能比科学家此前认为的要早得多。

该化石共有11个样本，距今时间为4.33亿~4.30亿年前，埋葬在古泻湖岸边的沉积岩中。研究人员推测，由于它们全都是蜕下的外壳，而不是骨骼，因此过于脆弱，不可能被水流从其他地方带到其最终沉积的地方。研究人员认为，这些化石因此很有可能被它们的主人蜕在水边，并在那里保存了下来。新物种的解剖特征，也支持这一推论：该生物明显没有陆地生活所需要的进食结构。

然而，它们腿部的末段相对较短，可以让其用类似现代蝎子一样的“脚”走路，而不是像同时代其他水生蝎子一样用脚尖行走。当它们爬上陆地后（以躲避水中的捕食者），这种蝎子可以充分支撑其身体重量的能力有着巨大的进化优势，研究人员注意到：与其现代近亲相同，当蝎子蜕壳后，它们会变得尤其脆弱。

（4）发现远古螃蟹拥有虾类特征。2019年4月，加拿大阿尔伯塔大学古生物专家哈维尔·卢克领导的一个研究小组，在《科学进展》杂志上发表论文称，他们发现了9000万年前白垩纪的一种混种螃蟹化石，具有奇特的虾类解剖特征。

据悉，研究小组在哥伦比亚安第斯山脉找到约70块螃蟹化石。研究人员说，当这些动物活着时，安第斯山脉是一片浅海。

卢克介绍道：“我们开始研究这些化石，发现它们拥有类似幼虫的眼睛、虾的嘴巴、蛙蟹的爪子以及龙虾的甲壳。我们已经知道了典型螃蟹的样子，而这些新化石打破了所有这些规则。”这种动物奇特的解剖结构，被很好保存下来。这使得卢克研究小组能分辨出一些外貌细节，比如，像桨一样的腿和凸出的眼睛，表明这只螃蟹花在游泳上的时间，比在沙滩上爬行的时间多。

研究小组把这只螃蟹命名为“令人困惑的美丽的奇美拉”。在希腊神话中，奇美拉是一个怪物，拥有狮子的头、山羊的身体和蛇的尾巴。卢克说：“它是如此独特和奇怪，可被认为是螃蟹世界的鸭嘴兽。”

2. 探索冠轮动物的新进展

证实软舌螺属于冠轮动物。2017 年 1 月 12 日，加拿大多伦多大学生物学家约瑟夫·莫伊西克及同事组成的一个研究小组，在《自然》网络版上发表的一篇论文表明，对石化软组织的分析，证实软舌螺属于冠轮动物。这项发现，为认识在寒武纪爆发最初阶段产生的生物形态多样化，提供了新的见解。软舌螺存在于古生代，现已灭绝。在体型上，软舌螺有一个锥形壳，并在身体下方伸出两条奇特的海伦体。

软舌螺约在 5.4 亿年前寒武纪开始之时出现，当时发生的快速显著的演变进化，促使形成了大部分主要动物门的代表性动物。175 年前首次出现了对软舌螺的描述，人们认为它们类似软体动物，并将其划归为软舌螺门。但它们不同寻常的体型和不够完整的化石记录，导致其一直无法确切分类。

加拿大研究小组分析了来自不列颠哥伦比亚省伯吉斯页岩和美国犹他州斯潘塞页岩的 1500 多个软舌螺样本。部分化石里面的软组织保存完好，让作者得以识别出具有触手冠类动物特点的长了触手的进食器官，并且证实软舌螺属于这一动物群组，现存的触手冠类动物包括腕足动物门和帚虫动物门。

这项发现表明，软舌螺属于触手冠类动物，而不是像假设的那样和软体动物是亲缘较近。作者通过重建软舌螺类单壁螺表明，该动物使用一对名为海伦体的长而弯曲的器官将身体支撑在海床上方。研究人员总结表示，他们的研究解决了一项长期存在的古生物学争议，强调了软组织保存，对分析特定动物分类演化史的重要性。

四、植物方面研究的新成果

（一）研究植物种类的新信息

1. 培育植物新品种的进展

（1）培育出可预防糖尿病的马铃薯。2004 年 5 月，有关媒体报道，加拿大科学家组成的一个研究小组，培育成功一种可用来预防糖尿病的马铃薯。这种特殊的马铃薯，已经在老鼠身上做过试验，证明可以预防Ⅰ型糖尿病。

糖尿病是由于身体里产生胰岛细胞所引起的。科学家一直在设法找到一种能够阻止身体免疫系统，杀伤胰岛细胞的方法。通过服用大量的GAD蛋白，就可以避免胰岛细胞遭到免疫系统的攻击，然而人们无法获得大量的GAD蛋白。

研究人员在马铃薯的脱氧核糖核酸里植入了一种能够制造GAD蛋白的基因，使转基因马铃薯里含有大量的GAD蛋白。由于老鼠的胰脏和免疫系统与人类相似，研究人员利用老鼠进行试验，并验证其研究成果认为，可以有效地预防Ⅰ型糖尿病。

（2）培育出可抗短期干旱的植物品种。2006年8月，有关媒体报道，加拿大植物特性生物技术公司宣布，该公司运用多伦多大学植物学教授皮特·麦考尔塔的研究成果，已开发出一种植物抗旱新技术。新技术利用可影响植物耐旱能力的基因“ERA1”，帮助植物摆脱短期干旱的影响，保持较好新鲜度和色泽。

麦考尔塔研究发现，通过对ERA1基因的控制，植物可以对干燥的环境做出反应，及早或更紧地关闭植物叶子上的气孔方式，以保持体内水分并延长其寿命。关闭气孔的“动作”，是由一种叫脱落酸的植物荷尔蒙激发控制的。ERA1基因的作用，就是控制植物对这种脱落酸荷尔蒙的感知程度。该公司在萨斯喀彻温省和埃尔伯塔省经过3年试种，得到的数据证明，使用了这一新技术的芥花籽油作物，其产量可比没有使用该技术时提高大约26%。该公司技术负责人黄博士在加拿大创新基金会网站上介绍说，使用该技术培育出的植物，与转基因植物还大不相同。转基因植物是修改了原有植物中的部分基因，而该项目则是使用一种常用的育种方法，使植物变得异常敏感，只要它们感知到哪怕是一点点缺水，就会立即停止蒸发自身水分以保持滋润。但如果土壤里水分含量恢复，关闭的气孔就会立即打开。

这一技术对并不特别严重的干旱有很好的效果。因为这种干旱，很可能只是短短几周，而这几周恰恰又是农作物非常需要水分的时期，如果水分流失严重，就会影响植物生长以致减产。目前，该公司正在对芥花籽油作物进行第 4 年的试验。同时，也正在对其他农作物如玉米、大豆、棉花及观赏植物和草种等进行试验。公司预计，使用该技术的耐旱玉米品种，用不了多长时间就可上市。

2. 发现具有植物基质的新生物

发现能产生叶绿素但无光合作用的新奇生物。2019 年 4 月，加拿大不列颠哥伦比亚大学研究员沃尔丹·邝为第一作者，该校植物学家帕特里克·基林等人参与的一个研究团队，在《自然》杂志上发表论文称，他们首次发现了一种可产生叶绿素但不参与光合作用的生物体——“corallicolid”，其存在于全球 70%的珊瑚中。这项研究成果，有望为人类更好地保护珊瑚礁提供新线索。

基林介绍说：“这是地球上第二丰富的珊瑚寄居者，直到现在才现身。这种有机体带来了全新的生物化学问题。它看起来像一种寄生虫，绝不进行光合作用，但它仍然会产生叶绿素。”叶绿素是植物和藻类中存在的绿色色素，可在光合作用过程中吸收来自太阳光的能量。

基林解释说：“拥有叶绿素却不进行光合作用，实际上非常危险，因为叶绿素非常擅长捕获能量，但没有光合作用来缓慢释放能量，就像细胞中生活着一颗炸弹一样。”

据悉，该生物体生活于各种珊瑚的胃腔中，负责建造珊瑚礁、黑珊瑚、扇形珊瑚、蘑菇珊瑚和海葵。它们是一种顶复体，是大量寄生虫的组成部分。这些寄生虫拥有被称为质体（植物和藻类细胞发生光合作用的部分）的细胞区室。最著名的顶复体，就是引起疟疾的寄生虫。

10 多年前，科学家们在健康珊瑚中发现了与顶复体相关的光合藻类，这表明，它们可能是从附着在珊瑚上的光合作用生物进化而来，然后变成我们今天所知的寄生虫。

生态学数据显示，珊瑚礁中含有几种顶复合体，但 corallicolids 至今尚未被研究过。这一有机体揭示了一个新难题：它不仅含有质体，而且含有叶绿素生产中使用的所有四种质体基因。沃尔丹·邝说：“我们不知道为什么这些生物会坚持保留这些光合作用基因，这里也许存在一些我们以前从未知晓的生物学机理。”研究人员希望进一步研究这种新奇的生物体，了解它们的生活习性、栖息地，从而更好地保护它们。

（二）植物考古的新信息

1. 发现最古老的松树化石

2016 年 3 月，国外媒体报道，加拿大一个地质学与考古学专家组成的研究小组，在《地质学》杂志上发表研究成果称，他们在一个采石场发现了一块距今 1.4 亿年前的松树化石，这是距今为止最古老的松树化石。

这块烧焦的树枝，在此前松针发芽的地方有一个小断层，分析表明这块木材的内部此前曾输送过树脂胶。这块化石直径仅有 0.5 厘米，研究人员在用酸溶解加拿大新斯科舍省石膏采石场的一块岩石样本时，发现了它。

松树是全世界分布最多的树种，研究人员希望知道它们如何进化以及何时进化。这块新发现的化石比此前的记录早 1100 万年，表明松树登上历史舞台的时间比人们认为的更早。

研究人员惊奇地发现，这块化石曾被火烧焦。在这棵松树活着的时候，全世界处于温室状态，氧气水平和温度都很高，具备了火灾发生的首要条件。含有易燃性树脂的松树会助长火势，这样一来它们产生的松果就能够没有其他竞争者，在被烧焦的森林地面上自由自在地生长。

2. 发现古代留存的地下菜园

2016 年 12 月 21 日，加拿大考古学家组成的一个研究团队，在《科学进展》杂志上发表论文称，他们在太平洋西北地区发现了最早的菜园，而且它是位于水下的。该地点位于加拿大温哥华东部约 30 千米的地方，隶属美洲土著部落“卡齐第一族”的保留地，它一度曾是丰富的湿地生态环境。

这里被分为两个部分：一部分是干旱陆地，人们在那里生活并建造房屋；另一部分位于水下。在水下部分，人们曾在其中布置了很多小石头，形成了一条密密铺就的“小径”，这条小径覆盖了水下约 40 平方米的水域。

当考古学家在小径区域发掘时，他们拔出了近 4000 个瓜皮草块茎。这是一种类似土豆的植物，它们生长在淡水下的沼泽中。研究人员还发现了

150 个左右类似现代泥铲的木制工具。该研究团队在文章中推测，该地点代表了古代的瓜皮草菜园。

尽管瓜皮草并非是一种经过驯化的农作物，但其块茎的淀粉可作为重要的食物来源，尤其是在其他食物选择较少的冬季。由岩块构成的小径阻止瓜皮草生长到地下过深处。这种宽扁的工具，很有可能是挖掘工具的末端，用来挖出泥地里的块茎。

碳同位素分析表明，这个菜园至少有 3800 年的历史，使其成为太平洋西北地区人们种植非驯化农作物的最早例子。

（三）研究植物的其他新信息

1. 探索团藻繁殖方式的新发现

发现外来影响可改变团藻繁殖方式。2004 年 6 月，加拿大新不伦瑞克大学的生物学家奈德尔库教授主持，他的同事和美国科学家共同参加的一个研究小组，在伦敦皇家科学院出版的《皇家科学院学报》上发表论文称，他们发现加热可以使藻类的性别基因呈显性。这是世界上首次证实，外来影响可使性别基因呈显性。

团藻是一种多细胞藻类植物，它通常生长在池塘里，雄性或雌性分别聚积在一起进行无性繁殖。而当夏天来临天气变热后，池塘会变干涸，这时雄性和雌性团藻，就会分别产生精细胞和卵细胞进行有性繁殖。

研究人员认为，热量导致了团藻的性别基因呈现显性。为验证自己的观点，他们把生长团藻的培养皿放入水中，进行了夏末气温的模拟试验。当水温达到 42.5℃，持续 10 分钟后，团藻产生的活性氧，是不加热团藻的两倍。当活性氧加倍后，团藻的 6 个基因呈显性，使团藻从无性繁殖变成有性繁殖。

2. 研究提高粮食作物产量的新对策

（1）计划改造水稻以大幅提高产量。2009 年 1 月 14 日，有关媒体报道，包括加拿大科学家在内，美国、英国、德国、中国和澳大利亚等多国科学家组成的一个研究团队，正在拟订计划，准备利用现代分子技术对水稻进行改造，提高其光合作用的效率，使其单位面积产量提高 50%左右。

光合作用是指植物利用光能，把二氧化碳和水转化为有机物并释放出氧气的过程。根据进行光合作用途径的不同，植物可分为 C_3 和 C_4 等类型。水稻属于 C_3 植物，在高温、强光下容易产生光抑制，使光合作用效率降低，而玉米等 C_4 植物则在上述环境中有较好的防御反应，保持较高效的光合作用。农作物光合作用效率的高低，直接影响到农作物的产量。

研究人员介绍说，在热带地区，C_4 植物光合作用的效率比 C_3 植物高50%左右，科学家可以通过现代分子技术把水稻改造成 C_4 作物，从而大大提高水稻的产量。水稻在经改造后其抗旱性也将明显增强。目前，这个项目已得到1100万美元的资助。

报道称，这一改造项目非常复杂，可能需要10年甚至更长时间才能完成。来自多国的科学家将共同努力，一起完成这个“雄心勃勃”的计划。研究人员指出，全球约一半人口以稻米为主食，他们大多集中在发展中国家。这个项目如果能取得成功，必将大大缓解全球的粮食压力。

(2) 启动促进粮食作物产量提高的研究项目。2014年7月，国外媒体报道，加拿大基因组组织与西方谷物研究基金会（WGRF）联合宣布，启动主题为“基因组学和未来食物供给”的2014年大规模应用研究项目招标，主要目的是促使粮食作物等产量提高，保证不断增长的食物供应。

据了解，此次项目招标将支持一些研究项目，为加拿大的农产品、渔业和水产养殖领域创造新知识，支持公共政策，提供有助于解决世界不断增长人口的食物供给问题的方法。加拿大4年内将在大规模研究计划中投入约9000万加元，其中每个项目投入200万~1000万加元。

在农产品和渔业及水产养殖领域，基因组学和基因相关技术发挥着强有力的作用，它们能促进加拿大乃至全球范围内的粮食生产和国际交易、提升营养价值并保证食品安全。

加拿大基因组组织主席兼首席执行官皮埃尔·梅里安表示，加拿大已经准备就绪，成为提供上述领域解决方案的国际领先者。人们迫切需要这些方案，以满足2050年预计翻倍的世界粮食需求。农业在很大程度上依靠传统粮食生产方法来提高生产率，但是这些方法快要触及它们产出能力的极限，而且人口的持续增长和气候变化对粮食生产造成了新的压力。植物、家畜、鱼类和其他物种的基因组学和基因功能知识，以及关于基因相互作用的知识正在急剧扩增，它们能够促成引领加拿大经济和社会效益的创新行为。

2013 年 12 月，加拿大基因组组织发布了基因组技术应用于具体产业的系列战略报告。4 份报告分别以农业和食品、能源和采矿、渔业和水产养殖、林业为主题，探讨了基因组技术在这些产业领域的应用前景和挑战性问题。

目前，加拿大已经引领了一系列国家和国际基因组学计划，这些计划很可能提高作物产量、改善食品和水质安全、提高畜禽健康水平、促进鱼类的抗病能力和种群健康、更好地管理威胁农业生产和贸易的虫害和入侵物种。

加拿大基因组组织表示，通过新竞标资助的项目将基于这些以往的成功经验，以新的知识支持加拿大生产商及其他行业，从而解决紧迫的全球食品相关挑战。

第五节　微生物领域研究的新进展

一、研究原核生物与真核微生物

（一）原核生物探索的新信息

1. 研究原核生物种类的新发现

首次发现多样单细胞捕食者。2016 年 12 月，国外媒体报道，一种曾被认为是无关紧要的稀有微生物，最终被证明是一种大量存在的单细胞海洋“猎人”。加拿大不列颠哥伦比亚大学植物学教授、加拿大先进研究所微生物多样性综合项目负责人帕特里克·基林主持的研究团队，首次瞥见了这些“神出鬼没”的捕食者。

报道说，Diplonemid 是微小的细胞，它一直遭到研究人员的忽视。直到最近，海洋多样性调查显示，它们是一类最丰富的原生动物，是除细菌和病毒外的具有多样类别的单细胞海洋生物体。尽管它们数量丰富，但从未在海洋中被直接观察或捕获过。基林说：“如果一种微生物非常丰富，那么它可能在生态系统中扮演非常重要的角色。微生物世界是最前沿的探索领域，我们正在使用显微镜和基因组学，尽可能多地了解这种看不见的生物。”

该研究团队从美国加州蒙特利湾海洋馆研究所起航，沿着已经被很好研究的67条航线航行。这里的海水很深但缺乏营养。他们拍摄了深海样本中的生物体，并测序了这些单细胞生物的基因。研究结果显示，该原生动物是一种非常多样的物种，具有许多不同的形状和大小，并以细菌和更大的海藻为食。

基林说：“这就像在只看到瞪羚、羚羊和斑马许多年后，才发现追在它们后面的狮子。”研究人员还发现该原生动物具有有趣的基因：大且充满了内含子（一种能打断基因的“垃圾”脱氧核糖核酸）。内含子存在于所有复杂细胞的基因里，但该原生动物的内含子十分独特，并且其扩散方式似乎类似于病毒攻击时，将遗传物质复制到其他细胞的方式。

下一步，为了更充分了解这种生物体的生态系统，及其在维持海洋生态体系中的作用，该研究团队计划弄清如何在实验室培养 Diplonemid。

2. 研究益生菌的新发现

研究表明对重症监护病房患者应谨慎使用益生菌。2019 年 12 月，加拿大与美国联合组成的一个大型多中心临床试验研究团队，在《自然·医学》杂志上发表论文称，他们这项合作研究似乎表明，在重症监护病房中使用益生菌需要谨慎。在一小部分病例中，益生菌制剂中的活菌可能导致血液感染。

重症监护室的病人，无论是儿童还是成人，接受益生菌治疗已经变得越发普遍。通常病人在家中就开始服用益生菌以缓解由抗生素引起的腹泻。在重症监护室中积极主动地使用益生菌也引起了人们的兴趣。对此，该研究团队正在测试益生菌是否可以预防重症监护室中成年患者与呼吸机相关的肺炎。

这项研究始于一家儿童医院感染预防和控制小组，开始注意到重症监护病房内由乳酸菌引起的菌血症病例。该小组的医学主任托马斯·桑德拉博士和小儿传染病医生凯利·弗莱特博士，对这种疾病的发生率感到震惊：2009—2014 年，重症监护病房中服用益生菌的患者，患菌血症的比例为 1.1%。因此，他们决定进行病例对照研究。

桑德拉和弗莱特将6例在重症监护病房中患菌血症的患者，与在重症监护病房中服用益生菌但未患菌血症的16位患者进行了比较。他们根据两组患者的潜在疾病类型，以及服用益生菌的时长相匹配。

弗莱特说："我们想看看是否存在可以在临床上确定的因素，这样我们就可以提供在重症监护病房中使用益生菌的建议，但是并没有发现明确的风险因素。"

桑德拉说："从先前的研究中我们知道，某些患者因益生菌感染的风险较高，通常是那些免疫系统受损或肠道有问题而使益生菌进入血液的患者。但是这些患者没有任何此类风险因素。唯一的风险因素是重症监护病房里的危重病人。"

这就引出了研究的下一个阶段：基因组研究。麻醉、重症监护和疼痛医学系的格雷戈里·普里比和研究员克里斯蒂纳·梅拉库，通过医院的小儿麻醉和重症监护项目中的感染预防转化研究，与其他研究人员开展合作。他们通过全基因组测序技术证明，患者血液中的细菌，与益生菌胶囊中的细菌几乎完美匹配：一种名为鼠李糖乳杆菌GG（简称LGG）的菌株。

普里比解释说："由于许多乳酸杆菌属都定植于胃肠道中，因此需要通过全基因组测序中进行高精度区分。其他的细菌指纹识别法（如脉冲场凝胶电泳），不能提供足够高的区分度来确保两个菌株真正匹配。"

测序结果与在医院传染病诊断实验室获得的鉴定结果相符。该实验室的负责人亚历山大·麦克亚当博士说："我们在MALDI-TOF质谱仪上使用一个研究数据库，来匹配从患者身上提取的细菌和益生菌胶囊中的细菌。"

3. 研究肠道细菌的新进展

（1）分析表明西方生活模式会改变肠道菌群。2015年4月，加拿大阿尔伯塔大学农业、食物和营养科学学院延斯·沃尔特教授主持，澳大利亚联邦大学微生物学家安得烈·格林希尔参与的一个研究小组，在《细胞·通信》期刊上发表研究成果称，寄居在肠道内的天然细菌对健康十分重要，但他们的研究揭示，一种现代生活方式可能限制肠道积累细菌。虽然生活方式如何影响肠道菌群尚不得而知，但一项针对巴布亚新几内亚和美国居民肠道菌群的分析表明，西方生活方式可能通过限制其在人体中的传输能力，减少肠道中细菌的多样性。

沃尔特说："我们假设西方生活方式的数个方面，能影响肠道菌群和减少其多样性。这其中包括饮食、环境卫生和临床实践，如使用抗生素和剖宫产手术，但我们不知道肠道菌群是如何被改变的。"

该研究小组比较了来自巴布亚新几内亚两个乡村的成年人，与美国成年居民的粪便细菌。巴布亚新几内亚是全世界城市化水平最低的国家之一，这里的许多居民仍保留着传统生活习惯，坚持以农业为基础的生活方式。研究人员发现，与美国人相比，巴布亚新几内亚居民肠道菌群多样性更大、个人差异性更低，并且成分剖面迥然相异。美国居民缺乏近50种细菌类型，这些细菌属于巴布亚新几内亚居民肠道菌群的核心种类。他们的分析结果还显示了生态过程的相对重要性。尤其是细菌传播或细菌从个人到个人的转移能力，似乎是巴布亚新几内亚居民肠道细菌收集的主导过程，但美国居民不是如此。

沃尔特说："这些结果表明，生活方式能影响细菌传播，尤其是环境卫生和饮用水处理，可能是肠道菌群变化的重要诱因。"

另外，该研究还揭示，与西方化有关的菌群变化，可能影响人类健康，这可能会增加工业化国家非传染性慢性病的发病率。格林希尔说："但我们能想办法减少现代生活方式对肠道菌群的影响。该研究提供了能预防和纠正西方化可能对细菌传播产生影响的信息。"

（2）多吃纤维有利于肠道有益细菌。2016年4月，加拿大阿尔伯塔大学詹斯·沃尔特博士领导的一个研究小组，在《内分泌和新陈代谢趋势》杂志上发表论文，呼吁推动西方国家改变饮食结构，以恢复随着西方饮食进化而丧失的微生物物种，从而保证人体健康。于是，他们建议增加食用纤维摄取量，促进肠道有益细菌成长，以帮助恢复微生物多样性。

在当前工业化社会中，人体肠道细菌营养不足会导致缺乏一种有益的细菌，这可能会影响免疫和新陈代谢健康。大多数西方人消耗的食用纤维仅是膳食指南推荐量的一半，营养学家将这称为"纤维缺口"，而膳食纤维是肠道细菌所需营养的主要来源。

沃尔特说："提高食用纤维摄入的观点并不新颖，但微生物菌群消耗则为低纤维西方饮食增加了新视角。有很多流行病学证据显示，纤维是有益的。而且富含食用纤维的食物是美国食品药品监督管理局认可的针对结肠癌和冠心病的推荐食物。”

在相关文章中，研究人员建议科学家、食品生产商、政策制定者和监管人员齐心协力解决纤维缺口问题。他们还强调，进行针对不同纤维类型和富含纤维食物，在微生物群落产出方面的临床评估是必要的。

（3）追踪哺乳动物的肠道菌群世系。2018 年 10 月，有关媒体报道，一个由加拿大与美国科学家组成的研究团队，在发表研究成果时披露，驻留在小鼠肠道内的细菌的独特组成，是从其母亲那里继承的，它们在多个世代中或多或少保持着相同的组成。这项研究结果提示，垂直继承是哺乳动物肠道微生物群的主导性传播模式，它表明某些人类的细菌性病原体，属于非常适合在室内环境中进行水平传播的细菌属。

哺乳动物肠道中细菌的多样性，会影响其宿主的消化、免疫和神经内分泌系统。然而，人们对创建这些微生物组的特定菌群如何在宿主间传播，不甚了解。梳理具体细菌复杂的世系、区分多个细菌世代中不同的传播模式，仍然是一个挑战。

该团队对哺乳动物肠道中微生物组的传播进行了长期、多世代评估。他们从美国亚利桑那和加拿大阿尔伯塔，捕捉了两群具有不同微生物组的野生小鼠，并对它们及其后代的微生物组，进行了为期 3 年的监测。研究人员发现，在每一小鼠世系中，个体和群体水平的微生物群组成得到维持，而且在 10 个世代之后，它们之间的组成仍然维持不同，这表明微生物组主要以垂直方式继承。然而，某些细菌被证明，可能会通过实验室环境以水平方式进行传播。

那些被证明通过共有环境而以水平方式传播的细菌类型，往往比那些垂直传播的细菌有更强的毒性，这表明人类的病原菌属于非常适合于在室内环境中传播的菌属，它们也许得到了对氧气耐受增加的帮助。

4. 研究超级细菌的新进展

（1）发现缩氨酸可抵御超级细菌。2007 年 3 月 25 日，加拿大不列颠哥伦比亚大学病体基因和抗菌剂研究机构主席罗伯特·汉考克领导的一个研究小组，在《自然·生物技术》杂志上发表研究成果称，他们发现了一种缩氨酸，它可以通过增强人体内在的免疫能力，抵御诸如超级细菌等细菌的感染。目前，已在动物身上试验成功。

汉考克表示，由于许多病菌对抗生素有耐药性，因此急需寻找新的治疗方法。缩氨酸的优点在于不直接用于对抗病菌，因此病菌不太可能对其产生抗药性。它可以增进人体内在的免疫能力，抵御病菌，同时不会引发严重感染。

研究人员使用这种缩氨酸来治疗对万古霉素有抗药性的肠道球菌、超级病菌以及沙门氏菌，研究结果显示，在感染前24~48小时或感染后4小时使用，虽然病菌未能完全消灭，但病菌数量显著减少，特别是对沙门氏菌，在感染前服用可做到有效预防。

研究人员预期可将缩氨酸与抗生素共同使用，治疗常见的医院感染，如与通风管有关的肺炎、手术后感染等。

（2）发现金色葡萄球菌具有自控毒素机制。2009年5月24日，加拿大西安大略大学罗伯茨研究所所长华金·马德瑞纳斯领导的研究小组，在《自然·医学》网络版上发表论文称，他们发现金色葡萄球菌具有自我控制毒素机制，这有助于人类更好地了解该超级细菌的自我演化进程，从而开发出新的抗生素。

金色葡萄球菌是医院交叉感染的主要原因，也是普通人群中常见的感染源之一。在北美，每年有超过50万人因此类感染入院，所消耗的医疗费用高达60多亿美元。金色葡萄球菌中，含有的致命超级抗原，会引起免疫系统大规模的有害应急反应，从而导致毒性休克综合征。这种病症死亡率很高，也没有特效药。而让科学家们疑惑不已的是：人的身体直接接触毒性休克综合征毒素，数小时内致人死地，但携带能产生这种毒素的葡萄球菌的人却不会患病或者死去。

针对这种现象，该研究小组展开研究，结果发现，金色葡萄球菌具有自我控制毒素的机制：葡萄球菌细胞壁内的分子会与人体内免疫细胞上的一种叫作TLR2的受体绑定，从而产生一种称为IL-10的蛋白。这种蛋白具有抗炎作用，可有效防止毒性休克综合征的发生。这一发现有助于人类更好地了解金色葡萄球菌的自我演化进程，从而开发出新的抗生素药物。

（3）发现超级细菌传染机理。2010年6月，加拿大麦克马斯特大学内森·马加维副教授主持的一个研究小组，在《科学》杂志上发表论文称，他们发现，超级细菌内部存在着控制其致病能力的“中央处理器”。所谓的“中央处理器”，其实是一种小化合物。

研究人员说，这种化合物由超级金黄葡萄球菌以其抗药性的形式产生，由它决定了这种细菌的传染强度和传染能力。有关专家认为，该项发现为治疗这种致命的细菌感染提供了一条新的途径。

所谓超级细菌，通常指抗甲氧苯青霉素金黄葡萄球菌。狭义上说，它是一种具有抗药性的金黄葡萄球菌。就广义而言，是指对一种或多种抗生素有抗性的金黄葡萄球菌。该细菌具有致命性和传染性，虽然被认为流行性不强，但在多个国家出现了这种病例。

超级细菌能够引起各种感染，可以抵抗最有效力的抗生素及药物，多种抗生素都无法杀死它。超级细菌可在人体鼻腔内寄居繁殖。在正常情况下，它只会出现在皮肤与鼻腔内，通常都可以自我痊愈，而不需要进行抗生素的治疗。但若碰到手术后的患者或免疫力低下者，则可能引发体内感染，导致肺炎等疾病。

（4）已发现三例超级细菌感染者。2010 年 8 月 21 日，国外媒体报道，加拿大安大略省卫生部门发言人乔安妮·弗雷泽说，经当地卫生部门证实，一名最近去过印度的病人，被确认感染了超级细菌。

据知，这是安大略省发现的首例超级细菌感染者，也是加拿大发现的第三例超级细菌感染者。前两例患者分别在不列颠哥伦比亚省和阿尔伯塔省被发现。

弗雷泽说，基于保密规则，而不能透露正在布兰普顿一家医疗机构接受治疗的病人名字和年龄，但她证实该病人最近曾前往印度，并接受了该国的医疗护理。她表示，超级细菌目前尚未对该省公众健康构成风险，唯一已知的风险因素是，曾在印度或巴基斯坦接受过医疗护理。

卫生官员此前曾表示，出国旅行归来的人，并不需要去看家庭医生进行筛查测试，但如果发现自己伤口感染、发烧，排尿时出血或疼痛，应及时求医。

据知，源于南亚几乎能打败所有抗生素的超级细菌，目前主要在印度、巴基斯坦和孟加拉国等地蔓延，并引起了世界卫生组织的关注。上周，一位比利时男子，在巴基斯坦感染了这种超级细菌后身亡。

2010 年 8 月 11 日，英国权威医学期刊《柳叶刀》发表报告称，研究人员发现了一些具有超级抗药性的细菌。在这些细菌中，发现了一种基因，只要细菌体内拥有这个基因，并通过它指导合成相应的酶，就会对几乎所有的抗生素产生抗药性。

2009年，英国就出现了NDM-1感染病例。英国健康保护署专家大卫·利弗莫尔表示，大部分的感染者与曾前往印度等南亚国家旅行，或接受当地治疗的人有关。研究人员由此推测，这类超级细菌可能源自南亚，后来被前往此地的欧美游客传播开来。这种基因也因此被命名为“新德里金属β-内酰胺酶-1”。

5. 研制抗病菌药物的新进展

抗菌肽或成杀死病菌和病毒的“新神器”。2016年11月，加拿大英属哥伦比亚大学、美国麻省理工学院和巴西利亚大学联合组成的研究小组，在《科学报告》杂志上发表论文称，他们开发出一种抗菌肽，可以杀死多种细菌，其中包括一些已对多数抗生素产生耐药性的细菌。新研究为治疗感染性疾病，提供了一种新方法。

过去几十年里，许多细菌已对现有的抗生素产生了耐药性。英国抗菌药物耐药评估委员会的一项研究表明，如果无法开发出新的抗生素，到2050年，每年死于抗生素耐药细菌感染的患者，预计达到1000万人。

为研发抗传染性疾病的有效武器，科学家们将研究方向转向了抗菌肽。抗菌肽是一种天然蛋白质，不仅可以杀死细菌，也可以杀死病毒以及真菌。研究人员一直试图利用抗菌肽来替代抗生素。天然抗菌肽由20种不同的氨基酸组成，其排列组合非常多。通过调整其排列顺序，可使其具有特定的功能，进而应用于临床。

在新研究中，研究人员最初研究的是来自被囊类海洋动物的天然抗菌肽clavanin-A。该物质能杀死多种细菌，有一个正电区和一个疏水区。研究人员为其添加了五个氨基酸序列，使其具有更强的疏水性。在小鼠试验中，研究人员发现该抗菌肽能够杀死已对多数抗生素产生耐药性的大肠杆菌、金黄色葡萄球菌，可救治那些利用传统抗生素疗法已无法治愈的被感染动物。

研究人员还发现该抗菌肽可破坏细菌细胞表面的生物膜，借此可治疗由生物膜引起的感染，如对肺囊性纤维化患者产生影响的绿脓杆菌感染；

也可以将它们嵌入到物体表面，阻止微生物生长；此外，还可将其制成药膏，治疗由金黄色葡萄球菌或其他细菌引起的皮肤感染。

研究人员期待新抗菌肽既可以被单独使用，也可以与传统抗生素一同使用，这将使细菌难以产生耐药性。目前，研究人员正在研究，为什么该合成抗菌肽比天然抗菌肽疗效更佳，以便使其具有更好的应用前景。

6. 研究细菌的其他新进展

（1）把致命细菌变成奇妙图形。2010 年 7 月 6 日，国外媒体报道，加拿大奎尔夫大学教授瑞恩·格雷戈里带领的一个研究小组，把大肠杆菌培养皿中的细菌，“幻化”成各种有趣的图案，使其形成一件有欣赏价值的艺术品。

报道称，当大多数人把发霉的东西扔掉的时候，有这样一群具有艺术细胞的科学家，把这些发霉的东西变成一个个微型的艺术品。细菌也可以变成漂亮的东西，如一个微笑的表情，或者复杂的几何图形。

研究人员介绍说，创作微生物艺术品并不复杂，具体过程是，利用细菌侵染在食物中的颜色或者是光照下的黑色霉菌，使得图像在培养皿中显现出来并将其保存。但是，这项“神奇”的工作，只限于生物学家或其他相关的专家来完成，因为很多微生物都是潜在致命性的，一旦工作时被感染，其后果不堪设想。

（2）发现吸奶器会带来有害细菌。2019 年 2 月，加拿大曼尼托巴大学雪林·穆萨维主持，曼尼托巴研究所儿童医院梅根·阿扎德等人参与的一个研究团队，在《细胞·宿主与微生物》杂志上发表论文称，他们研究显示，用吸奶器可能会给婴儿带来“错误”的细菌类型，并且可能增加其罹患儿童哮喘的风险。

研究团队发现，与直接来自乳房的乳汁相比，吸奶器的乳汁含有更高水平的潜在有害细菌。穆萨维说：“过多暴露于乳汁中的潜在病原体，会给婴儿带来呼吸道感染的风险。”这或许解释了为何用吸奶器吸出来的乳汁喂养的婴儿，患上小儿支气管哮喘的风险比直接吃母乳的婴儿高。

细菌如何在婴儿肠道内“站稳脚跟”尚不明确。来自母亲乳汁中的细菌是一个可能的路径，但吸吮乳汁的婴儿的口腔细菌转移也可能是一个路径。吸奶器提供了第三种可能的人为途径。该途径可潜在地将一系列环境中的细菌传递给婴儿。

在最新研究中，科学家分析了从分娩 3~4 个月的 393 名健康母亲的乳汁中采集的细菌基因。研究人员发现，喂给婴儿的乳汁中的细菌含量，在不同婴儿之间出现很大差异。

来自吸奶器的乳汁含有更高水平的潜在有害“条件致病菌”，比如来自寡养单胞菌属和假单胞菌家族的细菌。相比之下，不用吸奶器直接母乳喂养，与通常在口腔中发现的细菌，以及更高的细菌丰度和多样性存在关联。这表明，婴儿口腔细菌在决定哪种细菌出现在母亲乳汁中扮演了重要角色。

阿扎德表示：“最新研究再次扩展了对人类乳汁微生物群以及可能影响因素的了解，为母乳喂养和人类乳汁的研究得到启发。”

（二）真核微生物探索的新信息

1. 研究真核微生物种类的新发现

发现一种以前未知的新型真核生物。2018 年 11 月，加拿大新斯科舍省达尔豪斯大学生物学教授阿拉斯泰尔·辛普森与扬娜·埃格利特领导的一个研究团队，在《自然》网络版上发表论文称，他们发现了生命之树上的新分支：一种以前未知的新型真核生物，或许应该使其所在的“门”升级为新的“界”。

真核生物通常分为植物、动物、真菌和被称为原生生物的微小多细胞生物 4 个界，涵盖了地球上找到的几乎所有真核生物。

研究人员将新发现的生物称为 HemimastixKukwesjijk，以当地米克马克人神话中一个贪婪的多毛食人魔命名。从外观上看，新生物拥有一个椭圆形的身体，周围是成排的线状鞭毛。通过扫描电子显微镜 3D 放大观察，这种生物有点类似毛状南瓜种子。

埃格利特说：“它们看起来有点笨拙，像纤毛虫，但游泳的方式不太协调。”据悉，埃格利特在新斯科舍省的一条小径上徒步旅行时，发现了新生物的样本，并收集了一些泥土。几周后，在给土壤补水并在显微镜下观察之后，她意识到新生物的运动方式很罕见，于是进行了深入研究。

该研究团队使用单细胞转录组学技术，对新生物的单个细胞做了研究，观察了信使 RNA 分子的活性，这些分子会在数百个基因之间传递信息。通过遗传测序，揭示了新生物与其他真核生物的不同之处。

辛普森说："它是生命之树的一个分支，可能已经分离超过 10 亿年，我们没有任何有关它的信息。它开启了一扇新的大门，有助人们了解复杂细胞的进化以及它们的古老起源。"

2. 研究酵母作用的新发现

发现肠道酵母会增加患哮喘风险。2017 年 2 月，加拿大不列颠哥伦比亚大学微生物学家布雷特·芬利代表其领导的研究小组，在举行的美国科学促进会年会的一场分会上报告指出，真菌是影响健康的肠道细菌家族一个新成员。

到目前为止，人们对微生物基因序列研究主要集中于细菌领域。之前，芬利研究小组就鉴别出 4 种细菌，似乎能保护加拿大儿童免受哮喘病困扰。他们分析了 319 位儿童的肠道菌群，发现患哮喘的婴儿在生命的头 100 天里，表现出了短暂的肠道微生物菌群失调。

其中，毛螺菌属、韦永氏球菌属、柔嫩梭菌属和罗氏菌属的细菌发生了明显变化。研究人员推测，这些细菌通过推动肠道内免疫调节细胞水平，建立了人类初期免疫系统。

但当该研究小组测序了 100 位厄瓜多尔儿童的肠道微生物后，发现最好的微生物哮喘预报器不是细菌，而是一种酵母：毕赤酵母属。据悉，这些儿童生活在埃斯梅拉达斯的乡村地区，哮喘患病率与加拿大类似。研究结果显示，排泄物中含有这种酵母的 3 月龄婴儿，到 5 岁时患哮喘的概率更高。

不过，这种酵母是如何提高哮喘患病率的目前尚不清楚。芬利在会上表示，有可能是与细菌物种的相互作用影响了免疫系统。但这一发现督促人们不应忽视真菌的影响。

二、研究非细胞型微生物

（一）研究天花病毒的新信息

1. 儿童木乃伊重写天花病毒进化史

2016 年 12 月，加拿大麦克马斯特大学古脱氧核糖核酸中心研究员安娜·达根领导的一个研究小组，在《当代生物学》杂志上刊登研究成果称，他们在立陶宛一座教堂地窖下发现的一个17世纪的儿童木乃伊，可能包含已知最古老的天花病毒样本。研究人员表示，它将有助于解开天花历史之谜，例如，它最晚曾在何时感染人类及何时发生了特异性进化。

达根说："研究人员在具有3000~4000年历史的埃及木乃伊身上曾发现痘疮，因此怀疑当时就出现了天花。本次新研究发现则显示，之前提出的天花在人类中的流行时间表，可能不准确。"

虽然天花已经被消灭，但科学家并不清楚它到底是怎么开始传播的。研究人员表示，这名儿童1654年死于天花，死后被葬在维尔纽斯圣灵教堂的地下墓穴，墓穴中的环境条件使其变成木乃伊。

在获得世界卫生组织许可后，研究人员从木乃伊上提取了天花病毒脱氧核糖核酸。分析结果显示，木乃伊体内的病毒是后来所有已知天花病毒的母病毒。该研究小组把这种病毒样本基因，与在20世纪采集的42个病毒样本进行了比较，结果发现儿童木乃伊的病毒基因，是后者的祖先基因。

为了建立基因族谱，研究人员还研究了在西伯利亚发现的同样携带天花病毒的木乃伊，发现两者的天花基因都来源于一个更早的基因。他们还认为天花基因在传播过程中可能出现了变异，并据此为天花建立了基因族谱。结果显示，儿童木乃伊和西伯利亚木乃伊的天花基因，来自1588—1645年间在欧洲滋生的一种病毒。当时的殖民扩张，可能帮助这种病毒扩散到全球。

研究人员指出，新证据显示，所有样本基因的共同祖先不可能晚于16世纪80年代，而这就意味着天花开始传播的时间可能更晚。天花曾经是人类历史上致死率最高的疾病之一，人们通过将近100年的大规模接种疫苗，才在40年前彻底根除了天花病毒。

2. 为探索天花疫苗起源而合成出天花病毒近亲

2017年7月，国外媒体报道，加拿大阿尔伯塔大学病毒学家大卫·埃文斯领导的一个研究团队，为了探明天花疫苗的起源问题，以便对研发更好的新疫苗拓宽思路，他们在一个不同寻常且尚未发表的实验中，利用邮购的遗传碎片，重新合成出马痘病毒，这是一种天花病毒的近亲。

报道称，天花可谓是历史上最致命的疾病之一。为了消灭这种疾病，人类花费了几十年的时间，投入了数十亿美元。然而，现在一个小型科学团队仅用半年时间和10万美元，就可能让这个“幽灵病毒”重返人间，而且并不需要多么特殊的新知识，这的确是一个值得令人深思的问题。

到目前为止，没有人知道马痘是否会对人类造成伤害，但和天花一样，科学家们相信这种病毒已经在自然界中绝迹了。现在，埃文斯研究团队轻而易举地就重构了这种在1980年就宣布已被消灭的恐怖病毒。

对此，德国慕尼黑大学病毒专家格德·萨特表示了极度担忧：“毫无疑问，如果马痘病毒可以被制造出来，那天花病毒也可能会随时回来。”

而埃文斯回答说，这项研究的大部分工作，是由其团队的助理研究员瑞恩·诺伊斯完成的。他希望，该研究能有助于解开有数百年历史的天花疫苗起源之谜，以便研发新的更好疫苗，甚至改善癌症疗法。

实际上，从科学角度而言，该成果算不上是个大突破。自2002年科学家能够从零开始组装要小得多的脊髓灰质炎病毒后，他们就预言有一天也能合成痘病毒。但该研究却引发了人们的极大担忧：恐怖组织可能会使用这些现代生物技术。

但生物伦理学家尼古拉斯·伊万斯表示，如果考虑到历史背景，该研究可谓是一个重要的里程碑，证明了病毒合成的潜力。

炭疽病毒专家保罗·凯姆表示，该研究似乎还点燃了有关科学应被如何管理的讨论。他说：“复活已灭绝的天花病毒近亲极具煽动性。时常会出现一个实验或事件触发严格审查，而该实验听上去就像当局会考虑严格管理的对象之一。”

报道称，埃文斯也承认，人工合成天花病毒的研究可能是一把“双刃剑”，存在被不法分子利用的风险。他说：“向人们展示如何合成马痘病毒会增加这一风险吗？可能会的。因为事实是风险一直存在。”

在2016年11月举行的一场世界卫生组织天花病毒研究咨询委员会会议上，埃文斯与相关专家讨论了这项研究。世界卫生组织发布在网站上的一份该会议报告指出，埃文斯的研究“不需要特殊的生物化学知识或技术，也不需要太多钱或时间”。但它也没有吸引生物伦理学家或媒体的过多关注。

而且，与埃文斯研究团队合作的医药企业托尼克斯公司，曾发布的相关新闻稿也未受关注。托尼克斯公司表示，希望将马痘病毒放入人用天花疫苗中，以便目前能引起小部分人出现严重副作用的疫苗更安全。

埃文斯表示，它还将为研发其他疾病疫苗提供平台。他还试图利用合成痘病毒开发癌症疫苗，此疫苗能激活免疫系统攻击癌症细胞。他说："我认为我们需要注意双刃剑问题，但我们也应正视该方法无与伦比的优势。"

纽约州立大学石溪分校的埃卡德·维默尔带领的研究团队，在2002年从零开始合成了脊髓灰质炎病毒。但是，马痘病毒这种双链天花基因，比脊髓灰质炎基因大30倍。而且，马痘病毒基因的末端还有名为"终端发夹"的结构，也让重建工作充满挑战。

此外，科学家只要将脊髓灰质炎基因简单地放入适当细胞内，就能产生新病毒，然而该方法不适用于痘病毒。世界卫生组织天花咨询顾问小组主席杰弗里·史密斯表示，这让重建天花病毒更困难。

埃文斯正计划重新提交论文进行发表，因此拒绝讨论其工作细节。但世界卫生组织报告称，该研究团队从德国一个合成脱氧核糖核酸企业金尔特公司购买了重叠的脱氧核糖核酸片段，每个约有3万碱基对。

研究人员把这些材料缝合成一个包含21.2万碱基对的马痘病毒基因。他们将该基因放入感染了不同天花病毒的细胞中，使其开始感染马痘病毒。结果显示，马痘病毒出现了预测的基因序列。

埃文斯表示，《自然·通信》和《科学》杂志都拒绝了这篇论文。但《科学》杂志编辑卡罗琳·艾绪表示，这篇论文并非正式提交给该杂志，但询问了出版问题，并给了托尼克斯公司新闻稿。

艾绪回复埃文斯："在确认了技术成果后，我们最终认为你的论文没有为《科学》的读者提供足够的生物学新知识，以消除对该论文的行政禁令。"为了避免违背国际惯例，埃文斯表示，他提供了足够信息以便专业人士重复其实验，但没有详细的细节方案。

过敏症和传染病国家研究所病毒学家彼得·贾林了解了这项研究的经过后，表示该论文应当被发表。他说："不仅因为新颖，还因为很重要。"

报道称，世界卫生组织条例和许多国家政策都禁止制造天花病毒。实验室也不允许制造超过20%的天花病毒基因，而且，制造和售卖脱氧核糖核酸片段的公司也应自发登记，以避免顾客订购某些病毒材料，除非他们有正当理由。

但凯姆表示，控制全世界所有生产核酸的公司不太可能。他说："我们很多年前就意识到管理这些活动根本不可能。"

凯姆指出，目前有专门针对希望复活病毒的研究者的国际许可证制度。美国目前的条例，则要求联邦经费资助的研究人员，要进行"生成或重组根除或灭绝对象"实验，需要接受特殊审查和风险评估。这些对象被列入了一个管理名单，其中包括天花，但没有马痘，因为后者本身不被认为是一种危险病毒。

但生化防御专家格雷戈里·科布伦茨表示，加拿大的体系有所不同。在这里，相关条例指出，即便研究不涉及某种特定危险病原体，但相关知识和技术仍可能形成构成正负两方面风险，所以该研究应该被审查。他说："按照这个规则，该国相关部门应该审查生产马痘的合成过程和技术"。

不过，埃文斯主动与加拿大联邦政府机构就此事进行了交谈，而他的大学已经开始从安全角度考虑病原体回归所带来的影响。科布伦茨说："就我所知，针对合成某种天花病毒所带来的更深层次的影响，政府部门并没有组织并参与对其进行系统的评审。我并不认为这个实验应该被进行。"

此外，生物伦理学家尼古拉斯·伊万斯认为，新的制度应该填充到该国的科学法规中。他说："首先我们要讨论的是未曾在自然界中存在过的病毒，随着合成生物学的快速发展，现在某些人能够在不涉及天花病毒的前提下创造与其同样致命和传染的病毒。"面对这种情况，联合国应该建立信息共享机制，当研究人员计划合成与天花有关的病毒时，任何成员国有义务通知世界卫生组织。

报道称，埃文斯的实验，也许会引起一场旷日持久的争论，议题将集中在是否应摧毁这个天花"近亲"。1980年天花病毒根除后，世界各地的实验室同意毁掉各自遗留的天花病毒样本，或者将样本运送到位于亚特兰大的美国疾病控制中心，以及位于莫斯科的俄罗斯病毒制剂研究所，俄罗斯的样本后来被移送至新西伯利亚的国家病毒和生物科技研究中心。

从此，这些病毒样本的命运就成为激烈争论的焦点："主张毁坏的人"认为销毁所有遗留病毒会使世界更安全，而"主张保留的人"则表示将病毒保留下来并研究它，有可能帮助世界做好对抗下一次病毒爆发的准备。

贾林表示，现在马痘病毒已经被合成出来，相关争论已经没有意义。他说："你认为病毒在冰库里或被销毁就能高枕无忧？事实并非如此。基因能挣脱'牢笼'。"德国罗伯特·科赫研究所的安德烈亚斯·尼采也认为，埃文斯的研究改变了游戏规则。

但埃文斯一直强调其研究的学术价值：有助于阐明天花免疫的进化历史。1796 年英国医生爱德华·詹纳最先使用了这种消除了天花的疫苗，该疫苗本身含有活性病毒牛痘。但也有传言说最古老的天花疫苗包含的是马痘，而且马痘基因与一些古老疫苗菌株十分类似。这支持了天花疫苗源自马匹的传说。

埃文斯希望借助马痘基因弄清天花疫苗的发展。他说："这是人类历史上最成功的一种疫苗，也是现代免疫学和微生物学的基础。但我们还不知道它来自哪里。"

（二）研究抵抗病毒方面的新信息

1. 探索抗病毒方法的新进展

找到抵御病毒侵袭的新方法。2008 年 2 月，加拿大麦吉尔大学一个研究小组在《自然》杂志上发表研究成果称，他们发现了一种可以提高生物组织自然抵抗病毒的方法，利用该方法可以有效地使生物组织细胞对流感和其他病毒产生免疫能力。

病毒是一种亚微观的传染性中介，它只能够通过细胞的复制能力进行自身复制。这种复制过程，通常导致疾病的产生，甚至导致生物组织自身的死亡。

干扰素特别是 1 型干扰素，具有限制病毒繁殖的能力。而 1 型干扰素又受到干扰素调节蛋白质 7（lrf7）的控制。研究人员认为，lrf7 是体内干扰素生产的主要调节器。

研究小组发现，lrf7 的蛋白合成，受到被称为 4E-BP1 和 4E-BP2 两种抑制基因的控制。实验中，研究人员从老鼠体内，去除了上述两种阻止蛋白干扰素生产的基因。去除这两种基因后，老鼠细胞能够生产出更高水平的干扰素，这些干扰素可以有效阻止病毒自我复制。研究人员使用该方法对流感病毒、脑心肌炎病毒、疱疹性口炎病毒等进行了测试。

研究人员表示，从原理上讲，这似乎非常简单，其实就是去除抑制后，将会有更多的关键蛋白质 lrf7 现身，lrf7 导致细胞内部形成抗病毒状态。

研究人员没有发现，在实验鼠体内提高干扰素的产量会导致任何异常或副作用产生。他们知道，从人体内完全去除这两种基因是不可能的。但研究人员对利用其研究成果，找到新的病毒治疗方法，感到非常乐观。如果能够使用药物对付这两种基因，就可以使人们免遭病毒的侵袭。目前，这种药物虽然还不存在，但这正是今后的研究方向。

2. 探索抗病毒疫苗的新进展

（1）研制埃博拉和马尔堡病毒的新疫苗。2005 年 6 月，加拿大、美国和法国专家组成的研究小组，在《自然 · 医学》杂志上发表研究报告称，他们首次成功研制出两种分别对付埃博拉和马尔堡病毒的新疫苗，并在猴子身上试验成功。研究小组希望，这一重大研究突破，将有助于开发治疗人类的埃博拉和马尔堡病毒疫苗。

埃博拉病毒和马尔堡病毒是两种致命的、相关联的传染病病毒。它们的致命性极强，能够在一周内导致感染者发高烧，大量出血而死亡，死亡率高达 80%～90%。其传染途径，主要通过病人的血液、唾液等。目前，两种病毒均在非洲流行。

研究人员指出，新疫苗在 12 只猕猴身上的试验，取得了 100% 的成功率。这些用于动物试验的猴子，只需注射一针疫苗，其身体就可以抵抗大剂量的埃博拉病毒或是马尔堡病毒而不发病。正常情况下，接受如此大剂量的病毒注射的猴子均会发病而死亡。

研究人员同时表示，研究新疫苗的主要目标在于：一方面向爆发马尔堡病毒和埃博拉病毒传染病的国家，如安哥拉等提供疫苗，以遏制传染病的蔓延；另一方面，可以保护公众免受恐怖分子可能的细菌战。

研究人员说，动物试验的研究成果，极大地鼓舞了我们，我们希望尽快开发出适用于人的埃博拉和马尔堡病毒疫苗，并能借此原理开发出对付其他疾病的新疫苗。

（2）全球迎来首种可实现高效防护的埃博拉疫苗。2016 年 12 月 23 日，有关媒体报道，世界卫生组织当天宣布，由加拿大公共卫生局研发的疫苗可实现高效防护埃博拉病毒，全球迎来首种可预防埃博拉出血热的疫苗。

加拿大研发疫苗的临床试验由世界卫生组织领导，几内亚卫生部等机构参与。相关研究报告已发表在新一期英国医学期刊《柳叶刀》上。

试验 2015 年在几内亚开展，当时该地区仍不断出现新增埃博拉出血热病例。近 1.2 万直接或间接接触过埃博拉出血热患者的人参与了这项试验。

研究人员首先选取了 18 岁以上的成年人开展试验，这些人都不是孕妇、哺乳期妇女或重病患者。2119 人立即接受了疫苗接种，2041 人则推迟了 21 天接种疫苗。结果显示，立即接种疫苗的人都得到了有效防护，没有患上埃博拉出血热。但在推迟 21 天接种疫苗的人中，则有 16 人患上埃博拉出血热。

上述试验结果证实有效性后，研究人员将接种范围扩大至 6 岁以上的儿童，共有 1677 人立即接种了疫苗，其中包括 194 名儿童。结果显示，他们也得到了有效防护，没有患上埃博拉出血热。

在接种疫苗的 5837 人中，约一半的人出现了头痛、疲劳和肌肉酸痛等轻微的不良反应，个别人不良反应较重，但他们的身体都在数天内恢复了，并没有产生长期影响。在一直没有接种疫苗的人中，共有 7 人患上了埃博拉出血热。

埃博拉病毒于 1976 年首次发现，此后非洲多次报告偶发性疫情。2013 年年底，埃博拉病毒在几内亚开始蔓延，随后扩散到周边的西非国家利比里亚、塞拉利昂，导致疫情加剧，1.1 万余人死亡。直到 2016 年 3 月，世界卫生组织才宣布："西非埃博拉疫情，已不构成国际关注的突发公共卫生事件。"

世界卫生组织助理总干事玛丽·基尼说，尽管这项成果来得有点晚，许多人已经在西非埃博拉疫情中失去生命，但这至少能保证下一次埃博拉疫情来袭时，人们不会束手无策。

第十章　医疗与健康领域的创新信息

加拿大在癌症防治领域的研究成果，主要集中于探索癌症发病机理、致癌因素、癌症难治原因、癌症致死趋势和抗癌分子，研究治疗癌症的单一方法和组合方法，以及治疗胰腺癌和晚期非小细胞肺癌的具体方法，开发癌症发展趋势和治疗后复发的预测技术，并注重研制防治癌症的药物及设备。在心脑血管疾病防治领域的研究成果，主要集中于探索心脏生理和心血管疾病病理，开发防治心脑血管疾病的新技术，研制防治心脑血管疾病的新药物和新设备。在神经系统疾病防治领域的研究成果，主要集中于探索大脑机理，创建大脑机理研究的虚拟系统，研究大脑疾病防治，安全打开和关闭患者的血脑屏障，探索防治脊椎疾病和神经疾病。研究认知现象、记忆现象和睡眠现象，探索情绪与心理行为，研究防治不健康心理现象、完美主义者、抑郁症和自闭症等心理问题。同时，研究防治阿尔茨海默病与帕金森病。在消化与代谢性疾病防治领域的研究成果，主要集中于防治肝病和肠道疾病，防治糖尿病和肥胖症。在其他疾病防治领域的研究成果，主要集中于防治艾滋病、疟疾、拉沙热、青猴病、埃博拉和马尔堡病毒等烈性传染病，防治儿童、孕妇与老人疾病，防治呼吸、五官和骨科疾病等。

第一节　癌症防治研究的新进展

一、癌症病理研究的新成果

（一）癌症发病机理研究的新信息

1. 确定乳腺癌基因的致病机理

2007 年 1 月 28 日，加拿大麦吉尔大学肿瘤研究中心主任迈克尔·特伦布莱领导的一个研究小组，在《自然·遗传学》杂志上发表论文称，他们已经揭开蛋白酪氨酸磷酸酶1B基因与乳腺癌发作之间的联系，大约有40%的乳腺癌与这种基因有关。这一发现为乳腺癌治疗带来了新的希望。

这项研究显示，中止易受特定癌症影响老鼠体内蛋白酪氨酸磷酸酶1B基因的活性，可减缓癌细胞的生长，从某种程度上预防了肿瘤的出现。

特伦布莱说："我们鉴定出的蛋白酪氨酸磷酸酶1B基因，因其在糖尿病和肥胖症中扮演着重要角色而知名。在这项最新研究中，我们发现它在调节新陈代谢中所起的作用，与在促进癌细胞增生和转移中所起的作用同等重要。"

1999年，该研究小组发现抑制由蛋白酪氨酸磷酸酶1B基因产生的酶，使治愈2型糖尿病和肥胖成为可能。自此以后，已经有一大批药物公司研发新的抑制物，用来治疗这些疾病。特伦布莱说："这些化学药物必须达到能处理乳腺癌的程度。"

2. 揭开多发性骨髓瘤复发机理

2013年9月，加拿大玛嘉烈医院血液学家、多伦多大学医学院助理教授罗杰·泰德曼博士领导，玛嘉烈医院癌症中心临床专家参加的一个研究小组，在《癌细胞》杂志网络版上发表论文称，他们研究发现，未成熟祖细胞的耐药性，是导致多发性骨髓瘤复发的根本原因。

研究表明，使用蛋白酶抑制剂"万珂"的主流疗法，可杀死组成大多数肿瘤的浆细胞，但其无法触及祖细胞。祖细胞增殖并成熟后，即便是在病情似乎已得到完全缓解的情况下，也会重启疾病进程。

泰德曼博士称，此项发现为治愈多发性骨髓瘤指明了一条新途径，那就是同时将祖细胞和浆细胞作为治疗靶标。了解了祖细胞的耐药性，是导致多发性骨髓瘤"愈后"复发的主因，医生在临床实践中就可测出患者体内的"残存"病情，开发新药或利用现有药物进行针对性治疗。

研究人员在探索多发性骨髓瘤治疗失效的过程中，发现了这种疾病与肿瘤细胞成熟度之间的关系，并证明了骨髓癌细胞的成熟度对蛋白酶抑制剂的敏感性起着重要作用。目前的药物研究专注于开发新的蛋白酶抑制剂，仅沿着此一路径将永远无法治愈多发性骨髓瘤。

泰德曼表示，如果把多发性骨髓瘤比作杂草，类似"万珂"这样的蛋白酶抑制剂就像是爱挑剔的山羊，它只吃地面上的成熟叶子，地面的杂草虽没有了，但由于没有吃到草根，因此一段时间以后杂草还会长出来。

研究人员对7500个患者的多发性骨髓瘤细胞进行了高通量筛选试验，并观察其药物反应效果，然后对患者进行骨髓活检以进一步确定药效。试验最终发现，有两个基因（IRE1和XBP1）可调整对蛋白酶抑制剂“万珂”的反应，从而明确了作为治愈障碍的耐药性背后的作用机理。

（二）致癌因素研究的新信息

1. 致癌基因研究的新进展

（1）发现与乳腺癌有关的基因。2004年9月，国外媒体报道，加拿大麦吉尔大学肿瘤学家威廉姆·穆勒博士等人组成的一个研究小组，发现一种可以促使乳腺癌中的肿瘤细胞生长的基因。这一发现，将为治疗乳腺癌创造条件。

穆勒说，这一称为“BETAL1 INTEGRIN”的基因，在胚胎的形成中发挥着很重要的作用。但对于一部分妇女而言，如果这一基因的活动过于活跃，将会引发乳腺癌。

在实验中，研究人员在10多只已患有乳腺癌的实验鼠体中剔除这一基因，结果发现鼠体内的肿瘤细胞生长得到遏制，而实验鼠的乳腺仍然可以维持正常功能。此外，研究人员还发现，这一基因对前列腺、直肠和卵巢癌症等，也有间接的诱发作用。

（2）绘制出较为完整的致癌基因突变图谱。2008年5月，有关媒体报道，国际癌症基因组协会正式成立。国际癌症基因组协会除了加拿大，其他成员还有法国、中国、印度、日本、新加坡、英国、美国，外加澳大利亚和欧盟的欧洲委员会两名观察员。该组织计划通过统筹各国和地区专家的合作，用10年时间，绘制出一个较为完整的致癌基因突变图谱。专家认为，图谱将为癌症预防、诊断和治疗带来一场革命，开辟癌症治疗个案化的新时代。

最近统计数据表明，2007年全球超过750万人死于癌症，有超过1200多万个癌症确诊病例。由于全球人口增长和人类平均寿命延长，预计2050年，癌症致死病例和新确诊癌症病例将分别增至1750万和2700万例。

长久以来，攻克癌症一直是人们的医学梦想，尽管这一梦想至今尚未实现，但人类希望控制癌症的脚步却从来没有停止过。

在过去的几十年中，全世界科学家花费了数百亿美元，试图找到一种能根治癌症的办法，但至今仍然没有结果。目前广泛使用的传统手术切除、物理放疗和化学疗法，还无法完全征服癌症。

通过大量的实验和研究，科学家们逐渐发现，癌症并不像人们过去想象的那么简单。研究人员强调，把癌症称为“毒瘤”是不科学的，癌不是细菌，也不是病毒，癌是由于基因的突变而导致基因调控失灵，从而使正常细胞无序生长和不断变异。

世界各国的科学家们也逐渐达成共识：要破译癌症之谜，首先要破译基因之谜。癌症与基因是一对“亲兄弟”。

目前，已知的癌症有200多种，但是，无论什么癌症，在肿瘤的特殊类别（分型）或发展的不同分期方面，都发现有基因组的特异变化，而正是基因组的改变导致了细胞分化、发育、生长、凋亡通路的不正常，从而引发细胞不正常的失控增殖和生长。

国际癌症基因组协会计划详细研究50种不同类别的癌症，在每种癌症的研究中，提取500名病人的细胞并测序基因组，与健康细胞做比对，以期找出导致癌细胞形成和扩散的基因突变。

研究人员希望通过对不同肿瘤样本的基因信息，及与正常组织基因信息的比较研究，发现引起癌症基因改变的线索，包括癌变的机理等重要信息，进而为癌症的诊断、预防与治疗提供全面的、有价值的科学线索。协会计划对每一种类癌症的研究资助2000万美元，因而整个研究项目将耗资约10亿美元。

在过去的25年中，科学家已经在人类基因组的2.5万个基因中识别出了350多个与癌症有关的基因。这些基因的发现主要是依靠扫描定位、生物鉴定等传统方法。而此次国际力量的联合研究，将使用先进技术，高速扫描癌变细胞的DNA序列，这不仅可以区分不同癌症类型，甚至会发现极微小的基因变异。

参与该计划的科学家表示，癌变基因图谱的绘制对于癌症治疗具有非同寻常的意义，因为图谱就是一种明确而直观的指导，依靠图谱，医生们就可以清楚地发现哪些基因表现正常，哪些则出现了异常情况，由此他便可以准确掌握每位癌症患者的致癌基因变异，并采取针对性更强的个案化治疗方法。

也就是说，如果图谱绘制成功，医生就能准确知道某个病人的癌症是什么基因改变引起的，进而更为准确地对症下药。而且，癌症某一发展阶段，都会有特定的基因改变，绘制每种癌症的基因图谱将能找到所有致癌和抑癌基因的微小变异，了解癌细胞发生、发展的机制，在此基础上取得革命性的新的诊断和治疗方法，最后可以勾画出整个新型“预防癌症的策略”。

绘制癌变基因图谱，有助于把研究人员从目前逐个追踪基因的大量劳动中解放出来，便于迅速设计和找到针对性抗癌药物，这次的工作被认为是人类基因组计划的延伸，即癌症基因组计划部分。

研究人员表示，癌变基因图谱计划将产生大量数据，将这些数据综合，遍及全球的独立研究人员就能够发现新的癌症研究思路，并且获悉新一代的抗癌药品配方。届时，这一计划就能真正造福于人类健康。

（3）发现15个乳腺癌遗传风险新的基因“热点”。2015年3月，加拿大卫生研究院科学家参加的一个国际科研团队，在《自然·遗传学》杂志上发表论文称，他们通过研究，已发现了可增加女性乳腺癌罹患风险的15个新的基因“热点”。

研究团队通过对12多万名欧洲血统女性基因组成中的微小变化，进行比较后，确定了具有乳腺癌高风险的15个新的单核苷酸多态性变异。至此，科学家们总共发现90多个与乳腺癌关联的单核苷酸多态性。

平均而言，每8个妇女中就有1个会在其一生的某个阶段患上乳腺癌。研究表明，拥有少量上述变异基因的女性，会增加罹患乳腺癌的概率，而拥有大量上述变异基因的女性患癌的风险就会大大增加。研究人员估计，约5%的女性拥有足够多的遗传变异，致使其罹患乳腺癌的风险增加1倍，而大约0.7%的少数女性人群拥有的遗传变异，可使其患上乳腺癌的概率增加2倍。

研究人员表示，新研究朝着在基因水平上解开乳腺癌之谜又迈出了一步，确定的这些遗传标记为既有的乳腺癌遗传风险图增添了更多的细节，可被用来帮助识别高风险女性，有效改善乳腺癌的筛查和预防。下一步的工作重点，将集中了解这些基因变异如何增加女性患癌风险，随着研究工作的深入，一定会有更多的此类变异基因被挖掘出来。

（4）发现新的与乳腺癌相关基因。2015 年 4 月 27 日，加拿大多伦多大学达拉拉纳公共卫生学院助理教授穆罕默德·阿克巴里领导，该校妇女学院研究所家族性乳腺癌研究部主任史蒂文·纳罗德教授，以及波兰波美拉尼亚医科大学塞扎里·丘斯基和詹鲁·比斯基、加拿大麦吉尔大学威廉·福克斯博士为主要成员的一个研究团队，在《自然·遗传学》杂志上发表论文称，他们发现了一个新的乳腺癌基因。

阿克巴里指出：“我们的工作，是朝着‘确定所有遗传性乳腺癌相关基因’迈出的激动人心的一步。”在所有乳腺癌病例中，大约有 10% 的病例为遗传性，但是人们认为，只有一半的乳腺癌易感基因是已知的。

在这项研究中，研究人员选取了 195 名乳腺癌患者，她们具有明显的乳腺癌家族史，但没有 BRCA1 或 BRCA2 突变，研究人员在她们当中对大约 2 万个不同的基因进行研究。患者来自波兰组群和法裔加拿大组群两个群体，她们在遗传上都非常相似。然后，阿克巴里带领研究团队，通过研究来自这两个组群的 2.5 万多名患者和未受影响的人，证实了所发现的基因 RECQL 与乳腺癌之间的关系。

纳罗德说：“这项研究表明，研究特定的建立者群体，像波兰和法裔加拿大妇女，是识别疾病相关基因的一种非常好的方法。”

具体而言，在波兰和法裔加拿大女性组群中反复发生的 RECQL 突变，在这项研究中得以确定。在波兰组群内，与不携带该突变的人相比，携带一种类型 RECQL 突变的女性患上乳腺癌的风险增加 5 倍。同时，在法裔加拿大组群中，与对照个体相比，另一种类型的 RECQL 突变，发生在家族性乳腺癌患者中的频率高出 50 倍。

2. 其他致癌因素研究的新进展

（1）发现有乳腺癌家族史的女性更易患乳腺癌。2008 年 11 月，国外媒体报道，加拿大多伦多大学史蒂文·纳罗德博士领导的研究小组，在美国癌症研究协会召开的研讨会上发表研究报告说，有乳腺癌家族史的女性，即使两种易感基因的检测结果呈阴性，但患乳腺癌的概率仍然很高。

研究小组指出，他们的研究表明，有乳腺癌家族史的女性，患病概率为普通女性的4倍。也就是说，她们一生中患乳腺癌的概率约为40%。纳罗德说：“这一概率让我们很吃惊，但风险如此之高，我们显然应该采取一些预防措施。”

做胸部核磁共振检查就是其中一项预防措施，这种针对乳腺肿瘤的检测比乳透更为精确。纳罗德说，服用“它莫昔芬”药物也可降低患病风险。

研究人员对1492名平均年龄为48岁的加拿大女性进行了跟踪调查。她们携带的BRCA1和BRCA2两种乳腺癌易感基因，都没有发生突变。这些女性都有乳腺癌家族史，她们的近亲中至少有2人在50岁前患过乳腺癌，或者近亲中至少有3人患过此病。5年后，研究人员发现这些女性患乳腺癌的风险，达到了普通女性的4倍。

乔治敦大学基因学专家伯斯·佩什金说：“我想，这与人们的普遍认识正好相反。易感基因检测呈阴性还不能说明问题，家族成员有无病史才是关键。”

（2）研究表明肥胖或吸烟女性易患乳腺癌。2009年9月1日，加拿大蒙特利尔大学网站报道，该校首席研究员兼圣贾斯廷大学医院研究中心研究员维斯妮·比索瑙斯领导的一个研究小组，在《癌症流行病学期刊》上发表研究成果称，他们的研究表明，体重超重或吸烟的女性更易患乳腺癌，而适度的体育锻炼则可降低这种癌症的患病概率。

这一研究的独特之处在于，研究人员把具有BRCA1和BRCA2基因变异的妇女，排除在研究对象之外，而将研究集中在生活方式方面，分析吸烟、锻炼、营养和体重等因素，对乳腺癌患病概率的影响。BRCA1和BRCA2是乳腺癌易感基因，这两种基因发生变异的女性极易罹患乳腺癌。研究人员表示，BRCA1和BRCA2基因变异，在法裔加拿大女性中很常见。而该项目研究，则首次把这两种基因变异因素剔除在外，尽管他们所有的研究对象皆是第一代法国殖民者的直系后裔。

研究发现，在20岁之后，女性体重的增加会加大其罹患乳腺癌的风险。如果体重超标15.5千克，患病概率会平均增加68%。肥胖导致患病概率的大小与体重增加的早晚有关：一位女性在30岁后体重增加10千克或在40岁后增加5.5千克，其患乳腺癌的概率为体重稳定的妇女的两倍；

而若在50岁后体重指数达到最大值，患乳腺癌的概率则会增加3倍。

研究发现，吸烟也会增加罹患乳腺癌的风险。连续9年一天吸食一包香烟的女性，其患乳腺癌的风险会提高59%。虽然吸烟对处于绝经期的妇女的影响会减小，但仍达50%。研究者表示，吸烟与乳腺癌之间的关系还有待进一步的研究。

研究还发现，适度的体育锻炼可减少52%的乳腺癌患病概率，这对绝经前或绝经后的妇女都是如此。而做剧烈体育运动的妇女也会减少患病概率，但差异并不显著。这是因为，适度的体育锻炼更易持久，而剧烈的体育运动则易时常中断。

（3）发现酗酒会增加多种癌症的患病概率。2009年8月5日，英国《每日邮报》报道，加拿大麦吉尔大学流行病学医学院副教授安德烈娅·贝内代蒂博士领导的一个研究小组，在《癌症检查和控制》杂志上发表论文说，酗酒影响健康，而且大量饮用啤酒和烈性酒对健康的威胁更大。他们研究中发现，多种癌症的发病率与饮用啤酒和烈性酒有密切关系。

该研究小组进行的一项调查显示，大量饮用啤酒和烈性酒的人，患食道癌的概率比普通人高7倍，患肝癌的概率是一般人的9倍，患结肠癌的概率增加80%，患肺癌概率增加50%。

贝内代蒂说："结果十分令人震惊。酗酒者患食道癌、胃癌、结肠癌、肝癌、胰腺癌、肺癌和前列腺癌的概率大大增加，其中患食道癌和肝癌的概率最高。"酗酒对直肠癌、膀胱癌、黑色素瘤等癌症的患病概率没有明显影响。

研究人员表示，为排除非酗酒因素对患癌概率的影响，他们把所有可能导致癌症的因素都列入调查范围，让受访者接受完整的工作经历调查。这项研究搜集的数据，还包括非职业因素。

研究小组从两方面比较研究数据：一是比较经常酗酒者与滴酒不沾或很少喝酒者的患病概率；二是比较不喝酒者、每周喝一杯酒者和每天都喝酒者的患病倾向。

为寻找喝酒频率与癌症患病率的直接关系，研究人员以20世纪80年代在蒙特利尔接受调查的男性为对象。他们当时年龄为35~70岁，其中，约14%的受访者滴酒不沾，50%的人每周喝一杯，36%的人每天都喝酒。

研究人员发现，3571 名受访者中有 3064 人患癌症，507 人依然身体健康。

研究结果显示，喝酒频率越高，癌症患病率也越高。贝内代蒂说："我们发现，很少喝酒的人患病概率极低，那些每天都喝酒的人或一天喝好几杯的人患癌症风险较高。"由于调查对象均为男性，研究人员无法取得与乳腺癌和卵巢癌相关的对比数据。但他们说，研究结论同样适用于酗酒女性。

研究人员发现，大量饮用啤酒和烈性酒的人患癌概率显著高于一般人，喝葡萄酒的人患癌症概率没有显著提高。贝内代蒂说，出现这种情况可能是因为葡萄酒中含有抗氧化剂，但饮用葡萄酒与癌症患病率之间的关系有待进一步研究。

（4）发现高胰岛素可能导致胰腺癌。2019 年 8 月 1 日，英属哥伦比亚大学相关专家组成的一个研究小组，在《细胞代谢》杂志上发表研究报告称，他们首次证明了高胰岛素与胰腺癌之间的关系。研究报告显示，当研究人员降低胰腺癌小鼠模型的胰岛素水平时，低水平胰岛素可以保护小鼠不患胰腺癌。

在这项研究中，研究人员把一种不能提升胰岛素水平遗传特性的小鼠，与一种易患胰腺癌的小鼠杂交。后代小鼠和对照组小鼠同样喂食已知能增加胰岛素水平和促进胰腺癌的食物。当为期一年的研究结束时，研究人员发现，胰岛素水平略有下降的小鼠，可免于胰腺癌发生。无论观察整个胰腺、病变还是肿瘤，胰岛素的减少，都意味着胰腺癌症的发病率有所降低。

已有研究发现，高胰岛素血症与包括乳腺癌在内的多种癌症有关，但与胰腺癌的关系最为密切。英属哥伦比亚大学的这项研究，首次对上述发现进行了直接实验。这项成果为早期发现和预防人类胰腺癌提供了可能性。

3. 有争议致癌因素研究的新进展

吃红肉与患癌风险有无关系的争议。2019 年 10 月 2 日，香港《文汇报》报道，一直以来食用红肉被认为增加患癌及心脏病风险，然而，加拿大学者牵头撰写的一份研究报告认为，吃红肉与患癌风险其实没有明显关系，减少进食也不会带来显著健康益处。该结论迅速引起争议，美国不少知名学者甚至阻止论文发表。

据报道，该研究成果在《内科医学年鉴》刊登，由来自7个国家的科学家参与调研，并由加拿大戴尔豪斯大学副教授约翰逊带领研究。

研究人员指出，北美及欧洲成年人，如今每周平均进食3～4份红肉，即使每周减少吃3份红肉，在1000人中也只会减少7个患癌死亡个案，称进食红肉导致癌症、糖尿病及心脏病的根据薄弱。

研究人员认为，由于癌症等疾病的患病原因，与其他饮食习惯及生活方式有关，故不能断定红肉便是元凶，建议公众可维持现时红肉摄取量。

研究人员还表示，他们希望改变过往制订营养指引的方式，并聚焦于指引的实际成效，让大众依实质理据做出决定，而非单纯听从权威机构的建议。

不过，来自哈佛、耶鲁及斯坦福大学的多名学者，早前致信《内科医学年鉴》，要求撤回研究。哈佛公共卫生学院发声明称，即使未能确定红肉与癌症等疾病的关系，但从公共卫生方面而言，有关研究如同推广进食红肉，做法不负责任及不道德。此外，认为红肉及加工肉类可能致癌的世界癌症研究基金会表示，无意改变如今的饮食指引，并说："我们对过往30年的严谨研究保持信心。"《内科医学年鉴》则认为，阻止论文发表并不恰当。

（三）癌症难治原因研究的新信息

1. 揭开三阴乳腺癌难治的原因

2012年4月，加拿大西蒙弗雷泽大学教授史蒂文·琼斯为主要成员，共有59名专家组成的一个国际研究小组，在《自然》杂志上发表的研究报告显示，他们从分子层面的研究发现，不同三阴乳腺癌肿瘤的基因组其实存在很大差异，这也是常用药物对这类癌症疗效不大的重要因素，未来可能需要调整相关的治疗手法。

研究小组称，他们利用电脑技术分析了100个三阴乳腺癌肿瘤的基因组，结果发现它们中没有任何两个相似，更不用说完全一样。研究人员说，鉴于它们是临床上同一类型的肿瘤，这一结果出乎意料。

琼斯解释说，通过在分子层面观察，发现上述肿瘤其实是一系列不同类型的乳腺癌肿瘤，而并非原来认为的完全一样，新发现有助解释三阴乳腺癌为何如此难治。

三阴乳腺癌约占所有乳腺癌病例中的16%，特征是雌激素受体、孕激素受体以及人表皮生长因子受体呈阴性。医学界一直认为它是乳腺癌中最致命的类型。

琼斯说，新研究发现有针对性的癌症药物治疗非常重要，也就是说需要根据某一类型肿瘤的基因组成，选用不同药物进行治疗，而不是像以往那样，仅用一种治疗手法应对所有类型的三阴乳腺癌肿瘤。

2. 发现癌细胞可通过休眠躲避化疗

2012年12月，《多伦多星报》报道，加拿大多伦多大学分子遗传学家、著名干细胞科学家约翰·迪克领导，多伦多玛嘉烈医院癌症研究中心专家参加的一个研究团队，在《科学》杂志上发表研究成果称，他们发现了肿瘤经化疗后仍会复发的一个重要原因，此一重大突破或将改变未来的癌症研究和治疗方式。

研究团队最新研究表明，驱动肿瘤生长的某些细胞，会通过“休眠”方式躲避常用的化疗药物，其会在治疗结束后“醒来”，重新引发疾病。

迪克称，新发现的休眠细胞，与那些推动原发肿瘤发生的活跃细胞，拥有完全相同的基因突变。一个细胞的DNA发生基因突变，从而导致其以失控方式进行复制时，癌症就会发生。癌症在化疗后复发，是因为随后发生的基因突变，可对那些对付原发肿瘤的药物产生抵抗力。

具有相同基因的休眠细胞的发现，表明有其他力量在癌症复发中发挥作用，而那些非遗传性力量引起了肿瘤学界的关注。迪克认为，一定存在一组不同的基因突变，一个不同的突变谱，这样才能解释为什么这些复发细胞会对化疗产生耐药性。

迪克表示，表面上它们似乎在遗传学上非常相似或基本相同，但一定有“其他东西”驱动了对化疗的抗力。这个“其他东西”就是休眠细胞在肿瘤内所处的微环境。

除了癌细胞外，肿瘤还含有血管和免疫系统等正常组织。肿瘤细胞也非常靠近那些非肿瘤细胞，并会影响其行为。因此，研究人员把肿瘤细胞所处位置，与谁最接近，以及能接收到什么样的信号作为研究重点。

在一个肿瘤中，每数千个细胞中只有一个可真正推动肿瘤增长。大多数的肿瘤驱动者对化疗很敏感，因为用于癌症治疗的大部分药物会将以反常速度增殖的细胞作为靶标。但是，如果某些干细胞状的癌症驱动者处于休眠状态，亦即隐藏了其进行快速复制的能力，药物就会放过它们。这些休眠细胞其实就是癌症复发的罪魁祸首。

迪克表示，科学家们现在需要了解驱动休眠的生物学特性，不一定是遗传特性，并寻找方法来杀死这些“潜伏”细胞，或是对那些可唤醒它们的外部因素进行控制。对这些非遗传特性的理解或会导致全新一代抗癌药物的出现。

（四）癌症致死趋势研究的新信息

1. 增高癌症致死趋势研究的新进展

（1）情绪消沉可能会增加癌症死亡率。2009 年 9 月 14 日，美联社报道，加拿大不列颠哥伦比亚大学科学家吉莉安·萨坦领导的一个研究小组，在美国《癌症》杂志上发表论文称，他们研究发现，情绪消沉或可增加癌症患者的死亡率。但科学家又说，情绪消沉的癌症患者不应为此惊慌，因为这两者的关系有待更多研究。

该研究小组在研究中发现，情绪消沉或有抑郁症的癌症患者死亡率，比精神状况良好的癌症患者死亡率高。他们在针对 9417 名癌症患者的 26 项独立研究中，有抑郁症征兆的癌症患者死亡率，比精神状况良好患者死亡率高 25%；确诊抑郁症的癌症患者死亡率，比精神状况良好患者死亡率高 39%。

研究人员在动物实验中发现，压力对肿瘤生长及癌细胞扩散均有影响。这表明消沉情绪或许会影响到人体激素水平和免疫系统，另外，消极情绪使癌症病人不愿配合治疗，可能也是他们死亡率增高的原因之一。

萨坦对美联社记者说：“我认为，人们应该认真对待情绪消沉。希望这一研究结果，能促使人们在传统癌症治疗中，加入心理社会治疗。”

尽管研究结果揭示患者情绪与癌症死亡率存在一定关系，但萨坦指出，研究结果并不说明消沉情绪本身会导致死亡。她说：“我们的研究，不是为了告诉人们消沉情绪本身会导致死亡，我们只是说这是一种可能。”

她反对人们把研究结果与癌症患者死亡率，绝对地联系在一起。

萨坦说："我知道，人们想知道具体数字，但是数字会带来误区。人们会以为，被确诊癌症后，随之产生的消极情绪与患者病情有必然联系。"她接着说："心理状态影响肿瘤的理论，眼下得到众多肿瘤专家和公众的认可，85%的癌症患者和71.4%的肿瘤专家认为，心理因素影响肿瘤生长和扩散。"

此次研究目的，只为探究情绪是否如众多肿瘤专家和大众所认为的那样，可以影响肿瘤生长扩散。如同先有鸡还是先有蛋的问题一样，有人认为人们因为得了癌症才变得情绪消沉；另一部分人则认为消极情绪使癌症患者死亡率增加。

相关研究显示，与癌症死亡率相比，消沉情绪对心脏病患者死亡率影响更大。消除临床因素影响，情绪消沉的心脏病患者死亡率，是普通心脏病患者的两倍。

萨坦说："虽然消沉情绪可增加癌症患者死亡风险，但必须说明的是，这一增加的死亡风险，其实微乎其微。所以癌症患者如果有抑郁症症状不必惊慌。但是我们建议，患者与主治医生交流自己的精神健康状况。"

英国癌症研究会专家朱利·夏普说："这项研究，提醒人们关注癌症患者的精神健康，为有情绪消沉倾向患者及时提供治疗。"她同时强调，研究对象死亡率的变化，可能由其他因素引起，因为目前还有很多未解之谜。

（2）患过心理疾病会增高癌症死亡风险。2019年3月，加拿大多伦多大学等机构有关专家组成的一个研究团队，在《英国癌症杂志》上发表的一项新研究显示，癌症患者如果确诊前曾患过心理疾病，他们的死亡风险会更高。因此专家建议，医生在治疗癌症时应关注患者的心理疾病史，而患有心理疾病的人则更应注意防癌。

研究人员以67.6万名加拿大癌症患者为研究对象，分析他们在癌症确诊前5年接受心理疾病治疗的情况。结果发现，接受心理疾病治疗的程度越高，癌症患者的死亡风险就越大。

例如，与没有过心理问题的癌症患者相比，那些曾因心理疾病就医问诊的癌症患者，癌症死亡风险要高出5%；如果患者曾因心理疾病住院治疗，这一风险甚至会高出73%。而且，这种现象在膀胱癌和肠癌患者中尤其明显。

研究人员说，这一结果表明，心理健康对癌症患者生存率的影响，可能比先前认为的要大，严重抑郁和压力可能会阻碍免疫系统发现和攻击肿瘤细胞。因此在治疗癌症时，医护人员也应关注患者的心理疾病史。

不过，研究人员表示，这项研究的结果，只是显示出确诊患癌前曾接受心理疾病治疗的癌症患者死亡风险更高，但并没有证明两者具有直接的因果关系，出现这种关联的原因还有待进一步查明。

此外，英国癌症研究会高级临床顾问理查德·鲁普看了文章后认为，这项研究还表明，接受心理疾病治疗的患者，注意定期接受癌症筛查。

2. 降低癌症致死趋势研究的新进展

运动使乳腺癌复发致死率降低40%。2017年2月，有关媒体报道，加拿大多伦多新宁保健科学中心艾伦·华纳和朱莉·哈默等人组成的一个研究小组，近日在学术会议上发表研究报告指出，对于从乳腺癌中恢复的女性来说，运动似乎是降低复发死亡风险的最重要生活方式。

当癌症转移到身体其他部位之后，罹患乳腺癌的女性约有1/4会死亡。但更加健康的生活方式能够降低死亡发生的风险。

为了了解哪些生活方式的改变会带来最大的好处，加拿大研究小组分析了67项研究，它们分别监测饮食、运动和体重及其对已得到成功治疗的女性乳腺癌患者健康的影响。

他们总结称，体能运动能够使乳腺癌复发致死率降低40%。华纳说："运动对乳腺癌死亡率相对风险有着最持续和最大的影响。"她说，最理想的运动量，是每周进行适度锻炼150分钟。她接着说，很难单独说运动为什么会带来这样的益处，但一个可能的解释是，它能够抑制损伤细胞及增加癌症扩散风险的炎症。

这项研究的一个潜在问题是女性要做多少运动，但那些未被诊断出的二次癌症患者如果要运动可能会过于疲累或是疼痛，从而扭曲运动对降低死亡率的明显益处。美国华盛顿西雅图弗雷德哈钦森癌症研究中心的安妮·麦克蒂尔南说："让女性随意运动，并与控制组对照的一项随机试验，可能会有帮助。"

华纳还表示，另一个重要的生活方式影响因素，是在癌症治疗之后限制体重增加。而不同种类的饮食似乎对乳腺癌复发风险影响不大

（五）抗癌分子研究的新发现

1. 发现一种分子可限制癌细胞增殖次数

2011 年 1 月，加拿大蒙特利尔大学生物化学系格拉尔多·菲尔贝伊尔博士领导的研究小组，在《基因与发展》杂志上发表研究成果称，他们发现，癌细胞虽然可以通过自身复制一分为二，但是一种被称为 PML 的分子可以限制癌细胞增殖的次数。

参与研究工作的科学家表示，该项发现的重要性，在于了解并掌握了正常生物体与癌症威胁进行斗争的机理。

这项研究证明，恶性肿瘤难以对付 PML 分子，这意味着如果没有 PML 分子存在，恶性肿瘤就可以持续生长并最终扩散到其他器官。而更重要的是，PML 分子的存在可以容易地被探测到，有可能被用于诊断肿瘤是否为恶性。

菲尔贝伊尔介绍说，他们发现良性肿瘤细胞会产生 PML 分子，并表达大量 PML 小体，从而使自己处于睡眠和衰老状态，不会扩散或生长到人体其他部位；而恶性癌细胞既不产生也不维系 PML 小体，因此会发生不可控制的增殖扩散。

研究人员表示，这项发现揭示了 PML 分子的潜在抗癌能力，PML 可以将肿瘤抑制蛋白组构成一个“网络”，来抑制癌细胞的表达，或抑制癌细胞增殖所需的其他蛋白质的数量。这些蛋白质在我们体内是最基本的分子，发挥着控制细胞诞生、生长、死亡的作用。

衰老是细胞生命成熟的阶段，在此阶段，细胞不再进行复制，这是对癌症形成的一种自然防御。10 年前，菲尔贝伊尔就提出来 PML 分子可以迫使细胞进入衰老状态的理论，但是一直都无法找到其作用机理。经过与蒙特利尔大学医学研究中心的合作，借助医院的研究人员收集的患者样本，促成了研究小组获得此项成果。

2. 发现可杀死癌细胞的抗癌新分子

2015 年 5 月，加拿大滑铁卢大学科学学院卢庆彬教授领导的一个研究

小组，在《E生物医学》杂志上发表论文称，他们开创了一种以分子机理为基础的新方案，继而发现一类新的非铂类卤化分子既可杀死癌细胞，又能防止损害健康细胞。

研究人员说，飞秒激光光谱学传统上用于研究发生在分子水平的化学反应。在分子发生反应和结构改变时，激光可拍摄一系列“快照”。这项称为“飞秒医学”的技术，是卢庆彬开发的一个新兴科学领域，旨在把超快激光应用于分子生物学和细胞生物学。

卢庆彬利用该工具对DNA（脱氧核糖核酸）受损时刻的细胞癌化分子机制及放疗和化疗，特别是广泛用于治疗多种癌症的顺铂化疗的工作机理，进行了研究。

卢庆彬称，DNA损伤是第一步，利用新的飞秒医学方法，研究人员可寻根溯源，找出DNA受损的首要原因，继而发现突变、癌化的原因。

通过更多了解疾病的基本机制，卢庆彬预先选定了最有可能成为有效抗癌药物的分子。他发现，一类非铂系分子在结构上与顺铂类似，但又不含有铂的毒性。对各种人类和鼠类培养细胞进行的临床前研究表明，这类新分子可有效对抗宫颈癌、乳腺癌、卵巢癌和肺癌。

《E生物医学》是由《细胞》和《柳叶刀》杂志编辑联合出版的一份新的研究临床杂志。卢教授目前已为新发现的系列非铂类卤化分子申请了专利，并希望尽快开始临床试验。

二、癌症防治技术研究的新成果

（一）研究治疗癌症的通用新技术

1. 探索治疗癌症的新单一方法

（1）提出通过杀死癌干细胞来彻底治疗癌症。2006年4月17日，《时代周刊》网站报道，加拿大多伦多大学教授约翰·迪克领导研究小组，与其他国家的癌症防治研究小组一起，正在把研究重点和注意力集中到如何杀死癌干细胞上。

报道称，癌干细胞往往是恶性肿瘤的罪魁祸首，它使得癌症经常性复发，而且复发的部位随着时间会有所改变。研究癌干细胞可以帮助科学家们揭示某些癌症形成的深层次原因，可以引导医生找到最终治愈癌症的良方。癌干细胞就像是癌细胞熟练的印章，只要原型存在，它就会复制出许许多多的复本，使得疾病久治不愈。如果要从源头上去除肿瘤，就必须阻断这些癌干细胞的生命。

提出根除癌症干细胞等观念，已经在很大程度上改变了医生对癌症的看法，他们开始转变几十年来一直困扰他们的观点，不再一味地探求遏制肿瘤的扩散，而是着力去除占细胞总数只有3%～5%的干细胞上面，它们才是真正的罪魁祸首。近年，世界各国对癌干细胞的研究，已经取得了许多新进展，有的已经成功隔离一组类似干细胞的肺部细胞，有的已经能从乳癌肿瘤中分离出干细胞，并识别出能预测疾病发展的遗传信号。迪克是一位在干细胞研究领域走在前沿的专家，他说："现在每个人都想谈论癌干细胞，从出资机构到各种学院，到科学家，人们认识到恐怕这个才是下一步研究的方向。"

原因显而易见，对癌症宣战已有30多年，而体内各部位的恶性肿瘤依然设法逃避针对它们的各种最好的治疗方法。对于许多白血病患者来说，自20世纪70年代以来死亡率一直居高不下。尽管有更温和更尖端的化学疗法和辐射疗法，尽管新药物对杀死癌细胞更有效，但是所有这些疗法对癌细胞的作用却大同小异。医生说，下一代疗法将辨别肿瘤的根源，并予以根除。

由于癌干细胞的特殊性质，人们的思想认识已经在转变。对胚胎干细胞的研究，理论上来说可以被用来克隆整个人体，所以容易引发道德和政治上的争议。与之相比，癌干细胞是成熟干细胞的变异形式，只能复制自身的细胞形态，如血液、皮肤和肺组织。之所以称那些成熟细胞为"干细胞"，是因为它们能够复制出大量与本身细胞相似的干细胞（进而不断地制造出血液和皮肤组织），并产生大量新细胞，以取代那些成熟后死亡的细胞。

报道称，白血病研究人员把同样的方法，应用于癌细胞引起的病变的想法也可能奏效。在20世纪90年代的一系列研究中，科学家们开始从白血病患者身上提取白血病细胞，将这些细胞分割，并植入经过特殊方法培育的可接受人体细胞移植的小白鼠体内。其中一部分白血病细胞在小白鼠体内形成了肿瘤，另一些细胞却没有形成肿瘤。这可以证明，癌细胞中并不是所有的细胞都是相同的，其中一些比另外一些更危险更易扩散。

对付癌细胞的挑战，来自如何找到一种有效的方法，来分辨并隔离这些细胞。研究人员在原有知识的基础上，开始分析正常细胞表面的蛋白质成分，并寻找其中同癌细胞蛋白质不同的地方。目前，白血病专家自20世纪40年代以来，在血液干细胞方面获得的知识，已经在治疗白血病方面取得了一定的优势。迪克小组第一个识别出了一种被称为CD34的蛋白质，这种蛋白质是一种潜在的白血病干细胞屏障。迪克在试验中显示，将含有大量CD34的肿瘤细胞植入实验小白鼠体内，将使癌细胞生长全面开花。而不含这种蛋白质的白血病细胞并不产生任何影响。

研究人员希望，有一天这种蛋白质能被准确地辨别出来，这些蛋白质可以成为药物治疗的“靶子”，能带来更好的癌症治疗手段。

（2）发现可使药物直接攻击癌细胞的新技术。2010年3月，加拿大蒙特利尔大学药学系教授丁戴尔·拉门塔尔领导，拉瓦尔大学有关专家参加的一个研究小组，在《生物化学杂志》上发表论文称，他们发现了一种可使药物直接攻击癌细胞的全新方法。小组负责人表示，他们发现人体中部分类型的细胞，存在一个“门口”。例如，源自骨髓的细胞，就存在一个允许博来霉素等抗癌药物进入的“门口”。找到并打开这扇“门”，就可让药物直接攻击引发白血病的癌细胞。该成果为治疗癌症开辟了一条新途径。

据介绍，这项新技术对于癌症患者，特别是急性骨髓白血病患者实属福音。急性骨髓白血病影响人的白细胞。这种癌症很难治疗，绝大部分患者对各种抗癌药物没有反应。对此，研究者表示，运用新技术治疗急性骨髓白血病时，它依靠事先找到的“门口”，把博来霉素等抗癌药剂，以束流的形式直接送到患病地点，从而准确杀死癌细胞。

研究者还指出，新找到的“门口”只存在于部分细胞，例如，那些来自骨髓的细胞，但对于乳腺癌等就不起作用，这样就很难使用博来霉素等来治疗乳腺癌患者。因此，研究者认为，目前应着手寻找能够刺激“门口”产生的方式，这样才能够使用博来霉素等药物治疗更多类型的癌症。

（3）发明静脉注射病毒治疗癌症的新技术。2011年10月，加拿大渥太华医院研究所高级专家约翰·贝尔医生主持的一个研究小组，在《自然》杂志上撰文称，他们采用静脉注射病毒的新技术治疗晚期肿瘤获得重要突破，获得利用病毒治疗癌症的首创成果。该研究样本共有23名癌症患者，他们都是晚期癌症病人，癌细胞已经扩散到全身，病毒治疗新技术的研究表明，病毒可以透过血液直接作用于肿瘤，而不是治疗患者的全身。

领导这项研究的专家说，该技术过去曾在动物身上试验过，但从未用在人体上。通过静脉注射技术治疗癌症，是一条重要途径。因为通过血管注射药物，可以针对全身扩散性的肿瘤，不只是直接对某个特定部位的肿瘤。另外一个重要意义是，这种技术可以选择输入外来基因作用到肿瘤上，为标靶性癌症治疗技术打开新的大门。过去治疗癌症的常用方法是化疗和放疗，这两种方法的局限在于它们不仅杀死癌细胞，也伤害到正常细胞，造成人体免疫力下降。

渥太华医院研究所采用一种曾经作为天花疫苗的病毒JX-594，分成五种剂量分别注射到晚期癌症病人血液中，10天以后做肿瘤组织活检。研究结果表明，在最高剂量的两组中，90%的患者其肿瘤复制了病毒，而健康普通组织没有复制，这证明病毒对癌症组织有特殊的作用，用它追踪癌症肿瘤特别有效。下一步，科研人员将把病毒疗法与化疗相结合，利用病毒找到癌症组织，再用化疗药物直接作用于癌细胞上，以便强化靶向药物的治疗效果。

对于这项首创成果，有关专家认为，研究结果非常鼓舞人心，不过作为一项新技术，还要进行更多的试验，特别是安全性和准确性试验，才能转化为癌症新疗法。

2. 探索治疗癌症的新组合方法

（1）发现放射性治疗与超声波疗法结合效果更佳。2011年7月，国外媒体报道，加拿大一个医学专家组成的研究小组，在美国《国家科学院学报》上发表论文说，他们通过动物实验显示，一种超声波疗法，能让肿瘤对放射性治疗更加敏感。

放疗主要通过破坏DNA及肿瘤血管来摧毁肿瘤。微泡在超声激发的情况下，可以破坏病理结构薄弱的肿瘤新生血管。

研究人员通过静脉向实验鼠乳腺肿瘤部位注射了微泡，然后让该区域接触能使微泡破裂的超声波频率，部分肿瘤随后又接受了放疗。结果发现，这种组合治疗造成的肿瘤细胞死亡数比单独使用放疗要多出约10倍，相对于只使用放疗，组合疗法重复治疗能延长实验鼠的存活时间，并延缓肿瘤的生长。研究人员所用的微泡，是微米直径的惰性气体球。

研究人员表示，放疗辅以超声波激发的微泡，可能会增加癌症疗法的功效，并减少所需放疗的总剂量。

（2）发现用核酸适配体可提高癌症病毒疗法效果。2013年2月，国外媒体报道，加拿大渥太华大学、俄罗斯克拉斯诺亚尔斯克国立医科大学、美国詹妮雷克斯生物疗法公司联合组成的研究小组，在《美国化学学会杂志》2012第134期上发表论文称，他们发现了灭杀癌细胞的一种新方法。

癌症是当今世界威胁人类健康的主要疾病之一。除手术、化疗等传统癌症治疗方法外，利用肿瘤选择性增殖的基因突变型病毒治疗癌症，是一种新发展出的治疗手段。全世界的科学家都在寻找并试验能选择性杀死癌细胞的病毒株，并将癌症病毒疗法由基础研究向临床试验的方向发展。

在癌症病毒疗法的实际应用中，存在一个突出问题，即患者体内免疫系统会产生抗体，将外来的有用病毒杀死。该研究小组通过研究发现，可利用核酸适配体来解决这一问题。

核酸适配体是通过模拟自然进化人工筛选技术，从核酸分子文库中得到的寡核苷酸片段，能够与靶标高特异性、高选择性地结合。研究小组成功获得能与水泡性口炎病毒（溶瘤病毒的一种）抗体结合的适配体。由于该适配体与病毒抗体进行结合，“阻断”其作用，使得病毒能选择性的顺利抵达癌细胞并进行复制，最终将癌细胞杀死。动物试验结果显示，该适配体没有毒性和免疫原性。

核酸适配体的相关研究，将有望为癌症的早期诊断及靶向治疗，开辟新的方法和途径。当然，从研究室试验成果到实际应用，中间还有很长的路要走。

（3）用两种免疫疗法开发出对抗癌症的新组合方法。2014年2月，加拿大渥太华大学特聘教授、东安大略儿童医院研究所资深科学家罗伯特·科奈卢克领导的一个研究团队，在《自然·生物技术》杂志上发表研究成果称，他们的科研证据表明，特定组合疗法对杀死癌细胞具有实效。

加拿大癌症协会称，癌症是加拿大头号疾病，30%的死亡病例均为癌症所致。人们迫切需要新的有效药物，但在短时间内开发出新的抗癌疗法非常困难。该研究小组则另辟蹊径，把目前既存的实验性疗法加以组合，来加速对抗癌症恶魔。

科奈卢克期望尽快推动这一新的组合实验疗法进入临床试验。他坚信，新疗法已不再是“是否”有助于癌症患者的问题，而是一个“何时”将成为治疗标准的问题。

证据表明，有两种免疫疗法是最具希望的癌症治疗方法。第一种是线粒体促凋亡蛋白拟态疗法，这是一种以凋亡抑制蛋白为基础的针对致癌基因的治疗方法。凋亡抑制蛋白由加拿大东安大略儿童医院在 19 年前发现。第二种是活病毒疗法，亦称为溶瘤法，这是在渥太华兴起的一个独立研究领域。这两种免疫疗法目前已应用于临床试验，虽然进展令人鼓舞，但两者作为独立疗法，至今尚未表现出实质性的治疗效果。

科奈卢克领导的团队发现，把活病毒（或其他非病毒免疫刺激剂）与线粒体促凋亡蛋白模拟物组合在一起，可协同或放大肿瘤杀伤效果，从而克服了单一疗法的局限。组合疗法与具有明显副作用的标准化疗方法完全不同。两种实验性癌症治疗新药组合后，在消灭肿瘤的同时不会对周围的健康组织造成伤害。

研究人员表示，这两种药物的组合使用或将节约数年的临床开发时间，从而使患者能更快地用上这些药物。研究小组假设，这种组合方式或更适合于特定癌症和具体用途。

（二）研究治疗具体癌症的新技术

1. 探索治疗胰腺癌的新方法

2015 年 4 月 20 日，加拿大渥太华医院研究所资深科学家约翰·贝尔领导的一个研究小组，在当天出版的《自然·医学》杂志上发表研究成果指出，胰腺癌由于早期症状不明显常常被称为“沉默的杀手”，他们研究发现，病毒或许可以成为战胜这个杀手的利器。

胰腺癌确诊患者的 5 年存活率仅为 6%，这在所有常见的癌症类型中是最低的，而且在过去 40 年中存活率基本没有改善。大手术仍是治疗胰腺癌的唯一途径，但也只能在肿瘤还未扩散到器官前进行。在大多数情况下，患者发现胰腺癌时已为时过晚，即便手术也无法完全康复。

胰腺癌对化疗和放疗等常规治疗方法具有抵抗性，因为胰腺肿瘤具有与众不同的结构，肿瘤中含有高浓度的基质细胞。这些细胞与胰腺癌细胞相互作用，对肿瘤生长起着保护和促进作用。最新研究描述了胰腺癌肿瘤的“生态系统”，其中包括基质细胞和恶性细胞的复杂网络。基质细胞通常有助于维持组织，但也可被癌症细胞收编以促进肿瘤生长。

贝尔表示，使胰腺肿瘤变得如此顽固的生物学原理，同样也使其容易受到设计病毒的攻击。研究人员对这些细胞类型进行了分离，并研究了它们相互之间以及与病毒如何相互作用。结果发现基质细胞和恶性肿瘤细胞之间的相互作用使其更易受到病毒感染，因此病毒感染或可成为治疗胰腺癌的新思路。

研究人员设计了一种病毒，并进行了初步的理论测试。他们利用胰腺肿瘤中众多基质细胞所分泌的相同生长因子，嵌入了一个修改过的马拉巴病毒。这个新设计的病毒，首次从巴西白蛉分离出来，它被证明要比原始马拉巴病毒更有潜力杀死癌细胞，研究人员将之归功于新添加生长因子产生的影响。在某些实验小鼠上，该病毒可导致肿瘤完全消退。

贝尔认为，这种方法为治疗胰腺癌提供了一条新的可选途径，胰腺癌患者在现有方法的疗效普遍不明显的情形下，最终极有可能会认可并尝试这种基于病毒的癌症新疗法，不过要真正进入临床试验很可能还需数年时间。

2. 评估和改进晚期非小细胞肺癌的新疗法

2014 年 3 月，加拿大多伦多大学药学系亚当 · 法尔科尼主持，该校密西沙加分校生物系博士杰森 · 帕克等人参加的一个研究小组，在国际肺癌协会《胸部肿瘤学》杂志上发表研究成果写道，在过去 10 年，肺癌临床治疗一个主要重点，集中于晚期非小细胞肺癌新疗法的开发。他们评估这些疗法的临床试验分析表明，治疗晚期非小细胞肺癌新药物的累积成功率要低于业界估计。研究同时发现，生物标志物和受体靶向疗法，可大幅提高临床试验成功率。

此项分析的目的是，对过去 14 年中，针对晚期非小细胞肺癌药物开发临床试验失败的风险进行评估。成功率被定义为，一种新药物通过临床试验测试所有阶段并被批准的可能性，并与生物制药行业的估测率进行比较。

非小细胞肺癌药物研发的成功率为11%，低于业界估计的16.5%，但对某些特定药物适应症的成功率较高。生物标志物靶向治疗的累积成功率为62%，高出非生物标记靶向疗法的近6倍。分析还发现，每个新测试阶段的成功率会变差。这表明，早期试验阶段，对保证后期试验的成功几无帮助。

帕克表示，调查结果表明，某些治疗方式和药物设计策略，或有助于降低药物开发风险，促进治疗晚期非小细胞肺癌的创新药物开发。

用于治疗晚期非小细胞肺癌的小分子和生物药的累计成功率，低于业界估计。小分子药物的成功率为17%，业界估计达32%；生物药的成功率为10%，业界估计达13%。对药物作用机制的影响进行分析时，贝伐单抗、克唑替尼、厄洛替尼、吉非替尼等受体靶向疗法的累积成功率为31%，比非靶向疗法高3倍。免疫疗法的成功率则以6%垫底。

法尔科尼认为，分析表明，以治疗适应症为靶标的生物标记，以及拥有以作用机制为靶标的受体化合物，为临床试验成功提供了最佳机会，应该成为未来临床试验开发的优先事项。

（三）癌症防治预测研究的新技术

1. 探索癌症发展趋势预测的新技术

找到预测白血病发展的新方法。2016年1月，加拿大麦克马斯特大学干细胞和癌症研究所所长米克·巴蒂亚领导的一个研究小组，在《癌细胞》杂志上发表论文称，他们发现，健康血液干细胞向癌细胞转化具有清晰的、独立的步骤。该项发现是在血癌早期阶段进行识别和准确预测病情发展方面取得的重大进展。

巴蒂亚称，新研究已经确定了其中的两个步骤。研究小组的论文，描述了骨髓增生异常综合征向急性髓细胞白血病转化的重要鉴别方法。

研究发现，重要的GSK-3基因的一个变体被删除时，该基因的其他变体开始激活，但此时仍是非癌的。当该基因的第二个变体被删除时，急性髓细胞白血病就会开始活动。

巴蒂亚研究小组联合意大利研究人员，把这些初步研究结果，应用于先前从骨髓增生异常综合征患者，其中部分最终发展为急性髓细胞白血病患采集的人体血液样本。研究人员所做的追溯研究证明，病人血液样本的基因表达分析，可准确预测哪些患者病情最终会发展为急性髓细胞白血病。

研究人员表示，其下一步目标，是要开发出更好的血癌预测方法，并以可预测的基因表达，作为药物靶标来预防白血病的发展。

2. 探索癌症治疗后复发预测的新技术

（1）研究肺癌治疗后复发预测的新技术。开发出检测术后肺癌复发的新方法。2006 年 8 月，杜克大学医学专家阿尼尔·波蒂领导的一个研究小组，在《新英格兰医学杂志》撰文称，他们开发出一种新的检测方法，可以查明肺癌患者手术后是否会复发，以便医生及早决定是否采取化疗挽救癌症复发者的生命。

研究人员说，肺癌有两种主要类型：小细胞肺癌和非小细胞肺癌。新的检测方法主要针对非小细胞肺癌患者，通过扫描癌细胞遗传物质，来鉴别某一病例是否属于易复发的类型。研究人员共对 89 例非小细胞肺癌患者进行试验，检测准确率高达 90%。

非小细胞肺癌占所有肺癌病例的 75%，早期患者一般采取手术治疗，手术后约有 1/3 的患者病情会复发。目前，医生通常通过分析患者肿瘤的大小、是否扩散、是否入侵到淋巴结等特征，来判断肿瘤的危害程度，以及术后是否需要化疗。

波蒂说，这种新的检测方法，可以更加方便、准确地判断肺癌患者的复发可能性，让那些不会复发的患者，省去盲目化疗之苦。研究人员接下来将对美国和加拿大的 1000 名患非小细胞肺癌的志愿者进行检测，以进一步检验这种方法的有效性。

（2）研究乳腺癌治疗后复发预测的新技术。乳腺癌预测治疗后效果有了新生物标记。2014 年 9 月，加拿大麦吉尔大学生化学家尤西尼·西格尔主持的一个研究小组，在最新一期《分子与细胞生物学》杂志上发表论文指出，预测治疗后效果对医疗管理来说是至关重要的，而他们研究发现，

p66ShcA 蛋白有望作为生物标志，用以识别预后较差的乳腺癌。

预后良好的患者可幸免进行带有严重副作用的侵入性治疗，但不对侵入性肿瘤进行侵入治疗或可导致死亡。癌症之所以致命，在很大程度上是由于其发生了转移，从一个器官或组织转移到另一个器官或组织。癌症致死，绝大多数与转移有关。

对于乳腺癌来说，被称为“上皮间质转化”的过程助推了这种转移。上皮细胞系附着在与环境接触的皮肤和胃肠道中。间质细胞是胚胎组织和结缔组织中的一种细胞类型，其在那里形成非常松散的联系。肿瘤细胞失去成熟上皮细胞的特性（如附着于环境的能力），获得间质细胞的能力，使其能够轻松地在细胞间流动并进入血液，从而迁移到远处的器官和组织。

西格尔主持的新研究表明，p66ShcA 蛋白富含于经历了上皮间质细胞转移的乳腺癌中。在所有乳腺癌类型中，p66ShcA 表达水平的升高，与上皮间质细胞转化基因的表达密切相关。因此，p66ShcA 可用作确定各种分子亚型乳腺癌预后的首选标记。

乳腺癌至少有 5 种亚型，其中每一种都与不同预后结果相关。早期研究表明，亚型具有异质性，因此基于亚型的预后结果不太可靠。研究人员表示，对造成肿瘤细胞异质性和转移基本机制的深入了解，有助于更好地明确疾病的预后发展并提出改善治疗效果的方法。

（3）研究前列腺癌治疗后复发预测的新技术。开发出预测前列腺癌复发的高精度基因测试技术。2014 年 11 月，加拿大多伦多玛嘉烈公主癌症研究中心临床科学家罗伯特·布里斯托负责，该癌症研究中心保罗·布特罗斯博士等人参与的一个研究小组，在《柳叶刀·肿瘤学》杂志上发表论文称，他们开发的一种快速、高精度基因测试工具，可确定哪些前列腺癌患者只需手术或放疗等局部治疗即可康复，而另一些患者则需进一步使用化疗或激素疗法。

布里斯托说，此项研究结果为应对前列腺癌治疗中的临床难题搭建了舞台，对于这种侵入性男性疾病来说，在初始治疗期间，前列腺外部就已存在一些隐蔽的、微观的病症，因此 3～5 成的前列腺癌患者最终会遭遇复发困境。布特罗斯表示，这种基因测试方法，可通过防止前列腺癌细胞的转移扩散，来提高中高危男性患者的治愈率。

该项预测技术通过对治疗前乃至治疗开始阶段提取的活体组织进行分析，以确定肿瘤内的异常遗传特征及其氧含量。低氧可给前列腺癌细胞提供侵入血管并扩散至全身的能力。研究表明，该方法对于甄别哪些患者存在继发性肿瘤的高风险，具有80%的准确率。

布里斯托表示，这种个性化癌症医学手段，具有广阔的临床应用潜力，其基于患者独特的癌症遗传指纹，及癌细胞的周围环境进行分析，为患者提供更有针对性的治疗。

研究人员在开发过程中，使用了两组患者。第一组中，126 名患者利用图像引导放射治疗，并对其进行了 8 年时间的监测。第二组中，150 名患者则进行了肿瘤手术切除。研究人员对所有患者的活检癌细胞进行了DNA 分析。

研究表明，那些基因改变小、缺氧率低的患者，5 年内前列腺癌复发率低于 7%；而基因改变大，缺氧率高的患者，癌症复发率超过 50%。

研究发现的一种染色体和基因改变的独特模式，可预测前列腺癌局部治疗后两年内的早期复发。拥有这一独特遗传特征的患者，局部治疗拥有50%的失败率，这些患者必须进行个性化的强化治疗才有可能治愈；而不具有该遗传签名的患者，无论是手术还是放射治疗，效果都很好，无须改变治疗方法。

研究人员表示，该测试方法目前尚处于“研究模式”，在未来 3 年内，将在全球范围，对数百例前列腺癌患者的肿瘤细胞，进行遗传签名测试，以验证该方法可作为预测工具用于临床的可行性，并争取在 5 年内通过加拿大卫生部的许可进行临床应用。

三、防治癌症的新药物与新设备

（一）开发防治癌症药物的新信息

1. 研制治疗癌症通用药物的新进展

（1）发现注射维生素 C 对癌症病人有益。2006 年 4 月，加拿大医学会杂志报道，加拿大健康管理中心专家与美国同行组成的一个研究小组，通过给三位年老的癌症患者静脉注射高剂量维生素 C 发现：这些患者的存活时间比预期的要长，而且三个病人中的两位仍然健在，且没有疾病症状。

报道称，在这三位病例里，研究人员对其静脉注射了 15~65 克剂量的维生素 C，来促进血浆聚集，而这些病人通常是不能通过口服来摄取维生素 C 的。

第一位是 51 岁的肾癌女性患者，已经进行了肾脏切除手术，但是有证据表明癌症已经扩散到肺里。她在 10 个月内进行了一周两次的静脉注射 65 克维生素 C，同时结合了其他的疗法。通过 X 射线胸腔复查，显示了推测为伤疤的一个小点。五年后，发现了新的肿块。病人又重新进行维生素 C 注射，但是效果不理想。

第二位是 49 岁男性患者，患有多聚卫星肿瘤的膀胱癌，在 3 个月内，对其进行每周两次静脉注射 30 克维生素 C。紧接着，在剩余的 4 年内，每 1~2 个月静脉注射 30 克维生素 C。九年后诊断，病人很健康并且没有疾病的征兆。

第三位是 66 岁的女性患者，患有扩散进入肌肉和骨髓的淋巴瘤。她接收了 7 个月的每周两次静脉注射 15 克维生素 C 的疗程，随后一年内每 2~3 个月注射 15 克维生素 C。10 年后诊断，显示病人健康状况良好。

研究人员注意到，这 3 位患者的存活时间，要比同类型和同阶段的癌症患者长许多。这表明，早期的静脉注射维生素 C 的治疗方案，对癌症患者有着良好的效果。根据对这 3 位患者的观察，研究人员说："对高剂量静脉注射维生素 C 治疗癌症患者的方案，要引起重视，并进行更加深入的探索。"

（2）发现可使癌症干细胞"改邪归正"的药物。2012 年 5 月 26 日，加拿大麦克马斯特大学医学专家巴蒂亚等人组成的一个研究小组，在《细胞》杂志上发表研究报告说，他们在实验中发现，抗精神病药物硫利达嗪，可使癌症干细胞"改邪归正"，成为正常细胞，而药物使用不会对其他正常的人体细胞产生副作用。研究人员称，基于这项研究成果，有望研发出新的癌症治疗药物。

癌症干细胞被认为是很多癌症的"罪魁祸首"，传统的癌症疗法如化疗不仅会杀死癌症干细胞，同时也会伤害人体其他正常细胞，从而导致脱发、恶心和贫血等副作用，而且病症还容易复发。

由于癌症干细胞有别于普通干细胞，并不容易分化成稳定且不会分裂的细胞类型。研究人员利用这种差异性对大量药剂进行筛选，从中找到了近 20 种可对抗癌症干细胞的药物，其中抗精神病药物硫利达嗪的实验效果最为理想。

他们在实验中发现，硫利达嗪虽然不会直接杀灭癌症干细胞，但能促使它们分化成稳定的正常细胞类型，从而消除这种干细胞。巴蒂亚说，硫利达嗪通过把癌症干细胞转化成正常细胞类型，实现了消除癌症干细胞的目的，这一过程中不会对其他正常细胞产生副作用，这显然更有利于癌症病人的治疗和康复。

巴蒂亚说，他们下一步将在临床试验中检测硫利达嗪的实际疗效，尤其是对那些经化疗后复发的急性骨髓性白血病病人。

2. 研制治疗具体癌症药物的新进展

（1）研制可“定点清除”癌瘤的治肺癌新药。传统治癌手段往往会对健康细胞造成损害。但美国“基因技术”公司在 2004 年 6 月举行的美国临床肿瘤学协会年会上报告说，他们开发出一种名为“厄洛替尼”（erlotinib）的新药，能在摧毁癌瘤的同时无损健康细胞，从而提高晚期肺癌患者的存活率。

该药品的研发负责人介绍道：新药进入人体到达肿瘤表面后，会以一种酶为媒介，向癌细胞发送信号。与以往传统的化疗药物不同，它能在不伤害健康细胞的情况下，摧毁那些促进肿瘤生长的细胞。

据悉，研究人员在加拿大多伦多的玛格丽特公主医院，以 731 名肺癌患者为对象，对这种新药进行了临床试验。他们均为晚期肺癌患者，在接受 1~2 种化疗治疗后仍不见效，病情持续恶化。而服用新药后，其中 488 人的预期存活时间平均延长了 6~7 个月，与服用安慰剂的对照组相比，存活时间要长 40%。

（2）研究证明治疗前列腺癌新药有效。2004 年 10 月，《新英格兰医学》杂志报道，由加拿大和美国科学家实施的研究证明，安万特公司生产的抗癌新药物“泰索帝”（Taxotere）疗效显著，它不仅是用来治疗乳腺癌和肺癌的新药物，而且能够延长前列腺癌患者的生命。

报道称，加拿大多伦多大学和美国哥伦比亚大学的科学家，分别针对数百名前列腺癌患者进行了对比性研究。结果发现，对于那些激素疗法不起作用的前列腺癌患者，“泰索帝”药物可以起到延长其生命的作用。

相对目前治疗前列腺癌常用的“米托蒽醌”（Mitoxantrone）药物而言，“泰索帝”可以使前列腺癌患者的生命平均延长两个月。不过，科学家强调，对于治疗前列腺癌来说，它达不到完全治愈的目的。

（3）研究显示母乳可降低特定人群乳腺癌风险。2012 年 3 月，国外媒体报道，医学界一直支持母乳喂养，并称这不仅对婴儿有益，也有助于女性降低患乳腺癌的风险。加拿大等国相关专家组成的研究小组公布的一项新研究则进一步指出，这种效果对部分携带特定基因的女性来说，尤其明显。

加拿大等国研究人员分析了数千名携带乳腺癌易感基因 BRCA1 和 BRCA2 的女性。在 BRCA1 基因群体中，研究人员将被研究女性分成 1243 对，每对女性的主要区别，就是分娩后是否进行母乳喂养。

结果显示，在产后一年内坚持母乳喂养，可使这一群体女性患乳腺癌的风险降低 32%，如持续两年以上则效果更明显。但对于另外 422 对携带 BRCA2 基因的女性来说，母乳喂养并没有明显降低她们患乳腺癌的风险。

研究人员说，这两个基因引发乳腺癌的病理过程可能不同，其致病原因还需进一步研究。但可以看出，在降低乳腺癌风险方面，母乳喂养对特定人群效果更明显。

（4）发现阿司匹林无助特定人群降低结肠癌风险。2015 年 2 月 17 日，加拿大、美国、德国和澳大利亚等国专家组成的一个国际研究小组，在《美国医学杂志》上发表报告称，常服阿司匹林或其他非甾体消炎药，可降低绝大多数人患结肠癌的风险，但帮助不了带有罕见基因变异的少数人群。

研究人员报告说，他们分析了加拿大、美国、德国和澳大利亚的 10 个大型研究项目的数据，按年龄和性别对 8600 多名结肠癌患者与 8500 多名正常人进行对比。结果发现，对多数人而言，常服阿司匹林或其他非甾体消炎药，可将患上结肠癌的风险降低约 30%。

但是参与者中约有 9%的人，其 15 号染色体出现基因变异，阿司匹林对这些人不具有防癌作用。参与者中还有4%的人发生12号染色体基因变异，这些人服用阿司匹林后，其结肠癌风险反而增加。

研究人员指出，阿司匹林等非甾体消炎药具有副作用，如肠胃出血。以此为基础再确定哪些人群服用阿司匹林无效，就可以进一步指导癌症预防与临床治疗。但参与研究的专家也指出，上述研究的对象是欧裔白人，还需要在其他人群中进行更多验证，因此现在不建议通过基因筛查来指导人们如何服用阿司匹林。

（二）开发防治癌症的新设备

1. 研制诊断癌症检测设备的新进展

研发出查癌简单费用低廉的“看病”芯片装置。2005年9月，加拿大媒体报道，该国阿尔伯塔大学癌症研究员琳达·派拉斯基与阿尔伯塔癌症诊断协会专家联合组成的一个研究小组，已经成功研发出一种可以看病的芯片，这种芯片可以进行很多复杂的疾病检查，包括癌症，而它的费用却非常低廉。据科学家称，它可能改变整个世界使用的医疗检查方式。

目前，世界上大多数医院对癌症的检查是非常复杂并昂贵的，这导致了测试、诊断和治疗时间的滞后。这种小装置则不同，它极大地降低检查的复杂程度及检查的费用，而且它可以使医生对病人进行更有效的治疗。

这种芯片装置看起来就像是一个普通的显微镜载片，长方形状，并且透明，上面有很多细线状的物质穿过。芯片由聚合物和玻璃构成，看着很普通，但却是一个“芯片实验室”。

“芯片实验室”是新近出现的一种概念，它是指把生物和化学等领域中所涉及的样品制造、反应、分离、检测等基本操作单元，集成到一块几平方厘米或更小的芯片上，由微通道形成网络，以可控流体贯穿整个系统，用来取代常规生物或化学实验室各种功能的一种技术。

派拉斯基称，目前，她们已经对这种“芯片实验室”进行了三项成功的测验。

第一项实验，是她和她的同事进行的一个有关儿童白血病的临床实验。在加拿大，没有医院会检测一个人是否适合某种特定药物的治疗，因为这种检测的费用非常高，而且非常复杂。一些患有白血病的儿童，常因为一种威胁生命的毒性而痛苦不堪，因为一些抗癌药物对他们产生的效果很差。而当把相关的基因检测应用到这种芯片上时，派拉斯基相信，医生开出的治疗药物，对这些孩子只有很小的副作用，而且这种芯片可以大大降低医疗系统的花费，所有人都能从中获益。

第二项实验，是使用芯片检查骨髓瘤中染色体异常和滤泡型淋巴瘤，它们都是免疫系统方面的疾病。派拉斯基表示，当医院使用这些芯片测试时，它可以让医生避免对这些病人进行没有效果的常规化疗和干细胞移植，相反，医生可能会集中使用效果更好的新生物治疗手段。这种看病芯片不仅能使病人获得针对性的治疗，而且它在监控治疗反应上也有很大价值。另外，这种芯片还可以最先发现病情复发的反应。

第三项实验，是检测尿样中的高病毒量，芯片的应用非常成功。派拉斯基称，这种芯片技术的潜在能力将使医疗领域发生一次革命性的变化。

2. 研制治疗癌症设备的新进展

（1）研制出能准确杀死癌细胞的前列腺癌治疗仪。2005 年 7 月 13 日，加拿大媒体报道，该国研究人员研制出一种新型前列腺癌治疗仪，该仪器能在放疗时准确杀死全部癌细胞，同时避免伤及周边组织器官。

加拿大新宁癌症中心肿瘤学家莫顿当天向人们展示了这项新技术。他说，由于人的前列腺每天都会发生轻微移动，导致无法每次都准确对其进行放射。普通疗法需要对患者进行一到两个月的不间断放疗，但放射线照到周边组织会造成许多副作用，如膀胱和直肠功能紊乱以及阳痿等。

新治疗仪克服了这些缺点。它将计算机 X 射线断层造影术（CT），与三维超声波造影技术相结合，对癌变部位进行定位，可以准确对癌变区域进行治疗，同时也未增加患者所接受的放射线强度。

莫顿医生介绍说，治疗开始前，先为患者腹部做一次 CT，然后在每次放射开始时进行三维超声波造影，并与 CT 片在电脑屏幕上重叠显示。这样就可以在每次放射开始时，都准确定位肿瘤的位置，从而调整射线对癌变部位进行集中治疗。

据介绍，目前已有 42 名前列腺癌患者接受了新型治疗仪的治疗，温哥华癌症医院当天也开始利用该仪器进行试验治疗。新宁癌症中心还计划用该设备治疗女性乳腺癌和宫颈癌。

(2) 研制出能成功切除脑瘤的机器人。2008 年 5 月 19 日，英国《泰晤士报》报道，加拿大卡尔加里大学医学院神经学教授加尼特·萨瑟兰领导的神经臂研发小组，最新研制的机器人“神经臂”，在医生遥控指挥下，成功地为一名女子切除其脑部肿瘤。这是世界上首例使用机器人完成的脑瘤切除手术。

接受手术的是现年 21 岁的女子佩奇·尼卡森。尼卡森患有神经纤维瘤病，这种疾病使她的脑神经上不断长出良性肿瘤，各种感官能力因受肿瘤影响不断退化。

2008 年 3 月，医生使用传统手术方法，从尼卡森的大脑后部取出一个拳头大小的肿瘤，但另一个肿瘤很快严重影响到她的嗅觉。尼卡森是一名厨师，嗅觉对她至关重要。于是，医生准备再一次为她切除肿瘤，只不过这一次手术是由机器人操作。

尼卡森说：“刚开始听说手术将由机器人操作，我很害怕。但是，我相信医生，我知道他们会确保我的安全”。手术在 5 月 12 日进行，历时 9 小时，医生通过遥控装置和图像显示屏，指挥机器人操作，成功从尼卡森的大脑中取出鸡蛋形状的肿瘤。这次手术前，医生曾使用机器人从人脑取出组织样本，但使用机器人进行脑瘤切除手术还是第一次。

此次为尼卡森实施手术的机器人，是卡尔加里大学医学院研制的“神经臂”。与外科医生的双手相比，“神经臂”的优势在于，它能够在更小范围内更加稳定地移动，确保不会出错。通常情况下，人手能够稳定移动 1000~2000 微米，而“神经臂”可以稳定移动 50 微米。1 微米是 1 米的百万分之一。

目前，已有许多病人排队等待接受“神经臂”为自己实施手术。著名学府牛津大学和剑桥大学也表达了购买“神经臂”的意愿。

萨瑟兰说：“这次机器人成功为尼卡森切除脑部肿瘤，是医学界一项技术突破。通过图像，医生能够指导机器人切除复杂的肿瘤。一切操作都非常精准。”

萨瑟兰承认，机器人的灵巧度现在还比不上人类，但他相信，随着技术进步，机器人未来可以取代医生，为病人做更多更复杂的手术。他说：“这项技术已经取得突破，它还将继续发展下去。”

萨瑟兰说："外科医生的手有局限性。时间长了，手会疲劳，而且大脑中有些部位人手接触不到，机器人却可以进入。机器人可以做到同人手一样准确，甚至更准确。"

萨瑟兰表示，在打开尼卡森的大脑之前，他完全没有预计到这次面对的肿瘤如此复杂。它被各种神经和组织团团包裹，这种情况下，医生很难把它切除，但机器人却做到了。他认为，使用机器人做手术，有望治愈人类的多种脑瘤疾病。

第二节　心脑血管疾病防治的新进展

一、心脏生理与病理研究的新成果

（一）心脏生理研究的新信息

1. 研究心脏细胞作用与功能的新发现

（1）发现管理心脏能量供给的细胞运行过程。2007 年 5 月，加拿大麦吉尔大学健康中心科学家文森特·吉格博士主持的一个研究小组，在《细胞代谢》杂志上发表论文称，心脏需要持续稳定的能量供给以保证其功能正常，他们最近的研究发现，细胞的数个基因程序共同保证了能量供给的正常。这项发现或许能帮助医生治疗心脏疾病。

吉格说："心脏是一个泵，它需要能量，而且根据可用性心脏会从身体的多处获得能量，包括葡萄糖或者脂肪酸。我们发现了控制整个过程的两个新型受体，这非常令人兴奋。"

该研究小组发现这两个紧密相关的受体 ERRa 和 g，在调控一系列蛋白质表达方面起着关键作用，这些蛋白对于心脏能量产生至关重要。

吉格说："该受体从身体各个部分接收信号，这些信号将告诉细胞控制细胞中哪些基因程序的开关，来实现何种行动。由于 ERRa 和 g 对于心脏功能非常重要，因此影响它们的药物可能为治疗相关疾病带来新希望。"

这些由吉格小组发现的受体，与细胞发电站——线粒体的活动有关。但它们在为心肌提供能量的过程中起到的具体作用，此前并不清楚。

利用强大的基因工具，科学家发现 ERRa 和 g 受体，在管理心脏复杂能量过程的生物基因方面，起着重要作用。吉格说："这些受体控制着约400个基因，甚至更多。而这些基因管理着能量路径。"如果能证明这两种受体可以被安全的修正，那么相关药物就可能带来新的心脏病治疗手段。吉格说："这可能是预防心脏病的为数不多的方法之一。"

（2）在心包液中发现可修复心脏的新细胞。2019年7月16日，加拿大卡尔加里大学一个研究团队在《免疫》杂志网络版上发表论文称，他们首先发现了心包液中先前未识别的细胞群。这一发现可能为心脏受损的患者带来新的治疗方法。

卡尔加里大学库贝实验室研究人员发现了一个特殊Gata6+心包腔巨噬细胞，在治愈小鼠心脏损伤中起了作用。该细胞在心脏损伤的小鼠心包液中被发现。他们在与艾伯塔省利宾心血管研究所主任、心脏外科医生费达克教授合作中，也在心脏损伤的患者心包内发现了相同的细胞，该修复细胞的发现为心脏病患者带来了治愈的希望。

心脏病医生以前从未探究过心脏外的细胞，可以参与心脏伤后愈合和修复的可能性。与其他器官不同，心脏自我修复的能力非常有限，因此心脏病是北美死亡的头号病因。

费达克说："我们的发现将为新疗法打开大门，并为数百万心脏病患者带来希望。我们本来只知道心脏包膜充盈着液体，现在我们知道这种心包液含有丰富的愈合细胞，这些细胞可能包含着心肌修复和再生的秘密。能进一步发现创新疗法的可能，总是激动人心的。"

基础研究人员与心脏外科医生、临床研究人员一起跨学科工作，在不到三年的时间内就确定了细胞。这是从实验室和动物模型到临床，时间相对较短的一个研究周期。

接下来，费达克希望招募一名基础科学家，将研究推向更广泛的人类心脏修复研究。寻找潜在的心脏修复新疗法的新计划，是基础和临床研究之间合作的延伸。

2. 研究心脏与情绪关系的新发现

发现每天找点小乐子有益于心脏健康。2010年2月18日，美国《每日科学》网站报道，加拿大不列颠哥伦比亚大学医学院行为因素与心血管健康中心主任、医学和精神病学教授卡琳娜·戴维森领导的一个研究小组，在《欧洲心脏杂志》网络版上发表论文称，他们研究发现，保持愉悦、热情、满足等正面情绪，有益于心脏健康，可能降低罹患心脏病概率。

研究小组对1739名身体健康的加拿大人进行一项为期10年的跟踪研究。研究之初，医务人员通过研究对象自我报告和医学检查，评估他们罹患心脏病的概率，并评估他们的情绪属于正面还是负面。

正面情绪指愉悦心情，如高兴、幸福、兴奋、热情和心满意足。这类情绪可能只持续短暂时间，但时不时"来访"，几乎成为一种性格特征。负面情绪则包括焦虑、沮丧、抑郁、满怀敌意等。

研究人员把研究对象的正面情绪，从低到高分为5档，最低是"无"，最高为"极度"。综合考虑研究对象的年龄、性别、心血管疾病危险因素和情绪因素后发现，正面情绪与心脏病低发病率相关，正面情绪每提高一档，罹患心脏病概率降低22%。

研究人员说："毫无正面情绪的研究对象，比那些有一点正面情绪的人，罹患冠心病的概率高22%，而后者又比拥有中等正面情绪者患病概率高22%。"

戴维森说，从这项为期10年的研究来看，正面情绪可能有助预防冠心病，可见保护心脏不仅需要远离抑郁，还需要增加正面情绪。至于正面情绪可能有助预防心脏病的原因，研究人员认为，正面情绪可能有益心率、睡眠质量和戒烟。

戴维森说，拥有正面情绪者可能休息放松得更频繁、时间更长，他们的神经调节机制可能优于那些正面情绪少的人。

（二）探索心血管疾病病理的新信息

1. 心脏病致病因素研究的新进展

（1）发现影响心脏老化的新基因。2011年7月15日，加拿大报纸《七天新闻》报道：渥太华大学心脏病研究所生物学家帕特里克·伯根带领的研究团队，发现了存在于肌肉及脑细胞核中的基因MLIP，该基因可以影响心脏发展及老化过程。

报道称，加拿大渥太华大学心脏研究所是加拿大最大和最重要的心血管中心，也是北美洲最大的心脏研究中心之一，致力于了解，预防和治疗心脏病。有关专家表示，基因 MLIP 的发现，为治疗心脏老化及病变带来了新的希望。

（2）发现与年轻人猝死风险有关的基因。2017 年 3 月，加拿大麦克马斯特大学医学专家与南非等国同行组成的一个国际研究团队，在《循环·心血管遗传学》杂志上发表研究报告称，他们发现了一个与年轻人猝死风险相关的基因，有助于对相关人群进行风险筛查，加强预防并减少猝死案例。

研究人员说，他们发现，一个名为 CDH2 的基因如出现某种变异，可引起“致心律失常性右室心肌病”，这是一种常影响 35 岁以下年轻人的遗传性疾病，是导致看似健康的年轻人意外死亡的重要“元凶”之一。

研究人员对一个南非家族进行了 20 年的跟踪调查，这个家族受“致心律失常性右室心肌病”影响，曾有多名年轻人猝死。研究人员对这个家族中两名患者的基因组进行了测序，在分析超过 1.3 万个基因变异后，最后确定 CDH2 基因上的一种变异，可导致这种疾病的发生。

如果一个人携带了 CDH2 基因的这种变异版本，患“致心律失常性右室心肌病”的风险就会上升。

（3）发现进行性非综合征性心脏瓣膜病病因。2019 年 12 月 16 日，加拿大蒙特利尔大学等单位组成的一个研究小组，在《自然·遗传学》杂志上发表论文称，他们研究发现，ADAMTS19 缺失是导致进行性非综合征性心脏瓣膜病的病因。

据悉，心脏瓣膜病患者约占总人口的 2%。尽管最初的观察，常常局限于主动脉瓣或二尖瓣，但其他瓣膜的疾病也可以有规律地观察到，病人通常需要手术治疗。虽然心脏瓣膜病的发病率很高，但迄今为止只有少数基因被确认是导致心脏瓣膜病的单基因病因。

研究人员对两个血缘家庭进行了研究，每个家庭都有两个在早年患有进行性心脏瓣膜病的成员。全外显子组测序显示，4 个患病个体的 ADAMTS19 基因均为纯合的、截短无义的等位基因。

Adamts19 纯合子敲除小鼠显示出主动脉瓣功能障碍，并且具有与人类患者一致的其他表现。利用标记报告基因和单细胞 RNA 测序进行表达分析，进一步证明了 Adamts19 可以作为瓣膜间质细胞的新标记。

2. 心脏病影响因素研究的新进展

发现久坐会提高心脏病的死亡概率。2015 年 1 月 20 日，物理学家组织网报道，加拿大多伦多大学康复研究所高级专家比斯瓦斯主持的一个研究团队，在美国《内科医学年鉴》网络版上发表论文称，他们的一项新研究进一步揭示，人坐得太久可能致命，即使有规律的锻炼，包括每天在健身房运动超出一个小时，也不能消除源于每天久坐诱发的更为严重的心脏病、糖尿病或过早死亡之风险。

无论上班还是下了班，无论在外还是在家里，很多人都基本是坐着的。久坐的方式似乎已成为现代人主要生活状态之一。中国现存医书中最早的典籍之一《黄帝内经》指出久坐伤肉，谈到久坐对身体的危害，即长时间久坐，不活动，周身气血运行缓慢，可使肌肉松弛无力，而“动则不衰”，动则气血可周流全身，使得全身肌肉尤其四肢肌肉得养。

该研究团队通过梳理之前的 47 项研究发现，如果人每天长时间地坐着，心脏病、糖尿病和癌症死亡的概率明显升高。比斯瓦斯说：“我们发现久坐不动的行为方式，与这些疾病相关。”

研究人员援引加拿大公共卫生局发出的指南，评估久坐的定义范围是每日 8~12 个小时或以上，无处不在地坐着或久坐不动，如开车、使用电脑或看电视。

累计的证据还表明，即使参与者经常锻炼，其久坐的状态仍会对健康造成不利影响。不过，研究人员指出，那些很少或不做运动的人将面临更高的健康风险。

比斯瓦斯补充说：“为什么久坐对身体有害呢，当我们站立时，体内某些肌肉也会非常努力地工作来保持身体直挺。而一旦我们坐了很长一段时间，体内新陈代谢的功能会下降，变得不活跃，从而带来许多相关的负面影响。”

他强调说：“运动是非常好的，但我们在一天当中做得很有限，如果努力每天也只运动一小时；而在我们不是刻意锻炼时，也刻意做一些活动，如四处走动、爬楼梯，或在超市不使用购物车自己携带物品。”

研究显示，久坐是最大的健康危害，它不仅会提高心脏病的死亡率，而且会提高患Ⅱ型糖尿病的风险。关于癌症的发病率和死亡率的研究也特别指出，久坐行为与乳腺癌、结肠癌、子宫和卵巢癌之间具有相关性。该研究显示，每天坐着的时间少于 8 小时，会降低潜在的 14%住院风险。

根据世界卫生组织的统计，每年约有 320 万人死亡是因为他们活动得不够积极，而身体缺乏活动是世界第四大致死危险因素。

得克萨斯休斯敦卫理公会医院内科临床副教授约书亚·塞普蒂默斯博士称赞说："这项研究给我们提供了更多有助于为病人提供咨询的数据。我们以前的想法是，一天做 15 分钟或 20 分钟的锻炼，就可以完全消除另外 23 小时久坐不动生活方式带来的任何危害，这也太乐观了。这项研究表明，这样做对于活动身体是有利的，但是远远不够。"

研究人员提出一些可以减少久坐时间的建议，其中包括：一天当中每半小时拿出 1~3 分钟休息，起来站一站（其燃烧的卡路里是坐着的两倍），或者四处走一走；在看电视时，站着或做些运动；针对一天内经常有两三个小时久坐不动的状况，每日减少 15~20 分钟坐的时间。

由此可见，长时间静坐，不仅危害人体健康，而且降低人的生存质量。建议坐 1~2 小时后，站起来适当地扭扭腰，转转脖子，放松一下，再投入紧张的工作，劳逸结合才能更好地发挥工作效率！牢记"健康来源于适度的运动"！

3. 心血管疾病病理研究的其他新进展

（1）发现心脏脂肪量可预示肾病死亡风险。2013 年 9 月，加拿大阿尔伯塔大学医学专家领导的一个国际研究小组，在《肾脏病透析与肾移植》杂志上发表论文说，他们研究发现，心脏周围的脂肪层可以帮助预测慢性肾病患者的死亡风险，心脏周围堆积的脂肪量越大，患者死亡风险越高。

研究人员说，他们随机选取了 109 名美国慢性肾病患者作为研究对象，发现他们心脏周围的脂肪体积每增加 1 立方厘米，其死亡风险就增加约 6%。此外，心脏周围脂肪堆积量高于平均水平的患者，其 5 年生存率约为 45%；而心脏周围脂肪量低于平均水平的患者，其 5 年生存率为 71%。

此前已经有研究证明，冠状动脉钙化程度是心脏脂肪堆积量的表征。研究人员说，由于 CT 检查可以检测患者冠状动脉钙化情况，因此他们建议，对慢性肾病患者进行 CT 检查以作为治疗参考依据。

研究人员同时提醒说，医生不能以患者体型胖瘦作为推断其心脏脂肪量的依据，因为他们曾经看到过两种极端情况，有些瘦的患者心脏脂肪量非常高，而有些胖的患者心脏周围脂肪却非常少。

（2）预测心血管疾病发病率将大幅上升。2009 年 7 月 21 日，《加拿大医学会会刊》发表的一篇研究报告称，加拿大年青一代高血压、糖尿病以及肥胖症等患者数量明显增多，这将导致未来数十年内加拿大心血管疾病发病率大幅上升。

研究人员对加拿大各种族 12～50 岁的人群，进行了高血压、糖尿病、肥胖症等可增大心血管事件发生风险疾病的发病情况调查。结果显示，1994—2005 年，这一年龄段人群高血压患者的比例上升了 77%，糖尿病患者比例上升了 45%，肥胖症患者比例上升了 18%。

报告预测，到 2035 年，加拿大心血管疾病的发病率将比目前增加 5%～16%。加拿大医疗机构的统计显示，心血管疾病导致死亡人数占加拿大各种疾病导致死亡人数的约 30%，是加拿大人的第一大疾病杀手。

二、心脑血管疾病防治的其他新成果

（一）开发防治心脑血管疾病的新技术

1. 探索治疗心脏病的新技术

（1）开发出修补心脏的新办法。2008 年 2 月，《温哥华太阳报》报道，加拿大蒙特利尔医学中心萨默·曼苏尔博士负责的一个研究小组，完成了一项用干细胞修复心脏的随机对照实验。

实验显示，来自骨髓的全能干细胞能够使受损的心肌再生，并改善血管。约 40 名心肌炎患者参与了为期两年的随机对照实验，结果显示，该治疗技术比现有的“标准治疗”要好，“标准治疗”不能修复受损的心肌和血管。

曼苏尔博士表示，该研究的最终目标，是看干细胞治疗可否替代心脏移植，以大幅度减少做心脏手术的病人，改善病人的生活质量。

（2）发现心脏电击除颤器的正确使用方法。2011 年 6 月 21 日，加拿大国立卫生研究院网站报道，位于多伦多圣马克医院的科研人员发现，心脏电击除颤器的使用时机，决定被抢救病人的存活率。

如果在对休克的病人实施完人工心肺复苏10秒钟之内使用心脏电击除颤器，会大大提高抢救的成效，相反，如果间隔时间超过20秒，那么抢救的成功率会显著下降。

心脏电击除颤器是对因心脏病或其他严重创伤导致休克的病人，通过电击的手段，实施抢救，恢复心脏功能的一种医疗器械，在临床上使用广泛。

2. 推进研制人工血管的新技术

开发人体组织补丁的“血管芯片”技术。2016年3月，加拿大多伦多大学化学工程系博士研究生张博洋等人组成一个研究小组，在《自然·材料》杂志上发表论文称，他们推进人工血管研制，发现了这在实验室自行开发人体组织所必不可少的重要环节，该发现未来对修补或更换损坏的人体器官将大有助益。这项被称为“芯片上的仿人体组织”技术，也将成为药物试验的一个强大新工具，使安全无虞地在人体开展药物试验成为可能。

研究人员开发出一个叫作“血管芯片”的人体组织补丁，它可通过一个内部的人工血管通路，把多个人体器官在体外连接在一起。这些谜你通道的工作原理，就像拼图玩具一样将“块”镶嵌在一起，不仅可将两个人工器官相连，还可评估其相互之间的作用。

为了将这些可生物降解的补丁嵌合在一起，张博洋使用基于计算机微芯片设计的新型3D打印技术，构建出女性指甲盖大小的组织。就像一个“人体”积木玩具，他把这些生物降解层一层层手动叠放在一起，每一层都由独特的POMaC聚合物打印而成，并嵌有薄如人类头发丝的血管通道，构建完成后，则用紫外光将部件“黏合”在一起。

这些结构被浸泡在含有活性细胞的溶液中，迅速成长后即可模拟人体器官中的各种细胞。目前为止，研究人员已开发出心脏和肝脏模型。在将微芯片植入小鼠体内后，研究人员甚至观察到小鼠的血液可在人工血管内无凝结地顺畅流动，这与在自然血管中的流动状况并无差别。

在着手技术商业化的同时，张博洋表示，下一步的工作目标是评估芯片在体内解体或被自然吸收前能够在体内持续多久，并通过技术升级，使

“血管芯片”人体组织补丁，从目前的手动组装逐渐过渡到自动化生产。

（二）研制防治心脑血管疾病的新药物

1. 开发血液制品的新进展

发明血液制品的潜在合成替代品。2006 年 6 月，加拿大血液服务局及多伦多圣迈克医院科学家艾伦·拉扎勒斯主持的一个研究小组，在《自然·医学》发表论文称，他们目前在免疫球蛋白的机理研究上取得巨大进展，这也为研制免疫球蛋白的替代产品带来希望。

昂贵的静脉注射免疫球蛋白是否能被合成产品所取代？那些经受疾病威胁的患者能否得到更有效的治疗？拉扎勒斯研究小组正是针对这些问题展开研究的。

拉扎勒斯解释了一种被称为静脉注射免疫球蛋白的合成产品的工作原理，这种合成替代产品在实验室的测试中显示出广阔的应用前景。该合成产品可能会成为代替静脉注射免疫球蛋白的里程碑，用于治疗许多不同的疾病，包括会引起出血不止甚至死亡症状的特发性血小板减少性紫癜等疾病。

该研究小组在发现免疫球蛋白的工作原理上，取得了巨大的进步，这也是研究这种免疫球蛋白替代产品的一个重要的里程碑。他们同时还发现替代的人工合成免疫球蛋白将成为可能的证据，这种合成免疫球蛋白产品不仅廉价、更容易大量生产，而且对于相关疾病患者的疗效将更为显著。

拉扎勒斯说：“我们的工作，揭开了一些有关免疫球蛋白，在特发性血小板减少性紫癜症患者体内如何发挥其功能的秘密，并且，使我们能在将来研发出更为有效的治疗手段。此外，这一发现也可使得我们研制出的免疫球蛋白替代产品更为有效，同现在使用的静脉注射免疫球蛋白相比，其副作用会更小。”

特发性血小板减少性紫癜症是一种自体免疫紊乱疾病，会引起免疫系统将血小板移出身体的信号，传递给人体的脾脏。许多患有特发性血小板减少性紫癜症的病人，需要经常性地注射免疫球蛋白，以防止出血症状。

加拿大血液服务局输液医学中心执行主任希瑟·休姆博士说：“那些患有特发性血小板减少性紫癜症的病人，需要免疫球蛋白来防止或控制出血，但我们不知道免疫球蛋白是如何在人体内工作的。拉扎勒斯博士的研究，发现对于我们理解这种免疫球蛋白的工作原理，以及研制出更好的治疗相关疾病的方法，有很大的启示。它不仅仅在于治疗特发性血小板减少性紫癜症，而且对于治疗其他自体免疫紊乱疾病患者也有很大帮助。”

加拿大渥太华的特发性血小板减少性紫癜症患者里里安·凯瑞拉克，目前一直依靠静脉注射免疫球蛋白，来治疗自己的特发性血小板减少性紫癜症。他本人十分希望在拉扎勒斯的研究结果出来后，能有一种新的、更有效以及更安全的治疗手段被研制出来。里里安说：“虽然我知道这一研究尚处于早期阶段，但我知道治疗我这种疾病，已经向前迈出了重要的一步，我仍然感到十分激动。对于成千上万其他患有特发性血小板减少性紫癜症的病人来说，这也是一个好消息。”

目前，加拿大医院每年在免疫球蛋白上每年大约要花费1.3亿美元，用于治疗一系列相关疾病，其中包括特发性血小板减少性紫癜症。免疫球蛋白是一种产生于血浆中的血液成分，目前加拿大血液服务局制造和分发的免疫球蛋白数量有限，远远不能满足需求，免疫球蛋白的花费成为整个血液系统中一项重要的开支。撇开成本节约不谈，人造合成替代免疫球蛋白产品，对于加拿大整个血液系统都能带来巨大的益处，合成免疫球蛋白产品的生产，将使得大量血浆，能被释放出来用于许多其他疾病的治疗。

2. 开发抗凝血药物的新进展

确认一种抗凝血药物疗效明显。2009 年 3 月 19 日，国外媒体报道，加拿大麦克马斯特大学艾·图尔皮教授参加的一个专门咨询委员会，对一种名为利伐沙班的新型抗凝血药物的有关研究数据进行分析，证实其可以有效预防血栓，与现有的抗凝血药物相比，它具有服用方便、安全性较高等特点。

报道称，利伐沙班的研究数据，来自一项名为“新药记录”的全球性临床试验，涉及12500多例病患。最终结果确认，与参照药物依诺肝素相比，利伐沙班能够更好地预防全髋关节或全膝关节置换术患者的静脉血栓栓塞形成。图尔皮说：“数据表明，利伐沙班可以更加有效地降低血栓形成的风险。”

静脉血栓栓塞是一种严重威胁生命的疾病，进行大型骨科手术且未接受预防性治疗的患者中有 40%～60% 会发生静脉血栓，包括经常发生在腿部的静脉血栓栓塞和肺栓塞。

有关资料显示，目前欧盟每年有 150 多万个静脉血栓相关病例，其中 50 多万人因此死亡。目前市场上常见的抗凝血药物，在注射或者口服后都存在需要持续监测等局限，而利伐沙班可直接口服，无须监测，因此能给患者提供更佳的治疗选择。

据悉，该药已经于 2008 年获准在加拿大及欧盟一些国家上市。目前，该药正等待美国食品和药物管理局的核准。

3. 研制防治高血压药物的新进展

拓宽治疗高血压药物的用途。2011 年 8 月，有关媒体报道，加拿大制药公司普强药厂根据研究人员的新发现，使原本用于治疗高血压药物有了新用途。

报道称，药物的某些新用途，常常是在意外情况下被科学家们发现，并加以利用的。例如，米诺地尔本来的用途是控制高血压，人们却发现它有一个有趣的副作用，那就是扭转或延缓秃头过程。

因此，加拿大制药公司普强药厂推出了含米诺地尔的外用药液，用来治疗秃头及脱发，不仅疗效显著，而且给制药企业带来丰厚的收益。

4. 研制防治心血管病药物的新进展

（1）发现阿司匹林防心血管病效果不如预想。2010 年 8 月，加拿大不列颠哥伦比亚大学医学系心血管专业负责人伊格纳·斯泽维斯基等人组成的一个研究小组，在《不列颠哥伦比亚医学杂志》上发表论文说，他们的研究显示，阿司匹林在预防心血管疾病方面的效果，没有想象中那么大。

有关报道称，不少欧美国家的医生，常建议中老年人每日服用一片阿司匹林，以预防心血管病。但是，加拿大研究小组说，他们的试验显示，阿司匹林只能使心脏病第一次发作、中风以及死于心血管病的风险减少 0.06%。不过，对曾经有过心脏病发作史的人来说，阿司匹林可将心脏病再次发作的风险减少 20%。

报告还指出，没有证据表明，阿司匹林可以减少女性或糖尿病患者心脏病发作的风险。斯泽维斯基说，这项研究，旨在让医生了解有关阿司匹林的最新医学知识，了解哪些患者应该服用阿司匹林。

(2) 证实非他汀类药物可降低心血管病风险。2015 年 7 月，国外媒体报道，加拿大、美国、英国等 30 多个国家研究机构参加的一个国际研究团队，在《新英格兰医学杂志》上发表论文：《进一步降低终点事件：葆至能（依折麦布/辛伐他汀片）疗效国际试验》。该论文是历时 10 年研究一类药物的成果，它首次证实非他汀类药物降胆固醇治疗也可降低心血管病患风险。

这项研究参与的单位和人员众多，涉及的研究对象也很多，据统计，共有 18144 名急性冠脉综合征高危患者进入了试验组，它是一项国际性、多中心、随机、双盲、活性对照组试验的结晶。

该研究旨在探索非他汀类药物依折麦布联合他汀类药物，把低密度脂蛋白胆固醇降至 70mg/dl 以下时，是否会进一步减少心血管事件的发生。结果显示：相较于辛伐他汀单药治疗，辛伐他汀联合依折麦布可显著减少高危患者严重心血管事件的发生。

5. 研制防治脑血管病药物的新进展

研制缺血性中风新药取得良好进展。2012 年 3 月 1 日，加拿大《世界日报》报道，加拿大多伦多大学医学院迈克尔·泰米安斯基医生等人组成的一个研究团队，在《自然》杂志上发表研究报告称，他们研发出的治疗缺血性中风实验性药物，有望把中风带来的伤害降低到最小。研究人员表示，这种实验性药物能够显著降低中风给病患带来的障碍及大脑损伤，并曾在中风的猕猴实验中取得成功，该实验性药物代码为 Tat-NR2B9c。

报道称，该研究团队展示的第二阶段初步数据，进一步证明这种实验性药物，在病人实验中取得相当大的成功，此外还将进行更大规模的第三阶段临床试验，如果效果良好，将有望把这种药物在市场上推广。

据悉，缺血性中风是最为普遍的中风类型，是指血液凝块阻碍了血液流入大脑，从而剥夺了大脑需要的氧气而引发的病症，85%的中风种类属于缺血性中风。研究人员为研发防止大脑不受中风损伤的药物，已超过半个世纪，有 1000 多种实验性药物曾通过细胞培养、小白鼠等实验检测成功，然而应用到病人身上效果却不理想。

泰米安斯基表示，之前的实验性药物都能治好中风的小白鼠，却不适用于人类。而从目前的实验看来，Tat-NR2B9c 很有希望成为起到保护人类病患神经作用的药物。

（三）开发防治心脏病的新设备

1. 研制心脏支架的新进展

（1）开发出新型植入式智能心脏支架。2011 年 11 月，有关媒体报道，加拿大不列颠哥伦比亚大学高烟博士率领的研究团队，开发出多种新型植入式医疗设备用于医学领域。

他们研发的新型智能心脏支架，通过植入病人体内以扩大堵塞的冠状动脉。该新型不锈钢支架含有微型传感器，可无线监控动脉内的血流情况，如果支架失败还会发出警示。

他们还致力于研究可用于癌症治疗的无线植入式药物输送装置，采用无线射频电力控制，这个微机电系统约 1 厘米宽、1 毫米厚。打开其微喷嘴，医生就可精确地将所需剂量的药物输送到身体内任何位置。

生物医学植入技术市场应用前景广阔，美国市场调研公司弗里多尼亚集团公司预测，到 2014 年，美国对植入式医疗设备的需求年增长将超过 8%，市场价值增至 49 亿美元。

（2）开发出可助修复受损心脏的“魔术贴”支架。2015 年 9 月，加拿大多伦多大学化学工程系博士生张博洋参加的一个研究团队，在最新一期《科学进展》杂志上发表论文称，他们开发的一种生物兼容性支架，可像“魔术贴”一样将成片跳动的心脏细胞“扣”在一起，从而使装配功能性心脏组织变得像搭鞋扣般简单。

张博洋描述称，心脏由许多条状心肌纤维组织编织而成。他说：“如果将单条纤维看作一维结构，修复受损心脏的第二步就是创建一个二维结构，然后将其组装成三维结构。”

两年前，张博洋所在的研究团队曾发明出“生物线”，模仿肌肉纤维在心脏中的生长方式。最新研究则将“生物线”技术从一维空间扩展到三维空间。他们用特殊聚合物创建出可供细胞生长的二维网格。该网格可装成类蜂窝状，不过其孔洞并非对称，一边要比另一边更宽些。这一网格结构给细胞提供了一个“排排坐”的模板。当用电流进行刺激时，心肌细胞会收缩在一起，从而导致柔性聚合物发生弯曲。

研究团队发表的论文称，将T形“柱子”绑定在蜂窝上，当第二层叠加其上时，这些“柱子”就会像小钩子一样，穿过蜂窝孔洞扣结到位。这如同魔术贴（粘扣带）上的塑料钩和环，设计的灵感来自植物为将种子粘在动物身上而生成的钩刺。

张博洋表示，该技术的优势表现在3个方面：“魔术贴”结构使心肌组织组装更迅捷；可让细胞聚合成心肌组织所需的条状纤维，几层网格叠加时类似弹簧，其上的细胞可伸缩跳动；可随意组装和拆卸的功能能用在许多研究领域。

该项技术最终将用来创制可修复受损心脏的人造组织，其模块化性质可使为病人定制移植物更容易。未来这些微型模块或可构建出手术所需的任意尺寸组织，而且聚合物支架本身可生物降解，会在短短数月逐渐分解并被人体吸收。

2. 研制心脏病监测设备的新进展

开发出可监测心脏疾病的非接触式新装置。2016年1月，有关媒体报道，加拿大滑铁卢大学医学家与工程师组成的研究小组，开发出一种用于监测生命体征的非接触式新系统，可有效改进心血管疾病的监测和预防，进而为老年患者提供更大的独立性。

报道称，研究人员开发的该装置，是使用“编码血流成像技术”的首个便携式系统，可在不与皮肤直接接触的情形下，同时监测多个动脉点的血流。

传统监测系统采取身体某一处的血液脉冲读数。而新装置则可像许多虚拟传感器一样，测量身体不同部位的血流行为，并将来自这些脉冲点的数据传送到电脑，以进行连续监测。这类似于监测整个城市的交通流量，而非只监测某个交叉路口的车流量。

研究人员说，连续收集身体不同部位的数据，为准确了解身体运行状况提供了更完整的画面。该装置还可一次性及远程扫描多位患者，因此在大规模紧急救护或长期护理方面具有很大的应用潜力。

这项技术为监测生命体征提供了更多的预测手段，应用范围也更为广泛。该装置的非接触式特性，对于高度传染性疾病患者、处于重症监护的婴幼儿患者来说也是理想的检测工具。

第三节　神经系统疾病防治的新进展

一、大脑机理研究的新成果

（一）探索大脑机理的新信息

1. 大脑功能研究的新发现

（1）发现人脑也可以产生“蝙蝠视觉”。2011年5月27日，英国广播公司报道，加拿大西安大略大学洛雷·泰勒博士、该国“失明者行动”组织康复官员苏西·罗伯茨等人组成的一个研究小组，在《公共科学图书馆·综合》杂志上发表论文称，他们通过研究确认，人类大脑中特定的功能区，也可以产生“蝙蝠视觉”，即能够在黑暗的环境中依靠回声来确定方位并察看环境。由于倾听回声时大脑视觉区的活动会增加，这项研究有助于提高盲人“听声辨位”的能力。

据报道，这项最新实验是对两位盲人进行分析研究，发现人类基于大脑特殊区域，可像蝙蝠一样观看外界环境。一些盲人通过敲打噪音和倾听回声，能像蝙蝠一样凭回声测定方向和位置。

蝙蝠和海豚通过周围环境的反弹声波及倾听回声，能够“看清”周围环境。一些盲人也学会了该方法，使他们的生活得到了很大的改善，能够分辨城市道路并进行一些体育活动。目前，加拿大研究人员对两位盲人进行了每天回声定位能力测试，测试者EB今年43岁，自出生后13个月便失明；测试者LB今年27岁，自14岁便失明。

在实验中，研究人员记录了他们的回声测定方向能力，同时，麦克风连接至测试者的耳朵上。功能性磁振造影数据记录了大脑的活动性，结果他们发现，当盲人倾听回声时，与视觉相关的大脑区域即被激活，大脑距状皮层具有增强的活动迹象。

泰勒说，这项研究表明，视觉大脑区域对于盲人回声定位系统具有重要作用。虽然这项研究仅针对两位盲人，尚不能断定所有人群都懂得使用回声定位感知周围环境，但该研究表明，EB和LB测试者使用回声定位的方法，与视觉系统有着惊人的相似之处。

罗伯茨表示："这项针对大脑活动性和回声定位的研究，令人感到非常有趣，有助于提高我们理解盲人如何处理视觉信息及实现安全导航。进一步的深入研究，将有助于提高失明群体的可移动性和独立生活能力。"

（2）发现大脑新细胞或可清除儿时记忆。2014年5月，加拿大多伦多大学医学院神经学家希娜·乔思琳博士领导，她的丈夫、多伦多市儿童医院主任医师鲍·弗兰科兰等人参与的一个研究团队，在《科学》杂志上发表论文称，对于任何想留住记忆的人来说，一组新的脑细胞可能是他们最不需要的东西。他们的新研究表明，海马体即大脑里与记忆形成有关区域中新生成的神经元，能"逐出"先前习得的信息。这项研究为弄清人难以回忆起童年记忆的原因提供了线索。

乔思琳说："起初，这一发现让我们大吃一惊。大多数人认为，新的神经元意味着更好的记忆力。"

在人类、小鼠和其他几种哺乳类动物的一生中，海马体内会不断生成新的神经元——起初生长速度很快，随着年龄的增长会越来越慢。研究人员已经在小鼠身上证实，在学习前，促进神经系统的再生能增强记忆的形成。但最新研究显示，在信息被习得后，神经元的生长会抹去这些记忆。

乔思琳说："尽管这个结论看起来违反直觉，但这些神经元的确发挥着'破坏性'的作用。"她指出，一些理论模型曾预测过这种效应。

研究人员以刚出生的小鼠和成年小鼠为研究对象，把它们置于一个会遭受重复电击的环境中，训练其对环境的恐惧意识。所有小鼠都很快学会了该任务，但刚出生的小鼠在训练一天后就遗忘了这段不愉快的经历，而成年小鼠却保存这段负面记忆长达数周。

这种差别似乎与神经系统的再生有关。在训练后，乔思琳研究团队通过遗传方法和化学方法，人为抑制了刚出生小鼠神经元的生长，旨在增强其记忆的持久性。他们对成年小鼠进行了4~6周的能促进神经系统再生的常规训练，目的在于加速其遗忘那段负面经历。

乔思琳说，这种遗传和化学操作无法直接应用于人类，因此这一结论很难在人类身上检验。但小鼠和人都存在"婴儿期遗忘"，即忘记早期的生活经历。她表示，很多动物在年幼期神经元快速生成的现象，有助于解释"婴儿期遗忘"的问题。

美国加州斯坦福大学神经科学家卡尔·迪瑟罗斯说："这令我难以置信。他们的研究覆盖了所有方面，从基因和药物干预到行为干预再到跨物种比较。"尽管迪瑟罗斯没有参与这项新研究，但与该研究团队合作过另一个独立项目。2005 年，迪瑟罗斯曾发表了一个乔思琳提到过的计算模型，并表示他很期待在 10 年后看到对这一观点的实验验证。

2. 研究植物人状态患者脑活动的新进展

发现植物人也有大脑活动。2014 年 9 月，加拿大西安大略大学神经科学家阿德里安·欧文领导的一个研究小组，在美国《国家科学院学报》上发表论文称，他们通过让植物人观看电影的实验，发现其大脑也会产生活动。

实验过程是这样的：在一个房间内有 12 名志愿者平静地躺在磁共振扫描仪上；观看一部电影作品，在另一个房间内是一名特殊的实验参与者——已经处于植物人状态 16 年的男性，也在同样条件下"观看"。

该电影是由希区柯克于 1961 年执导的悬疑电影，被剪辑成 8 分钟的片段。电影中一名 5 岁小女孩，拿着一把没有装满子弹的左轮手枪闲逛，她本人认为这是一把玩具枪。每当她看到有邻居经过时，都会瞄准他们，扣动扳机。

研究者在实验参与者观看电影时，利用功能性磁共振成像技术监控其大脑活动。研究者发现，所有 12 名健康参与者的大脑活动都非常相似，尤其是大脑掌管认知的区域，即顶叶和前额叶，以及处理感觉信息的区域，即听觉和视觉皮层。但是，这名特殊的参与者，即自 18 岁以来一直处于植物人状态的 34 岁男性的大脑活动，竟与其他 12 名健康参与者的大脑活动类似，这意味着电影情节对他也产生了影响。

欧文说："根本无法通过大脑活动，把植物人状态的患者，与其他 12 名健康人区分出来。"没有参与该研究的美国斯坦福大学认知神经科学家拉塞尔·波尔德拉克认为，这项研究充分证明了功能性磁共振成像技术可以用于确定植物人状态下的患者意识。

欧文说："我们之所以选择希区柯克的作品，是因为他是一个伟大的电影导演，其片中包含大量推理情节和伏笔。这些情节需要大脑进行处理，并不会让观众毫无印象。"例如，当小女孩用枪指着妈妈时，观众会回想上一个场景中枪里到底装填了多少颗子弹。不过，这一发现，并不意味着观众对电影的所有想法都是一样的，实际上只有一部分的感受是一致的。

欧文说，他的研究小组已经扫描了许多其他观看电影的人，包括处于植物人状态的患者。他希望其他临床医生也能采取这种方法。此外，欧文还指出，该发现可以帮助提高不能用言语表达思想的患者的生活质量。

（二）创建大脑机理研究的虚拟系统

——开发出具备简单认知能力的虚拟大脑

2012年11月，加拿大滑铁卢大学计算机专家组成的一个研究小组，在《科学》杂志上发表论文称，他们利用超级计算机技术，创造出一个具备简单认知能力的虚拟大脑，该成果有望帮助人类更好地了解大脑的运作。

据研究人员介绍，这个虚拟大脑的主体，是个基于超级计算机构建的数字模型，它通过一个类似摄像镜头的仪器来观察，并可指挥机械臂进行书写等动作，更重要的是，系统中还包括250万个模拟“神经元”，它们能通过变化的电压来模拟脑电波。

该虚拟大脑可执行多项简单的认知任务，对别人提出的问题以及通过虚拟“眼睛”观察的事物做出回应。例如，研究人员向其展示数字“2”的不同写法图片后，它可以根据写法的不同，重新画出这个数字。它还有不错的记忆力，可依次将之前看到的一连串数字全部写出来。

研究人员说，它是首个能模拟大脑，利用不同区间沟通来展示复杂行为的模型，但目前它在功能性上还远远无法与真正的大脑相比。

此前，也有不少利用超级计算机模拟大脑功能的项目。但研究人员表示，这个新研制的虚拟大脑，与它们的最大不同是，此前的项目仅模拟大脑的功能形式，而它则能展示这些功能如何作用于各种行为。

二、防治大脑与神经疾病的新成果

（一）探索大脑疾病防治的新信息

1. 防治大脑疾病研究的新发现

（1）发现免疫细胞入侵引发大脑炎症的关键受体。2009年6月，有关媒体报道，一个由加拿大、德国与美国科学家联合组成的国际研究小组，在《自然·医学》杂志上发表研究报告说，他们发现了免疫细胞入侵引发大脑炎症的关键受体“调节器”。

研究人员表示，他们在最新的研究中发现，在患多发性硬化症的患者和患脑炎的实验鼠的T细胞表面，有一种名为缓激肽受体1的受体，对T细胞入侵中枢系统起到关键的控制作用。当T细胞表面缺乏这种受体时，实验鼠的脑炎症状会更加严重。

研究人员用特殊物质，把患脑炎实验鼠T细胞表面的缓激肽受体1激活。结果显示，病鼠的T细胞入侵中枢神经系统的速度减缓，大脑炎症明显缓解。

研究人员希望，这一新发现能够有助于开发出针对多发性硬化症等中枢神经系统炎症的临床治疗新方法。

（2）研究表明二甲双胍药品能促进脑细胞生长。2011年7月，加拿大分子遗传学家弗雷达·米勒领导的一个研究小组，在《细胞·干细胞》杂志上发表论文称，他们对小鼠进行的研究显示，常用Ⅱ型糖尿病药物二甲双胍，能促进脑细胞分裂及新细胞形成。这项研究表明，二甲双胍将来有望用于治疗阿尔茨海默病。

二甲双胍的主要靶点，是糖尿病患者肝细胞内的一个特殊通道。米勒等研究人员发现，二甲双胍也能激活小鼠脑细胞中的同样通道，促进新的脑细胞生长。

对在实验室培养皿中培养的人类脑细胞而言，这一结论同样成立。米勒表示，新生的脑细胞能修复阿尔茨海默病等神经退行性疾病给大脑带来的不利影响。

2008年曾有研究显示，同时患糖尿病和阿尔茨海默病的人，如果服用二甲双胍，其阿尔茨海默病的症状有所改善。当时，科学家认为，其机制可能在于二甲双胍治疗糖尿病时改善了患者的身体状况，这有助于改善阿尔茨海默病症状。

米勒认为，他们的新研究表明，二甲双胍本身就有改善脑功能的作用。目前，加拿大研究人员已着手开展二甲双胍治疗神经退行性疾病的临床试验。

二甲双胍是一种具有长期用药安全记录的药品。此前曾有研究显示，二甲双胍可抑制肺部和乳腺肿瘤的生长，降低糖尿病患者患乳腺癌的风险。

（3）发现跑步能修复大脑损伤。2016年10月，加拿大渥太华医院和渥太华大学高级专家大卫·皮克茨主持的一个研究小组，在《细胞·通信》杂志上发表研究报告称，他们发现跑步可以触发一种分子的产生，而这种分子可以修复动物模型的某些脑损伤。这种名为VGF神经生长因子的分子，能治愈包裹和隔离神经纤维的“保护涂层”问题。这项研究成果，或为研究针对某些神经退行性疾病的新疗法铺平道路。

皮克茨说：“显然，VGF在大脑受损区域愈合方面有重要作用。我们需要更多研究，确定它能否有助于治疗多发性硬化症方面和其他神经退行性疾病。”

研究人员制造了小脑较小的小鼠模型。小脑是大脑中负责平衡和协调的重要区域。这些缺陷小鼠难以保持平衡，而且寿命较短，只有25~40天。之后，他们在一些小鼠的笼子上安装了轮子，以便它们跑步。

令人惊奇的是，有机会跑步的小鼠，寿命超过了12个月，这是相对正常的小鼠寿命。除了寿命延长，与活动较少的小鼠相比，跑步的小鼠还会增加更多的重量，平衡感更强。然而，一旦移去跑步轮，症状就会返回，寿命也会缩短。

在研究小鼠大脑时，研究人员发现，跑步小鼠小脑中的神经元髓磷脂的量有所增加。髓磷脂是一种白色脂状物，作用与电缆的绝缘层相似。没有它，神经元就无法快速高效地传播信息。

通过深入研究，研究人员发现VGF在这里起了作用。它具有抗抑郁效果，可以让锻炼变得愉快。他们利用病毒将VGF蛋白引入到没有跑步的小鼠血液中，结果小鼠显示出的反应与跑步类似，小脑中受损区域的绝缘物质更多，疾病症状减轻。

2. 打开血脑屏障研究的新进展

（1）尝试打开血脑屏障治疗阿尔茨海默病。2015年4月，国外媒体报道，加拿大多伦多大学神经外科医生托德·梅因普莱斯领导的一个研究团队，在《科学·转化医学》杂志上发表论文称，他们利用一项新技术，通过打开血脑屏障，清除了小鼠大脑中同阿尔茨海默病患者类似的异常大脑斑块，并且恢复了小鼠丧失的记忆和认知功能。近来，关于这项技术能否转移到人类身上，引起医学界的热烈争论。

报道称，从胎儿成像到击碎肾结石，超声波已被证明是内科医生的万能工具。如今，一些研究团队打算把这项技术用于最令人恐惧的脑部疾病。

血脑屏障是一层紧紧包裹在一起并且排列在大脑血管间的细胞层，能保护大脑免受感染、毒素和其他威胁的侵害，但也使脑部疾病很难治疗。一种将超声波和显微镜下可见的血源性气泡结合起来的策略，能短暂打开血脑屏障，理论上使药物和免疫系统得以进入大脑。在临床上和实验室中，这种美好的展望正处于评估中。

因此，在第一批临床试验中，梅因普莱斯希望利用超声波把一次剂量的化疗药物运送到恶性肿瘤处。同时，在一些展示该项技术潜力的最明显例证中，研究团队已经在小鼠大脑中取得成功，消除了其中与痴呆症类似的病变斑块，并使小鼠的记忆和认知功能得以恢复。加拿大多伦多新宁研究院生物物理学家库勒沃·海尼伦是这种超声波方法的发明者，他表示："如果这些成果能从小鼠转移至人类，将彻底改变我们治疗脑部疾病的方式。"。

然而，有些科学家强调，来自啮齿类动物的发现，可能很难被运用到人类身上。他们还提醒说，即使用最新研究中使用的低强度超声波冲击大脑，安全顾虑也依然存在。曾与海尼伦一起共事过的神经学家布赖恩·巴斯卡，多年来一起从事阿尔茨海默病的研究，他介绍说，打开血脑屏障并且刚好获得有利影响而又不会灼伤组织是"关键所在"。

安全并且暂时性地打开血脑屏障，是医学界长期追寻的目标。大约 10 年前，海尼伦开始探索一种把超声波和微气泡结合在一起的策略。其假设是超声波导致此类气泡扩张和收缩，从而刺激细胞形成血脑屏障并使其轻微渗漏。

这会帮助梅因普莱斯等癌症医生把化疗药物运送到大脑。海尼伦还假设，这种短暂的渗漏会刺激大脑做出针对 β-淀粉样蛋白的免疫反应。β-淀粉样蛋白是在阿尔茨海默病患者大脑神经元外部丛生的有毒蛋白，并且可能是杀死神经元的祸首。处理这些“垃圾”通常是小神经胶质细胞所起的作用。不过，巴斯卡介绍说：“此前研究发现，当β-淀粉样蛋白在大脑中形成团块时，它似乎会将小神经胶质细胞淹没。”他同时表示：“让这些细胞暴露在打开血脑屏障缺口时钻进来的抗体中，会刺激它们醒来并且做好自己的工作。”

海尼伦和其他人在一个阿尔茨海默病小鼠模型中，测试了这种超声波策略。例如，2014年，他和同事在《放射学》杂志上报道称，这种方法，在一组经过基因工程改造而生长出上述积聚物的小鼠中，成功减少了淀粉样斑块，从而带来认知和空间学习上的改善。在新宁医院同海尼伦合作的神经科学家伊莎贝尔·奥伯特表示，在治疗后，小神经胶质细胞会消耗更多的β-淀粉样蛋白，表明这些细胞的确在产生上述效应的过程中发挥了作用。

神经科学家尤尔根·葛茨和他的博士生格哈德·雷嫩伽称，他们利用一个不同的阿尔茨海默病小鼠模型，改善了海尼伦和奥伯特的治疗方案。在向小鼠体内注射含有微小气泡的溶液后，研究人员扫描了以Z形穿梭于小鼠整个头部的超声束，而不是像其他人所做的那样关注具体区域。在6~8周的治疗后，该研究团队在3种不同的记忆任务中测试了这些小鼠。葛茨介绍说：“对照组中患有阿尔茨海默病的小鼠，接受了微小气泡注射但未受到刺激，因此没有表现出任何症状改善。相反，血脑屏障被处理成具有渗透性的小鼠，在所有3项任务中均完全恢复了记忆。”

该研究团队还发现，治疗组中脑组织内的不同类型β-淀粉样斑块减少了2~5倍，同时试图刺激小神经胶质细胞“食欲”的努力似乎起到了作用。葛茨和雷嫩伽则在接受治疗小鼠的“垃圾”吞食细胞内，发现了更多的β-淀粉样斑块。不过，奥伯特表示，唤醒小神经胶质细胞，或许并不是造成这种啮齿类动物记忆力增强的唯一机制。她和海尼伦最近发现，超声波还会促进小鼠体内新神经元的产生和生长。

葛茨和雷嫩伽下一步的实验目标是如羊一般体形较大的动物，针对β-淀粉样积聚物测试全脑超声波扫描法。神经外科医生杰拉尔德·格兰特表示：“这种理论上可被用于包括异常蛋白质丛生在内的其他脑部疾病的方法，非常振奋人心。我们一直在思考打开血脑屏障的方法，从而使相关物质进入大脑，但该方法关注的是让物质出来。”

不过，关于将β-淀粉样积聚物清除出神经元是治疗或者阻止阿尔茨海默氏症关键的争论，还远未解决。巴斯卡怀疑，小鼠实验结果过于夸大了该项技术应用在人类身上的潜力。一只小鼠能学习和不能学习之间的差异范围是非常小的，因此在小鼠行为测试中的得分可能在人类身上没有任何意义。他同时认为，非标准化的超声波仪器很难回答最基本的安全问题："血脑屏障会打开多久？开口有多大？损伤是什么？"

正与一家医疗成像公司合作将该项技术商业化的海尼伦表示，将超声波应用于兔子、猴子等动物的大脑并未产生副作用。梅因普莱斯的临床试验可能提供更多的安全数据。他希望在为脑癌患者手术移除肿瘤前，能打开血脑屏障，增加输送至病人体内的化疗药物。利用海尼伦的技术，他和同事将把超声波和微小气泡应用于肿瘤内部及其附近的组织以及一些未受影响的脑部区域。随后，他们将检查离体组织出血情况，并观察这种治疗能否促进药物浓度上升。目前，一项类似的试验正在招募参与者。

梅因普莱斯表示，如果这些一期临床试验被证明安全，便打开了旨在研究打开血脑屏障能否带来任何益处的二期临床试验的大门。尽管心存疑问，巴斯卡还是无法完全抗拒驱动这个正在起步的领域的梦想。他说："想象一下，如果你的祖母每年去诊所一次，然后在没有手术和药物的情况下，医生所做的全部便是将β-淀粉样蛋白清除。这实在太令人惊奇了。"

（2）实现安全开关患者的血脑屏障。2018年8月，加拿大多伦多桑尼布鲁克健康科学中心专家尼尔·利普斯曼及其同事组成的一个研究小组，在《自然·通信》杂志上发表的一项一期临床试验表明，他们用无创、可逆的方式打开了5名阿尔茨海默病患者的血脑屏障。结果显示，操作流程很安全，但对聚焦超声改善阿尔茨海默病临床症状的功效尚无定论。

阿尔茨海默病，以大脑认知功能进行性丧失为特征。根据国际阿尔茨海默病协会统计，目前全球共有约4800万名患者，其中，中国约有600万名，主要发病人群为老年人。目前尚无有效治疗手段让这种病人痊愈。

研究人员指出，血脑屏障会阻碍治疗药物到达脑部，而聚焦超声联合微泡技术可以有效开放血脑屏障，清除阿尔茨海默病动物模型脑中的淀粉样蛋白。此外，聚焦超声还能通过植入装置作用于脑瘤患者。

该研究小组运用无创装置，对3男2女共5名轻到中度阿尔茨海默病患者，右侧大脑额叶的淀粉样蛋白聚集区域，进行聚焦超声辐照。结果显示，这一操作能快速、可逆地开放5位患者的血脑屏障，并且不会出现显著的不良反应。不过，患者的淀粉样蛋白成像标记和认知功能，均未检测到明显的临床变化。

研究人员表示，结果显示该操作流程很安全，但能否有效清除淀粉样蛋白并改善认知功能，仍需大规模研究加以证实。

（二）探索脊椎疾病防治的新信息

1. 脊椎疾病预防研究的新进展

发现斜后坐姿有利于减轻脊柱压力可预防背痛。2007年3月，有关媒体报道，加拿大艾伯塔大学附属医院专家巴希尔主持的一个研究小组发表研究成果称，人天生不适合长时间伏案工作，从小学一年级开始老师和家长们就要求我们直背坐立，挺胸抬头，这种姿势确实好看但未必有益健康。他们在详细分析各种坐姿对脊柱的影响后认为，连续数小时直背坐立造成的紧张状态和应力，可能是患慢性脊椎病的原因。

该研究小组招募22名从未因为背痛而苦恼的人，志愿参加专题试验。让他们分组采取（前）弓腰、直背（腿和躯干呈90°直角）、（后）靠背（135°斜角）三种姿势长时间坐立，利用新型磁共振内窥技术，借助精密医疗设备，详细观察不同坐姿对脊柱产生的影响，研究脊柱变化情况。研究发现，脊柱感受到负重压力后，椎骨开始活动，甚至移位，采取直背坐姿时椎骨最容易移动，采取靠背椅斜坐（135°角）姿势时，椎骨承受的负重压力最小，最不容易移位。

巴希尔在解释这一研究结果时指出："当人们被迫长时间伏案工作时，选择最为健康的坐姿，对他来说具有非常重要的意义。众所周知，脊柱长时间负荷过重，会导致韧带拉伸、背部疼痛、脊柱弯曲和其他慢性毁损。研究结果表明，从生物力学的角度来看，采取（斜后）135°角的坐姿最为有利，好于直背坐姿。遗憾的是，现在还有许多人认为直背坐姿最好。因此，伏案工作时，最好采取'半躺'的姿势，腿向膝盖处轻微弯曲，这样无论是韧带、腿部肌肉，还是背部肌肉，都几乎不会负重。如果采取弓腰坐姿，脊柱长度似乎有所减少，会导致下面两个椎骨承受过重的负荷。总之，无论是在伏案工作中，还是在开车时，都应采取背部有硬物支撑的（斜后）姿势。”

美国国家神经学疾病和麻痹症研究所的资料表明，背痛成为美国人外伤的一个主要原因，美国人每年因脊柱病痛至少花费500亿美元，而这一切都是因为他们在长时间伏案工作时的坐姿不正确。因此，选择适当的姿势，可能是预防背部疼痛的唯一手段，从此大部分健康人不必再为脊柱疾病而苦恼。

2. 脊髓损伤治疗预测的新进展

用核磁共振技术预测脊髓损伤恢复情况。2007年5月，国外媒体报道，加拿大多伦多大学神经外科学教授迈克尔·费林斯博士主持的一个研究小组发现，利用核磁共振技术能更好地预测脊髓损伤病人完全或部分恢复的情况。

费林斯表示：“我们的研究证实，在脊髓损伤发生之后的48小时内，使用核磁共振成像技术可以预测神经的恢复情况。因此，这些发现可能将带来更主动的治疗方案，帮助遭受严重脊髓损伤的病人，得到神经学上的实质性恢复。”

根据美国脊椎学会的估计，在美国大约有25万~40万人遭受着脊髓损伤或者脊髓功能失常的影响。而且每年有约7800个新病例发生。其中有44%的病例是由于汽车等交通事故导致的。

利用核磁共振技术诊断，一般是确定脊髓损伤病人的神经学损伤程度，以及可能的预后。利用核磁共振技术，一般可以检查脊髓出血、软组织和韧带损伤，以及血块等状况。

费林斯的研究对象，包括100位外伤脊髓损伤病人，其中有79位男性及21位女性，年龄为17~96岁。100人中有26位属于完全的脊髓损伤，51位是部分脊髓损伤，还有22位病人在神经学上属于完好，1位病人无法分类。大部分病人在交通事故中受伤。

利用核磁共振技术测试，一般在受伤后24~48小时内做出。科学家将主要分析3个可测量的参数：MSCC、MCC和LOL。他们还会分析其他参数，包括出血等。结果显示 MSCC 的严重程度，以及出血等预示着脊髓损伤的预后会较差。相反的，如果没有出现上述情况，就表明病人拥有较大的恢复概率，即使他们的其他诊断结果都很严重。这一方法适于所有遭受脊髓损伤的患者。

3. 脊椎与肌肉萎缩关系研究的新进展

从脊椎中分离出肌肉萎缩患者特有蛋白质。2011 年 12 月 1 日，加拿大卫生研究院网站报道，加拿大拉瓦尔大学遗传学专家组成的一个研究小组，在《实验医学》杂志上发表研究报告称，他们在治疗肌肉萎缩方面的探索取得了新进展。

研究小组经过研究，从肌肉萎缩患者脊椎中，分离出两种蛋白质 TDP-43 和 NF-kB p65。这两种蛋白质在正常人的脊髓中是不存在的，在小鼠实验中，通过使用上述蛋白质的抑制剂含氟菊酯 A，可以有效缓解肌肉萎缩的进一步发展。这为将来治愈肌肉萎缩这一疾病带来了新的希望。

（三）探索神经疾病防治的新信息

1. 发现与神经系统疾病有关的蛋白质

（1）发现导致运动神经元病之一“渐冻症”的蛋白质。2006 年 10 月，有关媒体报道，一个由加拿大、德国和美国科学家组成的国际研究小组，在《科学》杂志上发表研究成果称，他们发现了导致发生被称为当今五大绝症之一的“渐冻症”的蛋白质。

“渐冻症”的医学名称叫作肌萎缩侧索硬化症，是运动神经元病的一种。“渐冻症”患者多在 40 岁后发病，全身肌肉渐渐萎缩，吞咽和呼吸困难，逐渐丧失生活自理能力。

研究小组发现，病人的大脑中堆积着蛋白质 TDP-43，这种蛋白质能导致神经细胞衰竭，从而引发疾病。研究人员希望，这一发现有助于开发针对“渐冻症”的疗法。

“渐冻症”患者被称为清醒的“植物人”，世界卫生组织将其与癌症和艾滋病等并称为五大绝症。“渐冻症”患者通常存活 2~5 年，最终因呼吸衰竭而死，目前尚无根治方法。

（2）发现一种与神经系统疾病有关的蛋白复合物。2014 年 6 月，国外媒体报道，加拿大多伦多大学细胞和系统生物学教授梅勒尼·伍丁领导，生物学家维微克·马哈德为主要成员的一个研究小组，在学术期刊《细胞报告》上发表论文称，他们鉴别出一个重要的蛋白复合物，其在癫痫和精神分裂症等疾病中，扮演着重要角色。这一发现或将成为开发更好的神经系统疾病治疗方法的重要一步。

伍丁表示，大脑中的神经元通过突触与其他神经元进行通信，这种通信可激振或抑制其他神经元。激振和抑制水平的失衡会引发不当脑部功能，造成癫痫发作。新研究鉴别的蛋白复合物，可在细胞水平上调节激振-抑制平衡。

该复合物可将抑制和激振突触通信所需的3个关键蛋白，汇集在一起。蛋白KCC2负责抑制脉冲，GluK2蛋白是主要的激振递质谷氨酸盐的受体，Neto2蛋白是与上述两种蛋白相互作用的辅助蛋白。3种蛋白复合物的发现具有开创性，因为先前研究认为KCC2和GluK2蛋白在细胞中是相互隔离的，并彼此独立行动。

马哈德认为，3个蛋白能直接互动，并可共同调节彼此的功能，这首次向人们展示了存在这样一个系统，可缓和神经元之间的激振-抑制平衡。

研究人员通过生物化学、荧光成像和电生理实验，对小鼠大脑展开研究后，获得了以上发现。其中最有效的是一种先进的、用以鉴别神经元中天然蛋白复合物的灵敏凝胶系统，亦称为蓝色原生聚丙烯酰胺凝胶电泳应用技术，该过程提供了保存神经元中蛋白复合物的必要生化条件。该项技术要优于标准凝胶电泳技术，后者是基于分子量将蛋白从其正常的蛋白复合物中分离出来。

研究结果表明，药物制造商可以这些蛋白为靶标，重置神经系统疾病，如癫痫、自闭症谱系障碍、精神分裂症和神经性疼痛中发生的激振-抑制失衡。癫痫目前尚无法治愈，最好的治疗方法是控制其诸如惊厥等症状。有了新技术则可将防止其发生放在首要位置。

2. 开发治疗神经系统疾病的新药物和新技术

（1）发现抗抑郁药物或可治疗多发性硬化症。2017年12月，加拿大卡尔加里大学冯维勇博士主持的一个研究小组，在《自然·通信》杂志上发表论文称，他们研发了一种系统筛选通用口服药物的方法，该方法旨在鉴定有望治疗进行性多发性硬化症的药物。他们利用这种方法，鉴定出口服抗抑郁药物氯丙咪嗪。据了解，它可以减轻自身免疫性脑炎即多发性硬化症小鼠模型的症状。

多发性硬化症是一种影响中枢神经系统的多因子炎症疾病，可导致髓鞘和神经元受损，并与严重的神经学症状存在关联。在多发性硬化症病人中，高达15%为进行性的，而进行性多发性硬化症的治疗手段较为有限。原因之一是该疾病属多因素疾病，包括神经退化、淋巴细胞活动异常和氧化应激，而目前的治疗方法无法同时针对这些因素。

冯维勇研究小组筛选了1040种药物，从中选择了249种可以跨越血脑屏障的通用口服药物。之后再对它们做进一步的筛选，在培养细胞中鉴定出的药物，要求可以预防神经毒性，减少T淋巴细胞增殖，并具有抗氧化活性的功能。最后，研究人员鉴定出口服抗抑郁剂氯丙咪嗪，并且表明它可以减轻小鼠的自身免疫性脑炎即多发性硬化症模型的症状。

研究人员称，没有一个自身免疫性脑炎模型可以覆盖进行性多发性硬化症的所有方面，但是氯丙咪嗪是一种具有进一步研发前景的候选药物。

（2）发现可预防肌营养不良的基因激活技术。2019年7月24日，加拿大多伦多儿童医院专家罗纳德·科尔及其同事组成的研究团队，在英国《自然》杂志网络版发表的一篇遗传学论文指出，他们发现由CRISPR驱动的基因激活技术，可以预防并逆转肌营养不良小鼠模型的症状。

肌营养不良病因是遗传异常，属于一种遗传性肌肉消耗疾病，其亚型先天性肌营养不良1A型（MDC1A）的致病原因，是由于编码层粘连蛋白α2的Lama2基因发生突变，从而导致部分周围神经脱去保护性髓鞘，肌纤维稳定性受到破坏。啮齿类动物研究显示，增加相关基因Lama1（编码层粘连蛋白α1）的表达，可以帮助缓解该疾病小鼠模型的症状，但由于Lama1基因较大，标准的基因治疗方法难以达到效果。

为了解决这一问题，该研究团队此次使用了一种CRISPR介导的基因激活系统，来增加层粘连蛋白α1在MDC1A小鼠模型中的表达。症状前的小鼠在接受治疗后，能预防肌肉消耗和麻痹的症状；更重要的是，这种治疗方法还能帮助已经出现症状的小鼠。

CRISPR基因编辑技术是一种多功能工具，能上调或下调关键基因的表达。研究团队建议，今后或能通过联合疗法“调高”保护性基因，“调低”致病基因，帮助治疗这种疾病和其他遗传性疾病。

3. 推进神经科学应用研究的新举措

将开放数据拓宽神经科学应用的通道。2016 年 2 月，有关媒体报道，加拿大麦吉尔大学蒙特利尔神经科学研究所计划开放研究成果，包括不同神经节律之间进行交流的脑区链接数据。

蒙特利尔神经科学研究所所长盖伊·鲁里奥对当前神经科学研究向临床转化的速度之慢感到难受。他说：“我们现在的工作糟透了。这不是因为我们没有好的尝试；而是因为相关问题实在复杂。”

因此，鲁里奥和研究所的同事决定采取一项彻底的措施。从 2016 年开始，该所进行的任何研究将会全部遵循“开放科学”行为原则，例如在研究成果出版的第一时间，所有研究结果和数据将可以实现开放获取，而且该机构将不会对其任何发现申请专利保护。尽管一些大规模计划，如由政府资助的人类基因组计划，已经实现了所有数据开放获取，但是蒙特利尔神经科学研究所将是遵循开放获取原则的首个科研机构。

鲁里奥说：“这是一项实验，此前从未有人这样做过。”其目的是减少重复试验，并使数据分享可以在更广泛的范围内以及更早的时间进行，从而让神经科学研究变得更加有效。鲁里奥希望，蒙特利尔神经科学研究所生物库组织样本、更广泛的大脑扫描数据库以及其他数据的开放获取，可以发挥一定作用。他说：“我们认为，这是一种促进科学发现以及神经科学应用的通道。”

研究人员经过大约涉及 70 名项目首席科学家、600 余名科研人员与相关职工之间，进行 1 年的咨询之后，该机构最终决定采取这一行动；同时邀请来自其他机构的合作者遵循开放获取原则。

蒙特利尔神经科学研究所神经学家莱斯利·费洛斯表示，该机构研究人员大都支持这一计划，尽管对于如何实施一些开放计划仍存在担忧，如怎样保护患者的隐私，是否具有充足的财政支持等。然而，费洛斯表示，需要这样一种让研究结果尽可能公开的道义。

三、研究心理现象及其疾病防治的新成果

（一）探索认知现象的新信息

1. 认知现象研究的新进展

（1）证实积极情绪能提高视觉认知。2009 年 6 月，加拿大多伦多大学心理学教授亚当·安德森主持，他的研究生泰勒·施密茨等人参加的一个研究小组，在《神经学杂志》上发表研究成果称，他们使用磁共振成像技术，证实人们的视觉系统会被情绪所影响，并影响到人们的认知。他们验证了人们在积极的、消极的、普通的情绪中，其视觉皮层是怎样处理知觉信息的。结果发现，当人们在积极的情绪下，戴上玫瑰色的眼镜时，很少关心看起来是否是红色的，而能够看到更多、更全面的信息。

研究者表示，好情绪和坏情绪，完全会使人们大脑中的视觉皮层发生改变，从而改变人们所看到的东西。这项研究表明，当处于好情绪时，人们的视觉皮层能处理更多的信息，但处于坏情绪就会造成短视。

研究者首先向接受测试者展示了几种类型的图片，这些图片能分别导致积极的、消极的和普通的情绪。被测试者们接着会被要求去观察一张合成的图片，这张合成图片的正中嵌有人脸模样的图像，四周是房子的图像。要求被测试者把注意力集中在图片正中，辨认出图片正中人脸的性别。当测试者在消极情绪下时，他们无法看见人脸以外的其他图像。但是，被测试者在积极情绪下时，能看到更多信息：既能看到图片正中的人脸，也能看到四周的房子。这些发现，来自观察脑部的特定区域，即海马旁的“地点区域”。这能了解到，处理地点的区域，怎样与第一视觉皮层应答，也就是有关视觉最主要的皮层。

（2）儿童涂鸦反映对科学家认知的转变。2018 年 3 月 20 日，加拿大温哥华英属哥伦比亚大学心理学家托妮·施马德、美国西北大学心理学研究员戴维·米勒等人组成的一个研究团队，在《儿童发育》杂志上发表研究成果称，当儿童被要求画一幅有关科学家的图画时，大约 1/3 的孩子会涂鸦出一名女性科学家。一项新的研究发现，自 20 世纪六七十年代以来，这是一个巨大的转变：当时在 100 名儿童中，会描绘一名女性科学家的还

不到1人。

然而，尽管人们把科学与男性联系在一起的刻板印象，似乎正在随着时间的流逝而减弱，但大多数儿童仍然将科学视为一种男性职业。

为了调查孩子们的绘画是如何变化的，一组心理学研究人员梳理并分析了78项“画一名科学家”研究的结果。这些研究，对1966—2016年间的20860张涂鸦进行了研究。总的来看，这项研究，让2万多名从幼儿园到高中的孩子，描绘了心中的研究人员。

在20世纪六七十年代，99.4%的孩子画的是一名男性科学家。在1985—2016年的研究中，这一比例平均下降到72%。到21世纪前10年，大约1/3的孩子描绘了一位女科学家。

米勒说，这种观念上的转变，可能是越来越多的女性成为科学家的结果，而大众媒体，如电视节目和儿童杂志，则更多地将目光聚集在女性科学家身上。

研究团队同时还研究了随着孩子的成长，他们对科学家的刻板印象是如何变化的。从20世纪80年代开始，平均有30%的女孩和83%的男孩，在6岁时描绘了男性科学家。但到了16岁，75%的女孩和98%的男孩画的是男性研究者。研究人员认为，这些研究结果表明，儿童，尤其是大一些的孩子，倾向于把科学与男性联系在一起，这可能是因为女性在某些领域的代表性不足，如物理学。

施马德说：“孩子们能画出他们所看到的东西。研究结果表明，孩子们需要更多地了解女性在科学领域所扮演的角色，因为刻板印象会影响孩子们对自己能做的事和不能做的事的认知。如果我们能改变这些表象，年轻女孩或许就更容易在科学中展望自己的未来。”

研究人员指出，儿童如何看待科学家的趋势，与女性科学家实际数量的上升也有相似之处。大约在同一时间段内，即从1960—2013年，在生物科学领域从事科学工作的女性比例从28%上升到49%，在化学领域则从8%上升到35%，而在物理学和天文学领域的比例也从3%上升到11%。

尽管大多数科学家仍然是男性，但随着时间的推移，这种情况正在发生变化，即使在孩子们的想象中也是如此。

2. 认知过程中记忆现象研究的新进展

（1）成功开展清除老鼠记忆的实验。2006年8月25日，加拿大蒙特利尔麦吉尔大学神经科学家卡里姆·纳德和约瑟夫·里德克，与美国麻省理工学院贝尔、纽约州立大学萨克特和加利福尼亚大学詹姆斯·迈克三位神经科学家带领的一个研究团队，在《科学》杂志上发表最新实验成果称，他们已经成功地清洗了老鼠的记忆。该实验的目的，是为了把这项技术运用在人类身上，以能够帮助人们清除脑中可怕的记忆或不快的往事，从而避免由此可能导致的精神疾病。

据报道，贝尔和萨克特领导研究小组取得了突破性进展，他们在削弱老鼠脑部海马体内的细胞之间联系的实验中，成功清洗了老鼠的记忆。

萨克特负责训练老鼠在漆黑环境中避开旋转平台的“震荡区”，并在它们掌握到躲避技能的一天至一个月内，把一种名为“ZIP”的化学物质，注射入老鼠脑部的海马体。接受过注射的老鼠不再会避开“震荡区”，这说明它们忘记了学过的东西。

2004年10月19日的《华盛顿邮报》也曾报道过这样一则消息，纳德领导的研究小组把实验室的老鼠训练成害怕某种音调后，在它们的大脑中注射一种药物，它们完全失去了这种害怕的反应。那种药物的作用在于：阻碍记忆储存时所需蛋白质的形成。

人类“洗脑”实验显示，记忆导致的情绪可以被降低。

既然老鼠实验已经获得成功，那么通过这种药物是否也能同样清除人脑的记忆呢？实际上，为人类“洗脑”，科学家们早已有所尝试，不过所谓“洗脑”实验，主要是为了治疗创伤后应激障碍。在一些临床实验中，科学家们偶然发现，一种用于治疗心脏病的药物“心安得”有一定的“忘却”效果。这种药物的测试，由纳德和里德克领导的另一个小组分别在加拿大和纽约进行测试。

实验证明，一些交通事故或是受到其他创伤的患者，在受伤后立刻服用“心安得”，数月之后，创伤后应激障碍症状明显下降。迈克证明，强烈的情绪——爱、恨和恐惧等——触发了压力荷尔蒙（如肾上腺素和考的索）刺激大脑扁桃核，从而产生超常清晰的情绪化记忆。而“心安得”的成分可以阻止扁桃核中压力荷尔蒙的作用，从而阻止情绪化记忆的形成。

之后，该研究团队在美国、加拿大、法国和以色列都进行了更大规模的测试，这还包括对大麻中一些成分的测试。科学家们希望进一步的研究，可以对情绪化的记忆也产生作用，例如“9·11事件”造成的恐惧。但这些研究都显示，记忆导致的情绪可以被降低，但记忆本身并不会被抹去。

（2）有望为研制“记忆药丸”打开新通道。2007年4月，国外媒体报道，加拿大麦吉尔大学科学家马蒂奥里博士主持的一个研究小组，在实验中发现，通过改变老鼠大脑中的一种基因，能使老鼠的记忆力变强。这一重要研究成果，将可能帮助科学家研制出世界上第一种“记忆药丸”。在未来，也许只要吃上这样一颗药丸，人们就能增强自己的记忆力。

研究人员说，通过修改老鼠大脑中的一种特殊基因，能显著增强老鼠的长期记忆能力。他们做实验时获悉，有个基因会产生一种名叫eIF2a的调节蛋白，而这种蛋白会阻碍记忆的形成。当研究人员把老鼠大脑中这个基因加以改变，使其出现一定缺陷时，老鼠的空间学习和记忆能力就会变强。

研究人员认为，人类大脑中同样存在这种影响记忆的基因。他们希望找到能控制这种特殊基因的分子，从而研制出增强记忆的药丸。马蒂奥里表示：“如果能够研制成功这样一种药丸，将为阿尔海默病等记忆疾病患者提供新的治疗方法。”

研究人员表示，不仅是患有记忆疾病的病人能够因此受益，普通人也将可以通过服用这种药丸，让自己的记忆力变得更强。

（3）发现深部脑刺激可引发记忆错觉。2008年1月30日，美国每日科学网站报道，加拿大多伦多西区医院神经系统科学家组成的一个研究小组，在《神经学年鉴》上发表论文称，他们通过临床实验发现，当刺激电极接触到病人脑体的下视丘时，病人会突然产生既视感，这一发现令神经学专家们震惊，表示有望在此基础上发掘人类“第六感”的成因。

既视感又称为记忆错觉，指人类在相对于生理梦境而言的现实世界中，面对没见过的场景、事物，却突然感到自己“曾于某处亲见此画面或亲历过此事”的感觉，即属于错觉范畴的似曾相识感。

对于既视感这一现有科学尚未了解的状况，部分专家的解释是，人脑中负责控制情感的部分，同控制逻辑的部分的速度，在极其短暂的一瞬间出现了不一致性。但科学界大多仍抱有无法解释成因，但不否认其存在的态度，直到近日加拿大科学家在临床中取得了意外发现，使这个长期悬而未决的问题有望得到解决。

当时，研究小组正在对一名50岁的终身肥胖病患者，进行深部脑刺激（DBS）诊疗，希望通过电刺激其脑体下视丘的食欲抑制区，来达到治疗目的。虽然预期的结果以失败告终，但研究人员出乎意料地发现，病人在治疗过程中，经历了一场极为详尽的个人感知，并唤起了既视感。

根据病人的报告，其感知中出现了约30年前一件似曾经历的事件，且随着电刺激强度的递增，感知愈加生动细节化。这一感知在双盲实验中再次出现，被证实并非患者随机臆想。

刺激电极的接触区，位于下视丘接近脑穹窿处。穹窿是下丘脑最粗大的弓状纤维束，由于记忆与情绪的产生的母体——边缘系统自身并不能产生感受，弓状纤维束则为其携带了记忆与情绪信号，这一位置也成为最容易诱发记忆的区域。

专家认为，在诊疗过程中，刺激电极已推动了大脑颞叶与海马的活动，且意外击中了既视感的触发点，引起了脑体的神经元发射，而接下来要做的就是循迹找出和深入研究，以期早日破解人类大脑中最神秘的领域。

（4）发现嗅觉与空间记忆力受同一个脑区控制。2018年10月，加拿大麦吉尔大学神经科学家维洛尼克·鲍伯特及其同事组成的一个研究团队，在《自然·通信》杂志上发表论文指出，人类的嗅觉或与空间记忆力存在关联，且受到同一个脑区的控制。

空间记忆力，指能在某个环境中找出不同地标之间关系并构建认知地图的能力。以往有观点认为，动物起初进化出嗅觉，是为了帮助它们在环境中导航。目前已有证据表明，嗅觉识别可能与空间记忆力存在关联。不过一直以来，这些证据尚未得到直接验证。

此次，该研究团队试图寻找能证明嗅觉识别与空间记忆互相关联的直接证据，以及如果关联存在，两个功能是否共用一个脑区。为此，研究团队对57名志愿者进行了测试，结果显示，那些在不同气味识别测试中表现较好的参与者，在“寻路”任务中也表现得更出色。这项“寻路”任务，要求参与者在一个虚拟小镇的不同地标之间进行导航。

研究人员通过磁共振成像发现，左侧内侧眶额皮层（mOFC）的厚度，以及大脑右侧海马体积增加，会提升两项任务的表现水准，这说明气味识别和空间导航能力可能是由同一个脑区控制的。在补充实验中，9名曾受过脑损伤且左侧内侧眶额皮层受损的患者，在嗅觉识别和空间记忆的任务中均表现不佳；相比之下，另外9名同样受过脑损伤，但并未伤及左侧内侧眶额皮层的患者，却没有出现表现不佳的情况。

虽然还需要开展进一步研究，但研究人员认为，当前这一结果支持了一种观点，即认为嗅觉最初的功能，可能是为了支持构建认知地图和空间记忆的能力。

3. 与认知密切相关睡眠现象研究的新进展

（1）为催眠效应寻找科学依据的新研究。2005年8月，加拿大滑铁卢大学认知心理学家麦克里昂德、美国哥伦比亚大学认知神经学家瑞兹等人组成的一研究小组，在美国《国家科学院学报》网络版上发表论文称，他们在经历一系列探索性实验后，开始把催眠效应的研究转向理性。其重点是，催眠与大脑反应是否存在特定关系。

有一项研究试验，要求受试者伸出双手托砖，时间越长越好。人们在一般状态下只能托5分钟，可处在催眠状态下的女性也能托半小时。体层X照片表明，如果说在正常情况下大脑的两个半球在同时工作，那在恍惚状态下只有负责情感和艺术创造力的右半球在活跃，它像是“压抑”了负责逻辑和智力的左半球的任何企图，让人就知道傻乎乎地托着。

而另一项新研究证明，催眠通过改变大脑特殊区域的活性，能够有效地避免认知冲突的发生。

研究人员用一种经典方法，让受试者说出书写字迹的墨水颜色。面对用蓝墨水书写的“绿”字，受试者在回答“蓝色”时往往会犹豫和犯错。如果相同的受试者，但经过催眠后再看这个字时，就会把这个字视为一个没有意义的符号。

研究人员开始把目光聚集在这一结果背后的大脑活动上。他们在最初的行为研究中发现，面对字义与颜色的冲突，那些接受了高度催眠的受试者，比暗示影响较浅的受试者判断得更为准确。

相关的大脑成像也显示，受到影响的大脑区域，包括负责早期视觉处理的区域和前扣带脑皮质：这一区域已知与人的注意力、情感控制和自我调节有关。

瑞兹表示："这一解释令人感到惊讶的地方，在于阅读被认为是一种无意识的过程。"然而事实是，一种特殊的暗示，通过改变大脑的活性从而颠覆了这一过程，他认为，这意味着催眠可以用来激活和关闭特定的大脑区域。

麦克里昂德表示，"很多人都认为催眠暗示是值得怀疑的，但是与催眠在认知世界的地位相比，这项研究赋予了催眠更多的现实意义"。

（2）保持警惕或是人群睡眠时间存在差异的原因。2017 年 7 月，加拿大多伦多大学教授大卫·萨姆森主持的一个研究小组，在英国《皇家学会学报 B》杂志上发表论文称，他们通过对一群生活在坦桑尼亚北部哈扎人的研究发现，当他们睡觉时，诸多危险会悄悄接近这个原始林区。但他们并没有人放哨。这没有必要，因为睡眠上的天然差异，意味着极少会出现有人不够警惕，从而未能发出警报。

这项最新研究得出的结论，进一步揭示了为何青少年睡得晚而祖父母通常在破晓时分便起床。50 年前，心理学家弗雷德里克·斯奈德提出，成群生活的动物，会让一些成员保持清醒并让其他成员休息，从而在睡眠期间保持警惕。不过，时至今日，还没有人在人类中测试这一放哨假说。

保持这种持续警觉的一种方法，可能是不同睡眠类型的进化：当人们入睡时，个体差异便会呈现出来。随着年龄渐长，就会发生变化，即青少年会趋于较晚的就寝时间，而老年人则趋于较早的就寝时间。

这种差异性，是否足以让一个社区在晚上保持安全？为探究这一问题，该研究小组把目光投向了哈扎人，这是一群生活在坦桑尼亚北部原始林区的狩猎兼采集者。

哈扎人睡在茅草屋中，每间屋子都有一两名成年人，并且通常有几名儿童。他们生活在约有 30 名成年人的营地中，尽管若干其他营地可能就在附近。

萨姆森从两个拥有 22 座茅草屋的邻近群体中，召集了 33 名成年人，并让他们在手腕上佩戴运动传感器以监测睡眠。研究人员连续监测了 22 天。萨姆森表示："事实证明，同步睡眠的情况极其罕见。"

确实，在采集到的99.8%的睡眠时间段中，至少会有一人处于半睡半醒状态，或者是浅睡眠状态，因此很容易被叫醒。同时，在任何特定时间，平均而言都会有8名成年人醒着。进一步的分析显示，群体中不同年龄段的组合，几乎完全可以解释这种睡眠时间上的差异。

（3）研究表明，睡眠以七八小时为最好。2018年10月9日，美国物理学家组织网报道，加拿大欧文实验室研究助理康纳·维尔德等神经科学家组成的一个研究小组，在《睡眠》杂志上发表论文称，他们进行的世界上最大睡眠研究提供的初步结果显示，平均睡眠为每晚7~8小时的人，比那些睡眠时间少于或超过这个时间的人表现出更好的认知能力。

根据该研究，大约一半的参与者报告称，他们通常每晚睡眠时间少于6.3小时，比研究建议的数量少1个小时。

一个惊人的发现是，睡眠对所有成年人的影响相同。无论年龄大小，与高度功能性认知行为相关的睡眠量（7~8小时）对每个人都是相同的。此外，与睡眠过少或过多相关的损伤也与参与者的年龄无关。

维尔德说："我们发现，保持大脑最佳状态的最佳睡眠时间是每晚7~8小时。我们还发现，那些睡眠时间超过或少于这个时间的人，其受到的损伤一样。"

此外，研究发现，参与者的推理和言语能力是受睡眠影响最大的两种行为；而短期记忆表现则相对不受影响，这与大多数睡眠完全剥夺科学研究得到的发现不同，并且表明长时间睡眠不足对大脑的影响与熬夜不同。

从积极方面来看，有证据表明，即使是一夜的睡眠也会影响一个人的思考能力。参加测试前一晚比平时睡得多的参与者，比那些睡眠时间跟平时一样或睡得更少的人表现得更好。

这项世界上最大的睡眠研究集，于2017年6月启动，几天之内，来自世界各地的4万多人参与了在线科学调查，其中包括深入的调查问卷和一系列认知表现活动。

（二）探索情绪与心理行为的新信息

1. 情绪表现研究的新进展

（1）情绪测试表明女性比男性更会察言观色。2009年10月，加拿大蒙特利尔大学神经心理学与认知研究中心的一个研究团队，在英国《神经心理学》季刊网络版上发表论文称，他们近期通过测试表明，女性心思细腻、情感敏锐，比粗线条的男性更会察言观色。有关专家说，这项研究成果，有望为治疗各种心理疾病提供新思路。

该研究团队对23名男性和23名女性展开测试。测试对象年龄为18~43岁，均无精神或心理疾病患病史。

为保证测试准确性，研究人员没有使用照片，而是特地请来专业演员做出恐惧或反感的表情，供测试对象判别。除用眼睛观察外，测试对象还需再收听人在这两种情绪下发出的声音，或边看边听分辨恐惧与反感。研究结果显示，与男性相比，女性从看到听都更胜一筹。她们能迅速做出判断，而且准确率更高。

研究人员解释说，之所以只选用恐惧和反感两种情绪，是因为从生物进化的角度看，这两种情绪对物种生存更重要。

（2）发现年轻人和有孩子的家长更易“情绪化”。2009年12月，美国趣味科学网站报道，加拿大多伦多大学心理学研究员斯科特·斯奇曼领导的一个研究小组，发表研究报告称，生气是一种“人之常情”，小至情绪烦扰，大到暴怒咆哮，表现形式繁多。他们近日通过研究不同人群，综合分析发现，相比之下年轻人和有孩子的家长更易“情绪化”。

该研究小组调查了1800名年龄在18岁以上的美国人，了解他们通常在什么情况下出于什么原因发火。斯奇曼希望借此描绘美国人生气的“众生相”。研究结果将刊登在不久出版的《国际愤怒手册》上。

这项研究表明，年龄30岁以下的人群属易怒群体，情绪不如年长者稳定，容易受3方面因素影响：一是时间压力。会造成低级别的生气，如郁闷、苦恼、烦心等。二是经济压力。女性和年轻人尤其容易受影响。这个因素导致的生气“级别”往往较高，如争吵。斯奇曼说，当今经济不景气情形下，这是一种重要的诱发因素。三是工作场所人际交流不愉快，这也是重要诱因。

斯奇曼说，在有孩子的家庭，父母发火就不是“低级别”的事儿了。他们生气时会冲孩子大喊大叫。孩子给家庭带来欢乐，但淘气又不听管教的孩子往往让父母上火、生气。而且，研究报告认定，“与男性相比，女性更容易因此愤怒（咆哮）。”

另外，研究人员发现，受教育时间较短的人容易“上火”，一旦遭遇令人生气的问题不易积极对待。斯奇曼认为，教育对提高自制力有帮助，可帮助人们化解情绪问题。

“愤怒”虽是一种正常感情，却有害于身体。已有研究发现，心中怨气如得不到及时宣泄，会导致精神紧张，引发血压上升，最终对心血管系统造成危害。

瑞典斯德哥尔摩大学压力研究所心理学家康斯坦策·莱内韦伯近日公布研究结果说，人们遭遇上司或同事不公正待遇后，“默默忍受”者心脏病发病概率上升 1 倍，而“回家后发脾气”者发病概率没有升高。

美国匹兹堡大学医学中心“健康生活计划”项目主任布鲁斯·拉宾说，拥有适当交际圈，释放怨气，有益身心健康。

（3）发现积极情绪有益于身体健康。2015 年 9 月，加拿大媒体报道，负面情绪一直和健康不良状况相关联，如心脏疾病乃至短命等。研究表明，负面情绪还可能与炎症有关，部分程度上至少如此。参与炎症的分子对人体应答感染和受伤等情况极为重要，但是长期高水平的炎症分子则可能会与从糖尿病到抑郁症等各种疾病相关联。

一些研究评估了积极情绪的健康效应，由加拿大多伦多大学的詹妮弗·斯特拉带领的团队，研究了情绪和健康之间的关系。在第一组研究中，94 名学生填写了一份问卷，要求他们如实说明过去一个月经历了怎样的情绪过程。然后研究人员收集了唾液样本，评估了他们体内加强炎症的分子白细胞介素-6 的含量水平。研究发现，情绪越积极，白细胞介素-6 的水平就会越低。

在第二组研究中，105 名学生在线填写了问卷，评估了他们经历的若干种具体的积极情绪倾向，并随后对填写问卷的学生进行了同样的唾液采样。研究发现，喜悦、满足、骄傲和敬畏等情绪，都与较低的白细胞介素-6 水平相关联，但敬畏是唯一一种利用严格的统计检验便可预测该分子水平的情绪。

这些研究并未指出敬畏是否会导致白细胞介素-6 水平变化。研究人员表示，这种关系可能存在双向性，即健康、压力小的生活，可能会让一个人经历更多敬畏。他们把这些情绪和那些经常伴随着疾病或受伤的不合群情绪做了对比，并指出敬畏和好奇心以及探索欲相关联。斯特拉说："我们知道积极正面的情绪对于生活质量非常重要，现在我们的发现表明，它们对我们的身体健康也很重要。"

（4）发现大脑中海马体也参与情绪调节。2018年4月，加拿大多伦多大学一个由心理学家牵头组成的研究小组，在《当代生物学》杂志上发表论文说，他们研究发现，大脑中负责学习和记忆的海马体，也参与情绪调节。这个发现可能有利于治疗上瘾、焦虑和抑郁等精神障碍性疾病。

长久以来，研究人员主要关注海马体在记忆和认知中所起的作用。而该研究小组却发现，海马体中名为CA1和CA3的两块区域，也参与情绪调节。

研究人员用小鼠进行实验，它们被置于"接近—回避型"冲突场景中。这是心理学上用来测试情绪调节机制的一个方法，用人类生活经验打比方就是：一个人正想走进他最喜欢的餐馆吃饭，突然看见他很讨厌的一个人在里面，这时候是进去还是走开呢？

本次研究发现，在暂时抑制小鼠海马体中CA1区域的活性后，小鼠会倾向于选择回避行为；而抑制CA3区域的活性，小鼠会更倾向于选择接近行为。

由于上瘾可能与接近行为的调节机制相关，而焦虑和抑郁则可能与回避行为的调节机制相关，研究人员认为，相关发现可能为治疗上瘾、焦虑和抑郁等一系列精神障碍提供新思路。

2. 心理行为研究的新进展

（1）发现9个月大的婴儿已有社交好恶判断力。2013年3月，加拿大《明报》报道，加拿大不列颠哥伦比亚大学心理学系教授哈姆林领导的一个研究小组，在公布的一项研究报告中称，9个月大的婴儿也许还不会讲话，但已展现出初级的社交好恶判断力。

研究表明，看似天真的婴儿们除了对事物自有好恶外，从实验中还发现在此基础上学会了"区分敌友"及"选边站"。

该研究小组的实验是这样进行的：一开始，研究人员准备两碗零食，一碗放全麦饼干、一碗青豆，婴儿这时会在两者中选出喜欢的一种；紧接着，研究人员让婴儿观看完偶剧，由研究人员操纵的一黄一蓝两只公仔兔出场，各自从饼干和青豆中挑选一碗它们喜欢的零食。

然后研究小组再派出蓝、黄两只公仔小狗，分别扮演公仔兔的同伴。在实验的过程中，公仔狗对喜欢不同食物的兔仔做出帮助、伤害等行为，或是保持中立。

演出后，婴儿可选择喜欢的小狗。研究人员发现，婴儿先将“食物口味”相同的公仔兔划为“朋友”，反之则为“敌人”，75%的9个月大的婴儿和100%的14个月大的婴儿，都偏爱“善待朋友”，以及“欺负敌人”的公仔狗。

哈姆林表示，婴儿从9个月大时，就会开始评估他们的周围环境，试图区分谁是“朋友”，谁是“敌人”，而其重要依据就是相似度。也就是说，婴儿会认为，与他们喜好相似的是“朋友”，反之则是“敌人”。

更有趣的是，对欺负敌人的人，婴儿显示出了认同，当他们不喜欢的人或是对他们有威胁的人受到伤害时，他们会幸灾乐祸。这或许表明婴儿也有“同盟意识”，知道敌人的敌人就是朋友。

《明报》引述哈姆林的话强调，实验的结果并非指婴儿天生就是凌霸或缺乏同情心，而是人类在婴儿时期就展现出复杂的社交判断力，对与自己有相同爱好的人较有好感。就像许多成年人偏爱与自己有相同背景、语言、外表的人一样。

（2）200毫秒即可判断讲话者自信度。2015年3月，加拿大麦吉尔大学蒋晓明和马克·佩尔等人组成的一个研究小组，通过实验研究表明，观察一个人说话的内容，更确切地讲，观察一个人说话的方式，就能在0.2秒内判断出其有多自信。

该研究小组通过把64个电极贴在志愿者头上，并在志愿者聆听录好的语句时拍下脑电图，发现很快就可以做出判断。这些诸如“他们不喜欢饮酒”等语句，由演员或演讲者说出，分为听上去自信、近乎自信、不自信或中性4类。在受试者听这些语句前，一组不同的志愿者会确认它们的自信程度。

无论语句的自信程度如何，在剪辑的录音开始播放后约200毫秒时，研究小组在所有志愿者的脑电图内，发现了同事件相关的诱发电位，即大脑活动中的正峰值。不过，相较于不自信的讲话，更加自信的讲话拥有更高的峰值。在这种事件相关的诱发电位中，更高的峰值此前被同增加的信息处理联系在一起。近乎自信的声音似乎需要做额外的考虑，其在录音播放约 330 毫秒时出现了另一种大脑活动模式。

蒋晓明介绍说："我们发现，当讲话者对某件事情很自信时，这能在非常早期的阶段被评估出来。"自信的声音刺激更高的大脑活动表明，听众的大脑可能更偏好自信的内容，为它们分配更多的注意力，并且能更加快速地处理其中的信息。

当随后被要求对录音的自信程度打分时，相较于男性参与者，女性对自信和不自信声音给出了更多的极端分数。蒋晓明表示，这或许意味着女性拥有更强的能力判断声音自信程度。

（三）探索心理疾病防治的新信息

1. 研究不健康心理现象的新进展

（1）发现 3 个月大的婴儿已有嫉妒心理。2008 年 11 月，墨西哥《宇宙报》报道，加拿大约克大学研究儿童心理和智力发育的玛丽亚·莱赫斯特率领的一个专家小组发表研究成果时称，婴儿的哭闹和粗暴行为，通常与饥饿感、困倦感、疼痛感或其他不适有关。但他们最新研究发现，其他因素如嫉妒心理，也会使婴儿焦躁不安。

报道称，该专家小组研究发现，3 个月大的婴儿，已经表现出明显的嫉妒心理，而不是现有理论认为的两岁后才会有所显露。

在这项研究中，研究人员对 50 名 3 个月、6 个月和 9 个月大的婴儿，进行了 4 项实验。实验显示，当母亲将注意力转向其他人，如聊天或其他形式的互动时，3 个月大的婴儿通常会蹬腿和发出叫声。

莱赫斯特说，这项研究表明，3 个月大的婴儿已对周围的人产生意识。该研究得出的结论，有别于现有的一些理论。现有理论认为，年满两岁的孩子才会开始显露嫉妒、害羞、骄傲等较为复杂的心理。

（2）研究追溯儿童攻击性残暴行为的起源。2014 年 1 月，加拿大媒体报道，奥雪来嘉是一个加拿大魁北克省蒙特利尔市附近属于伊洛魁族印第安人的村庄。20 世纪 80 年代，公立学校的官员发现，在奥雪来嘉和邻近的蒙特利尔市东部许多贫困地区，一些幼儿园的孩子出现了严重的行为问题，如身体攻击等。当地学校曾系统地向一位名为理查德·坦布雷的心理学家寻求帮助。

供职于蒙特利尔大学的坦布雷说：“这些孩子的父母很多连高中都未毕业，一些妈妈在20岁之前就生育了第一个孩子。这种母亲生育的孩子，出现行为问题的可能性最高。”

在过去30年中，坦布雷以奥雪来嘉和类似地区为研究对象，探寻这种攻击性行为的根源。自1984年起，他选定了来自53所学校的1000多名儿童，跟踪他们从童年时期到成人的过程。1985年，他发起了一次具有里程碑意义的尝试：出现行为问题孩子的家庭可以获得支持和心理辅导，以改变孩子的不良行为。坦布雷的研究表明，早期干预可以使问题儿童改邪归正，避免其走向犯罪的深渊。

坦布雷与麦吉尔大学、美国国立卫生研究院的研究人员一起，研究了环境是如何在分子水平上对孩子施加积极或消极影响的，这种通过一类机制影响基因表达的现象，被称为表观遗传学。坦布雷的加拿大同行已经采用纵向研究：在一段时间内跟踪同一个个体，寻找可能影响其健康和行为的表观遗传特征。当时，该领域的研究尚属起步阶段，学界也有不少质疑的声音，但坦布雷认为准确把握早期表观遗传效应，可以指导很多疾病，如肥胖症、精神疾病的干预和治疗。

诺贝尔奖得主、美国芝加哥大学经济学家詹姆斯·赫克曼说：“存在大量证据表明，早期生活经历会影响人长远的行为。”他目前与坦布雷一起，以爱尔兰都柏林市的“高危”孕妇为对象，开展早期干预的研究。

赫克曼说：“坦布雷和其他人所做的工作，为学界研究早期生活经历如何影响这些过程，奠定了坚实的生物学基础。”

开始时，坦布雷极度渴望开展自己的纵向研究，20世纪80年代初，他终于如愿以偿。校方希望他研究幼儿园中有些男孩过度活跃且攻击性过强的原因。此前，他从未涉足过儿童研究，也从未想过从事这方面的研究。但坦布雷认为这是一个机会，可以利用这个契机来研究攻击性行为的起源。坦布雷说：“这个想法变得非常清晰。”针对幼儿园儿童的纵向研究，有助于揭开儿童时期的行为对青春期和成年后行为的影响。

1984年，坦布雷开始了自己的纵向研究。他从十几所学校中选择了约

50 名男生进行追踪研究。最初，他只获得了为期 3 年的研究资金，但在研究开始近 30 年后，坦布雷与同事仍然保持对许多研究目标的追踪研究。迄今为止，他们已经发表了超过 160 篇基于研究目标的学术论文。

仅在纵向研究启动 1 年之后，也就是男孩长到 7 岁时，坦布雷就获得了一个新机会——为研究加入随机的、用于对照的实验干预方案。因此，一个由 4 名心理学家组成的小组，每隔 2 周会访问研究对象的家庭。在家访过程中，研究小组将劝说家长时刻关注并改正孩子的攻击性残暴行为，该小组还会培训教师让他们也做相同的工作。此外，研究小组尝试让不守规矩的男孩更多参与社交活动，并将行为失当的男孩与举止得体的孩子混合在一起，为他们提供积极的榜样。

这项在蒙特利尔市开展的研究，启动时间比较特殊，犯罪学者私下将那一时期称为“什么都不奏效的”时代：认为对少年犯和成年犯罪者的改造，是无用功的普遍悲观情绪在整个社会蔓延。坦布雷的干预研究，需要耗费大量劳动力以及高昂成本，当他回忆起那段时光时仍感到烦恼。他为研究花费了上百万美元，到头来却有可能什么也无法证明。坦布雷说：“对少年犯的研究，让我失去信心。”

干预研究持续了两年，但对研究结果的梳理工作还需要更久的时间来完成。美国费城天普大学犯罪学家琼·麦考德是第一批意识到研究发挥作用的人之一。麦考德是一位享有盛誉的犯罪学家，曾通过梳理数据对许多传统观点发起挑战，最著名的莫过于她在 20 世纪 70 年代对剑桥—萨默维尔青年研究项目的指责。该研究是美国一项著名的纵向研究，旨在通过辅导少年犯帮助他们改造。麦考德认为，这项研究的最终结果事与愿违，对这些年轻人造成了伤害。相反，她认为蒙特利尔的干预研究，是在沿着最初的设想前进。根据实时跟进的评估报告，这些男孩不仅表现出比对照组更少的过失行为，还在学校有更出色的表现，吸毒和饮酒的比例也更低，且具备更加出色的社会技能。

干预研究结束 15 年后收集到的数据显示，当初的干预具有长期、积极的影响。受到父母管束的男孩的毕业率达 46%，而对照组的毕业率只有 32%。此外，在他们 24 岁时，仅有 22%的干预组男孩具有犯罪记录，小于对照组 33%的比例。

但坦布雷开展实验的目的，并不是为了降低不良行为的发生率，而是为了解释进攻性行为的根源。20 世纪 90 年代中期，他开始与美国卡耐基梅隆大学犯罪学家丹尼尔·纳金一起开展研究。纳金使用一套更精细的统计指标，来分析不断增加的蒙特利尔研究数据。分析结果于 1999 年正式发布，清晰揭示了成年时期的反社会行为和犯罪行为，可以追溯到很早以前的幼年时期。大多数孩子的攻击性行为在 6~15 岁时会降低，因为他们开始学会如何控制自己的攻击性冲动。只有约 4%的男孩会将自己幼年时期的过度攻击性行为，保持到青年时期。

纳金表示，根据外推法，成年人的攻击性行为是其在 6 岁以前塑造的。这就意味着，这些行为的形成时期还要在坦布雷的幼儿园研究之前。

在纳金与坦布雷分析蒙特利尔研究数据的同时，坦布雷开展了另一项旨在研究儿童在幼儿园之前攻击性行为的纵向研究。新的纵向研究以同期出生人群为基础，在魁北克地区开展。研究结果显示，攻击性行为出现于婴儿 17 个月大时，并于 42 个月大时达到顶峰。这一结果和之后的研究结果整合在一起，共同促成了坦布雷的“原罪论”假设：攻击性行为是人类与生俱来的本能，在 2~4 岁时达到顶峰，并且通常在孩子上学后随着社交行为的增多而减弱。纳金说：“我们认为暴力和攻击性行为是人类的本能。因此，问题并不在于如何避免学坏，而在于如何控制。”

许多犯罪学家并不认同坦布雷的研究，不过他们并非认为坦布雷的想法是错误的，而是认为他的研究与成年人犯罪并不相关。与成年人所犯的谋杀和强奸相比，幼年时期的攻击性行为不值一提。许多人仍将研究重点放在青春期的犯罪行为，并且有着充分的理由。美国哈佛大学社会学家罗伯特·桑普森说：“幼儿时期固然非常重要，但不是决定性的，因为在未来会有诸多后天因素对人造成影响。”

坦布雷表示，蒙特利尔研究以及其他类似的纵向研究证明：幼年时期过度的攻击性行为，与青春期和成年后严重的反社会行为，具有紧密联系。他的观点，与古罗马帝国时期天主教思想家圣奥古斯丁于 1600 年前提出的观点一致：来自婴儿的恶意并不是无害的，只不过是他们脆弱的四肢无法造成严重的伤害而已。

怀着与圣奥古斯丁同样的想法，坦布雷愈发地思考儿童早期所接触的环境，对其所造成的影响。与许多研究者研究人类行为一样，他将目光投向基因在攻击性行为中的作用，但结果令他感到失望：基因对此并没有决定性影响。

加拿大麦吉尔大学癌症生物学家摩西·西夫也针对基因展开研究，不过西夫的研究内容是添加或删减甲基原子团对DNA造成的影响。这些甲基化标记究竟能否使外部环境对基因表达造成影响，科学家一直对此怀有浓厚的兴趣。

加拿大麦吉尔大学发育神经生物学家迈克尔·明尼与西夫合作，对新出生的小鼠幼仔进行研究。他们发现，与那些被冷落的幼仔相比，受到母鼠更多关照的幼仔具有不同的DNA甲基化形态。这些DNA的改变会传达到幼仔的大脑——甲基化形态会改变基因的活动，并在幼仔对外部环境的反应中扮演至关重要的角色。西夫认为，母爱的关怀，是外部环境的重要组成部分，能改变基因的活动和运作方式，其效果将会是终身的。

2. 研究完美主义者心理问题的新进展

剖析完美主义者存在的心理障碍。2008年1月，美国《纽约时报》网站报道，加拿大约克大学心理学教授戈登·弗莱特、美国加利福尼亚大学戴维斯分校员工援助顾问艾丽斯·普罗沃斯特负责的一个研究小组，发表学术成果称，他们剖析研究发现，完美主义者如果事情做得不尽完美，就会惶恐不安或勃然大怒。

报道称，该最新研究证实，这种纯粹主义者极易在精神上感到痛苦；完美主义同时也是一面透镜，通过这面透镜，可了解各种看起来似乎毫不相关的精神问题，从抑郁症到强迫行为再到沉溺、上瘾。

研究小组表示，他们根据受访者对标准调查问卷的回答情况，把完美主义者分成3种类型：第一种是要求自我型，他们竭尽全力达到自己设定的高标准，当无法达到这些标准时，往往会过度自责、变得抑郁；第二种是要求他人型，他们总希望别人把事情做得尽善尽美，常把人际关系搞得很糟；第三种是被人要求型，他们之所以不顾一切追求完美，是因为深信其他人对他们寄予厚望，如果达不到这种期望，容易产生自杀念头或出现饮食失调问题。

弗莱特说："人们在某些方面追求完美，这很正常。例如工作，要想成为一名优秀编辑或外科医生，就不能犯错。但如果在生活的其他方面，如家庭生活、外貌和业余爱好方面也持有这种态度，你就会遇到许多问题。”

然而，完美主义者并不认为自己存在某种心理问题或机能障碍。普罗沃斯特最近对该校凡事苛求完美的员工，进行了集体治疗。他说，参与其研究项目的员工，经常表现出强迫症的症状。他们无法忍受办公桌上乱七八糟；几乎不可能让自己工作只做一半，其余留到第二天再做；一些人花很多时间重复完成同一项任务，只为达到自己心目中的完美。

普罗沃斯特做了一次试验，让参与者有意放松自己：不要早到；准时下班；该休息就休息；任由办公桌凌乱；允许自己通过多次努力完成一项工作。他说：“结果他们惊讶地发现，一切都在继续运转。”

3. 防治抑郁症研究的新进展

（1）发现抗抑郁药物或许对人体弊大于利。2012 年 4 月，加拿大麦克马斯特大学心理学家主持的一个研究小组，在《心理学前沿》杂志上发表论文称，每年全球有数以百万计的患者服用抗抑郁药物。但他们的研究发现，大部分抗抑郁药物对病人的伤害，或许远大于其带来的好处，人们需要更加谨慎地对待。

研究小组对“抗抑郁药安全且有效”的说法提出了质疑。研究人员说，大部分抗抑郁药主要通过增加大脑中的血清素来减轻抑郁症状。虽然血清素能够调节情绪，但这并不是其唯一功能，而抗抑郁药物会影响血清素的正常调节，从而影响与之有关的多种生理功能，由此会产生一系列风险，如婴儿发育障碍、消化功能障碍和中风等。

研究人员分析了此前关于抗抑郁药效果的研究后发现，使用抗抑郁药的老年病人死亡概率比没有使用此类药物的同类人群高，这说明这些药物对身体的整体效果弊大于利。

（2）找到抑郁症治疗新的着力点。2014 年 6 月 9 日，物理学家组织网报道，加拿大麦吉尔大学医学院附属道格拉斯医院心理科主任医师、抑郁症治疗中心主任古斯塔沃·德瑞奇教授领导的研究团队，在《自然·医学》杂志上发表论文称，他们近日发现了一种只有在人体和其他灵长类动物大脑中存在的小分子。当这种分子水平变低时，容易导致沮丧抑郁等情绪。这一发现有望把抑郁症的治疗提高到一个新层次。

现代社会生活节奏快，工作压力大，抑郁症有日渐增多的趋势。目前虽然也有一些治疗药物，但由于缺乏针对性，疗效并不明显。

在这项新研究中，德瑞奇研究团队发现了一种名为 miR-1202 的小分子。这种分子有可能为抑郁症的治疗提供一个新的着力点，并且通过对这种分子含量的测试，还可以发现潜在的抑郁症风险。

报道称，通过对道格拉斯贝尔加拿大大脑库中样本的分析和对比，该研究团队发现 miR-1202，是抑郁症患者大脑样本与健康大脑样本的一项重要区别。德瑞奇说："我们发现在人体和其他灵长类动物大脑中，miR-1202 是调节神经递质谷氨酸的重要受体。我们进行了多次实验，结果表明抗抑郁药物能够改变这种分子的水平。在临床实验中，我们也发现，在治疗前，抑郁症患者体内 miR-1202 含量水平，要显著低于没有抑郁症的健康个体。很显然，这种物质能够帮助人体对抗抑郁反应。"

德瑞奇说，目前，包括常见的抑郁症治疗药物西酞普兰在内的一些药物，确实能够帮助患者减轻痛苦，但在此之前往往要经过对多种药物的尝试后，才能发现真正起效的那一种。而如果能够引入对 miR-1202 的测试，并根据患者体内这种分子含量的水平对症下药，情况或许就会完全不同。这一发现可为新的、更有效的抑郁症疗法提供帮助。

4. 防治自闭症研究的新进展

史上最大自闭症基因组获得重大发现。2015 年 1 月 26 日，多伦多病童医院应用基因组学中心、多伦多大学麦克劳克林中心主任斯蒂芬·舍雷尔博士领导的研究小组完成的一项课题报告，以封面文章形式在《自然·医学》杂志上发表。该课题是《自闭症之声》资助的，史上最大自闭症基因组研究项目。自闭症的遗传基础，要比此前认为的更复杂，大多数自闭症谱系障碍（ASD）患者的兄弟姐妹拥有不同的自闭症相关基因。

研究人员表示，该项研究获取的近 1000 个自闭症基因组数据，历史性地首次上传到基于谷歌云平台的《自闭症之声》MSSNG 门户网站，这些已标识数据将对全球研究人员开放，以加速对自闭症的理解和个性化治疗方法的开发。

舍雷尔称，这是一个历史性的日子，因为这标志着全球研究者，将可首次利用《自闭症之声》开放数据库中的自闭症全基因组序列开展研究，开放获取的基因组学，将引领诸多发育和内科疾病的个性化治疗方法的出现。

《自闭症之声》首席科学官罗伯特·林表示，以云平台向全球研究人员共享自闭症基因组数据，是一种之前未曾有过的打破壁垒的新方式。《自闭症之声》一如既往的目标就是加速科学发现，最终改善全球自闭症患者的生活质量。《自闭症之声》项目的最终目标，是上传至少1万个自闭症基因组，同时提供最先进的“工具箱”来帮助分析。

在该项研究中，舍雷尔研究小组对来自85个家庭的340个全基因组进行测序，参与研究的每个家庭都有两个自闭症孩子。研究发现，大多数兄弟姐妹（69%）在已知的自闭症相关基因变异上，几乎没有重叠，共享相同的自闭症相关基因变异的比例，不到1/3。

这一发现对长期以来的推论提出了挑战。由于自闭症常常发生于同一家庭，专家们过去倾向于认为，患有自闭症的兄弟姐妹，会从其父母继承相同的自闭症易感基因。舍雷尔博士称，现在看来，这未必是真的。人们早已了解自闭症具有差异性，但最新研究结果，使这种差异成为“板上钉钉”的事实。因为事实表明：“每个自闭症孩子都像是一片雪花，与别的雪花不尽相同。”

舍雷尔表示，这意味着，人们不应像普通的诊断基因检测那样，只是寻找具有自闭症风险的嫌疑基因，而是需要对每个个体的基因组进行完整评估，以确定如何最好地利用遗传知识，开展个性化治疗。全基因组测序，在分析个体的完整DNA序列方面，已远超传统基因检测方法。

《自闭症之声》是北美最大的自闭症科学与宣传机构。自2005年成立以来，为自闭症患者家庭，投入超过1.6亿美元资金用于研究和开发新资源。该机构致力于资助与自闭症起因、预防、治疗等相关的生物医学研究，提高公众对自闭症的关注度以及提倡关爱自闭症患者及家庭。此外，《自闭症之声》还建立了一系列自闭症资源库，并开展相关研究项目，包括自闭症遗传资源交流数据库，及其他科学和临床研究项目。

四、防治阿尔茨海默病与帕金森病的新成果

（一）阿尔茨海默病防治的新信息

1. 阿尔茨海默病致病因素研究的新发现

（1）确认与阿尔茨海默病有关的基因。2007年1月14日，加拿大、美国、德国、以色列和日本科学家组成的一个国际联合研究团队，在《自然·遗传学》杂志网络版上发表研究报告称，他们发现，一个名为SORL1的基因的某些变种能够增加患阿尔茨海默病的风险。这一发现有助于找到治疗阿尔茨海默病的新方法。

研究人员分析了来自不同族群的6000多人的DNA，并通过两种途径证明SORL1的变种，在阿尔茨海默病中的作用。78%的研究对象，显示这一基因的某些变种与致病具有相关性，且显现在多个族群中，如非裔美国人、加勒比西班牙人、北欧人和以色列阿拉伯人。

另外，研究人员在实验室中发现，当抑制SORL1活性的时候，细胞会产生更多贝塔淀粉状蛋白，而该物质被认为在阿尔茨海默病致病机理中起着关键作用。因此，研究人员认为，SORL1的变种通过抑制基因活性，而导致阿尔茨海默病。

阿尔茨海默病是一种以进行性认知障碍和记忆力损害为主的，中枢神经系统退行性疾病，目前医学上还没有有效的治疗手段。在发达国家，已成为仅次于心脏病、癌症和中风的第四位死因。

美国范德比尔特大学专家乔纳森·海恩斯评论称，研究人员的发现，是“在理解阿尔茨海默病基因原理的道路上，向前迈出得非常实质性的一步。”

（2）找到阿尔茨海默病的致病主因。2009年5月，加拿大麦基尔大学希曼特·鲍德尔等人组成的一个研究小组，在《生物化学杂志》上发表的一项研究成果表明，大脑中TAU蛋白质的变化，可能是导致阿尔茨海默病的主要原因，这个观点为早期诊断和治疗阿尔茨海默病带来新希望。

以往的研究已知，TAU蛋白质在阿尔茨海默病中起着重要作用。在阿尔茨海默病患者脑中，这种蛋白质数量会无限制增加，并纠结在一起。正

常 TAU 蛋白质仅吸附 3 到 4 个磷酸盐，而阿尔茨海默病患者不正常的 TAU 蛋白质能吸附 21 到 25 个磷酸盐。

在本次研究中，科研小组通过分析 FTDP-17 遗传病，来排除与阿尔茨海默病无关的磷酸盐。FTDP-17 遗传病是由 TAU 蛋白质变异引起的，其症状与阿尔茨海默病非常相似。进而发现，TAU 蛋白质中有一种叫 Ser202 的氨基酸，只要它黏附上单个磷酸盐，就会导致 TAU 蛋白质不正常，接着诱发 FTDP-17 遗传病和阿尔茨海默病。这就告诉人们，阿尔茨海默病的致病原因，是 TAU 蛋白质 Ser202 氨基酸吸附单个磷酸盐。

研究人员指出，这一发现使科学家的研究有了明确方向。在此基础上，可开发出早期诊断阿尔茨海默病的方法，甚至研制出有关的治疗药物。

2. 阿尔茨海默病患病对象研究的新发现

研究发现阿尔茨海默病不仅限于老年人。2009 年 1 月 5 日，台湾《今日晚报》报道，加拿大阿尔茨海默病协会公布的一项研究报告指出，阿尔茨海默病并不仅限于老年人。有关专家指出：世界阿尔茨海默病的死亡人数，仅次于心脏病、癌症和中风，已成为第四大导致患者死亡的原因。

报道称，阿尔茨海默病。发病年龄大多是 65 岁以上的老人。但加拿大阿尔茨海默病协会的研究报告显示，加拿大约 50 万阿尔茨海默病病人中，14%年龄在 65 岁以下。加拿大阿尔茨海默病协会预测，未来 20 年内，由于人口老化，加拿大罹患阿尔茨海默病病人数将会增加 1 倍。

加拿大阿尔茨海默病协会发言人雷·康格顿在一份声明中表示，以当前的情况来看，今后 20 年内，罹患阿尔茨海默病的加拿大人，将会增加 1 倍。声明指出，新的资料证实，阿尔茨海默病正引起加拿大全国的注意。

3. 阿尔茨海默病患病方式研究的新发现

发现输血或许能传播阿尔茨海默病。2017 年 11 月，加拿大不列颠哥伦比亚大学科学家宋伟宏领导的一个研究团队，在《分子精神病学》杂志上发表论文称，他们通过研究表明，一种阿尔茨海默病蛋白，能在共享血液供给的小鼠间扩散，并且导致大脑退化。

关于阿尔茨海默病或许能通过输血和手术设备扩散的恐惧，一直在增长，但很难找到这种情况正在发生的证据。现在，该研究团队这项成果便成了一个重要例证。

人们从像库贾氏病（疯牛病）一样的朊病毒疾病中了解到，错误折叠的蛋白会传播大脑疾病。例如，库贾氏病能通过感染了朊病毒蛋白的肉制品或者输血传播。

与库贾氏病一样，阿尔茨海默病也涉及一种被称为β-淀粉样蛋白的错误折叠蛋白。这种蛋白斑块，会在患有该疾病的人大脑中堆积。尽管目前尚不知道斑块是疾病的诱因，还是一种症状。

有证据表明，β-淀粉样蛋白可能像朊病毒一样传播。如今，这项研究发现，当健康小鼠的血液同拥有阿尔茨海默病斑块的小鼠结合在一起时，前者最终开始在大脑中形成β-淀粉样蛋白斑块。当斑块以这种方式在健康小鼠体内形成，它们的大脑组织开始坏死。

这表明，阿尔茨海默病症确实能通过血液中的β-淀粉样蛋白传播。宋伟宏指出："这种蛋白能进入同患病小鼠相连的健康小鼠的大脑，并且导致大脑退化。"

该研究团队利用的是拥有可产生人类版β-淀粉样蛋白基因的小鼠，因为小鼠不会自然地患上阿尔茨海默病。该基因使小鼠形成了与在人类大脑中见到的斑块相似的大脑斑块，并且展示出相同模式的神经退化。随后，研究人员通过手术将患有类似于阿尔茨海默病的小鼠，同未拥有β-淀粉样蛋白基因的健康小鼠连在一起，并使其共享同一血液系统。

β-淀粉样蛋白开始在健康小鼠的大脑内堆积。在4个月的时间里，小鼠大脑中负责学习和记忆的关键区域的活动模式也发生了改变。宋伟宏表示，这是科学家首次发现，β-淀粉样蛋白会进入另一只小鼠的血液和大脑，并且引发阿尔茨海默病。

4. 研制防治阿尔茨海默病装置与药物的新进展

（1）参与研制可跟踪阿尔茨海默病患者的电子手镯。2005年6月，《科学与未来》杂志报道，加拿大一家企业与法国移动电话运营商合作，发明了一种可用于跟踪阿尔茨海默病患者的电子手镯。据称，它有利于帮助解决老人走失的问题。阿尔茨海默病多为老年人患的疾病。这种疾病损害病人的神经系统，导致记忆衰退和行为严重紊乱。

据报道，这种电子手镯实质上是在约5厘米宽的橡胶电子手镯里安装了一个微型盒，里面配备了卫星定位系统和微型移动电话。电子手镯一经戴到病人的手腕上就不易摘除，只有用钥匙才能打开。这种装置可以随时“报告”病人的方位。

专家介绍说，对于那些佩戴电子手镯的病人来说，首先要为他们确定一个安全地理范围，超过这个范围，病人便开始处于危境。譬如，要是其走出 3 个建筑群，电子手镯就会向一个医疗呼叫中心发出信号。中心随即通知家属并告知病人所处方位。家属可通过电子手镯里的微型电话，与病人通话，或者直接去找他们。

据报道，目前大约 3/4 的阿尔茨海默病患者住在家中，由家属照料。然而，这些病人家属往往不得不把病人关在家里，以防他们离家出走。要实行一天 24 小时的监护是不可能的，病人和他们的家属都很痛苦。电子手镯无疑解决了这一难题。

（2）制成可延缓阿尔茨海默病发展的新药。2012 年 3 月，加拿大西蒙弗雷泽大学戴维·沃恰德洛教授领导的一个研究小组，在《自然·化学生物学》杂志上报告说，他们合成了一种酶抑制剂，可以阻止大脑中 Tau 蛋白异常聚集，从而延缓阿尔茨海默病的进一步发展。

沃恰德洛教授介绍说，Tau 蛋白是人体中枢神经系统内分布的一种含磷糖蛋白，它具有促进神经微管生成，维持其功能的作用。而神经微管能参与神经元细胞内的物质转运活动。假如 Tau 蛋白发生异常磷酸化并逐渐聚集，受其影响的神经微管就不能稳定发挥功能。因此，随着 Tau 蛋白的异常聚集日益加剧，神经纤维会逐渐退化并丧失功能。这便是阿尔茨海默病的主要病因之一。

根据上述机制，该研究小组决定设法抑制 Tau 蛋白发生异常变化，进而防止其聚集。进一步的分析研究表明，人体内的 O 位 N-乙酰葡糖胺蛋白质水平增高，可促使 Tau 蛋白稳定下来，不再异常积聚。于是，研究者合成了一种促使 O 位 N-乙酰葡糖胺蛋白质水平升高的 Thiamet-G 酶抑制剂并进行了试验，结果确实达到了延缓神经纤维退化的目标。

（二）帕金森病的防治的新信息

——发现重感冒可增加患帕金森病风险

2012 年 7 月，加拿大不列颠哥伦比亚大学一个研究小组在《运动障碍》杂志网络版上发表的一项研究成果显示，重感冒病人患上帕金森病的风险，是健康人的两倍。

研究人员对比了403名帕金森病患者，与405名健康人的相关数据后发现，重感冒病人患上帕金森病的风险是健康人的两倍。但儿时得过麻疹的人，患上帕金森病的概率比普通人低35%。

研究人员表示，目前医学界对帕金森病的防治没有很好的对策，部分原因是人们还不了解帕金森病的发病机理。因此，这项研究有助于人们理解发病机理，并帮助开发出有效的预防办法。

帕金森病是一种常见于中老年人的神经系统疾病。与人脑部的神经传导物质多巴胺减少有关。主要症状包括手脚震颤、动作迟缓、肌肉僵硬等。

第四节　消化与代谢性疾病防治的新进展

一、消化系统疾病防治的新成果

（一）防治肝病研究的新信息

——发现丙肝病毒通过伪装潜伏传播

2005年2月，有关媒体报道，加拿大渥太华大学布朗教授与美国国家糖尿病、消化道病和肾病研究院吉克·梁博士各自领导的研究小组，近日在研究中分别发现，丙型肝炎病毒是通过把自己表面伪装起来的方法，来躲过人体免疫系统的攻击，从而使疾病不断得以传播。

布朗研究小组在《病毒学杂志》上撰文表示，他们通过对丙肝病毒感染的血液样本进行研究后发现，病毒是通过表面伪装来躲过人体免疫系统的识别与攻击的。

吉克·梁研究小组近日在美国《国家科学院学报》上发表研究成果称，他们在实验室中成功地找到一种复制丙肝病毒的方法。他们复制的病毒片段能像整个病毒一样，感染人体肝细胞并复制自己。研究人员发现，病毒片段之所以没有引起人体免疫系统的反应，是因为它把自己的表面伪装成免疫球蛋白，从而躲过免疫系统的攻击。

丙型肝炎病毒慢性感染可导致肝脏慢性炎症坏死和纤维化，部分患者可发展为肝硬化甚至肝细胞癌，对患者的健康和生命危害极大。目前，全球约有2亿人感染丙型肝炎病毒，已成为严重的社会和公共卫生问题。

（二）防治肠道疾病研究的新信息

1. 肠道疾病致病基因研究的新进展

发现克罗恩病或节段性回肠炎的相关基因。2007年4月15日，由蒙特利尔大学的约翰·里乌领导，成员来自加拿大和美国两个国家的一个国际研究小组，在《自然·遗传学》杂志上撰文指出，他们研究发现，一些特殊基因的作用，会增加人类患上克罗恩病的可能性。这一发现有助于找到治疗该病的新方法。

克罗恩病曾被称为“节段性回肠炎”“局限性肠炎”“慢性肠壁全层炎”等。1973年，世界卫生组织医学科学国际组织委员会将其定名为克罗恩病。它是一种消化道的慢性、反复发作和非特异性的透壁性炎症，病变呈节段性分布，可累及消化道任何部位，其中以末端回肠最为常见，结肠和肛门病变也较多。

目前，认为克罗恩病是一种由遗传与环境因素相互作用引起的终生性疾病，具体病因及发病机制迄今未明。

研究人员表示，他们研究了大约6000人的基因组。在被研究者中，克罗恩病患者约占一半。

参加研究的专家介绍说，他们此前只知道有两种基因与克罗恩病有关，但在这次研究中发现，至少有另外8种基因与这种病有“瓜葛”，它们的作用会增加人类患上克罗恩病的可能性，其中的一些基因与人体应对微生物的能力有关。

里乌说：“我们已经对此展开研究10多年，试图将所有信息拼凑在一起。最终，我们找到一些与克罗恩病有关的基因，这令人非常满意。”

研究人员还认为，新发现的上述基因，对人类罹患克罗恩病发挥关键作用，进一步研究这些基因，有助于找到治疗这种病的新方法。

克罗恩病多发于20~30岁的年轻人中间，症状包括腹痛、腹泻、直肠出血、体重减轻等。这种病较难确诊，因为它的症状与肠过敏和溃疡性结肠炎等其他肠病相似。

该研究小组在《科学》杂志上发表的论文，堪称是一篇里程碑性的文章，它表明发现了与克罗恩病密切相关的两个基因：CARD15 和 IL23R。接着，他们又在《自然·遗传学》杂志上发表新的研究成果，认为前面发现的两个基因的突变，并不能覆盖此类疾病所有的遗传学变异。在新研究报告中，作者又发现了三个重要的基因：PHOX2B，NCF4 和 ATG16L1，它们的突变会明显增加克罗恩病的患病风险。

2. 肠道寄生虫研究的新进展

发现肠道寄生虫严重威胁全球人类健康。2011 年 7 月 22 日，加拿大国立卫生研究院网站报道，加拿大麦吉尔大学卫生中心教授、流行病学家特丽萨·杰尔科斯博士领导的研究小组发现，肠道寄生虫正在严重地威胁着全球人类的身体健康。

研究人员指出，目前全世界有 20 亿人因食用被污染的食物和饮用水，而罹患肠道寄生虫疾病。这个数量约占全球人口的 1/3，且全部集中在发展中国家。

肠道寄生虫主要以土壤为传媒进行传播，包括蛔虫、绦虫、钩虫等，普遍存在于老百姓的日常生活环境中。人们一般对肠道寄生虫感染带来的严重后果，不能给予充分重视。一般的感染会导致被感染者营养不良、疲乏、贫血，而重度的感染会削弱免疫系统，导致认知障碍和丧失劳动能力，进而带来严重的社会经济问题。肠道寄生虫可通过被污染的食物、水、未洗净的手等多种途径进入人体，主要感染孕妇、学龄前和少年儿童。

目前，该研究小组正在尝试让深受肠道寄生虫病影响的国家和地区，尽早出台有关卫生政策和行动计划，并教育当地老师、家长帮助孩子养成良好的卫生习惯，同时尽可能保障驱虫药物的合理、有效使用。当前驱虫药物非常廉价和高效，各国也能从一些国际性卫生组织，获得免费驱虫药物。

这项研究也是即将出台的世界卫生组织在全球超过 100 个国家，控制肠道寄生虫感染战略计划的一部分。

3. 肠道细菌研究的新进展

(1) 发现导致与年龄相关炎症的肠道细菌。2017 年 4 月，加拿大麦克马斯特大学医学专家道恩·鲍迪什主持的一个研究小组，在《细胞·宿主和微生物》期刊上发表研究报告称，炎症会随着年龄的增大而增加，这也是老年人死亡的一个重要风险因素。他们的实验显示，某些肠道细菌是与小鼠年龄相关炎症和早产的幕后黑手。年老小鼠肠道菌群失衡导致其肠道存在漏洞，并容易释放引发炎症和修复免疫功能的分子。

鲍迪什说："迄今为止，你能减缓年龄相关炎症的方法，是健康饮食和锻炼等。我们希望，未来能使用药物或益生菌增加老年人的肠道功能。"

年龄与组织及血液中肿瘤坏死因子，与其他促炎性因子的数量增加有关。具有高水平炎性因子的个体似乎更脆弱，更易于感染某些疾病，并患有各种慢性老年病。但与年龄相关炎症的诱发因素尚不清楚。

为了找到答案，鲍迪什研究小组在无菌条件下饲养了小鼠，并将它们与普通小鼠进行了对比。结果显示，无菌小鼠的肠道通透性和促炎性因子数量等，不会随着年龄增长而变化。此外，无菌小鼠存活到600天的比例更高，因为年老的无菌小鼠仍有抗菌能力。

研究人员的发现证明，与年龄相关的肠道菌群变化能削弱肠道屏障，从而释放细菌产物，引发炎症、损害免疫机能和减少寿命。

此外，实验显示，炎症和微生物组的关系是双向的。没有肿瘤坏死因子的小鼠未出现与年龄相关的肠道菌群变化。而且，抗肿瘤坏死因子药物治疗也能逆转这种微生物菌群变化。

下一步的研究是鲍迪什等人计划鉴别出能维持肠道健康的好细菌和让肠道变弱的坏细菌。他们还计划弄清这种肠道菌群变化最早出现于何时，以便进行预防。该研究将带来维护肠道健康的新策略，以减少与年龄相关炎症的发病。

（2）发现肠道细菌能助力A型血变身"万能血"。2019年6月，加拿大不列颠哥伦比亚大学有关专家组成的一个研究小组，在《自然·微生物学》杂志上发表论文称，他们研究发现，人体肠道细菌产生的两种酶，可将A型血转化为有"万能血"之称的O型血，这一发现有望缓解输血血液短缺问题。

按照血液中红细胞表面的抗原类型，人类血型常被分为4种。红细胞上仅有抗原A为A型，仅有抗原B为B型，两者都有为AB型，两者均无为O型。A型血和B型血的人不可相互输血，否则会导致免疫系统对红细胞发起致命攻击，而O型血在紧急情况下可输给其他3种血型的人。

该研究小组在论文中介绍说，某些肠道细菌能够“吃”掉类似红细胞上抗原的物质。他们深入分析后发现，有种肠道细菌具备特有功能，能够产生两种特殊的酶，同时使用这两种酶可去除红细胞上的抗原A，使A型血转化为O型血。

对于一些急诊病例，医护人员可能没时间确认患者血型，这时O型血这种“万能血”就显得尤为重要。为增加“万能血”供给，先前已有研究人员发现过可去除抗原A的酶，但效率较低，成本居高不下。加拿大研究人员指出，人类肠道中新发现的这两种细菌酶非常“实用”，只需少量就可实现去除抗原A的效果。

研究人员说，让A型血转化为O型血有助扩大血液供给，缓解医疗机构普遍面临的血液短缺问题。不过，目前，还需更多研究确认，使用这些细菌酶后红细胞上所有抗原A都被去除，且不会给红细胞带来其他不良影响。

二、代谢性疾病防治的新成果

(一) 防治糖尿病研究的新信息

1. 防治糖尿病研究的新发现

(1) 发现治疗糖尿病药物可提高免疫系统效率。2009年6月3日，加拿大麦吉尔大学古德曼癌症中心鲁塞尔·琼斯教授与美国宾夕法尼亚大学专家组成的一个国际研究小组，在《自然》杂志上发表研究成果，他们研究发现，广泛用于治疗糖尿病的处方药物二甲双胍，可以提高人体免疫系统白细胞的效率，进而使抗癌和抗病毒的疫苗更有效。这项研究首次提出，将研究目标指向与引发糖尿病相同的代谢途径，就能够大大改进人体免疫系统的功能。

人体免疫系统白细胞，可以记住它们曾经在过去感染或免疫中遇到过的病原体，使其能够更快地对后来的感染产生抗击反应。多年来，这种免疫学记忆是医学界长期重点研究的题目，但是人们一直无法完全了解其背后的细胞机理。

2009 年，加美联合研究小组在实验中偶然发现，建立免疫记忆的关键，是白细胞导致的脂肪酸代谢跟随感染的峰值。他们使用可以控制脂肪酸代谢的药物二甲双胍来加强这一过程。并通过实验鼠证明，二甲双胍可以提高白细胞的记忆，还可以保证实验性抗癌疫苗的保护免疫性。

这项成果表明，可以使用糖尿病的治疗方式，来控制白细胞的反应，并且增强免疫系统对类似癌细胞和病毒感染的反应力度。

（2）研究表明糖尿病也会“夫唱妇随”。2014 年 2 月，加拿大麦吉尔大学健康中心研究员卡贝利·达斯古普塔博士主持的一个研究小组，在英国生物医学期刊出版中心的《BMC 医学》杂志上发表论文称，夫妻生活在一个家庭中意味着分担义务和责任，但同时或许还意味着要分享对方的糖尿病。这项研究指出，夫妻一方患有糖尿病，可使另一方患上糖尿病的风险因素提高。此项发现具有重要的临床意义，或将提高糖尿病检测率，并激励配偶共同努力以降低病情发展风险。

达斯古普塔说，夫妻一方患有Ⅱ型糖尿病，则另一方患上Ⅱ型糖尿病的风险会增加 26%。这一发现，或将有助于医生制订一个涉及夫妻双方的治疗方案。一个人要改变生活习惯很难，但有生活伴侣的配合就会容易得多。

该研究小组注意到，导致糖尿病的诸多风险行为，如不良饮食习惯、较少体力活动等，其实都为同一家庭成员所共有，研究人员由此决定探究，一人罹患糖尿病是否会导致其生活伴侣也患病。

研究人员分析了全世界不同地区分别进行的 6 项研究结果，并对确诊患有糖尿病的 75498 对夫妇从年龄、社会经济地位、患病途径等方面进行了深入研究。

达斯古普塔说，医生在查询患者的健康历史时，常常会问到其家族病史。而新的研究结果表明，配偶的糖尿病史也能成为糖尿病早期筛查的潜在工具。夫妻一方患有糖尿病，另一方应注意加强监测。

此外，与女性相比，男性在童年期后较少定期接受医学检查，这或许会导致延迟发现糖尿病。因此，与有糖尿病史的女性生活在一起的男性配偶，更应该及早并定期进行糖尿病的筛查。

2. 防治糖尿病技术开发的新进展

（1）利用人体组织合成胰岛素细胞研究取得突破。2006年3月，加拿大卡尔加里大学化学工程教授雷奥·比赫领导的研究小组，在《生物技术进展》杂志上发表论文称，他们已经研发出用于批量生产由猪胰腺合成胰岛素细胞的生物反应器工具，这种生物反应器有助于大批量生产可产生胰岛素的细胞岛形结构。这项新成果表明，I型糖尿病患者免受每日注射胰岛素之苦，也许即将成为现实。

比赫称，这也将是利用人体组织合成胰岛素细胞，并用于治疗I型糖尿病研究的一个里程碑。他说，他们正在使用的母体细胞类型表现出了优秀的候选细胞特性，使其更接近临床试验。国际上为找到这种可以作为移植用途的胰腺细胞来源，做出了巨大努力。他说，只要能够找到胰腺细胞来源，他们的实验室就可以利用新的生物反应器工具，批量生产临床用的胰岛素细胞。

比赫研究小组在发表于《生物技术和生物工程》杂志上的另一篇文章中报告说，他们已经培育出可以很好合成能制备胰岛素岛细胞的候选细胞。从这些功能岛细胞在实验室的成功制备情况推断，这些功能岛细胞可能适用于治疗I型糖尿病患者。目前，世界上I型糖尿病患者有1900万人，这些患者需要每天注射大量胰岛素来维持生存。

加拿大糖尿病协会研究与职业教育副主席唐娜·丽来说，这对I型糖尿病患者来说，是个非常鼓舞人心的消息。这项研究使我们朝着能够为I型糖尿病患者批量提供胰腺细胞的方向前进了一步。

2000年，阿尔伯塔大学的科学家首次成功将岛细胞移植进入糖尿病患者体内，使患者不必每天注射胰岛素。进一步的研究表明，移植细胞能够持续在许多称为“埃德蒙德方案”患者体内作用，长达五年以上。然而，该治疗方法的主要问题在于：一个患者移植所需要的胰腺细胞需要三个捐赠者遗体供给。比赫说，如果我们能在生物反应器内增加胰岛素细胞数量。我们就能够满足患者治疗的需要。

据介绍，约10%的“埃德蒙德方案”细胞移植患者，能够在5年以后仍然可以不需要注射胰岛素，但患者需要在移植新细胞后服用防排斥反应的药物。比赫说，如果有可靠的细胞供应，I型糖尿病患者就有一天能够按照需要接受岛细胞的集中注射，岛细胞还会在患者体内生产克隆细胞，这样就可消除移植排斥反应。

（2）用胚胎干细胞移植治疗糖尿病获动物实验成功。2012年6月27日，加拿大不列颠哥伦比亚大学蒂莫西·基弗教授主持，他的同事，以及美国扬森研发公司研究人员参与一个研究小组，在《糖尿病》期刊上发表研究成果称，他们通过向罹患糖尿病的实验鼠移植人类胚胎干细胞，成功使实验鼠恢复了胰岛素分泌功能。科学家希望这一新发现能为寻求治疗糖尿病的新疗法铺平道路。

在研究中，患有糖尿病的实验鼠在接受干细胞移植后，研究人员停止向它们注射胰岛素。三四个月后，实验鼠即使被喂食大量的糖，也依然能够保持健康的血糖水平。基弗说，研究小组对新发现感到振奋，但这种方法在进行人体临床试验之前，还需要更多研究。

基弗说，研究所用的患病实验鼠缺乏正常运行的免疫系统，而正常的免疫系统可能会对移植的干细胞产生排异反应。他说，现在研究小组要做的，就是找到一种保护干细胞免受免疫系统攻击的合理方法，从而使移植最终可以在不需要免疫抑制的情况下进行。

（3）开发出皮下胰岛移植新技术。2015年4月20日，加拿大阿尔伯塔大学网站报道，该校医学和牙科学院移植外科与再生医学研究首席科学家、世界糖尿病治疗领域顶级专家之一詹姆斯·夏皮罗领导的研究团队，在当天出版的《自然·生物技术》杂志上发表研究成果称，他们成功开发出皮下胰岛移植的新技术。

夏皮罗的研究工作可以回溯到20世纪90年代末。他率领的研究团队开发了一种称为“爱德蒙顿技法”的I型糖尿病治疗方法，该方法将胰岛细胞移植入肝脏，可以使糖尿病患者在一定时间内摆脱胰岛素依赖。虽然该方案在当时被誉为革命性的，但夏皮罗很快发现肝脏并不是一个理想的移植位点，因为大部分胰岛在几分钟到几个小时时间内，就无法避免地遭到破坏。因此，在探索用人干细胞移植替代胰岛移植的潜在可能性时，研究人员需要找到更好更安全的移植位点来植入实验细胞，而皮肤提供了最大的可能性，前提是需要富集丰富的血液来供给移植细胞生长。

该研究团队开始寻找替代移植位点。开始实验时，由于皮下血管少，缺乏足够的血液供应胰岛生长和复制，实验结果并不理想。作为研究工作的一部分，研究人员在皮下插入一段导管，诱发血管生成，从而为胰岛建造一个理想的生存环境，这一装置使得细胞植入获得极大成功。

此前，皮下移植细胞很难实现功能。夏皮罗在介绍该技术成果时说：本研究中，我们利用了机体对异物的本能反应，诱导新血管生成。控制了这种反应，我们在临床模型中成功并可靠地使糖尿病产生了逆转。这是一个全新的、而且令人兴奋的方法，因为它不仅为糖尿病的治疗，也为再生医学领域开启了更多机会。夏皮罗研究团队也在尝试把这项新技术用于干细胞移植。

3. 防治Ⅱ型糖尿病研究的新进展

（1）致力于研究Ⅱ型糖尿病预防取得新进展。2006 年 2 月 18 日，加拿大《星岛日报》报道，多伦多大学圣米高医院糖尿病研究所首席科学家、华裔学者王庆华领导的研究小组，在医治Ⅱ型糖尿病方面已取得突破性进展，目前他们正在研究增强人体内 β 细胞对预防Ⅱ型糖尿病的功效。

王庆华表示，现阶段研究虽属初步，但他称在众多糖尿病专家致力研讨下，他相信不久将来会研究出预防糖尿病的有效方法。当天，王庆华在美洲华人科学学会多伦多分会年会上，向在场数十名研究糖尿病专家及对研究糖尿病有兴趣人士进行演说，并分享他现正致力研究人体内 β 细胞，是否有效预防Ⅱ型糖尿病所作的研究数据。

他指出，世界卫生组织的报告中显示，预计至 2025 年，全球将会约有 3 亿人可能患有糖尿病，故此现今开展研究如何预防糖尿病方法是刻不容缓的。王庆华表示，他已研究了 β 细胞对预防糖尿病作用已有数年，但研究仍属起始阶段。

王庆华指出，由于 β 细胞的主要死亡因素是细胞自毁，故现阶段研究人员只是向研究用小白鼠以注射方式，尝试研究出增强其体内 β 细胞自身能力，减少自毁情况后，会否对Ⅱ型糖尿病起预防作用。

他解释称，以Ⅱ型糖尿病为首要研究病因，是因为现今有 90%~95% 的糖尿病患者，均是Ⅱ型糖尿病，即胰岛素逐渐在体内不能发挥功能而患上糖尿病。

初步研究显示，注射过药物小白鼠与没被注射小白鼠比较，患上糖尿病的比例少，不过王庆华称现阶段仍未能用于临床研究上。而暂时注射药物，似乎是现阶段唯一能增强β细胞的方法，至于能否在营养学方面以食物增强β细胞自身能力，他称营养学家亦在食物方面，正进行增强β细胞自身能力的研究。

（2）有望找到治疗Ⅱ型糖尿病的新方法。2006年5月，加拿大拉瓦尔大学教授安德雷·马内特领导的一个国际研究小组，在《自然·医学》杂志上发表文章认为，人体内的SHP-1蛋白质能够在控制血糖方面发挥作用。有关专家认为，该研究成果为寻找治疗Ⅱ型糖尿病的新方法打下了重要基础。

SHP-1蛋白质可以调节人体免疫系统，但是该蛋白质在调节新陈代谢上是否发挥了作用，并没有得到验证。研究小组在实验中使用了突变异种和遗传改良的老鼠，这些老鼠自身生产很少或不生产SHP-1蛋白质。研究结果显示，这些老鼠对胰岛素特别敏感，因此能够在其肝脏和肌肉上非常有效地转换葡萄糖。此外，研究人员还发现，SHP-1蛋白质在肝脏附近能够抑制胰岛素的分解。他们认为，这可以解释为什么因新陈代谢紊乱而引起的肥胖症，患者的胰岛素浓度升高。

马内特认为，通过抑制SHP-1蛋白质在体内的活动，有可能恢复糖尿病人对血糖的控制能力。有关专家认为，控制血糖是治疗糖尿病和阻止糖尿病并发症的根本措施。研究小组的这项发现，为在今后研究出治疗糖尿病的新途径奠定了基础。

研究人员今后将面临的困难是，既要使SHP-1蛋白质控制血糖，又不能阻止该蛋白质在免疫系统中发挥的正面作用。SHP-1蛋白质对于血糖的新陈代谢和Ⅱ型糖尿病的发展，究竟起到什么作用，还有待进一步研究。

（3）发现可能导致Ⅱ型糖尿病的基因。2009年9月，加拿大麦吉尔大学、法国国家科研中心和丹麦哥本哈根大学联合组成的一个研究小组，在英国《自然·遗传学》杂志上撰文介绍说，他们发现了一种可能导致Ⅱ型糖尿病的基因。它的特别之处在于，可对胰岛素本身产生作用，如果这种基因发生变异，会引发Ⅱ型糖尿病。

研究人员介绍说，迄今科学界共发现了约30种糖尿病的致病基因，但它们或是在胰腺细胞生长过程中发挥作用，或是在胰岛素的分泌过程中对其造成影响。研究人员过去一直未发现能对胰岛素本身产生作用的基因，而后者恰恰是造成肥胖和糖尿病前期症状的重要因素。

该研究小组对1.6万种可能导致Ⅱ型糖尿病的脱氧核糖核酸（DNA）变异体进行了研究。经过一系列的筛查，研究人员发现了一种名为IRS1的基因，它存在于第2号染色体上，一旦它发生变异，患上Ⅱ型糖尿病的风险就会增加20%。

研究人员指出，这种基因在胰岛素的细胞活动中，发挥着至关重要的作用，它的变异会导致胰岛素的作用出现异常。他们表示，目前还没有一种药物能够专门治愈Ⅱ型糖尿病，上述研究成果将有助于研发出此类药物。

（二）防治肥胖症研究的新信息

1. 研究预测肥胖现象方法的新进展

按腰臀比例预测人的肥胖与健康状况。2008年9月19日，《现代快报》报道，加拿大安大略省麦克马斯特大学沙玛博士领导的一个研究小组，近日发表研究成果称，测量腰围和臀围的比率，即腰臀比，是衡量体质的重要标准。这个比值越小，说明越健康，这是预测一个人是否肥胖及是否面临患心脏病风险的最佳方法。

研究人员表示，用腰臀比预测肥胖，比目前普遍使用的测量体重指数，即体重（千克）除以身高（米）的平方的方法，要准确3倍。腰围尺寸大，表明脂肪存在于腹部，是健康危险较大的信号；而一个人臀围大，表明其下身肌肉发达，对人的健康有益。

沙玛介绍，研究人员共调查了52个国家，27098人的资料。统计数据显示，腰臀比平均值小于0.90，说明其更健康。而中国人的腰臀比平均值为0.88，在所有被测试的志愿者中身材最好，也最健康。东南亚人为0.89，北美和非洲人为0.90和0.92，中东和南美人则分别达到0.93和0.94。

研究人员指出，脂肪分布情况其实很重要。全身粗壮的人相对健康一些，四肢纤细但拥有啤酒肚者最危险。从对血管、血脂和动脉闭塞的影响来看，累积在腰部的脂肪，比大腿和臀部脂肪对健康的影响更大。腰部脂肪会破坏胰岛素系统，而且腰部脂肪的新陈代谢相当快，还会产生不同的激素，可导致糖尿病、高血压、高血脂等病症。另外，腰部脂肪还会导致脂肪肝，使肝脏无法发挥正常功能。

研究人员介绍，测量腰臀比的方法很简单，就是先测量臀围和腰围的尺寸，再用腰围数字除以臀围数字，得到的就是比值。女性得数在 0.85 以下，男性得数不大于 0.9，就说明在健康范围内。研究人员强调，运动是减少脂肪的最佳方法，同时还可以增强下肢肌肉；节食不是改变腰臀比的最佳方法。

2. 研究导致肥胖现象原因的新发现

（1）发现腹部脂肪组织会产生“饥饿荷尔蒙”。2008 年 4 月，加拿大西安大略大学生物与医学专家组成的一个研究小组，在《美国实验生物学联合会会志》中发表研究报告称，他们发现过多的腹部脂肪组织，会产生“饥饿荷尔蒙”，让本来已经肥胖的人吃得更多，导致腹部更加肥胖，由此出现恶性循环。

传统观点认为，肥胖的人吃得更多，是由于其大脑产生过量的名为“神经肽 Y”的荷尔蒙，且这种“神经肽 Y”只在大脑产生。“神经肽 Y”是一种影响食欲的荷尔蒙，俗称“饥饿荷尔蒙”。

该研究小组指出，他们研究发现，腹部脂肪也会产生这种“饥饿荷尔蒙”。有关专家说，这一发现或许有助于找到治疗肥胖的新方法。

这份研究报告中写道，大脑产生的“神经肽 Y”增进食欲，导致腹部脂肪增加。增加的腹部脂肪会产生更多的“神经肽 Y”，进一步增进人们的食欲，由此产生恶性循环。因此，腹部脂肪增多，对健康是非常不利的。医学研究发现，超重或肥胖，尤其腹部肥胖，是导致心脏病和脑卒中的重要危险因素。

（2）研究发现幼儿时饮食直接关系成年后是否肥胖。2009 年 1 月，加拿大卡尔加里大学人体运动机能学学院瑞利·拉瑞蒙博士领导的研究小组，在《生理学》期刊上发表论文称，他们在研究中发现，人们幼儿时期的食谱，将会直接关系到成年后是否会出现肥胖倾向。

研究人员表示，如果有人正在为无法减肥而痛苦，如果有人非常疑惑为什么别人怎么吃都不胖，而自己喝水都好像会长肉，这项新研究会给他一个不可思议的答案——在他刚学会走路的幼儿时期，可能比别的小孩多吃了几个奶酪三明治！

拉瑞蒙在健康和疾病发展起源研究领域，颇有声望。近年来，也有越来越多的专家，加入到对这一领域探索的行列中。该领域的研究人员们认为，人类在产前和幼儿时期的饮食成分，将影响将来的健康状况，决定着成年后患心血管疾病、肥胖症以及糖尿病等疾病的风险高低。

拉瑞蒙解释到："我的研究结果表明了食物可改变我们体内某些基因的活性程度——我们把它称之为遗传信息表达。特别是我们的饮食，将直接影响到负责控制身体如何储存和利用营养物质的基因。通过一项人体调查结果表明了我们长大成人后的健康状况，与我们幼儿时期，甚至我们的妈妈在怀孕时的饮食状况有密切的关系。这次新研究结果，第一次证实了幼儿时期的食谱和饮食习惯，将对成年后的健康状况产生至关重要的影响。"

研究小组介绍道，在这次调查中，研究人员对三组小鼠进行了实验观察。他们在小鼠幼时断奶后，分别采用了三种不同的食谱来喂养：一份是高蛋白质食物，一份是高纤维食物，另一份则是类似减肥餐的控制型食谱。当这些小鼠成年后，研究人员又把它们的食谱统统替换成了高脂肪、高糖分的食物，即典型的西方国家食谱。

实验的结果令人震惊，幼时食用高蛋白质食谱的一组小鼠体重增长得很快，体内脂肪含量远远高于幼时食用高纤维食谱的一组小鼠，后者在食用了高脂肪高糖分的"营养餐"后，体重和脂肪增加数量在三组小鼠中是最低的。

拉瑞蒙表示："我认为，这项实验很清楚地显示出，幼儿时期的饮食成分对新陈代谢控制基因和肥胖发生的风险有着直接而长期的影响。食谱中的成分本身就能改变食欲激素的循环轨迹，以及新陈代谢的途径，而这将直接关系到成人时期身体控制体重增加和控制血糖浓度升高的能力。"

已经成年的我们，现在再来后悔当初"吃错东西"恐怕已经来不及了，不过这项研究结果的现实意义更在于，让我们可以对自己将来的宝宝饮食多加注意。

3. 发现“肥胖悖论”现象的新例证

支持“肥胖悖论”现象的新研究。2012 年 11 月，有关媒体报道，加拿大艾伯塔大学医学专家组成的一个研究小组，公布的一项新研究发现，在患肺炎住院的病人中，肥胖病人比体重正常的病人存活率更高，这进一步支持了“肥胖悖论”现象的存在。

“肥胖悖论”，即肥胖未必缩短患者的预期存活时间，甚至在一些情况下可能反而产生“益处”。这种现象早先在其他慢性疾病，如心脏和肾脏衰竭研究中同样出现，但不意味着增加体重是应对这些疾病的正确方式。

研究小组报告说，他们仔细研究了艾伯塔省埃德蒙顿市 6 家医院的 907 名肺炎病人的医疗记录，结果发现体重正常病人的死亡率约为 10%，而肥胖病人死亡率则约为 4%。

研究人员表示，此前研究主要证实“肥胖悖论”现象存在于一些慢性疾病中，而本次研究则证明其在急性感染病例中同样存在。他们猜测，该研究中肥胖病人存活率更高，可能跟其体内较高的营养储备有关，但详细机制尚待进一步研究。

第五节　疾病防治研究的其他新进展

一、烈性传染病防治的新成果

（一）防治艾滋病研究的新信息

1. 艾滋病病理研究的新发现

（1）发现艾滋病病毒人体内藏身之地。2009 年 6 月 21 日，加拿大蒙特利尔大学科学家皮埃尔·瑟卡利领导，美国相关专家参加的一个研究小组，在《自然·医学》杂志上发表论文称，他们发现了可能会彻底治愈艾滋病的新方法，艾滋病将有可能不再是不治之症。

治愈艾滋病的关键在于找到艾滋病病毒的潜伏池，即艾滋病病毒在人体内的藏身之地。研究人员说，他们找到了这种潜伏池，即记忆 T 细胞，这是一种人体免疫细胞，尽管它是一些艾滋病病毒的藏身天堂，但也在一定程度上能限制这些病毒的活动。

研究人员发现，一旦艾滋病病毒藏身到记忆T细胞中，它的命运就与记忆T细胞休戚相关：细胞活着，病毒就活着；细胞死亡，病毒也死亡；病毒增殖则完全依赖于细胞的分裂。因此，摧毁记忆T细胞，也就可以摧毁“躲藏”起来的艾滋病病毒。

研究人员说，单使用鸡尾酒疗法等抗逆转录病毒疗法治愈不了艾滋病，是因为它对潜伏池内的艾滋病病毒鞭长莫及。于是，他们提出结合化学疗法和抗逆转录病毒疗法，来治疗艾滋病的新方法。其中，抗逆转录病毒疗法可以杀灭人体内大部分艾滋病病毒，而化学疗法则是专门针对“躲藏”在记忆T细胞中的艾滋病病毒，这就使得艾滋病病毒在人体中再无藏身之地。

瑟卡利指出，这是首次研究证实艾滋病之所以治愈不了，不是因为抗逆转录病毒疗法不起效果，而是因为有艾滋病病毒潜伏池的存在。他说，这是初步的研究成果，希望这项成果能指导科学家消灭艾滋病病毒，他们下一步计划在动物身上进行有关试验。

（2）发现艾滋病病毒对“基因剪刀”有反抗。2016年4月7日，加拿大麦基尔大学副教授梁臣负责，麦基尔大学艾滋病研究中心、加拿大蒙特利尔大学以及中国医学科学院等单位有关专家参加的一个研究小组，当天在美国《细胞报告》杂志上撰文说，艾滋病病毒对现在流行的“基因剪刀”疗法，也能很快出现对抗反应，这说明艾滋病病毒善变且难以根治的特性又有了新证据，但改进这一疗法仍可望继续抗击艾滋病病毒。

科学家发现，细菌在遭遇病毒侵染后，可以获得病毒的部分DNA（脱氧核糖核酸）片段并整合进基因组形成记忆。当细菌再次遭到这种入侵时，便会转录出相应的RNA（核糖核酸），如果利用其中的“定位信息”引导Cas蛋白复合物定位和切割，就可以摧毁入侵病毒的DNA。

近几年出现的“基因剪刀”疗法，即基因组编辑技术就是利用这一原理。它用一种定制的RNA引导担负剪刀作用的Cas9酶，按照预设的位点把艾滋病病毒导入宿主细胞的病毒DNA给剪掉，从而阻止艾滋病病毒复制增殖。

但在上述研究成果中，梁臣说，他们的实验证实，艾滋病病毒能从基因剪刀下较快逃逸。对逃逸的艾滋病病毒的基因组测序表明，这种病毒已改变被基因组编辑技术识别的 DNA 标靶序列。

梁臣指出，艾滋病病毒逃逸或者说出现“抗性”并不算意外，意外的是进一步分析显示，艾滋病病毒的这种改变大多不是由科学界通常认为的病毒逆转录酶造成的，而是在 Cas9 剪刀酶切断艾滋病病毒的 DNA 后，宿主细胞在试图修复因剪切而断裂的 DNA 时发生的。他说：“换言之，该疗法在抑制艾滋病病毒增殖的同时，又在帮助这种病毒逃逸。”

研究人员对利用基因剪刀治疗艾滋病提出两种改进方案：一是同时攻击多个艾滋病病毒的基因组位点，增加病毒逃逸的难度；二是使用 Cas9 之外的剪刀酶。

2. 防治艾滋病疫苗或药物研究的新进展

（1）首个艾滋病疫苗获准人体试验。2011 年 12 月 20 日，有关媒体报道，加拿大西安大略大学当天宣布，该校研制的艾滋病疫苗，获得美国食品和药物管理局批准，定于 2012 年开展人体试验检测其预防艾滋病的效果。这是目前加拿大研制的首个艾滋病疫苗。

该校研究小组利用基因技术改造艾滋病 1 型病毒，使其不具备致病性，再将其制备成疫苗。初步药理实验结果显示，这种疫苗能刺激强烈的免疫反应，起到预防艾滋病的作用，并且没有出现副作用。

新疫苗与此前开展人体试验的艾滋病疫苗不同，后者要么是以艾滋病病毒的某个特定成分为基础、用 DNA 重组技术制成的抗原疫苗，要么是以携带艾滋病病毒基因的重组病毒制成的疫苗。

新疫苗的人体试验分为 3 个阶段。第一阶段从 2012 年 1 月开始，将通过 40 名艾滋病病毒抗体呈阳性的志愿者，评估疫苗对人体的安全性。第二阶段将通过约 600 名属于艾滋病感染高危人群、但尚未感染艾滋病的志愿者，评估疫苗对人体的免疫反应。第三阶段通过约 6000 名属于艾滋病感染高危人群、但尚未感染艾滋病的志愿者，评估疫苗的有效性。

（2）艾滋病疫苗第一阶段人体试验成功。2013 年 9 月，国外媒体报道，加拿大素麻简医药公司近日宣布，SAV001-H（一种对抗艾滋病毒的疫苗）的第一阶段人体临床试验，已经取得成功。从 2012 年 3 月到 2013 年 8 月为止，试验进行了一年多，实验设计用于检验该药物，在活人体上的安全性、耐受性以及免疫效应。

第一阶段试验中，研究人员首先观察药物是否会在动物身上起作用，以确保其不会对人体产生奇怪、有害的影响。动物试验成功，开始进行活人体实验。结果，SAV001-H 的活人体实验非常完美：在对艾滋病感染者进行随机、病患不知情、安慰剂控制的条件下，以及无症状人群的实验中，都没有严重不良反应，也就是说该疫苗有效性的第二阶段实验可以继续下去了。

SAV001-H 被称为“全病毒灭活疫苗”，这就意味着也包括艾滋病毒。这听起来像是你不会想注射到体内去的东西，但作为疫苗生产过程的一部分，活的艾滋病毒会通过化学方法，从基因上进行重组剔除致病性，然后使用伽玛射线来确定病毒死绝了。虽然其他非杀死完整病毒（而是以艾滋病毒的特定部分为目标）的艾滋病毒疫苗在第三阶段试验失败了，但该公司坚信他们的药物能获得成功，因为它与其他取得成功的疫苗（比如小儿麻痹症疫苗、流感疫苗、狂犬病疫苗以及甲肝疫苗）有着相同的原理。

有关数据显示，已经有 3500 万人死于艾滋病，同时还有一样多的人被感染了。感染者中有 40%是 15~24 岁的人群。

研究人员说：“该疫苗通过促使人体免疫系统产生大量抗体来预防艾滋病感染。在第二阶段实验完成之前，我们无法得到关于 SAV001-H 有效性的详细统计，但在第一阶段实验中，我们能够测出，与使用安慰剂相比，该药物能够增加一种 HIV 特异性抗体的含量，增量高达 8~64 倍，并持续增加。”

根据这些数据，该公司预测第二阶段人体实验也将取得成功。有关专家表示说，他们的疫苗或许很快能上市，这将意味着“人类对艾滋病的门户清理”，从而可以根治这一疾病。

（3）发现艾滋病毒的一个天然杀手。2012 年 6 月，一个由加拿大、美国、日本和德国等四国研究人员组成的国际小组，在《自然·免疫学》杂志上发表论文称，他们已经发现上述艾滋病毒天然杀手的运行秘密，为开发 HIV 疫苗带来了光明前景。

以往研究发现，在 300 个感染艾滋病毒（HIV）的人中，大约有 1 人能不用药物而通过一种叫作细胞毒素 T 淋巴细胞（CTL）的“杀伤”细胞株，自然地控制住这种病毒。这种艾滋病毒天然杀手，是怎样发挥作用的呢？

研究人员经过深入研究后发现，秘密的关键不在于杀伤性细胞的数量，而在于它们发挥作用的原理：这些极少数个体的 CTL 细胞株上有一种受体分子，能更好地识别被 HIV 感染的白细胞而攻击它们。

研究小组观察了 10 位 HIV 感染者，其中 5 位需要服用抗逆转录病毒药物来控制 HIV，而另外 5 位被称为“精英控制者”，不用服药也能保持健康。研究人员发现，杀伤性细胞，找到感染细胞和抗击它们的方法是不同的。精英控制者拥有的是含有 T 细胞受体的杀伤性细胞，它们专长于识别被 HIV 感染的细胞。

研究人员指出，在研制 HIV 疫苗的尝试中人们一直失败，因为所制造出的 T 细胞受体并非有效类型。研究人员说，下一步将研究这些受体为什么会具有这种能力。HIV 已经暴露了它的另外一个秘密，即某个特殊个体怎样来有效地控制病毒。HIV 的每个秘密都让人们在与艾滋病的战斗中处于更有利位置，最终造出控制它们的疫苗。

3. 艾滋病治疗方法研究的新进展

（1）结合使用定向化疗与高效抗逆转录病毒疗法。2009 年 6 月 21 日，加拿大和美国科学家组成的一个研究小组，在《自然·医学》杂志上发表论文称，他们找到一种治疗艾滋病的全新方法。它把定向化疗方法，与目前较为普遍使用的高效抗逆转录病毒疗法结合使用，为治疗艾滋病开辟了一条新通道。

研究人员介绍，这种新的治疗方法，既可杀灭在人体内四处游荡的病毒，又能清除隐藏在免疫细胞内的病毒。该研究成果的价值，在于它为研究艾滋病治疗指明了前进的方向，为找到一种全新的具有创新性的艾滋病治疗方法奠定了基础。

迄今为止，治疗艾滋病效果一直不很理想，原因是病毒隐藏在免疫系统细胞里，而目前使用的高效抗逆转录病毒疗法，对躲藏在免疫细胞内的病毒无计可施。对此，本项目研究人员成功地识别出那些躲藏有病毒的细胞，找到了病毒可以逃避现有治疗的“隐身”机理。

参与研究工作的麦吉尔大学血液学家基恩·罗迪教授认为，该项研究成果首次证明，所谓的艾滋病毒潜伏池现象，并不是因为抗逆转药物缺乏效力，而是由于病毒隐藏在两种不同类型的长寿命 CD4 记忆免疫细胞内。

艾滋病毒潜伏池有几种类型，每一种类型潜伏池都需要不同的治疗方法来消除它们。一旦病毒隐藏在这些潜伏池细胞里，它们就会对其产生依赖。如果细胞存活，病毒就可以存活，但如果细胞死亡，则病毒也无法存活。因此，消灭这些免疫细胞，就能够清除这些隐藏其中的病毒。现存的高效抗逆转录病毒疗法，可以杀灭在体内流传的病毒，但是无法对付隐藏在潜伏池细胞内的病毒。

主持研究工作的蒙特利尔大学塞卡里教授表示，该研究结果与用于治疗白血病采取的策略相似，即同样是定向化疗，并同时与定向免疫治疗相结合。这种方法既可以杀灭细胞中的病毒，同时也为免疫系统留出时间再生健康细胞。

（2）新型艾滋病疗法首次临床试验获成功。2009 年 12 月，加拿大麦吉尔大学健康中心研究所鲁迪博士、蒙特利尔大学赛卡莱博士共同领导的一个研究小组，在《临床免疫学》杂志上发表研究成果称，他们开发出一种艾滋病免疫疗法。它可以针对不同病人量身定制，通过注射疫苗，“引导”免疫系统对抗艾滋病感染者体内的特定艾滋病病毒。

新疗法使用树突状细胞作为媒介，这些细胞取自艾滋病病毒感染者体内，后经体外培养。作为目前所知的功能最强的抗原递呈细胞，树突状细胞会递呈侵入的病毒物质，使人体的其余免疫系统能够对侵入的病毒进行识别和攻击。临床试验中，树突状细胞暴露在特定病人的艾滋病病毒 RNA 之下，这种接触会使细胞发展其针对特定病毒株的防御力。经过修正的细胞，称为 AGS-004，会被再次注射到病人体内。临床试验结果表明，AGS-004 几乎没有副作用，同时患者体内的 CD8-淋巴细胞含量也显著增加。CD8-淋巴细胞是人体免疫系统的“攻击”细胞。

在第一阶段临床试验中，研究人员把这种疗法，与抗逆转录病毒药物结合使用，效果良好。第二阶段临床试验，正在加拿大 8 个不同地点进行，其主要目标是检测该疗法自身的有效性。

有关报道称，这种艾滋病新疗法是通过刺激人体免疫系统来对抗艾滋病病毒。与抗逆转录病毒治疗相比，它需要的注射量少，产生的毒性持续时间短。因此，它可能比目前流行的抗逆转录病毒“鸡尾酒”疗法更有效，发展前景十分看好。

（3）长效注射型艾滋病疗法通过临床试验。2017年7月，著名医学期刊《柳叶刀》刊登了一篇艾滋病治疗的重要成果：包括加拿大在内的欧美多国研究中心合作进行的一项两年期临床试验证明，一种长效注射型艾滋病疗法，每月或每两月注射一次与每日口服抗逆转录病毒药物（ART）相比，阻止病毒反弹和传染性方面的疗效相当，甚至更好。艾滋病病毒携带者每日口服药物或将成为历史。

临床试验在加拿大、美国、德国、法国和西班牙的50个医学中心同时开展，两年来共有286位艾滋病病毒携带者参与。研究人员把这些参与者分成三组：每日口服ART药丸组、每月注射一次ART组及每两月注射一次ART组，结果显示，每两月注射一次的艾滋病病毒携带者中，94%患者体内病毒得到控制，每毫升血液中的病毒数低于50；而每月注射和每日口服的实验组中，病情控制有效率分别为87%和84%。

这次试验用的是由两种抗逆转录病毒药物利匹韦林（Rilpivirine）和Cabotegravir的混合悬浮液，臀部注射后慢慢进入血液循环发挥作用。研究人员表示，除了有两位注射组参与者中途退出，少数人报告称注射部位出现酸痛症状外，腹泻和头痛等副作用与口服方式完全一致。几乎所有参与者均表示，更愿意接受注射方式。

自2005年以来，每日口服抗逆转录药物成功抑制住艾滋病在血液中的含量，并阻止了病毒对免疫系统的破坏和艾滋病病情的恶化，与艾滋病有关的死亡人数减少了一半。但口服药物也成为一种负担，对于生活没有规律以及羞于让人知道自己患病的患者来说，口服药物往往很难坚持，导致血液内病毒数量反弹，之前的治疗前功尽弃。

正在巴黎举行的国际艾滋病协会会议上，联合国艾滋病计划署官员马赫什·玛哈林格姆评价道："新成果是一大进步，将帮助艾滋病携带者摆脱每日服药的困境，大大改善他们的生活质量。"

（二）防治疟疾研究的新信息

1. 开发出识别致命疟疾的测试方法

2008年12月16日，科学与发展网站报道，加拿大多伦多大学医学院副院长康拉德·莱尔斯领导，加拿大麦克劳克林-罗特曼全球卫生中心科学家，以及泰国和乌干达学者参加的一个国际研究团队，在美国新奥尔良召开的热带医学和卫生学会年会上发表研究成果称，他们发现，通过一种简单的测试，可以把脑型疟疾和危险性较小的疟疾区分开来，它可以帮助把有限的资源放在治疗这种疟疾的患者身上。

该研究团队发现，血管生成素-1 和血管生成素-2 这两种调节血管活化的蛋白质浓度，在脑型疟疾患者身上出现了异常。

莱尔斯说："在健康儿童身上，血管生成素-1 的正常浓度高，而血管生成素-2 的正常浓度低。在脑型疟疾患者身上有显著的区别，他们的血管生成素-1 浓度低，而血管生成素-2 的浓度高，这可以把脑型疟疾和非重症疟疾区分开。"

研究人员发现，这种测试在预测患者脑型疟疾方面的准确性高，对于非洲儿童，这个数字是 80%；对于泰国成年人，这个数字是 100%。据莱尔斯表示，检验血液的血管生成素浓度容易完成，而且该研究团队目前正在开发一个可以在现场使用的诊断盒。他说："这种测试将让卫生工作者准确发现患脑型疟疾的儿童，从而要及时让其住院治疗。"

有 2%~5%的感染疟疾的儿童出现脑性疟疾，由于它会破坏大脑的血管，每年有大约 80 万名非洲儿童死于该病。莱尔斯也希望，这些成果可以发展成为一种治疗脑型疟疾的新疗法，它并非把目标放在疟原虫身上，而是防止或治疗宿主血管的破坏。

该研究团队还发现了一种诊断胎盘疟疾的方法，目前这是一种"隐藏"的疾病，在孕妇身上几乎不会表现出症状，但是会对未出生的孩子产生严重的并发症，如自然流产或者出生体重低。他们对肯尼亚孕妇的测试表明，患有胎盘疟疾的受试者，比健康受试者的一种称为 C5a 的生物指标升高。

2. 研发可大幅提高存活率的抗疟新疗法

2012 年 6 月，加拿大不列颠哥伦比亚大学教授罗伯特·汉考克领导，澳大利亚等国科学家参加的一个国际研究小组，在《科学·转化医学》杂志上发表论文称，他们研发出一种新的疟疾治疗方案，并在动物实验中证明，新方案可使患严重疟疾的实验鼠存活率提高一半。

实验表明，由汉考克开发的先天防御调节肽，可防止患疟疾实验鼠的大脑炎症，结合使用其他抗疟疾药物，可有效提高它们的存活率。

研究人员表示，即使采用最好的临床治疗方法，仍有约25%的疟疾重症患者会死亡，原因是抗疟疾药物只是针对疟原虫，却不能消除威胁生命的炎症。汉考克说，这一新成果揭示了治疗疟疾感染的新途径，他称之为“宿主导向治疗”，即治疗对象主要针对宿主（患者）而非疟原虫。

（三）防治拉沙热与青猴病研究的新信息

1. 拉沙热疫苗动物实验显成效

2005年6月，美国陆军医学研究所托马斯·盖斯伯特领导，加拿大公共卫生局研究人员参与的一个国际研究小组，在《科学公共图书馆·医药卷》上发表研究报告说，他们研制的一种拉沙热疫苗，已在恒河猴实验中显示效力。研究人员称，这一疫苗有望防止致命的拉沙热病毒蔓延。

拉沙热是一种名为拉沙热病毒所引致的急性病毒感染，流行于非洲西部的一些国家，例如，几内亚、利比里亚、塞拉利昂和尼日利亚等。病毒的宿主，主要是非洲西部的野鼠。拉沙热是经由气雾或直接接触染病的啮齿类动物排泄物而受感染，也可以直接经由病人在发热期传播。

拉沙热病毒与马尔堡病毒、埃博拉病毒等类似，能引发出血热，严重时致人死亡。这种病毒曾在西非地区导致相当严重的疫情。

研究人员说，他们在无害处理后的口腔疱疹病毒中，植入拉沙热病毒的基因片断制成疫苗，使这种疫苗能生成拉沙热病毒的特征性表面糖蛋白，并给4只实验恒河猴进行单剂注射。

实验显示，恒河猴接受注射后产生了免疫反应，体内生成了拉沙热病毒抗体，而且没有出现发烧等副作用。在注射7天后，这些恒河猴接触真正的拉沙热病毒而没有感染，反之注射无害化口腔疱疹病毒（疫苗载体）的2只恒河猴，在接触病毒后发病死亡。这表明新的拉沙热疫苗安全而有效。

盖斯伯特说，此前他们用类似的方法，曾研制出埃博拉和马尔堡疫苗。这表明，口腔疱疹病毒能作为预防出血热疫苗的有效载体。

研究人员表示，拉沙热尽管致死率不像埃博拉和马尔堡两种出血热那么高，但它传染面更广，已成为西非地区严重的公共卫生威胁。新疫苗的问世，为防治这种疾病带来新的希望。

2. 开发出预防青猴病疫苗

2006 年 5 月，加拿大国家微生物实验室与美国陆军流行病医学研究所联合组成的国际研究小组，在《柳叶刀》杂志上发表论文称，他们研制出一种帮助猴子抵抗高致命性病毒：预防青猴病疫苗，并且发现该疫苗有可能成为第一种能够治疗青猴病毒感染的药物。由于青猴病病毒是埃博拉病毒的“近亲”，研究人员希望能利用相同的疫苗治疗人类埃博拉疾病。

青猴病病毒和埃博拉病毒主要在非洲肆虐，它们具有高致命性，让人深感恐惧。此外，这两种病毒也被认为是恐怖分子发动生物袭击的潜在武器。

预防青猴病疫苗的研制，利用了无害的水泡性口腔炎病毒。研究人员先把该病毒菌株中的一个基因剔出，然后用青猴病病毒的一个重要基因取而代之，从而获得所需的疫苗。

研究人员称，在试验中，他们在猴子染病后随即为其提供疫苗，结果染病的猴子得到了疫苗的保护，处于健康状态。但是，没有得到疫苗保护的猴子，在染病 10~12 天后死去。

研究人员表示，开发预防青猴病疫苗，虽然完成了上述研究工作，也在重要刊物发表过一些研究文章，但想把疫苗用于人体治疗，还需要相当长一段时间。

（四）防治埃博拉与马尔堡病毒研究的新信息

1. 防治埃博拉病毒感染研究的新进展

（1）开发埃博拉出血热新疗法。2013 年 10 月，加拿大媒体报道，埃博拉病毒致死率非常高，且缺乏有效疗法。加拿大华人生物学家邱香果领导的一个研究团队，在美国《科学·转化医学》杂志上报告说，他们开发出一种三联单克隆抗体与干扰素联合疗法，在动物实验中可挽回受病毒感染的实验猴生命，为治愈由埃博拉病毒导致的出血热带来新希望。

埃博拉病毒于 20 世纪 70 年代在中非被首次发现，它能在很短时间内在感染者体内大量增殖，迅速制服人体免疫系统。病情严重时，很多患者会在感染后一周或出现明显病症三四天后死亡。

邱香果团队在研究报告中指出，此前研究的疗法都是非特异性支持疗法，效果不佳，死亡率高。该团队使用三联单克隆抗体的特异性免疫治疗方法，再加上干扰素的抗病毒功能协助，从而使治疗效果显著提高。

邱香果说，上述三联单克隆抗体，就像3种“个头很小但威力强大的导弹，‘轰击’病毒外膜的3个不同区域，从而干扰病毒的生命周期，降低病毒在机体中的增殖能力”。

据介绍，他们的研究使用两种动物：食蟹猴和恒河猴。食蟹猴对埃博拉病毒比较敏感，感染后6~8天死亡。恒河猴的感染过程更接近人类，病毒感染后8~11天死亡。研究人员把这两种猴分别编为两组，每组6只，其中4只接受新方法治疗，对其余两只用来比对的猴子则不予治疗。新疗法在猴子感染病毒后3天开始实施，此时猴子已出现病毒血症和部分临床症状。

结果发现，未经治疗的食蟹猴和恒河猴分别于感染6天和8天后死亡。而接受治疗的4只食蟹猴中有3只存活，生存率达75%，4只恒河猴则全部存活。

邱香果说：“三联单克隆抗体与干扰素联合疗法，在治疗埃博拉病毒感染的道路上又向前迈进了一步，这个研究所用的实验动物与人很接近，使人类由埃博拉病毒导致的出血热更有望治愈，有可能会打破这种恶性传染病‘无法治疗’的困境。”2014年或2015年，他们就开始对这一联合疗法开展一期人类临床试验。

（2）用双抗体疗法治愈感染埃博拉的猴子。2016年3月，加拿大公共卫生局华人生物学家邱香果与北京天广实生物技术股份有限公司张伯彦小组、军事医学科学院冯建男小组联合形成的研究团队，在美国《科学·转化医学》杂志上发表研究成果称，埃博拉药物ZMapp曾在埃博拉疫情高峰期发挥了重要作用，但其产量低是个问题。现在，他们在此基础上改进推出一种双抗体疗法，可治愈感染埃博拉病毒3天的猴子，并且可以降低成本提高产量。

邱香果介绍说，之所以使用双抗体疗法有两个原因：一是ZMapp是由三种抗体组成的药物，其中一种叫4G7的抗体较难生产，产量远远低于其他两种抗体；二是使用两种抗体的成本比使用三种抗体更低。

这种双抗体药物由在中国仓鼠卵巢细胞内制成的两种单克隆抗体MIL77-1和MIL77-3组成，这两种抗体与ZMapp所用的在烟草叶中生产的两种单克隆抗体2G4和13C6很相似。

研究人员先评估该药物对豚鼠的保护效果，结果显示其疗效不差于ZMapp，然后又用它来治疗感染埃博拉病毒3天的3只猴子，3只猴子全部被治愈。

邱香果表示，这一研究结果“令人兴奋”，除了让治疗埃博拉患者的成本降低外，它还有助于研制泛埃博拉病毒疗法。埃博拉病毒分为5种类型，ZMapp只对过去两年流行的扎伊尔型埃博拉病毒有效，而在双抗体药物基础上再添加针对其他类型埃博拉病毒的一种单克隆抗体，也许能研制出对两三种类型埃博拉病毒都有效的新疗法。

ZMapp是由美国马普生物制药公司生产的埃博拉药物。它曾在2014年的埃博拉疫情高峰期被当作试验性药物使用，并取得一些成效。它使用的两种抗体，由邱香果等人参与研制。

2. 防治马尔堡病毒感染研究的新进展

制成治愈感染马尔堡病毒猕猴的新药。2014年8月20日，加拿大和美国医学专家组成的一个研究小组，在《科学·转化医学》杂志上发表论文说，他们开发出一种试验性药物，首次成功治愈了感染马尔堡病毒且已出现疾病症状的猕猴。马尔堡病毒与埃博拉病毒极其相似，因此，这项新成果，也许能帮助控制埃博拉疫情。

研究人员报告说，新型试验性药物利用小分子干扰核糖核酸（RNA）制成，外边包裹一种脂质纳米颗粒，进入体内后，可以通过阻止病毒复制而发挥作用。

在这次实验探索中，研究人员把16只猕猴平均分成4组，分别在它们感染安哥拉型马尔堡病毒30~45分钟后、1天后、2天后和3天后启用新型药物治疗，其中感染病毒3天的猕猴已经出现出血热症状。安哥拉型病毒株是马尔堡病毒中最厉害的病毒株，与现在西非流行的扎伊尔型埃博拉病毒一样，致死率高达90%，且两者发病过程极其相似，临床上也难以区分。

研究结果表明，接受治疗的16只猕猴全部存活，而用作对照的其他猕猴，则在感染的7~9天全部死亡。

该研究小组表示，新型试验性药物可以用于治疗所有类型的马尔堡病毒。此外，他们也曾用相关药物有效治疗感染了扎伊尔型埃博拉病毒的猕猴，因此，这项技术可能有抗埃博拉病毒的潜力。他们的合作企业、加拿大特克米拉制药公司，已经开始用这种药物应对埃博拉病毒的人类临床试验。

马尔堡病毒和埃博拉病毒都属于丝状病毒家族，均包括多种类型，其中一些类型会导致出血热，致死率很高。但目前，对这两种病毒尚无有效的治疗及预防药物和疫苗。

二、儿童、孕妇与老人疾病防治的新成果

（一）儿童生理及疾病防治研究的新信息

1. 婴儿生育与养育研究的新进展

（1）首个利用干细胞技术体外受精的婴儿诞生。2015年5月，《新科学家》杂志报道，扎恩·拉贾尼在3周前出生于加拿大，他被称为全世界首个干细胞婴儿。他的父母选择了一种新型体外受精方法，该方法在市场上推广的名字是“增强”。据了解，该方法可以通过在一名女性的卵子中注射来自其卵巢干细胞的线粒体从而提高卵子的质量。

一些媒体报道说，这种方法将迎来体外受精的下一次巨大飞跃。但是在接受《新科学家》杂志采访时，多位专家对此仍持怀疑态度。

几年前，一个研究团队发现，在卵巢的保护层中，隐藏着一种可以成长为新卵子的干细胞。这项发现表明，新卵子在女性一生中都在产生，这项发现被誉为揭示了有无数的卵子可用于体外受精治疗。当时，该研究还表明，可以让“老一些”的卵子重新恢复活力。

由强纳森·提立带领的研究小组做出了这项发现，随后该研究团队与奥瓦科学公司合作。正是奥瓦科学公司宣布了拉贾尼的出生。该方法的主要观点，是位于年轻原条细胞中的线粒体，即细胞能量生成器，比那些用于体外受精而收集的成熟细胞中的线粒体功能性更好，因此采集这些线粒

体并把其注射进准妈妈的成熟卵子，被认为可以提升其卵子的质量。在新闻发布会上，奥瓦科学公司表示："这种方法的设计目的，是通过增强卵子可为胚胎提供的能量水平，改善卵子的健康。"

然而，目前来看，还很难说这种方法是否已经奏效。奥瓦科学公司表示："该方法仅在怀孕早期阶段显示出积极意义。"

《时代》周刊报道称，现在来自4个国家的36名女性已经尝试了这种技术，目前已有8人怀孕。报道还表示，目前，相关技术尚未有正式临床测验结果，但奥瓦科学公司计划用这项技术在全球进行1000例体外受精，其部分目的，是让美国食品药品监督管理局认可这种技术，并在美国批准相关治疗。

尽管这一过程，在拉贾尼的案例中起到了传统体外受精没有发挥的作用，人们依然不能确定拉贾尼的出生是否因为该技术发挥了决定性作用。英国生育协会理事长亚当·巴伦说："一方面一名婴儿诞生了，但是另一方面你并不能证明他们使用的这项技术是让婴儿成功诞生的原因。"

（2）研究表明养宠物可助婴儿健康。2017年4月，加拿大阿尔伯塔大学生物学家安妮塔·科兹斯基等人组成的一个研究小组，在新一期英国《微生物组》杂志上报告说，许多家庭在打算要孩子的时候，往往因为害怕影响婴儿健康而把宠物送走。然而，他们最新的研究显示，养狗等宠物可有助婴儿健康，一些养狗家庭中的婴儿，患过敏性疾病和肥胖症的风险会更低。

研究人员说，他们分析了一些加拿大婴儿的粪便样本，以及他们家庭中养宠物的情况，发现从母亲怀孕到婴儿3个月大这一时间段，如果家中有狗等毛茸茸的宠物，婴儿肠道内的瘤胃球菌和颤螺菌数量会增加。这是两种有益细菌，可分别降低儿童过敏性疾病和肥胖症的风险。

科兹斯基说，这可能是因为狗等宠物的毛和爪子上带有这些有益细菌，这些细菌不仅可能直接传递给婴儿，还可以通过间接途径传递，即先传递给母亲再传递给孩子。过去，已有研究显示，女性分娩过程中，可将自身携带的微生物传递给新生儿。研究人员因此表示，如果女性在孕期接触了狗等宠物，即使在生产前把狗送走，仍可能通过上述途径将有益细菌传递给孩子。

研究人员说，如果不养宠物也想增加孩子体内有益细菌含量，今后也许可以制造一些包含有益细菌的药片，直接服用就能起到类似家中有宠物的效果。科兹斯基说，这并不是异想天开，因为现在制药行业已经在生产一些含有益生菌的补充剂。

2. 婴儿生理现象研究的新进展

证明新生儿大脑对母亲声音反应更敏感。2010 年 12 月，国外媒体报道，加拿大蒙特利尔大学医学院玛丽斯·拉松德领导的一个研究小组，在英国学术刊物《大脑皮层》发表论文称，他们研究发现，新生儿大脑对母亲的声音反应更敏感，因为这有助于启动新生儿大脑中主管语言学习的部分。

研究人员说，他们把电极连接在 16 名新生儿的头部，观察他们出生 24 小时内的大脑活动。在此期间，研究人员让他们的母亲和一名女护士，先后短促地发出元音“a”。

通过扫描这些新生儿的大脑，研究人员发现，孩子们大脑左半球中主管语言处理的部分，只对母亲的声音有反应。虽然新生儿对女护士的声音也有反应，但那些声音只能使新生儿大脑右半球中主管声音辨认的部分活跃起来。

拉松德说，研究结果令人兴奋，它证明了新生儿大脑对母亲的声音有强烈反应，说明母亲的声音，对婴儿具有特殊意义。可以说，母亲是婴儿语言能力的最初启蒙者。

3. 儿童发育状况研究的新进展

（1）发现儿童过早看电视不利其日后发育。2010 年 5 月，加拿大蒙特利尔大学医学院儿科专家组成的一个研究小组，在美国《儿科与青少年医学文献》上发表论文说，他们研究发现，儿童过早开始看电视，对其日后各方面的发育会造成不利影响。

研究人员对 1300 名在 1997—1998 年出生的儿童，进行了长期跟踪调查，以研究看电视对这些儿童成长发育的影响。他们通过被调查对象的家长和老师，了解他们开始看电视的年龄，以及在不同时期的行为表现和学习成绩。

研究结果显示，如果孩子在 2 岁时开始看电视，他们长到 10 岁后容易出现学习成绩差、易患肥胖症和不善与人交往等一系列问题。研究考虑了性别、睡眠时间、脾气、教育和成长环境等因素。

研究人员解释说，幼儿无法分辨电视内容的好坏，对电视上播放的内容会“全盘吸收”。过早看电视会影响幼儿的大脑发育，不利于他们养成好的生活习惯和形成高尚的价值观。

美国儿科学会建议，2 岁以下幼儿不宜看电视，2 岁以上的幼儿每天看电视时间不宜超过两小时。

（2）开发出诊断儿童发育障碍的新方法。2019 年 10 月 14 日，加拿大不列颠哥伦比亚省儿童医院和分子医学治疗中心研究员、不列颠哥伦比亚大学医学遗传学系教授迈克尔·科博尔主持，不列颠哥伦比亚大学莉萨·麦克温博士为主要成员，美国加州大学洛杉矶分校相关专家参与的一个研究团队，在美国《国家科学院学报》上发表论文称，他们开发出一种分子“时钟”，它可以重塑儿科医生测量和监测儿童生长的方式，并有可能早日诊断出改变生命的发育障碍。

该研究描述了随着时间推移，向 DNA 添加化学标签，如何筛查儿童的潜在发育差异和健康问题。这是首次发现的一种专门为儿童设计的方法，称为儿科-表观遗传学时钟，它测量化学变化以确定儿童 DNA 的生物学年龄。

DNA 的表观遗传变化，会改变基因在某些组织和细胞中的表达。这些变化中的一些会随着人的年龄而发生，而另一些变化可能是随着个体的环境或生活经历而变化。

在成人中，这些表观遗传变化的模式已得到充分确立。它们可以用来根据 DNA 样本准确预测一个人的年龄。或者，如果一个人的表观遗传年龄与其实际年龄不同，它可以指出健康方面的差异，包括与年龄相关的疾病和早期死亡率。

科博尔说：“我们很清楚这些 DNA 变化是如何在成人中发生的，但目前为止我们还没有专门针对儿童的方法。这些 DNA 变化在青少年中发生的速率非常不同，因此我们将这种技术应用于更年轻的群体。”

儿科-表观遗传学时钟，是利用 1032 名健康青少年的 DNA 甲基化图谱开发的，这些青少年的年龄从几周大到 20 岁不等。研究人员在基因组中发现了94个不同的位点，当一起测试时，可以准确地预测青少年的年龄，误差在4个月内。研究团队还发现，在子宫中时间更长的胎儿，其DNA改变的速度加快了3个月，这表明这种工具可以用来指示婴儿的发育阶段。该分析可以在从面颊拭子中收集的细胞上廉价有效地完成。

麦克温说："这个强大且易于使用的工具，可以被临床医生用来确定，为什么一些儿童不能达到早期的发育要求，并有可能在早期诊断出发育障碍。这将使儿科医生能够更快干预儿童的生活，以为其带来更好的结果。"

在一项小型的初步研究中，研究人员还发现，患有自闭症谱系障碍的儿童，比那些被认为是正常发育的儿童，显示出更高的"年龄"。这表明，儿科-表观遗传学时钟可以用来筛查自闭症谱系障碍。

科博尔说："在这个小规模实验中，我们的儿科-表观遗传学时钟能够区分正常发育的儿童和自闭症患儿，这一事实证明了这个工具的强大潜力。虽然还需要更多的研究来证实这一点，但这些结果表明，儿科-表观遗传学时钟可能是评估儿童发育情况的一个重要因素。"

随着这项研究成果的发表，研究人员也无偿提供了该方法，以便其他研究团队能够立即使用和检验该方法。

4. 儿童疾病防治研究的新进展

（1）发现布洛芬是最佳的儿童止痛药。2007年3月，加拿大媒体报道，渥太华大学医学院埃里克·克拉克医生主持的一个研究小组，在《儿科》第五期上发表论文称，决定让儿童服用哪种止痛药将变得更为简单：他们针对三种常用止痛药的首次比较研究发现布洛芬最为见效，至少对于骨折、瘀伤和扭伤的儿童来说，布洛芬是最佳选择。

研究人员说，一般的药店都能买到布洛芬，其商品名为爱德维或摩特林。他们通过对加拿大医院急诊室300名儿童患者的研究，布洛芬击败退热净和可待因，"荣膺"最好的儿童止痛药。这项研究中，医生随机地把三种止痛药中的一种，等量地配给6~17岁的青少年。然后医生定时对他们的疼痛症状进行检查。半小时之后，三组患者的症状仍比较相似。但是在服药一小时之后，与另两组患者相比，服用布洛芬的青少年报告说其疼痛明显得到了缓解。

在这项研究中，儿童患者在服用止痛药前后，都要对自己的疼痛症状进行打分，起始以 100 分计算。60 分钟之后，服用布洛芬的青少年症状减轻了 24 分，而服用退热净和可待因的患者分别减轻了 12 分和 11 分。这种差别持续了 120 分钟。当服用布洛芬患者症状全部得到足够缓解时，而只有 40%的退热净服用者和 36%的可待因服用者症状得到足够缓解。此次研究并没有出现严重的副作用，只有一名儿童患者意外服用可待因过量而从研究中撤走。研究人员说，那名儿童已接受妥善治疗和监控，幸而没有任何恶性影响。

此次研究在渥太华东安大略湖儿童医院进行，医院的一个研究机构提供了研究基金。纽约蒙特菲里医疗中心儿童医院的疼痛专家凯瑟琳·斯凯医生说，此次研究也突显出儿科中两大常见问题：一个是骨折、瘀伤和扭伤的儿童患者；另一个是应该给患者配什么药来止痛。她说："有人对此进行了系统的研究，真是太好了。"

对于父母来说，为孩子选择合适的止痛药，可以说是一个令人困惑的难题，部分是因为品名为泰诺的退热净和布洛芬都能对抗发烧。可待因也有相似的疗效，但是这种药性温和的麻醉药剂，只能是在持有医生处方的情况下才能购得。克拉克医生说，此次研究应该解决这个两难问题。早前对布洛芬和退热净缓解疼痛药效的比较研究，曾得出了相互抵触的结果，但是克拉克说他的研究是第一次对 3 种药进行对比。

芝加哥儿童纪念医院的急诊药房主任史蒂文·库克说，医院的医生面对骨折的儿童患者更喜欢为他们开布洛芬，因为似乎布洛芬对孩子们更为见效，此次研究也验证了这个事实。库克又补充说，布洛芬也许对治疗外伤疼痛更为有效，因为其药效主要针对炎症，而退热净和可待因两种药却并非如此。

（2）研究显示肥胖儿童血管严重老化。2010 年 10 月，国外媒体报道，加拿大不列颠哥伦比亚儿童医院发表公告说，该医院心脏病学专家哈里斯及同事组成的研究小组发表一项成果称，他们研究发现，肥胖儿童的血管严重老化，看上去就像心血管疾病老年患者的血管。

报道称，研究小组用超声心动扫描术，检测了 63 名肥胖儿童和 55 名正常儿童的心脏和血管。他们还检测了这些儿童的血压、胆固醇以及身体体重等指数。这些儿童的平均年龄为 13 岁。

检测发现，肥胖儿童的胆固醇水平正常，血压稍稍偏高，但是主动脉失去了应有的弹性，血管正在老化。正常的主动脉有弹性，可以缓冲血流。血管一旦失去弹性，就会发生动脉硬化，这是心血管疾病的前兆。

哈里斯说："肥胖儿童拥有僵硬的血管令我们大吃一惊。"他补充说，这项研究很重要，"因为它提醒我们，肥胖会在很早的时候损害儿童健康"。根据加拿大国家统计局的报告，超过 1/4 的 2～17 岁加拿大少年儿童，超重或肥胖。

（3）建立世界首个儿童脑震荡研究中心。2013 年 11 月，国外媒体报道，加拿大延龄草汽车经销商协会宣布，将捐献 100 万加元，资助布洛维尤儿童康复医院建设全球首个儿童脑震荡研究中心。

布洛维尤儿童康复医院是一所隶属多伦多大学的世界级教学医院，每年为加拿大安大略省约 7000 名儿童提供医疗服务，包括约 600 人次住院治疗及 5.8 万人次门诊服务。医院重点培养未来在儿童残疾医疗领域的健康护理专家，该医院研究中心可将最尖端的科研和教学成果融入医疗第一线，从而改善病童的生活品质。

短期内，此项捐赠将资助建立一个每年服务约 4000 名儿童的脑震荡中心，中心将为脑震荡病童提供及时的诊疗。资助的另一重点是培养更多的治疗医师和医护专业人员，以进行医疗评估及提供适当的医疗。中心还将通过"脑震荡网络"为数以万计的家长、教练、儿童、医生，以及参与儿童体育的其他人士，提供有效的医疗资讯。长期而言，该项资助将促进脑震荡医疗管理更为区域化和国际化。项目的关键目标之一，是将医疗技术及治疗方法推向应用的时间，缩短在两年之内。

延龄草汽车经销商协会是安大略省千余家新车经销商的代表，成立百年来严格遵守道德规范，帮助会员树立良好意识和亲善形象。该协会也是加拿大最大消费展加拿大国际汽车展的主办单位。

（二）孕妇疾病防治研究的新信息

——发现孕产妇子痫可能会通过胎盘基因来表达

2017 年 12 月，加拿大西蒙弗雷泽大学医学专家朱利安·克里斯提安斯领导的一个研究小组，在《英国皇家学会·生物学快报》上发表论文称，他们研究发现，孕产妇先兆子痫，可能会通过胎盘中的基因表达出来。这项发现，有助于及早防治孕产妇子痫疾病。

子痫是先兆子痫基础上发生的不能用其他原因解释的抽搐，是妊娠期高血压疾病的5种状况之一，也可以是先兆子痫紧急严重并发症。

子痫可以发生在产前、产时、产后等不同时间，非典型的子痫还可发生在妊娠20周以前。目前，子痫仍然是世界上威胁孕产妇生命的常见疾病之一。

此次，该论文阐明，一种只使用了父母基因之一拷贝基因副本的基因组印记技术，发现先兆子痫胎盘和对照组之间的印迹基因不同于其他基因，可能对揭示子痫疾病的成因起着一定作用。

（三）老年人疾病防治研究的新信息

1. 老年病影响因素研究的新发现

研究表明早年生活经历会影响老年病发病率。2009 年 7 月 14 日，美国物理学家组织网报道，加拿大不列颠哥伦比亚大学心理学系副教授乔治·米勒领导，该大学医学院遗传学系助理教授迈克尔·科博为主要成员的一个跨学科研究小组，在《国家科学院学报》上发表论文称，早年的生活经历，不仅会对儿童的心灵产生影响，也会影响到他们未来的身体健康。他们的研究表明，贫困家庭中长大的人，早年生活经历会影响到其成年生活，使其更易受到许多老年慢性疾病的折磨。

为了了解早年生活经历对成年生活的影响，研究小组对 103 名介于25~40 岁的健康成年人，进行了全基因组图谱分析。这些样本群体，在 6 岁前所处的社会环境（与收入、教育和职业相关）或好或差。他们被分成两组，在早年具有相似社会经济状况的被试者分在一组，他们也具有相似的生活习惯，如吸烟、饮酒等。

有关研究显示，那些早年生活在较差的社会经济环境中的受试者，其体内与炎症相关的基因，会在某一时刻选择性地“打开”。研究人员相信，这是由于他们的体内细胞不能够对皮质醇激素产生有效的反应，而皮质醇通常起到控制炎症的作用。研究人员认为，对这些人来说，这种反应模式，可能会增加他们患上传染性疾病、呼吸道疾病和心血管疾病以及某些癌症的概率。

米勒说："我们已经发现了人体内一些早年生活经历的'生物残留物'，它们在成年后依然保留。如果一个人在社会经济条件很差的家庭中成长，他的免疫细胞就会对外部环境的威胁一直保持警惕，这很可能会使他在晚年更易患上慢性疾病。"而科博则指出，这项研究表明，早年的生活经历真的可以"深入骨髓"。

2. 老年人延年益寿方法研究的新发现

（1）发现老年人适当增加身体脂肪有助于延年益寿。2009 年 11 月，加拿大多伦多约克大学医学院一个研究小组，在《美国老年病学学会杂志》上发表研究报告称，过去有研究认为，中年时身体脂肪过多会增加老年早亡的风险，但是，他们经过调查发现，老年人适当增加身体脂肪会降低早亡的风险。

1988—1994 年，加拿大进行过第三次全国健康和营养调查。研究人员以这次调查所获得的数据为基础，进行综合分析。被调查者涉及 4437 名男性和 5166 名女性，分析数据包括其身体指数、腰围、臀围以及腰与臀部的比例等。

结果发现，对 18~64 岁的人说，身体超重会增加早亡的风险；但对 65 岁以上的人来说，体重低于平均水平反而会增加死亡风险，特别是女性尤为明显。研究人员解释说，身体脂肪可储藏一些体能，可帮助老年人抵御疾病。

（2）发现胸有大志者可能更长寿。2014 年 5 月 12 日，物理学家组织网报道，加拿大卡尔顿大学首席研究员帕特里克·希尔领导的一个研究小组，在美国心理科学协会《心理科学》杂志上发表论文称，他们研究发现，不管是什么年龄段，一个人若在生活中感觉自己有目标感，将有助于其活得更长。

希尔说，该研究对促进积极的老龄化和成人发展具有明显影响。此研究直接指出，无论何时，只要你找到人生的方向，并设定所想要达到的总体目标这样一个事实，可以帮助你真正活得更长。因此，一个人越早涉及生活的方向，这些保护效应越早能够发生。

以往的研究表明，一个找到人生目标的人会降低死亡的风险，并且超越其他已知的预测长寿等因素。希尔指出，但是，几乎没有研究检验随着时间的变化各种目标的好处，例如，在不同的发展阶段，或者之后生活发生重要的转变。

希尔与罗切斯特大学医学中心的尼古拉斯决定探讨这个问题，同时从美国中年人研究中提取了全国具有代表性的可用数据。

研究人员观察了6000多参与者的数据，锁定他们自报的生活目的，例如，“有些人漫无目的地度过一生，但我不是其中之一”，以及其他的社会心理变量，衡量其与他人的积极关系、积极和消极的情绪体验。

据报道，在美国中年人研究数据中超过14年随访期间，569名参加者已经去世，约占样本的9%。而这些已经死亡的人曾报告其只有较低的生活目的，并且与幸存者相比，其缺乏积极的人际关系。

研究显示，在生活中，一个人持续性的“胸有大志”会降低整个生命周期的死亡风险，这对于年轻人、中年人和年长者都具有同样的好处。

这种一致性出乎研究人员的意料。希尔说：“有很多理由让人相信，相比年轻人，活得有目标可能更有助于老年人的生活。举例来说，成年人可能在离开工作场所后，失去原来所在组织的日常活动资源，可能需要更多的方向感。此外，老年人要比年轻些的成年人，更可能面临死亡的风险。”

三、呼吸、五官和骨科疾病防治的新成果

（一）呼吸系统疾病防治的新信息

1. 研制通用感冒疫苗实现新突破

2012年5月8日，加拿大不列颠哥伦比亚大学网站报道，由该校生物医学研究中心主任、免疫学讲座教授约翰·施拉德主持的研究团队，在《免疫学前沿》杂志上发表论文称，他们研究发现，2009年的H1N1流感疫苗激发的抗体，可以抵抗多种流感病毒，包括H5N1“禽流感”。这一发现，为通用感冒疫苗的开发铺平了道路。

世界每年300万~500万人感染严重流感，20万~50万人死亡。2009

年仅 H1N1 流感暴发，就导致全球 1.4 万人死亡。《自然》杂志指出，变异的 N5N1 “禽流感” 更易于在人与哺乳动物之间传染，这不仅引起公共卫生界关注，也让人们担心被恐怖分子利用开展生物恐怖活动。

施拉德教授通俗地解释道，病毒中有一种蛋白质名为“血凝素”，它就像一朵花，分为头部和梗部躯干。流感病毒血凝素的头部插入人体细胞，就好似电器插头和插座。目前，预防流感的疫苗靶标是血凝素头部，但流感病毒变异非常之快，血凝素头部变异尤其快，因此，每个季节的抗病毒疫苗也必须应变。施拉德教授认为，与其攻击血凝素的头部，不如攻击其躯干，躯干对病毒刺入人体细胞作用至关重要，而不同变种的流感病毒其躯干是不变的。

施拉德教授指出，人体免疫系统难于使用一种流感疫苗，诱发针对血凝素躯干的广谱抗体，因为人类从没有面对过众多同类病毒同时入侵。该研究团队发现，2009 年 H1N1 流感疫苗与众不同，含有广谱抗体，可抵抗多种感冒病毒。多种流感病毒在动物身上的实验显示，流感及季节性感冒可以成为历史，这种作用和效果虽然还没有在人体上实验，但应该有效。这一发现为开发通用疫苗奠定了基础。

上述研究得到加拿大卫生研究院、国际抗病毒企业联盟以及迈克尔·史密斯健康研究基金会的经费支持。研究团队成员来自不列颠哥伦比亚大学、渥太华大学、多伦多大学以及安大略医疗保健和宣传局、加拿大食品检验局及疾控中心等多个机构。

2. 指出洗手和补锌是预防感冒的最佳方式

2014 年 1 月，有关媒体报道，你是如何预防和治疗感冒的？加拿大阿尔伯塔大学家庭医学博士迈克尔·艾伦领导的研究小组，在《加拿大医学协会会刊》上发表的论文向你推荐：洗手和补锌可能是最好的预防方式，而对乙酰氨基酚（泰诺）、布洛芬和抗组胺药解充血剂组合，是最佳的治疗方法。

艾伦表示，预防感冒的最佳方法是洗手、补锌和补充益生菌。对 67 项随机对照试验的评估显示，洗手这种最传统的公共卫生措施，以及酒精消毒和戴手套对预防感冒最为有效。

补锌对儿童来说效果最佳，至少两项随机对照试验表明，每天服用

15~20 毫克硫酸锌的儿童很少患上感冒，因感冒造成的上学缺勤率大大降低。有证据表明，益生菌也有助预防感冒。

而对感冒的治疗来说，抗组胺药、解充血剂和（或）止痛药的组合，对 5 岁以下儿童和成年人高度有效，而对大龄儿童来说仅低度或中度有效。布洛芬和对乙酰氨基酚有助减轻疼痛和发烧症状。布洛芬对发烧儿童效果更佳。使用鼻用喷雾剂可减轻流涕症状，但对鼻塞不起作用。

研究人员指出，预防和治疗感冒的方法层出不穷，但很多方法或只是一种偏见，而不是真正地具有疗效。常用的某些补救措施，如服用人参、漱口、蒸桑拿等，疗效并不明显。止咳药对儿童没有什么好处，但对成年人可能稍微有益。蜂蜜对减轻 1 岁以上儿童的咳嗽症状有轻微的影响。

研究人员对目前既有的预防和减轻感冒的传统和非传统方法进行了评估后认为，大多数感冒是由病毒引起的，仅约 5%的临床诊断为细菌感染。维生素 C 和抗生素基本上没有任何好处，对病毒感染者使用抗生素是不当的治疗行为，而且误用抗生素还会带来关联危害。

（二）五官科疾病防治的新信息

1. 眼科疾病防治研究的新进展

首例动物视网膜向人体移植手术实验获成功。2004 年 10 月 26 日，印度新闻网生活健康频道报道，加拿大多伦多大学技术实验室勃恩达·克鲁斯教授领导的一个研究小组，在他们所做的最新的科学研究中，发现人的视网膜干细胞其实是可以重生的。他们进行了把老鼠和小鸡的视网膜向人体移植的手术实验，并获得了圆满成功。这种手术实验是全世界第一次，它的成功可谓是意义非常。

克鲁斯表示，我们所移植的视网膜是动物生长初期的视网膜，这种视网膜细胞的结构与人体视网膜细胞基本相似，其生长发育所需自然条件和其他方面的因素也基本一致，可以说是人体视网膜良好的代替品。

克鲁斯还称，当动物们的眼睛完全发育成熟后，就不再适合向人体移植了。因为它们的视网膜细胞结构已经定型了。然而，年幼的动物们的视网膜干细胞在移植到人体后，与人体本身依然存活的视网膜干细胞一起发育，就可以分裂出健康的新的视网膜细胞，使人们的眼睛重见光明。

该研究小组计划在不久的将来，把这项研究成果应用于临床试验，主要将用于治疗色素性视网膜炎和视网膜斑点恶化等病症。

2. 口腔科疾病防治研究的新进展

推出无须牙膏的新型太阳能牙刷。2010 年 8 月，国外媒体报道，加拿大萨斯喀彻温大学牙科教授小宫司·邦雄博士、他的同事格里·乌斯瓦科博士等人组成的一个研究小组，开发出一款新型牙刷，不需要牙膏，通过太阳能在口腔内形成化学反应，达到清洁牙齿的目的。

邦雄说，他在 15 年前设计出这种非传统牙刷的首个模型。现在，他与乌斯瓦科正在招募志愿者，对他们的新型牙刷进行试验。这种牙刷由日本四研公司生产，不久他们将对 120 名青少年进行测试，以检测它与普通牙刷的区别。

该牙刷由一块太阳能电池和一个基座构成，通过一根铅丝把电子传到牙刷前端。电子与口腔中的酸形成化学反应，可去除牙垢，杀死细菌。这种新型牙刷不需牙膏，只要有太阳能计算器所需要的同量的光线即可使用。研究人员已对牙刷消除引起牙周疾病的菌群测试，并证明该牙刷可致菌类细胞完全死亡。

2010 年 7 月，研究人员在迪拜举办的世界牙科联盟全球牙医年度大会上，宣布了他们的这一研究成果，并从 170 项发明中脱颖而出，一举夺冠。

3. 耳科疾病防治研究的新进展

发现良好听力是一种神经平衡行为。2017 年 6 月 27 日，加拿大伦敦市西安大略大学神经学专家莫莉·亨利及同事组成的一个研究小组，在《自然·通信》杂志上发表的一项研究成果，介绍了老年人和青年人对类似说话的声音的响应差异。这项研究结果或许有助于制定相关策略来改善年龄相关的听力障碍。

研究人员描述了两种大脑活动模式，它们两者协同作用，共同提高人们检测听觉刺激中的细微变化的能力。作者还表明，该过程是如何随着年龄的变化而变化的。

研究人员对 20 名青年人（18~31 岁）和 20 名老年人（61~77 岁），进行了听觉任务测试。被试者需要察觉出一个连续节律模式，即时间特征与说话一样的特定听觉信号。这要求既抑制稳定的不相关节律，又增强目标刺激。

青年人在听时间特征类似于说话的声音时，他们的大脑会自然地与节律同步，这种神经振荡-外界节律同步化，受到第二种过滤不相关信息的大脑活动的调节。与之相比，老年人自动同步的能力较弱，难以过滤不相关的信息，但是似乎采用了不同于青年人的神经策略来过滤噪声。

综合而言，这些发现说明了准确的听力是如何依赖两种互补的过程的。研究认为，老年人出现听力障碍，不只是因为他们同步声音的能力有限，也因为他们抑制不相关听觉信息的能力发生了变化。这表明，重新平衡这两种大脑活动过程，可能是一种改善年龄相关听力障碍的新方法。

（三）骨科疾病及疼痛防治的新信息

1. 骨科疾病治疗设备研制的新进展

（1）发明首个令骨骼和牙齿再生的仪器。2006 年 7 月，香港《大公报》报道，加拿大牙科防治研究人员组成的一个研究小组向媒体透露，他们发明了首个能令骨骼和牙齿再生的仪器。这项成果会让许多人兴奋不已，特别是常会被球击落牙齿的曲棍球手，喜欢吃糖的人，定将感到很高兴。

报道称，研究人员根据低频超音波科技发明的这个仪器，已在加拿大十多名牙科病人身上测试过。机器可附在固定或非固定牙齿矫正器上，它会温和地按摩牙肉，刺激牙齿由根部生长。

这款无线操作的仪器体积细如豌豆，四个月内每天必须操作 20 分钟去刺激牙齿生长。它同时能刺激颌骨生长修正歪嘴，甚至或者透过刺激骨骼生长增高。

研究人员说："现在我们计划用这种仪器来令折断的牙齿再生，或令不对称的颌骨长得变对称，但将来也可帮助牙齿被球击中脱落的曲棍球员及儿童，长回缺失的牙齿。"虽然该仪器目前仍然是原型阶段，但预期两年内便可以推出市场，将产品商业化。

（2）开发高自由度新型假肢。2007 年 11 月，有关媒体报道，加拿大与美国、欧洲等 30 多个合作伙伴组成的一个研究团队，开发出一种可以进行自由控制并提供感官反馈的假肢手臂。这种假肢是一个完整的肢体体系，允许 8 个方向自由度的控制，远远超越目前的义肢。它还包括一个虚拟环境，用于临床测试，记录肢体动作和控制信号。

研究人员利用航天飞机上火箭助推器的微缩改良版完成了这项研发，开发出比传统电池动力臂更有力的驱动臂。这条驱动臂的原理，是催化剂催化过氧化氢燃烧产生蒸汽，供给推力驱动机械手运动。与使用时间极短的电池动力臂相比，该驱动臂的过氧化氢存储在一个小罐中，在保证推力和功能性的前提下，可连续使用 18 小时。不过，需要冷却器来处理废热与废气，也可以采用外覆通透性皮肤“排汗”的方式来散热，排汗量与正常人夏天出汗的水准相当。

在临床使用中，假肢的自由控制和综合感官的反馈表明，与原来的肌肉神经再造相比，新假肢提供了一个更直观的、并拥有自然感觉的握力机械手臂。

2. 疼痛感觉研究的新进展

发现疼痛感觉也存在男女差别。2015 年 6 月 29 日，加拿大麦吉尔大学疼痛学家杰弗里·莫吉尔、美国阿拉巴马伯明翰大学心理学家罗伯特·佐尔格，以及英国伦敦大学疼痛学家约翰·伍德等人组成的一个研究团队，在《自然·神经科学》杂志上发表研究成果称，他们发现，雄性和雌性老鼠疼痛敏感性由不同免疫细胞调节。这一发现或许能解释有些镇痛药物临床试验的失败，因为研究设计中没有考虑到性别差异。

在慢性疼痛发生过程中，免疫系统发挥着重要作用。小胶质细胞能表达脑源性神经营养因子（BDNF）具有激活脊髓神经元的作用。当损伤和炎症发生时，这种信号将导致机体发生疼痛且过度敏感。

佐尔格等人通过压迫坐骨神经支配后肢的 2~3 个分支，将健康雄性和雌性小鼠建立慢性疼痛模型，7 天后给动物分别注射 3 种抑制小胶质功能的药物。结果发现，这三个药物可逆转雄性动物对疼痛的过敏反应，这和过去的研究结果一致。但是，同样的治疗对痛觉敏感模型中的雌性动物无效。

莫吉尔表示，不同性别由不同的细胞控制疼痛调节，过去从未有这样的报道，主要是没有人使用雌雄两种性别的动物进行对比研究。

伍德说：“现在可以对过去的临床研究数据进行重新分析，看疼痛机制是否真的存在这种性别差异。当然，目前这仍然属于推测，毕竟动物和人类不同，不能用动物实验结果简单推广到人类。”这项研究，提出了关于疼痛研究存在的一个忽视性别差异的巨大缺陷，可能会大量引发对比不同性别的研究论文。

四、疾病防治方面的其他新成果

（一）研究治病药物及技术的新信息

1. 开发和使用药物研究的新进展

（1）找到可把伤疤最小化的分子。2010 年 12 月 12 日，美国物理学家组织网报道，加拿大研究人员近日在费城召开的美国细胞生物学会第 50 届年会上报告说，他们与美国合作的一项研究表明，肽 15-1 能锁住一种引起发炎的糖分子：透明质烷片段，从而促进深部伤口愈合。

对小鼠的实验研究表明，单一使用肽 15-1 会减少伤口收缩、胶原蛋白沉积、发炎以及多余新血管的生长。这些发现可以在临床上帮助促进人体伤口愈合。

（2）揭示早期抗生素使用对小鼠的影响。2017 年 4 月，加拿大麦克马斯特大学脑—体研究所约翰·宾斯托克、索菲·莱克莱尔等人组成的一个研究小组，在《自然·通信》杂志上发表论文称，他们通过小鼠研究发现，生命早期施用低剂量青霉素，对肠道菌群、脑生理和社会行为都有持续的影响。这项研究还表明，联合施用一种益生菌（可能有某些特定健康益处的细菌）可以预防这些改变。

越来越多的证据表明，在生命早期施用抗生素，可能会产生有害的长期影响。一些动物研究表明，高剂量的抗生素会对行为和脑神经化学造成长期影响。

该研究小组在小鼠出生前 1 周的围生期，到出生后 3 周的断奶期之间，向小鼠施用了低剂量青霉素，以检验小鼠是否也会出现类似现象。研究人员发现，施用青霉素会导致小鼠肠道菌群组成改变、血脑屏障完整性增强和脑细胞因子（一种调节免疫反应的分子）增加。

研究人员在 6 周大的小鼠中也观察到了同样的改变。此外，施用青霉素还会导致成年小鼠的社会行为减少，并在成年雄性小鼠中减少了类焦虑行为，增加了攻击性。与益生菌鼠李糖乳杆菌 JB-1 一同施用，能在一定程度上预防其中一些改变。

研究人员指出，由于一些分析中的样本量较小，益生菌的预防效果还应通过进一步研究验证。然而，这一发现表明，有必要进一步研究早期抗生素使用，对神经精神障碍发展的潜在作用，以及通过益生菌减弱这些作用的可能性。

2. 开发测试和制造药物的新技术

（1）发明更有效测量处方药功效的新技术。2011 年 8 月，加拿大多伦多大学化学系研究员史葛·坦纳主持，美国斯坦福大学有关专家参加的一个研究团队，在《科学》杂志上撰文称，他们发明了一种大量细胞计数法，可更快更广泛的测量处方药对人体细胞的反应及功效，提前发现细胞病变，进而研发出针对个人的治疗药物。

研究人员发现，某些细胞亚群对药物的反应非常明显，有助于进一步了解这些细胞亚群的连锁信号反应。研究团队开发的大量细胞计数法，每秒可在 1000 个细胞内同时测量多达 100 种生物标志物。并通过采用新研发出的金属原子贴附化学方法，更有效地观测细胞内稍纵即逝、不易捕捉的生物分子标的物。

哥伦比亚大学和斯坦福大学的研究人员采用这项新技术，观察人类骨髓产生的不同形态细胞中及表面的 34 种物质。研究人员不但能正确归类 10 多种不同类型的免疫细胞，还能观察到各类免疫细胞的内部变化，从而预知可能发生的变化。该技术目前正由多伦多大学的附属企业研发上市。

（2）研发不用核反应堆生产医用同位素的新技术。2012 年 3 月，有关媒体报道，加拿大安大略省核物理学家与不列颠哥伦比亚大学原子物理实验室科学家组成的一个研究团队，在温哥华召开的“美国科学促进会年会”上宣布：他们发明出一种不用核反应堆，不用消耗武器级铀生产医用同位素的新方法。

医用同位素广泛用于心脏病和其他病症的扫描诊断、癌症检查和治疗。数年前，加拿大位于安大略省乔克河的核反应堆停止运行后，全球医用同位素出现短缺。

该研究团队开发出一种用升级回旋加速器设备，制造医用同位素的新方法。据知，一台回旋加速器装置日产的医用同位素，足以供一个大都市的日用所需，目前加拿大已有两个省份使用不同的加速器制造医用同位素，而全加拿大现有 12 个机构拥有 18 台类似的装置，全球共有 350 套类似装置。

不列颠哥伦比亚省癌症局的科学家认为，这一成果打破了同位素制造依赖单一资源锝-99m 的局面，可以大规模生产。加拿大联邦政府已拨款 3500 万加元，该国自然科学及工程研究委员会也曾资助该项研究。

据悉，劳森健康研究所、探测发展及商品化中心下一步将向加拿大卫生部、美国食品及药物管理局申请批准，以便商业化推广这项新技术。

（二）开发医学检测和手术设备的新信息

1. 研制医学检测设备的新进展

开发出新的医学测试晶片技术。2011 年 7 月，加拿大卡尔加里大学舒力克工程学院生物医学研究与应用系主任卡兰·卡勒领导的一个研究小组，在英国《皇家化学学会实验室晶片期刊》上发表研究成果称，他们开发出新的医学实验室晶片技术，可以提高医学实验室测试的精确度，快速完成测试分析，且样本只有传统医学实验室样本的百万分之一。

卡勒表示，研究小组采用建立微乳化结构的新方法，来配制和操纵微晶片上的液体，就是把微滴包覆于另一层物质中。这两种物质如同水和油一样，不会混合在一起。这种新方法可以控制微滴的准确大小及间隔，精确度更高，样本只需一兆分之一升。在晶片上形成这些乳化液后，再通过微晶片上的感应器进行样本的电子配制和测试，分析结果通过无线传输的方式传到电脑，减少人为错误或样本污染的可能性。

这项技术将可用来制造便携式的测试设备，减少在医院等待测试的时间，并快速提供测试结果，降低测试费用有利于早期发现各种疾病。

2. 研制临床手术设备的新进展

研制出能够自动进行操作的麻醉机。2008 年 5 月 5 日，国外媒体报道，加拿大麦吉尔大学医学博士托马斯·黑默林领导，他的校内同事，以及蒙特利尔大学相关专家参加的一个研究小组，当天向公众展示，他们研制出一种能够自动进行麻醉操作的机器，它可以在手术过程中监控病人状态，并随时调整麻醉药品剂量。

这种被称为“机器麻醉师”的设备主体，是一个电脑软件系统。它能够在手术开始时为患者准确计算出所需麻醉药品剂量，并在手术过程中分析患者各项生理指标变化，及时向输药管发出指令，调整用药时间和剂量。此前的类似机器，只能在手术开始时计算所需药品剂量，不能在手术过程中跟踪病人身体变化。

黑默林说，这种机器可以控制三种常见麻醉药品的注射工作，其准确性超过人。不过，他又认为“机器麻醉师”并不能完全代替人类麻醉师，它只能大大减轻人类麻醉师的工作。目前这一机器已经进入临床测试阶段。

（三）推进疾病防治和医学研究的新举措

1. 推进疾病防治研究的新对策

（1）提出利用社会网络预防疾病暴发。2011 年 5 月，在新奥尔良召开的美国微生物学会第 111 届全体会议上，加拿大英属哥伦比亚疾病控制中心专家珍妮弗·加迪领导的一个研究小组，提出一种把细菌全基因组测序技术，与社会关系网络分析相结合的方法，能使公共卫生部门获得更多有关疾病传播的资料，更好地跟踪并防止疾病暴发。

该科研小组运用这种新技术，已成功跟踪调查并最终预防了一次肺结核的暴发。研究人员表示，基因组测序与现有临床和流行病学的详细数据相结合，能模拟构建出疾病的暴发，真实理解病菌在人群中的传播。

在英属哥伦比亚的一个中型社区，几乎每 3 年就要暴发一次肺结核。10 年来，将社会网络分析用于跟踪传染病，已经越来越普遍。社会网络分析有点类似于 Facebook（脸谱）社交网络，采用传统流行病学步步深入的做法，不仅问病人曾跟谁联系过，而且要问更多有关时间方面的细节，还要问他们去过哪里，以及做了什么等。但仅靠社会网络分析，来寻找疾病源头和其他影响因素，结果也很不明确。

科研小组把细菌全基因组测序与社会网络分析结合在一起，得到了更清楚的疾病暴发图景。研究人员说，病原体的完整基因组测序，就是最终的DNA（脱氧核糖核酸）指纹，而全基因组测序所需的成本、时间在呈指数降低，对大部分或全部细菌单独进行测序，并预测它们的暴发已越来越容易。

此外，他们还能将一些关键个体确定为超级传播者，这些人长期携带病原菌，且社交网络广阔。根据这种信息，在流行病暴发研究的重要性，公共卫生部门的人员正在设法寻找一些社会公众人物，做一次重点筛查。

（2）投资建设国际一流的疫苗研究开发中心。2011年9月18日，《环球邮报》报道，加拿大政府在萨斯喀切温大学投入1.4亿加元，打造国际一流水平的疫苗研究开发中心，专门研究和开发威胁动物和人类的重要疫苗。该中心建设的投入资金，来自加拿大联邦政府、萨省政府、加拿大创新基金，以及萨斯喀图温市政府。

国际疫苗中心具有三级水平的设施（CL3），开展针对流行性感冒病毒、艾滋病毒、非典病毒、西尼罗河病毒等，以及动物身上的诸如疯牛病、口蹄疫等的疫苗研究。目前，国际上在大学中，具有三级水平疫苗研究的国家，寥寥可数。在加拿大全国，国际疫苗中心是唯一一所集人才培养、前沿疫苗研究、疫苗开发等于一身的科研实体，将充分利用国际合作，吸引国际一流人才，迅速提升加拿大在疫苗研究和开发方面的国际水平。同时，萨斯喀切温大学也将组织大学的农学院、医学院、兽医学院的研究，与国际疫苗中心结合起来，集中大学的整体优势，打造萨斯喀切温大学在国际疫苗研究上的领先地位。

加拿大国际疫苗中心还将与国际一流的疫苗企业合作，大大缩短疫苗研发到产业化的时间周期，并且产生非常可观的经济效益。围绕萨斯喀切温大学附近，将会产生一批与国际一流企业相配套的新型孵化器、中小生物企业等，形成加拿大中部地区的疫苗产业集群。

近一段时期，国际疫苗中心将针对H1N1病毒、肺炎疫苗、丙型肝炎、西尼罗河病毒，以及疯牛病和口蹄疫等开展疫苗研究，因为这些病毒对动物和人类的威胁最大，每年都至少造成上百亿美元的损失。

2. 推进医学科学研究的新对策

分析医学研究成果同行评审的有效性。2014年12月，加拿大多伦多大学凯尔·西尔主持的一研究小组，在美国《国家科学院学报》上发表的一项研究，分析了科学成果同行评审的有效性，研究人员表示，同行评审在预测“良好的”论文方面是有效的，但可能难以识别出卓越和（或）突破性的研究。

同行评议，是评估和酝酿科学研究的主要机制。尽管人们广泛认为同行评议对科研评价而言必不可少，但同行把关出现错误的轶事证据在各主要期刊十分多见，例如拒绝了有创意的贡献却接受了平庸的报告。目前，有关同行评议有效性的系统性证据仍不足，主要原因是被期刊拒绝的论文手稿一般不对外公布，通常难以获得相关信息。

为了分析这一科学把关手段，西尔研究小组使用了 2003 年和 2004 年提交给 3 个主要的医学期刊：《内科医学年鉴》《英国医学杂志》和《柳叶刀》的 1008 份手稿的数据集，评估了获得编辑和同行评审者不同评价的论文的引用结果差异。

研究人员发现，编辑退稿的手稿，即他们认为不值得进行同行评审，比那些在退稿之前发给同行评审的论文，在最终发表之后获得的引用数量更少。此外，在所有被接受和退稿的手稿中，同行评审者打分较低的手稿，在最终发表后也获得了相对较少的引用数量。

然而，研究人员还发现，这 3 份医学期刊曾拒绝了许多之后获得高引用率的手稿，包括 14 篇引用数量最多的手稿，而这 14 篇手稿中的 12 篇是被编辑退稿的。研究人员得出结论，编辑和同行评审者通常能够识别稿子是否可用，但并不总是会明智地决定哪些手稿应该发表和退稿。同时，他们还认为，同行评审可能难以识别出非传统或卓越的研究。

参考文献和资料来源

一、主要参考文献

[1] 李铄. 加拿大建立国家创新体系面面观 [J]. 全球科技经济瞭望, 2006 (4).

[2] 李中国, 皮国萃. 加拿大国家创新体系分析 [J]. 中国高校科技, 2014 (6).

[3] 刘辉. 加拿大的创新战略 [J]. 全球科技经济瞭望, 2002 (6).

[4] 曾文凤. 加拿大的科技创新战略 [J]. 科学管理研究, 2018 (3).

[5] 吴言荪, 穆念红. 加拿大大学对国家创新战略的回应及其启示 [J]. 中国科技论坛, 2008 (12).

[6] 吴曼, 朱梦娴. 加拿大国际科技人才战略的启示 [J]. 全球科技经济瞭望, 2013 (4).

[7] 严全治, 赵利娟. 加拿大高等教育科技资源配置及效益 [J]. 高校教育管理, 2011 (4).

[8] 李铄. 加拿大的创新和学习行动计划 [J]. 全球科技经济瞭望, 2003 (3).

[9] 裴瑞敏, 胡智慧. 加拿大"经济行动计划"成效及其科技创新政策分析 [J]. 全球科技经济瞭望, 2014 (12).

[10] 孔欣欣. 后危机时代加拿大制造业的发展及其启示 [J]. 全球科技经济瞭望, 2014 (4).

[11] 张梦然. 加拿大: 在反思和评估中调整科技创新 [J]. 中国科技奖励, 2013 (5).

[12] 高鲁鹏. 加拿大科技主管部门与执行机构的设置和运行机制 [J]. 全球科技经济瞭望, 2014 (2).

[13] 陈彦君，黄世亮，易比一，赵润州. 加拿大健康科学院 CAHS 科技评价框架解析 [J]. 科研管理，2017（S1）.

[14] 赵建军，毛明芳. 加拿大环境与可持续发展科技创新及对我国的启示 [J]. 中国人口·资源与环境，2009（3）.

[15] 魏浩，李粟. 中国和加拿大双边贸易的竞争性与互补性分析 [J]. 社会科学辑刊，2012（1）.

[16] 张明龙，张琼妮. 国外发明创造信息概述 [M]. 北京：知识产权出版社，2010.

[17] 张明龙，张琼妮. 八大工业国创新信息 [M]. 北京：知识产权出版社，2011.

[18] 张明龙，张琼妮. 国外电子信息领域的创新进展 [M]. 北京：知识产权出版社，2013.

[19] 托马斯·弗洛伊德. 数字电子技术基础：系统方法 [M]. 娄淑琴，盛新志，申艳译，北京：机械工业出版社，2014.

[20] 张明龙，张琼妮. 美国电子信息领域的创新进展 [M]. 北京：企业管理出版社，2018.

[21] 张明龙，张琼妮. 美国纳米技术创新进展 [M]. 北京：知识产权出版社，2014.

[22] 杨军. 贵金属基超结构纳米材料 [M]. 北京：科学出版社，2012.

[23] 孙康宁，李爱民课题组. 碳纳米管复合材料 [M]. 北京：机械工业出版社，2010.

[24] 马科斯·玻恩，埃米尔·沃耳夫. 光学原理——光的传播、干涉和衍射的电磁理论 [M]. 7 版. 杨葭荪，译. 北京：电子工业出版社，2016.

[25] 莱金. 光学系统设计 [M]. 4 版. 周海宪，程云芳，译. 北京：机械工业出版社出版，2012.

[26] 李林. 现代光学设计方法 [M]. 北京：北京理工大学出版社，2009.

[27] 迟泽英，陈文建. 应用光学与光学设计基础 [M]. 南京：东南

大学出版社，2008.

［28］沃伦·史密斯. 现代光学工程［M］. 周海宪，程云芳，译. 北京：化学工业出版社出版，2011.

［29］张明龙，张琼妮. 国外光学领域的创新进展［M］. 北京：知识产权出版社，2018.

［30］霍金. 宇宙的起源与归宿［M］. 赵君亮，译. 南京：译林出版社，2009.

［31］布莱恩·克莱格. 宇宙大爆炸之前［M］. 虞骏海，译. 海口：海南出版社，2016.

［32］伦纳德·萨斯坎德. 黑洞战争［M］. 李新洲，敖犀晨，赵伟，译. 长沙：湖南科学技术出版社，2010.

［33］弗兰克·克洛斯. 反物质［M］. 羊奕伟，译. 重庆：重庆大学出版社，2016.

［34］中国科学院国家空间科学中心等. 寻找暗物质：打开认识宇宙的另一扇门［M］. 北京：科学出版社，2016.

［35］张明龙，张琼妮. 美国材料领域的创新信息概述［M］. 北京：企业管理出版社，2016.

［36］袁长胜，韩民. 现代材料科学与工程实验［M］. 北京：科学出版社，2013.

［37］封文江，武小娟，李达. 金属氮化物的制备与性能［M］. 北京：科学出版社，2013.

［38］方啸虎，邓福铭，郑日升编著. 现代超硬材料与制品［M］. 杭州：浙江大学出版社，2011.

［39］赵启辉. 常用非金属材料手册［M］. 北京：中国标准出版社，2008.

［40］蒲永平. 无机非金属材料中的无铅化研究进展［J］. 材料导报，2007（12）.

［41］李宁. 碳纤维——新型无机非金属材料的应用与需求预测［J］. 化工管理，2013（5）

［42］傅依备. 核辐射技术及其在材料科学领域的应用［J］. 中国工

程科学，2008（1）.

［43］马如璋，等．功能材料学概论［M］．北京：冶金工业出版社，1999.

［44］徐惠彬．特种功能材料中的固态相变及应用［J］．中国材料进展，2011（9）.

［45］孙彦红．有机高分子材料使用寿命预测方法［J］．高分子通报，2011（12）.

［46］包建文，等．高效低成本复合材料及其制造技术［M］．北京：国防工业出版社，2012.

［47］韦第升．复合材料在红外隐身技术中的应用［J］．航空学报，2009（12）.

［48］张琼妮，张明龙．国外材料领域科技研发进展概述［J］．中外企业家，2015（8）.

［49］张明龙，张琼妮．国外材料领域创新进展［M］．北京：知识产权出版社，2015.

［50］于少娟等．新能源开发与应用［M］．北京：电子工业出版社，2014.

［51］张明龙，张琼妮．国外能源领域创新信息［M］．北京：知识产权出版社，2016.

［52］丁左武，赵东标．锂离子蓄电池相关特性试验研究［J］．电源技术，2011（7）.

［53］林才顺，魏浩杰．氢能利用与制氢储氢技术研究现状［J］．节能与环保，2010（2）.

［54］张明龙，张琼妮．国外氢能开发新进展概述［J］．生态经济，2011（12）.

［55］李国栋．国际太阳能发电产业的新进展［J］．电力需求侧管理，2012（1）.

［56］尹淞．太阳能光伏发电主要技术与进展［J］．中国电力，2009（10）.

［57］刘清志，王爱春．生物质能开发利用对策［J］．节能，2010（2）.

[58] 张希良. 风能开发利用 [M]. 北京：化学工业出版社，2005.

[59] 李国栋. 国际太阳能发电产业的新进展 [J]. 电力需求侧管理，2012 (1).

[60] 黄裕荣，侯元元，高子涵. 国际太阳能光热发电产业发展现状及前景分析 [J]. 科技和产业，2014 (9).

[61] 刘清志，王爱春. 生物质能开发利用对策 [J]. 节能，2010 (2).

[62] 赵斌. 技术双刃剑：生物质能开发与生物多样性保护 [J]. 资源环境与发展，2013 (3).

[63] 张庆阳. 国外风能开发利用概况及其借鉴 [J]. 气象科技合作动态，2010 (4).

[64] 陈石娟. 海洋能开发利用存机遇有挑战 [J]. 海洋与渔业，2012 (8).

[65] 刘全根. 世界海洋能开发利用状况及发展趋势 [J]. 能源工程，1999 (2).

[66] 张明龙，张琼妮，章亮. 国外治理“三废”新技术概述 [J]. 生态经济，2010 (2)

[67] 宋宇. 国外环境污染损害评估模式借鉴与启示 [J]. 环境保护与循环经济，2014 (4).

[68] 张明龙，张琼妮. 国外环境保护领域的创新进展 [M]. 北京：知识产权出版社，2014.

[69] 张明龙，张琼妮. 美国环境保护领域的创新进展 [M]. 北京：企业管理出版社，2019.

[70] 张明龙、张琼妮. 国外交通运输领域的创新进展 [M]. 北京：知识产权出版社，2019.

[71] 钱凯先. 基础生命科学导论 [M]. 北京：化学工业出版社，2008.

[72] 曹凯鸣. 现代生物科学导论 [M]. 北京：高等教育出版社，2011.

[73] 王廷华，王廷勇，张晓. 生物信息学理论与技术 [M]. 北京：科学出版社，2015.

[74] 克拉克，等. 比较基因组学 [M]. 邱幼祥，高翔，等译. 北京：科学出版社，2007.

[75] 惠特福德. 蛋白质结构与功能 [M]. 魏群，译. 北京：科学出版社，2008.

[76] 翟中和，王喜忠，丁明孝. 细胞生物学 [M]. 三版. 北京：高等教育出版社，2007.

[77] 伦内贝格. 病毒、抗体和疫苗 [M]. 杨毅，杨爽，王健美，译. 北京：科学出版社，2009.

[78] 闵航. 微生物学 [M]. 杭州：浙江大学出版社，2011.

[79] 王全喜，张小平，赵遵田，等. 植物学 [M]. 2 版. 北京：科学出版社，2012.

[80] 柳巨雄，杨焕民. 动物生理学 [M]. 北京：高等教育出版社，2011.

[81] 蒋志刚，梅兵，唐业忠，等. 动物行为学方法 [M]. 北京：科学出版社，2012.

[82] 张晓杰. 细胞病理学 [M]. 北京：人民卫生出版社，2009.

[83] 郑杰. 肿瘤的细胞和分子生物学 [M]. 上海：上海科学技术出版社，2011.

[84] 张瑞兰. 免疫学基础 [M]. 北京：科学出版社，2007.

[85] 张明龙，张琼妮. 国外生命基础领域的创新信息 [M]. 北京：知识产权出版社，2016.

[86] 张明龙，张琼妮. 国外生命体领域的创新信息 [M]. 北京：知识产权出版社，2016.

[87] 张明龙、张琼妮，美国生命科学领域创新信息概述 [M]. 北京：企业管理出版社，2017.

[88] 张明龙，张琼妮. 延年益寿领域的创新信息（国外部分）[M]. 北京：知识产权出版社，2012.

[89] 张明龙. 区域政策与自主创新 [M]. 北京：中国经济出版社，2009.

[90] 张明龙. 国外如何运用政策促进科技创新 [J]. 党政论坛，

2008 (8).

[91] 毛黎，张浩，何屹，等. 2007年世界科技发展回顾 [N]. 科技日报，2007-12-31~2008-01-06.

[92] 毛黎，张浩，何屹，等. 2008年世界科技发展回顾 [N]. 科技日报，2009-01-01~08.

[93] 毛黎，张浩，何屹，等. 2009年世界科技发展回顾 [N]. 科技日报，2010-01-01~08.

[94] 本报国际部. 2010年世界科技发展回顾 [N]. 科技日报，2011-01-01~08.

[95] 本报国际部. 2011年世界科技发展回顾 [N]. 科技日报，2012-01-01~07.

[96] 本报国际部. 2012年世界科技发展回顾 [N]. 科技日报，2013-01-01~08.

[97] 本报国际部. 2013年世界科技发展回顾 [N]. 科技日报，2014-01-01~07.

[98] 本报国际部. 2014年世界科技发展回顾 [N]. 科技日报，2015-01-01~07.

[99] 本报国际部. 2015年世界科技发展回顾 [N]. 科技日报，2016-01-01~11.

[100] 科技日报国际部. 2016年世界科技发展回顾 [N]. 科技日报，2017-01-03~11.

[101] 科技日报国际部. 2017年世界科技发展回顾 [N]. 科技日报，2018-01-03~11.

[102] 刘海英，张浩同，郑焕斌，等. 2018年世界科技发展回顾 [N]. 科技日报，2018-01-02~08.

[103] Networks of Centers of Excellence of Canada. Networks of Centers of Excellence Program Guide [G]. Ottawa: July, 2011.

[104] World Economic Forum. Global Competitiveness Report 2009-2010 [R]. Geneva: World Economic Forum, 2010.

[105] A. Petryna. Life Exposed: Biological Citizens After Chernobyl [M].

New Jersey: Princeton University Press, 2002.

[106] J. L. Hubisz. The Theory of Everything: The Origin and Fate of the Universe [J]. New York: Physics Teacher, 2014, 52 (3).

[107] C. W. Fischer. Scientists and Statesmen: A Profile of the President's Science Advisory Committee. in S. A. Lakoff. Ed. Knowledge and Power: Essays on Science and Government [G]. New York : The Free Press, 1966.

[108] R. Graham. Between Science and Values [M]. New York: Columbia University Press, 1981.

[109] P. Weingart. The Social Assessment of Science, or De-Institutionlization of the Scientific Profession. M. Chotkowski and La Follette ed. , Quality in Science [M]. Cambridge, MA: The MIT Press, 1982.

[110] D. Nelkin. Science as Intellectual Property, Who Controls Research? [M]. New York: Macmillan Publishing Company, 1984.

[111] D. Teece. Profiting from technological innovation: Implications for integration, collaboration, licensing and public policy [J] . Amsterdam: Research Policy , 1986 (15).

[112] S. Aronowitz. Science As Power, Discourse and Ideology in Modern Society [M]. Minneapolis and Sao Paulo: University of Minnesota Press, 1988.

[113] H. E. Longino. Science as Social Knowledge, Values and Objectivity in Scientific Inquiry [M]. New Jersey: Princeton University Press, 1990.

[114] S. Restivo. Science, Society, and Values, Toward a Sociology of Objectivity [M]. Bethlehem: Lehigh University Press, 1994.

[115] G. T. Seaborg. A Scientific Speaks Out, A Personal Perspective on Science, Society and Change [M]. Singapore: World Scientific Publishing Co. Pte. Ltd. , 1996.

[116] K. Knorr-Cetina. Epistemic Cultures: How the Sciences Make Knowledge [M]. Cambridge, MA: Harvard University Press, 1999.

[117] Kumar Subodh and Russell Robert. Technological Change, Technological Catch up, and Capital Deepening: Relative Contributions to Growth and Convergence [J]. New York: American Economic Review, 2002, 92 (3).

[118] Report to the President and Congress on Coordination of Intellectual Property Enforcement and Protection [R]. Washington, DC: the National Intellectual Property Law Enforcement Coordination Council September 2006.

[119] The World Bank. Rural Development, Natural Resources and Environment Management Unit [R]. Washington: February, 2007.

[120] John Humphrey and olga Memedovic. The global automotive industry value chain: what prospects for upgrading by developing countries [R]. Vienna: The United Nations Industrial Development Organization, 2003.

[121] Gary Gereffi and olga Memedovic. The global apparel value chain: what prospects for upgrading by developing countries [R]. Vienna: The United Nations Industrial Development Organization, 2003.

[122] Stefano Ponte and Peter Gibbon. Quality standards, conventions and the governance of global value chains [J] Berlin: Economy and Society, 2005 (2).

[123] D. Cyr. Modeling Website design across cultures: Relationships to trust satisfaction, and e-loyalty [J]. London: Journal of Management Information Systems, 2008, 24 (4).

[124] Ishan Senarathna. Matthew Warren , William Yeoh , Scott Salzman. The influence of organisation culture on E-commerce adoption [J]. London: Industrial Management & Data Systems, 2014, 114 (7).

二、主要资料来源

[1]《自然》(Nature)

[2]《自然·通信》(Nature Communication)

[3]《自然·物理》(Nature Physical)

[4]《自然·纳米技术》(Nature Nanotechnology)

[5]《自然·光子学》(Nature Photonics)

[6]《自然·材料》(Nature Materials)

[7]《自然·化学》(Nature Chemistry)

[8]《自然·化学生物学》(Nature Chemical Biology)

[9]《自然·细胞生物学》(Nature Cell Biology)

[10]《自然·微生物学》(Nature Microbiology)

[11]《自然·植物》(Nature Plants)

[12]《自然·结构》(Nature structure)

[13]《自然·生物技术》(Nature Biotechnology)

[14]《自然·医学》(Nature Medicine)

[15]《自然·遗传学》(Nature Genetics)

[16]《自然·气候变化》(Nature and climate change)

[17]《自然·地球科学》(Nature Geoscience)

[18]《自然·地学》(Nature and Geosciences)

[19]《自然·生态与进化》(Nature Ecology and Evolution)

[20]《自然·神经科学》(Nature Neuroscience)

[21]《自然·方法学》(Nature methodology)

[22]《科学》(Science Magazine)

[23]《科学·机器人学》(Science Robotics)

[24]《科学·转化医学》(Science Robotics)

[25]《科学报告》(Scientific Reports)

[26]《科学进展》(Scientific Progress)

[27]《科学快报》(Science Express)

[28]《新科学家》(New Scientist)

[29]《科学与未来》(Science and the Future)

[30]《技术》(Technology)

[31] 美国《国家科学院学报》(Proceedings of the National Academy of Sciences)

[32]《皇家科学院学报》(Journal of the Royal Academy of Sciences)

[33]《皇家学会学报B》(Journal of the Royal Society B)

[34]《皇家天文学会月刊》(Monthly Notices of the Royal Astronomical Society)

[35]《科学公共图书馆·医药卷》(Public Library of science · medical volume)

[36]《科学公共图书馆·综合》(Science Public Library · comprehensive)
[37]《微电子系统杂志》(Journal of Microelectronic Systems)
[38]《物理评论快报》(Physical Review Letters)
[39]《物理评论 D》(Physical Review D)
[40]《新物理学杂志》(New Physics Journal)
[41]《美国物理学杂志》(American Journal of Physics)
[42]《美国物理评论 E》(American Physical Review E)
[43]《天体物理学杂志》(Journal of Astrophysics)
[44]《天体物理学杂志通讯》(The Astrophysical Journal Letters)
[45]《天文学与天体物理学》(Astronomy and Astrophysics)
[46]《地球物理研究快报》(Geophysical Research Letters)
[47]《地球物理研究通讯》(Geophysical research communication)
[48]《地球与行星科学快报》(Earth and Planetary Science Letters)
[49]《国际土壤科学》(International Soil Science)
[50]《地质学》(Geology)
[51]《全球生物地球化学循环》(Global biogeochemical cycle)
[52]《北极》(Arctic)
[53]《古地理、古气候学、古生态学》(Paleogeography, paleoclimatology, paleoecology)
[54]《纳米研究》(Nano Research)
[55]《先进材料》(Advanced Materials)
[56]《先进功能材料》(Advanced functional materials)
[57]《应用材料与界面》(Applied materials and interfaces)
[58]《材料化学》(Material Chemistry)
[59]《化学》(Chemistry)
[60]《美国化学学会杂志》(Journal of the American Chemical Society)
[61]《应用化学》(Angewandte Chemie)
[62]《化学物理杂志》(Journal of Chemical Physics)
[63]《美国化学协会杂志》(Journal of the American Chemical Society)
[64]《生物有机与药物化学快报》 (Bio organic and pharmaceutical

chemistry Express)

[65]《生物技术和生物工程》(Biotechnology and Bioengineering)

[66]《环境科学与技术快报》(Environmental science and technology Express)

[67]《基因与发展》(Genes and development)

[68]《细胞》(Cells)

[69]《细胞·通信》(Cell communication)

[70]《细胞·宿主和微生物》(Cell host and microorganism)

[71]《发育细胞学》(Developmental cytology)

[72]《细胞代谢》(Cell metabolism)

[73]《细胞报告》(Cell report)

[74]《细胞·干细胞》(Cells stem cells)

[75]《干细胞》(Stem cells)

[76]《进化生物学》(Evolutionary biology)

[77]《当代生物学》(Contemporary biology)

[78]《分子生物学》(Molecular biology)

[79]《分子与细胞生物学》(Molecular and cellular biology)

[80]《欧洲分子生物学学会杂志》(Journal of the European Society of molecular biology)

[81]《分子系统生物学》(Molecular system biology)

[82]《生物化学杂志》(Journal of Biochemistry)

[83]《微生物组》(Microbiome)

[84]《英国皇家学会生物学快报》(Royal Society Biology Letters)

[85]《柳叶刀》(Lancet)

[86]《医学》(Medicine)

[87]《实验医学》(Experimental Medicine)

[88]《内科医学年鉴》(Annals of Internal Medicine)

[89]《美国医学杂志》(American Journal of Medicine)

[90]《新英格兰医学杂志》(New England Journal of Medicine)

[91]《英国医学杂志》(British Medical Journal)

[92]《加拿大医学会会刊》(Proceedings of the Canadian Medical Association)

[93]《不列颠哥伦比亚医学杂志》(British Columbia Journal of Medicine)

[94]《生理学》(Physiology)

[95]《病毒学杂志》(Journal of Virology)

[96]《胸部肿瘤学》(Breast oncology)

[97]《癌症》(Cancer)

[98]《癌症流行病学期刊》(Journal of cancer epidemiology)

[99]《癌症检查和控制》(Cancer inspection and control)

[100]《分子癌症研究》(Molecular cancer research)

[101]《癌细胞》(Cancer cells)

[102]《英国癌症杂志》(British Journal of cancer)

[103]《循环·心血管遗传学》(Circulation cardiovascular genetics)

[104]《欧洲心脏杂志》(European Heart Journal)

[105]《美国心脏病学会杂志》(Journal of the American College of Cardiology)

[106]《大脑皮层》(Cerebral cortex)

[107]《神经学杂志》(Journal of Neuroscience)

[108]《神经元》(Neurons)

[109]《神经学年鉴》(Annals of Neurology)

[110]《神经心理学》(Neuropsychology)

[111]《心理学前沿》(Psychological Frontier)

[112]《睡眠》(Sleep)

[113]《分子精神病学》(Molecular psychiatry)

[114]《运动障碍》(Dyskinesia)

[115]《免疫》(Immune)

[116]《临床免疫学》(Clinical Immunology)

[117]《免疫学前沿》(Frontier of Immunology)

[118]《肾脏病透析与肾移植》(Kidney disease dialysis and kidney transplantation)

[119]《糖尿病》(Diabetes)

[120]《关节炎治疗和研究》(Arthritis treatment and Research)

[121]《儿科》(Pediatrics)

[122]《儿童发育》(Child development)

[123]《儿科与青少年医学文献》(Pediatrics and adolescent medical literature)

[124]《美国老年病学学会杂志》(Journal of the American Society of Gerontology)

[125]《科技日报》2000年1月1日至2019年12月31日

[126]《中国科学报》2000年1月1日至2019年12月31日

后　记

21世纪以来，我们在建设“区域经济学”省级重点学科和名家工作室的过程中，逐步形成一个相对稳定的科研团队。我们先后主持或参与国家及省部重要课题研究10多项，这些科研项目，大多集中在创新方面，主要涉及企业创新、产业集群创新、区域经济创新和宏观管理创新，因此，搜集和整理科技创新前沿信息，就成了我们研究的一项基础性工作。

我们采用由表及里、去伪存真、取精用宏的方法，对搜集到的科技创新材料细加考辨，实现同中求异，异中求同，主要从产业发展和区域繁荣角度精心提炼出新见解、新例证。进而充分运用这些信息和观点，完成科技项目的研究，有的通过进一步深入探索，撰写成学术专著。我们先后出版了《中国经济前沿研究》《中国区域经济前沿研究》《产业集群与区域发展研究》《区域政策与自主创新》《区域发展与创新》《区域产业成长与转移》《产业升级与创新》《区域产业发展前沿研究》《新中国经济与科技政策演变研究》《产业发展与创新研究——从政府管理机制视角分析》等。

我们在撰写产业和区域方面的学术专著的同时，还利用科技创新信息材料撰写信息资讯类专著，并逐步形成两大系列专著：

第一，按照创新信息的学科分类，如电子信息、光学、宇航、新材料、新能源、环境保护、交通运输、生命科学等，已出版《国外光学领域的创新进展》《国外材料领域创新进展》《国外环境保护领域的创新进展》《国外交通运输领域的创新进展》等书。

第二，按照创新信息的来源国家分类，如美国、日本、德国、英国、法国、俄罗斯、意大利、加拿大、瑞典、韩国、新加坡和以色列等，已出版《八大工业国创新信息》《新兴四国创新信息》《美国生命健康领域的创新信息》《英国创新信息概述》《德国创新信息概述》《日本创新信息概述》《俄罗斯创新信息概述》《法国创新信息概述》等。

本书从加拿大社会经济发展现状出发，集中研究其科技活动的进展信息，着重考察加拿大电子信息与网络技术、纳米材料与纳米产品、光学技术及光学设备、宇宙天体与航天设备、新材料、新能源、污染防治与生态保护、交通运输、生命科学，以及医疗与健康等领域研究取得的新进展。本书所选材料限于21世纪以来的创新成果，其中，95%以上集中在2005年1月—2019年12月的科研信息。

我们在撰写这部专著的过程中，得到有关科研机构、高等院校的支持和帮助。这部专著的基本素材和典型案例，吸收了报纸、杂志、网络和广播电视等众多媒体的有关报道。其各种知识要素，吸收了学术界的研究成果，不少方面还直接得益于师长、同事和朋友的赐教。为此，向所有提供过帮助的人，表示衷心的感谢！

这里，要感谢名家工作室成员的团队协作精神和艰辛的研究付出。感谢浙江省科技计划重点软科学研究项目基金、浙江省哲学社会科学规划重点课题基金、台州市宣传文化名家工作室建设基金、台州市优秀人才培养资助基金等对本书出版的资助。感谢台州学院办公室、临海校区管委会、组织部、宣传部、科研处、教务处、学生处、后勤处、信息中心、图书馆、经济研究所和商学院，浙江师范大学经济与管理学院，浙江财经大学东方学院等单位诸多同志的帮助。感谢企业管理出版社诸位同志，特别是刘一玲编审，他们为提高本书质量倾注了大量时间和精力。

限于笔者水平，书中难免存在一些错误和不妥之处，敬请广大读者不吝指教。

张明龙　张琼妮

2020年2月于台州学院湘山斋张明龙名家工作室